O banco da Ordem

política e finanças no Império brasileiro (1853-1866)

O banco da Ordem

política e finanças no Império brasileiro (1853-1866)

THIAGO FONTELAS ROSADO GAMBI

alameda

Grafia atualizada segundo o Acordo Ortográfico da Língua Portuguesa de 1990, que entrou em vigor no Brasil em 2009.

Edição: Joana Monteleone/Haroldo Ceravolo Sereza
Editor assistente: João Paulo Putini
Projeto gráfico, capa e diagramação: Ana Lígia Martins
Assistente acadêmica: Danuza Vallim
Revisão: Ana Ferraz
Assistente de produção: Camila Hama

Imagem da capa: Vitor Meireles de Lima. *Cruzamento das ruas da Alfândega e Candelária, olhando em direção da rua Direita*, óleo sobre tela, 35 x 52 cm, 1855-1865, Coleção Maria Cecília e Paulo Fontainha Geyer, Museu Imperial, IPHAN, Minc.

CIP-BRASIL. CATALOGAÇÃO NA PUBLICAÇÃO
SINDICATO NACIONAL DOS EDITORES DE LIVROS, RJ

G181b

Gambi, Thiago Fontelas Rosado
O BANCO DA ORDEM: POLÍTICA E FINANÇAS NO IMPÉRIO BRASILEIRO (1853-1866)
Thiago Fontelas Rosado Gambi. - 1. ed.
São Paulo: Alameda, 2015
544 p.

Inclui bibliografia
ISBN 978-85-7939-203-0

1. Banco do Brasil - História. 2. Economia - História. 3. Brasil - História - Império, 1822-1889. I. Título.

13-03836 CDD: 332.1
CDU: 336.7'1853/1866'

ALAMEDA CASA EDITORIAL
Rua Conselheiro Ramalho, 694, Bela Vista.
CEP: 01325-000 – São Paulo, SP
Tel. (11) 3012-2400
www.alamedaeditorial.com.br

Para minha avó.

SUMÁRIO

APRESENTAÇÃO

Uma promessa ilustada: o segundo Banco do Brasil

A não ser para os especialistas, a história dos bancos e do sistema financeiro provoca arrepios nos leitores por sua aridez, pelas intermináveis demonstrações estatísticas, pelas inacessíveis elucubrações matemáticas, que a alojam no campo das ciências exatas muito mais do que no território das humanidades, onde pontifica a disciplina da história.

Não é este o caso de *O banco da Ordem*, do economista historiador Thiago Gambi. O segundo Banco do Brasil, recriado em 1853, inscreve-se num projeto civilizador. Bastaria esta sentença para diferenciá-lo do enquadramento acima delineado. Sua especificidade está exatamente no entremear economia e política, finanças e Império, política monetária e partidos políticos, estabilidade monetária e civilidade.

O texto rompe com a intrusão circunstancial da dimensão política na esfera do propriamente econômico. Demonstra que o destino do Banco, idas e vindas, reviravoltas na política de emissão, estão visceralmente atreladas às decisões políticas de seus criadores e sujeitas às condições históricas de momento. Ao acicate das circunstâncias, que são as próprias circunstâncias da história do Império brasileiro no decurso do segundo reinado, organismo político raro no seio da América republicana. Via política percebe-se o Banco; via Banco, descortina-se a política imperial.

Qual era o objetivo da tese que lastreou a produção deste livro? O objetivo primevo era a reconstituição histórica da criação do segundo Banco do Brasil no contexto do projeto político dos Saquaremas no Império brasileiro. Ênfase na dimensão política das decisões econômicas, entendidas como política de Estado a serem implementadas a partir de uma instituição bancária que, apesar de privada, era extremamente ligada ao poder central, ferramenta de *agiornamento* político e agregação social.

O Banco deveria contribuir para a centralidade do centro. Aduzir ao esforço de ampliação do poder central, de redução dos poderes provinciais com raízes profundamente cravadas no território nacional. Herança longínqua do poder donatário colonial cerceado pela presença da Corte entre nós, mas que o processo de emancipação viu refluir e a crise da abdicação adensar. Culminando, no plano financeiro, por uma política de emissão monetária disruptiva, desagregadora do poder de Estado da pluralidade das casas emissoras provinciais. Privilégio emissor que alavancava o poder das elites locais; reforçava o localismo em detrimento da centralidade político administrativa. Estado de coisas que a ação política deveria combater pela transferência ao poder central, representado pelo Banco, do monopólio da emissão monetária, instrumento privilegiado do controle da taxa de juros e do movimento cambial, mecanismos de alta sensibilidade numa economia exportadora de base agrária, para a qual a política de crédito era fundamental.

A finalidade do Banco, na súmula do autor, *não seria a de promover mudanças qualitativas na economia brasileira, mas a de manter a estrutura econômica e social conectada à idéia de centralização política, porque foi concebida para ter o monopólio da emissão de moeda no Império que significava, por outro lado, o esvaziamento do controle do poder local da oferta de moeda que até então estava nas mãos dos bancos emissores provinciais.* Ou seja, a finalidade imediata era criar uma moeda forte por sua conversibilidade metálica quase absoluta que gerasse confiança nos credores e, por decorrência, reduzisse o custo das importações pela redução do risco cambial criando, para além disso, a imagem de um Estado sólido: o berço possível de uma almejada civilização nos trópicos.

Meta difícil de se atingir. Os procedimentos saneadores tinham como desdobramento necessário a subordinação dos antigos centros emissores. O conseqüente enxugamento da disponibilidade monetária. A substituição dos bilhetes e das notas do tesouro por novas emissões conversíveis em metal, com base na paridade estabelecida em 1846. Criava-se, por esta via, um limite para as emissões necessárias ao fluxo mercantil estabelecido pela escassa disponibilidade de lastro metal, gerando escassez de meio circulante e constrangimentos para a economia. Problema contornado pela emissão sem a devida base metálica, lastreadas por outras notas carregadas pelo próprio Banco, rompendo com a regra dourada que motivara a sua criação, medida que provocou um conflito aberto entre os interessados na instituição: governo (por perder o controle do instrumento fundamental da política econômica), diretoria (pela evidente transgressão dos objetivos da instituição) e acionistas (interessados na rentabilidade de seus dividendos). Conflito que ganha à cena política do Império por conta do embate permanente entre liberais e conservadores que, alternando-se no poder, oscilavam entre manter e flexibilizar a política monetária executada pelo Banco. Prática interrompida pela eclosão da Guerra do Paraguai que rompeu definitivamente com a política de contenção emissiva, acabando por desvirtuar a finalidade precípua do Banco, transformado em banco hipotecário inclusive por seus próprios criadores: os saquaremas.

Eis a história de um Banco que se confunde com a história da Nação. Elo de modernização do Estado no plano econômico. De busca de alinhamento com a modernidade ostentada pelo aparato político do Império. Destinado a por ordem no caos monetário e financeiro reinante para diferenciar-se dos momentos iniciais de sua própria existência. Empenhando na criação de uma imagem identitária forte, a de um poderoso Império, economicamente organizado assim como organizadas foram suas instituições políticas, consideradas as mais avançadas no Atlântico Sul. Sua constituição de 1824, apesar de outorgada, durou 65 anos, atravessando momentos críticos no longo período de 1824 a 1848, no qual revelou enorme plasticidade e capacidade de ajustamento aos movimentos do corpo social e político, capaz de prover um clima de legitimidade institucional que não se vislumbrava nos Estados irmãos nascidos da primeira descolonização na América hispânica. Estados que, apesar de agasalhados sob o invólucro do republicanismo, revelaram-se incapazes de realizar plenamente os ideais da democracia liberal nos termos do século XIX. Constatação que levou João Camilo de Oliveira Torres a considerar o Império brasileiro como "a única república da América e das poucas do mundo", pois nele o mecanismo de Estado funcionava com harmonia e garbo.

Se do Banco se pode dizer que foi uma promessa ilustrada, o que dizer do autor?

Simplesmente que está no ritmo, no compasso com as tendências atuais da pesquisa em história econômica mais distinguida pelos especialistas: a do absoluto entrosamento entre economia e política na análise dos fenômenos ditos econômicos. Penso na obra de Thomas Piketty. Um prodígio editorial que enfureceu os conservadores, magnetizou os liberais e renovou as esperanças dos radicais. Cuja proposta metodológica envolve a pesquisa paciente dos fatos e padrões [eventos e estruturas] e a análise calma dos mecanismos [interações] econômicos, sociais e políticos que podem explicá-los. Seu alvo é a desigualdade na distribuição da riqueza gerada pelo capitalismo considerado em perspectiva histórica. Recorre, para além das séries estatísticas tradicionais, a materiais inesperados, tais como os clássicos da literatura oitocentista para caracterizar o significado da própria riqueza. Experiência que afeta seu conceito de riqueza que inclui, por exemplo, ativos que nada produzem, mas que reservam valor, a exemplo de obras de arte, e não se reduz aos clássicos fatores de produção reconhecidos pela análise econômica tradicional. Perspectiva teórica que o leva a reconhecer uma retomada da tendência à desigualdade e a prognosticar sua intensificação no transcurso do século XXI, pois um capitalismo competitivo estaria cedendo lugar a uma espécie de renascimento do capitalismo patrimonialista dominante entre a segunda metade do século XIX e primeira década do século XX. Tendências que não foram geradas pelo movimento do capital em si, por sua própria inércia. Prescindiu de decisões políticas tomadas a nível de Estado; e que somente por esta via poderá ser reequacionada.

Como se vê, Thiago Gambi está em muito boa companhia. Comprovem os leitores.

José Jobson de Andrade Arruda
São Paulo, 20 de julho de 2014

Introdução

O final do século XVIII e a primeira metade do século XIX viram surgir grandes bancos nacionais ligados aos respectivos Estados em vários países europeus, casos de França (1800), Áustria (1817), Espanha (1829), Portugal (1846) e Bélgica (1850). Do outro lado do Atlântico, em situação peculiar, o Brasil também teve seu banco estatal criado com a trasladação da corte portuguesa para a colônia em 1808, o primeiro Banco do Brasil. Depois de sua liquidação em 1829 e de uma malfadada tentativa de organização de um banco nacional[1] em 1833, o país, já independente, viveu um período sem bancos. Somente na segunda metade da década de 1830 surgiram, timidamente, novos bancos comerciais no país. Já a década seguinte experimentaria a abertura de vários bancos nas principais praças comerciais do Império e, é claro, também na corte. Tais bancos, geralmente organizados por negociantes,[2] surgiram para atender, sobretudo, a demanda do comércio pela moeda e pelo crédito necessários para a realização de suas transações. Para cumprir sua tarefa de auxiliar o comércio, emitiam seus próprios vales, que entravam e, frequentemente, permaneciam em circulação. Essa emissão, no entanto, trazia consequências para a economia mercantil escravista do Império, como a perturbação do valor da moeda,

1 Referimo-nos aqui ao termo nacional como dimensão espacial e política. Para uma discussão sobre a construção de uma nação brasileira, cf. debate publicado na revista Diálogos. GRAHAM, Richard. "Construindo uma nação no Brasil do século XIX: visões novas e antigas sobre classe, cultura e Estado". *Revista Diálogos*, DHI/UEM, n. 1, v. 5, 2001, p. 11-47; *Idem*. "Réplica". *Revista Diálogos*, DHI/UEM, n. 1, v. 5, 2001, p. 75-78; HOLLOWAY, Thomas. "Comentário a 'Construindo uma nação no Brasil do século XIX: visões novas e antigas sobre classe, cultura e Estado', de Richard Graham". *Revista Diálogos*, DHI/UEM, n. 1, v. 5, 2001, p. 49-51; SCHWARTZ, Lilia Moritz. 'Um debate com Richard Graham ou com Estado mas sem nação: o modelo imperial brasileiro de fazer política". *Revista Diálogos*, DHI/UEM, n. 1, v. 5, 2001, p. 53-74.

2 Cairu define os negociantes como os "que empregam grandes fundos em tráficos, manufaturas, pondo em rápido movimento e extensão a indústria nacional, salariando e mantendo muitas pessoas (...). [São] os que fazem comércio de especulação, bancos e seguros, e precisam de grande penetração, sagacidade, inteligência teórica e prática para bem calcularem as circunstâncias vantajosas aos negócios que projetam. Assim o espírito dos grandes negociantes é sempre afiado e exercido em imensa variedade de combinações". Cf. LISBOA, José da Silva. *Princípios de direito mercantil* e *Leis de Marinha*. Rio de Janeiro: Typ. Acadêmica, 1874, p. 510.

e, ao mesmo tempo, minava o poder do governo central de controlar a oferta de moeda e crédito no país.

Paralelamente ao surgimento desses bancos, em meados do século XIX, estava no poder o partido conservador, comandado pela chamada "trindade saquarema", que colocava em marcha seu projeto político de construção e consolidação do Estado imperial.[3] Tal projeto, inspirado pelos ideais de ordem e civilização, buscava centralizar o poder político na Corte e, a partir daí, imprimir a direção saquarema sobre os caminhos do Império. É no contexto do encontro desses dois processos e de seus antecedentes que devemos entender a criação do segundo Banco do Brasil em 1853. O fim do tráfico negreiro, a lei de terras, a reorganização da guarda nacional e a elaboração do código comercial são frequentemente lembrados na historiografia para ilustrar a centralização do poder político promovida pelos saquaremas. Contudo, praticamente não se fala do nexo entre esse processo político, o surgimento dos bancos emissores de vales e a criação do segundo Banco do Brasil, exceção feita a Bárbara Levy e Ana Maria Ribeiro de Andrade,[4] que apenas o indicou. A confirmação desse nexo e a explicitação do sentido de fundo do segundo Banco do Brasil constituem o objetivo central deste trabalho.

O segundo Banco do Brasil, apesar de criado como instituição privada, estava inteiramente vinculado à política imperial e, por isso, não se desligava das experiências anteriores, levadas a cabo pelo Estado, de se criar um banco nacional. Portanto, para compreender a criação desse banco especial é preciso, além de considerar cuidadosamente o aspecto político envolvido em sua história, recuar no tempo e voltar à criação do primeiro Banco do Brasil e à tentativa frustrada de se criar um banco nacional no âmbito da reforma monetária de 1833.

Se considerássemos o período ininterrupto desde sua criação pelo príncipe regente d. João, futuro d. João VI, aclamado em 6 de fevereiro de 1818, o Banco do Brasil teria completado duzentos anos em 2008. No entanto, sua história passa por

3 No gabinete que subiu em outubro de 1849, chefiado por José da Costa Carvalho, futuro marquês de Monte Alegre, Joaquim José Rodrigues Torres ocupou o ministério da Fazenda; Paulino José Soares de Souza, o ministério dos negócios estrangeiros; e Eusébio de Queirós, o ministério da justiça. Cf. *Almanack Laemmert administrativo, mercantil e industrial da corte e província do Rio de Janeiro*. Rio de Janeiro, Typ. Un. Laemmert, 1850. Para o projeto político saquarema, cf. MATTOS, Ilmar Rohloff de. *O tempo saquarema. A formação do Estado imperial*. São Paulo: Hucitec, 2004.

4 LEVY, Maria Bárbara e ANDRADE, Ana Maria Ribeiro de. Fundamentos do sistema bancário no Brasil: 1834-1860. *Estudos Econômicos*, v. 15 (nº especial), 1985, p. 19.

um período de interrupção e outros tantos de fusões e alterações de estatutos que podemos afirmar com segurança não ter havido um, mas vários Bancos do Brasil. O que houve de permanente em sua história foi sua relação íntima com o Estado, monárquico ou republicano.

De fato, d. João VI, inspirado por Domingos Vandelli e d. Rodrigo de Sousa Coutinho, criou o primeiro Banco do Brasil essencialmente para financiar as despesas do Estado e da corte que se transplantara para a colônia. Previsto para durar vinte anos, durou exatos vinte anos e dois meses, quando foi extinto e entrou em liquidação. Iniciava-se o período interrompido da vida do banco, que duraria até 1833, quando o então ministro da Fazenda Cândido José de Araújo Viana, futuro visconde e marquês de Sapucaí,[5] propôs uma lei que previa a organização de um grande banco nacional. O banco proposto na lei era de natureza diferente do banco anterior, pois não visava mais o financiamento da despesa pública e sim o saneamento do meio circulante e a ampliação da oferta de crédito, questões que iriam ocupar o debate econômico no Império por longos anos. Contudo, a mesma lei também previa que se esse banco não iniciasse suas operações dentro de três anos por falta de subscrição de ações ou integralização de capital, ela própria perderia seu efeito. E foi justamente o que aconteceu.

Somente 20 anos depois da malfadada tentativa de Araújo Viana, a criação de um banco nacional foi novamente proposta em lei pelo governo. Num contexto de crise, os bancos emissores da praça do Rio de Janeiro, o Banco do Brasil do futuro barão e visconde de Mauá, estabelecido em 1851, e o Banco Comercial, criado em 1838, se fundiriam para constituir o segundo Banco do Brasil, cuja principal atribuição seria o controle da oferta de moeda e crédito no Império por meio do monopólio da emissão de notas bancárias.

Nessa época havia, como ainda há, diferentes tipos de bancos que poderiam ser classificados por diversos critérios. Quanto às suas operações, eles poderiam ser

5 Nasceu em Congonhas de Sabará, Minas Gerais, em 1793. Bacharel em Direito pela Universidade de Coimbra, ocupou todos os cargos da magistratura brasileira. Foi deputado (1823) e senador (1839). Foi também presidente da província de Alagoas (1828), ministro da Fazenda (1832), ministro do Império (1841) e procurador fiscal do Tribunal do Tesouro Público Nacional. Em 1850, foi nomeado para o conselho de Estado como membro extraordinário e, oito anos depois, passou a membro ordinário do mesmo conselho. Faleceu no Rio de Janeiro em 1875. Cf. VASCONCELLOS, Barão e SMITH DE VASCONCELLOS, Barão. *Archivo nobiliarchico brasileiro*. Lausanne: Imprimerie La Concorde, 1918, p. 469-70.

emissores ou de circulação; de depósitos e descontos; de crédito real ou hipotecários; ou ainda caixas econômicas e montes de socorro. Começando pelos últimos da fila, as caixas econômicas e montes de socorro eram instituições criadas pelo poder público para captar depósitos e realizar empréstimos populares de pequena monta. Os bancos de crédito real ou hipotecários destinavam-se a realizar empréstimos mediante garantias reais, sobretudo terras e escravos. Até 1864, quando o governo promulgou a nova lei hipotecária, esse tipo de operação era muito restrito no Brasil. Os bancos de depósitos e descontos tinham como operações principais a captação de depósitos e a realização de empréstimos e descontos de letras. Seus lucros originavam-se basicamente da diferença de juros que pagavam para captar e emprestar recursos, o que se chama atualmente de *spread bancário*. Por fim, os bancos emissores ou de circulação eram os que tinham permissão de emitir notas ou bilhetes bancários mediante autorização legal. Sem dúvida, no Brasil de meados do século XIX, os dois últimos tipos se destacavam dos demais. O segundo Banco do Brasil era ao mesmo tempo um banco de depósitos e descontos e de emissão ou circulação.

Mas voltemos aos bancos emissores da praça do Rio de Janeiro. Até 1853, o Império continuava sem um banco nacional que pudesse auxiliar o Estado na administração da oferta de moeda e crédito, vitais para as transações comerciais. Era necessário sanear o meio circulante para enquadrá-lo nos parâmetros fixados pela reforma monetária de 1846 e, ao mesmo tempo, atender à demanda por crédito do comércio. Diante dessas questões, a extinção e liquidação do primeiro Banco do Brasil, que já fora politicamente conturbada, abriu espaço político para que a proposta de criação de um banco nacional voltasse a ser debatida frequentemente. Na verdade, a ideia da criação de um novo banco nacional para auxiliar o governo a sanear o meio circulante e, ao mesmo tempo, solucionar o problema da escassez de crédito estava posta desde a extinção do banco original.

A proposta da fusão dos bancos emissores da corte e do controle da moeda e do crédito centralizado num banco privado, mas ligado ao Estado, partiu do então ministro da Fazenda Joaquim José Rodrigues Torres, futuro visconde de Itaboraí, em 1852. Embora bastante pessoal, a proposta do ministro expressava o pensamento de um grupo político. Ao lado de Paulino José Soares de Sousa, futuro visconde do Uruguai, e Eusébio de Queirós, Rodrigues Torres formava a famosa trindade saquarema, líder de fato do partido conservador, sobretudo dos conservadores fluminenses ligados ao café. A criação de um banco com o monopólio de emissão na corte, isto é, a centralização do controle da moeda e do crédito no governo central, encaixava-se perfeitamente no projeto político desse grupo, um projeto balizado pelos princípios de ordem e civilização. Ainda que enfrentasse a resistência de negociantes como Irineu Evangelista de Souza,[6] a ideia do ministro da Fazenda vingou e, em julho de 1853, foi aprovada a lei 683, que "autorizava o governo a conceder a incorporação e aprovar os estatutos de um banco de depósitos, descontos e emissão, estabelecido na cidade do Rio de Janeiro". Estava lavrada a certidão de nascimento do novo Banco do Brasil.

Embora tivesse os estatutos regulamentados desde agosto de 1853, um problema aparentemente com a impressão de notas fez com que o banco só abrisse suas portas ao público sete meses mais tarde, no dia 10 de abril de 1854, em edifício próprio na rua da Alfândega, esquina com Candelária. Na verdade, era um conjunto formado pela antiga sede do Banco Comercial, que ficava na Candelária, e mais três prédios contíguos que seguiam pela rua da Alfândega. O banco iniciava, assim, sua tarefa de auxiliar o governo a sanear o meio circulante, resgatando as notas emitidas pelo Tesouro que estavam em circulação, e também o comércio, por meio da ampliação da oferta de crédito. Com isso, esperava-se solucionar dois problemas crônicos da economia mercantil escravista brasileira em que a nova instituição estaria inserida: a instabilidade do valor da moeda e do câmbio, e a escassez de moeda e crédito.

Por meio de seu banco, o ministro da Fazenda tentava realizar a difícil conciliação entre o saneamento do meio circulante e o atendimento das necessidades do comércio numa economia em expansão. No entanto, estava implícito nas amarras a que o banco estava submetido por seus estatutos que o aumento do crédito não poderia comprometer a política de saneamento do meio circulante, ou seja, as necessidades da praça deveriam se enquadrar naquela política. Essa preponderância da moeda sobre o crédito transcendia objetivos econômicos imediatos. Sem descuidar dos interesses materiais, a busca pela moeda forte era o passaporte que traria ao Império estabilidade econômica, unidade territorial, identidade nacional

---

6 O futuro barão e visconde de Mauá nasceu em Arroio Grande, município de Jaguarão, Rio Grande do Sul, em 1813. Industrial e banqueiro, foi deputado pela província do Rio Grande do Sul (1853). Faleceu em Petrópolis, em 1889. Cf. VASCONCELLOS, Barão e SMITH DE VASCONCELLOS, Barão. *Archivo... Op. cit.*, p. 281.

e, finalmente, inserção no mundo civilizado. Dessa maneira, o segundo Banco do Brasil se inseria no projeto político saquarema e viria a ser o banco da Ordem.

Porém, o choque entre a instituição ideal e a economia real não tardaria a aparecer. Logo no primeiro trimestre de 1855, o banco começou a ter dificuldade para se manter dentro das regras fixadas por seus estatutos, sobretudo dentro de seu limite de emissão. O banco retirava parcela significativa de seu lucro de operações de empréstimo baseadas em suas emissões, mas, de acordo com seus estatutos, era impedido de emitir além do duplo de seu fundo disponível, ou seja, além do dobro de seu estoque de moeda corrente e ouro de 22 quilates. Essa era a base sobre a qual o banco emitia suas notas e, assim, embora o limite de emissão fosse fixo, sua base era variável, permitindo-lhe que expandisse suas emissões e se mantivesse dentro do limite desde que ampliasse também aquele estoque.

Porém, a causa da dificuldade do banco era justamente a ampliação de seu fundo disponível em face do aumento das emissões por conta de empréstimos relacionados não só à expansão dos negócios, mas também à especulação e ao jogo bursátil. Nesse quadro, diante da alternativa de elevação do desconto ou do risco de suspensão do troco de suas notas por moeda corrente ou ouro para proteger seu fundo disponível, a diretoria do banco recorreu ao governo pedindo que ampliasse seu limite de emissão. Contrariado, mas sensível à situação, o governo autorizou o banco a emitir temporariamente até o triplo de seu fundo disponível. Era o primeiro sinal de que a realidade econômica do Império não se enquadraria na política econômica[7] saquarema e em seu banco. Com a ajuda do governo, a pressão sobre o Banco do Brasil diminuiu ao longo do ano, mas a questão não estava resolvida definitivamente. Em fevereiro de 1856, às voltas com o mesmo problema, o governo, além de retirar o caráter temporário da ampliação do limite de emissão da caixa matriz até o triplo do fundo disponível, o estendeu às caixas filiais.

As dificuldades pelas quais passava o banco animavam as querelas políticas em torno da centralização e do monopólio do poder emissor. Rodrigues Torres e o Banco do Brasil, criador e criatura, estavam cercados de críticas na imprensa e no Parlamento. Acusava-se o banco e seu monopólio pelo aumento dos juros, pela dificuldade de se realizar descontos, pelo estancamento dos negócios e, enfim, pelos

7 A política econômica deve ser entendida aqui como um conjunto de ações do governo nas áreas fiscal, monetária, cambial e bancária. Vale lembrar que não se deve confundir a política econômica possível naquela altura com a sofisticada política econômica atual.

apertos pelos quais passava a praça do Rio de Janeiro. Com a morte de Honório Hermeto Carneiro Leão, visconde, conde e marquês de Paraná,[8] chefe do gabinete de 1853, abria-se uma oportunidade clara de mudança na política econômica em curso e mais clara ela ficou quando, no contexto político da conciliação, Pedro de Araújo Lima, visconde e marquês de Olinda,[9] do partido conservador e novo chefe de gabinete, chamou Bernardo de Souza Franco, futuro visconde de Souza Franco,[10] do Partido Liberal, para o ministério da Fazenda.

Se Rodrigues Torres privilegiava o saneamento do meio circulante, Souza Franco tendia à expansão do crédito. Se o primeiro argumentava a favor da centralização e do monopólio de emissão, o segundo defendia sua provincialização e pluralidade. Embora concordassem que os bancos devessem ser controlados pelo governo e defendessem a circulação lastreada em metais, Rodrigues Torres e Souza Franco podiam ser considerados antípodas em questões econômicas. A subida de Souza Franco ao ministério da Fazenda tem sabor especial porque justamente nessa altura Rodrigues Torres era nada menos que presidente do Banco do Brasil. Não é difícil imaginar o acirramento do conflito entre o banco e o governo. De fato, o banco da Ordem estava ameaçado e o projeto político saquarema seria interrompido, pelo menos no que diz respeito ao aspecto econômico.

---

8 Nasceu em Jacuí, Minas Gerais, em 1801. Formou-se em Direito na Universidade de Coimbra e começou a carreira na magistratura como juiz de fora (1825). Foi desembargador da relação de Pernambuco e conselheiro do Supremo Tribunal de Justiça. Foi deputado (1830) e senador (1842) por Minas Gerais. Foi presidente das províncias do Rio de Janeiro (1841) e de Pernambuco (1848). Ocupou os cargos de ministro plenipotenciário em missão especial no Rio de Prata (1851), ministro da Justiça (1832), ministro da Fazenda (1853) e chefe de gabinete (1853). Nomeado para o conselho de Estado em 1842, faleceu em 1857, no Rio de Janeiro. Cf. VASCONCELLOS, Barão e SMITH DE VASCONCELLOS, Barão. *Archivo... Op. cit.*, p. 331-2.

9 Nasceu em 1793, em Antas, Pernambuco. Formado em Coimbra, doutorou-se em Cânones (1819). Foi regente do Império (1837), deputado (1821) e senador (1837) por Pernambuco. Ocupou o ministério do Império (1823, 1827 e 1837), o ministério da Justiça e interinamente o dos Negócios Estrangeiros (1832) e a chefia de gabinete (1848, 1857, 1862 e 1865). Nomeado para o conselho de Estado em 1842, faleceu no Rio de Janeiro em 1870. VASCONCELLOS, Barão e SMITH DE VASCONCELLOS, Barão. *Archivo... Op. cit.*, p. 317-8.

10 Nasceu em Belém, Pará, em 1805. Formado em Ciências Jurídicas e Sociais pela Academia de Olinda. Foi juiz de direito e desembargador. Presidiu as províncias do Pará (1839), de Alagoas (1844) e do Rio de Janeiro (1864). Foi deputado (1838) e senador (1855) pela província do Pará. Foi ministro dos Negócios Estrangeiros (1848) e da Fazenda (interino em 1848 e efetivo em 1857). Faleceu no Rio de Janeiro em 1875. VASCONCELLOS, Barão e SMITH DE VASCONCELLOS, Barão. *Archivo... Op. cit.*, p. 486.

No entanto, Souza Franco não apresentou imediatamente sua proposta de reforma bancária, que previa a pluralidade de emissão e, portanto, promoveria uma alteração significativa na organização do Banco do Brasil. Em meio à desavença, Rodrigues Torres deixou a presidência da instituição e o Banco Comercial e Agrícola, o primeiro banco emissor fruto da reforma de Souza Franco, teve seus estatutos aprovados em agosto de 1857. Dessa data até fevereiro de 1858, outros cinco bancos receberiam a permissão para emitir notas no Império, tanto na corte como nas províncias. Rompia-se assim o monopólio do segundo Banco do Brasil e quebravam-se as determinações estabelecidas em seus estatutos. A política econômica de Souza Franco marcaria uma nova fase do banco da Ordem.

Entretanto, o ministro da Fazenda paraense não contava com a eclosão da primeira crise capitalista de alcance mundial que afetaria também a economia brasileira. A posição do Banco do Brasil continuava frágil ainda por conta de sua dificuldade de manter seu fundo disponível. Em novembro, com a notícia da crise, houve uma corrida ao banco que o fez suspender o troco em ouro de suas notas. O câmbio despencou e o pânico se alastrou pela praça do Rio de Janeiro.

A situação só começou a melhorar quando o governo pediu ajuda ao barão de Mauá para elevar o câmbio por meio da atuação da Sociedade Bancária Mauá, MacGregor & Cia. e o troco das notas do Banco do Brasil foi restabelecido. A crise terminou no último trimestre de 1858. No entanto, o estrago estava feito e a pluralidade de emissão foi ferida de morte pela crise, pois foi considerada a grande vilã que provocara a desdita. Diante dela, o governo se convenceu de que não conseguiria resolver o problema da inconversibilidade das notas nem atingir o regime metálico. Se em 1856, Rodrigues Torres, já visconde de Itaboraí, e o monopólio de emissão do Banco do Brasil estavam em xeque, as posições agora se invertiam. A pluralidade estava na berlinda e era criticada duramente por Francisco de Salles Torres Homem, futuro visconde de Inhomirim,[11] assim como em outros tempos fazia Souza Franco em relação ao monopólio emissor.

11 Nasceu no Rio de Janeiro, em 1812. Doutor em Medicina pela Faculdade do Rio de Janeiro e em Direito pela Universidade de Paris. Foi secretário de legação e encarregado de negócios em Paris. Foi deputado (1848) por Minas Gerais e senador (1870) pelo Rio Grande do Norte. Ocupou ainda os cargos de diretor de Rendas Públicas e presidente do Banco do Brasil. Nomeado para o conselho de Estado em 1866, faleceu em Paris, em 1876. VASCONCELLOS, barão e SMITH DE VASCONCELLOS, barão. *Archivo... Op. cit.*, p. 191-2.

O gabinete Olinda-Souza Franco caiu na esteira da crise, em dezembro de 1858, e Torres Homem foi chamado por Antônio Paulino Limpo de Abreu, visconde de Abaeté,[12] novo chefe de gabinete, para ocupar o Ministério da Fazenda. A reversão da política econômica era clara e, em fevereiro de 1859, o visconde de Itaboraí reassumiu a presidência do Banco do Brasil. Torres Homem era afinado com Itaboraí, que teria de lutar com os acionistas do banco para defender a proposta de reforma bancária do novo ministro da Fazenda. Iniciava-se o resgate do banco da Ordem.

A proposta de Torres Homem foi, de fato, uma espécie de reação à política econômica do gabinete anterior. Como o governo não podia simplesmente cassar o direito de emissão dos bancos criados por Souza Franco sem correr o risco de simplesmente travar as transações comerciais, a reforma previa que a emissão desses bancos devia ser limitada ao duplo do fundo disponível, conversível em ouro e à vista. Na prática, essa exigência os sufocaria e restabeleceria o monopólio de emissão do Banco do Brasil. A proposta de Torres Homem foi aprovada por margem apertada na Câmara e anulada no Senado. Diante da divisão no Parlamento, o gabinete pediu ao imperador sua dissolução. Pedido negado, o gabinete de Abaeté se demitiu em agosto de 1859. A questão bancária passou a ser problema para o futuro barão de Uruguaiana, Ângelo Muniz da Silva Ferraz,[13] chefe do novo gabinete e, ao mesmo tempo, ministro da Fazenda. Uma comissão foi nomeada para estudar o assunto e seu relatório nortearia a ação do governo.

A partir das conclusões do relatório, Silva Ferraz começou habilmente a emendar o projeto de seu antecessor, mas sempre mantendo a linha contrária à pluralidade de emissão bancária. O projeto do ministro da Fazenda foi aprovado tornando-se a lei 1.083, de 22 de agosto de 1860, a conhecida Lei dos Entraves. As posições

12 Nasceu em Lisboa, em 1798. Formado em Direito pela Universidade de Coimbra, exerceu todos os cargos da magistratura brasileira. Deputado (1826) e senador (1847) por Minas Gerais, foi também presidente dessa província (1833). Foi doze vezes ministro de Estado e nomeado conselheiro em 1848. Faleceu no Rio de Janeiro, 1883. VASCONCELLOS, barão e SMITH DE VASCONCELLOS, barão. *Archivo... Op. cit.*, p. 24-5.

13 Nasceu em Valença, Bahia, em 1812. Formado em Direito pela Faculdade de Olinda, foi promotor, juiz de direito e inspetor da alfândega da corte (1848). Foi deputado (1843) e senador (1856) pela província da Bahia. Em 1857, presidiu a província do Rio Grande do Sul. Ocupou o ministério da Fazenda e a chefia de gabinete (1859), o ministério da Guerra (1865) e o ministério da Marinha (1866). Foi nomeado para o conselho de Estado em 1866 e faleceu em Petrópolis, em 1867. VASCONCELLOS, barão e SMITH DE VASCONCELLOS, barão. *Archivo... Op. cit.*, p. 520-1.

políticas a respeito das decisões do governo se refletiam na diretoria do banco. Em parecer sobre a lei, ela avaliava que suas disposições não se enquadravam nos estatutos de 1853 e que as novas obrigações nela previstas fragilizariam ainda mais a posição do banco. Esse quadro revela a complexidade da relação entre Banco do Brasil e governo. Havia descompasso entre os interesses do governo, da diretoria do banco e de seus acionistas. Com a demissão de Rodrigues Torres da presidência ainda em 1859, os conflitos entre Banco do Brasil e governo voltariam a se acirrar e houve até quem defendesse o descumprimento da nova lei por parte do banco.

A obrigatoriedade da conversão das notas dos bancos emissores em ouro e a fixação do limite de emissão até o duplo do fundo disponível previstas na lei de 1860 acabaram, de fato, fragilizando a posição do próprio Banco do Brasil, que tinha dificuldade de concretizar ambas as coisas. Diretoria e assembleia de acionistas do banco divergiam quanto à melhor solução para o caso. A primeira propunha a aquisição dos direitos de emissão dos outros bancos emissores do Rio de Janeiro. A segunda defendia que o banco abrisse mão do seu direito de emitir notas mediante compensação por parte do governo. Apesar da divergência interna no banco, a Câmara aprovou, em agosto de 1862, a cessão do direito de emissão dos bancos do Rio de Janeiro ao Banco do Brasil. Na verdade, o banco se fundiu com o Comercial e Agrícola, e comprou o direito de emissão do Rural e Hipotecário.

Logo depois, em outubro do mesmo ano, o Banco do Brasil abriu o troco de suas notas em ouro, mas a insuficiência do fundo disponível para garanti-lo apareceria novamente. Em fins de 1862 e início de 1863, o banco solicitou mais uma vez a ampliação de seu limite de emissão ao governo que, apesar de inicialmente recusar o pedido, acabou cedendo em fevereiro e autorizando o banco a emitir até o triplo de seu fundo disponível por um período de seis meses, mas obrigando-o a manter fixa a taxa de desconto. O Banco do Brasil reagiu na imprensa com críticas a tal condicionalidade e, como resposta, o governo revogou a autorização anterior.

Ainda que sob críticas da imprensa e conflitos com o governo, depois da aquisição do direito de emissão dos bancos da corte, o Banco do Brasil tornou-se praticamente o único banco de emissão do Império. A tendência que logo se confirmaria, como já apontava Souza Franco na Câmara, era de que a lei de 1860 forçasse os bancos de outras províncias a desistir de seu direito de emissão e que o monopólio emissor em todo o Império retornasse para o banco. Apesar das turbulências, ele continuou a promover o saneamento do meio circulante e a atender, na medida de sua capacidade, às necessidades do comércio.

No entanto, no dia 10 de setembro de 1864, a suspensão dos pagamentos da importante casa bancária de Antônio José Alves do Souto desencadeou uma desconfiança geral na praça do Rio de Janeiro e, assim que a notícia se espalhou, o público atônito correu às casas bancárias e aos bancos para resguardar seu dinheiro. A quebra do Souto foi significativa porque a casa carregava vultosa quantidade de depósitos e mantinha operações com todos os bancos e principais casas bancárias e de comércio da praça do Rio de Janeiro. Como a experiência mostra, a quebra de um elo pode arrastar toda a cadeia financeira, seja pelo entrelaçamento das operações, seja pela desconfiança em relação aos estabelecimentos. Assim, o Banco do Brasil também teve que enfrentar uma corrida de portadores de notas suas que queriam trocá-las por ouro. A confusão foi grande e a polícia chamada mais de uma vez para controlar o público, que também continuava a pressionar as casas bancárias e os outros bancos. O banco cobrou providências do governo para contornar a crise. Uma série de decretos que ampliavam seu limite de emissão, davam curso forçado às suas notas e sustavam a abertura de falências por falta de pagamento, arrefeceu os ânimos da praça. Durante e depois da crise, o Banco do Brasil foi acusado de má administração e de facilitar exageradamente a concessão de crédito, especialmente aquele concedido ao Souto. O banco da Ordem patinava no caos.

Nesse período, o banco viveu uma situação de anormalidade, pois estava livre das amarras impostas pela lei de 1860. Antes da crise, o banco estava enquadrado no limite de emissão e na obrigatoriedade do troco de suas notas em ouro. Com os decretos da crise, o banco estava autorizado a exceder o limite de emissão e suas notas ganharam curso forçado. Apesar dos resultados positivos dessas medidas, o governo defendia a volta à normalidade, que se iniciou com uma forte intervenção no banco, mas tal retorno não aconteceu. Na prática, a restauração da conversibilidade em ouro ia se mostrando inviável para o Banco do Brasil, ao mesmo tempo em que a imprensa pressionava para que o banco garantisse o troco metálico de suas notas. Diante da situação, o governo não poderia revogar de chofre os decretos da crise e avaliava alternativas para solucionar o caso. Para completar, a guerra do Paraguai, iniciada em dezembro de 1864, fazia que o governo dependesse das emissões do Banco do Brasil para financiar seus gastos militares, obrigando-o a adotar uma posição ambígua em relação ao banco. Ao mesmo tempo em que exigia a restrição das emissões, ordenava seu aumento na medida exata dos títulos que o próprio governo lhe enviava.

O destino do banco estava nas mãos do governo, que se dividia entre sua continuidade como emissor e a ruptura desse privilégio. O gabinete de 3 de agosto, chefiado por Zacarias de Góes e Vasconcellos,[14] que também ocupava o ministério da Fazenda, trataria do assunto. Apoiado por Torres Homem, Souza Franco e pelo próprio Itaboraí, o governo seguiu a segunda alternativa e acolheu o projeto apresentado ao Denado em julho de 1866 por José Inácio Silveira da Mota[15] e modificado pela Comissão de Fazenda do Senado. Tal projeto alterava a natureza do banco, transformando-o num banco hipotecário. Os efeitos da crise e da guerra foram decisivos para definir o destino do projeto político saquarema e de seu banco. Neste final melancólico, o criador destruía sua própria criatura e recolocava como problema a questão econômica da moeda, do crédito e dos bancos. A lei 1.349, de 12 de setembro de 1866, previa um acordo entre governo e Banco do Brasil que cassava seu direito de emissão, modificando sua natureza e impedindo-o de realizar o controle da oferta da moeda e do crédito. A emissão voltaria para as mãos do governo por meio da caixa de amortização e o banco da Ordem perderia sua razão de ser.

Como bem notou Arinos, "a existência do Banco do Brasil é cíclica e cada ciclo pode constituir um assunto para um livro especial"[16] e, de fato, esse foi um período intenso da história do Banco do Brasil e das finanças do Império. Nos 13 anos em que o segundo Banco do Brasil funcionou, a política econômica imperial foi modificada totalmente pelo menos duas vezes. Daí a ideia interessante da teia de Penélope, esboçada pelo visconde do Uruguai. Foi uma sucessão de fazeres, refazeres e desfazeres que deram densidade única a esse período da história do banco. Assim, este trabalho procura entender o sentido do Banco do Brasil no marco do projeto

14 Nasceu em Valença, Bahia, em 1815. Formado em Direito pela Faculdade do Recife, foi deputado e senador. Presidiu as províncias do Piauí (1845) e de Sergipe (1848). Foi ministro da Marinha, da Fazenda e chefe de gabinete. Faleceu em 1877. CARMO, J. A. Pinto do. *Ministros da Fazenda*. Rio de Janeiro: Pongetti, 1944.

15 Segundo dados do Senado Federal, nasceu em Goiás, em 1811. Formado na Faculdade de Direito de São Paulo, foi deputado, senador e conselheiro de Estado. Morreu em 1893.

16 FRANCO, Afonso Arinos de Melo e PACHECO, Cláudio. *História do Banco do Brasil*. Brasília: Banco do Brasil, 1979. 5v. Nota preliminar.

político saquarema e de uma economia mercantil escravista. Para isso, partimos para a reconstituição dessa parte específica da história do banco, de 1853 a 1866, privilegiada para observar como era a relação entre banco e governos no período de formação dos bancos no Brasil e de construção e consolidação do Estado imperial.

Embora não haja trabalhos exclusivos sobre o banco criado por Itaboraí, já se escreveu um bocado sobre a história do Banco do Brasil. Os três trabalhos de referência que tratam especificamente da história do banco são os de Felisbello Freire, de 1907, Victor Viana, de 1926, e de Afonso Arinos e Cláudio Pacheco, de 1973. A *História do Banco do Brazil*, de Freire, é a primeira obra a fazer uma história específica do banco. Com apenas 284 páginas, não é um volume muito grande. Trata do segundo Banco do Brasil no terceiro capítulo. Esse banco continua em pauta no capítulo seguinte em que trata da crise de 1864. A obra de Freire intercala descrição e opiniões do autor, apresentando documentos e dados do banco ao longo da narração. Serviu de fonte para o *Banco do Brasil*, de Victor Viana, cuja obra conta com 900 páginas, a maior parte de loas à instituição e de transcrição de documentos do banco e do governo, daí o tamanho do volume. Viana dedica a quarta, quinta e sexta partes de seu trabalho ao Banco do Brasil de Itaboraí. Há pouca análise e muita descrição. O trabalho mais recente sobre o Banco do Brasil é sua história oficial contada por Afonso Arinos e Cláudio Pacheco. Assim como os trabalhos anteriores, a descrição e narração da história do banco predominam restando pouco espaço para a análise. No entanto, a obra impressiona pelos seus cinco volumes, pelo número de documentos levantados e pela extensão da pesquisa que abrange mais de cem anos de história do Banco do Brasil. Este trabalho abarca apenas uma parcela desses estudos. Nesse curto, mas intenso, período da história do banco e da história financeira do Brasil, esperamos explicitar a relação entre o banco e o Estado, entre a economia e a política, e tentar preencher as lacunas deixadas pelos trabalhos anteriores.

Neste trabalho, a reconstituição da história do banco foi feita majoritariamente a partir de documentos primários. Tal reconstituição mostrou a conexão umbilical entre o banco e o Estado e, portanto, entre o banco e a política. Por isso, durante a pesquisa, os anais da Câmara dos Deputados e do Senado se mostraram documentos fundamentais para captar o que estava em jogo no campo político mais amplo. Especificamente sobre os governos, a orientação foi captada e apresentada por meio dos relatórios do ministério da Fazenda. Os relatórios do presidente do banco aos acionistas e as atas de reunião da diretoria do banco também foram documentos importantes para mostrar como o banco reagia às orientações do governo e os conflitos que se davam dentro do banco, seja no seio da diretoria, seja entre diretoria e acionistas. Os jornais da época serviram de fonte em alguns casos, às vezes de maneira indireta, mas consideramos os anais da Câmara e do Senado suficientes porque os jornais geralmente expressavam as posições que estavam em jogo no Parlamento.

E não era pouco o que estava em jogo tanto em termos econômicos, como políticos. O Banco do Brasil era a instituição financeira mais importante do Império. Para dar uma ideia do seu tamanho, seus depósitos correspondiam, em média, a 31% dos depósitos totais e seus encaixes chegavam, também em média, a 62% do total de encaixes.[17] Era, de fato, o maior banco da época, embora tivesse apenas sete agências e a caixa matriz contasse, em média, com míseros 33 empregados, fora a diretoria. O tamanho do banco refletia o tamanho dos problemas econômicos que tinha como missão resolver. As questões econômicas ganhavam espaço no Parlamento e, mais tarde, ocupariam o centro mesmo dos debates e disputas políticas, a ponto de Joaquim Nabuco chamar os gabinetes de 1857 a 1861 de "gabinetes financeiros".[18] Apesar de ser uma instituição privada, o Banco do Brasil mantinha relações íntimas com o Estado e nele acabavam por se concretizar as posições políticas vencedoras. No banco, a política não estava claramente separada do negócio. O fazer do monopólio, o desfazer da pluralidade, o refazer do monopólio e o desfazer da crise ilustram bem esse fato.

Portanto, o Banco do Brasil é uma instituição privilegiada para se observar como se davam as relações entre as instituições financeiras e o Estado, especialmente por atuar como banco oficial e executor de sua política econômica. De modo geral, essas relações se resumiam à regulamentação, ao controle, à ajuda e à intervenção, combinadas ou não, do Estado no setor financeiro da economia e, de modo particular, nas instituições financeiras. Além disso, as reformas de 1846, 1860 e 1866 indicaram, por assim dizer, o caminho da política econômica do Império. Assim, nosso recorte temporal compreende uma amostra significativa da política econômica do período imperial como um todo.[19]

---

17 Porcentagens calculadas a partir dos dados apresentados em PELÁEZ, Carlos Manuel e SUZIGAN, Wilson. *História monetária do Brasil. Análise da política, do comportamento e das instituições monetárias*. Brasília: UnB, 1981.

18 NABUCO, Joaquim. *Um estadista do Império*. Rio de Janeiro: Topbooks, 1997. 2v.

19 GREMAUD, Amaury Patrick. *Das controvérsias teóricas à política econômica: pensamento econômico*

A trajetória do banco apresentada brevemente nas linhas acima é suficiente para que possamos apresentar a questão mais geral que norteia este trabalho, a saber, qual o sentido do segundo Banco do Brasil, em meados do século XIX, na economia mercantil escravista brasileira? Para uma economia industrial, assalariada e capitalista, os estudos que tentam entender as relações entre bancos e desenvolvimento econômico indicam que, do ponto de vista macroeconômico, o sentido mais geral dos bancos é promover o crédito e o desenvolvimento da economia. A literatura que trata da relação entre bancos e desenvolvimento é vasta, mas, frequentemente, não consegue fugir da circularidade dessa relação, pois nela se firmam duas visões predominantes que estabelecem relações de causa e efeito simetricamente opostas. Enquanto uma visão aponta a expansão dos bancos como efeito, a outra aponta tal expansão como causa do desenvolvimento econômico. Hugh Patrick chamou essas duas visões predominantes de *demand following* e *supply leading*.[20] Entre elas, estão as visões que tentam negar a relação entre bancos e desenvolvimento econômico e as que tentam mostrar que essa relação seria total, quer dizer, por mais que se quisesse, não seria possível estabelecer o sentido da relação de causa e efeito, uma vez que o processo que leva ao desenvolvimento econômico seria duplamente determinado.[21]

Embora muitos economistas privilegiem o *demand following* na explicação do desenvolvimento econômico,[22] os estudos de história econômica têm sugerido o *supply leading* como fator importante para promovê-lo. Joseph Schumpeter foi um dos primeiros estudiosos do tema a relacionar explicitamente sistema bancário e desenvolvimento econômico. Bancos, crédito, empresário e inovação são pilares de sua teoria do desenvolvimento econômico.[23] Não cabe aqui entrar em detalhes da teoria schumpeteriana, vale dizer apenas que o crédito fornecido pelos bancos é vis-

---

e economia brasileira no segundo Império e na primeira república (1840-1930). 1997. Tese (Doutorado em Economia) – Universidade de São Paulo, p. 156.

20 PATRICK, Hugh. "Financial development and economic growth in underdeveloped countries". *Economic development and cultural change*, v. 14, n. 2, jan. 1966, p. 174-7.

21 Respectivamente MODIGLIANI, Franco e MILLER, Merton H. "The cost of capital, Corporation finance and the theory of investment". *American Economic Review*, 48, 1958, p. 261-97; GOLDSMITH, Raymond. *Financial structure and development*. New Haven: Yale University Press, 1969.

22 ROBINSON, Joan. "The model of an expanding economy". *The Economic Journal*, v. 62, n. 245, mar. 1952, p. 42-53.

23 SCHUMPETER, Joseph Alois. *Teoria do desenvolvimento econômico*: uma investigação sobre lucros, capital, crédito, juro e o ciclo econômico. São Paulo: Abril Cultural, 1982. Cap. 1.

to como condição para que o empresário, agente da inovação, possa concretizá-la. Assim, a disponibilidade de crédito estaria na base do desenvolvimento econômico.

Inspirado em Schumpeter e em pesquisas empíricas, Rondo Cameron comparou processos de industrialização em diferentes países e notou que o traço comum do início da industrialização em todos eles era o relacionamento entre bancos e indústrias.[24] O crédito ligava o setor financeiro ao produtivo, sendo condição importante para o desenvolvimento tecnológico do processo produtivo e, consequentemente, para o incremento da produção. Na mesma linha, o estudo clássico de Alexander Gerschenkron destacou o papel desempenhado pelos bancos, particularmente pelos bancos de investimento, que privilegiavam o risco e o investimento em longo prazo, possibilitando o desenvolvimento industrial nos países atrasados ao suprir sua demanda por crédito.[25] O estudo de Patrick já referido, que relaciona desenvolvimento financeiro e econômico, corrobora parcialmente a conclusão de Gerschenkron. Segundo ele, o *supply leading* predominaria nos estágios iniciais do processo de industrialização. Contudo, uma vez que a economia atingisse um estágio de maturidade, passaria a predominar o *demand following*.[26]

No caso da França, Jean Bouvier chamou atenção para o papel dos bancos comerciais e dos banqueiros privados no início da industrialização do país e apontou que, embora privilegiassem o comércio, os bancos organizaram o sistema de crédito francês construindo o caminho rumo ao desenvolvimento econômico.[27] Em suma, seja em países atrasados ou avançados, seja como *demand following* ou *supply leading*, os estudos de história econômica apontam forte ligação entre bancos, processos de industrialização e desenvolvimento econômico.

A relação entre bancos e desenvolvimento econômico também aparece na historiografia brasileira. Flávio Saes, ao observar a realidade brasileira e compará-la com a de outros países apoiando-se nos estudos de Cameron e Gerschenkron, propôs a

---

24 CAMERON, Rondo. *Banking in the early stages of industrialization. A study in comparative economic history*. Nova Yorque: Oxford University Press, 1967, p. 7-10.

25 GERSCHENKRON, Alexander. *Economic backwardness in historical perspective: book of essays*. Cambridge: Harvard University Press, 1962. Introdução.

26 PATRICK, Hugh. Financial... *Op. cit.*

27 BOUVIER, Jean. "Relaciones entre sistemas bancarios y empresas industriales en el crecimiento europeu del siglo XIX". In: VILLAR, Pierre *et al. La industrialización europea. Estadios y tipos*. Barcelona: Ed. Crítica, 1981, p. 146.

hipótese geral de que, *a priori*, não se pode atribuir um papel determinado ao crédito, e por extensão aos bancos, no processo de desenvolvimento econômico. Esse papel dependeria da especificidade de cada processo.[28] É nesse sentido que Bárbara Levy e Ana Maria Ribeiro de Andrade afirmaram a especificidade da relação entre Estado, moeda e crédito nas colônias da América do Sul. Como colônias de exploração, a gestão monetária e creditícia se realizava no âmbito do grande comércio internacional, subordinado no século XIX à hegemonia inglesa.[29] Dessa maneira, as instituições financeiras coloniais, e mesmo pós-coloniais, estariam mais ligadas ao desenvolvimento econômico externo do que interno. Do ponto de vista estrito da economia, talvez seja essa a razão pela qual não se verificou no Brasil do XIX o salto qualitativo rumo à industrialização. Os bancos do país enquadravam-se mais como engrenagem do comércio e, assim, reforçavam a estrutura social e política que não permitia aquele salto.

Vários outros estudos que tratam da relação entre bancos e desenvolvimento econômico são facilmente encontrados quando percorremos a historiografia monetária e bancária do Brasil e de outros países.[30] Não é o caso de mencioná-los aqui.

---

28 SAES, Flávio Azevedo Marques de. *Crédito e bancos... Op. cit.*, p. 50. Para a relação entre instituições financeiras e desenvolvimento econômico em São Paulo, cf. também HANLEY, Anne Gerard. *Capital markets... Op. cit.*

29 LEVY, Maria Bárbara e ANDRADE, Ana Maria Ribeiro de. "A gestão monetária na formação do Estado Nacional". In: *Revista Brasileira de Mercado de Capitais*, v. 6, n. 17, mai/ago., 1980, p. 138-153. Para capital usurário, cf. LEVY, Maria Bárbara. *História financeira do Brasil colonial.* Rio de Janeiro: IBMEC, 1979; *Idem.* "O capital usurário e o capital financeiro". *Revista Brasileira de Mercado de Capitais*, v. 3, n. 7, jan/abr., 1977, p. 47-71; LEVY, Maria Bárbara e ANDRADE, Ana Maria Ribeiro de. *Fundamentos... Op. cit.*, p. 19.

30 Cf., por exemplo, JOSLIN, David. *A century of banking in Latin America.* Londres: Oxford University Press, 1963; SYLLA, Richard; TILLY, Richard; TORTELLA, Gabriel. *The State, The Financial system and economic modernization.* Cambridge: Cambridge University Press, 1999; KINDLEBERGER, Charles Poor. *A financial history of western Europe.* Londres: George Allen and Unwin, 1985; HOBSBAWM, Eric. *A era do capital (1848-1875).* Rio de Janeiro: Paz e Terra, 2009; etc. No Brasil, VIEIRA, Dorival Teixeira. *Evolução do sistema monetário brasileiro.* São Paulo: IPE/USP, 1981; SAES, Flávio Azevedo Marques de. *Crédito e bancos no desenvolvimento da economia paulista 1850-1930.* São Paulo: IPE/USP, 1986; HANLEY, Anne Gerard. *Capital markets in the coffee economy: financial institutions and economic change in São Paulo, Brazil, 1850-1905.* 1995. Tese (Doutorado) – Stanford University; GUIMARÃES, Carlos Gabriel. *Bancos, economia e poder no Segundo Reinado: o caso da sociedade bancária Mauá, Macgregor & Companhia (1854-1866).* 1997. Tese (Doutorado em História Econômica) - Universidade de São Paulo; TRINER, Gail. *Banking and economic development: Brazil, 1889-1930.* Nova Yorque: Palgrave MacMillan, 2000; etc.

Esse brevíssimo panorama da literatura relacionada a bancos e desenvolvimento econômico serviu apenas para introduzir a discussão do sentido dos bancos numa economia mercantil escravista como era a economia do Império brasileiro em meados do século XIX. Com exceção dos historiadores econômicos brasileiros, os autores mencionados observavam em seus estudos o contexto industrializante do Norte, em que a relação de trabalho assalariado já estava sedimentada. Nesses contextos, o sentido dos bancos só podia ser o desenvolvimento econômico e este significava industrialização e organização capitalista das relações de trabalho e da produção. Era esse o caso brasileiro? De maneira geral, era esse o sentido dos bancos no Brasil do século XIX? Mais especificamente, era esse o sentido do banco recém-aberto na esquina da rua da Alfândega com Candelária, uma instituição financeira inserida no contexto de uma economia mercantil e escravista?

Para responder essas questões, este trabalho busca entrelaçar a história de um banco, das ideias econômicas de um homem e de um projeto político. O segundo Banco do Brasil foi idealizado e concretizado pelo então ministro da Fazenda Joaquim José Rodrigues Torres e se inseria, como braço financeiro, no projeto conservador de centralização política do Império, no projeto político saquarema de construção e consolidação do Estado imperial. A tese que guia o trabalho é de que o banco foi resultado desse projeto político mais amplo levado a cabo pelos Saquaremas. Embora fosse uma instituição privada, suas relações com o governo eram estreitas. Como cabia ao imperador nomear o presidente da instituição, seus olhos se faziam presentes no coração da máquina monetária e, em menor medida, creditícia da economia mercantil escravista brasileira. Era o banco o responsável pelo controle da oferta monetária da economia e para isso contava formalmente com o monopólio da emissão de notas bancárias em todo o Império. Ao controlar tal oferta, o banco poderia regular a liquidez do mercado e a taxa de desconto. Com a moeda e o crédito nas mãos, o segundo Banco do Brasil era uma instituição chave para a centralização do poder político na corte. Ao perder o monopólio de emissão, o banco perderia a capacidade de controlar a oferta de moeda e crédito naquela economia e, portanto, sua razão de ser. Daí não ser surpresa o fato de que os próprios Saquaremas trabalhassem politicamente para cassar o direito de emissão do banco. É nesse sentido que buscamos reconstituir a história do segundo Banco do Brasil, um banco saquarema.

A reconstituição da história do banco começa com as experiências monetárias e bancárias, levadas a cabo pelo Estado, que antecederam à criação do segundo Banco do Brasil. A apresentação desses antecedentes possibilitam a análise de sua influência na criação do segundo Banco do Brasil num processo de aprendizado e evolução institucional. Assim, o capítulo 1 sintetiza a experiência do primeiro Banco do Brasil, ainda na colônia, e sua relação com o Estado. O capítulo 2 trata da tentativa de se concretizar a criação de um banco nacional tal como proposto na reforma bancária de 1833 e a perseguição da miragem do padrão-ouro manifestada na reforma monetária de 1846. Aborda também como a ideia de um banco nacional emissor aparecia entre os chamados metalistas e papelistas e termina com a concorrência entre os bancos emissores do Rio de Janeiro que será usada como pretexto para a criação do segundo Banco do Brasil. O capítulo 3 discute como o banco se insere no projeto político saquarema, trata de sua criação e da fusão dos bancos emissores do Rio de Janeiro, e, finalmente, compara o segundo Banco do Brasil com as experiências anteriores.

A segunda parte do trabalho abarca o período que vai dos primeiros anos de funcionamento do banco ao embate político pelo retorno do monopólio de emissão às mãos do Banco do Brasil a partir de 1859. O capítulo 4 trata da administração do banco e de seus primeiros anos de funcionamento. Apresenta as relações formais e práticas entre o banco e os gabinetes que se estabeleceram no período e suas tensões. Termina com a criação das caixas filiais do banco e o espraiar da Ordem pelo Império. O capítulo 5 aborda a pressão sobre a política econômica do governo e sobre o banco no final de 1856 e a subida de Souza Franco ao ministério da Fazenda. Continua com a reviravolta na política econômica que levou à implementação da pluralidade de emissão e à interrupção do projeto político saquarema. A crise de 1857 e a resistência saquarema que acabam levando à queda de Souza Franco e à subida de Torres Homem ao ministério da Fazenda encerram o capítulo. O capítulo 6 fecha a segunda parte e trata da retomada do projeto político saquarema, no contexto do auge das operações do Banco do Brasil e de suas caixas filiais no período anterior.

A terceira parte abrange o período que vai da implementação da lei que recolocaria o monopólio de emissão nas mãos do Banco do Brasil à aprovação da lei que alterou sua natureza de banco emissor. O capítulo 7 aborda a subida de Silva

Ferraz ao ministério da Fazenda e a confirmação da continuidade da Ordem depois de um período de hesitação por parte do novo ministro. Aborda também a lei de 1860, seus efeitos sobre o banco e a reação de sua diretoria às novas regras restritivas. O capítulo 8 trata da abertura do troco em ouro das notas do banco e da reação de seus acionistas diante do enquadramento da instituição à nova lei. Trata ainda da fusão do Banco do Brasil com o Banco Comercial e Agrícola e da compra do direito de emissão do Banco Rural e Hipotecário, como resultado do longo caminho de volta ao monopólio de emissão e da pressão dos acionistas do banco por maiores dividendos. Finalmente, o capítulo 9 aborda a crise de 1864 e a guerra do Paraguai, eventos que marcaram a mudança de natureza do banco. Passa brevemente pela reforma hipotecária de 1864, que apontou uma saída para o banco, e pelos projetos que propunham a reforma do Banco do Brasil. Termina com a aprovação do acordo que levou a tal reforma e desvirtuou sua função dentro do projeto político saquarema.

Com este trabalho, esperamos ter contribuído para diminuir a escassez de estudos sobre bancos brasileiros no período imperial e para fornecer dados de um banco específico que podem ser aproveitados em estudos comparativos e ensaios mais gerais sobre a história dos bancos no Brasil.[31] Além disso, esperamos que a reconstituição das operações do banco e de suas caixas filiais no período supra uma carência dos estudos existentes que tratam especificamente da história do Banco do Brasil.[32] Os dados das caixas filiais são importantes, ainda uma vez, porque podem informar não só sobre a história do banco, como também sobre as próprias províncias onde estavam instaladas, servindo de apoio para a historiografia regional do país.

---

31 SAES, Flávio Azevedo Marques. "Fontes para a história dos bancos no Brasil. O caso de São Paulo (1850-1930)". *América Latina en la Historia Económica*, nº 3, jan-jun 1995, p. 63; TEDDE, Pedro e MARICHAL, Carlos (orgs.). *La formación de los bancos centrales en España y América Latina (siglos XIX y XX)*. Madri: Banco de España, 1994, p. 131.

32 Cf. GOLDSMITH, Raymond W. *Brasil 1850-1984: desenvolvimento financeiro sob um século de inflação*. São Paulo: Bamerindus/Harper & Row do Brasil, 1986, p. 37. A nota 29 diz o seguinte: "Não há, aparentemente, nenhuma publicação ou documento resumindo ou analisando os balancetes do BB durante esse período [1850-89]. As comparações intertemporais são dificultadas pelas numerosas mudanças nos métodos de relatório. Mesmo a história oficial do banco, recentemente publicada, em que Pacheco trata deste período nos volumes II e III, não contém um único balancete de demonstração de lucros e perdas e, tampouco, no que se refere ao assunto, nenhuma tabela estatística".

Antes de continuarmos é preciso explicar porque consideramos este o segundo Banco do Brasil. Entre 1808 e 1853, foram estabelecidas no Brasil quatro instituições financeiras chamadas Banco do Brasil. Três delas partiram da iniciativa pública e uma da iniciativa privada. Três delas entraram efetivamente em operação e uma não chegou a se concretizar. Por isso, há certa confusão quando historiadores e economistas tratam da história do Banco do Brasil. Dependendo do critério adotado pelo estudioso, a instituição financeira criada em 1853, objeto deste estudo, pode ser considerada o quarto, o terceiro ou o segundo Banco do Brasil. É o quarto, se consideradas as instituições que já tiveram esse nome. É o terceiro, se consideradas as instituições que já tiveram esse nome e que entraram efetivamente em operação. E, finalmente, é o segundo se consideradas as instituições que já tiveram esse nome, que entraram efetivamente em operação e que foram criadas pela iniciativa pública.

Neste trabalho, optamos por chamar aquela instituição de segundo Banco do Brasil, porque a ênfase de nossa análise está na relação entre o banco e o Estado imperial e, portanto, os critérios de maior peso em nossa escolha são o fato de sua criação ter sido motivada pela iniciativa pública e de ter ela entrado efetivamente em operação. Não faz sentido considerarmos o banco estabelecido pela lei de 1833, uma vez que não chegou a operar e, portanto, a se relacionar efetivamente com o Estado. Tampouco faz sentido considerarmos no cômputo o banco de 1851, uma vez que foi criado pela iniciativa privada e não possuía vínculos formais com Estado. E assim, no âmbito deste trabalho, temos o segundo Banco do Brasil, o banco da Ordem.

PARTE I
ANTECEDENTES

Capítulo 1 – Primeiras experiências e aprendizados

1.1. Uma ideia d'além mar em terras brasileiras

Quando o segundo Banco do Brasil entrou em operação já havia se passado 25 anos da extinção da primeira instituição financeira brasileira. No entanto, aquela experiência deixou marcas que resistiram ao tempo. O fracasso da tentativa de reorganização do Banco do Brasil, em 1833, deveu-se em boa medida ao que aconteceu ao longo dos 20 anos de operação do primeiro banco. Também é possível observar o eco daquela experiência na organização do banco de 1853. Primeiro, há a constatação óbvia de que se não fosse a extinção do primeiro banco, não haveria o segundo. Além disso, a montagem institucional do segundo banco procurou evitar as brechas pelas quais se esvaiu a credibilidade de seu antecessor, a má administração e a emissão desregulada. Nessa montagem, parece clara a diferença de natureza entre as duas instituições financeiras e o processo de aprendizagem institucional que se iniciou em 1808. É por isso que pensamos que a história da relação entre o segundo Banco do Brasil e o Estado imperial deve começar a ser contada a partir da experiência do primeiro Banco do Brasil.

Curioso é que a ideia que irá desembocar no estabelecimento de um banco de Estado na colônia não nasce no Brasil, mas em Portugal. Em meados da década de 1760, Domingos Vandelli, um italiano de Pádua, foi convidado pelo marquês de Pombal para lecionar no malfadado Real Colégio dos Nobres, que deveria oferecer formação científica à nobreza lusa. Vandelli formou-se em filosofia, aprofundando-se nos campos da medicina e história natural. Com o fracasso da experiência do Real Colégio dos Nobres, foi para a Universidade de Coimbra ensinar filosofia. Nessa época, não era raro que estudiosos de questões filosóficas e das ciências naturais enveredassem nos meandros dos problemas econômicos e, sendo um dos fundadores da Real Academia de Ciências de Lisboa, Vandelli marcou a atuação da academia no campo econômico e financeiro. Com suas *Memórias econômicas*, influenciou o desenvolvimento do pensamento e da política econômica e financeira portuguesa no final do século XVIII.[1]

Diante da participação portuguesa na campanha do Roussillon,[2] Vandelli vislumbrava a generalização dos conflitos militares na Europa que levaria às chamadas guerras napoleônicas. Justificavam-se, assim, suas propostas de reforma financeira que visavam o financiamento das despesas militares que estavam por vir com a resistência de Portugal à ameaça francesa. Nesse sentido, Vandelli propunha que o Estado cortasse despesas supérfluas, começasse a elaborar orçamentos, melhorasse a arrecadação fiscal e criasse novos impostos, além de racionalizar sua administração financeira. Certamente inspirada nas experiências de outros países europeus, notadamente Inglaterra e França, entrava em cena a ideia de criar um banco de Estado em Portugal. Coerente com a proposta de financiamento da despesa pública, o banco era concebido primordialmente como fonte geradora de recursos adicionais para o Estado via empréstimos, adiantamentos sobre a arrecadação futura de impostos e emissão de notas bancárias.[3] Vandelli recomendou ao governo português que o banco fosse organizado por d. Rodrigo Domingos Antônio de Sousa Coutinho, futuro conde de Linhares. Recomendação feita e aceita.

Quase dez anos antes da criação do primeiro Banco do Brasil, Sousa Coutinho já defendia o estabelecimento de um banco privado, mas funcional ao Estado, e apontava como ele deveria atuar para viabilizar o financiamento da despesa pública em suas *Reflexões políticas sobre o meio de restabelecer o crédito público e segurar recursos para as grandes despesas do Reino*.[4] Para ele, tal banco deveria fazer empréstimos ao governo com juros moderados; administrar a venda de diamantes; pagar os juros das dívidas

---

1 Cf. VANDELLI, Domingos. *Memórias económicas da Academia Real das Ciências de Lisboa, para o adiantamento da agricultura, das artes, e da indústria em Portugal, e suas conquistas (1789-1815)*. Lisboa: Banco de Portugal, 1990. Sobre Vandelli, cf. CARDOSO, José Luís. "Os escritos econômicos e financeiros de Domingos Vandelli". *Ler História*, n. 13, 1998, p. 31-51; *Idem*. From Natural History to Political Economy: "The enlightened mission of Domenico Vandelli in Late eighteenth-century Portugal". *Studies in the History and Philosophy of Science*, vol. 34: 4, 2003, p. 781-803.

2 Resistência hispano-portuguesa à investida francesa contra a Espanha.

3 A nota bancária é um papel ao portador que circula até ser apresentado para o troco, em papel-moeda ou metal, no caixa do banco emissor.

4 Cf. o projeto de criação do Banco Real Brigantino em COUTINHO, Rodrigo de Sousa. "Projeto de alvará de criação do Banco Real Brigantino (1797)". In: *Textos políticos, econômicos e financeiros (1783-1811)*. Lisboa: Banco de Portugal, 1993. Tomo II, p. 110-119.

reais e adiantar recursos garantidos pela renda líquida e certa do soberano; descontar letras de câmbio; ser depositário dos metais preciosos dos negociantes a quem desse crédito e realizar operações com metais preciosos; e, finalmente, emitir notas bancárias que seriam pagas à vista e aceitas como dinheiro nos cofres do Estado.

Tal como concebido por Vandelli e proposto por Sousa Coutinho, esse banco seria, na prática, um instrumento do Estado criado para supri-lo com os recursos necessários para cobrir suas despesas. Por isso chama a atenção o fato de Sousa Coutinho dizer que o banco formaria "uma corporação totalmente independente, com que o governo não se intrometeria, sendo o seu presidente e deputados eleitos ou confirmados anualmente pelos acionistas, a quem se dariam as mais rigorosas e miúdas contas".[5] Diante do que propôs Sousa Coutinho, tal preocupação só podia ser retórica, assim como fazia parte do discurso a defesa sempre presente do crédito agrícola e comercial. Uma ideia que nasceu no seio do Estado, que se desenvolveu tendo em vista suas necessidades financeiras e que, de certo modo, seria por ele concretizada não poderia deixar de implicar numa relação estreita com o banco, como a prática mostraria alguns anos mais tarde.

Por conta dessas ironias da história, o banco concebido em Portugal acabou nascendo no Brasil. Trasladada a corte, trasladou-se a ideia do banco e o financiamento da despesa pública continuou como o principal problema a ser resolvido pelo Estado português. Assim, entre Vandelli e Sousa Coutinho delineou-se o que viria a ser o primeiro Banco do Brasil. Se na metrópole o problema da escassez de meio circulante e crédito já se apresentava, na colônia ele se tornou premente a partir dos eventos do final do século XVIII e início do XIX. O comércio demandava meio circulante e crédito suficientes para efetivar os negócios em expansão que se faziam pelos portos já arrombados pelo contrabando e posteriormente abertos legalmente.[6] O surgimento quase espontâneo de estabelecimentos privados e públicos, cuja intenção era lançar papéis que satisfizessem tal demanda,[7] era um indicador daquela escassez e apontava

---

5 FUNCHAL, Agostinho de Sousa Coutinho, marquês de. *O conde de Linhares*. Lisboa: Typ. Bayard, 1908, p. 178.

6 Cf. NOVAIS, Fernando. *Portugal e Brasil na crise do Antigo Sistema Colonial (1777-1808)*. São Paulo: Hucitec, 1979, p. 185; ARRUDA, José Jobson de Andrade. *O Brasil no comércio colonial*. São Paulo: Ática, 1980, p. 323-8; *Idem*. *Uma colônia entre dois impérios*. São Paulo: Edusc, 2008.

7 Quanto aos estabelecimentos públicos, referimo-nos aqui à Real Extração dos Diamantes, com seus bilhetes da extração, e ao banco de trocos. Cf. FRANCO, Afonso Arinos de Melo e PACHECO,

a necessidade de uma instituição financeira que pudesse amenizá-la, provendo maior liquidez para o funcionamento da economia mercantil.

Era a mesma demanda da corte e do governo recém-chegados ao Rio de Janeiro para financiar a despesa pública que se dividia inicialmente em vultosos gastos administrativos e militares. Incluíam-se aí o estipêndio de fidalgos e o suporte à guerra peninsular e à campanha em Caiena, resposta à invasão francesa em Portugal. Para tentar cobrir, senão total pelo menos parcialmente, a despesa pública, de início o governo aumentou o mais que pôde a receita de impostos e usou a desvalorização da moeda como meio de reduzir o valor de suas dívidas e quitá-las com vantagem. Mas esses expedientes estavam longe de resolver a definitivamente a questão.

O problema monetário e creditício da metrópole manifestava-se também na colônia. Ao lado da necessidade de financiamento da despesa pública, havia o problema da escassez de meio circulante. Ora, as cabeças de Vandelli e Sousa Coutinho já haviam pensado soluções para o problema em terras lusas, por que não aplicá-las em terras brasileiras? Diante da insuficiência de metais preciosos para lastrear uma moeda representativa, o aumento da oferta de meio circulante e de crédito, e a sustentação desse aumento, teriam que passar pela utilização do papel-moeda[8] e essa solução remetia imediatamente à criação de um banco.

Na Europa, já não era novidade que Estados criassem seus próprios bancos para financiar a despesa pública, sobretudo no contexto de guerras sucessivas que desequilibravam os orçamentos. Para financiar seus déficits fiscais, os Estados apelavam para a emissão de seus bancos e para o curso forçado de suas notas. Inglaterra e França faziam isso e chegava o momento de aplicar essa solução, pensada para a metrópole portuguesa, na colônia brasileira. Sousa Coutinho, d. Fernando José de Portugal e Castro, futuro primeiro conde e segundo marquês de Aguiar,[9] e José da Silva Lisboa,

---

Cláudio. *História... Op. cit.*, p. 16-24; LEVY, Maria Bárbara. *História financeira do Brasil colonial.* Rio de Janeiro: IBMEC, 1979, p.; *Idem.* "O capital usurário e o capital financeiro". *Revista Brasileira de Mercado de Capitais*, v. 3, n. 7, jan./abr. 1977, p. 67; LEVY, Maria Bárbara e ANDRADE, Ana Maria Ribeiro de. "A gestão monetária na formação do Estado Nacional". In: *Revista Brasileira de Mercado de Capitais*, v. 6, n. 17, mai/ago., 1980, p. 138.

8 Cf. VIEIRA, Dorival Teixeira. *Evolução... Op. cit.*, p. 60. A moeda representativa devia ter uma contrapartida em ouro ou prata equivalente depositada num banco.

9 Nasceu em Lisboa, em 1752. Foi ministro dos Negócios do Reino (1808) e presidente do Erário Régio. Faleceu no Rio de Janeiro, em 1817. Cf. Galeria de ministros da Fazenda no sítio do Ministério da Fazenda do Brasil.

futuro barão e visconde de Cairu,[10] formavam a trinca que estava por trás da criação do banco colonial. Do ventre do Estado português trasladado para a colônia nasceu o primeiro Banco do Brasil para ser aquele que o salvaria da penúria financeira. Esperava-se dele, como fábrica de papel-moeda, a solução para o problema monetário e creditício do país, sobretudo para o financiamento das despesas estatais.[11]

Vossa Alteza Real, o príncipe regente d. João, por meio do alvará de 12 de outubro de 1808,[12] criou então um banco nacional e público na cidade do Rio de Janeiro. Seus fins estavam claramente expressos no texto da lei. Além de auxiliar o Real Erário a cobrir as despesas de manutenção da corte e aliviar a escassez de meio circulante que restringia a atividade comercial, o banco deveria manter em dia o pagamento de soldos, ordenados, juros e pensões dos quadros políticos do Estado, pois a fonte de recursos para esses pagamentos eram os bilhetes dos direitos das Alfândegas que, embora fossem de recebimento líquido e certo, tinham prazos de vencimento que impediam a pontualidade do pagamento. Esperava-se, portanto, que o banco facilitasse o financiamento das despesas do Estado,

10 Nasceu na cidade da Bahia, em 1756. Formado em Direito Canônico e Filosófico pela Universidade de Coimbra, foi nomeado desembargador do Paço e deputado da Junta do Comércio, Agricultura, Fábricas e Navegação. Foi também desembargador e senador (1826) pela Bahia. Fazia parte do conselho de d. Pedro I. Faleceu em 1835. VASCONCELLOS, barão e SMITH DE VASCONCELLOS, barão. *Archivo... Op. cit.*, p. 128.

11 José Luis Cardoso, ao revisitar a história do primeiro Banco do Brasil, observa que o excesso de emissão fiduciária era o principal problema do banco. Contudo, o próprio autor relaciona esse excesso aos pedidos de financiamento do Tesouro. Cf. CARDOSO, José Luís. *Novos elementos para a história do Banco do Brasil (1808-1829): crônica de um fracasso anunciado* [mimeo], p. 14. Para outros artigos sobre o primeiro Banco do Brasil, cf. PIÑEIRO, Théo Lobarinhas. "Negociantes, independência e o primeiro Banco do Brasil: uma trajetória de poder e de grandes negócios". *Tempo*, n. 15, 2003; MÜLLER, Elisa e LIMA, Fernando Carlos Cerqueira. "Breves reflexões sobre o primeiro Banco do Brasil (1808-1829)". Disponível em http://revistatemalivre.com/MoedaeCredito.html.

12 Esse alvará figura entre outros alvarás, cartas régias e decretos importantes expedidos desde a chegada da corte. Antes do banco vieram a abertura dos portos às nações amigas e a permissão para o livre estabelecimento de fábricas e manufaturas no país. Além disso, foram criados o Conselho Supremo Militar e de justiça, a imprensa régia, o erário régio, o Conselho de Fazenda, o tribunal da Junta do Comércio, Agricultura, Fábricas e Navegação, e a primeira cadeira de ciência econômica, ocupada por José da Silva Lisboa. Cf. BRASIL. *Collecção das leis do Brazil de 1808*. Rio de Janeiro: Imprensa Nacional, 1891. Carlos Marichal observa que a organização do primeiro Banco do Brasil era semelhante à do Banco de San Carlos. Cf. TEDDE, Pedro e MARICHAL, Carlos (orgs.). *La formación... Op. cit.*, p. 135. Para o Banco de San Carlos, cf. TEDDE, Pedro. *El Banco de San Carlos*. Madri: Alianza, 1988.

canalizasse recursos estagnados para o comércio e para a indústria e que a oferta de meio circulante fosse ampliada.

Embora o alvará falasse da criação de um banco nacional, inicialmente o Banco do Brasil funcionou apenas no Rio de Janeiro. Somente em 1818 foi aberta uma caixa filial na Bahia. No mesmo ano, foram criadas caixas filiais na província de Minas Gerais destinadas especificamente à compra de ouro e prata. Dois anos mais tarde, outra caixa filial seria aberta em São Paulo.[13] Embora os estatutos falassem de um banco público, a nova instituição era, na verdade, uma sociedade anônima em que a participação do Estado se restringia a reduzido número de ações.[14] Mas isso não significava, de modo algum, um afastamento do Estado das atividades do banco. Pelo contrário.

O Estado encheu de monopólios e privilégios o banco que deveria suprir suas necessidades financeiras e, de quebra, remover o entrave que a escassez de meio circulante significava para o comércio. O banco tinha o monopólio da custódia dos fundos do Real Erário, da venda de produtos privativos da administração da Real Fazenda, como diamante, pau-brasil, marfim e urzela; dos depósitos judiciais e extrajudiciais de ouro, prata, joias e dinheiro; e dos empréstimos feitos a juro de lei a particulares.[15] Como filho dileto, o Estado cercou

---

13 FRANCO, Bernardo de Souza. *Os bancos do Brasil: sua história, defeitos da organização atual e reforma do sistema bancário*. Brasília: Editora Universidade de Brasília, 1984, p. 20. A carta de lei que estabelece caixas filiais do primeiro Banco do Brasil na Bahia e em outras cidades e vilas do reino é de 16 de fevereiro de 1816. Nela também são apresentados os estatutos das caixas filiais. Cf. BRASIL. *Collecção das leis do Brazil de 1816*. Rio de Janeiro: Imprensa Nacional, 1890. O decreto de 4 de julho de 1818 prevê a criação de caixas filiais do Banco do Brasil destinadas à compra de ouro e prata. A carta régia de 2 de setembro de 1818 estabelece as tais caixas filiais de Minas nas cidades de Vila Rica, São João d'El Rei, Sabará e Diamantina. Embora o início do funcionamento dessas caixas estivesse marcado para janeiro de 1819, Arinos afirma que elas não chegaram a entrar em operação, pois a troca de ouro por notas do banco seria "*tão ruinosa para uma parte* [os depositantes de ouro] *quanto proveitosa para a outra* [o governo]". Cf. FRANCO, Afonso Arinos de Melo e PACHECO, Cláudio. *História... Op. cit.*, p. 63-4.

14 O capital do banco, previsto para durar 20 anos, era de 1.200:000$, divididos em 1.200 ações de 1:000$ cada uma. Para iniciar as operações, o banco precisaria que ações equivalentes a pelo menos 100:000$ fossem subscritas.

15 Quanto aos depósitos, foi extinto o cofre do depósito que havia na cidade e era administrado pela Câmara municipal. Quanto aos empréstimos, seriam levados para o banco os recursos dos cofres dos Órfãos e das Administrações de Ordens Terceiras e Irmandades, responsáveis por essas operações antes da criação do banco.

de privilégios o banco, sua administração e seus acionistas. O Banco do Brasil tinha suas notas aceitas em pagamentos à Real Fazenda; seus administradores tinham remuneração equiparada a de ministros e oficiais da Real Fazenda e da Administração da Justiça, e gozavam dos mesmos privilégios concedidos aos deputados da Real Junta do Comércio; e, finalmente, seus acionistas tinham suas ações protegidas de execuções judiciais.

Concedidos monopólios e privilégios, o Estado não deveria interferir, pelo menos estatutariamente, nas operações do banco. Como instituição de depósito, desconto e emissão, o banco descontava letras de câmbio; executava cobranças; recebia depósitos em prata, ouro, diamante ou dinheiro e depósitos a prêmio; além de ouro e prata, comercializava produtos privativos da administração da Real Fazenda; e, por fim, emitia notas pagáveis ao portador à vista ou a prazo, no valor mínimo de 30$. No entanto, os estatutos nada diziam sobre o limite dessa emissão. O Estado, e também administradores e acionistas do banco, aproveitaram-se dessa brecha para manter uma relação perigosa com a instituição que para ela se revelaria fatal.

Evidentemente, era vedado ao banco receber ou descontar valores provenientes de operações de contrabando, de especulações e que pudessem prejudicar a segurança do Estado. Contudo, havia espaço nos estatutos para a intervenção estatal na administração do banco, que estava nas mãos da junta dos dez maiores acionistas e da diretoria, composta por outros quatro acionistas. Os primeiros membros da junta e da diretoria foram nomeados pelo príncipe regente. Posteriormente, a assembleia geral do banco passou a elegê-los. Mas, mesmo assim, eles deviam ser confirmados por diploma régio.

Ao pensar a montagem do banco, o que logo chama a atenção é o fato de uma instituição organizada como sociedade anônima, formalmente privada apesar de dita pública, ser concebida pelo Estado e ter seus estatutos elaborados por ele. Entretanto, não se pode perder de vista que, independentemente do modo como foi organizado, o banco foi idealizado e concretizado para ser um banco de Estado que pudesse suprir, em primeiro lugar, a necessidade premente de financiamento da despesa pública. Além disso, como o Banco do Brasil era uma instituição emissora, essa intervenção também se justificava, em tese, pela prerrogativa do Estado sobre o controle da moeda e do crédito do país e pela importância das ações nesses âmbitos para a atividade econômica de maneira geral. Como observa Souza Franco,

> no exame das relações entre bancos e Estado, cujos planos eles podem auxiliar ou contrariar, convém lembrar que essas associações, especialmente as emissoras, tomam caráter público. A influência que adquirem no suprimento do mercado monetário e os riscos de abusos têm chamado a atenção dos governos para sua organização.[16]

Assim, da concepção à concretização, o banco não podia deixar de estar umbilicalmente ligado ao Estado. Era uma necessidade política resolver as dificuldades financeiras e econômicas de uma metrópole que se interiorizava na colônia.[17]

O Banco do Brasil nasceu para ajudar o Estado a financiar suas despesas, mas inicialmente era o Estado quem deveria ajudar o banco a se erguer. E essa não seria uma tarefa fácil. Embora estabelecido pelo alvará de 12 de outubro de 1808, o banco só iniciou suas operações no final do ano seguinte. A razão de tanta demora era que os estatutos previam a integralização de um capital mínimo de 100:000$ para que o banco pudesse entrar em funcionamento, o que só aconteceria pouco mais de um ano depois de expedido o alvará.

Segundo Freire, a dificuldade em se conseguir a subscrição mínima de ações para que o banco pudesse funcionar não se devia à escassez de capital privado, mas de educação bancária mesmo.[18] As pessoas pareciam hesitar em colocar seus recursos ora entesourados numa instituição que se constituía como novidade e cujo funcionamento ainda era obscuro para a maioria delas. Inicialmente, a desconfiança afastava subscritores e depositantes e ameaçava a sobrevivência do banco. O Estado, em vez de esclarecer as pessoas sobre o funcionamento da nova instituição para minar a desconfiança, optou por estratégia diferente: cercar o banco com mais privilégios, além daqueles já definidos nos estatutos, e usar a influência do príncipe-regente para abrir os bolsos dos súditos.

A carta régia de 23 de janeiro de 1809,[19] expedida poucos meses depois do alvará, mostra essa estratégia em marcha. Nela, d. João recomendava que governadores

16 FRANCO, Bernardo de Souza. *Os bancos do Brasil... Op. cit.*, p. 65.

17 Para a ideia de interiorização da metrópole, cf. DIAS, Maria Odila Silva. "A interiorização da metrópole (1808-1853)". In: MOTA, Carlos Guilherme, *1822: Dimensões*. São Paulo: Perspectiva, 1972.

18 FREIRE, Felisbello. *Historia do Banco do Brazil*. Rio de Janeiro: Typ. d'O Economista Brazileiro, 1907, p. 29.

19 BRASIL. *Collecção das leis do Brazil de 1809*. Rio de Janeiro: Imprensa Nacional, 1891.

e capitães generais[20] atuassem de modo a arrebanhar acionistas para o Banco do Brasil. Eles deveriam convocar os comerciantes de suas respectivas províncias e fazer propaganda do banco. O príncipe esperava que esse esforço surtisse efeito e que os comerciantes destinassem seus recursos para a nova instituição financeira na medida de suas forças e de seu interesse. Governadores e capitães generais obviamente seriam reconhecidos pelo serviço prestado.

Na Corte, era o próprio governo quem pressionava potenciais subscritores de ações do banco. Como nos conta Afonso Arinos, referindo-se a uma insinuação de Joaquim José de Azevedo, barão e visconde do Rio Seco e futuro marquês de Jundiaí,[21] subscrevê-las tornou-se "uma espécie de honroso ônus público"[22] e quem o fizesse poderia ser agraciado com mercês e comendas.

Ainda antes do início das atividades do banco, o governo avisava o representante de d. João em Londres, Agostinho de Sousa Coutinho, conde e marquês de Funchal, que os administradores do Banco do Brasil nomeariam agentes naquela praça para lá oferecer os produtos privativos da administração da Real Fazenda, cujo comércio competiria ao banco segundo seus estatutos. No entanto, a criação dessa agência enfrentou a resistência de Funchal. Pelo menos é o que nos conta José Hipólito da Costa, fundador do Correio Braziliense. Apesar da negativa do marquês, o jornalista informava que até 1812 o representante de d. João ainda não havia entregado efetivamente o comércio de tais produtos aos agentes nomeados pelo banco. Tal resistência no interior do próprio Estado já era indicativa da complexidade de suas relações com o banco.[23]

---

20 Governador geral e capitão general eram cargos equivalentes. Cf. PERES, Damião. "O problema dos governadores gerais da Ilha da Madeira". *Revista de Estudos Históricos*, ano 2, n. 1, jan.-abr. 1925, p. 1-17.

21 Nasceu em Portugal, em 1761. Fidalgo cavalheiro, fazia parte do conselho de d. João VI, foi escrivão dos filhamentos, tesoureiro da Casa Real, senhor de Macaé e alcaide-mór de Santos. Não voltou a Portugal com d. João VI e passou ao serviço de d. Pedro I. Faleceu no Rio de Janeiro em 1835. VASCONCELLOS, Barão e SMITH DE VASCONCELLOS, barão. *Archivo... Op. cit.*, p. 245-6.

22 FRANCO, Afonso Arinos de Melo e PACHECO, Cláudio. *História... Op. cit.*, p. 30.

23 Referimo-nos aqui ao aviso de 2 de outubro de 1809 e à nomeação das casas Antônio Martins Pedra, Filho & Cia., Barroso Martins, Pousadas & Carvalho e João Jorge Júnior como agentes em Londres, de acordo com o aviso de 28 de fevereiro de 1810. Hipólito da Costa e Funchal digladiavam-se por meio de suas publicações: o *Correio Braziliense* e o *Investigador Português em Inglaterra*, respectivamente. Para a informação de Hipólito da Costa, cf. FRANCO, Afonso Arinos de Melo e PACHECO, Cláudio. *História... Op. cit.*, p. 44.

Entre propagandas, apelos e benefícios revelava-se a necessidade imperiosa, por parte do Estado, de dar vida ao banco. Ele precisava do banco e era preciso viabilizá-lo a qualquer custo. Se é comum visualizar a imagem de súditos ajoelhados aos pés de seus príncipes rogando favores, não é frequente ver um príncipe apelar a seus súditos. Mas, nesse caso, seria preciso e, como sabemos, tais esforços não foram em vão. Na segunda-feira, dia 11 de dezembro de 1809, o banco abria suas portas no Rio de Janeiro, num sobrado à rua Direita, esquina com rua de São Pedro.

Mesmo depois de iniciadas as operações do Banco do Brasil, sua sobrevivência continuava ameaçada. Como em certas relações paternais, o Estado ao mesmo tempo protegia e explorava o banco. A ameaça vinha justamente de um problema congênito que acompanharia a instituição até seus últimos dias, a saber, a disparidade entre as notas que o banco emitia e colocava em circulação e seu lastro em metais. Evidentemente a emissão era maior do que o lastro metálico e a dificuldade de aumentá-lo sempre se fez presente. Além da penosa tarefa de canalizar para o banco os recursos entesourados pelo público, havia o problema da saída de metais para satisfazer o comércio importador de mercadorias e almas.

Como não dava para conter a saída de ouro via comércio e as minas brasileiras já não ofertavam o suficiente para garantir o lastro metálico das notas bancárias, a saída encontrada pelo Estado foi estimular a captação dos recursos entesourados pelo público. Como já mencionamos, esse estímulo não partiu de uma campanha educativa que ilustrasse potenciais subscritores e depositantes quanto aos serviços bancários, mas de uma série de atos do Estado que protegiam o banco. Na perspectiva do governo, essa seria a melhor maneira de manter o banco vivo e fazê-lo crescer.

O primeiro ato que apontou na direção dessa proteção, já com o banco em funcionamento, foi a decisão do conde de Aguiar de transferir para a instituição o cofre do depósito público, que ficava a cargo do Senado. A ansiedade do governo em consolidar o banco chegou a ultrapassar o limite da razão com as provisões[24] de abril de 1810 e setembro de 1811, que determinavam ao governo da capitania de Pernambuco aumentar a produção de pau-brasil a 20 mil quintais por ano, a fim de remetê-las para Londres por meio dos agentes do Banco do Brasil. O limite da razão foi ultrapassado simplesmente porque a capacidade de produção da capitania girava

24 Documento oficial em que o governo emite instruções.

em torno de 5 mil quintais por ano![25] Devaneio que indicava o descolamento entre o ideal e a realidade.

Em 1811, a situação do banco ainda inspirava cuidados. Durante o ano anterior, apenas 122 ações foram subscritas. O capital integralizado montava agora a apenas 122:000$, verdadeira ninharia perto dos 1.200:000$ previstos nos estatutos. O Estado precisava se esforçar mais. Então, o príncipe-regente determinou que o saque de depósitos, que antes passava obrigatoriamente pelo administrador da caixa do depósito, poderia ser feito agora por meio de precatórios apresentados à administração do banco. Além de atalhar a operação de saque, era uma maneira de reforçar o prestígio da junta que administrava o banco, que não merecia menos a "real contemplação" do príncipe-regente do que a de sua congênere lisboeta.[26]

Apesar da tentativa do governo, houve um acréscimo de apenas 4:000$ no capital do banco.[27] Um esforço a mais não era suficiente. Medidas enérgicas faziam-se necessárias para canalizar os recursos que estavam nas mãos do público para o banco. O diagnóstico do governo para a falta de "concorrência" de capitais nos cofres do banco e as tais medidas enérgicas vieram com a decisão de 8 de agosto de 1812. Nela, o conde de Aguiar observava que

> um dos motivos, e talvez o mais forte, de haverem concorrido tão poucos cabedais ao cofre do Banco, tem sido a ideia do pequeno lucro que os acionistas esperam dos seus cabedais postos no cofre de um tão útil, como necessário estabelecimento público, comparativamente ao lucro que podem colher da sua particular direção, e das empresas mercantis de sua escolha, esquecendo-se

25 Cf. FRANCO, Afonso Arinos de Melo e PACHECO, Cláudio. *História... Op. cit.*, p. 38. Segundo o *Houaiss*, a quinta era uma antiga unidade brasileira de massa e equivalia a quatro arrobas ou sessenta quilos. Portanto, a produção de pau-brasil deveria saltar de 300 toneladas para 1.200 toneladas por ano.

26 Alvará de 27 de março de 1811. Cf. BRASIL. *Collecção das leis do Brazil de 1811.* Rio de Janeiro: Imprensa Nacional, 1890. A congênere lisboeta a que nos referimos é a Junta da Administração dos Depósitos Públicos.

27 Cf. FREIRE, Felisbello. *Historia... Op. cit.*, p. 19; FRANCO, Afonso Arinos de Melo e PACHECO, Cláudio. *História... Op. cit.*, p. 39. Victor Viana diz que o capital do banco chegou a 172:000$ em 1812. Cf. VIANA, Victor. *O Banco do Brasil. Sua formação. Seu engrandecimento. Sua missão nacional.* Rio de Janeiro: Typ. do Jornal do Commercio, 1926, p. 102. Sejam 126:000$ ou 172:000$, o que importa é que era muito pequeno o número de ações subscritas até aquele momento.

> talvez dos riscos a que se expõe, e do quanto estes devem entrar em linha de conta para lhes fazer preferir um menor lucro com perfeita segurança de seus cabedais.[28]

Segundo o ministro, a razão do fracasso da subscrição de ações estava na expectativa pessimista do público em relação ao lucro do banco. Em outras palavras, havia uma percepção de que era elevado o custo de oportunidade da aplicação de seus recursos no banco. Em que pese o menor risco dessa inversão financeira, o baixo número de "concorrentes" indicava que seu retorno não era compensador. O governo precisava, portanto, reverter a expectativa pessimista do público e pelo menos reduzir o custo de oportunidade da aplicação. Com isso, dizia o conde que o Augusto Senhor

> resolveu auxiliar e promover os interesses dos acionistas do Banco do Brasil com exuberantes concessões, e fazer entrar no seu cofre uma considerável soma anual, que no fim de poucos anos, conjuntamente com o capital dos acionistas particulares, fará subir o fundo do Banco muito além de 1.200:000$, como convém ao crédito e às vantagens de um tão útil estabelecimento, e que tanto merece a real contemplação.[29]

Nesse tom de apelo, o ministro esperava dar o sopro de vida que faltava ao Banco do Brasil. A principal medida para incrementar o capital do banco partia do próprio Estado e consistia na criação de novos impostos cujo produto deveria entrar nos cofres da instituição. Estimava-se que tal produto girasse em torno de 100:000$ anuais. Portanto, em dez anos, prazo previsto para a cobrança das novas obrigações, sua contribuição para o capital do banco deveria montar a 1.000:000$.

A diretoria e a junta do banco ficariam encarregadas da administração e arrecadação dos novos impostos. Nos primeiros cinco anos, toda a renda proveniente deles ficaria com o banco, isto é, apenas com seus acionistas particulares que a receberiam via dividendos. A partir daí, o Estado, como acionista, também passaria a receber dividendos proporcionais à renda daqueles impostos. Contudo, apesar de ceder a renda proveniente dos novos impostos nos primeiros cinco anos, ao Estado

---

28 BRASIL. *Collecção das decisões do governo do Brazil de 1812*. Rio de Janeiro: Imprensa Nacional, 1890.

29 *Ibidem*.

caberia um número de ações do banco correspondente à totalidade do capital que nele entraria por meio desses impostos em todo o período, isto é, dez anos.

Já nos referimos à contenda entre Hipólito José da Costa e Funchal sobre a nomeação dos agentes do Banco do Brasil em Londres. Outro ponto desta decisão do governo de estimular a entrada de capitais no banco, mais especificamente o terceiro ponto, parece dar razão ao jornalista. Nele, o Estado enfatizava a venda dos produtos privativos da administração da Real Fazenda para que o banco pudesse receber a comissão de dois por cento estabelecida nos estatutos. Também com a intenção de canalizar capital para o banco, o Estado reforçava o "destrato" dos empréstimos particulares feitos junto aos cofres dos Órfãos, das Ordens Terceiras e Irmandades para que tais empréstimos fossem feitos exclusivamente pelo Banco do Brasil. Nos pontos seguintes, o Estado garantia a observação dos direitos do banco previstos nos estatutos e nas ordens e concessões posteriores. Dentre eles, o nono ponto afirmava

> que jamais será o Banco constrangido a fazer suprimentos, adiantamentos ou quaisquer outras operações que forem superiores às suas forças e contrárias aos seus interesses, havendo em todas as transações a mais decidida boa fé e firmeza e estabelecendo-se a maior exação em todos os pagamentos.[30]

Tal ponto chama a atenção porque se enquadra naquela categoria de discurso que significa justamente o contrário do que diz efetivamente. Como se vislumbrasse o futuro, contradizia totalmente a realidade. Aliás, contradizia a própria natureza do banco, criado para atender às necessidades do Estado.

Apesar desse discurso vazio, até aqui foi apresentada a motivação econômica para que o público aplicasse seu capital no banco, mas faltava a motivação social e política característica de uma sociedade de Corte. E ela aparecia nos últimos pontos da decisão sob duas formas: apelo e reconhecimento. O príncipe-regente apelava aos diretores, membros da Junta e acionistas do banco para que canalizassem o máximo possível de seu capital para a instituição. Além disso, incumbia e recomendava aos dois primeiros que convencessem outros acionistas, negociantes,[31] amigos

30 *Ibidem.*

31 Para a definição de negociante, cf. nota 2.

e conhecidos a fazer o mesmo. O reconhecimento real seria a contrapartida da prestação desse serviço ao banco e, sobretudo, ao Estado imperial.

De fato, comendas e mercês não faltariam a quem subscrevesse ações do Banco do Brasil. Afonso Arinos cita uma exposição em que Manuel Jacinto Nogueira da Gama, futuro visconde, conde e marquês de Baependi,[32] relacionou concessão de mercês e compra de ações do banco. Para civis, três ou quatro ações, por exemplo, valiam a mercê do hábito de Cristo. Vinte ações levavam uma comenda da Ordem de Cristo e trinta ações o privilégio de fidalgo cavaleiro. Para milicianos ou ordenanças, a compra de ações significava elevação de posto.[33]

Pelo menos um dos novos impostos previstos na decisão do conde de Aguiar seria criado pelo famoso alvará de 20 de outubro de 1812, mas antes disso o príncipe-regente recomendou novamente aos governadores das capitanias que arrebanhassem acionistas para o banco. Em carta régia, o Augusto Senhor falava da situação em que se encontrava o Banco do Brasil e propagandeava os esforços estatais, tanto econômicos quanto políticos e sociais, para auxiliar o banco não só "para bem comum dos meus [sic] vassalos, mas para que possa prestar ao Estado os meios e recursos de que as rendas reais necessitam, a fim de socorrer com prontidão às despesas públicas". O apelo seguia a linha do que já aparecera na decisão de 8 de agosto. Depois de anunciar as medidas tomadas para canalizar capitais para o banco, o príncipe-regente apelava aos governadores ao dizer que,

> confiando no zelo, inteligência e atividade com que tanto vos tendes distinguido no meu real serviço, sou servido a encarregar-vos de solicitar a efetiva cooperação de todos os capitalistas, proprietários, negociantes e empregados públicos dessa Capitania, que estiverem nas circunstâncias de concorrer ao

32 Nasceu em São João Del Rey, Minas Gerais, em 1765. Doutor em Matemática e Filosofia pela Universidade de Coimbra. Foi inspetor de nitreiras e fábricas de pólvora em Minas, marechal de campo e conselheiro de Estado (1823). Foi também deputado (1823) pelo Rio de Janeiro, senador (1826) por Minas Gerais e ministro da Fazenda (1823, 1826 e 1831). Faleceu no Rio de Janeiro, em 1847. VASCONCELLOS, barão e SMITH DE VASCONCELLOS, barão. *Archivo... Op. cit.*, p. 68-9.

33 FRANCO, Afonso Arinos de Melo e PACHECO, Cláudio. *História... Op. cit.*, p. 40-1. Os apelos do príncipe rendiam frutos de fato. Mais tarde, em 1821, o visconde do Rio Seco dirá que só se tornou acionista do banco àquela altura porque d. João nunca havia lhe insinuado nada nesse sentido. Cf. RIO SECO, Joaquim José de Azevedo, visconde do. *Exposição analítica e justificativa da conduta e vida pública*. Rio de Janeiro: Imprensa Nacional, 1821.

> cofre do Banco, segurando-lhes no meu real nome que serão por mim atendidos com honras e mercês os que vantajosamente se distinguirem e se fizerem por mim dignos da minha real contemplação.[34]

Na coleção de cartas de lei, alvarás, decretos e cartas régias, tal carta era dirigida ao conde dos Arcos, governador da capitania da Bahia, mas cópia idêntica fora enviada a todos os governadores de capitanias. Pelo menos em Minas Gerais os esforços estatais finalmente deram algum resultado. O conde de Aguiar reconhecia, em aviso, o empenho de Francisco de Assis Mascarenhas, conde e futuro marquês de São João da Palma,[35] então governador da capitania, apesar de os negociantes de Vila Rica terem subscrito apenas vinte ações.[36]

A concretização da decisão de 8 de agosto veio com o já referido alvará de 20 de outubro de 1812, que estabelecia um imposto sobre seges, lojas e embarcações para o fundo de capital do Banco do Brasil.[37] Não é necessário fazer maiores comentários sobre esse alvará, uma vez que seu conteúdo é muito próximo ao da decisão a que nos referimos. Vale a pena somente especificar que impostos eram esses e quem arcaria com eles. Assim, o alvará determinava que

> I. por cada carruagem ou sege de quatro rodas pagar-se-á 12$800 por ano, e por cada uma sege de duas rodas 10$000 também por ano. A este imposto já determinado pela Carta Régia de 18 de março de 1801, serão sujeitos todos os residentes no Brasil pelo número de carruagens e seges de qualquer denominação e forma que cada um tiver em uso, o que deverá declarar no ato do lançamento a que se proceder.

---

34 Carta régia de 22 de agosto de 1812. Cf. BRASIL. *Collecção das cartas de lei, alvarás, decretos e cartas régias de 1812*. Rio de Janeiro: Imprensa Nacional, 1890.

35 Nasceu em Lisboa, em 1779. Foi conselheiro de Estado e governador das províncias de Goiás (1808), Minas Gerais e São Paulo (1814). Foi também senador (1826) por São Paulo, presidente do desembargo do Paço, regedor das justiças e mordomo-mór do imperador. Faleceu em 1843, no Rio de Janeiro. VASCONCELLOS, barão e SMITH DE VASCONCELLOS, barão. *Archivo... Op. cit.*, p. 451-2.

36 Aviso de 13 de outubro de 1812. Cf. FREIRE, Felisbello. *Historia... Op. cit.*, p. 29; FRANCO, Afonso Arinos de Melo e PACHECO, Cláudio. *História... Op. cit.*, p. 41.

37 BRASIL. *Collecção das cartas de lei, alvarás, decretos e cartas régias de 1812*. Rio de Janeiro: Imprensa Nacional, 1890.

> II. Igualmente se pagará por cada loja, armazém ou sobrado em que se venda por grosso e atacado a retalho e varejado, qualquer qualidade de fazenda e gêneros secos ou molhados, ferragens, louças, vidros, massames; por cada loja de ourives, lapidários, correeiros, funileiros, latoeiros, caldeireiros, cerieiros, estanqueiros de tabaco, boticários, livreiros, botequins e tavernas, sem isenção de pessoa alguma residente no Brasil que tais lojas ou armazéns tiver. Dessa contribuição somente ficarão isentas as lojas, botequins e tavernas que atualmente já pagam para a Real Fazenda um igual ou maior imposto e bem assim todas as lojas de qualquer qualidade, botequins e tavernas estabelecidas nas estradas, nos Arraiais e Capelas, e nas pequenas Povoações em que não haja Magistrado de Vara Branca.
>
> III. Por cada navio de três mastros se pagará por ano 12$800; por cada embarcação de dois mastros, 9$600; por cada embarcação de um mastro e de barra fora, 6$400; por todas as outras embarcações de menor lote e que não navegam fora da barra, como lanchas, botes, saveiros, canoas e outras de qualquer forma ou denominação, 4$800; em todos os portos deste Estado do Brasil, excetuadas somente as jangadas e quaisquer embarcações destinadas à pescaria, e os botes, escaleres e lanchas pertencentes ao serviço das embarcações que já tiverem sido compreendidas nesta imposição.
>
> IV. Por todas as compras e vendas de navios e embarcações de qualquer lote, à reserva unicamente das jangadas e barcos de pescaria, se pagará 5% do preço da compra, em todos os portos deste Estado do Brasil em que se efetuar o contrato.

Pela extensão dos impostos, observamos a verdadeira socialização da capitalização do banco feita via Estado. Ele funcionava como uma espécie de encanador que canalizava recursos do público para os cofres do banco e daí para os cofres do próprio Estado. Os impostos estabelecidos pelo alvará deveriam começar a ser cobrados no primeiro dia do ano seguinte, mas as instruções para a cobrança só apareceram em dezembro de 1813.[38] De qualquer modo, os novos impostos corresponderam às expectativas lançadas na decisão de agosto de 1812 e, a partir dele, os

38 FRANCO, Afonso Arinos de Melo e PACHECO, Cláudio. *História*... *Op. cit*., p. 43.

recursos foram entrando no cofre do banco.[39] Ou melhor, os recursos passavam pelo cofre do banco e rumavam sob a forma de empréstimos para o cofre do Estado e para os bolsos de correntistas e administradores da própria instituição.[40] Os abusos cometidos pelo governo e pela administração do banco eram a contrapartida da proteção estatal via concessão de privilégios.

Tais privilégios que o Estado fora concedendo ao banco funcionavam, pois, como faca de dois gumes. Se de um lado aparentemente protegiam as operações da instituição e sinalizavam para os potenciais acionistas e correntistas que seus recursos estariam em porto seguro se direcionados para o banco; de outro, a magnitude dos privilégios lançava dúvidas quanto à sustentabilidade do negócio e, ao mesmo tempo, induzia seus administradores a afrouxar as garantias e facilitar as operações. Aliás, sob o manto real, estes se aproveitavam da relação perigosa com o Estado para tomar empréstimos em condições mais do que favoráveis. Os acionistas também gozavam dos recursos recebidos como dividendos por pior que fosse a situação financeira da instituição.[41] O primeiro Banco do Brasil não só sustentou financeiramente o Estado, como foi, de fato, o banco da corte portuguesa nos trópicos.

Por isso mesmo, o banco foi agraciado com mais um privilégio quase inacreditável. O curto alvará de 24 de setembro de 1814 estabelecia que as dívidas do Banco do Brasil seriam consideradas dívidas fiscais, sem diferença alguma em relação a estas quanto à cobrança e arrecadação.[42] O príncipe-regente dizia no alvará que com essa medida estava querendo dar mais uma prova da "consideração e proteção" que merece a instituição, não se podendo perder de vista que o banco já era a essa altura importante ponto de sustentação das finanças do Estado. Contudo, o discurso de sua alteza no alvará não irá condizer com sua prática futura. Ao retornar para Portugal, d. João dará verdadeira prova de "desconsideração e abandono" para com o banco, deixando-o em situação financeira penosa. Mas trataremos disso logo adiante. No fundo, tratava-se agora de mais uma medida para tentar despertar a

---

39 O capital previsto nos estatutos foi totalmente integralizado entre 1817 e 1818. Cf. FRANCO, Bernardo de Souza. *Os bancos do Brasil... Op. cit.*, p. 16; FRANCO, Afonso Arinos de Melo e PACHECO, Cláudio. *História... Op. cit.*, p. 59.

40 Dois nomes frequentemente aparecem relacionados aos maus negócios do banco: o do visconde do Rio Seco e, especialmente, o do visconde de São Lourenço, Francisco Bento Maria Targini.

41 FRANCO, Afonso Arinos de Melo e PACHECO, Cláudio. *História... Op. cit.*, p. 58.

42 BRASIL. *Collecção das leis do Brazil de 1814*. Rio de Janeiro: Imprensa Nacional, 1890.

confiança e a simpatia do público em relação ao banco e, assim, atrair os seus recursos para os cofres da instituição.

Entre 1813 e 1817, o banco cumpria seu duplo papel: regulava o meio circulante, que a essa altura era constituído predominantemente por suas notas, e fornecia recursos para financiar a despesa pública. Não é preciso pensar muito para perceber que são papéis contraditórios. A "pressão" do governo para que o banco lhe fornecesse recursos comprometia seu papel regulador do valor da moeda. Ao mesmo tempo em que se esforçava para angariar recursos para o banco, o governo não se preocupava em aspirar esses recursos e os recursos derivados deles para seus cofres. Quer dizer, os recursos que entravam no banco serviam de lastro para a emissão de suas notas que, por sua vez, serviam para financiar as despesas estatais. Como já comentamos, os estatutos do banco não previam nenhum limite para a emissão dessas notas e isso, de certa maneira, deixava espaço livre para o aumento do gasto do Estado. Sua situação financeira nunca foi das melhores e, nessa época, não havia condição econômica nem política para se pensar em alternativas de financiamento do gasto fiscal via criação de impostos ou tomada de empréstimos externos.[43] Restava ao governo recorrer ao Banco do Brasil.

A necessidade crescente de recursos por parte do governo para financiar a despesa da corte e da administração pública, e porque não, a voracidade dos administradores do banco, foi acompanhada da emissão crescente de notas bancárias. Para se ter uma ideia da dimensão desse crescimento, a emissão do banco, que em 1810 montava a 160:000$, aumentou mais de seis vezes, chegando a 1.062:000$, em 1817.[44] Como não havia limite de emissão, mas não só por isso, como a necessidade de recursos, sobretudo por parte do governo, era premente, a emissão de notas logo superou a capacidade do banco de lastreá-las adequadamente. O resultado do aumento da oferta dessas notas e da insuficiência de lastro foi sua desvalorização, que se fez sentir entre 1818 e 1820.[45]

Tal desvalorização era importante. Segundo Afonso Arinos, as notas do banco "abarrotavam as caixas das casas de comércio e as algibeiras dos particulares, como

---

43 Cf. VIANA, Victor. *O Banco do Brasil... Op. cit.*, p. 109. Para uma história das finanças do Império, cf. CARREIRA, Liberato de Castro. *História financeira e orçamentária do Império do Brazil desde a sua fundação*. Rio de Janeiro: Imprensa Nacional, 1889.

44 Cf. FRANCO, Bernardo de Souza. *Os bancos do Brasil... Op. cit.*, p. 17.

45 Cf. FREIRE, Felisbello. *Historia... Op. cit.*, p. 34.

papel quase sem valor".[46] E, de fato, não deviam valer grande coisa. Anúncios de notas perdidas na Gazeta do Rio de Janeiro davam conta do descuido do público com elas e, portanto, indicavam seu baixo valor. A título de curiosidade, um anúncio de 21 de novembro de 1818 dizia que "Cândido de Sousa Rangel, morador em Mattaporcos junto ao Cortume, perdeu quatro notas do Banco de 50:000 réis cada uma, se alguém as achou e quiser restituir lhe dará de alvíssaras 50:000 réis".[47] Sem querer entrar ainda em mais detalhes que desviariam nosso curso das relações entre Estado e banco, vale lembrar que, além da depreciação das notas bancárias, o excesso de emissão também provocava a evasão da moeda metálica da circulação e a desvalorização do câmbio.

A evasão da moeda metálica corroborava a conhecida lei de Gresham, segundo a qual a má moeda expulsa a moeda boa da circulação. Nesse caso, as notas do banco tiravam do giro o ouro, que era entesourado por ter valor comercial mais alto. Mas não era só isso. Havia drenagem de moeda metálica da Corte tanto para o interior quanto para o exterior, pois havia demanda por moeda metálica para honrar compromissos externos e transações que aconteciam fora da província do Rio de Janeiro, dificultadas pela capilaridade insuficiente das notas bancárias.[48] Consequentemente, o câmbio se desvalorizava dada a menor oferta de ouro disponível para transações.

O excesso de emissão de notas e a escassez de metais para lastreá-las tornavam difícil a situação do banco que via minguar a cada dia sua capacidade de trocar papel por metal. Sensível a essa dificuldade, o governo mais uma vez voltou à carga num esforço para conseguir o que era escasso. A ideia por trás desse esforço era de que o público trocasse ouro por notas do banco.[49] Não deu certo.

46 FRANCO, Afonso Arinos de Melo e PACHECO, Cláudio. *História... Op. cit.*, p. 67.

47 *Gazeta do Rio de Janeiro*, n. 93, 22 de novembro de 1818.

48 As emissões do banco em províncias fora do Rio de Janeiro eram esparsas e reduzidas. Cf. tabela que mostra a emissão e o resgate de notas do primeiro Banco do Brasil in CAVALCANTI, Amaro. *O meio circulante nacional (1808-1835)*. Brasília: UNB, 1983, p. 78.

49 O esforço do governo se refletiu no decreto de 4 julho de 1818, que previa a criação de uma caixa exclusiva no Banco do Brasil para compra de ouro e prata; na carta régia de 2 de setembro de 1818, que previa a criação de uma caixa filial em Minas Gerais para negociar ouro em pó. Essa caixa não chegou a ser criada; e no decreto de 19 de novembro de 1818, que proibia a saída de moeda metálica da província do Rio de Janeiro. Cf. BRASIL. *Collecção das leis do Brazil de 1818*. Rio de Janeiro: Imprensa Nacional, 1889. Sobre esse esforço, Afonso Arinos adverte que "não é

A partir de 1818, a credibilidade do banco começou a derreter e o resultado disso para uma instituição desse tipo era fatal. A imprensa noticiava a desmoralização do banco e fornecia a munição política que seria utilizada futuramente contra a instituição. Segundo Amaro Cavalcanti, nessa altura o banco se tornara mero canalizador e fornecedor de recursos ao governo. Tais atribuições somadas ao descrédito da administração do banco junto ao público levaram a instituição àquela situação difícil.[50] Corrida bancária à vista. Os portadores de notas do banco correram aos caixas para trocá-las por moeda metálica. A confusão na rua Direita foi grande e a guarda teve que atuar para restabelecer a tranquilidade na porta do banco.

A desconfiança do público em relação à instituição aumentava com boatos de que o governo sacava à vontade moeda metálica dos cofres do banco, diminuindo o lastro de suas próprias notas. Para contradizer os boatos, o governo decidiu duplicar o capital original do banco.[51] De fato, o governo tentou esconder o quanto pôde a desvalorização das notas do banco, inclusive com a prisão de boateiros. Não deu certo.

Com a credibilidade comprometida, o banco seguia operando num frágil equilíbrio entre as pressões do Estado e do público, mas em 1821 sofreu um abuso real do qual não conseguiria se recuperar. D. João não ficaria no Brasil, assim como não ficaria por aqui a riqueza depositada no banco. No decreto de 7 de março de 1821 dizia El-Rei que

> cedendo ao dever, que me impôs a Providência, de tudo sacrificar pela felicidade da Nação, eu resolvesse, como tenho resolvido, transferir de novo a minha Corte para a cidade de Lisboa, antiga sede e berço original da Monarquia; (...) E deixando nesta Corte ao meu muito amado e prezado filho, o Príncipe Real do Reino Unido, encarregado do governo provisório deste Reino do Brasil.[52]

---

absurdo supor que o rei desejava preparar um lastro de dinheiro metálico nas suas caixas fortes com o qual se retirasse para Lisboa". Cf. FRANCO, Afonso Arinos de Melo e PACHECO, Cláudio. *História... Op. cit.*, p. 64.

50 CAVALCANTI, Amaro. *O meio circulante... Op. cit.*, p. 83.

51 A integralização desse capital só seria completada entre 1823 e 1824. Cf. FRANCO, Bernardo de Souza. *Os bancos do Brasil... Op. cit.*, p. 16.

52 Cf. Decreto de 7 de março de 1821. In: BRASIL. *Collecção das leis do Brazil de 1821*. Rio de Janeiro: Imprensa Nacional, 1889.

A expectativa da partida da corte, oficializada no decreto, precipitou mais uma corrida ao banco. Além de cortesãos que voltariam para Portugal, portadores de notas desconfiados também compareceram à rua Direita. Nova confusão que lembrava aquela ocorrida dois anos antes. A guarda foi chamada para controlar as pessoas que se aglomeravam na porta do banco e, como é trivial, restringia a entrada do público em geral e favorecia a passagem dos fidalgos.

A notícia da partida de d. João e a corrida bancária subsequente motivaram o decreto de 23 de março, que declarava como dívidas nacionais os desembolsos do Banco do Brasil para suprir as urgências do Estado. Percebendo o ambiente de desconfiança em relação ao banco, dizia El-Rei que

> querendo auxiliar, proteger e firmar um estabelecimento de tão notória utilidade e necessidade para o bem comum e particular dos meus fiéis vassalos e de tanta vantagem para se poderem ter disponíveis do Meu Real Erário em tempos próprios as somas necessárias ao pronto pagamento das despesas públicas;
>
> *desejando remover toda e qualquer desconfiança da solidez deste estabelecimento em conseqüência das suas transações com o meu Real Erário e Estações Públicas*: hei por bem declarar como dívidas nacionais os desembolsos do Banco do Brasil, e os rendimentos, que têm entrado nos diversos cofres públicos, que têm feito transações com o banco, ou a quem devam pertencer as despesas de obras por ele feitas [grifo nosso].[53]

No limite, se o Estado não tivesse condição de saldar sua dívida com o banco, esse decreto implicava a possibilidade do curso forçado de suas notas e a inauguração formal do meio circulante inconversível. É o que de fato acontecerá em 1833, mas deixemos isso para depois. O que importa agora é que o novo decreto procurou interromper o pânico e minar a crise de credibilidade que se abatia sobre o banco. Por isso, para "remover a mais leve suspeita contra a solidez de tão útil estabelecimento", d. João ordenava

53 Cf. Decreto de 23 de março de 1821. In: BRASIL. *Collecção das leis do Brazil de 1821*. Rio de Janeiro: Imprensa Nacional, 1889.

> de motu próprio fazer entrar no depósito do banco todos os objetos de prata, ouro e pedras preciosas, que se puderem dispensar do uso e decoro da minha Real Coroa, esperando que meus fiéis vassalos, imitando este meu exemplo, dêem ao mundo uma prova de que nenhum sacrifício é custoso aos portugueses a bem da causa pública.[54]

É claro que o banco não poderia exigir comissão pela guarda dos objetos depositados por esse motivo. Mas nem seria preciso. No fundo, esse decreto preparava verdadeira armadilha para os depositantes, já que, poucos dias depois, quando a Corte partiria de volta a Lisboa, praticamente toda a riqueza depositada no banco seria levada para além-mar. Essa atitude revelava a astúcia do governante, ou de seus conselheiros, e a desconsideração e o abandono de uma instituição que já não lhe serviria como antes.

D. João partiu no dia 26 de abril de 1821, deixando nos cofres do banco apenas 200:000$ em moeda metálica para fazer frente ao troco de suas notas. Se a insolvência significava que o banco não tinha condições de realizar o troco de suas notas em moeda metálica, ele já estava praticamente insolvente mesmo antes da partida da corte, de acordo com Souza Franco. Mas a devassa promovida pelo governante nos cofres do banco minava a confiança do público no apoio do Estado à instituição. O reconhecimento da insolvência não tardaria. Três meses depois, em 28 de julho, o governo mandou suspender o troco das notas do banco em metal e o autorizou a fazê-lo de acordo com uma tabela elaborada pelo visconde do Rio Seco que previa o troco numa proporção de mais ou menos 75% em novas notas, 15% em moeda de ouro ou prata e o restante em moeda de cobre.[55] Era o início do fim do primeiro Banco do Brasil.

Para poder explorar o banco, o Estado precisava protegê-lo. A proteção estatal fazia com que o banco ampliasse sua capacidade de emitir notas bancárias. A exploração estatal vinha com o abocanhamento por parte do Estado desses recursos

---

54 *Ibidem.*

55 Assim, 1:000$ em notas bancárias seriam trocados por 800$ em novas notas, 150$ em ouro ou prata e 50$ em cobre. Se fossem 20$, o troco seria de 14$ em novas notas, 4$400 em ouro ou prata e 1$600 em cobre. Abaixo desse valor, o troco era feito integralmente em moedas de cobre. FRANCO, Bernardo de Souza. *Os bancos do Brasil*... *Op. cit.*, p. 19.

originados pelo banco. E, claro, se a proteção estatal permitia que o banco fosse explorado pelo Estado, não menos explorado o banco seria por sua própria administração. Em suas *Reflexões sobre o Banco do Brasil*, o conselheiro José Antônio Lisboa, deputado do tribunal da Real Junta do Comércio, dizia claramente que o crédito do banco fora comprometido por seu próprio pessoal.[56] Mas, se Estado e administração do banco beneficiavam-se com tal exploração, quem poderia reclamar deles? Os acionistas do banco. Contudo, eles também ganhavam com ela. Isso porque conseguiam crédito de maneira vantajosa junto ao banco e os dividendos que recebiam eram calculados sobre o montante dos empréstimos feitos ao Estado. Portanto, quanto mais o Estado precisasse de recursos, maiores os dividendos pagos aos acionistas. Além disso, praticamente não havia risco quanto ao pagamento de tais dividendos, pois eram feitos com novas emissões. Por isso, apesar da sobrevivência difícil do banco, os dividendos eram pagos religiosamente. A atitude de d. João em relação ao banco quando voltou a Portugal simbolizava o caráter da ligação perigosa entre banco e Estado.

Seu comportamento paradoxal, combinando proteção e exploração, marcou sua relação com o banco. Ele se sustentava porque, num primeiro momento, ganhavam o governo, a administração do banco e seus acionistas. Ao longo do tempo, essa contradição acabou cobrando sua conta sob a forma de uma deterioração da credibilidade do banco e, consequentemente, da desvalorização de suas notas. Não se resolvia estruturalmente o problema do déficit fiscal, assim como ficavam sem solução, e até se agravavam, os problemas da qualidade e da escassez do meio circulante para transações comerciais, apesar da abundância de notas bancárias desvalorizadas lançadas na circulação.

Como nos referimos acima, o banco já estava insolvente mesmo antes da partida de d. João. Um balanço publicado no relatório do próprio José Antônio Lisboa, então diretor do banco, apresentado em 23 de março de 1821, mostrava candidamente o estado de insolvência da instituição. O intuito do diretor era justamente o contrário, ou seja, mostrar que o banco não estava insolvente, pois a soma do capital, do fundo de reserva, do crédito do banco e da dívida do governo para com ele seria suficiente para fazer frente ao seu passivo. Essa soma montava a 11.892:150$ e,

56 LISBOA, José Antônio. *Reflexões sobre o Banco do Brasil oferecidas aos seus acionistas*. Rio de Janeiro: Tipografia Nacional, 1821. Cf. também FRANCO, Bernardo de Souza. *Os bancos do Brasil... Op. cit.*, p. 20.

aparentemente, seria suficiente para enfrentar seu débito de 10.633:712$. Mas apenas aparentemente. Primeiro, do total do débito, 8.872:450$ correspondiam ao valor de notas emitidas em circulação. O capital do banco, que deveria servir de contrapartida da emissão, era de apenas 2.474:566$, ou seja, a emissão correspondia a mais de três vezes o capital do banco. Segundo, para que o saldo do balanço fosse favorável ao banco, seria preciso considerar o pagamento da dívida do governo para com ele. Entretanto, o governo não tinha a menor condição financeira de honrar seu compromisso com o banco, muito menos em moeda metálica. As cartas de d. Pedro a seu pai, citadas por Afonso Arinos, revelavam a preocupação do governante com a situação da instituição e do país.

Em relatório de 1823, Lisboa tentou afirmar novamente a situação favorável do banco ao apresentar um balanço que indicava um crédito de 437:128$ contra um débito de 115:366$. O diretor incorria nesse caso na mesma ficção anterior, pois 73% do total do crédito correspondiam ao prêmio da dívida do Tesouro com o qual o banco certamente não poderia contar. Apesar do estado preocupante, d. Pedro também procurava mostrar otimismo em sua fala do trono de 1823. Dizia ele que o banco havia restabelecido seu crédito de tal forma que "não passa pela imaginação a indivíduo algum que ele um dia fosse voltar ao triste estado a que o haviam reduzido".[57] Contudo, como observa Arinos, "falava no experiente financista muito mais o dever oficial do cargo do que a convicção pessoal sincera. O mesmo se daria com o imperador".[58]

O governo era um problema para o banco e o banco era um problema do governo. De nada adiantaria o banco ter crédito suficiente para satisfazer seu débito se parte dele não estivesse disponível. Diante da dívida do governo, o Banco do Brasil carecia de liquidez, o que tornava praticamente impossível o troco de suas notas e, consequentemente, o colocava numa situação de insolvência.[59] Portanto, as dificuldades do banco vinham se arrastando desde antes do retorno de d. João. Este só agravou a situação do estabelecimento, assim como a independência e as campanhas militares da década de 1820.

Aliás, a relação perigosa entre Estado e banco não se alterou com a proclamação da independência. O auxílio que o Banco do Brasil prestava ao governo tornou-se

---

57 Cf. BRASIL. *Fallas do Throno desde o anno de 1823 até o anno de 1889*. Rio de Janeiro: Imprensa Nacional, 1889, p. 7.

58 FRANCO, Afonso Arinos de Melo e PACHECO, Cláudio. *História... Op. cit.*, p. 100.

59 Para uma análise do balanço apresentado por Silva Lisboa, cf. *Ibidem*, p. 19.

ainda mais necessário, porque cessaram ou se tornaram irregulares os recursos enviados pelas províncias do nordeste à corte. A necessidade de recursos do governo e o pronto fornecimento desses recursos pelo banco acabaram pressionando a inflação e o câmbio.

As políticas fiscal e monetária do governo eram conflitantes. Premido pela realidade, o governo adotava uma política fiscal expansionista financiada, em boa medida, com a ajuda do Banco do Brasil. Sem querer abrir mão da ilusão do lastro metálico para o troco das notas bancárias, o mesmo governo adotava uma política monetária restritiva. Mas a realidade sempre prevalecia, apesar do esforço do governo para alcançar tal ilusão. O banco era peça-chave das duas políticas e essa política econômica ambígua implicava na dificuldade permanente de trocar suas notas por moeda metálica.

Martim Francisco Ribeiro de Andrada, primeiro ministro da Fazenda do Brasil independente, reforçou a intervenção do Estado no banco ao proibir as emissões da instituição em 15 de outubro de 1822. Era uma tentativa de reduzir as pressões inflacionária e cambial, e, ao mesmo tempo, a confirmação da insistência na adoção de uma emissão lastreada em metais. Em abril do ano seguinte, o mesmo ministro reiterou a proibição e insistiu no lastro metálico. Apesar de contar com a anuência da assembleia geral da instituição, a medida não prosperou, pois o banco continuou a emitir.[60]

Medidas para recuperar a credibilidade do banco também foram adotadas. Em relação à administração, foi proibida a eleição de acionistas credores do banco para os cargos de diretor ou deputado. Em relação à dívida do governo com o banco, ficou acertado que os recursos provenientes da arrecadação fiscal não seriam mais destinados integralmente para o pagamento de dividendos e metade deles seria utilizada para amortização da dívida. Um empréstimo junto à Inglaterra destinado à amortização de parte dessa dívida completou a série de medidas que procurava recuperar a credibilidade da instituição.

No bojo do aumento da confiança que as medidas do governo despertariam no público, em maio de 1824, a junta recebeu autorização governamental para elevar o capital do banco a 3.600:000$. Reforçar a credibilidade do banco significava reforçar o próprio Estado. O aumento de capital serviria como teste para medir a

60 Cf. tabela com as emissões do primeiro Banco do Brasil in CAVALCANTI, Amaro. *O meio circulante... Op. cit.*, p. 77.

confiança do público na instituição. E ela passou no teste, uma vez que todas as ações lançadas foram subscritas até 7 de julho do ano seguinte.[61]

Mas veio o conflito militar no norte. Iniciou-se, na província de Pernambuco, em 1824, a chamada Confederação do Equador, de Frei Joaquim do Amor Divino Caneca e Cipriano Barata. O governo de um país recém-independente como o Brasil não podia tolerar um movimento emancipacionista que poderia ameaçar sua unidade. A emissão do banco aumentou para ajudar a financiar a expedição do almirante Cochrane e do brigadeiro Luís Alves de Lima e Silva, futuro barão, visconde, conde e duque de Caxias,[62] à província revoltosa. O buraco nas contas do governo esvaziava os cofres do banco.

E veio o conflito militar no sul. Em 1825, apoiados pelo governo argentino, os 33 patriotas de Juan Antonio Lavalleja cruzaram o rio Uruguai e iniciaram o movimento de independência de seu país desafiando o Império brasileiro. Como era de se esperar, o déficit fiscal se avolumou e foi financiado parte com recursos provenientes do empréstimo da independência feito junto aos Rothschild e parte com emissões do banco. O Brasil perdeu o Uruguai e o Banco do Brasil ficou em frangalhos. O estado do banco refletia o Tesouro do Estado. A "imperiosa lei das baionetas" tornava o governo ainda mais refém de uma política fiscal expansionista que se traduzia no financiamento do governo por parte do banco, afundando-os juntos numa crise financeira da qual o banco não escaparia. Como diz Arinos, a guerra da Cisplatina "iria ferir tragicamente a vida financeira do jovem Império, arrastando o Banco do Brasil na voragem".[63] À crise política fermentada pelo ressentimento com a dissolução da constituinte em 1824 juntou-se a crise financeira que faria crescer na Assembleia Legislativa a oposição ao imperador. Sobrou para o Banco do Brasil, que se tornaria alvo predileto dessa oposição.

---

61 Em 1824 foram subscritas 280 ações e, em 1825, 963 ações. Cf. FRANCO, Bernardo de Souza. *Os bancos do Brasil... Op. cit.*, p. 17. Para Amaro Cavalcanti, na mesma tabela citada na nota anterior, foram 305 ações em 1824 e 938 em 1825. Apesar da discrepância entre os anos, no total foram 1.243 ações entre 1824 e 1825. Para a data em que a subscrição é finalizada, cf. FRANCO, Afonso Arinos de Melo e PACHECO, Cláudio. *História... Op. cit.*, p. 115.

62 Nasceu no Arraial do Porto da Estrela, Rio de Janeiro, em 1803. Militar, foi marechal do exército brasileiro e senador (1845) pela província do Rio Grande do Sul. Ocupou o ministério da Guerra (1853) e a chefia de gabinete (1856, 1861 e 1875). Foi nomeado conselheiro de Estado em 1870. Faleceu na fazenda Santa Mônica, em 1880. VASCONCELLOS, barão e SMITH DE VASCONCELLOS, barão. *Archivo... Op. cit.*, p. 126-8.

63 FRANCO, Afonso Arinos de Melo e PACHECO, Cláudio. *História... Op. cit.*, p. 112.

A situação não melhorava e o banco vivia pressionado no limite dos recursos para o troco de suas notas. Finalmente, em novembro de 1827, a lei que reconheceu e legalizou a dívida pública e fundou a dívida interna proibiu a emissão de notas do Banco do Brasil a partir de 1º de janeiro de 1828,[64] de modo a não aumentar a quantidade de notas em circulação.

É verdade que a emissão do banco aumentou de maneira explosiva entre 1826 e 1827, saltando de 2.870:000$ para 8.584:000$. Contudo, no ano seguinte, ela caiu também de maneira explosiva para apenas 691:000$. A quantidade de notas emitidas em circulação também caiu, mas nem tanto. De 21.574:920$, em 1827, para 21.355:920, em 1828. Ao contrário do que aconteceu com a lei de Martim Francisco, esta era para valer, mas o banco já estava perdido. No início desse mesmo ano, o banco restringiu o troco de suas notas. A falência era uma questão de tempo, apesar do esforço da junta para tentar restabelecer a confiança do público no banco. Não adiantou.

As discussões na Câmara sobre o futuro da instituição também começaram neste ano de 1828 com duas posições em disputa. A reforma e a continuidade da instituição eram defendidas por parlamentares da situação, como Manuel José de Sousa França. Já a extinção e a liquidação imediata do banco era defendida por parlamentares da oposição, como José Lino Coutinho. Tais discussões se arrastaram ao longo do ano e não vale a pena nos perdermos na descrição dos vários projetos apresentados pela Comissão de Fazenda e por uma comissão especial do banco. A discussão na Câmara sobre o futuro do banco era tão confusa que o imperador, na fala do trono de 1829, dizia ter convocado extraordinariamente a Assembleia Legislativa por dois motivos, o segundo deles,

> (...) os negócios da Fazenda em geral e com especialidade os arranjos do Banco do Brasil, que *até agora não tem obtido desta assembléia medidas eficazes ou salutares.* (...) o segundo [motivo] existe e muito lamento ter a necessidade de o recomendar pela *quarta vez* a esta assembléia [grifos nossos].[65]

A Câmara respondeu à crítica do imperador, mas foi o governo, por meio do ministro da Fazenda Miguel Calmon Du Pin e Almeida, futuro visconde e marquês

64 Cf. BRASIL. *Collecção das leis do Império do Brazil.* Rio de Janeiro: Typ. Nacional, 1828.

65 Cf. BRASIL. *Fallas do Throno... Op. cit.*, p. 155.

de Abrantes,[66] quem tomou a iniciativa de propor uma solução de continuidade para a instituição. As comissões de Fazenda e Especial do banco acataram parcialmente o projeto, mas propuseram um substitutivo, que previa a extinção do banco. A relação entre banco e governo começou a azedar. A junta do banco reagiu à proposta de intervenção do executivo e do Legislativo na instituição, fazendo subir ao imperador uma representação em que se defendia da acusação de que a emissão do banco estaria na origem da desvalorização das próprias notas emitidas e do câmbio. Argumentava que as notas do banco e o câmbio se desvalorizaram mesmo nos momentos em que houve redução da emissão e alfinetavam o governo e a Câmara dizendo que o banco não havia feito mais do que atender as solicitações de recursos feitas pelo Tesouro e autorizadas pela Assembleia. Terminavam a representação apelando para o sentimento nacional ao invocar os serviços prestados pelo banco no financiamento dos conflitos militares do norte e do sul. O imperador, em apoio ao seu ministro da Fazenda, fez pouco caso da representação e atacou a petulância da junta julgando

> indigna de subir à imperial presença a inclusa representação que a Junta do Banco do Brasil, *abusando com temerário arrojo do direito de petição*, ousou levar ao Trono, manda Sua Majestade o Imperador que a mesma representação seja reenviada à sobredita Junta [grifo nosso].[67]

Era de se esperar que a reação da junta não produzisse grandes efeitos. As discussões do projeto e do substitutivo seguiram na Câmara e, posteriormente, no Senado, e a extinção do Banco do Brasil foi aprovada em 23 de setembro de 1829.[68] Mas a lei previa que o banco só se extinguiria em 20 de dezembro do mesmo ano, dia em que completaria exatos 20 anos de funcionamento. O processo de liquidação seria levado a cabo por uma comissão mista composta por acionistas eleitos pelo

---

66 Nasceu em Santo Amaro, Bahia, em 1796. Foi deputado (1823) pela Bahia, ministro plenipotenciário junto à Corte de Viena (1836) e senador (1840) pelo Ceará. Foi também ministro dos Negócios Estrangeiros (1829 e 1862) e da Fazenda (1827, 1837 e 1841). Organizou a caixa de amortização. Nomeado para o conselho de Estado em 1843. Faleceu no Rio de Janeiro, em 1865. VASCONCELLOS, Barão e SMITH DE VASCONCELLOS, Barão. *Archivo*... *Op. cit.*, p. 26-7.

67 Citado em FRANCO, Afonso Arinos de Melo e PACHECO, Cláudio. *História*... *Op. cit.*, p. 183.

68 Cf. BRASIL. *Collecção das leis do Império do Brasil de 1829*. Rio de Janeiro: Typ. Nacional, 1877.

banco e representantes nomeados pelo governo. Dizia o artigo que pôs fim às atividades do primeiro Banco do Brasil:

> Art. 1º - O Banco do Brasil, criado pela lei de 12 de outubro de 1808, continua até o dia 11 de dezembro do corrente ano [1829], em que termina o prazo, que lhe concedera a dita lei, começando porém desde já a sua liquidação.

Além desses dois aspectos, a lei de 23 de setembro ainda previa que notas de novo padrão deveriam substituir as antigas enquanto durasse a liquidação; que a proibição de emissão de notas, imposta pela lei de 1827, ainda continuaria em vigor; que as notas do velho e do novo padrão em circulação teriam curso forçado na corte e onde houvesse filial do banco; que o pagamento da dívida do governo para com o banco seria feito num prazo de 20 anos, num ritmo de 5% ao ano, financiado por um aumento de tributação e pela venda de patrimônio estatal; e, finalmente, que os dividendos dos acionistas ficariam suspensos enquanto não fosse liquidada a dívida do governo com o banco.

Logo que o primeiro Banco do Brasil foi extinto, começaram as discussões sobre a criação de um novo banco oficial. Como veremos adiante, elas continuariam até a proposta de ressuscitar o Banco do Brasil no contexto da reforma monetária de 1833. A relação entre banco e Estado, que já não estava boa, piorou com os trabalhos das comissões liquidadoras que não se entendiam nas discussões mais relevantes para o processo.

1.2. A reforma monetária de 1833 e o Banco do Brasil abortado

Desde que a extinção do primeiro Banco do Brasil foi determinada pela Assembleia Geral Legislativa, decisão em que predominou a racionalidade política sobre a econômica, não se parou mais de discutir a organização de um novo banco de Estado tanto na Câmara dos Deputados como no Senado. Mas a discussão agora mudava de patamar. Tal organização era proposta, frequentemente, atrelada a um projeto de reforma monetária. O banco era pensado como instrumento para auxiliar o governo a sanear o meio circulante e, consequentemente, estabilizar o valor da moeda nacional. A preocupação com a moeda e o crédito tomava o lugar antes proeminente do financiamento da despesa pública sem, no entanto, deixá-lo de lado.

No início da década de 1830, o meio circulante estava viciado pela abundância de moedas de cobre, inclusive falsificadas, e pelas notas do antigo Banco do Brasil ainda em processo de liquidação. Um diagnóstico corrente à época era de que esse vício estava na raiz da oscilação cambial e inflação doméstica. Além da abdicação e volta de d. Pedro I para Portugal, deixando seu filho de apenas cinco anos de idade como sucessor, agitações políticas estouraram em várias províncias do país e auspiciavam o aumento da despesa militar para conter revoltosos e garantir a unidade territorial.

A reforma monetária de 1833 foi proposta nesse contexto de instabilidade econômica e política. Ela nos interessa na medida em que propunha a criação de um banco que pode ser visto como uma espécie de ensaio para orientar questões monetárias e creditícias e já revelava uma tendência de centralização do poder político, apontando na direção da sustentação da unidade política do país em meio a conflitos regionais. Ao estabelecer as bases da criação do novo Banco do Brasil, que não chegou a se concretizar, olhou para o passado, tentando corrigir os problemas apresentados pela experiência anterior, e apontou para o futuro, indicando caminhos que seriam percorridos 20 anos mais tarde na montagem do segundo Banco do Brasil.

Em meio à turbulência marcada por conflitos armados e pela disputa política entre liberais moderados, de um lado, e liberais exaltados e restauradores, de outro, a grande vilã apontada como responsável pela oscilação do câmbio era a circulação das moedas de cobre. Ao aumentar o risco cambial, tal oscilação trazia maior incerteza às transações e insegurança ao comércio. Além disso, a desvalorização cambial encarecia as mercadorias estrangeiras, elevando o custo de vida e suscitando inflação, e aumentava automaticamente o custo do endividamento externo em moeda estrangeira.

Logo em janeiro de 1833, preocupado com a situação do meio circulante, o governo regencial decretou, em nome do imperador, a constituição de duas comissões para tratar da questão. A primeira delas devia discutir "os meios de remover os inconvenientes do estado atual do meio circulante" e era formada por negociantes como Jorge March, Henrique Riedy, Ignácio Ratton, Carlos Baker e Francisco José da Rocha, futuro segundo barão, visconde e conde de Itamarati,[69] além de José Antônio

69 Nasceu em São Pedro de Miragaia, Portugal. Negociante, grande capitalista e proprietário.

Lisboa e Francisco Cordeiro da Silva Torres Alvim, visconde de Jerumirim.[70] A outra comissão devia "formar o plano de melhoramento dos sistemas de pesos e medidas, e monetário" e era formada pelos mesmos Ratton e Jerumirim, além de Cândido Batista de Oliveira,[71] que será presidente do Banco do Brasil entre 1859 e 1864. A posição de Cândido José de Araújo Viana, ministro da Fazenda, era a de que se devia aumentar a proporção de ouro e prata em circulação com o fito de manter o câmbio valorizado.[72]

A primeira comissão propôs a substituição das moedas de cobre em circulação por papel-moeda emitido pelo Estado resgatável em curto prazo. O mesmo deveria ser feito com as notas do extinto Banco do Brasil que ainda continuavam a circular. A proposta alternativa defendia a fixação de um novo padrão monetário, valorizando ouro e prata, e o uso do cobre somente em transações fracionárias. Quanto às notas do Banco do Brasil, o governo devia iniciar sua amortização imediatamente. Nem tanto ao mar, nem tanto à terra. O que prevaleceu foi uma combinação da proposta da comissão com a proposta alternativa, transformada em duas leis importantes relativas ao meio circulante.

A Lei 52, de 3 de outubro de 1833, mandava substituir a moeda de cobre em circulação por cédulas emitidas pelo governo, e a Lei 59, de 8 de outubro de 1833, fixava o novo padrão monetário e estabelecia um novo banco de circulação e depósito. Pelo

---

Foi coronel comandante da Guarda Nacional e membro da Junta Administrativa da Caixa de Amortização. Faleceu em 1883, no Rio de Janeiro. Cf. VASCONCELLOS, barão e SMITH DE VASCONCELLOS, barão. *Archivo... Op. cit.*, p. 207-8.

70 Nasceu em Vila de Ourém, Portugal, em 1775. Formado em Matemática pelo Colégio dos Nobres, de Lisboa. Em Portugal, foi da marinha e do corpo de engenheiros. Veio em 1809 para o Brasil, onde foi lente da Escola Militar, marechal de campo e fundador e inspetor geral (1827) da Caixa de Amortização. Foi também o primeiro presidente do Instituto Histórico e Geográfico Brasileiro. Ocupou brevemente o Ministério da Guerra (1827). Faleceu no Rio de Janeiro, em 1856. Cf. VASCONCELLOS, barão e SMITH DE VASCONCELLOS, barão. *Archivo... Op. cit.*, p. 243-44.

71 Nasceu em Porto Alegre, Rio Grande do Sul, em 1801. Formado em Matemática e Filosofia pela Universidade da Bahia, foi inspetor do Tesouro. Foi deputado e ministro dos Negócios Estrangeiros (1838), da Dazenda (1839) e da Marinha (1847). Serviu como ministro diplomático em São Petersburgo e Viena. Faleceu a bordo do navio francês Pelouse, já próximo da Bahia, em 1865. Cf. Galeria de ministros da Fazenda no sítio do Ministério da Fazenda do Brasil.

72 Cf. BRASIL. *Relatorio sobre o melhoramento do meio circulante apresentado à Assemblea geral legislativa pelo ministro Cândido José de Araújo Vianna em a sessão extraordinária de 1833*. Rio de Janeiro: Typ. Nacional, 1833. Para os decretos que criam as comissões referidas, cf. BRASIL. *Collecção das leis do Império do Brasil de 1833*. Rio de Janeiro: Typ. Nacional, 1872.

padrão vigente, a oitava de ouro de 22 quilates valia 1$600, o que correspondia ao câmbio implícito de 67,5d. Pelo novo padrão, a oitava passava a valer 2$500, o que correspondia ao câmbio implícito de 43,5d.[73] Ao mudar a paridade entre ouro e mil-réis, o governo desvalorizou o câmbio. Tal desvalorização tinha efeito redistributivo imediato, favorecendo grandes devedores, como o próprio Estado deficitário.

No campo monetário, ela ampliava automaticamente a possibilidade de lastrear a moeda em metais, pois passava a exigir menor quantidade de metal como lastro para a mesma quantidade de moeda. Se antes uma oitava de ouro lastreava 1$600, agora passava a lastrear 2$500. Ao mesmo tempo, a desvalorização no contexto de uma circulação metálica dava maior elasticidade à oferta de moeda, permitindo melhor acomodação da demanda por moeda para a realização de transações comerciais. A combinação das duas propostas refletia as intenções de Araújo Viana, que planejava uma reforma que fosse além da substituição da moeda de cobre.

Quanto às notas bancárias que ainda estavam a circular, um decreto anterior, de 1º de junho de 1833, determinava que as notas emitidas pelo extinto Banco do Brasil fossem substituídas por notas emitidas pelo Tesouro. Essa determinação implicava a encampação das notas do banco pelo governo e a inconversibilidade das notas emitidas pelo Estado, o que vinha expresso claramente no Artigo 2º do decreto:

> Art. 2º O Governo mandará abrir para a substituição das atuais notas do novo padrão outra estampa, que contenha *em lugar das palavras – O Tesoureiro da Junta do Banco do Brasil – as seguintes "No Tesouro Nacional:" e em lugar das – pagará à vista – as seguintes "se pagará"*: havendo atenção em tomar todas as medidas sobre a qualidade do papel, perfeição da chapa, seu depósito, e outras quaisquer cautelas, indispensáveis para evitar abusos.

Na verdade, a reforma do ministro visava mesmo reorganizar todo o meio circulante, ao fixar um novo padrão monetário, resgatar as notas do extinto Banco do Brasil e, além disso, estabelecer a criação de um banco nacional que deveria ajudar

73 Para as taxas de câmbio implícitas, cf. PELÁEZ, Carlos Manuel e SUZIGAN, Wilson. *História monetária do Brasil. Análise da política, do comportamento e das instituições monetárias.* Brasília: UnB, 1981, p. 67; CALÓGERAS, João Pandiá. *A política monetária do Brasil.* São Paulo: Cia. Editora Nacional, 1960, p. 69. Cf. também fala de Souza Franco na sessão de 8 de março de 1850 da Câmara dos Deputados em BRASIL. *Anais da Câmara.* Rio de Janeiro: p. 104.

o governo a fomentar o comércio e a indústria. É tudo o que vemos nas leis e no decreto citados. Como bem diz Cavalcanti, "o ano de 1833 foi, certamente, fértil em matéria de legislação monetária".[74]

Como logo veremos, a parte da reforma que tratava do banco não foi adiante. Já a parte monetária foi posta em prática, mas enfrentou dificuldades em sua execução. Primeiro, não havia cédulas suficientes para substituir a moeda de cobre em circulação, sendo que algumas províncias receberam para essa operação uma quantidade de cédulas suficiente para substituir apenas 10% do montante total da moeda de cobre em circulação. Além disso, mesmo que houvesse cédulas em quantidade suficiente, a população resistia em trocar suas moedas de cobre por cédulas que eram totalmente fiduciárias, ou seja, sem garantia alguma de contrapartida real.

Ainda em 1834, a Assembleia Legislativa criou uma comissão mista[75] para elaborar um projeto que complementasse as medidas tomadas sobre o meio circulante no ano anterior. A questão era a substituição das notas do extinto Banco do Brasil e das cédulas emitidas pelo governo para serem trocadas pelas moedas de cobre, espécie de papel-moeda inconversível emitido pelo governo, tal como aquele previsto na lei de junho de 1833 a que nos referimos. O que se discutia, no fundo, era a unificação do meio circulante, mas havia resistência entre os parlamentares à adoção do papel-moeda inconversível para atingir tal fim. Dividida, e refletindo essa resistência, a comissão acabou apresentando um projeto que previa o recolhimento de metade das moedas de cobre em circulação financiado por receita tributária. Mas essa divisão impediu que o projeto se concretizasse.

Tais dificuldades e diversidade de opiniões levaram Manuel do Nascimento de Castro e Silva,[76] sucessor de Araújo Viana no ministério da Fazenda, a nome-

---

74 Vale lembrar que a encampação das notas do banco pelo Estado foi uma espécie de nacionalização da dívida que o Estado tinha com o banco. Tal nacionalização já estava prevista no decreto de 23 de março de 1821. Para as referidas leis, cf. BRASIL. *Collecção das leis do Império*... *Op. cit.* Para citação, cf. CAVALCANTI, Amaro. *O meio circulante nacional (1808-1835)*. Brasília: UNB, 1983, p. 421.

75 A comissão era composta por José Inácio Borges, Francisco de Paula Sousa e Melo, Antônio Peregrino Maciel Monteiro, futuro segundo barão de Itamaracá, Nicolau Pereira de Campos Vergueiro, Antônio Francisco de Paula de Holanda Cavalcanti de Albuquerque e Pedro de Araújo Lima. Com exceção de Inácio Borges, todos os outros comissários apresentaram restrições ao projeto em votos separados.

76 Nasceu em Aracati, Ceará, em 1788. Foi senador e presidente da província do Rio Grande do Norte (1825). Ocupou o Ministério da Fazenda (1834) durante a regência trina. Faleceu no Rio de Janeiro, em 1846. Cf. Galeria de ministros da Fazenda no sítio do Ministério da Fazenda do Brasil.

ar uma comissão para estudar o estado do meio circulante, a fim de levar suas conclusões à Assembleia Legislativa.[77] De fato, posteriormente, o ministro tratou do meio circulante e da execução da lei de 1833 num relatório sobre as condições financeiras do país apresentado aos parlamentares. Nele, defendia que a moeda de cobre deveria ser totalmente extinta da circulação e apontava deficiências na execução da referida lei.

Diante disso, foi a Câmara quem elegeu duas comissões para tratar do meio circulante.[78] Dos debates sobre a questão, surgiu o projeto lido e aprovado na sessão de 27 de julho de 1835. Esse projeto, assinado também, vale lembrar, pelo então deputado Joaquim José Rodrigues Torres, foi emendado no Senado e tornou-se a Lei 54, de 6 de outubro de 1835.[79] O artigo primeiro da lei dá o tom da intenção do governo quanto ao meio circulante:

> Art. 1º - O Governo fará substituir pelas notas, mandadas estampar pelo Decreto do 1º de Junho de 1833, as notas do extinto Banco, as antigas cédulas da Bahia, as cédulas ultimamente emitidas em troco da moeda de cobre, e os conhecimentos ou quaisquer outras cautelas[80] dadas em lugar de umas e outras cédulas.

Trocando em miúdos, a lei estabelecia a unificação do meio circulante, definindo o papel-moeda inconversível emitido pelo governo como única moeda corrente. Como o Artigo 12 estabelecia que esse papel-moeda circularia em todo o Império tanto nas estações públicas quanto privadas, a lei estabelecia também sua

77 A comissão foi nomeada por decreto em 8 de janeiro de 1835 e era formada por Francisco Cordeiro da Silva Torres, José Antônio Lisboa e Manuel Alves Branco, futuro segundo visconde de Caravelas. Cf. CAVALCANTI, Amaro. *O meio... Op. cit.*, p. 431.

78 Faziam parte da primeira comissão Cândido Batista de Oliveira, Antônio Francisco de Paula de Holanda Cavalcanti de Albuquerque e Manuel de Sousa Martins, barão e visconde de Parnaíba. Na segunda figuravam José Maria Ildefonso Jacome da Veiga Pessoa, Barbosa Cordeiro e Francisco Muniz Barreto.

79 Essa lei foi regulamentada em 4 de novembro do mesmo ano. Cf. BRASIL. *Collecção das leis do Império do Brasil de 1835*. Rio de Janeiro: Typ. Nacional, 1864.

80 Os conhecimentos funcionavam como uma espécie de recibo dado pelo governo a quem lhe entregava a moeda de cobre. Esses conhecimentos deveriam ser trocados posteriormente pelas cédulas emitidas também pelo governo para a substituição da moeda de cobre. Já as cautelas eram títulos provisórios que representavam o direito de um credor sobre um devedor.

nacionalização. Colocada em prática, a substituição da moeda de cobre e das cédulas terminou em novembro de 1837. Já a troca das notas do banco se estendeu até março de 1841.[81]

É verdade que desde a liquidação do primeiro Banco do Brasil os debates em torno da criação de um novo banco não cessaram. Já em 1830, o então ministro da Fazenda, Felisberto Caldeira Brant Pontes de Oliveira Horta, primeiro visconde e marquês de Barbacena,[82] apresentou um projeto de lei que previa a criação de uma nova instituição emissora, reafirmando a preferência do governo por um banco que pudesse auxiliá-lo no saneamento do meio circulante. Apesar de bem recebido, o projeto do ministro naufragara em meio à agitação das disputas políticas que culminaram com a abdicação de d. Pedro I.

A ideia da recriação de um banco nacional ressurgiu na proposta de Araújo Viana. Membro da comissão a que nos referimos anteriormente, José Antônio Lisboa, que passara pelo ministério da Fazenda, também defendeu a criação de um banco que pudesse auxiliar o governo a resgatar as notas do extinto Banco do Brasil que ainda estavam em circulação. Mas ressaltou que o banco deveria ser inteiramente independente do governo ou ministério e ter uma administração bem fiscalizada, que pudesse ser responsabilizada por suas ações. No entanto, a ideia não era unanimidade. Na contramão do ministro e de seu colega de comissão, Ignácio Ratton, futuro presidente do Banco Comercial do Rio de Janeiro, sustentava que essa operação não deveria ser feita por um banco, pois os bancos "não devem ter a seu cargo a gestão do meio circulante nacional e, em lugar de fiscais, devem ser eles fiscalizados".[83]

De fato, os relatórios da comissão e do ministro da Fazenda deixam claro que a preocupação por trás da proposta de criação de um novo banco nacional era a revitalização de um meio circulante viciado por moedas de cobre, inclusive falsificadas,

81 A substituição das notas do banco do velho padrão terminou em 31 de março de 1835 e a das notas do novo padrão em 31 de março de 1841. Cf. FRANCO, Afonso Arinos de Melo e PACHECO, Cláudio. *História... Op. cit.*, p. 231; VIEIRA, Dorival Teixeira. *Evolução... Op. cit.*, p. 282.

82 Nasceu no arraial de São Sebastião, em Mariana, Minas Gerais, em 1772. Frequentou o Colégio dos Nobres e a Academia de Marinha em Lisboa. Militar, passou por Angola e veio para o Brasil com d. João VI. Foi deputado (1823) pela Bahia e senador (1826) por Alagoas. Foi também ministro do Império (1823), ministro da Fazenda (1825 e 1829) e chefe de gabinete (1829). Cf. VASCONCELLOS, barão e SMITH DE VASCONCELLOS, barão. *Archivo... Op. cit.*, p. 71-2.

83 Cf. BRASIL. *Relatorio sobre o melhoramento do meio circulante... Op. cit.*

e notas do extinto Banco do Brasil, a fim de estabilizar seu valor e, consequentemente, evitar a oscilação do câmbio. No entanto, a tentativa de ressuscitar o Banco do Brasil levada a cabo no início da década de 1830 enquadra-se naqueles casos a que podemos chamar de natimortos. A agitação política do período e a desconfiança em relação a um banco ligado ao Estado fizeram com que essa parte da reforma de Araújo Viana fosse abortada. Os dois primeiros artigos da lei 59 fixavam o novo padrão monetário. A criação de um banco de circulação e depósito na cidade do Rio de Janeiro era tratada nos 39 artigos restantes.

Assim como o primeiro, este também devia se chamar Banco do Brasil, mas a semelhança se limitava ao nome. As diferenças mais marcantes estavam no nível de suas relações com o Estado, que deveria ser proprietário de 40 mil ações do banco, ou 20% do capital total, sem prazo para integralizá-las. Mesmo na ausência de tal prazo, os estatutos definiam que os recursos para a integralização dessas ações sairiam da Fazenda Nacional e dos cofres do antigo Banco do Brasil; do produto de impostos estabelecidos pelo alvará de 20 de outubro de 1812, impostos sobre seges, lojas e embarcações em benefício do banco; do produto dos contratos de mineração assinados pelo governo, excetuando os terrenos diamantinos do Serro Frio; do produto do imposto do selo e, finalmente, do produto da taxa anual de 2$ paga por habitantes de cidades e vilas por conta dos escravos possuídos. Curioso é que solteiros que tivessem até dois escravos e casados proprietários de até quatro escravos estavam isentos da taxa, que tampouco incidia sobre escravos menores de 12 e maiores de 60 anos.

O Estado cuidaria da montagem do banco ao nomear cinco comissários que seriam os responsáveis pela subscrição no Rio de Janeiro e outros três para cada lugar em que fosse conveniente fazê-la. Vale lembrar que, embora nomeados pelo Estado, o pagamento do serviço dos comissários e de suas despesas correriam por conta do banco. O Estado também estaria presente na administração do banco por meio da nomeação de cinco diretores, além dos vinte que deviam ser eleitos pela assembleia dos acionistas. Como que para apagar a má impressão deixada pela experiência anterior, os diretores do banco não receberiam pagamento algum por seus serviços, salvo o presidente, que precisaria estar sempre no banco. Além disso, os dividendos deviam ser pagos semestralmente apenas para os acionistas que integralizassem o valor de suas ações.

A confirmação de que a intenção dos reformadores era mesmo a de criar um banco nacional se expressava no artigo que trata das caixas filiais. Previa-se a abertura de uma caixa filial em cada lugar onde se possuísse mil ações do banco, equivalentes a 100:000$, ou em qualquer outro lugar em que os diretores achassem conveniente para o estabelecimento.

Apesar do peso do Estado no capital do banco e nas nomeações de comissários e diretores, os estatutos da nova instituição procuraram regular estritamente as relações entre um e outro, prevendo severas penalidades em caso de violação da lei. Assim, o banco não poderia comprar apólices da dívida pública nem emprestar recursos ao governo sem autorização do poder Legislativo. Se o banco o fizesse, poderia ser extinto e a dívida anulada. Contudo, os acionistas poderiam cobrar seus direitos dos diretores responsáveis pelo empréstimo.

Com o intuito de dar maior transparência a suas operações, o banco teria que apresentar um relatório mensal ao ministério da Fazenda, indicando a quantia de seu fundo capital, de suas dívidas ativas, dos recursos depositados em seus cofres, das notas que colocava em circulação e dos metais disponíveis em seu caixa. O balanço podia ser apresentado anualmente. Ambos os relatórios seriam enviados pelo mesmo ministério à Câmara dos Deputados no início e no fim de cada sessão. O governo poderia nomear comissões para verificar se as atividades do banco estavam em conformidade com a lei. Se houvesse violação legal, a questão iria para a Justiça. Se houvesse sentença condenatória, o banco deveria ser imediatamente dissolvido.

Além de definir as operações comerciais, os estatutos estabeleciam que as notas, letras ou obrigações emitidas pelo banco seriam pagas à vista, em ouro ou prata, assim como deveriam ser entregues imediatamente os depósitos requeridos pelos clientes. Caso contrário o banco teria que pagar juro de 12% ao ano para os portadores de tais letras, notas e obrigações ou a quem solicitasse o depósito desde o dia do pedido até a plena satisfação do pagamento. As notas gozariam do privilégio de serem aceitas nas estações públicas nos lugares em que houvesse caixas do banco. O Estado ficou de cunhar gratuitamente toda a moeda necessária para uso do banco, mas para isso este se encarregaria de reorganizar a casa da moeda. Os recursos do governo seriam depositados no banco, a não ser que o ministro da Fazenda determinasse o contrário. Nesse caso, o próprio ministro deveria prestar contas à assembleia geral do banco quanto às razões dessa determinação.

Em contrapartida, o banco deveria substituir por sua emissão todo o papel encampado pelo Estado que estivesse em circulação. O financiamento dessa substituição viria do orçamento público; do dividendo das ações do governo e da soma que o mesmo governo destinava à integralização de suas ações, depois de completá-la. Além desse dever, o banco teria que transportar os recursos da Fazenda nele depositados sem cobrar comissão, nem pedir abatimento em razão da diferença de câmbio.

Finalmente, os estatutos assinalavam no último artigo aquilo que seria a sentença de morte do banco. Se a instituição não iniciasse suas operações dentro de três anos por não ter conseguido completar a subscrição ou pagamento das ações para a constituição de seu fundo capital, a lei que criava o banco poderia ser derrogada por outra lei e julgado sem efeito tudo o que dizia respeito ao banco.

Apesar de principal acionista do banco, como previam os estatutos, o Estado não poderia manter com a nova instituição o mesmo tipo de relação que mantinha com a anterior. No papel, amarras estatutárias o impediam de tratar o banco como mero fornecedor de recursos. Tal comportamento seria contraditório com o objetivo mais amplo da reforma monetária, a saber, o saneamento do meio circulante e a manutenção de seu valor. Por isso, seguindo os conselhos de José Antônio Lisboa, os estatutos do banco regulavam estritamente suas relações com o Estado. Apesar disso, a lembrança negativa da experiência anterior, avivada pela circulação das notas do antigo banco, foi decisiva para o fracasso dessa parte da reforma.

Os primeiros subscritores de ações do novo estabelecimento foram os próprios membros da comissão encarregada de reunir os capitais necessários para sua fundação. Além deles, ninguém mais se apresentou para a subscrição das ações e, ao cabo de três anos, somente 196 delas foram subscritas, totalizando um capital de macérrimos 19:600$.[84] Diante do malogro, o governo perdia as esperanças de concretizar o banco. Pelo menos era o que revelava a decisão tomada em 8 novembro de 1834 pelo ministro Castro e Silva segundo a qual os recursos provenientes daqueles impostos criados pela Lei 59, que seriam usados para constituir o capital do governo no banco, deviam ser incorporados à receita geral. Mas o *coup de grâce* veio com o não resultado da comissão nomeada em janeiro de 1835 para sugerir alterações na

84 A Lei 59 previa que o capital do banco poderia se elevar a 20.000:000$. Isso dá uma ideia da insignificância do valor das ações efetivamente subscritas. Cf. FRANCO, Afonso Arinos de Melo e PACHECO, Cláudio. *História... Op. cit.*, p. 226.

lei que criou o banco e contornar o problema fatal da falta de demanda de subscritores.[85] A comissão formada por Diogo Duarte da Silva, Luiz Francisco de Paula Cavalcanti de Albuquerque, Antônio Francisco de Paula de Holanda Cavalcanti de Albuquerque, futuro visconde de Albuquerque,[86] Cândido Batista de Oliveira e Ignácio Ratton sequer chegou a enviar um relatório sobre o assunto para o ministro da Fazenda. E assim o que seria o segundo Banco do Brasil feneceu antes mesmo de finalizada a liquidação de seu antecessor, que se completaria em 1835.

1.3. Resquícios da extinção e fim da liquidação do primeiro Banco do Brasil

Imaginava-se que a extinção do Banco do Brasil em 1829 ajudaria a resolver o problema da instabilidade do valor do meio circulante. No entanto, tal solução não aliviou a situação monetária, pois suas notas ainda continuariam em circulação até 1841. O próprio processo de liquidação não se finalizaria rapidamente. As comissões de liquidação nomeadas por governo e banco não se entendiam e quando não estava aí a divergência, ela surgia entre acionistas e comissários do banco. As divergências giravam em torno da diferença entre o número de notas em circulação e o número de notas que estavam escrituradas; da propriedade do resultado da venda de metais preciosos realizadas pelo banco; da devolução da parcela do Estado no capital do banco; e, finalmente, da dívida da caixa filial da Bahia. De divergência em divergência, tal processo se arrastou por seis longos anos.

Dada a morosidade do processo, no final de 1832, a comissão especial da Câmara encarregada de acompanhar a liquidação do banco pediu explicações aos liquidatários sobre a razão do atraso dos trabalhos. A dificuldade estava justamente em se chegar a um acordo mínimo entre acionistas do banco e governo. Por isso foi criada em 21 de junho de 1833 uma comissão arbitral para esclarecer as dúvidas entre os

85 Para a decisão de 8 de novembro de 1834, cf. BRASIL. *Collecção das decisões do governo do Império do Brasil.* Rio de Janeiro: Typ. Nacional, 1873. Cf. também FRANCO, Afonso Arinos de Melo e PACHECO, Cláudio. *História... Op. cit.*, p. 226.

86 Nasceu em Pernambuco, em 1797. Tenente coronel e lente da Escola Real de Pelotas. Deputado (1826) e senador (1838) por Pernambuco. Foi ministro da Fazenda (1829, 1831, 1832, 1846 e 1862), ministro do Império (1832) e ministro da Marinha (1840, 1844, 1846). Nomeado conselheiro de Estado extraordinário e ordinário em 1850. Faleceu no Rio de Janeiro, em 1863. Cf. VASCONCELLOS, barão e SMITH DE VASCONCELLOS, barão. *Archivo... Op. cit.*, p. 31-2.

liquidatários e assim levar a termo a liquidação. Mas essa comissão arbitral não foi bem sucedida, tanto que, em 12 de setembro de 1834, a Câmara começou a discutir o projeto elaborado pela comissão especial que seria efetivamente capaz de dar cabo do processo de liquidação.

Tal projeto tornou-se o Decreto 39, de 3 de outubro do mesmo ano, e apresentava soluções para as pendengas que mais tarde seriam incorporadas ao acordo que encerrou a liquidação. Para arrefecer os ânimos, em seu artigo primeiro, o decreto autorizava o governo a marcar um novo prazo limite para a substituição das notas do velho padrão do extinto Banco do Brasil.[87] Para agilizar o processo de liquidação, em seu artigo terceiro, o mesmo decreto autorizava o governo a "fazer uma composição com a administração do extinto Banco do Brasil que termine [*sic*] todas contendas entre o Tesouro Nacional e a Companhia do mesmo extinto Banco".[88]

Autorizado pelo decreto, o governo nomeou, então, uma comissão para negociar com os representantes do banco. Contudo, o resultado das negociações teria que passar pelo crivo do ministro da Fazenda antes de ser levado a cabo. Se o ministro vetasse o acordo costurado entre comissão e representantes do banco, o caso teria que voltar a ser discutido. Diante da reclamação dos representantes do banco, formalizada em ofício, quanto à fragilidade do poder decisório da comissão, o governo regencial determinou que tais negociações fossem encabeçadas pelo próprio ministro Castro e Silva.

Finalmente, em 3 de abril de 1835, concretizou-se a composição entre governo e banco prevista no decreto do ano anterior. Quanto aos pontos polêmicos, ficou acertado que as notas do velho padrão seriam verificadas e enviadas à caixa de amortização; que o governo abriria mão do resultado da venda de produtos do monopólio real; que o governo receberia montante equivalente ao seu capital no banco; e, finalmente, que a dívida da caixa filial Bahia seria assumida pelo Tesouro. Pouco mais de uma semana depois, a comissão liquidadora do banco avisava o governo que a assembleia geral dos acionistas havia aprovado por unanimidade os termos da composição. O longo processo de liquidação do primeiro Banco do Brasil finalmente terminara.

87 O governo fora autorizado a marcar um prazo limite anterior a este pela lei de 1º de junho de 1833.

88 BRASIL. *Collecção das leis do Império do Brasil de 1834*. Rio de Janeiro: Typ. Nacional, 1866.

Capítulo 2 – A gestação de um banco

2.1. A reforma monetária de 1846 e a miragem do padrão-ouro

No capítulo anterior, dissemos que o banco proposto na Lei 59 era uma espécie de ensaio para orientar questões monetárias e creditícias e já revelava uma tendência de centralização do poder político. De fato, a orientação da política monetária, à qual a política creditícia estava subordinada, era o saneamento do meio circulante por meio da substituição das moedas de cobre, das cédulas emitidas pelo governo para a troca dessas moedas e das notas do Banco do Brasil que ainda permaneciam em circulação. Essa seria, basicamente, a mesma orientação do segundo Banco do Brasil só que o saneamento do meio circulante passaria a significar a tentativa de torná-lo, pelo menos parcialmente, conversível em moeda metálica, fugindo da "fantasmagoria" do papel-moeda fiduciário, e de reduzir ou expulsar da circulação os vales emitidos por bancos privados que, diante da escassez de moeda, acabavam fazendo as vezes de intermediários das trocas. O crédito, embora subordinado à moeda, já aparecia como justificativa no projeto de Araújo Viana[1] e reaparecerá da mesma maneira na criação do segundo Banco do Brasil.

Assim como o primeiro, o Banco do Brasil de 1833 seria um banco emissor. No entanto, dada a experiência anterior, a relação entre Estado e banco no que se refere às emissões de notas e empréstimos ao governo foi estritamente regulada. Por exemplo, empréstimos não autorizados pelo Legislativo feitos pelo banco ao governo poderiam levá-lo à extinção. Essa tentativa formal e institucional de controle das operações do banco também se repetiria futuramente e significava, de certa maneira, o controle da relação entre Estado e banco.

A tendência à centralização se manifestou na reforma monetária de 1833 e na legislação monetária posterior por meio da tentativa de unificação do meio circulante, que correria por todo o Império. Era a vitória da nacionalização do papel-moeda em detrimento de sua provincialização. Em 1853, a tendência centralizadora se reforçaria na vitória política da centralização da emissão bancária, defendida por Rodrigues Torres, em oposição à pluralidade de emissão.

---

1 Cf. PELÁEZ, Carlos Manuel e SUZIGAN, Wilson. *História monetária... Op. cit.*, p. 56.

O saneamento do meio circulante, a tentativa de regular estritamente a relação entre banco e Estado e a tendência de centralização de uma parcela do poder político via banco foram questões ensaiadas na década de 1830, mas que só entrariam em cena 20 anos depois. Embora o banco proposto na Lei 59 não entrasse em funcionamento, a quebra do padrão monetário e o resgate das moedas de cobre previstos na reforma de 1833 produziram efeito positivo sobre a organização do meio circulante. No entanto, as agitações políticas do período regencial e o aumento das despesas públicas, em boa medida motivado por essas agitações, comprometeram o plano de Araújo Viana e tornaram difícil a manutenção da paridade legal.

O valor de uma moeda não se mantém apenas por decreto e o mil-réis brasileiro não conseguia manter-se na paridade de 43,5d. Já vimos que, a partir de 1837, o cobre praticamente saiu de circulação. Em compensação, entre 1836 e 1846, surgiram em várias províncias bancos privados que pretendiam ampliar seus próprios negócios e atender à demanda do comércio por moeda e crédito por meio da emissão de vales bancários. Voltaremos a falar desses bancos um pouco mais adiante. Por ora, basta dizer que seus vales, muitas vezes ao arrepio da lei, pois eram emitidos mesmo sem autorização legislativa, entravam em circulação e contribuíam para desvalorizar o mil-réis, juntamente com déficits fiscais e comerciais.

Como sempre, a demanda do comércio por moeda e crédito, ou as demandas do próprio Estado, e a política de valorização do meio circulante levada a cabo pelo governo, entabulavam um conflito que evidenciava a fragilidade da estrutura econômica brasileira. Em outras palavras, expressava-se o conflito entre a desordem do crédito e a ordem da moeda. Não haveria metal suficiente que pudesse atender ao mesmo tempo a necessidade geral de recursos e a política de valorização do meio circulante. No marco dessa contradição, o governo equilibrava-se entre a desordem e a ordem, mesmo porque não havia alternativa, mas a concretização do padrão-ouro permanecia como miragem.

Não cabe aqui nos estendermos nos antecedentes do que viria a ser a reforma monetária de 1846, mas desde 1840 a definição de um novo padrão era preocupação tanto da Assembleia como do governo.[2] Nesse mesmo ano, pela decisão de 24

2 Para maiores detalhes sobre os antecedentes da reforma de 1846, cf. CAVALCANTI, Amaro. *O meio circulante nacional (1836-1866)*. Rio de Janeiro: Imprensa Nacional, 1893, p. 40-56.

de fevereiro, foi nomeada uma comissão composta também por negociantes[3] para discutir a provincialização da circulação, o melhoramento do meio circulante, a criação de um banco que pudesse concorrer para isso e, finalmente, como deixavam claras as instruções,

> [discutir se] convirá fazer alteração para mais ou para menos no padrão monetário estabelecido pela lei de 8 de outubro de 1833, ou se devemos deixá-lo tal qual existe, e as razões que fundamentam a medida que se deve adotar.

Diante do câmbio em queda livre, o então ministro da Fazenda Manuel Alves Branco, futuro segundo visconde de Caravelas,[4] em seu relatório de 1844, apresentou um projeto de reforma que contemplava a provincialização da circulação, o resgate do papel-moeda e a definição de um novo padrão monetário.[5] A proposta do ministro não foi aprovada na assembleia, mas já trazia a paridade de 27d. por mil-réis que seria utilizada futuramente, como indicava seu quarto item:

> 4º [O governo deve ficar autorizado] A tratar com o Banco Mercantil o estabelecimento, nesta Corte, de uma caixa de realização gradual do papel, em que o governo entre com a moeda, que anu-

3 Faziam parte da comissão o conselheiro Joaquim Francisco Vianna, Francisco de Salles Torres Homem e os negociantes Ignácio Ratton, Diogo Birkhead, Diogo Kemp e João Henrique Freese. Cf. BRASIL. *Collecção das decisões do governo do Império do Brasil de 1840*. Rio de Janeiro: Typ. Nacional, 1863. Para a definição de negociante, cf. nota 27.

4 Nasceu na Bahia, em 1797. Formado em Direito pela Universidade de Coimbra, foi juiz de fora em Santo Amaro. Deputado (1833) e senador (1837) pela Bahia. Foi contador geral e ministro do Tribunal do Tesouro (1832). Foi ministro dos Negócios Estrangeiros (1835), do Império (1837), da Justiça (1844 e 1845), da Fazenda (1837, 1839, 1844, 1845 e 1847) e chefe de gabinete (1847). Nomeado para o conselho de Estado em 1842. Faleceu no Rio de Janeiro, em 1855. Cf. VASCONCELLOS, barão e SMITH DE VASCONCELLOS, barão. *Archivo... Op. cit.*, p. 113-4.

5 O resgate do papel-moeda seria feito pelo Banco Comercial do Rio de Janeiro conforme propusera o próprio banco em projeto apresentado em 1º de janeiro de 1844. Cf. BANCO COMMERCIAL DO RIO DE JANEIRO. *Projecto de proposta que o Banco Commercial poderia fazer para se encarregar da substituição ou troco da moeda-papel actual por moeda metallica*. Rio de Janeiro: J. Villeneuve e Cia., 1845. O projeto pode ser encontrado no relatório do Ministério da Fazenda de 1844. Cf. BRASIL. MINISTÉRIO DA FAZENDA. *Proposta e relatorio apresentados á Assembléa Geral Legislativa na Primeira Sessão da Sexta Legislatura do anno de 1844 pelo Ministro e Secretario d'Estado dos Negocios da Fazenda Manoel Alves Branco*. Rio de Janeiro: Typ. Nacional, 1845.

> almente cunhar proveniente do imposto do parágrafo anterior, e o banco com outra quantia na mesma espécie, para sustentar-se constantemente o papel ao par do metal em todo o Império, *e o câmbio a 27 pence por 1$rs* [grifo nosso].[6]

Diante da reprovação da proposta de Alves Branco, Bernardo Pereira de Vasconcelos,[7] que passou pelo ministério da Fazenda no início da década de 1830, apresentou ao Senado um projeto que previa a manutenção da paridade de 1833 e o enxugamento do papel-moeda em circulação, a fim de manter tal paridade. O projeto de Vasconcelos foi aprovado no Senado, mas sofreu modificações, por parte da Comissão de Fazenda, que o aproximaram da proposta de Alves Branco. Referimo-nos aqui ao artigo aditivo que dizia respeito à provincialização da circulação e à supressão do artigo que previa a manutenção da paridade de 1833. Em nova votação no Senado, o artigo aditivo foi vetado e a supressão aprovada. Destarte, o projeto foi encaminhado à Câmara pelo ministro da Fazenda Antônio Francisco de Paula Holanda Cavalcanti de Albuquerque. Na Câmara, o próprio ministro chegou a comparecer nas discussões do projeto.

Da passagem do projeto pelo Senado e pela Câmara, vale destacar a ideia de se criar um banco como único meio de garantir a estabilidade do valor da moeda. Essa ideia foi defendida por Holanda Cavalcanti nas duas casas e na Câmara ele chegou a dizer que

> quando se discutiu este projeto eu disse que para levar a efeito uma operação destas o meio mais eficaz sem dúvida era um banco [Em resposta à pergunta de Souza Franco se seria um banco de depósito ou de circulação]. Qualquer deles; o banco de depósito não é tão eficaz. Qual é o efeito de um banco de circulação? É manter a circulação nos devidos termos; é aumentar a circulação

---

6 Cf. BRASIL. MINISTÉRIO DA FAZENDA. *Proposta e relatorio apresentados á Assembléa Geral Legislativa na Primeira Sessão da Sexta Legislatura do anno de 1844... Op. cit.*, p. 48.

7 Nasceu em Ouro Preto, em 1725. Formou-se em Direito pela Universidade de Coimbra. Foi presidente da província de Minas Gerais, senador, conselheiro de Estado e ministro da Fazenda (1831), da Justiça (1837) e do Império (1840). Fundou o Colégio Pedro II e o Arquivo Nacional (1838). Morreu no Rio de Janeiro, em 1850. Cf. Galeria de ministros da Fazenda no sítio do Ministério da Fazenda do Brasil.

> quando vê que o papel-moeda escasseia e recolhê-lo quando superabunda (...). *Nesta segunda parte* [no projeto em discussão na Câmara] *estão compreendidas muitas necessidades preparatórias para esta grande empresa (não poderei dar-lhe outro nome), para a criação de um banco no Brasil* [grifo nosso].

Mais tarde essas ideias voltarão no projeto do mesmo Holanda Cavalcanti que previa a criação de um banco nacional. Quanto à reforma monetária, nem provincialização, nem manutenção da paridade. O que restou do projeto foi um misto das propostas Alves Branco e Vasconcelos que se concretizaria na lei de 11 de setembro de 1846.

Calógeras argumenta que a motivação da reforma não era a disparidade do câmbio nem a conjuntura econômica. No fundo, a questão eram os orçamentos deficitários do governo. Como comentamos anteriormente, ao quebrar o padrão, o governo promoveria uma redistribuição de renda que favoreceria os devedores. Como o Império era o déficit, o déficit foi apontado por Calógeras como causa primeira da nova reforma monetária que viria em 1846. Além disso, essa reforma significaria apenas uma correção do erro cometido pela reforma anterior ao definir a paridade oficial da moeda em relação ao ouro num valor menor do que o de mercado, ou seja, o ouro valia mais no mercado do que nas estações públicas e, por isso, a moeda metálica não acorria aos cofres do Estado.[8] Daí dizermos que esta foi a reforma da reforma.

Essa mesma questão foi levantada pelo então deputado Souza Franco na discussão do projeto da reforma monetária que teve lugar na sessão da Câmara de 31 de agosto de 1846. É verdade que, de certa maneira, os déficits orçamentários do governo eram fonte de instabilidade para o valor da moeda. Contudo, creditar a reforma apenas ao déficit e à correção de medidas do passado nos parece insuficiente para entender o que aconteceu. Não se pode perder de vista o reiterado esforço do governo para estabilizar o valor da moeda e, consequentemente, do câmbio. Holanda Cavalcanti é claro nesse ponto ao defender o projeto diante das provocações de Souza Franco. Perguntava o ministro da Fazenda,

> O que é que nos convém? Quais são as vistas deste projeto? Quais são as vistas das pessoas que concorrem para a adoção da medida?

8 CALÓGERAS, João Pandiá. *A política monetária... Op. cit.*, p. 63-9.

> É a garantia dos contratos, é a segurança das transações, é a remoção desse jogo nas operações sucessivas; pois com um câmbio que hoje está a 27d., amanhã a 28d., em outro dia 23d. e depois a 25d., há alguém que possa transigir senão na expectativa de lucrar? E uma medida que garantisse não seria digna de acolhimento? É este o fim do projeto. É este o seu *desideratum*.[9]

Mas tratava-se de nova quimera. A situação legal vinha a reboque da situação de fato, que via o câmbio despencar de 40d. em 1836 para apenas 25d. em 1843.[10] Apesar dos tropeços e concessões das tentativas anteriores, o governo perseguia incessantemente o padrão-ouro. Aprovado na Câmara, o projeto tornou-se lei no dia 11 de setembro de 1846. Ela estabelecia que, a partir de 1º de janeiro do ano seguinte, as estações públicas recebessem moedas de ouro de 22 quilates na razão de 4$000 por oitava e autorizava o governo a retirar de circulação a quantidade de papel-moeda que fosse necessária para manter tal valor.[11] Essa relação entre oitava de ouro e mil-réis correspondia a uma taxa de câmbio de 27d., tal como a que propusera Alves Branco. Vale lembrar, entretanto, que a taxa de câmbio continuava flutuante, uma vez que a maior parte do meio circulante da época, notas do Tesouro e vales, não estava lastreada em metal.[12]

Ao não adotar de vez a moeda fiduciária, optando por definir novo padrão para a moeda brasileira, o governo revelava sua fixação na miragem do padrão-ouro. As implicações desse regime são conhecidas. Além do atrelamento da moeda a certo peso de ouro, o dinheiro metálico devia ter liberdade para circular internamente e as notas bancárias que estivessem em circulação deveriam ser plenamente conversíveis em ouro. Aliás, qualquer moeda em circulação devia estar atrelada ao ouro. Por fim, para garantir a estabilidade do valor da moeda, não deveria existir qualquer

---

9 Para a referência a Souza Franco e para as duas citações, cf. sessão de 31 de agosto de 1846 em BRASIL. *Anais da Câmara*. Rio de Janeiro, p. 715-7.

10 Cf. tabela de câmbios em CAVALCANTI, Amaro. *O meio circulante... Op. cit.*

11 Cf. BRASIL. *Collecção das leis do Império do Brasil de 1846*. Rio de Janeiro: Typ. Nacional, 1847.

12 Cf. VILLELA, André Arruda. *The political economy of money and banking in Imperial Brazil 1850-1870*. 1999. Tese (Doutorado em História Econômica) – London School of Economics and Political Science, p. 227; TEIXEIRA, Arilda Magna Campanharo. *Determinantes e armadilhas da política monetária brasileira no II Império*. 1991. Mestrado (Dissertação de mestrado em Economia) – Universidade Federal Fluminense, p. 7.

impedimento à entrada ou saída de metal do país. Funcionando nesse regime e apesar da quebra do padrão, o mil-réis valorizou-se, isto é, embora a nova paridade representasse uma desvalorização em relação à paridade anterior, ao mesmo tempo significava uma valorização em relação à taxa de câmbio de mercado, graças também ao aumento da oferta de ouro.[13]

A miragem do padrão-ouro parecia querer se concretizar. Um país civilizado e próspero exigia uma moeda forte, mas miragens são miragens. A paridade de 27d. estabelecida na lei só se verificou em breves períodos entre 1854 e 1864, depois da criação do segundo Banco do Brasil, e, mesmo assim, como acabamos de dizer, o meio circulante não estava totalmente lastreado em metal (Tabela 1). Como observa Faoro, o padrão-ouro no Brasil "nunca teve acolhida nos fatos, mas apenas nas palavras e nos desejos dos estadistas".[14]

Tabela 1 – O segundo Banco do Brasil e a manutenção da paridade (em pence por mil-réis)

Período	Taxa de câmbio	
	Máxima	Mínima
10 de abr. de 1854 a 11 de nov. de 1857	28,75	26,75
24 de ago. de 1858 a 17 de jan. de 1859	27	26
23 de out. de 1862 a 14 de set. de 1864	27,625	26,625

Fonte: Junta dos Corretores de Fundos Públicos da Cidade do Rio de Janeiro. *Livro official de cotações de títulos e valores*. Vários volumes. Extraída de VILLELA, André Arruda. *The political economy... Op. cit.*, p. 228.

A manutenção da paridade de abril de 1854 a novembro de 1857 e o retorno a ela de outubro de 1862 a setembro de 1864 reforçam a tese de que o Banco do Brasil fora concebido e criado para assegurar primordialmente a estabilidade do valor da moeda e do câmbio. O padrão-ouro, ainda que como miragem, era uma virtude aos olhos de parcela importante dos conservadores, enquanto a moeda fiduciária era um vício. Como tentaremos mostrar mais adiante, a administração centralizada da oferta de moeda e o monopólio de sua emissão concretizados no segundo Banco do Brasil consistiriam, por assim dizer, o braço financeiro de um projeto político

13 Cf. VIEIRA, Dorival Teixeira. *Evolução... Op. cit.*, p. 107.

14 FAORO, Raymundo. *Os donos do poder*. v. 2. São Paulo: Publifolha, 2000, p. 6.

levado a cabo pelo partido conservador. A sustentação de uma moeda forte casava-se, de maneira mais específica, com os compromissos externos assumidos pelo governo imperial, inclusive via construção de confiança nos credores estrangeiros e, de maneira mais geral, com os planos civilizatórios desse grupo político.

2.2. Papelistas e metalistas: o debate inglês tropicalizado e a gestação do banco da Ordem

No mesmo período da reforma de 1846, a criação de um banco nacional já aparecia nas discussões que se travavam na Assembleia Geral Legislativa. A controvérsia entre papelistas e metalistas já foi bem estudada pela historiografia brasileira.[15] Por isso, não faz sentido recuperar todo o debate sobre as teorias monetárias em voga no exterior e a realidade econômica brasileira. Cabe, no entanto, situar no debate a discussão específica sobre a pertinência de se criar um banco de Estado. Alguns dos pressupostos teóricos que estariam por trás da criação do segundo Banco do Brasil surgiram exatamente a partir desse debate travado entre parlamentares nas décadas de 1840 e 1850, já no contexto da forte influência política do núcleo do partido conservador.

A controvérsia entre papelistas e metalistas no Brasil remete ao famoso debate entre os partidários da escola bancária e os da escola monetária na Inglaterra do século XIX. Contudo, não se tratava de mera transposição do debate inglês. As teorias econômicas defendidas por uma e outra escola eram conhecidas pelos parlamentares brasileiros e muitas vezes eram recebidas criticamente por aqui. Em que

---

15 Para citar apenas alguns autores, SAES, Flávio Azevedo Marques de. *Crédito e bancos no desenvolvimento da economia paulista 1850-1930*. São Paulo: IPE/USP, 1986; ANDRADE, Ana Maria Ribeiro de. *1864: a controvérsia entre papelistas e metalistas*. 1987. Dissertação (mestrado em História) – Universidade Federal do Rio de Janeiro; GREMAUD, Amaury Patrick. *Das controvérsias teóricas à política econômica: pensamento econômico e economia brasileira no segundo Império e na primeira república (1840-1930)*. 1997. Tese (doutorado em Economia) – Universidade de São Paulo; TEIXEIRA, Arilda Magna Campanharo. *Determinantes e armadilhas... Op. cit.*; VILLELA, André Arruda. *The political economy... Op. cit.* E mais recentemente FONSECA, Pedro Cezar Dutra. "A controvérsia entre papelismo e metalismo e a gênese do desenvolvimentismo no Brasil". In: XXXVI Encontro Nacional de Economia da ANPEC, 2008, Salvador, BA. *Anais do XXXVI Encontro Nacional da ANPEC* (CD-ROM); SÁEZ, Hernán Enrique Lara. *Nas asas de Dédalo: um estudo sobre o meio circulante no Brasil entre os anos de 1840 a 1853*. 2008. Dissertação (mestrado em História Econômica) – Universidade de São Paulo.

pese a prevalência das teorias monetárias concebidas na Europa, sobretudo a do padrão-ouro, sabia-se perfeitamente que adaptações teriam que ser feitas a essas teorias para que conseguissem dar conta da realidade econômica brasileira. Uma coisa era discutir a centralidade ou pluralidade da emissão numa economia que se industrializava, outra coisa era discutir o mesmo tema numa economia essencialmente agrária. Uma coisa era debater a conversibilidade ou inconversibilidade da emissão numa economia industrial e assalariada, outra coisa era debater o mesmo assunto numa economia essencialmente mercantil e escravista. E era justamente isso que se fazia.

O referencial teórico dos debates entre papelistas e metalistas ocorridos no Brasil apontava para as ideias defendidas na Inglaterra pelas escolas bancária e monetária. O chamado princípio bancário dava o norte da escola bancária.[16] Tal princípio sustentava que notas bancárias só eram emitidas para efetivar operações de crédito que tinham como contrapartida transações comerciais já realizadas. Ora, se a emissão bancária tinha contrapartida real, ela não podia provocar inflação. Seu aumento nada mais era do que reflexo do aumento das transações comerciais. Este sim podia ou não provocar inflação. Portanto, segundo esse princípio, o sentido da causalidade vai da transação comercial (preço) para a emissão (oferta monetária) e não o contrário. Transações comerciais e emissão de notas bancárias funcionavam como duas faces de uma mesma moeda.

Enquanto a profusão de moeda metálica e a emissão de papel-moeda poderiam gerar inflação, a emissão de notas bancárias não correria o risco de produzir tal resultado, uma vez que apenas acompanhava o ritmo das transações comerciais já realizadas. O aumento da emissão de notas bancárias seria apenas indicador de um aumento das transações ou dos preços. Por isso, a escola bancária sustentava que, na questão monetária, as notas bancárias deviam ser diferenciadas da moeda metálica e do papel-moeda corrente.

Sua antípoda era a escola monetária,[17] guiada pelo chamado princípio monetário. Tal princípio, ligado à teoria quantitativa da moeda, sustentava que o aumento da oferta de moeda, notas bancárias inclusive, gerava inflação. Do mesmo modo, se a oferta de moeda se reduzisse, a inflação também cederia. Portanto, segundo esse

16 Podemos citar como representantes dessa escola Henry Thornton, Thomas Tooke e John Fullarton.

17 Podemos citar como representantes dessa escola David Ricardo, Robert Peel e John McCulloch.

princípio, o sentido da causalidade vai da oferta monetária para o preço e não o contrário. Nesse caso, as duas faces da moeda eram oferta monetária e preço. Já que qualquer aumento da oferta monetária poderia gerar inflação, não havia motivo para distinguir notas bancárias de outros tipos de moeda.

O critério utilizado acima para apresentar sucintamente os princípios defendidos pelas duas escolas não poderia deixar de ser a inflação, uma vez que no cerne do debate monetário e creditício estava a questão da manutenção do valor do meio circulante. Isso afetava ao mesmo tempo a disponibilidade de moeda para a realização das transações, tema caro à escola bancária, e a variação da taxa de câmbio, tema caro à escola monetária.

Daí a conversibilidade das notas bancárias como bandeira comum defendida pelas duas escolas. Contudo, os princípios defendidos por elas acabavam desembocando em dois grandes pontos de conflito em torno de questões relacionadas ao direito de emissão e ao tipo de conversibilidade do meio circulante. Quanto ao direito de emissão, discutia-se a unidade ou pluralidade emissora como alternativas e também, dado o caráter público e privado das emissões, se a instituição ou as instituições emissoras deveriam ser públicas ou privadas. A título de esclarecimento, o caráter público das emissões se revela nas consequências do aumento da oferta monetária para a economia como um todo. Tais consequências justificariam a intervenção do Estado nessa questão. Seu caráter privado surge da possibilidade de um banco emissor realizar lucros, com baixo custo,[18] por meio do empréstimo das notas emitidas. Já o que se discutia em relação à conversibilidade dizia respeito ao tipo de reserva que serviria de lastro para as emissões, isto é, se elas deveriam ser lastreadas exclusivamente em ouro ou se também poderiam entrar como lastro notas do Tesouro e ações de companhias abertas.

Trazendo esse debate para uma época mais recente, Kindleberger compara, de um lado, a escola monetária à teoria monetarista e, de outro, a escola bancária à teoria keynesiana, mostrando que a controvérsia permanece ao longo do tempo.[19]

18 Villela, baseado em White, adverte que o custo dos bancos emissores não era tão baixo como se imaginava à época. Cf. VILLELA, André Arruda. *The political economy... Op. cit.*, p. 211; WHITE, Lawrence. *Free Banking in Britain: theory, experience and debate, 1800-45*. Cambridge: Cambridge University Press, 1984.

19 Cf. KINDLEBERGER, Charles Poor. *Keynesianism vs. Monetarism and Other Essays in Financial History*. Londres: Taylor and Francis, 2006, p. 65-85.

Mas essa controvérsia monetária nasceu mesmo no final do século XVIII e girava em torno do valor da moeda e da atuação do Banco da Inglaterra. Interessante notar a semelhança com a discussão que se fazia no Brasil em relação ao valor da moeda e à atuação do Banco do Brasil.

No início do século XIX, por exemplo, apresentava-se na Inglaterra a discussão sobre as causas da desvalorização da libra. A comissão formada pelo Parlamento para investigar a questão apontou o excesso de emissão de notas por parte do Banco da Inglaterra como causa principal da desvalorização da moeda inglesa, diagnóstico claro de partidários do princípio monetário.[20] Colocava-se em questão a administração permissiva do banco de emissão e seu efeito deletério sobre o valor da moeda. *Mutatis mutandis* foi o que aconteceu no Brasil um pouco mais tarde em relação ao mil-réis e ao primeiro Banco do Brasil. Mais radical, a solução brasileira foi a liquidação de seu banco emissor. Na Inglaterra, os debates entre as duas escolas se intensificaram, mas as posições da escola monetária acabavam prevalecendo, casos da regra Palmer, de 1827, e da lei de Peel, de 1844. As posições da escola bancária só prevaleciam em períodos excepcionais, notadamente em momentos de crise como 1825, 1836, 1839 e 1847.[21]

Dada a semelhança das discussões inglesa e brasileira, Saes conclui que o pensamento monetário europeu chegava ao Brasil, "mas já era processado de modo a refletir os problemas particulares da economia brasileira".[22] O debate inglês era, por assim dizer, tropicalizado e traduzia-se por aqui na controvérsia entre papelistas, defensores do princípio bancário, e metalistas, que sustentavam o princípio monetário. Na verdade, não havia na assembleia legislativa brasileira dois grupos

20 Até o restabelecimento da conversibilidade em ouro das notas do Banco da Inglaterra, em 1819, os partidários do princípio monetário eram chamados de *bullionistas* e os partidários do princípio bancário de *antibullionistas*, numa referência ao *Bullion Committe*, formado em 1810.

21 A regra Palmer limitava a emissão de notas bancárias e as atrelava às variações das reservas de ouro. A lei de Peel centralizou o controle da oferta de moeda nas mãos do Banco da Inglaterra e certamente influenciou a experiência brasileira de 1853. Para o debate inglês, cf. GREMAUD, Amaury Patrick. *Das controvérsias teóricas... Op. cit.*, p. 74-8; VILLELA, André Arruda. *The political economy... Op. cit.*, p. 205-14. SCHULZ, John. *A crise financeira da abolição*. São Paulo: Edusp/ Instituto Fernand Braudel, 1996, p. 33. Para as crises inglesas referidas, cf. GILBART, James William. *Tractado practico dos bancos*. Rio de Janeiro: B. L. Garnier, 1859, p. 120.

22 SAES, Flávio Azevedo Marques de. *Crédito e bancos... Op. cit.*, p. 28. BENTIVOGLIO, Julio César. *O Império das circunstâncias. O Código Comercial e a política econômica brasileira*. 2002. Tese (Doutorado em História Econômica) – Universidade de São Paulo.

uniformes e bem definidos representando papelistas e metalistas e, a julgar pelos discursos proferidos à época no Parlamento, nem os próprios debatedores se identificavam dessa maneira. Esses adjetivos foram incorporados posteriormente por conta da historiografia sobre o assunto.[23] Contudo, apesar de certa arbitrariedade, eles são úteis para que nos situemos melhor no debate.

Discutiam-se no Brasil as mesmas questões tratadas no debate inglês, isto é, direito de emissão e conversibilidade do meio circulante. O posicionamento dos dois grupos em relação a essas questões é análogo ao das escolas inglesas. O giro dos negócios era a preocupação principal dos papelistas, assim, reclamavam que a quantidade de moeda em circulação deveria ser suficiente para garantir a efetivação das transações. Para que isso ocorresse, admitiam um meio circulante lastreado ou não em metais. Pensavam nessa alternativa justamente por causa da escassez de metais que costumava grassar na economia brasileira. Seria possível paralisar as transações por conta da insuficiência de moeda decorrente de tal escassez? Para um papelista, admitir essa possibilidade seria absurdo. O elemento determinante da oferta monetária deveria ser a demanda por moeda para transações. Se o aumento da oferta monetária acompanhasse *pari passu* o aumento do volume de transações, não haveria motivo para que a moeda brasileira se desvalorizasse.

Tais preocupações revelavam os interesses de frações da classe dominante ligadas mais ao setor interno do que ao setor externo da economia. Daí a preocupação secundária com a estabilidade do câmbio, resultante, para os papelistas, do movimento da balança comercial. De fato, numa economia mercantil e escravista como a brasileira, o câmbio estava sempre sujeito à instabilidade porque seu valor dependia dos preços e das condições de demanda por produtos nativos no mercado externo, como bem apontou Furtado.[24]

Como vimos, de acordo com o princípio bancário, era o volume de transações que determinava a quantidade de emissão de notas bancárias. Se a cada emissão correspondesse uma transação, o problema do excesso de emissão simplesmente não existiria. Caso existisse, o excesso de demanda por notas bancárias faria subir a taxa de juros e a emissão se ajustaria a ela. A taxa de juros seria, portanto, a variável de ajuste da oferta monetária. Livres do problema do excesso de emissão, os

---

23 Cf. também SAEZ, Hernán Enrique Lara. *Nas asas de Dédalo*... *Op. cit.*, p. 185.

24 FURTADO, Celso. *Formação econômica do Brasil*. São Paulo: Companhia das Letras, 2007.

papelistas apontavam a pluralidade emissora por meio de bancos privados como a melhor maneira de atender à demanda por moeda das praças e garantir o giro dos negócios. Além disso, a pluralidade asseguraria melhor distribuição do meio circulante e do crédito entre as praças.

De olho no setor externo da economia, os metalistas sustentavam que a quantidade de moeda em circulação deveria ser tal que mantivesse o seu valor estável, pois a estabilidade da taxa de câmbio era sua preocupação principal. Em princípio, não havia concessão quanto à conversibilidade. O meio circulante deveria ser metálico ou totalmente lastreado em metal. Nesse caso, a oferta de metal deveria ser proporcional ao volume de transações para que houvesse moeda suficiente para efetivá-las. Mas isso era uma quimera, sobretudo no contexto brasileiro, em que a escassez de metal era a regra.

Seguindo à risca o sistema de conversibilidade total, a escassez de metal implicaria uma insuficiência de moeda e poderia paralisar as transações. A questão que, então, se apresentava era: paralisar as transações ou manter o lastro metálico da moeda? Teoricamente, um metalista ficaria com a primeira opção. Contudo, na prática, os metalistas do Império arranjavam uma alternativa para manter o giro dos negócios, mesmo que isso pudesse comprometer o valor da moeda. O segundo Banco do Brasil andará o tempo todo na corda bamba entre o giro do comércio e o lastro de suas notas.

De fato, o que devia determinar a oferta de moeda era a política econômica definida pelo governo. No caso de uma política metalista, qualquer movimento de desvalorização da moeda indicaria emissão de moeda mais do que suficiente para garantir a realização das transações e requereria a intervenção do governo para enxugar o excesso de moeda em circulação. No entanto, não se pode perder de vista que as consequências dessa intervenção para o comércio eram frequentemente consideradas nas decisões governamentais.

A preocupação com o câmbio revelava os interesses de frações da classe dominante ligadas ao setor externo da economia. Daí a preocupação secundária com a taxa de juros, resultante, para os metalistas, da interação da oferta e demanda por moeda. As notas bancárias não afetariam a taxa de juros por serem meros instrumentos de crédito e não moeda propriamente.

Como vimos, de acordo com o princípio monetário, a oferta de moeda estava ligada à inflação e, consequentemente, ao câmbio. Como a taxa de câmbio seria determinada pela quantidade de moeda em circulação, era ela a variável que sinalizaria a necessidade de se ajustar ou não a oferta de moeda. Se aquela quantidade fosse maior do que o volume de transações, a taxa de câmbio se desvalorizaria e sinalizaria excesso de emissão, exigindo que o governo lançasse mão da política econômica para enxugar o excesso de moeda. A taxa de câmbio seria, portanto, a variável de ajuste da oferta monetária.

Para finalizar essa caracterização geral de papelistas e metalistas, é preciso lembrar que, assim como as escolas bancária e monetária, ambos os grupos concordavam que a moeda devia ser conversível e, se possível, que a conversão fosse feita em metal. A diferença é que os papelistas aceitavam uma relação mais fraca entre a moeda e o metal, admitindo o lastro em títulos da dívida pública quando houvesse escassez de metal.[25]

O debate tropicalizado também dizia respeito basicamente ao direito de emissão e ao tipo de conversibilidade do meio circulante, só que a discussão dessas questões adaptava-se à realidade brasileira. Quanto ao direito de emissão, discutia-se sua unidade ou pluralidade, questão que também remetia à nacionalização ou provincialização da circulação das notas emitidas. Entre 1808 e 1836, prevaleceu no Brasil a unidade de emissão, primeiro com o Banco do Brasil e depois com o Tesouro. A questão da pluralidade só reapareceu mais fortemente com os bancos emissores de vales fundados em várias províncias a partir de 1836 no vácuo de uma legislação específica sobre a criação e operação de bancos.[26] Entre o final da década de 1830 e 1853, o Brasil viveu, de fato, uma experiência de pluralidade de emissão supervisionada pelo governo bem ao gosto papelista, embora nessa época tivessem passado pelo governo ministros da Fazenda mais alinhados ao grupo metalista, como Rodrigues Torres. Tal fato

---

25 Cf. as posições a respeito da conversibilidade defendidas por Torres Homem, tido como metalista, e Souza Franco, tido como papelista, respectivamente, em BRASIL. MINISTÉRIO DA FAZENDA. *Proposta e relatorio apresentados á Assembléa Geral Legislativa na Terceira Sessão da Décima Legislatura do anno de 1858 pelo Ministro e Secretario d'Estado dos Negocios da Fazenda Francisco de Salles Torres Homem.* Rio de Janeiro: Typ. Nacional, 1859, p. 2 e FRANCO, Bernardo de Souza. Os bancos do Brasil... *Op. cit.*, p. 87. Villela distingue ainda, dentro do grupo papelistas, o comum (*ordinary*), como Souza Franco, que defende a conversibilidade, e o verdadeiro (*true*), como Mauá, que preferem a moeda fiduciária. VILLELA, André Arruda. *The political economy... Op. cit.*, p. 275.

26 As regras de criação e operação dos bancos estavam inseridas em legislações mais amplas, como a lei das sociedades anônimas, de 1849, e o código comercial, de 1850.

indica a dificuldade de enquadramento dos atores políticos nos dois grupos a que estamos nos referindo.

Como veremos adiante, no início da década de 1850, Holanda Cavalcanti apresentou um projeto que previa a criação de bancos de emissão nas províncias, ratificando a pluralidade existente. No compasso da Ordem, Rodrigues Torres, então ministro da Fazenda, propôs um contra-projeto que previa a criação de um banco privado, mas sob influência estatal, com monopólio de emissão de notas.

O ministro, de olho na estabilidade do valor da moeda e do câmbio, preocupava-se com a possibilidade de excesso de emissão trazida pela pluralidade, que já se manifestava na crise monetária de 1853 envolvendo a competição entre o Banco Comercial do Rio de Janeiro e o Banco do Brasil, de Irineu Evangelista de Souza, os dois bancos emissores da praça do Rio. Essa crise certamente contribuiu para que a proposta de Rodrigues Torres, de cunho metalista, prevalecesse sobre a proposta de Holanda Cavalcanti, de cunho papelista. Desse embate nasceu o segundo Banco do Brasil com o monopólio da emissão de notas bancárias.

A pluralidade de emissão voltaria em 1857 com a chegada de Souza Franco ao ministério da Fazenda, dentro do espírito político da chamada conciliação. O novo ministro defendia abertamente esse tipo de organização bancária:

> *A organização, que me parece preferível, é a de bancos provinciais,* ou por círculos de duas e mais províncias conforme a ligação de seus mercados, e sempre com a possibilidade de se converterem as filiais em bancos provinciais. E prefiro esta organização, como adiante se verá, pela necessidade de também regularizar com os bancos o meio circulante do Império [grifo nosso].[27]

Contudo, foi uma curta experiência que terminaria com a contra-ofensiva de seus sucessores, respectivamente, Francisco de Salles Torres Homem e Ângelo Muniz da Silva Ferraz. É verdade que a lei de 1860, chamada Lei dos Entraves, não previa formalmente a unidade de emissão, mas impôs condições tão restritivas para que se pudesse emitir que, na prática, o Banco do Brasil voltaria a ser o único banco emissor do Império. A unidade de emissão só seria restabelecida formalmente em 1866, quando houve a revisão dos estatutos do Banco do Brasil, desta vez como monopólio do Tesouro.

---

27 FRANCO, Bernardo de Souza. *Os bancos do Brasil... Op. cit.*, p. 84.

Como vimos, papelistas e metalistas concordavam com a conversibilidade da moeda. A discordância nesse âmbito dizia respeito ao tipo de conversibilidade. As posições de Souza Franco e Rodrigues Torres quanto à matéria ilustram a controvérsia. Enquanto reconhecia que a moeda metálica era preferível a qualquer outra do ponto de vista exclusivo da segurança da moeda, Souza Franco também criticava que ela dificultava a sustentação de instituições de crédito, indispensáveis ao comércio, e chamava atenção para o alto custo de oportunidade envolvido no emprego de metais para produzir moeda. Para contornar esses percalços, defendia um meio circulante lastreado apenas parcialmente em metais, o que era inconcebível para seu antípoda, defensor da solidez da moeda e da segurança que ela traria aos negócios:

> Eu não desconheço, Sr. presidente [da Câmara], que alguns economistas teóricos, entre os quais seja-me permitido citar o nome de Ricardo, entendem que a moeda mais perfeita é o papel; mas peço à Câmara que observe que esses economistas falam do papel realizável, papel com garantias sólidas, e não do papel-moeda que temos. Observarei mais que, conquanto seja inconveniente deslocar capitais dos empregos produtivos para serem empregados como instrumento de circulação, é também fora de dúvida que *a tranqüilidade e segurança dos negócios de comércio exigem que este instrumento tenha valor real e intrínseco* [grifo nosso].[28]

Seguindo a linha de Rodrigues Torres, o governo brasileiro invariavelmente tentou garantir a conversibilidade de suas notas em metal. Na maioria das vezes sem sucesso, como mostraram as experiências do primeiro Banco do Brasil e da reforma de 1833, embora esta última tenha contribuído para melhorar o estado do meio circulante no início do período regencial. A reforma de 1846 quebrou novamente o padrão monetário e estabeleceu uma nova paridade do mil-réis em relação à moeda inglesa, a fim de tornar o meio circulante brasileiro conversível em ouro e assim garantir a estabilidade dos preços e do câmbio.

A manutenção da paridade e a conversibilidade, porém, só viriam com a criação do segundo Banco do Brasil, mesmo assim em breves períodos entre 1854 e 1864. Além disso, não se pode esquecer que, no Império, as ideias metalistas tinham que

28 Sessão de 8 de março de 1850. Cf. BRASIL. *Anais da Câmara*, p. 93.

ceder à realidade de uma economia mercantil e escravista, de modo que a conversão das notas do banco poderia ser feita em metal ou em notas do Tesouro. Como estas últimas não eram conversíveis em metal, o meio circulante era apenas parcialmente conversível em ouro. A partir de 1864, a quebra da casa bancária A. J. A. Souto & Cia. e o início da guerra do Paraguai comprometeram definitivamente a manutenção da paridade e a conversibilidade do meio circulante. O Banco do Brasil, como banco da Ordem, perderia sua razão de ser e seria reformado pouco tempo depois, transformando-se em mero banco hipotecário.

Caracterizados papelistas e metalistas e as controvérsias em que estavam metidos, é preciso dar nome aos bois, isto é, tentar identificar quem é quem no debate travado na Assembleia Legislativa brasileira. Já advertimos que seria temerário considerar papelistas e metalistas como grupos homogêneos e bem definidos. Mesmo que houvesse papelistas e metalistas puros nas ideias, na prática, suas ações eram uma mescla das duas posições, conforme sugerem as gestões de Souza Franco e Torres Homem no ministério da Fazenda. Os próprios parlamentares da época não se reconheciam como tal, o que é indicado pela ausência desses termos nos debates travados na Assembleia Legislativa. Essa adjetivação foi construída posteriormente pela historiografia econômica brasileira. Contudo, é possível indicar a orientação geral de alguns parlamentares em relação à questão financeira por meio de seus posicionamentos nos debates parlamentares.

Com base no estudo de Arilda Teixeira sobre a política monetária brasileira no segundo Império,[29] situamos a seguir a inclinação teórica em assuntos financeiros de atores que mais tarde influenciarão as atividades do segundo Banco do Brasil. De tendência papelista temos Irineu Evangelista de Souza, futuro diretor e membro da comissão fiscal; Francisco de Paula Santos, futuro diretor; e José Pedro Dias de Carvalho,[30] futuro diretor e vice-presidente do banco. De tendência metalista temos Rodrigues Torres, futuro membro da comissão fiscal e presidente; Silva Ferraz, futuro membro da comissão fiscal e suplente de diretor; Torres Homem, futuro presidente; Jerônimo José Teixeira Júnior, futuro

---

29 Cf. TEIXEIRA, Arilda Magna Campanharo. *Determinantes e armadilhas... Op. cit.*, p. 7.

30 Nasceu em Mariana, Minas Gerais, em 1805. Ligado ao jornalismo, fundou o *Patriota Mineiro* e foi um dos chefes da revolução liberal (1842). Foi deputado por Minas Gerais e ministro da Fazenda. Foi ainda presidente e diretor do Banco do Brasil. Faleceu em 1881. Cf. CARMO, J. A. Pinto do. *Ministros... Op. cit.*

visconde de Cruzeiro[31] e futuro diretor; e José Machado Coelho de Castro, futuro diretor do banco. Rodrigues Torres, Torres Homem, Silva Ferraz e Dias de Carvalho também foram ministros da Fazenda, o que indica que a estreita relação entre Estado e banco não se dava apenas na nomeação, por parte do imperador, de presidente e vice-presidente da instituição, mas também no acompanhamento de suas operações cotidianas. Os homens do banco muitas vezes eram também homens do governo.

Aliás, o debate entre papelistas e metalistas remete ao processo político de construção do Estado imperial, uma vez que a administração da moeda é um de seus alicerces fundamentais. O que acabamos de discutir nada mais é do que o embate entre modos alternativos de administrar a moeda do país que implicariam uma redistribuição do poder político entre Corte e províncias, pois a outra face da discussão sobre pluralidade ou unidade de emissão é a descentralização ou centralização do poder político. Ao estudar a relação entre poder financeiro e poder político a partir da comparação do sistema bancário de países europeus e dos Estados Unidos, Cameron propôs a distinção entre metrópole e hinterlândia financeiras.[32]

De maneira geral, a metrópole adiantada financeiramente estaria interessada na manutenção da estabilidade econômica e social, influenciando ou mesmo controlando a dinâmica financeira da hinterlândia. Lá, a estabilidade prevaleceria sobre o desenvolvimento, a moeda prevaleceria sobre o crédito. A influência ou o controle da metrópole financeira sobre a hinterlândia se daria por meio da regulamentação ou propriedade de suas instituições financeiras e pela imposição de uma ortodoxia econômica, ou seja, política econômica restritiva com o objetivo de manter a estabilidade do valor da moeda. Cameron aponta como possíveis razões dessa influência ou controle fins particulares, como a maximização de lucro de uma ou várias instituições financeiras da metrópole; fins políticos, como o interesse dos dirigentes da metrópole em influenciar ou controlar a metrópole em benefício próprio ou de seus apaniguados; e, finalmente, fins públicos, ou seja, a intenção honesta por parte

---

31 Nasceu no Rio de Janeiro, em 1830. Bacharel em Ciências Jurídicas e Sociais pela Academia de São Paulo. Foi deputado (1869) e senador (1873) pelo Rio de Janeiro. Foi também ministro da Agricultura, Comércio e Obras Públicas (1870). Nomeado para o conselho de Estado em 1874, faleceu em Roma, em 1892. Cf. VASCONCELLOS, barão e SMITH DE VASCONCELLOS, barão. *Archivo... Op. cit.*, p. 139-40.

32 CAMERON, Rondo. Metrópole e hinterlândia na história das finanças. *Revista Brasileira de Economia*, v. 26, n. 3, jul.-set. 1972, p. 238-254.

da administração financeira da metrópole de orientar as instituições financeiras da hinterlândia para o que presumiriam ser o mais adequado para elas.

Já a hinterlândia atrasada financeiramente, por sua vez, lutaria contra o jugo metropolitano para que pudesse desenvolver seu setor financeiro, procurando caminhos alternativos para se libertar das políticas restritivas impostas pela metrópole. Aqui, o desenvolvimento prevaleceria sobre a estabilidade, o crédito prevaleceria sobre a moeda. Vale ressaltar que a ideia de hinterlândia não é estática, quer dizer, suas instituições financeiras poderiam se desenvolver e, na medida desse desenvolvimento, iriam produzindo suas próprias políticas financeiras, promovendo a hinterlândia à metrópole. Interessante notar também que se a política financeira da metrópole privilegia a moeda e a da hinterlândia privilegia o crédito, teríamos, de acordo com esse esquema, o privilégio dinâmico da moeda sobre o crédito. É como se inicialmente o crédito prevalecesse na hinterlândia até que sua economia e, por extensão, suas instituições financeiras, se desenvolvessem e, a partir daí, passasse a prevalecer a moeda e a estabilidade econômica e social. Portanto, tal esquema reforça o caráter conservador da metrópole financeira. Não seria difícil situar papelistas e metalistas nesse esquema e derivar daí suas inclinações políticas, mas a dinâmica das instituições financeiras do Império, as da corte e as das províncias, encaixava-se no esquema metrópole financeira-hinterlândia?

O duelo entre os dois grupos não podia ser traduzido imediatamente no conflito entre corte e províncias. Embora a relação entre poder descentralizado e papelismo seja estreita, não é possível associar sem mais frações das classes dominantes provinciais às ideias papelistas. A unidade de emissão, isto é, a centralização do poder na corte, era defendida por grupos ligados ao comércio externo e por proprietários de terra escravistas não só do centro-sul, como também das províncias do norte. A pluralidade de emissão era sustentada por grupos mais ligados ao comércio interno, que sentiam na carne a escassez de moeda para efetivar suas transações.[33] Retornaremos a essa questão mais adiante, quando tratarmos das caixas filiais do segundo Banco do Brasil.

Economia e política, banco e Estado, estavam imbricados nas discussões entre papelistas e metalistas, inclusive quanto à recriação de uma grande instituição financeira que pudesse auxiliar no saneamento do meio circulante do Império e no

33 Cf. GUIMARÃES, Carlos Gabriel. *Bancos... Op. cit.* A crise de 1853 e a reforma econômica de 1853.

fornecimento de crédito à praça. Não se tratava apenas de criar um segundo Banco do Brasil, tratava-se de criar um banco atrelado a um projeto político que impunha uma direção ao governo do Império brasileiro. Daí a gestação do banco da Ordem.

Quanto aos bancos especificamente, o grupo papelista defendia a pluralidade de instituições emissoras privadas não só por uma questão de liberdade - o livre mercado e a livre iniciativa deviam vigorar apesar da escravidão -, como por uma questão de geografia, isto é, a dificuldade de capilarização das notas de um banco emissor centralizado num ponto específico do vasto território brasileiro. Somente a pluralidade seria suficiente para garantir o giro dos negócios e a efetivação das transações tanto na corte como nas províncias. Eram os homens do crédito. Já o grupo metalista, que pretendia sustentar a paridade fixada em 1846, defendia a criação de uma única instituição emissora sob tutela do Estado, que se encarregaria de regular o volume de emissões de acordo com a necessidade da economia. A provisão de liquidez ao mercado ficaria subordinada à manutenção do valor da moeda. Teoricamente, eram os homens da moeda. Mas só teoricamente, pois, como vimos, a realidade econômica brasileira não cedia espaço para o idealismo metalista.

Para mostrar como os bancos apareciam no debate, e sobretudo possíveis referências que aparecerão mais tarde na criação do segundo Banco do Brasil, selecionamos falas dos dois políticos que talvez tenham sido os mais influentes em assuntos financeiros e bancários em sua época: Souza Franco e Rodrigues Torres. Essas falas tiveram lugar nas sessões da Câmara em que se deu a extensa discussão sobre a provincialização do meio circulante[34] e em trabalhos impressos dos dois contendores, a saber, o opúsculo *Os bancos do Brasil*, do primeiro, e os relatórios do ministério da Fazenda, do segundo.

De maneira geral, tanto Souza Franco como Rodrigues Torres atrelavam a reforma monetária à reforma do sistema bancário, mas havia discordância quanto ao momento de se criar um banco ou bancos de emissão para auxiliar

---

34 Essa discussão ocorreu nas sessões de 7 e 8 de março e 25 e 26 de abril de 1850. Depois de longos debates, a provincialização do meio circulante defendida por Rodrigues Torres e criticada por Souza Franco acabou aprovada como lei 552, de 31 de maio de 1850. No entanto, a provincialização não chegou a ser levada a cabo pelo governo. Importante lembrar que o art. 3º dessa lei proibia o aumento da "*soma de papel circulante no Império*". Cf. BRASIL. MINISTÉRIO DA FAZENDA. *Proposta e relatorio apresentados á Assembléa Geral Legislativa na Terceira Sessão da Oitava Legislatura do anno de 1850 pelo Ministro e Secretario d'Estado dos Negocios da Fazenda Joaquim José Rodrigues Torres*. Rio de Janeiro: Typ. Nacional, 1851, p. 35.

o governo no controle da oferta de crédito e moeda. Nessa ordem para Souza Franco e na ordem inversa para Rodrigues Torres. Para o deputado paraense, o governo devia criar imediatamente, isto é, por volta de 1850, época em que ocorreu a discussão sobre essa matéria, um banco de emissão para que fosse garantido o crédito necessário ao comércio e, ao mesmo tempo, para que fosse valorizado o meio circulante por meio da substituição das notas do Tesouro por notas do banco.

Na apreciação do projeto de provincialização do meio circulante proposto pelo então ministro da Fazenda Rodrigues Torres na Câmara, a questão dos bancos aparecia frequentemente. Na sessão do dia 8 de março, Souza Franco criticou o ministro, que estava presente à sessão, por sua restrição à criação de bancos emissores. Além de referir-se ao caso bem-sucedido do Banco da Bahia, fundado em 1845, utilizou exemplos europeus em sua crítica, dizendo que

> quanto aos bancos, S. Ex. os tem encarado pelo lado desfavorável, o dos inconvenientes de bancos mal organizados, e nunca pelo favorável, das vantagens que bem regulados bancos têm trazido por toda parte à indústria. O honrado deputado pela província de Sergipe [Zacarias de Góes e Vasconcellos] foi creio que além, e disse a respeito dos bancos de emissão, que todos eles quebram. *E não existem há séculos os bancos de emissão da Inglaterra, Escócia e Irlanda, e muitos outros da Europa?* [grifo nosso].[35]

E como já havia proposto anteriormente, inclusive em seu projeto de reforma bancária de 1848, o deputado voltou à carga na sessão de 25 de abril defendendo a criação imediata de bancos de emissão, mesmo que lastreada em títulos públicos. Não seria preciso esperar a redução do papel-moeda em circulação nem uma composição ideal do estoque de moeda, entre metal e papel, para que tais bancos fossem criados, como mostravam os exemplos da Inglaterra e dos Estados Unidos:

> (...) *vejo-me, até pela solenidade da ocasião, como que obrigado a sustentar a idéia da necessidade de estabelecimentos bancários na capital do Império, e em todas as províncias onde eles possam ser criados*

35 Sessão de 8 de março de 1850. Cf. BRASIL. *Anais da Câmara*, p. 105.

> *e sustentados*. S. Ex. [Rodrigues Torres] parece que não atendeu às proposições ou idéias que aventurei sobre esta matéria; (...) Se mereceram censura a S. Ex. é porque S. Ex. não atendesse a que todos os bancos, os principais bancos do globo, começaram a aparecer com esses mesmos capitais em títulos pela maior parte do governo, de que nós nos lembrávamos. S. Ex. perguntou como se estabelecia um banco cujo fundo era entregue ao governo e ficava sem capitais [referindo-se à crítica de Rodrigues à sua idéia de criar um banco cujos fundos seriam imediatamente emprestados ao governo para que este pudesse proceder ao recolhimento do papel-moeda em circulação]; entretanto S. Ex. sabe que em 1694, (...), o único fundo do banco de Inglaterra quando se instalou foi de 1.200.000 lbs. st., que ficaram logo emprestadas do governo, ou já o estavam... (...) e que esse banco, tomadas as necessárias providências, é ainda hoje o importantíssimo banco de Londres. (...) Quando se estabeleceu um banco dos Estados Unidos, esse de 1791, (...), *eu me lembro ainda que quase todos eles eram formados com capitais que 1/5 somente era de moeda metálica e outros 4/5 eram de títulos de dívida do governo* [grifos nossos].[36]

Como já dissemos, a política econômica de Rodrigues Torres visava estabilizar o valor do mil-réis e, em sua perspectiva, para que isso ocorresse seria preciso enxugar o meio circulante, isto é, reduzir o volume de papel-moeda em circulação, seguindo nesse aspecto a teoria quantitativa da moeda. Para ele, ainda não era o momento de se criar bancos de emissão no Brasil, pois tais bancos poderiam elevar o volume de papel-moeda em circulação e levar à desvalorização da moeda, mas reconhecia sua importância para o comércio e a indústria como ofertantes de crédito.

Vale notar que o problema do ministro era com bancos de emissão e não com bancos de depósitos e descontos, pois em sua concepção estes não criavam moeda. Aliás, os metalistas de maneira geral não viam os bancos de depósitos e descontos como criadores de moeda, o que se pode comprovar com a autorização dada pelo ministro Torres Homem, em 1859, para a criação de vários desses bancos num momento em que era claro o objetivo de redução do volume do meio circulante. Na sessão do dia 8 de março já referida, em resposta a Souza Franco, Rodrigues Torres dizia não duvidar de que

36 Sessão de 25 de abril de 1850. Cf. BRASIL. *Anais da Câmara*, p. 481.

> até certo ponto os bancos facilitem [sic] o movimento das operações comerciais; mas se as facilitam por um lado, muitas vezes prejudicam-nas consideravelmente, dando-lhes excitamento perigoso, fazendo que se empreendam operações, quer de indústria, quer de comércio, que não têm nenhuma probabilidade de ser bem sucedidas. Não quero dizer com isso que sou inimigo de bancos, torno a repetir que não; mas nas circunstâncias em que se acha o país, quando a nossa circulação é papel-moeda, não posso ser partidista dos bancos de emissão, porque a única vantagem que eu acho nestes estabelecimentos, a única coisa para que eles prestam, que não pode ser satisfeita pelos bancos de descontos, é substituir parte de um instrumento custoso de circulação por outro muito menos dispendioso; mas se o nosso instrumento de circulação não é metálico, não é dispendioso, que benefício nos pode vir dos bancos de emissão? (...) Para que pois bancos de emissão? *Virá época em que eles serão úteis: preparemos o terreno; tenhamos uma circulação mais sólida, já em parte garantida por moeda metálica, já pelo maior crédito que resultará ao papel pela retirada de uma porção dele, então poderá ser judiciosa, útil a organização de um ou mais bancos, mas bancos organizados para substituir o papel-moeda do governo por notas suas não me parecem convenientes, porque o papel dos bancos converter-se-á brevemente em papel-moeda* [grifo nosso].[37]

Quem lesse apenas essas palavras do ministro não poderia imaginar que três anos depois ele seria o mentor da criação de um banco emissor justamente para substituir o papel-moeda do governo por suas notas. No entanto, não se tratava de uma mudança de posição em relação ao assunto como apontáramos num artigo escrito ainda com a pesquisa em andamento, nem mesmo de uma mudança parcial, como apontou Villela. Como bem observa Pacheco, embora criticasse os bancos de emissão àquela altura, Rodrigues Torres deixara uma porta aberta para a criação de tais bancos ao atrelá-la à conjuntura.[38]

---

37 Sessão de 8 de março de 1850. Cf. BRASIL. *Anais da Câmara*, p. 100.

38 Cf. GAMBI, T. F. R. Considerações sobre a primeira fusão de bancos no Brasil. *Leituras de economia política*, n. 13, jan/jul. 2008, p. 110; VILLELA, André Arruda. *The political economy... Op. cit.*, p. 83; FRANCO, Afonso Arinos de Melo e PACHECO, Cláudio. *História... Op. cit.*, p. 86.

É fato que ele não concordava com a criação imediata de bancos de emissão, mas vislumbrava um momento em que ela poderia se tornar útil para o país e tal momento chegaria quando a emissão dos bancos pudesse ser lastreada em metais. Todo o problema do ministro aqui era o medo de que as notas dos bancos emissores entrassem em circulação como papel-moeda, o que de fato acontecia, e contribuíssem para desvalorizar o mil-réis. Em sua visão, ao promover a desvalorização da moeda, a concorrência entre notas de bancos e notas do governo seria prejudicial para a economia do país.

O que fará então o ministro em 1853? Chegado o momento, por meio da criação de um banco com monopólio de emissão, promoverá justamente a troca das notas do Tesouro por notas do novo banco, ou seja, depois de algum tempo, teoricamente, o meio circulante nacional deveria ser composto exclusivamente por notas do segundo Banco do Brasil conversíveis em metal. Na nova instituição, permaneceriam a unidade de emissão e o ideal do lastro metálico, conforme sempre defendeu. Naquela altura, a conjuntura mudou, daí o momento de se criar um banco para auxiliar o governo na manutenção do valor da moeda, mas as ideias de Rodrigues Torres permaneceram as mesmas. Trataremos detidamente de seu posicionamento mais adiante, pois ele implica a ligação do segundo Banco do Brasil com o projeto político levado a cabo pelo partido conservador.

Voltando à questão dos bancos no debate entre papelistas e metalistas, neste caso, especificamente no debate entre o deputado Souza Franco e o ministro Rodrigues Torres, este último também rebatia a indicação de experiências estrangeiras como modelos para o Brasil:

> *Temos visto, quer na Europa, quer nos Estados Unidos, muitas crises que se dizem provenientes da escassez do meio circulante; mas essas crises são ocasionadas pelas demasiadas emissões dos mesmos bancos.* A facilidade com que se prestam a descontar letras, ou a emprestar dinheiro aos empreendedores de qualquer indústria, aos especuladores mal avisados, estimula estes a darem maior expansão às suas especulações, a produzirem mais do que pode achar fácil consumo. Os bancos, levados do desejo de tirar maiores lucros dos capitais que têm reunidos, facilitam os empréstimos; se sobrevém qualquer crise que faça com que os possuidores de notas dos bancos afluam às suas caixas para trocá-las por mo-

> eda de ouro e prata, vem com ela a necessidade em que se acham esses estabelecimentos de contrair, de procurar diminuir seus descontos. Os especuladores, que não têm meios nem para pagar suas letras que os bancos não descontam mais, nem para continuarem a alimentar as especulações em que se empenharam, arruínam-se, prejudicam os bancos e os obrigam a falir [grifo nosso].[39]

Na concepção do ministro, não era possível transplantar os casos da Europa e da América do Norte para o Brasil sem mais, pois a quantidade de moeda em circulação dependia das condições da economia de cada país. Na sessão de 8 de março, num discurso alinhado ao da escola monetária, o ministro advertia Souza Franco que não se podia confundir meio circulante e capital. Para ele, o volume de negócios de um país não dependia do volume do meio circulante, mas da quantidade de capital utilizada na produção. Assim que um aumento da quantidade de moeda em circulação não faria aumentar os capitais e tampouco os negócios. Então, para que emitir notas bancárias?

Apesar de não se dizer contrário aos bancos, Rodrigues Torres mostrava pelo menos certa desconfiança quanto à sua atuação ao descrever o processo que levava uma instituição desse tipo do *boom* ao *crash*. Interessante notar como as crises financeiras, com a introdução de inovações financeiras, foram se tornando mais complexas ao longo do tempo, mas mantiveram uma fonte comum, a saber, a relação real básica entre os primeiros credores e devedores. Mas seu ponto era mesmo a valorização da moeda. Em seu discurso nada havia contra os bancos em si, mas tudo contra o momento de criá-los. Como ele disse nas sessões de 25 e 26 de abril, respectivamente:

> [Em 25 de abril] Mas se organizássemos um banco nas circunstâncias atuais que emitisse qualquer quantia, de 10, 12 ou 16.000:000$ de notas suas, e que não tivesse para pagamento dessas notas nenhum fundo metálico em reserva, acredita a Câmara que este banco pudesse sustentar, não digo um ano, mas mesmo um mês? Disse-se e se tem repetido mais de uma vez, que eu pretendo embaraçar o desenvolvimento do crédito público, porque me oponho à organização de bancos. *Senhores, eu creio que já em outra*

39 Sessão de 25 de abril de 1850. Cf. BRASIL. *Anais da Câmara*, p. 484.

> *ocasião enunciei à Câmara uma opinião de que estou convencido, e é que bancos não se organizam quando o governo ou o corpo Legislativo os quer.* Fez-se em 1833 uma lei criando um banco, e até hoje ainda não apareceu ninguém que requeresse a incorporação de companhias para levar a efeito esta instituição.[40]
>
> [No dia seguinte] Senhores, se no nosso país existisse outro meio circulante que não fosse papel-moeda; se tivéssemos uma circulação monetária composta de metais preciosos, eu seria o primeiro a dizer com o nobre deputado [Souza Franco]: - procuremos que se estabeleçam bancos; - mas *quando o papel-moeda domina exclusivamente na circulação, quando as notas emitidas pelos bancos trarão necessariamente a depreciação do papel que hoje circula, e com ela o descrédito das mesmas notas, ou a impossibilidade de se conservarem na circulação, acredito que não estamos em circunstâncias de adotar aquilo que em outros países se tem feito e está fazendo* [grifos nossos].[41]

Ficou famosa a passagem do relatório do ministério da Fazenda de 1849 em que Rodrigues Torres sintetizou sua posição a respeito dos bancos e da utilização de um banco para auxiliar o governo no resgate do papel-moeda. Apesar de bem conhecida, socorremos o leitor desavisado ou que não seja familiarizado com a historiografia financeira, afinal, temos de convir que há assuntos mais atraentes no vasto campo da história, que compreende tudo, e a transcrevemos a seguir:

> Não sou avesso às instituições bancais: reconheço os grandes serviços que podem prestar ao Brasil: faço mesmo votos para que se criem em todas as nossas províncias bancos de depósitos e descontos, que reúnam as economias e capitais dormentes, e os emprestem sob condições vantajosas a quem possa empregá-los utilmente: concorreram assim para fecundar a indústria e enriquecer o país; *mas não concebo por ora que utilidade poderiam ter os bancos de emissão, nem como é possível combinar a existência deles com a diminuição da massa do papel circulante, como é*

40 Sessão de 25 de abril de 1850. Cf. BRASIL. *Anais da Câmara*, p. 485.

41 Sessão de 26 de abril de 1850. Cf. BRASIL. *Anais da Câmara*, p. 498.

> *indispensável para fixar-lhe o valor*. De que servirá tirarmos da circulação à custa de pesados sacrifícios, 5 ou 6 mil contos de papel, se o vácuo que ele deixar for imediatamente substituído por igual quantidade de notas do banco, que também representem papel-moeda? As pessoas que julgam útil, ou mesmo necessária a criação de um banco de emissão, como auxiliar do governo, entendem que a este estabelecimento deve ser incumbido o resgate do papel, nos prazos, e com as condições que forem convencionadas; mas ainda é para mim fora de dúvida, que se essas condições não forem minimamente onerosas para o Tesouro, o banco não poderá organizar-se e provocar o concurso de acionistas, sem ter meios de emitir notas em maior quantidade do que os empréstimos, que fizer ao governo para resgatar papel-moeda; ou por outras palavras, sem argumentar, em lugar de diminuir, a massa do papel circulante. O resultado pois da medida seria o oposto ao que se pretende obter [grifo nosso].[42]

Além de apontar o embaraço que os bancos emissores poderiam causar à estabilidade do valor do meio circulante, Rodrigues Torres também chamou a atenção para o fato de não haver no Império condições mínimas para a organização desses bancos levada a cabo pela iniciativa privada. Segundo ele,

> *Para que se organizem bancos é preciso que haja capitais disponíveis que se apliquem a esse gênero de comércio; é necessário que haja indivíduos que queiram concorrer com esses capitais; é necessário haver desejo da parte dos capitalistas*, e é só quando há esse desejo, quando os particulares mostram que têm meios para montar semelhantes estabelecimentos de crédito, que um governo razoável deve consentir na criação deles e dar-lhes os privilégios necessários e indispensáveis, sem os quais não se podem organizar. Estamos nós já em tais circunstâncias, isto é, há no país tanta abundância de capitais disponíveis, há tanta confiança, que os possuidores de alguns fundos queiram entregar à gerência ou administração deles a pessoas estranhas que não comprometam

42 BRASIL. MINISTÉRIO DA FAZENDA. *Proposta e relatorio apresentados á Assembléa Geral Legislativa na Primeira Sessão da Oitava Legislatura do anno de 1849... Op. cit.*, p. 36.

> seus interesses? Parece-me que ainda não é chegada essa época [grifo nosso].[43]

Esse discurso de Rodrigues Torres pronunciado em março de 1850 causa bastante estranheza. É certo que a abolição do tráfico, que liberaria os capitais reclamados pelo ministro para serem aplicados em outras atividades, inclusive no setor bancário, só viria em setembro, mas a década de 1840 assistiu ao surgimento de bancos comerciais em várias províncias. Vontade não parecia faltar aos possuidores de fundos. Mas é preciso lembrar que os discursos são muitas vezes produzidos por atores envolvidos na questão e que podem, eventualmente, manipular a informação de acordo com seus interesses. Por isso, antes de partir para a análise do que foi registrado, é necessário saber quem fez o discurso, com que finalidade tal discurso foi produzido e a que público se destinava, de modo que não dá para desatrelar esse trecho do discurso feito para deputados pelo ministro da Fazenda Rodrigues Torres de sua posição mais ampla a respeito dos bancos. A realidade era aparentemente sacrificada em nome de suas convicções. Souza Franco foi direto ao ponto quando disse que

> (...) todo o receio do Sr. ministro a respeito dos bancos não é porque quebrem ou porque não vivifiquem a indústria, *mas sim que o seu papel venha a embaraçar o papel do governo: eis aqui toda a questão*. Para se não depreciar o papel do governo, esmoreça embora o crédito por toda parte, não reúnam os capitais mortos, dispersos, desempregados, nem venham favorecer a indústria! [grifo nosso][44]

De fato, o ministro considerava a estabilidade do valor da moeda e do câmbio precondição para o aumento da riqueza do país. Em seu relatório de 1849, ele apontou os inconvenientes da instabilidade do valor da moeda e do câmbio e defendeu que o governo lançasse mão de todos os recursos disponíveis para estabilizar tais valores, inclusive, se o momento fosse o adequado, criar um banco que pudesse controlar a oferta de moeda em todo o Império. Na passagem que transcrevemos a seguir o ministro se refere à manutenção da paridade definida pela lei de 1846 como

43 Sessão de 8 de março de 1850. Cf. BRASIL. *Anais da Câmara*, p. 99.

44 Sessão de 8 de março de 1850. Cf. BRASIL. *Anais da Câmara*, p. 106.

um compromisso solene entre o Estado e o país. Seria, pois, peremptória sua defesa, ainda mais por ser considerada por Rodrigues Torres um dos atos mais sensatos do Legislativo brasileiro. Escrevia o ministro que

> não há aqui quem desconheça os inconvenientes da flutuação do valor do papel, que entre nós faz as funções de moeda: a paralisação do crédito público, e da indústria e comércio, são conseqüências necessárias e inevitáveis da instabilidade e incerteza, que essa flutuação produz em todas as transações. *É pois da mais rigorosa obrigação do Poder, a quem incumbe olhar pelos interesses da sociedade, empregar todos os meios que estiverem a seu alcance para dar estabilidade ao meio circulante*; e é isto tanto mais urgente porque, promulgando a Lei de 11 de setembro de 1846, o Corpo Legislativo contraiu solenemente com o País este imperioso dever. Essa Lei que tantos detratores teve, e tem ainda, é no meu entender um dos atos mais judiciosos da Legislatura Brasileira [grifo nosso].[45]

No ano seguinte, Rodrigues Torres demonstrava na Câmara sua preocupação com a depreciação do câmbio. Em seu diagnóstico, a instabilidade cambial indicava que o país não tinha um "sistema financeiro fundado sobre bases sérias"[46] e isso impedia o desenvolvimento da indústria e do comércio. Como vimos, a essa altura ele ainda não propunha a criação de um banco de emissão para auxiliar o governo a resolver esse problema, pois, a seu ver, a conjuntura para tal não estava dada.

A posição de Souza Franco contrastava claramente com a de Rodrigues Torres, mas sua proposta de criação de bancos emissores não vinha desacompanhada do papel que caberia ao Estado em seu arranjo bancário, como mostra esta passagem de seu livro já referido:

> A interferência dos governos na organização e gestão dos bancos tem sido considerada mais sob o ponto de vista de interesses políticos que dos financeiros. Viu-se durante o regime absoluto,

45 BRASIL. MINISTÉRIO DA FAZENDA. *Proposta e relatorio apresentados á Assembléa Geral Legislativa na Primeira Sessão da Oitava Legislatura do anno de 1849... Op. cit.*, p. 35.

46 Sessão de 25 de abril de 1850. Cf. BRASIL. *Anais da Câmara*, p. 485.

> que os bancos dirigidos em segredo, e sob a completa dominação dos chefes do Estado, não se sustentavam acreditados, ou porque os esgotavam as exigências do Erário, ou por que os roubavam empregados infiéis, acobertados com o segredo das operações. Daí por quase inevitável, ainda que pouco lógica conseqüência, repeliu-se dos bancos toda a influência governativa do mesmo modo porque foi limitada em muitos outros atos sociais. *Mas houve engano de causa, e confundiu-se a ação governativa em geral com a abusiva de algumas formas de governo ou de indivíduos governantes.*
>
> Em alguns países em que o governo é todo popular, e dominado pela maioria, vêem-se exemplos do contrário, e que sem receio de sua influência têm-se-lhes conferido sobre os bancos muito amplas atribuições. *Dão-se fatos destes nos Estados Unidos da América onde os bancos sofrem grandes restrições, e estão postos em alguns Estados sob a tutela dos governos, precisamente porque desta sorte tem a maior influência sobre eles e os pode fiscalizar e dirigir.*
>
> *Considerada a interferência dos governos nos bancos no ponto de vista social e financeiro e sem interesse de partido é uma necessidade da sociedade, e de grande vantagem pelos abusos que pode coibir.* Nos governos representativos é até sem perigo, porque como violentar os interesses dos acionistas e diretores dos bancos? Então há muito mais a recear dos desvios a que o engodo de ganhos excessivos arraste o banco e suas direções. *E privar o governo da influência precisa sobre os bancos seria mais um exemplo da inqualificável anomalia de em um Estado em que estão sujeitos à ação governativa todos os atos públicos, excetuar instituições de tão grande importância, e de cujos abusos resultam sérios embaraços à administração pública.* E quando aliás pode dar-se a influência dos Poderes do Estado sem que daí venha ao Tesouro direito para impor sua vontade nos contratos com os bancos que parece ser o ponto da questão e dos receios da influência governativa [grifos nossos].[47]

As palavras acima sugerem que os bancos deviam ser regulados pelo Estado para que não houvesse o risco de cometerem os abusos motivados pela ilusão de

47 FRANCO, Bernardo de Souza. *Os bancos do Brasil... Op. cit.*, p. 85.

grandes lucros. Além disso, na sessão da Câmara de 25 de abril, Souza Franco dizia que quando um banco particular estivesse ligado aos interesses do Estado, como na questão do meio circulante, o governo deveria dar garantias e privilégios a essa instituição.[48] Na proposta de Rodrigues Torres que logo se apresentaria, o banco sugerido não seria oficial, mas deveria ficar sob a tutela do Estado, que lhe ofereceria garantias e seria responsável pela nomeação do presidente e do vice-presidente do banco. Ele, inclusive, será nomeado presidente da instituição.

Os debates na Câmara mostram que as ideias relativas à criação de um banco ou bancos de emissão, que já vinham sendo apresentadas desde a liquidação do primeiro Banco do Brasil, foram fermentando no final da década de 1840 e início de 1850. Para finalizar esta parte repleta de citações extensas, o deputado Francisco de Paula Sousa e Melo, ao apresentar sua ideia de criar um banco de emissão e de como ele poderia auxiliar o governo a fortalecer o meio circulante, foi quem mais se aproximou do que viria a ser o segundo Banco do Brasil. Disse o deputado pela província de São Paulo na sessão de 26 de abril:

> Como porém é de presumir que a indústria do país de dia em dia se desenvolva, e demande uma maior circulação de papel, parecia-me que sem perigo da estabilidade do meio circulante atual, e sem perigo mesmo da instituição, se poderia estabelecer entre nós um banco de emissão com um capital exíguo que tivesse entretanto a faculdade de se ampliar com o tempo, e estender as suas emissões. Lembrava-me de um banco com um fundo capital de 1.000:000$ metálicos, tendo a faculdade, conforme as regras bancais, de emitir 3.000:000$ em papel. Este banco não aumentaria a massa da circulação senão com 2.000:000$, porque os 1.000:000$, que de mais emite correspondem ao capital em caixa que se retira da circulação, e este aumento de circulação, no estado de apreço em que se acha hoje o nosso meio circulante, não causaria sensível depreciação. *Quisera porém que este banco fosse criado com a condição de poder elevar anualmente o seu fundo capital, e as suas emissões na razão das somas de papel que o governo retirasse da circulação, de sorte que caminhando o banco por um lado no aumento de suas emissões, e o governo por outro lado no*

48 Sessão de 25 de abril de 1850. Cf. BRASIL. *Anais da Câmara*, p. 481-2.

> *consumo e queima do papel, no fim de certo número de anos a soma atualmente em circulação estivesse preenchida por papel do banco.* Penso que este banco assim instituído não correria tantos perigos, e nem com ele a moeda do governo ficaria exposta a depreciações [grifo nosso].[49]

De fato, os ventos das finanças brasileiras mudaram no início da década de 1850 e o momento adequado para a criação de um banco emissor parecia ter chegado, pelo menos para Rodrigues Torres. Veremos logo adiante seu projeto, que previa a substituição das notas do Tesouro por notas do banco conversíveis em ouro, cuja emissão poderia chegar ao triplo do lastro metálico, tal como indicara Paula Sousa e também Souza Franco. Outros elementos presentes na discussão sobre o meio circulante, como a criação de um banco de resgate de notas do Tesouro e a tomada por parte do governo de um empréstimo no banco criado para tal fim, serão notados no segundo Banco do Brasil.

Por essas e outras posições, por exemplo, as defendidas nos "*Meios de proteger a indústria*", Peláez e Suzigan consideram Rodrigues Torres um eclético quanto às questões financeiras, entre o papelista Souza Franco e o metalista Torres Homem.[50] O fato é que suas posições marcaram a política econômica levada a cabo pelo Ministério da Fazenda entre 1848 e 1853, e continuaram a influenciá-la nos anos seguintes. O fio condutor dessa política, como esperamos ter ficado claro, era a estabilização do valor da moeda como condição para a montagem de uma economia civilizada, no contexto de um projeto político levado a cabo pelo partido conservador.

A partir de 1852, ganhou força a ideia de se criar um banco com monopólio de emissão, a fim de ordenar e controlar centralizadamente a oferta monetária. A instituição ideal proposta pelos homens da moeda venceu o debate e foi concretizada em 1853. Mas, antes disso, a concorrência desordenada entre o Banco do Brasil, de Irineu Evangelista de Souza, e o Banco Comercial do Rio de Janeiro, de José Carlos

---

49 Sessão de 26 de abril de 1850. Cf. BRASIL. *Anais da Câmara*, p. 504.

50 Cf. PELÁEZ, Carlos Manuel e SUZIGAN, Wilson. *História monetária... Op. cit.*, p. 76; para os "*Meios de proteger a indústria*", cf. BRASIL. MINISTÉRIO DA FAZENDA. *Proposta e relatorio apresentados á Assembléa Geral Legislativa na Primeira Sessão da Oitava Legislatura do anno de 1849 pelo Ministro e Secretario d'Estado dos Negocios da Fazenda Joaquim José Rodrigues Torres.* Rio de Janeiro: Typ. Nacional, 1850, p. 32-35.

Mayrink, contribuiria decisivamente para pavimentar o caminho para a criação do banco da Ordem.[51]

2.3. Da desordem concorrencial à ordem do monopólio: o projeto saquarema em marcha

Nas décadas de 1840 e 1850, o Brasil assistiu à criação de vários bancos em distintas províncias. Dentre as instituições criadas destacaram-se os bancos emissores da corte, a saber, o Banco Comercial do Rio de Janeiro, de 1838, e o Banco do Brasil, organizado em 1851. No contexto do crescimento econômico brasileiro do início da década de 1850, os dois bancos faziam o que podiam, e às vezes o que não deviam, para atrair clientes e capitais. O ambiente bancário da corte ficou marcado por esse duelo.

Desde a extinção e liquidação do primeiro Banco do Brasil, e da tentativa frustrada de 1833, não havia um banco oficial no Brasil que pudesse fomentar o crédito e auxiliar o governo na solução dos problemas monetários, não necessariamente nessa sequência. O governo conservador encontrou na concorrência entre os dois bancos emissores do Rio a justificativa que faltava para legitimar a proposta apresentada logo no início de 1853 à Câmara que previa a criação de um banco oficial com monopólio de emissão. Segundo o governo, era justamente a concorrência a culpada pela crise de liquidez que se abateu sobre a corte a partir de abril daquele ano. A desordem concorrencial estaria na raiz da queda das taxas de desconto e de juros das operações bancárias que levou a uma febre de negócios que acabaria trazendo problemas de liquidez à maior praça comercial do Império. Era preciso organizar tal desordem.

Embora já houvesse um projeto que tratava da criação de bancos emissores nas províncias tramitando no Senado desde 1850, a proposta do então ministro da Fazenda Rodrigues Torres de criar um banco nacional com monopólio da emissão de notas, que apareceu em seu relatório de 1852, sobrepujou o projeto que entraria em discussão no ano seguinte e acabou prevalecendo. A proposta do ministro, e por extensão do governo, pode ser enquadrada dentro de um projeto político mais amplo levado a cabo pelo núcleo do partido conservador que ora ocupava o poder, embora obviamente não houvesse referências diretas a esse projeto nas discussões

51 Cf. também ANDRADA, Antonio Carlos Ribeiro de. *Bancos de emissão no Brasil*. Rio de Janeiro: Leite Ribeiro, 1923, p. 42.

parlamentares ou nos relatórios oficiais. O controle da oferta monetária do país via monopólio de emissão do segundo Banco do Brasil seria o braço financeiro desse projeto, que assim reforçaria o poder político central e esvaziaria o poder político local. Tal projeto estava atrelado a um ideal civilizatório sustentado por conservadores que, acima de tudo, prezavam a manutenção da ordem social e econômica, isto é, da classe senhorial e da economia mercantil escravista nacional. No campo macroeconômico, a estabilidade do valor da moeda e do câmbio, via padrão-ouro, estavam na base da ordem e da civilização.

Em julho de 1853, o estabelecimento do segundo Banco do Brasil daria concretude à marcha do projeto. A relação entre o governo e o banco se inscreve nesse processo que se iniciará em 1853, será interditado entre 1857 e 1859, e, finalmente, sucumbirá entre 1864 e 1866, quando a realidade econômica do país e a guerra contra o Paraguai obrigariam o abandono daquele que fora concebido para ser o banco da Ordem.

Depois da extinção do primeiro Banco do Brasil, em 1829, o país passou por um período sem bancos até 1836, quando foi fundado o pequeno Banco do Ceará. Mas a década de 1840 experimentaria uma profusão de bancos. Embora criado em 1838, os estatutos do Banco Comercial do Rio de Janeiro foram aprovados somente em 1842. É de se notar já aqui o descaso do governo em relação aos bancos, pois o Banco Comercial funcionou informalmente durante quatro anos, esperando que as autoridades formalizassem sua atuação por meio da aprovação de seus estatutos. Depois dele, surgiram outras instituições financeiras nas províncias da Bahia (1845), do Maranhão (1846), do Pará (1846) e de Pernambuco (1851). Todas essas iniciativas eram de caráter privado e frequentemente levadas a cabo pelas associações comerciais das províncias em comum acordo com os respectivos governos locais. Enquanto o poder central não apresentava uma solução concreta para o problema da escassez de meio circulante num contexto de expansão dos negócios, o poder local procurava remediar a situação por meio do apoio ao crédito privado.[52]

Em 1851, aproveitando os capitais liberados com a proibição de fato do tráfico de escravos, Irineu Evangelista de Souza capitaneou a organização de um banco privado ressuscitando o nome Banco do Brasil. Vale lembrar que este banco era

---

52 Cf. RIDINGS, Eugene. *Business Interest Groups in Nineteenth-Century Brazil.* Cambridge: Cambridge University Press, 1994, p. 132-4; LEVY, Maria Bárbara e ANDRADE, Ana Maria Ribeiro de. Fundamentos do sistema bancário no Brasil: 1834-1860. *Estudos Econômicos*, v. 15 (nº especial), p. 17-48, 1985, p. 23.

totalmente distinto do primeiro Banco do Brasil e do Banco do Brasil previsto pela lei de 1833 e não concretizado. O Banco do Brasil do futuro barão de Mauá não mantinha relações formais com o Estado, embora membros de sua diretoria estivessem ligados ao governo, como Honório Hermeto Carneiro Leão, que será ministro da Fazenda.

Entre 1851 e 1853, o Banco Comercial do Rio de Janeiro e o Banco do Brasil eram os maiores bancos emissores de vales[53] da praça do Rio de Janeiro. Na prática, os vales emitidos por esses bancos funcionavam como meio circulante, diante de sua insuficiência para atender à demanda do comércio, um problema crônico da economia brasileira. Ambos os bancos emitiam vales via operações de empréstimo e desconto previstas em seus estatutos, entretanto, em ambos os casos os estatutos foram aprovados pelo governo com modificações que impunham limites justamente à emissão de vales. Tais limites se referiam aos prazos e valores mínimos para as emissões das duas instituições e à exigência de que elas não ultrapassassem um terço de seu capital.[54]

Contudo, independentemente de prazos e valores estabelecidos nos estatutos, os vales emitidos pelos bancos continuavam em circulação. Era mesmo difícil que voltassem ao banco emissor para serem trocados por moeda metálica ou papel-moeda do governo. Na prática, a velocidade da circulação dos vales dependia da confiança na instituição emissora. Quanto maior a confiança, mais tempo o vale se mantinha em circulação. Como nos conta Alberto Faria, os vales do Banco do Brasil, por exemplo, dada a reputação de que gozava seu acionista mais ilustre, Irineu

53 O vale era uma espécie de nota bancária de caráter mais limitado, isto é, geralmente não era aceito nas estações públicas em pagamento de dívidas fiscais nem podia circular fora da cidade ou da província onde funcionava o banco emissor.

54 Na aprovação dos estatutos do Banco Comercial, o governo alterou os art. 47 e 60: "O mencionado banco não poderá emitir os vales ou letras de que tratam os art. 47, §11 e 60 dos seus estatutos a maior prazo do que o de dez dias precisos e cada vale ou letra será de 500$ pelo menos, não podendo jamais a soma total dos ditos vales ou letras exceder a terça parte do fundo de capital do mesmo Banco". O governo também alterou os estatutos do Banco do Brasil de Mauá substituindo o art. 59 pelo seguinte: "Terá a faculdade de emitir letras e vales contanto que o prazo não seja menor de cinco dias, nem a quantia menor de duzentos mil réis; e que a soma em circulação nunca exceda em um terço do fundo efetivo do Banco". Para os estatutos de ambos os bancos, cf. respectivamente decreto de 23 de junho de 1842 in BRASIL. *Collecção das leis do Império do Brasil de 1842*. Rio de Janeiro: Typ. Nacional, 1843; e decreto de 2 de julho de 1851 in BRASIL. *Collecção das leis do Império do Brasil de 1851*. Rio de Janeiro: Typ. Nacional, 1852.

Evangelista de Souza, muitas vezes nem chegavam a ser apresentados ao caixa para troco, passando permanentemente de mão em mão.[55] Com isso, o controle da oferta de moeda se dividia entre o governo e os dois bancos emissores da corte, ainda que sujeitos a limitações presentes nos estatutos oficialmente aprovados, como determinava a lei das sociedades anônimas.

Ocorre que a emissão de vales, essa "espécie indígena de cheque",[56] como diria o mesmo Alberto Faria, tinha dupla face. Era uma alternativa para suprir a insuficiência de moeda nas praças e, ao mesmo tempo, elevar os dividendos pagos aos acionistas dos bancos, pois a expansão da emissão possibilitava a ampliação das operações de empréstimo e, sobretudo, de desconto pelas quais os bancos recebiam juros. Portanto, os dois bancos tinham interesse em emitir não só por uma necessidade pública, atender à demanda do comércio, mas também por uma lógica privada, o aumento do seu lucro e, consequentemente, dos dividendos pagos aos seus acionistas.

Esse estado de coisas beneficiava a todos, tanto o comércio, como os acionistas dos bancos. Mas havia um limite, como geralmente acontece com operações financeiras. Ao ampliar, de certa maneira, a oferta de moeda, a emissão de vales acabava afetando negativamente o valor do mil-réis, gerando inflação e desvalorizando o câmbio, pontos caros à política econômica do ministro da Fazenda Rodrigues Torres. Além disso, os mesmos efeitos eram gerados pela guerra de preços entre os dois bancos no desconto de letras.[57]

A euforia de comerciantes e banqueiros no início da década de 1850 diante da abundância de liquidez no mercado transformou-se em ressaca três anos depois, quando a praça do Rio se viu diante de uma crise de liquidez, marcando a ciclotimia dos mercados monetário e de crédito. Vejamos como isso se passou por meio do depoimento de um negociante nacional para a Comissão de Inquérito nomeada para investigar as causas da crise de 1857, de que falaremos mais adiante.[58] Segundo ele, a partir de abril de 1853, o dinheiro, isto é, o papel-moeda emitido pelo Tesouro,

55 FARIA, Alberto. *Mauá*. Rio de Janeiro: Companhia Editora Nacional, 1946, p. 204. Cf. também BRASIL. MINISTÉRIO DA FAZENDA. *Relatório da Comissão de Inquérito nomeada por aviso do Ministério da Fazenda de 10 de outubro de 1859*, p. 70.

56 FARIA, Alberto. *Mauá... Op. cit.*, p. 205.

57 Cf. LEVY, Maria Bárbara. *História da Bolsa de Valores do Rio de Janeiro*. Rio de Janeiro: IBMEC, 1978, p. 48.

58 BRASIL. MINISTÉRIO DA FAZENDA. *Relatório da Comissão de Inquérito... Op. cit.*, p. 102-4

começou a ficar escasso. O Banco Comercial e o Banco do Brasil aumentaram suas taxas de desconto, a fim de diminuir essas operações e, consequentemente, reduzir a própria demanda por notas do Tesouro. No mês seguinte, a escassez tornou-se mais severa, levando o Banco do Brasil e a Praça de Comércio a pedir ajuda ao governo para resolver a crise. O Banco do Brasil pedia que os seus vales e os do Banco Comercial, que antes não eram aceitos nas estações públicas, passassem a ser aceitos nessas repartições. Esperava-se, com isso, que diminuísse a demanda pelo troco de tais títulos por notas do Tesouro para honrar compromissos fiscais.

O governo respondeu rapidamente ao apelo dos bancos disponibilizando 4.000:000$ aos dois estabelecimentos referidos e acatando suas reivindicações.[59] No entanto, só o Banco do Brasil tomou efetivamente um empréstimo de 400:000$, nem tanto por necessidade, mas como experiência para ver o que aconteceria. "Como por ensaio", dizia o relatório da Comissão de Inquérito de 1864.[60] Além disso, podemos supor que não seria de bom tom recusar o auxílio dado pelo governo atendendo às reivindicações dos próprios bancos, ainda que o empréstimo fosse considerado pela direção dos dois bancos insuficiente ou oneroso. Como abrir mão do que foi pedido, tendo isto sido concedido? Ainda mais pelo governo imperial? No entanto, diante da crise, o auxílio governamental aos bancos do Rio já apontava a futura fusão.[61]

Apesar desse auxílio, a escassez de meio circulante entrou julho afora. O câmbio, que se valorizara com a escassez de moeda e o juro alto, desvalorizou-se diante da expectativa de aprovação pela Câmara dos Deputados do empréstimo de 400:000$ e de uma autorização para que os dois bancos pudessem emitir até 6.000:000$ em vales recebíveis nas estações públicas.[62] No final de junho, a escassez de moeda começara a diminuir ao mesmo tempo em que a Câmara aprovou, no dia 25, a criação de um banco nacional.[63]

---

59 Cf. sessão de 30 de maio de 1853. In: BRASIL. *Anais da Câmara*.

60 O relatório da Comissão de Inquérito de 1864 apontava 400:500$. Cf. BRASIL. MINISTÉRIO DA FAZENDA. *Relatório da comissão encarregada pelo governo imperial por avisos do 1º de outubro a 28 de dezembro de 1864 de proceder a um inquérito sobre as causas principais e acidentais da crise do mês de outubro de 1864*. Rio de Janeiro, Typ. Nacional, 1865, p. 25. O decreto que trata do empréstimo aos dois bancos é o 688, de 15 de julho de 1853. Cf. BRASIL. *Collecção das leis do Império do Brasil de 1853*. Rio de Janeiro: Typ. Nacional, 1853.

61 FRANCO, Afonso Arinos de Melo e PACHECO, Cláudio. *História... Op. cit.*, p. 112; 126.

62 Lei de 15 de julho de 1853. Cf. *Collecção das leis do Império do Brasil de 1853*. Rio de Janeiro: Typ. Nacional, 1853.

63 Cf. sessão de 25 de junho de 1853. In BRASIL. *Anais da Câmara*.

A escassez desapareceu ainda em julho. Aliás, o relatório da Comissão de Inquérito de 1864 diz que a pressão monetária começou precisamente no dia 30 de abril e amainou a partir de 23 de junho.[64] Certamente não em termos tão precisos, o Gráfico 1 mostra os momentos de pressão e retorno aos patamares anteriores de desconto e câmbio.

Gráfico 1 – Taxas de câmbio e de desconto na praça do Rio de Janeiro (1853)

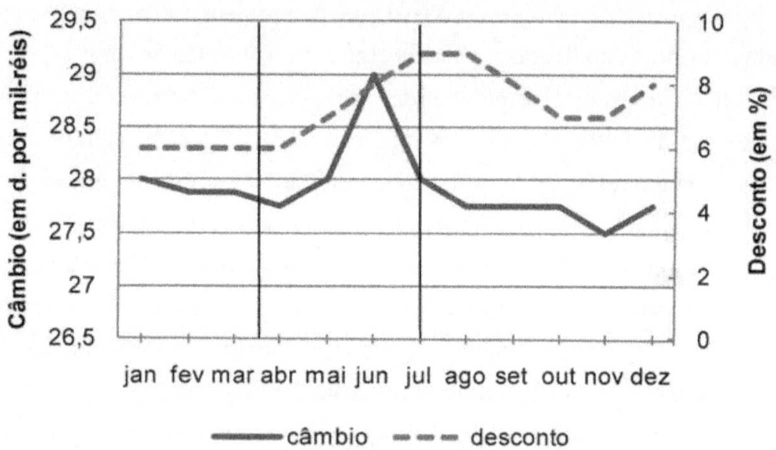

Fonte: BRASIL. MINISTÉRIO DA FAZENDA. *Relatório da Comissão de Inquérito nomeada por aviso do Ministério da Fazenda de 10 de outubro de 1859*. Anexo B. Considerou-se a menor cotação de câmbio do mês.

De fato, dá para perceber pelo gráfico que, em abril, o movimento de elevação da taxa de desconto e, consequentemente, de valorização do câmbio indicavam o início da crise. No final de junho e início de julho, a taxa de desconto cedeu, mas sem voltar ao patamar de 6% anterior à pressão, e o câmbio também retornou para a casa dos 25,75d., apontando o arrefecimento da crise. Isto não foi suficiente, no entanto, para que o governo conservador recuasse da ideia de estabelecer um banco emissor. Pelo contrário, a crise ensejou momento político oportuno para o discurso da centralização da emissão de moeda, mais um passo na direção da centralização do poder político e da construção da ordem. O interesse do núcleo do partido conservador no banco ia além da conjuntura de crise e recuperação.

Mas o que aconteceu na praça do Rio especificamente em abril de 1853 para que a euforia se transformasse em ressaca? O mesmo negociante explica as causas da

64 BRASIL. MINISTÉRIO DA FAZENDA. *Relatório da comissão encarregada... Op. cit.*, p. 25.

crise monetária.[65] Tudo começou com excesso de liquidez causado pelos capitais liberados pela proibição de fato do tráfico negreiro.[66] De acordo com seus cálculos, tal proibição liberou cerca de 20.000:000$ para outras atividades econômicas. A consequência desse excesso de liquidez foi a queda das taxas de desconto (custo de empréstimos) e de juro (remuneração de depósitos) praticadas pelos bancos da corte. Em outras palavras, o dinheiro ficou mais barato para quem quisesse descontar letras ou tomar empréstimos. De fato, tanto o desconto de letras quanto a emissão de vales aumentaram nos dois bancos (Tabela 2).

Tabela 2 - Montante descontado e emitido pelos dois bancos emissores da praça do Rio de Janeiro (1851-1853) - em contos de réis

	Descontos			Emissões		
	1851	1852	1853	1851	1852	1853
Banco Comercial	8.417	10.997	10.629	2	257	1.574
Banco do Brasil	3.903	6.926	9.033	98	1.594	1.937

Fonte: CAVALCANTI, Amaro. *O meio circulante...Op. cit.*, p. 151-60.

Emissões e descontos eram as principais operações dos dois bancos, sendo a segunda quantitativamente mais importante. Se considerarmos o total de recursos movimentados por ambas as operações nos dois bancos, observaremos que a participação do montante descontado era significativamente maior que a do montante

65 Os relatórios das comissões de inquérito de 1859 e 1864 nem falavam em crise. Diziam apenas que entre abril e julho de 1853 houve uma pressão no mercado monetário. Seja crise ou pressão, o fato é que a conjuntura difícil da praça do Rio de Janeiro acabou se tornando o estopim para uma alteração importante na organização bancária do país, como veremos logo adiante. Cf. BRASIL. MINISTÉRIO DA FAZENDA. *Relatório da Comissão de Inquérito nomeada por aviso do Ministério da Fazenda de 10 de outubro de 1859*, p. 70; *Idem. Relatório da comissão encarregada... Op. cit.*, p. 25.

66 A chamada lei Eusébio de Queirós é de 4 de setembro de 1850. BRASIL. *Collecção das leis do Império do Brasil de 1850*. Rio de Janeiro: Typ. Nacional, 1851. Vale lembrar que, para Leslie Bethell, seriam necessárias mais evidências para afirmar que os capitais liberados com a proibição do tráfico estimularam a economia imperial como um todo. Contudo, Bárbara Levy observa que o setor financeiro foi capaz de atrair boa parte desses capitais, mas Geraldo Beauclair adverte que isso não significava necessariamente maior oferta de crédito às manufaturas e fábricas. Cf. BETHELL, Leslie. *The Abolition of the Brazilian Slave Trade*. Cambridge: UCP, 1970, p. 378; LEVY, Maria Bárbara. *História da Bolsa de Valores do Rio de Janeiro*. Rio de Janeiro: IBMEC, 1977, p. 77; OLIVEIRA, Geraldo de Beauclair Mendes de. *A construção inacabada: a economia brasileira (1822-1860)*. Rio de Janeiro: Vício de Leitura, 2001, p. 167.

emitido em ambos os casos, o que relativiza o peso da emissão de vales na crise. No entanto, observaremos também que a participação dos descontos, embora permanecesse alta, caiu sensivelmente entre 1851 e 1853 (Tabela 3).

Tabela 3 - Participação do montante descontado no +total das operações de emissão e desconto dos dois bancos emissores da praça do Rio de Janeiro (1851-1853) - em (%)

	1851	1852	1853
Banco Comercial	99,98	97,72	87,10
Banco do Brasil	97,55	81,29	82,34

Fonte: Calculado a partir de CAVALCANTI, Amaro. *O meio circulante...Op. cit.*, p. 151-60.

À queda da participação dos descontos no montante total das operações de desconto e emissão correspondeu a um aumento expressivo das emissões nos dois bancos (Tabela 4). Vale destacar a explosão das emissões do Banco Comercial, revelando a mudança de estratégia da instituição, ao ampliar o espaço das operações de emissão em detrimento das de desconto.

Tabela 4 - Variação do montante descontado e emitido pelos dois bancos emissores da praça do Rio de Janeiro (1851-1853)

	Δ dos descontos		Δ das emissões	
	1851-52	1852-53	1851-52	1852-53
Banco Comercial	31%	-3%	12.750%	512%
Banco do Brasil	77%	30%	1.527%	22%

Fonte: Calculado a partir de CAVALCANTI, Amaro. *O meio circulante...Op. cit.*, p. 151-60.

As tabelas refletem bem o movimento de comerciantes eufóricos em busca do dinheiro barato e banqueiros astutos aproveitando-se da bonança. Era a famosa união da fome à vontade de comer. A atividade econômica agradecia, mas a crise estava à espreita. Ocorre que, ao lado do dinheiro barato oferecido ao comércio, capitais saíam da circulação para serem imobilizados em investimentos produtivos, entesourados ou remetidos a outras províncias. Novas empresas foram constituídas em meio à abundância de liquidez e imobilizavam montante razoável de recursos.[67]

67 Dentre elas, as companhias de navegação do Amazonas e do Mucuri; a companhia de iluminação

As baixas taxas de juros durante a bonança levaram fazendeiros a entesourar capital e esperar momento melhor para aplicá-lo. Por fim, o papel-moeda escapava da província do Rio em razão da diferença de câmbio entre as províncias. O câmbio em libras esterlinas, eventualmente mais valorizado nas províncias da Bahia e de Pernambuco, abria espaço para operações de arbitragem. Podia ser vantajoso enviar papel-moeda e moeda metálica para essas províncias, a fim de comprar letras de câmbio em moeda estrangeira que seriam enviadas à praça de Londres.[68] Estas e outras províncias nortistas também pressionavam a oferta monetária ao demandar numerário para a compra de brilhantes e escravos. Tais demandas aspiravam o dinheiro da corte e apertavam o cinto monetário da praça do Rio.

Também para Irineu Evangelista de Souza, o excesso de liquidez proveniente da liberação de recursos do tráfico foi o responsável pela queda das taxas de desconto e de juro. Estas caíam não por conta de atitudes aventureiras de bancos que se digladiavam na arena do mercado, mas por conta do excesso de oferta de recursos disponíveis em relação à demanda. Se crise havia, era uma crise conjuntural provocada pelo próprio mercado e não pelos bancos. Nesse sentido, o Banco do Brasil tentou se defender da acusação, feita pelo governo e pela imprensa, referimo-nos aqui às críticas do *Jornal do Comércio*, de que os bancos eram responsáveis pela crise, por meio de um artigo pago publicado no próprio *Jornal do Comércio* do dia 12 de julho de 1853.

No artigo, a instituição sustentava justamente que os bancos baixavam suas taxas de desconto e de juro, em comum acordo, porque havia excesso de recursos em seus cofres. Assim, a queda das taxas seria absolutamente previsível e normal dentro do que se pode esperar do funcionamento do mercado monetário. E, continuava, mesmo que as taxas estivessem baixas, elas não seriam causa profunda de crise alguma. Na verdade, a crise monetária por que passava a praça do Rio estava mais relacionada ao aumento da importação, que drenava recursos para o exterior, e à insuficiência de instituições de crédito para oferecer o meio circulante requerido pelo crescimento dos negócios. Portanto, terminava o artigo, não se podia culpar

---

e gás; a estrada de ferro de Petrópolis. Várias dessas empresas foram organizadas por iniciativa de Mauá. Aliás, esta última lhe rendeu o título de barão.

68 As cotações do câmbio entre as províncias do Rio de Janeiro, Bahia e Pernambuco e Londres podem ser encontradas em BRASIL. MINISTÉRIO DA FAZENDA. *Relatório da Comissão de Inquérito... Op. cit.* Anexo B.

apenas os bancos pela crise monetária sob pena de ignorar as verdadeiras causas que a produziram. Segundo o Banco do Brasil, sua limitada emissão seria uma "causa pequenina" daquela crise.

Souza Franco seguia esse diagnóstico e também apontava a carência de meio circulante como causa da conjuntura de crise. Para ele, a política monetária restritiva do governo só aprofundava o problema.[69] Em linhas gerais, seria a mesma posição defendida anos mais tarde por Amaro Cavalcanti.[70] O governo era o responsável pela crise.

Mas havia controvérsias quanto ao excesso de liquidez figurar como causa da queda das taxas de desconto e de juro que levou os bancos ao movimento inverso, de subida do desconto e do juro, e, portanto, à crise. A começar pelo próprio ministro da Fazenda. Numa legislatura cuja representação partidária era cem por cento conservadora, Rodrigues Torres não poupou a concorrência aparentemente sem limite entre as duas instituições de crédito da praça do Rio ao falar para deputados em 20 de junho de 1853:

> A concorrência dos bancos tem sido a causa principal de quase todas as crises comerciais. É a porfia em que cada qual luta para fazer mais negócios, por aliciar mais fregueses, por dar maiores dividendos a seus acionistas, que de ordinário ocasiona a facilidade de descontarem títulos sem as necessárias garantias; *que faz baixar excessivamente os juros*; que excita empresas aleatórias; que faz desaparecer do mercado os capitais disponíveis para os substituir por capitais fictícios e de imaginação; *é a rivalidade dos bancos que concorre poderosamente para produzir as quebras, a ruína, o desespero de milhares de famílias, quando chega o dia em que essa fantasmagoria desaparece* [grifos nossos].[71]

Era essa a conjuntura econômica e política ideal para a concretização do que o ministro já havia proposto em seu relatório de 1852, a saber, a criação de um banco nacional de depósitos, descontos e emissão. Como veremos, a proposta de criar um novo banco a partir da fusão dos dois bancos de emissão da praça do Rio era uma

69 Cf. Correio Mercantil, 4 de abril de 1853.

70 CAVALCANTI, Amaro. *O meio circulante nacional (1836-1866)*. Rio de Janeiro: Imprensa Nacional, 1893, p. 161. Cf. também PELÁEZ, Carlos Manuel e SUZIGAN, Wilson. *História monetária... Op. cit.*, p. 78.

71 Cf. Sessão de 20 de junho de 1853 in BRASIL. *Anais da Câmara*. Rio de Janeiro, p. 260.

tacada política que matava dois coelhos com uma só cajadada, pois acabava com o problema monetário que, segundo o governo, provinha da concorrência entre os bancos, e criava um banco nacional com monopólio de emissão, centralizando a condução da política econômica no Estado. O governo conservador não via com bons olhos a função emissora dos bancos particulares, porque isso lhe retirava parcialmente o controle sobre a oferta de moeda, perturbando a estabilidade do valor do mil-réis. Portanto, em meio à desordem emissora, era preciso estabelecer um banco que centralizasse o controle da oferta de moeda no governo e, assim, fosse capaz de garantir a estabilidade do valor do mil-réis. Era preciso estabelecer um banco da Ordem.

Tal posição refletia no interior do Estado o interesse dos conservadores fluminenses ligados à economia mercantil escravista, que formavam o núcleo do partido, e dos conservadores ligados às antigas áreas de exportação do Nordeste, especialmente da Bahia e de Pernambuco.[72] De olho na estabilidade do câmbio, esses grupos viam o controle do Estado sobre o sistema bancário como condição para o controle sobre a política econômica. Uma visão influenciada sem dúvida pela miragem do padrão-ouro e de uma civilização de moeda forte.

Nesse contexto, não faltava apoio de parte da imprensa, pelo menos no que se referia ao diagnóstico da crise. *O Jornal do Comércio* publicara, no dia 2 de junho de 1853, um retrospecto mensal crítico da especulação e da expansão exagerada pelas operações bancárias em que dizia que

> a causa principal desse aperto foi o *espírito de especulação* e a *demasiada expansão das operações*, alimentados, se é que não foram provocados, pelas insólitas facilidades dadas pelos bancos em maio e junho do ano passado. Que a oferta de dinheiro barato e a prazo de um ano levou muita gente a *transações que a prudência reprovava por excessivas*, é coisa que ninguém contesta [grifos nossos].

Era dessas acusações que o artigo do Banco do Brasil tentava se defender. O retrospecto mensal ainda apontava como causa dessa crise o troco de letras, por

---

72 Cf. GUIMARÃES, Carlos Gabriel. *Bancos, Economia e Poder... Op. cit.* "A reforma tarifária de 1844: mais que uma tarifa protecionista?"; NEEDELL, Jeffrey. *The Party of Order.* Stanford: Stanford University Press, 2006, p. 2.

parte de casas importadoras e do público em geral, para honrar compromissos e efetuar pagamentos em repartições públicas, uma vez que o governo, finda a guerra no sul,[73] parou de aceitar vales bancários como pagamento. Nesse quadro, os bancos suspenderam suas operações, salvo a reforma parcial das letras descontadas por eles. Com isso também foram subitamente suspensas as facilidades que os bancos ofereciam ao comércio. Para o jornal, definitivamente, "a causa principal dos apuros da atualidade é (...) o resultado da demasiada expansão das transações acoroçoadas há um ano pelos bancos".

Silva Ferraz corroborou a posição de governo e imprensa. No relatório da Comissão de Inquérito de 1864 ele dizia que a pressão no mercado monetário proveio do "abuso de crédito, da expansão das transações dos dois bancos existentes até então".[74] Em linhas gerais, seria a mesma posição defendida mais tarde por Calógeras.[75] Os bancos eram os responsáveis pela crise.

Nenhuma novidade no périplo da abundância à crise de liquidez, pois a história financeira mostra que geralmente a especulação acompanha o excesso de liquidez e que, daí para crise e recessão, é apenas questão de tempo. Excesso de liquidez, especulação, crise e recessão são elementos presentes em praticamente todas as crises financeiras capitalistas.[76] Tampouco há novidade quando se trata de encontrar culpados para a crise. A mira de alguns apontava para o governo, acusado de incompetência na regulação do mercado financeiro. O alvo de outros eram os próprios bancos e investidores, especuladores inveterados que se locupletavam na esbórnia da abundância de liquidez. A história se repetia como farsa.

Mas voltemos ao século XIX, a competição entre os dois bancos do Rio e o movimento especulativo decorrente dela eram mesmo apontados pelo governo e por parte da imprensa como culpados pela crise monetária de 1853. Independentemente de outros posicionamentos, estes prevaleceriam na condução da política econômica

73 Referimo-nos aqui à chamada guerra do Prata, contra Rosas e Uribe.

74 BRASIL. MINISTÉRIO DA FAZENDA. *Relatório da comissão encarregada pelo governo imperial... Op. cit.*, p. 25.

75 CALÓGERAS, João Pandiá. *A política monetária... Op. cit.*, p. 76. Cf. também VILLELA, André Arruda. *The political economy... Op. cit.*, p. 76-8.

76 Para crises, cf. KINDLEBERGER, Charles Poor. *Manias, pânico e crashes*. Um histórico das crises financeiras. Rio de Janeiro: Nova Fronteira, 2000. Cf. também os comportamentos *hedge*, especulativo e Ponzi propostos por MINSKY, Hyman. *Stabilizing an unstable economy*. New Haven: Yale University Press, 1986; *Idem. Estabilizando uma economia instável.* São Paulo: Novo Século, 2010.

dali para frente. Essa crise é lembrada na historiografia justamente por marcar a virada concreta do governo em relação a tal política. Se não fosse por isso, talvez ela nem sequer fosse lembrada, pois não chegou a provocar nenhuma falência ou onda de desconfiança mais grave.[77]

Na verdade, a crise reforçou a construção do caminho para o monopólio que se iniciou efetivamente com a proposta de Rodrigues Torres apresentada no relatório do Ministério da Fazenda de 1852, ainda antes da crise monetária. Por isso, a criação do segundo Banco do Brasil não tem relação direta com essa crise. Ela serviu apenas como mais uma justificativa para reafirmar a necessidade de maior controle da oferta monetária por parte do Estado e maior disciplina no setor bancário. Essa conjuntura caía como luva para o projeto político do partido conservador. Para acabar com a desordem concorrencial, nada melhor do que a ordem do monopólio. O caminho para a criação do banco da Ordem estava pavimentado.

---

77 BRASIL. MINISTÉRIO DA FAZENDA. *Relatório da comissão encarregada pelo governo imperial... Op. cit.*, p. 26.

Capítulo 3 – A criação do Banco da Ordem

3.1. Rodrigues Torres e o projeto saquarema

A pavimentação do caminho para a criação do segundo Banco do Brasil estava intimamente relacionada à hegemonia política do partido conservador, cuja elite nessa altura, final da década de 1840 e início da de 1850, estava na direção do governo. Se os liberais eram chamados de luzias para que a derrota na revolução de 1842 lhes ficasse gravada no nome, os conservadores eram chamados de saquaremas, que podia significar corrupção ou proteção, dependendo do intérprete. No primeiro caso, a alcunha estaria relacionada à conjugação do verbo sacar na primeira pessoa do plural, sacaremos, que, com boa ou má vontade, se tornaria saquaremas. No segundo caso, o nome derivaria do modo pelo qual ficaram conhecidos os protegidos de Rodrigues Torres e de Paulino José Soares de Sousa dos ataques do subdelegado de polícia da região fluminense de saquarema, o liberal padre José de Cêa e Almeida.[1] A origem do epíteto conservador é mera curiosidade. Importa que ele acabou por designar, de maneira geral, os membros do partido conservador e a coesão de um grupo em torno de um projeto político para o Império brasileiro. De acordo com Mattos,

> esta coesão facilitava, sem dúvida, a disseminação de uma denominação que não só a reforçava como também cumpria o papel de particularizar uma política, sobretudo porque na sua direção se destacavam os políticos fluminenses que a motivaram. A 'trindade saquarema', líder de fato do partido conservador, imprimiu o tom e definiu o conteúdo do Estado imperial.[2]

A trindade saquarema, fina flor do partido conservador, nas palavras de José Murilo de Carvalho,[3] era formada por Eusébio de Queirós Coutinho Mattoso

---

1 MATTOS, Ilmar Rohloff de. *O tempo... Op. cit.*, p. 106.

2 *Ibidem*, p. 107.

3 CARVALHO, José Murilo. *A construção da ordem. Teatro de sombras.* Rio de Janeiro: Civilização brasileira, 2008, p. 339.

Câmara, Paulino José Soares de Sousa e Joaquim José Rodrigues Torres. Os três foram deputados e senadores pela província do Rio de Janeiro. Os três foram ministros do Império e, escolhidos pelo imperador, ocuparam cadeiras no conselho de Estado, o quinto poder, de acordo com José Honório Rodrigues.[4]

Eusébio de Queirós nasceu na cidade de São Paulo de Luanda, em Angola, e formou-se em direito pela faculdade de Olinda. Foi deputado de 1838 a 1854, quando entrou para o Senado, onde permaneceu até sua morte em 1868. Era advogado e ocupou os cargos de juiz do crime, juiz de fora, juiz de direito, chefe de polícia, desembargador geral da educação primária e secundária e, finalmente, ministro da Justiça. Sob pressão da política antiescravista inglesa e das crescentes insurreições internas que colocavam em xeque a escravidão, o tráfico de escravos foi extinto sob os auspícios de Queirós. Elogiado por Nabuco de Araújo, que dizia ter seguido seus passos no ministério da Justiça, foi criticado por Joaquim Nabuco por se fechar na liderança do partido saquarema. Reconhecendo inicialmente suas qualidades, o jovem Nabuco diz que

> Eusébio era um chefe de partido, um arregimentador paciente e sistemático, um conhecedor de homens, feito para agradar a uma Câmara de políticos; tinha qualidades femininas de voz, de maneiras, de sedução e de caráter, aliados a uma grande energia; era um homem de gabinete, de funda intuição política, que sabia superiormente fazer trabalhar, impulsar, tirar de cada um o que podia dar de melhor...

Contudo, a crítica ao político conservador completava a caracterização do sucessor de seu pai no ministério da Justiça:

> [...] A preponderância das faculdades superficiais exteriores fará com que ele se torne exclusivamente um chefe de partido saquarema, *por isso a inteligência se retrairá e perderá a elasticidade, o movimento, o poder de renovar-se, estagnará* [grifo nosso].[5]

4 RODRIGUES, José Honório. *O conselho de Estado: quinto poder?* Brasília: Senado Federal, 1978. José Murilo de Carvalho diz que o conselho de Estado não chegava a ser um quinto poder, uma vez que a consulta ao conselho não era obrigatória e o imperador não era obrigado a acatar a opinião da maioria dos conselheiros. Cf. CARVALHO, José Murilo. *A construção... Op. cit.*, p. 358.

5 NABUCO, Joaquim. *Um estadista do Império*. São Paulo: Cia Editora Nacional, 1936, p. 86.

Estagnado ou não, Eusébio foi um dos que tocaram o projeto político saquarema no que diz respeito à justiça, à organização do direito, à religião e à moral pública. Era a cabeça jurídica da trindade.

Paulino José Soares de Sousa, visconde do Uruguai a partir de dezembro de 1854, nasceu em Paris e formou-se em ciências jurídicas e sociais pela faculdade de São Paulo. Foi deputado de 1835 a 1848, quando se tornou senador, mandato que cumpriu até sua morte em 1866. Entre 1836 e 1840 foi presidente da província do Rio de Janeiro, sucedendo o colega Rodrigues Torres. Assim como Eusébio, era advogado e ocupou os cargos de juiz de fora e ouvidor, juiz do crime e intendente de polícia da corte, juiz do civil e juiz conservador da nação inglesa, e, finalmente, ministro da Justiça e dos assuntos estrangeiros na regência e em vários gabinetes do segundo reinado. O visconde do Uruguai era a cabeça administrativa e diplomática da trindade.

Finalmente, para completá-la, Rodrigues Torres, visconde de Itaboraí a partir de dezembro de 1854, nascido em Porto das Caixas, província do Rio de Janeiro, era o único brasileiro nato do grupo. No entanto, foi também o único a se formar no exterior, mais precisamente em Portugal, onde estudou matemática na universidade de Coimbra. Mais tarde, depois de formado, voltou à Europa para estudar na França. Foi deputado de 1834 a 1843 e senador de 1844 a 1872, ano de sua morte. Foi presidente da província do Rio de Janeiro por dois anos, entre 1834 e 1836, quando passou o cargo para o colega Paulino José Soares de Sousa. Rodrigues Torres e Paulino também eram ligados por razões familiares. Ambos eram genros do major João Álvares de Azevedo, cujas filhas eram netas de Francisco de Macedo Freire de Azeredo Coutinho, proprietário rural, escravista e plantador de açúcar da região de Cabo Frio.[6] Como professor, lecionou na Academia Militar. Como jornalista, fundou e redigiu o Independente, curiosamente um periódico que sustentava princípios liberais. Resquícios desses princípios podem ter contribuído para o comportamento teoricamente conservador e praticamente eclético na sua condução da economia imperial, como apontamos anteriormente.

Rodrigues Torres era um burocrata típico. No Parlamento carecia do dom da palavra, mas desde que assumiu o ministério da marinha no primeiro gabinete da regência trina permanente,[7] em 1831, até sua morte em 1872, influenciou ativamente

6 MATTOS, Ilmar Rohloff. *O tempo... Op. cit.*, p. 43; VASCONCELLOS, barão e SMITH DE VASCONCELLOS, barão. *Archivo... Op. cit.*, p. 200.

7 Participavam da regência trina permanente José da Costa Carvalho, João Bráulio Muniz e Francisco de Lima e Silva.

a direção do governo imperial. Era dele, por exemplo, o projeto de colonização de 1843 do qual foi derivada, sete anos mais tarde, a lei de terras. Além da pasta da marinha, passou pelos ministérios do Império, da guerra e da fazenda em gabinetes diversos. Com toda experiência política e administrativa acumulada em vinte anos de carreira pública, chegou à presidência do conselho de ministros em 1852, mesmo ano em que propôs a criação do segundo Banco do Brasil, cuja presidência ocupou entre 1855 e 1857, e, depois de um interregno que correspondeu à passagem de Souza Franco pelo Ministério da Fazenda, entre 1858 e 1859. Rodrigues Torres personificava o projeto saquarema e o banco era sua expressão mais viva dentro desse projeto. O visconde de Itaboraí era a cabeça econômica e financeira da trindade.

As cabeças jurídica, administrativa e diplomática, e econômica e financeira de Eusébio, Paulino e Rodrigues Torres impunham ao governo imperial uma direção conservadora rumo a ideais de ordem e civilização. Se a trindade, a elite saquarema, estava à frente da pavimentação do caminho para a criação do banco da Ordem, Rodrigues Torres foi, sem dúvida, seu principal pavimentador. Contudo, o banco era apenas parte de um projeto político mais amplo que visava à construção do Estado imperial, tendo em vista a manutenção da ordem e a difusão de uma civilização nos trópicos.

Como vimos, "saquarema" era a designação mais geral dos membros do partido conservador. Os dirigentes saquaremas, segundo Mattos, eram os que exerciam, por meio do Estado e de suas ações, uma direção intelectual e moral que se refletia num projeto político hegemônico balizado pelos princípios de ordem e civilização. A direção saquarema não se restringia à famosa trindade. Personificava-se em senadores, magistrados, ministros e conselheiros, isto é, na alta burocracia imperial; nos grandes proprietários rurais de diversas províncias do Império, que se guiavam pelo brilho emanado da coroa; nos grandes negociantes; e em profissionais liberais que defendiam os princípios de ordem e civilização e sua difusão.[8] Ao levar a cabo seu projeto político, os saquaremas promoveram, simultaneamente, a constituição de uma classe senhorial que intervinha, consciente e deliberadamente, naquela construção.

Ocorre que, no interior da classe senhorial, os interesses econômicos e políticos eram heterogêneos e, por isso, seus representantes disputavam espaço no Estado

8 Cf. MATTOS, Ilmar Rohloff. *O tempo... Op. cit.*, p. 3.

imperial. A tacada política dos saquaremas foi deslocar de si mesmos para a figura do imperador, para a Coroa, o centro da ordem e da defesa dos interesses dessas frações de classe, favorecendo a aliança entre o rei e os barões.[9] Nas contendas políticas remanescentes, a figura do imperador deveria pairar sobre as diferenças partidárias. Não se tratava assim de interesses de conservadores ou liberais, de saquaremas ou luzias, mas do interesse do Império brasileiro.[10] Os saquaremas impunham sua direção tendo o imperador como escudo. Era como se o projeto político desse grupo fosse a voz da razão impondo-se em meio ao torvelinho das paixões políticas, que eram creditadas na conta da oposição liberal. Mattos diz que a projeção da figura do imperador

> se constitui na maneira mais adequada para aperfeiçoar os dirigentes – a "elite imperial" – e sua capacidade de direção, de tal modo que evitem imaginar que a ação que desempenham se explica e justifica por si mesma, ignorando os interesses imediatos dos que representam. Constitui-se ainda num modo de conduzir uma Transação, por meio da superposição da Razão às Paixões, a qual permite apresentar os interesses de um segmento da classe como os interesses de toda a classe, de uma parte da região como o de toda a região e o das demais regiões, além de fazer com que os demais homens livres tomem sempre o Imperador e o Império como referências, quer a ambos adiram, quer a eles se oponham.[11]

Para os saquaremas, o imperador devia reinar, governar e administrar, sendo o poder moderador a instância a partir da qual se organizava a política do Império. Dessa maneira, inteligentemente neutralizadas as forças de oposição ao projeto conservador, proprietários rurais escravistas e negociantes foram incorporados a tal projeto e seus negócios expandiam-se protegidos pelo Estado imperial. Com a trindade no poder, contemplavam-se nele, sobretudo, os interesses de grandes

---

9 Cf. CARVALHO, José Murilo. *A construção... Op. cit.*, p. 249-60; MATTOS, Ilmar Rohloff. *O tempo... Op. cit.*, p. 179.

10 Barman e Evaldo Cabral chamam a atenção para a mistura do interesse local e nacional no processo de construção do Estado. Cf. BARMAN, Roderick. *Brazil: The Forging of a Nation (1798-1852)*. Stanford: Stanford University Press, 1988; MELLO, Evaldo Cabral de. *A outra independência. O federalismo pernambucano de 1817 a 1824*. São Paulo: Editora 34, 2004.

11 MATTOS, Ilmar Rohloff. *O tempo... Op. cit.*, p. 179; 195.

proprietários das lavouras cafeeiras do vale do Paraíba, que formavam a base da economia exportadora e estavam em expansão, e dos grandes negociantes que detinham o capital e forneciam crédito para financiar tais lavouras e sua expansão. Grandes proprietários e grandes comerciantes sustentavam o projeto político saquarema.

O Estado imperial, por sua vez, procurava garantir o monopólio da terra, da força de trabalho, dos negócios e da política nas mãos da classe senhorial. A criação da junta dos corretores, da qual alguns membros se tornarão banqueiros,[12] a elaboração do código comercial, a lei de terras e a lei das sociedades anônimas, por exemplo, manifestavam a defesa de seus interesses. O caso do monopólio da força de trabalho, isto é, do tráfico negreiro, é especial. Ilustra uma contradição interna ao projeto saquarema e também uma relação contraditória com o avanço do capitalismo nas nações civilizadas. Pensemos na moeda e no escravo para ilustrar como essa contradição se expressava internamente ao projeto. Ao mesmo tempo em que previam a criação de uma moeda estável, traço forte das economias das nações civilizadas, os saquaremas sustentavam a manutenção da escravidão no Império, traço apagado dessas mesmas nações. Assim, o projeto desse grupo político caminhava com um pé no avanço e outro no atraso, refletindo a contradição entre a permanência no poder do Estado imperial e a busca de espaço entre as nações civilizadas do mundo.

Já dissemos que colocar o Brasil entre este seleto grupo era um dos objetivos do projeto. Entretanto, ainda que defensores do comércio negreiro, os dirigentes saquaremas acabaram sucumbindo à pressão dos interesses ingleses e das insurreições internas, como comentamos ao falar de Eusébio de Queirós. Com esse passo, eles ironicamente começavam a romper a contradição entre escravidão e civilização, mas isso não significava que o Império tivesse deixado de ser escravista. O tráfico interno permanecia.

A manutenção do equilíbrio político interno ferido muitas vezes por interesses contrariados fazia com que a aproximação entre governo imperial e proprietários rurais e negociantes nem sempre fosse tranquila. Nesses casos, a coroa cooptava individualidades agraciando-lhes com títulos nobiliárquicos, mais um artifício de coesão digno da classe senhorial.[13]

---

12 Caso de Antônio José Alves Souto. Cf. FAORO, Raymundo. *Os donos... Op. cit.*, p. 19.

13 Para a distribuição de títulos nobiliárquicos no segundo Império, cf. STEIN. Stanley. *Grandeza e*

A direção intelectual e moral impressa no projeto se expressava na defesa da soberania, da ordem, da monarquia e da escravidão em oposição à representação política, à vontade nacional, à democracia e à liberdade.[14] Por isso não surpreende a acusação da oposição liberal ao "despotismo saquarema". O rumo daquela direção implicava a centralização do poder político na corte, aproximando-se mais do modelo de Estado francês do que dos modelos inglês ou estadunidense.[15]

Em termos econômicos, o rumo da direção saquarema implicava a manutenção da economia mercantil escravista, isto é, sua preocupação precípua era fazer com que essa economia funcionasse para o bem da Ordem e do Império. Significa dizer que o projeto saquarema deveria resolver dois problemas crônicos da economia brasileira, a saber, a estabilidade do valor do meio circulante e a escassez de moeda e crédito nas praças. Com a estabilidade do valor do meio circulante e, consequentemente, com a estabilidade do câmbio, ganhariam os proprietários rurais ligados ao comércio de exportação e os próprios exportadores e importadores, uma vez que tal estabilidade diminuiria o risco cambial envolvido nas transações de comércio exterior. O Estado também se beneficiaria com ela ao honrar compromissos externos em moeda estrangeira em condições favoráveis e ao construir uma reputação que poderia ajudá-lo em caso de necessidades futuras de crédito. Com a ampliação da oferta de moeda e crédito, ganharia a classe senhorial como um todo, abrindo espaço inclusive para o surgimento de manufaturas. Finalmente, a conquista de uma moeda forte representaria a concretização parcial do projeto saquarema e abriria para o Império uma das portas de entrada para o seleto grupo das nações civilizadas.

Entretanto, o governo sozinho não daria conta de, ao mesmo tempo, lastrear a emissão de notas em metal, tal como se apresentava a miragem do padrão-ouro, e

---

Decadência do Café no Vale do Paraíba. São Paulo: Brasiliense, 1961, p. 147.

14 Como vimos, para os saquaremas o poder executivo deveria prevalecer sobre o Legislativo. Além de centralizado e forte, o executivo era dividido em governo e administração e cumpria um duplo papel, segundo Ilmar Mattos. Era 'cérebro' da administração, que funcionava como seu 'braço', e era 'braço' do poder moderador, que, no esquema da coroa como partido, funcionava como seu 'cérebro', decidindo segundo a razão e os interesses da classe senhorial. Cf. MATTOS, Ilmar Rohloff. *O tempo... Op. cit.*, p. 198. A prevalência do executivo sobre o Legislativo advogada pelos saquaremas manifestava-se num tipo peculiar de parlamentarismo, em que o gabinete nomeado pelo imperador tinha poderes para dissolver a Câmara. Era o famoso "*parlamentarismo às avessas*".

15 Cf. MATTOS, Ilmar Rohloff. *O tempo... Op. cit.*, p. 152/164; GUIMARÃES, Carlos Gabriel. *Bancos, Economia e Poder... Op. cit.*; CARVALHO, José Murilo. *A construção... Op. cit.*, p. 138.

garantir a oferta necessária de moeda e crédito ao comércio. Estabilidade do valor do meio circulante e ampliação da oferta de crédito revelavam-se objetivos conflitantes. O governo saquarema, apesar do discurso do crédito, não escondia o privilégio do controle monetário e a opção pela miragem do padrão-ouro. Entrava em cena a necessidade de se criar o segundo Banco do Brasil.

A questão econômica, especificamente a financeira, certamente foi uma das que despertaram maiores paixões entre os partidos políticos do Império. Forjados juntos na classe senhorial e conduzidos em última instância pelo imperador, os posicionamentos políticos dos partidos conservador e liberal pareciam coincidir, como expressava o famoso dito "nada mais saquarema do que um luzia no poder". No entanto, os posicionamentos políticos desses partidos foram objetos frequentes da historiografia do Império. Não cabe aqui uma discussão específica e aprofundada sobre o tema, mas vale a pena seguir as três teses principais que aparecem nessa historiografia a respeito da origem social e da ideologia dos partidos imperiais, organizadas por José Murilo de Carvalho em *A construção da ordem*.

A primeira tese é defendida pelos que, alinhados a uma análise marxista do Estado, diziam não haver diferença alguma entre os partidos liberal e conservador, como Caio Prado Jr. Embora admitisse o conflito entre a burguesia reacionária, os proprietários rurais e escravistas, e a burguesia progressista, comerciantes e financistas, Prado Jr. dizia que esse conflito não se manifestava nos partidos. A segunda tese sustenta que havia uma diferenciação de classe entre os partidos, tal como apontavam Raymundo Faoro e Afonso Arinos. Para Faoro, os conservadores seriam os representantes do estamento burocrático e os liberais os defensores dos interesses agrários opostos ao avanço do poder central. Já Arinos via os conservadores como defensores dos interesses agrários, principalmente dos cafeicultores do Rio de Janeiro, e os liberais como representantes da burguesia urbana, dos comerciantes, dos intelectuais e magistrados. Finalmente, a terceira tese, defendida por Fernando de Azevedo, faz uma diferenciação regional dos partidos, considerando os conservadores como representantes de grupos rurais e os liberais de grupos urbanos.[16]

16 Cf. CARVALHO, José Murilo. *A construção... Op. cit.*, p. 202; PRADO JR., Caio. *Evolução política do Brasil e outros estudos*. São Paulo: Brasiliense, 1969; FAORO, Raymundo. *Os donos... Op. cit.*; FRANCO, Afonso Arinos de Melo. *História e teoria do partido político no direito constitucional brasileiro*. Rio de Janeiro: s.n., 1948; AZEVEDO, Fernando de. *Canaviais e engenhos na vida política do Brasil*. Rio de

Essas três linhas interpretativas podem ser combinadas se considerarmos os fins dos partidos políticos do Império e os meios de que eles lançavam mão para alcançá-los. Quanto aos fins, de fato, parece não haver diferenças entre conservadores e liberais, corroborando a interpretação de Caio Prado. Contudo, a diferenciação de classe e de região entre os partidos refletia-se numa discrepância quanto aos meios empregados para se atingir tais fins, reforçando as interpretações de Faoro, Arinos e Azevedo.

José Murilo de Carvalho e Ilmar Mattos notaram essas semelhanças e diferenças. Ambos chamam a atenção para o fato de que diferenças ideológicas e de composição entre os partidos revelavam divergências no interior da elite. Mattos acrescenta que, para além das semelhanças e diferenças, havia uma hierarquia entre os partidos, cujo topo era ocupado pelos conservadores que definiram a direção da política imperial. Miriam Dolhnikoff apontou tais divergências ao sugerir a predominância de um arranjo federativo gerado como espaço de negociação de conflitos de interesse do qual as elites provinciais participavam por meio de sua representação no Legislativo.[17]

Contudo, as divergências interpartidárias não chegavam a ser suficientes para provocar uma ruptura no sistema econômico e social do Império. A coincidência de fins e a orientação política emanada do trono cimentavam possíveis fissuras. No limite, os partidos almejavam os mesmos fins, apenas empregavam meios distintos para atingi-los, como aponta um observador político da época:

> se comparamos dois membros quaisquer destas duas opiniões [conservadora e liberal], teremos em resultado, que eles exprimem as mesmas idéias por diversas variantes, e que *almejando os mesmos fins, discrepam apenas no emprego dos meios* [grifo nosso].[18]

Os posicionamentos políticos dos partidos imperiais eram mesmo meio turvos, movimentando-se daqui para ali dentro dos limites das conveniências da

---

Janeiro: Instituto do Açúcar e do Álcool, 1948.

17 DOLHNIKOFF, Miriam. *O pacto imperial: origens do federalismo no Brasil.* Rio de Janeiro: Globo, 2005; DOLHNIKOFF, Miriam; MAIA, Francisleide; SÁEZ, Hernán Lara; SALES, Pedro Paulo Moreira; GREGÓRIO, Vítor Marcos. *Representação política no Império* [mimeo].

18 MACHADO, Agostinho José D'Oliveira. *A facção Saquarema. Santos: Typ. Imparcial de F. M. R. D'Almeida, 1851, p. 10.* Cf. também CARVALHO, José Murilo. *A construção... Op. cit.*, p. 184-5; 205; MATTOS, Ilmar Rohloff. *O tempo... Op. cit.*, p. 132.

classe senhorial. Não havia interesse em demarcar fronteiras rígidas entre os partidos, como vimos no caso do debate entre papelistas e metalistas. Talvez por isso os conservadores nunca tenham apresentado um programa escrito. No entanto, a síntese de sua plataforma política e, certamente, a maior diferença em relação aos liberais quanto aos meios empregados para se atingir certos fins, era a centralização do poder político no imperador e no executivo, que controlariam a justiça, a polícia, a administração pública, a diplomacia e a economia. Os fins comuns eram a manutenção da economia mercantil escravista e dos privilégios da classe senhorial. Eram esses os fins que uniam saquaremas e luzias e que os faziam tão próximos no poder.

O projeto político levado a cabo pelos dirigentes saquaremas desenrolava-se no contexto de uma economia mercantil nacional escravista. Façamos breve parêntese para nos aproximarmos do funcionamento geral dessa economia. João Manuel Cardoso de Mello apresenta a economia mercantil escravista em *O capitalismo tardio*.[19] Segundo esse autor, aquela economia nasceu com o café, que, até 1830, ainda não havia caído no gosto de consumidores estrangeiros. A generalização da demanda por café só foi possível graças à redução do preço do produto motivada pela expansão da oferta brasileira. Criou-se, assim, um movimento circular de expansão da produção de café. Tal expansão derrubava o preço do produto que, por sua vez, fazia aumentar sua demanda, generalizando o consumo. Esse aumento de demanda estimulava a oferta e assim por diante. Era enorme o mercado de café a ser atendido pela produção brasileira, mas, conforme aquele movimento, a tendência do preço do produto, nessa fase de generalização do consumo, era de queda, reduzindo a margem de lucro do produtor.

Nessa economia, a produção era baseada no latifúndio e no trabalho escravo. Não era só por causa de uma estrutura fundiária concentrada que a produção de café se organizava sob a forma de latifúndio. Era também, e principalmente, segundo João Manuel, por causa da estreita margem de lucro, que exigia uma escala mínima de produção para se tornar viável economicamente e, por conseguinte,

19 Cf. MELLO, João Manuel Cardoso de. *O Capitalismo tardio*. São Paulo: Brasiliense, 1984. Cap. I – As raízes do capitalismo retardatário; COSTA, Wilma Peres. A economia mercantil escravista nacional e o processo de construção do Estado no Brasil (1808-1850). In: SZMRECSÁNYI, Tamás e LAPA, José Roberto do Amaral (orgs.). *História econômica da independência e do Império*. São Paulo: Edusp/ Imprensa Oficial de SP/Hucitec, 2002.

demandava investimentos vultosos que funcionavam como barreira à entrada de pequenos produtores. Foi por uma questão de rentabilidade, ao lado da disponibilidade de braços, que a relação de produção escravista prevaleceu. O trabalho escravo mostrava-se mais rentável do que o trabalho assalariado. E essa economia foi se tornando nacional na medida em que o fim do exclusivo e a formação do Estado possibilitaram internalizar a apropriação do excedente e as decisões de investimento. Em outras palavras, fala-se de economia nacional porque a acumulação de capital fora internalizada.

São estes os contornos definitivos da economia mercantil escravista nacional: grande empresa com produção em larga escala, baseada no trabalho escravo e articulada a um sistema comercial e financeiro, ambos controlados nacionalmente. Ainda seguindo João Manuel, a dinâmica dessa economia estava sujeita a três fatores: oferta ampla de escravos; disponibilidade de terras e condições de realização de lucros. Vamos nos deter um pouco mais na análise deste último fator, pois ele influenciava diretamente a oferta e demanda de metais e divisas, e, consequentemente, o valor da moeda nacional.

Se o movimento circular aludido anteriormente apontava para uma tendência de queda do preço internacional do café na etapa de generalização do consumo desse produto, numa segunda etapa não haveria nenhuma tendência definida para o comportamento de seu preço. Tal preço oscilaria, ciclicamente, de acordo com a maturação do cafeeiro, das condições da demanda externa e de fatores naturais. Entretanto, nos ciclos de alta, seu preço encontrava um limite dado pela existência de substitutos próximos para esse bem de consumo. Se o café ficasse caro demais, os consumidores passariam a tomar chá. Enquadrado nesse limite, o aumento do preço internacional do café certamente não seria suficiente para compensar os aumentos dos custos do transporte e do escravo, previsíveis diante da necessidade de terras mais distantes para ampliar a oferta e da proibição do tráfico. Em outras palavras, na economia mercantil escravista nacional, a taxa de lucro tendia à queda e essa queda não poderia ser contrabalançada pelo aumento do preço do produto no mercado externo.

A formação do cafezal e a comercialização do café eram financiadas e controladas pelos "bancos cafeeiros" e pelos comissários de café.[20] Dessa maneira, surgia

20 Sobre o papel do comissário na economia cafeeira, cf. STEIN. Stanley. *Grandeza e Decadência... Op.*

uma relação de mão dupla entre produtores de café e financiadores da produção. Por um lado, os produtores dependiam do financiamento do capital mercantil, prendendo-se, assim, ao "círculo de ferro" a que se refere Stein em sua obra sobre o café em Vassouras.[21] Por outro, completa João Manuel, o capital mercantil encontrava na produção sua única alternativa de valorização. Bancos e comissários financiavam a expansão da economia cafeeira e, ao mesmo tempo, canalizavam os lucros obtidos com essa empresa para o financiamento de novos investimentos.[22]

Era esse o jogo jogado pelos saquaremas fluminenses, muitos deles proprietários rurais, escravistas e plantadores de café do Vale do Paraíba. A economia mercantil escravista nacional entrou em crise nos últimos anos da década de 1860. Coincidência ou não, a reformulação dos estatutos do Banco do Brasil idealizado por Rodrigues Torres, que alterou completamente a natureza da instituição, ocorreu em 1866. No Parlamento, os conservadores perdiam espaço para liberais históricos e progressistas. A crise da Ordem seria a crise do banco.

Numa economia nacional e escravista, em que predominava o capital mercantil, o sentido do segundo Banco do Brasil não poderia estar desatrelado do sentido do Estado e dos interesses da classe que detinha sua hegemonia. De maneira geral, a teoria marxista vê o Estado como um instrumento da classe dominante, aquela que detém a propriedade e o controle dos meios de produção. Embora não se confunda com ela, pois o Estado é uma instituição distinta da classe dominante, ele acabaria servindo como seu instrumento na medida em que estaria sujeito às suas pressões e por conta da concordância ideológica entre essa classe e os que detêm o poder no Estado. Além disso, o Estado estaria sujeito a certa coerção estrutural que o faria atuar para garantir a reprodução e acumulação de capital. Estamos, portanto, diante de um Estado que significa a associação entre os que controlam o poder político e o poder econômico. Nesse quadro, ele desempenharia duas funções principais no sentido de garantir a manutenção das relações econômicas e sociais. Uma função acumulação, em que atuaria para garantir a reprodução e acumulação de capital, e uma função

cit.; SWEIGART, Joseph E. *Coffee factorage and the emergence of a brazilian capital market, 1850-1888*. Nova Yorque e Londres: Garland Publishing, 1987.

21 STEIN, Stanley. *Grandeza e decadência... Op. cit.*

22 Para noção de complexo cafeeiro, cf. CANO, Wilson. *Raízes da concentração industrial em São Paulo*. São Paulo: Difel, 1977.

legitimação, em que regularia os conflitos de classe e asseguraria a manutenção da ordem social.[23]

A manutenção da ordem econômica e social era, fundamentalmente, o objetivo do Estado imperial erguido pelos saquaremas. Contudo, ele não funcionava apenas como aparelho de dominação. Considerá-lo assim mascararia conflitos de interesses que existiam no interior da classe dominante ou da classe senhorial. Para além da dominação, o Estado era o lugar de onde a classe senhorial, forjada pelos dirigentes saquaremas, exercia a ação estatal de modo a imprimir uma direção moral e intelectual ao Império brasileiro. Ocorre que no interior da classe senhorial irrompiam conflitos entre suas frações na disputa pela hegemonia no Estado. Era justamente essa disputa que ora impedia, ora retardava, ora desfazia as ações da direção saquarema. Como veremos, a política econômica do período estudado, e por extensão o segundo Banco do Brasil, serão exemplo desse jogo do fazer e desfazer. Em seu *Ensaio sobre o direito administrativo*, o visconde do Uruguai apontava o problema e reforçava a defesa da centralização política e da subordinação do Império a uma direção. Ele dizia que

> a cada mudança tudo fica suspenso, posto em dúvida, para começar a ser examinado de novo, com grande desânimo, desespero e prejuízo das partes. Assim todos os grandes interesses a cargo da administração estão sujeitos a uma constante instabilidade, e a administração torna-se, *como tem sido entre nós*, uma verdadeira Teia de Penélope [grifo nosso].[24]

A ideia da teia de Penélope indicava as disputas políticas no interior da classe senhorial pela hegemonia no Estado imperial que iam além da dominação de classe.

23 Cf. MARX, Karl e ENGELS, Friedrich. *O manifesto comunista*. Rio de Janeiro: Paz e Terra, 1999; MARX, Karl. *Crítica de la filosofía del Estado de Hegel*. Madri: Editorial Biblioteca Nova, 2002, p. 142/204-7; ENGELS, Friedrich. *A origem da família, da propriedade privada e do Estado*. Rio de Janeiro: Civilização Brasileira, 1980, p. 190-5. Embora as noções de função acumulação e função legitimação sejam aplicadas ao Estado capitalista, podemos transportá-las para o Estado imperial no contexto da economia mercantil escravista, cf. O'CONNOR, J. *USA: A crise do Estado capitalista*. Rio de Janeiro: Paz e Terra, 1977.

24 URUGUAI, Paulino José Soares de Sousa, visconde do. *Ensaio sobre o direito administrativo*. Rio de Janeiro: Typ. Nacional, 1862. v. 1, p. 22.

Por isso são importantes as contribuições de Gramsci para a questão discutida acima. Para este autor, a supremacia da classe dominante é obtida não só por coerção, mas também por consentimento, construindo um consenso que leva à sua hegemonia no Estado. Para alcançar tal hegemonia, a classe dominante é capaz de ir além de seus interesses mais imediatos e firmar compromissos, dentro de certos limites, com aliados que se juntam num bloco social de forças. Esse bloco é a base do consentimento em torno de certa ordem social, em que a hegemonia da classe dominante é criada e recriada dentro de uma rede de instituições, relações sociais e ideias.[25]

Adaptando o conceito para o contexto político e social do Império, podemos observar que a disputa pela hegemonia não se dava fora da classe dominante, mas em seu interior. Eram frações de classe com representação política que brigavam pela manutenção de seus interesses por meio do controle do Estado. Todavia, as divergências existentes no interior da classe dominante, isto é, entre suas frações, não eram suficientes para minar os interesses convergentes em torno de uma ordem, qual seja, a manutenção da economia mercantil escravista e os privilégios da classe senhorial já referidos.

Durante o processo de construção do Estado imperial, diante do fracasso dos liberais em ocupá-lo, tal hegemonia foi exercida pelos dirigentes saquaremas. Eles se constituíam, portanto, na fração da classe senhorial que forjou o Estado imperial e, ao mesmo tempo, foi forjada por ele num processo de fortalecimento recíproco. O ápice desse processo construtor de um Estado e de uma classe talvez tenha se dado entre 1848 e 1852, continuando com os chamados gabinetes da conciliação até meados da década de 1860, quando entrou em cena o Partido Progressista. Nesta altura, é importante conceituar esta classe senhorial a que algumas vezes nos referimos. Baseado em Edward Thompson, Mattos diz que

> o conceito de classe senhorial é uma categoria histórica que considera uma trajetória marcada por inúmeras lutas. A natureza dessa classe e seus elementos de coesão – sua identidade – aparecem como resultados de experiências comuns vividas por determina-

---

25 GRAMSCI, Antonio. *Maquiavel, a política e o Estado moderno.* Rio de Janeiro: Civilização Brasileira, 1989, p. 141-51. *Idem. Cadernos do cárcere.* Rio de Janeiro: Civilização Brasileira, 2004. Cf. também BOTTOMORE, Tom (org.). *Diccionario del pensamiento marxista.* Madri: Editorial Tecnos, 1984. Verbetes Estado e Hegemonia.

> dos homens, experiências que lhes permitem sentir e identificar seus interesses como algo que lhes é comum e, assim, contrapor-se a outros grupos de homens cujos interesses são diferentes e mesmo antagônicos aos seus.[26]

No Império brasileiro de meados do século XIX, faziam parte da classe senhorial burocratas, negociantes e plantadores escravistas. Apesar da ideia de homogeneidade passada pelo conceito de classe senhorial e da estratégia política saquarema de transformar a coroa em partido, era evidente que havia conflitos entre as frações dessa classe que disputavam a hegemonia no Estado. Carvalho também aponta a existência de conflitos intra-elite e sua natureza limitada, uma vez que parte da elite estava vinculada ao Estado e sua maioria provinha de setores da classe senhorial. Tais conflitos se refletiram na discussão da proposta de criação do segundo Banco do Brasil e, posteriormente, em seu funcionamento. Contudo, nas arengas políticas, as divergências no interior da classe senhorial, ou intra-elite, revelavam sua natureza limitada e não chegavam a ser contraditórias com os objetivos do projeto político saquarema: a manutenção da ordem[27] e a difusão de uma civilização nos trópicos. Nas palavras de Mattos:

> Para os saquaremas, *a manutenção de uma Ordem e a difusão de uma Civilização* apareciam como objetivos fundamentais; eram também os meios pelos quais empreendiam a construção de um Estado [imperial] e a constituição de uma classe [senhorial] [grifo nosso].

De acordo com esse autor, a manutenção da ordem se expressava na continuidade das relações entre senhores e escravos; no monopólio da terra e da violência por parte de proprietários rurais; na reprodução das relações com o mercado externo, a partir da ligação estreita entre política e negócios e da predominância do capital mercantil; no monopólio das decisões políticas nas mãos do imperador e dos que

26 MATTOS, Ilmar Rohloff. *O tempo... Op. cit.*, p. 4; THOMPSON, Edward Palmer. *A formação da classe operária inglesa*. Rio de Janeiro: Paz e Terra, 1989. v. 1.

27 Concretamente, a ideia de ordem foi reforçada depois da fracassada revolução liberal de 1842. A partir daí, os liberais passaram a ser tratados pelos conservadores como inimigos da independência e do Império. Cf. MATTOS, Ilmar Rohloff. *O tempo... Op. cit.*, p. 105.

estavam mais próximos dele; e, finalmente, na integridade territorial do Império. Em poucas palavras, monarquia, centralização política e unidade territorial.

Ao lado da manutenção da ordem vinha a difusão de uma civilização, que significava, em termos mais abstratos, "o primado da razão, o triunfo do progresso, a difusão do espírito de associação, a formação do povo".[28] O segundo Banco do Brasil inscrevia-se neste projeto ao funcionar como engrenagem financeira que ajudaria a sustentar a economia mercantil escravista e os monopólios da classe senhorial.

Em suma, a direção saquarema buscava tocar o projeto de construção de um Estado que pudesse trazer ordem e civilização ao Império brasileiro. Nos campos jurídico-político e militar, esse projeto significava centralização do poder na corte e racionalização da ação estatal por meio de uma burocracia que seguia as diretrizes do imperador para o bem do Império. No campo sócio-cultural, significava reforçar a defesa dos princípios de ordem e civilização, e a coesão da classe senhorial em torno desses princípios. No campo econômico, significava centralizar o controle da oferta monetária nas mãos de uma instituição financeira privada, mas influenciada fortemente pelo governo, a fim de ordenar o meio circulante, isto é, assegurar a manutenção do valor do mil-réis, e ampliar a oferta de crédito. A luta por uma moeda forte cumpriria funções imanentes e transcendentes nesse quadro. Além de reduzir o risco cambial e favorecer o Estado em relação aos seus compromissos financeiros internacionais, a moeda forte serviria para reforçar a posição política dos saquaremas no interior do Estado e garantir identidade a um Império que se pretendia civilizado. Nesse sentido, a criação de um banco para auxiliar o Estado nessa tarefa caía como luva no projeto saquarema.

A conjuntura econômica de 1852, que combinava concorrência entre os bancos emissores do Rio de Janeiro e superávits fiscal e comercial, estimularia Rodrigues Torres a apresentar sua proposta de criar um grande banco nacional com ramificação nas províncias e monopólio da emissão de notas no país, o já referido segundo Banco do Brasil. Tal como seria proposto, o banco centralizaria o controle da oferta monetária, encaixando-se, dessa maneira, no projeto conservador como seu braço financeiro, com vistas à manutenção da ordem e difusão de uma civilização. Como Bárbara Levy e Ana Maria Ribeiro de Andrade indicaram, "o segundo Banco do Brasil, aparelhado com o monopólio

---

28 Para citação e noções de ordem e civilização, cf. MATTOS, Ilmar Rohloff. *O tempo... Op. cit.*, p. 281-2.

de emissão, correspondeu ao nível da política monetária à unificação que se processava no plano político-militar".[29]

Já mencionamos que, apenas três anos antes, o mesmo Rodrigues Torres não se mostrava muito favorável à criação de um banco de emissão para ajudar o governo a garantir a estabilidade da moeda sem antes resgatar parte das notas do Tesouro que estava em circulação. Para ele, nessa altura, o banco só conseguiria se organizar e atrair acionistas se emitisse notas em montante superior ao que seria emprestado ao governo para que este pudesse fazer o resgate das notas do Tesouro. Desse modo, o volume do meio circulante aumentaria em vez de diminuir. Contudo, o momento de criar um grande banco de emissão chegaria.

No início da década de 1850, foram surgindo as condições que sustentariam a ilusão saquarema de que a oferta monetária do Império poderia funcionar de acordo com as regras do padrão-ouro (Gráfico 2).

Gráfico 2 - Saldos fiscal e comercial, e taxa de câmbio do Império do Brasil (1850-1853)

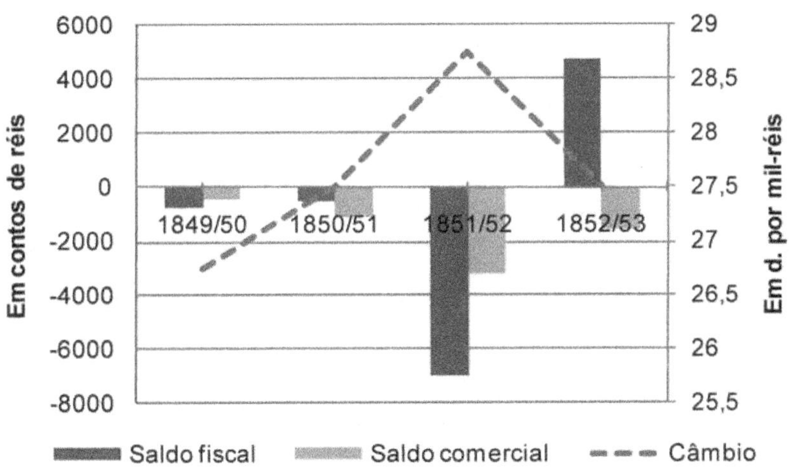

Fonte: VILLELA, André Arruda. *The political economy... Op. cit.* Statistical Appendix, p. 303-13; BRASIL. MINISTÉRIO DA FAZENDA. *Relatório da comissão... de 1859... Op. cit.* Anexos; *Ibidem*. *Relatório da comissão... de 1864...Op. cit.* Anexos.

29 LEVY, Maria Bárbara e ANDRADE, Ana Maria Ribeiro de. Fundamentos... *Op. cit.*, p. 36.

De 1852 para 1853, as contas do governo apresentaram superávit, o déficit comercial se reduziu e o câmbio oscilou acima da paridade de 27d., indicando que tal momento se aproximava. No entanto, o resultado fiscal positivo não foi acompanhado pela redução das notas do Tesouro que estavam em circulação, condição apontada por Rodrigues Torres para a criação do banco. Pelo contrário, o aumento da proporção de moeda metálica em circulação sinalizava, segundo o ministro, a necessidade de maior volume de papel-moeda em circulação para acompanhar o crescimento das transações.[30] Era sua rendição diante da realidade econômica do Império.

Entre segurar o ritmo de crescimento em função da circulação metálica e deixá-lo correr mesmo que à custa de tal circulação, um metalista não teria dúvida em ficar com a primeira opção. Não foi o caso do pragmático Rodrigues Torres, justificando o adjetivo eclético para qualificar sua atuação. Como logo veremos, o seu banco de emissão poderia lançar na circulação notas lastreadas em ouro ou em notas do Tesouro. De fato, o ideal metalista parecia não caber na realidade brasileira e ele parecia tentar fazer bem o serviço de adequar o ideal à realidade.

Tendo a conjuntura como justificativa, Rodrigues Torres apresentou sua proposta de criação de um banco de emissão no relatório do ministério da Fazenda de 1852. A passagem do relatório em que o ministro anunciou a chegada do momento de criar um banco de emissão no país é famosa: "Parece pois chegado o prazo de criar-se um Banco de emissão, que não só auxilie o governo no resgate do papel-moeda, mas ainda o progressivo aumento do crédito e da riqueza nacional".[31] E ele certamente contaria com o apoio de d. Pedro II nessa empreitada. Em sua fala do trono de abertura da sessão legislativa de 1853, o imperador, provavelmente influenciado por Rodrigues Torres, reforçava a análise de que chegara o momento de se criar um banco que pudesse atender as demandas "do comércio e da indústria". Ele dizia que, nas circunstâncias em que se achava o país, tal banco seria "um elemento indispensável de nossa organização econômica".[32]

---

30 Segundo o relatório, havia entre 16.000:000$ e 20.000:000$ metálicos em circulação. Cf. BRASIL. MINISTÉRIO DA FAZENDA. *Proposta e relatorio apresentados á Assembléa Geral Legislativa na Primeira Sessão da Nona Legislatura do anno de 1852 pelo Ministro e Secretario d'Estado dos Negocios da Fazenda Joaquim José Rodrigues Torres.* Rio de Janeiro: Typ. Nacional, 1853, p. 14.

31 *Ibidem*, p. 14.

32 Cf. BRASIL. *Fallas do Throno... Op. cit.*, p. 476.

Além das justificativas apontadas pelo ministro e do apoio do imperador, não se pode perder de vista que a conjuntura positiva das finanças públicas e do câmbio coincidia com o aumento da emissão de vales por parte dos bancos da praça do Rio e com o acirramento da concorrência entre esses dois estabelecimentos. Essa concorrência, que já dava as caras no ano em que foi elaborada a proposta do ministro da Fazenda, era percebida pelo governo como prejudicial para a economia do país e algo deveria ser feito.

Alguns parlamentares, como o senador Manuel de Assis Mascarenhas, apontariam a concorrência dos bancos do Rio por trás da conjuntura favorável como verdadeira justificativa para o projeto de Rodrigues Torres. Na sessão do Senado em que esse projeto foi discutido, Mascarenhas considerava que a conjuntura não mudara tanto a ponto de fazer o ministro convencer-se de que chegara o momento de criar um banco de emissão. E dizia claramente que "uma das razões da apresentação do projeto é desejar o Sr. ministro, oposto como é aos bancos que existem no país, sem exceção, derrubar esses bancos".[33] A proposta de criar de um banco com monopólio de emissão caía realmente como uma luva nesse contexto.

Ademais, tramitava no Senado desde 1850 o projeto de provincialização dos bancos de emissão de Holanda Cavalcanti, que nada mais era do que a oficialização da situação existente. Nada mais contrário aos interesses saquaremas do que a aprovação de um projeto desses, porque isso significava descentralizar o controle sobre a oferta de moeda e, por conseguinte, o poder político. Era preciso uma contra-ofensiva no campo bancário que se enquadrasse no projeto saquarema e ela veio justamente em 1852.

No mesmo relatório do ministério da Fazenda, Rodrigues Torres mais uma vez reconhecia os serviços que os bancos poderiam prestar à economia ao intermediar recursos entre poupadores e investidores; ao substituir parte da circulação metálica por papel, mais barato; ao agilizar, por meio das operações de desconto, o movimento de capitais e, portanto, a produção de riquezas; e, finalmente, com um toque de ecletismo, ao atuar para evitar ou neutralizar as flutuações da circulação metálica.

No entanto, tinha ele sempre um pé atrás com os bancos, sobretudo com os emissores, e para que essas instituições não viessem a perturbar a ordem da economia, deveriam seguir regras estritas, oferecer garantias concretas a suas operações

33 Cf. sessão de 28 de maio de 1853 in BRASIL. *Anais do Senado*, p. 152.

e ser acompanhadas pelo Estado. Para que não viessem a ter problemas, os bancos deviam ser prudentes nas emissões, só descontar a prazos curtos e com garantias sólidas, e manter sempre em caixa um fundo disponível para restabelecer, sempre que necessário, o equilíbrio entre o movimento de notas apresentadas para troco em metal e o pagamento de letras descontadas. Esses eram os princípios de uma administração bancária conservadora, bem ao gosto dos banqueiros ingleses.[34] Tendo isso em conta, Rodrigues Torres propôs então a incorporação na corte de um banco de depósitos, descontos e emissões. O projeto que chegará ao Senado em 1853 estava assentado em seis pontos básicos, a saber:

> 1ª O Banco terá o fundo capital de 30.000 contos; que poderá ser aumentado por deliberação da Assembléia geral dos Acionistas e aprovação do governo; e durará 30 anos, contados da data da instalação. [Um terço do aumento do fundo de capital do banco que porventura viesse a ocorrer deveria ser empregado pelo banco no resgate do papel-moeda sem cobrança de juros].
>
> 2ª As Notas do Banco serão realizáveis em moeda corrente (metal ou papel-moeda) e gozarão do privilégio exclusivo de serem recebidas nas Estações Públicas da Corte e Província do Rio de Janeiro, e nas das outras, onde forem estabelecidas Caixas Filiais. [Rodrigues Torres dizia que "*segundo os princípios consagrados da experiência*", o fundo disponível de qualquer banco nunca devia ser inferior a um terço de sua emissão. No entanto, reconhecia que no Brasil, enquanto circulasse papel-moeda, seria mais prudente fixar o máximo da emissão como o dobro do fundo disponível. O banco só poderia ultrapassar esse teto com autorização do governo].
>
> 3ª Não poderá emitir Notas de menos de 20$ na Corte e Província do Rio de Janeiro; e de menos de 10$ nas outras Províncias do Império.

34 O fundo disponível pode ser constituído por metais, papel-moeda ou títulos, e serve de base para a emissão de notas do banco. Quanto maior e mais sólido o fundo disponível, maior a garantia de troco das notas emitidas pelo banco. No caso do segundo Banco do Brasil, o fundo disponível seria composto por metais e notas do Tesouro. Para a prática conservadora dos banqueiros ingleses, cf. GILBART, James William. *Tractado practico dos bancos*. Rio de Janeiro: B. L. Garnier, 1859, p. 18-115; JOSLIN, David. *A Century... Op. cit.*, p. 68.

> 4ª O Presidente do Banco será nomeado pelo Imperador: presidirá a Assembléia geral dos Acionistas e a Diretoria ou Conselho geral: terá direito de assistir aos trabalhos de todas as Comissões, e de fazer suspender qualquer deliberação contrária à Lei ou Estatutos do Banco. Da decisão suspensiva do Presidente haverá recurso para o governo.
>
> 5ª O Banco obrigar-se-á a retirar da circulação o papel do governo à razão de 2.000 contos anualmente: devendo o resgate começar dentro de dois anos depois de sua instalação.
>
> Os primeiros 10.000 contos empregados no resgate do papel-moeda serão fornecidos a título de empréstimo pelo Banco, o qual não perceberá juros deles enquanto durar o seu privilegio.
>
> Findo o prazo marcado na base 1ª, pagará o governo os referidos 10.000 contos em dinheiro ou em Apólices da Dívida Pública de 6 por cento e ao par.
>
> Logo que a soma do papel resgatado exceder a 10.000 contos, o governo pagará trimestralmente ao Banco o excesso da referida soma.
>
> 6ª Se para maior segurança de suas operações, entender o Banco que lhe convém obter em qualquer país estrangeiro um crédito, que não exceda a quantia que o governo lhe estiver devendo, poderá o mesmo Governo prestar para efeito a garantia do Brasil.

Os pontos básicos do projeto revelam que Rodrigues Torres fez algumas concessões em relação à ortodoxia metalista. Longe do sonho dourado, a emissão do novo banco seria lastreada em metal ou papel-moeda, isto é, as notas do banco poderiam ser trocadas por notas do Tesouro não conversíveis ou metal. Por isso a manutenção da paridade em 27d. durante alguns períodos não significava que o meio circulante estivesse necessariamente lastreado em metal. O padrão-ouro continuava sendo uma miragem, mas não se pode deixar de notar que estava implícito, no espírito da lei, que o troco em papel-moeda pressupunha que as notas do Tesouro estivessem ao par do ouro.

Cedendo a Souza Franco e Paula Sousa, o projeto propunha um teto de emissão que poderia chegar ao triplo do fundo metálico do banco. Contudo, para mantê-lo sob regras estritas, esse teto seria rebaixado para apenas o dobro de tal fundo. Por fim, o próprio banco seria responsável por resgatar as notas do Tesouro em circulação por meio de um empréstimo amigável que faria ao governo. Inicialmente, Rodrigues Torres sustentava que tal operação faria aumentar o meio circulante em vez de diminuí-lo, afetando negativamente seu valor, mas as circunstâncias agora eram outras e, em sua perspectiva, a economia reclamava papel-moeda.

Apesar das concessões, o ministro bateu o pé em dois pontos importantes. Primeiro, a definição da unidade de emissão de notas, cujo monopólio caberia ao novo banco, e a criação de caixas filiais emissoras com notas de circulação limitada às províncias. Segundo, o caráter privado da instituição. O banco nasceu privado porque Rodrigues Torres estava convencido de que nenhum banco poderia ser criado pelo governo e por conta dele, lembrando-se talvez da experiência de 1833. O banco deveria ser uma alternativa de investimento interessante para capitais privados, mas isso não impediria o governo de se esforçar para reunir o capital e a vontade de acionistas e administradores do Banco Comercial e do Banco do Brasil no processo de fusão que desembocaria na concretização do segundo Banco do Brasil. A natureza privada do banco também estava relacionada à necessidade de recursos por parte do governo. Como o banco deveria auxiliá-lo a estabelecer a circulação metálica, um encargo muito pesado para o Tesouro sozinho, sua própria criação já significaria um empréstimo ao governo de 10.000:000$, sem juros, a título de resgate das notas do Tesouro que estavam em circulação.

No dia 11 de maio de 1853, Rodrigues Torres levou sua proposta aos senadores. O problema era como introduzi-la sem ferir suscetibilidades, uma vez que o projeto de Holanda Cavalcanti já tramitava na casa. De maneira hábil, o ministro decidiu não apresentá-la diretamente, como projeto alternativo, mas como emenda ao projeto que estava em discussão. Sua intenção, de acordo com suas próprias palavras, era de que

> na ocasião em que se discutisse o 1º artigo [do projeto de Holanda Cavalcanti] eu pretendia apresentar um projeto substitutivo; mas como da discussão do 1º artigo e da votação dele se decidiria a preferência entre os dois projetos, parece que o Senado podia discutir mais amplamente o objeto. Entrávamos no exame do art. 1º, *eu apresentava minha emenda*, e o Senado decidia qual dos dois devia ser preferido, *se o do Sr. Holanda Cavalcanti, que cria*

> *bancos independentes sem nenhuma comunhão de interesses nas províncias, se o que eu pretendo criar, isto é, um banco na capital do Império com ramificações nas províncias.* Decidida essa primeira questão, que é envolvida no art. 1º dos dois projetos, tinha o Senado decidido qual dos dois devia ser preferido e neste caso entrávamos na discussão de um projeto completo, havendo mais facilidade de se discutir amplamente, como se deve, um objeto dessa ordem [grifos nossos].[35]

Essa foi a estratégia de Rodrigues Torres para introduzir sua proposta no Senado. O ministro não queria atropelar o senador e, em vez de apresentar diretamente sua proposta, que assim concorreria com o projeto em trâmite, preferiu apresentar uma emenda ao artigo primeiro do projeto de Holanda Cavalcanti que o alterava substancialmente, a saber, no lugar de criar bancos independentes nas províncias,[36] estabelecer um banco na corte com caixas filiais nas províncias. O Senado teria então que optar entre o projeto do senador e a emenda do ministro. Caso optasse pela emenda, Rodrigues Torres apresentaria integralmente sua proposta. Jogo de cena, pois como bem disse o senador Mascarenhas, a emenda do nobre ministro na verdade substituía o projeto de Holanda Cavalcanti. Mas o Senado nem precisou explicitar sua opção, uma vez que Holanda Cavalcanti recuou diante da proposta do ministro e solicitou que seu projeto não fosse mais discutido. O projeto da Ordem afastava, assim, a ameaça do projeto da desordem.

Já comentamos que a proposta de Rodrigues Torres era também sustentada pelo imperador que, na fala do trono de maio de 1853, recomendava

> a criação de um banco solidamente construído, que dê atividade e expansão às operações de comércio e indústria. Nas circunstâncias em que felizmente já nos achamos, semelhante instituição é um elemento indispensável à nossa organização econômica.[37]

35 Cf. sessão de 11 de maio de 1853 in BRASIL. *Anais do Senado*, p. 70-1.

36 Holanda Cavalcanti insistia que seu projeto não criava bancos provinciais e sim um banco nacional ligado ao Tesouro e à Caixa de Amortização. Mesmo assim, sob protesto do senador, Rodrigues Torres o chamava de projeto de criação de bancos provinciais.

37 Fala do trono de 3 de maio de 1853. Cf. BRASIL. *Fallas do Throno*... *Op. cit.*, p. 476; VIANA, Victor. *O Banco do Brasil*... *Op. cit.*, p. 336.

Diante de tal recomendação, a proposta foi discutida no Senado já na sessão de 13 de maio, em que foi aprovada, sem debate, em primeira discussão. A segunda discussão ocorreu entre as sessões de 17 e 28 de maio, quando foram aprovados cinco artigos da proposta. A terceira discussão iniciou-se na sessão do dia 1º junho e terminou na sessão do dia 6 do mesmo mês, quando o projeto foi votado e aprovado sem emendas.[38]

Entre emendas rejeitadas e discussões ásperas, como a de Holanda Cavalcanti com Rodrigues Torres,[39] participaram ativamente dos debates, além do senador e do ministro, Pedro de Araújo Lima, Francisco Gê de Acayaba Montezuma, futuro visconde de Jequitinhonha,[40] Antônio Paulino Limpo de Abreu, Antônio Pedro da Costa Ferreira, barão de Pindaré,[41] Cândido Batista de Oliveira, que será presidente do banco, Manuel Alves Branco, Manuel de Assis Mascarenhas e Manuel Vieira Tosta. Não cabe aqui entrar nos meandros e detalhes dos debates. De maneira geral, discutia-se a manutenção do padrão monetário; a maneira como se daria o resgate das notas e se ela seria ou não prejudicial ao governo; a criação de caixas filiais; a nomeação do presidente pelo governo e os poderes do cargo; o auxílio ao comércio e à indústria fabril e manufatureira; e, finalmente, os empréstimos que o banco poderia fazer ao governo.

Apesar da complexidade dessas questões, parte do Senado parecia ter pressa em aprovar a proposta, tanto que foi rejeitado, em votação, o requerimento do senador Mascarenhas para que ela fosse analisada pela comissão de fazenda da casa. Posteriormente, outro requerimento do senador, desta vez para que a proposta fosse analisada por uma comissão especial, também foi rejeitado.

Corria assim a proposta no Senado até chegar à Câmara no dia 17 de junho de 1853. Vários deputados participaram das discussões da proposta. Além de Rodrigues

38 Para todo o trâmite da proposta no Senado, cf. BRASIL. *Anais do Senado*, p. 87-200.

39 Cf. sessão de 6 de junho de 1853 in BRASIL. *Anais do Senado*, p. 195-8.

40 Nasceu na Bahia, em 1794. Formado em Direito pela Universidade de Coimbra, foi deputado (1823) e senador (1851) pela Bahia. Foi ministro dos Negócios Estrangeiros e da Justiça na regência de Feijó. Fundador e presidente honorário da Ordem dos Advogados Brasileiros. Foi nomeado para o conselho de Estado em 1850. Faleceu no Rio de Janeiro, em 1870. Cf. VASCONCELLOS, barão e SMITH DE VASCONCELLOS, barão. *Archivo... Op. cit.*, p. 242-43.

41 Nasceu em Alcântara, Maranhão, em 1778. Formado em Cânones pela Universidade de Coimbra, foi fiscal e superintendente da Junta da Vila de Alcântara. Foi deputado (1833) e senador (1834) pela província do Maranhão, da qual também foi presidente (1831). Faleceu no Rio de Janeiro, em 1860. Cf. VASCONCELLOS, barão e SMITH DE VASCONCELLOS, barão. *Archivo... Op. cit.*, p. 355.

Torres, que compareceu a uma das sessões da Câmara, destacaram-se no debate os deputados Bandeira de Mello, Joaquim Otávio Nébias, João Duarte Lisboa Serra,[42] que será presidente do banco, e Francisco de Paula Santos. Os pontos abordados na Câmara, como não surpreende, foram mais ou menos os mesmos tratados no Senado, a saber, a necessidade de criar o banco e seus privilégios; o direito de emissão; o resgate do papel-moeda; a questão dos empréstimos hipotecários; e, por fim, os empréstimos do banco ao governo.

A discussão foi ainda mais veloz nessa casa do que no Senado, apesar do requerimento de Pedro de Araújo Lima para que o projeto fosse enviado à comissão de orçamento e sua discussão adiada. Contudo, na mesma sessão de 17 de junho, a primeira discussão foi dispensada e partiu-se diretamente para a segunda discussão da proposta. O adiamento foi votado e rejeitado. A segunda discussão durou de 17 a 21 de junho, quando se iniciou a terceira discussão. A proposta foi posta em votação na sessão de 25 de junho. O resultado inicial foi um empate, com placar de 34 votos a favor e 34 contra. Resultado efêmero, no entanto, pois o deputado Santos e Almeida logo pediu retificação de seu voto e, em nova votação, a proposta acabou aprovada com a diferença de apenas um voto a favor.[43] A vitória da proposta de Rodrigues Torres na Câmara representava o triunfo político do governo, de maneira geral, e dos saquaremas, em particular.

A tramitação da proposta tanto no Senado quanto na Câmara foi rápida. De fato, os gabinetes saquarema não pareciam dar muita atenção ao Parlamento. Eles entendiam que a ordem não seria resultante de uma ação política conflituosa, mas de uma ação política coordenada, subordinada evidentemente a um poder centralizado, nesse caso, a coroa. A velocidade da tramitação da proposta de Itaboraí no Parlamento pode ser vista como mais um indício do caráter impositivo das decisões daqueles gabinetes, decisões que se subordinavam menos ao Parlamento e mais ao projeto político saquarema. Para os saquaremas, de maneira geral, a prerrogativa de escolher a política a ser seguida pelo governo deveria ser do Executivo e não do Legislativo, justificando-se assim o certo desdém pelo Parlamento apresentado pelo ministro conservador.[44]

---

42 Será o primeiro presidente do segundo Banco do Brasil e exercerá o cargo até sua morte em maio de 1855. Formado em Matemática e Ciências Físicas e Naturais pela Universidade de Coimbra, foi inspetor da tesouraria provincial do Rio de Janeiro. Foi também deputado (1848) pelo Maranhão e presidente da província da Bahia. Cf. GUIMARÃES, Carlos Gabriel. *Bancos, Economia e Poder... Op. cit.*

43 Para todo o trâmite da proposta na Câmara, cf. BRASIL. *Anais da Câmara*, p. 231-296.

44 Cf. MATTOS, Ilmar Rohloff. *O tempo... Op. cit.*, p. 144; 195-6; Cf. também MACHADO, Agostinho

Apesar das críticas à proposta, pouco menos de dois meses depois, ela se tornou a lei 683, de 5 de julho de 1853,[45] que autorizava a incorporação do novo Banco do Brasil, o segundo estabelecido pelo Estado e que entrou efetivamente em funcionamento. A proposta foi aprovada sem emendas e seu texto, na íntegra, ficou assim:

> Art. 1º O governo fica autorizado para conceder a incorporação, e aprovar os estatutos de um banco de depósitos, descontos e emissão, estabelecido na cidade do Rio de Janeiro, sobre as seguintes bases:
>
> § 1º O banco durará 30 anos, contados da data de sua instalação e será criado com um fundo capital de 30.000:000$, divididos em 150.000 ações. O governo poderá permitir o aumento deste fundo, e bem assim a criação de caixas filiais, onde as necessidades do comércio as exigirem, ficando todavia também sujeita à aprovação do mesmo governo a organização das ditas caixas.
>
> § 2º O banco terá um presidente nomeado pelo imperador dentre os acionistas, que possuírem 50 ou mais ações, e competir-lhe-á, além das funções que forem designadas nos estatutos: 1º presidir a assembléia geral, a diretoria, e as comissões, a cujos trabalhos julgar conveniente assistir: 2º ser órgão do banco, e fazer executar suas deliberações, suspendendo todavia as que forem contrárias à lei ou aos estatutos, e dando imediatamente conta desta suspensão ao governo, para que ele delibere definitivamente: 3º apresentar à assembléia geral, em nome da diretoria, os relatórios das operações do banco.
>
> § 3º Haverá também um vice-presidente, nomeado igualmente pelo imperador dentre os acionistas, que possuírem 50 ou mais ações, para substituir o presidente em seus impedimentos.
>
> § 4º O presidente receberá anualmente do banco, como honorário, uma soma, que será fixada nos estatutos.
>
> § 5º As operações do banco poderão começar logo que estiverem subscritas 50.000 ações.

José D'Oliveira. *A facção...Op. cit.* p.28. Panfleto político da oposição liberal.

45 Cf. *Collecção das leis do Império do Brasil de 1853*. Rio de Janeiro: Typ. Nacional, 1853.

§ 6º Os bilhetes do banco serão à vista e ao portador, e realizáveis em moeda corrente (metal ou papel-moeda) e terão privilégio exclusivo de serem recebidos nas estações públicas da Corte e província do Rio de Janeiro, e nas das outras, onde estiverem estabelecidas caixas filiais. O menor valor de cada bilhete será de 20$ na cidade e províncias do Rio de Janeiro e de 10$ nas outras províncias do Império.

§ 7º Em nenhum caso poderão as emissões do banco elevar-se a mais do duplo do seu fundo disponível senão com autorização dada por decreto do governo.

Art. 2º O banco obrigar-se-á a retirar da circulação o papel, que atualmente faz as funções de numerário, à razão de 2.000:000$ cada ano, devendo o resgate começar, o mais tardar, dois anos depois da instalação do mesmo banco, e ser feito do modo seguinte:

§ 1º Os primeiros 10.000:000$ empregados no resgate do papel-moeda serão fornecidos pelo banco a título de empréstimo, o qual não vencerá juros enquanto durar o privilégio do dito estabelecimento.

Findo o prazo marcado no art. 1º § 1º pagará o governo os referidos 10.000:000$ em dinheiro ou em apólices da dívida pública de 6%, e ao par.

§ 2º Logo que a soma do papel resgatado exceder a 10.000:000$, o governo pagará trimestralmente ao banco o excesso da referida soma.

Art. 3º Se para maior segurança de suas operações entender o banco que lhe convém obter em qualquer país estrangeiro um crédito que não exceda a quantia, que o governo lhe estiver devendo em virtude da disposição do § 1º do art. 2º, poderá o mesmo governo prestar para esse efeito a garantia do Brasil.

Art. 4º Todas as vezes que se aumentar o fundo do capital do banco, na forma do art. 1º, poderá o governo exigir que a terça parte desse aumento seja aplicada ao resgate do papel-moeda, pela forma indicada no § 1º do art. 2º.

Art. 5º Os bilhetes do banco serão isentos do pagamento do selo.

Art. 6º Ficam revogadas as disposições em contrário.

Eram mesmo bastante sólidas as bases apresentadas pelo ministro da Fazenda na proposta que apareceu em seu relatório de 1852. Ela foi aprovada sem emendas, passou incólume tanto no Senado como na Câmara, e não houve praticamente mudança em relação ao texto da proposta original. As posições de Rodrigues Torres, e por extensão do governo, prevaleceram nas duas casas, numa demonstração do poder político que colocava em marcha o projeto saquarema. Nascia o banco da Ordem.

3.2. A fusão

Curiosamente, a solução para o que viria a ser o monopólio da emissão de notas do novo banco foi levantada apenas esporadicamente e mesmo assim de maneira acanhada. Até o momento, a fusão dos dois bancos emissores da corte, que logo se daria, não estava explícita nem nas discussões legislativas nem no texto da lei. Ela viria à tona pouco tempo depois. Se ao banco proposto por Rodrigues Torres caberia o monopólio da emissão de notas no Império, o que fazer com os dois bancos emissores da praça do Rio de Janeiro, as mais importantes instituições de crédito da corte e do país? A fusão do Banco Comercial do Rio de Janeiro com o Banco do Brasil resolveria esse problema. Assim se passaria da pluralidade à unidade emissora sem maiores traumas, sendo esta a grande motivação da união dos dois bancos da praça do Rio.[46] Além disso, a fusão desses dois bancos talvez fosse a única maneira de viabilizar o capital privado necessário para a incorporação de um banco nacional de emissão que tivesse condições de cumprir as determinações apresentadas na proposta. A fusão era uma espécie de carta na manga do ministro da Fazenda.

Em suma, se a mudança da conjuntura econômica e o projeto de reforma bancária que tramitava no Senado fizeram Rodrigues Torres apresentar sua própria proposta de reforma no relatório de 1852, a escassez de meio circulante na praça do Rio que se fez sentir a partir de abril de 1853 era o momento propício para a execução do projeto. O ministro da Fazenda atribuía tal escassez, em parte, à concorrência entre o Banco Comercial e o Banco do Brasil, que derrubava a taxa de desconto na corte e estimulava a saída de notas do Tesouro para outras províncias. Ora, se a concorrência entre os bancos emissores era causa da tensão no mercado monetário,

46 Cf. também CAVALCANTI, Amaro. *O meio circulante... Op. cit.*, p. 197.

nada melhor para aliviá-la do que acabar com a competição entre esses dois bancos. E para acabar com ela, nada melhor do que fundi-los numa única instituição.

A fusão cumpriria, assim, dois desígnios: garantir, pelo menos formalmente, o monopólio de emissão de notas nas mãos do segundo Banco do Brasil e centralizar o controle da oferta de moeda e de crédito no governo e na corte. Victor Viana observou que "a divergência do Banco Comercial com o do Brasil mostrou aos demais a necessidade de uma fusão, criando o novo estabelecimento da combinação dos dois maiores [bancos] existentes".[47] E, de fato, o motivo alegado pelo governo para propor a fusão era exatamente o fato de que a competição entre os dois bancos estava levando a praça a uma crise econômica.[48] Mas é preciso lembrar também que a fusão por si só garantiria mais da metade do capital inicial do novo banco. Do ponto de vista político, a situação também era bastante favorável à sua aprovação, uma vez que a ideia de um banco emissor surgia "amparada pelo prestígio do poder Executivo, em momento político feliz, de tendências conciliatórias, constituindo ponto capital do programa".[49]

As razões que justificariam a criação de um banco emissor, razões da ordem da moeda e do crédito, não eram as mesmas utilizadas para justificar a fusão. No discurso, o objetivo do novo banco seria expandir o crédito e auxiliar o governo a manter a estabilidade do valor do meio circulante. Já a fusão teria como objetivo eliminar a concorrência entre os bancos emissores existentes, viabilizar a própria incorporação do banco e centralizar nele, e por extensão no governo, o controle da oferta monetária e do crédito. Uma coisa era a criação de um novo banco, outra coisa era a fusão dos dois bancos de emissão do Rio. Embora não explicitada na proposta do ministro, a fusão era peça-chave em seu plano, pois assim que se definiram os encargos que caberiam à nova instituição, "desde logo se compreendeu que só o Banco do Brasil poderia arcar com suas exigências, mas precisando para isso da cooperação do Comercial. Ficou então resolvida a fusão".[50]

A criação do banco e a fusão eram mesmo duas matérias intimamente ligadas, porém distintas, tanto que o texto da lei que criava o banco nada falava

47 VIANA, Victor. *O Banco do Brasil... Op. cit.*, p. 333.

48 Cf. GUIMARÃES, Carlos Gabriel. *Bancos, Economia e Poder... Op. cit.*, p. 109.

49 VIANA, Victor. *O Banco do Brasil... Op. cit.*, p. 335.

50 *Ibidem*, p. 342.

sobre a fusão. Ela só seria tratada detalhadamente no decreto de outubro que regulamentava a lei. Enquanto o projeto tramitava no Senado e na Câmara não se falou diretamente sobre a fusão do Banco do Brasil com o Banco Comercial. Contudo, a tendência de que ela ocorreria podia ser percebida no tom em que alguns parlamentares, e, sobretudo, o ministro Rodrigues Torres, abordavam a situação desses dois bancos e as perturbações que a concorrência entre eles estava trazendo para a economia do Império. O pano de fundo desse teatro era a questão já referida do monopólio de emissão. No Senado, Manuel de Assis Mascarenhas tentou destrinchar a ideia do ministro:

> Segundo uma explicação dada pelo Sr. Ministro da Fazenda, a criação deste banco não inibe a continuação dos que existem, nem que se criem outros. É verdade que o projeto nada diz sobre isto, *mas o orador não pode deixar de recear que tal criação produza o triste efeito da queda dos bancos já existentes*, e entende que o governo em boa fé não pode pedir autorização para estabelecer um banco central que tenha essa queda por imediata conseqüência. *O plano do Sr. Ministro não pode por conseqüência deixar de ser o vir a um acordo com os bancos da capital e das províncias* [grifos nossos].[51]

Na sessão da Câmara de 20 de junho, foi Rodrigues Torres quem abordou de maneira mais concreta a possibilidade e os benefícios da fusão para o governo, para a sociedade e para os próprios bancos, ao afirmar que

> existem já no Rio de Janeiro duas instituições bancais; mal organizadas no meu conceito, imperfeitas, em verdade, mas que possuem já realizado o capital de 12.000:000$. *Convém aos interesses do país, aos interesses do público, e mesmo aos interesses desses dois estabelecimentos, que eles se refundam no banco nacional* [grifo nosso].[52]

51 Cf. sessão de 19 de maio de 1853 in BRASIL. *Anais do Senado*, p. 111.

52 Cf. sessão de 20 de junho de 1853 in BRASIL. *Anais da Câmara*, p. 259.

O ministro já parecia estar convencido dessa ideia, mas ela nem passaria pela discussão parlamentar. Logo depois de aprovada a lei que autorizava a incorporação do segundo Banco do Brasil, ele mesmo apressou as tratativas com as administrações dos dois bancos, enviando-lhes um ofício que dizia o seguinte:

> achando-se o governo autorizado para conceder a incorporação de um Banco de circulação sobre as bases decretadas na lei, cuja cópia transmito a Vms. e parecendo-me que o meio de executar a referida lei, sem prejudicar os interesses das instituições bancais ora existentes, consistia em refundi-las no novo Banco, assim comunico a Vms. para que, se o entenderem conveniente, solicitem com a possível brevidade da Assembléia Geral dos Acionistas do Banco Comercial (ou do Brasil) os poderes necessários para tratarem com o governo sobre os meios de se chegar ao indicado fim.[53]

Entre negociações e compensações, sem deixar de considerar que certamente houve pressões por parte do governo, as administrações dos dois bancos aceitaram a proposta do ministro. É de se imaginar o que aconteceria se algum dos bancos não aceitasse tal proposta. Todavia, pelo modo como andou a carruagem, as tratativas parecem ter caminhado bem e já em agosto seriam decretados os estatutos do novo banco conforme acordo celebrado entre Rodrigues Torres e as diretorias do Banco do Brasil e do Banco Comercial. Arquitetou-se assim a primeira fusão de bancos no Brasil.

Na imprensa, a fusão do Banco Comercial com o Banco do Brasil só foi mencionada no retrospecto mensal de junho, publicado no *Jornal do Comércio* de 5 de julho de 1853, mesmo dia da promulgação da lei que criava o segundo Banco do Brasil. O retrospecto dizia que as previsões alarmantes em relação à crise monetária não se confirmaram, pois, naquela altura, o aperto no mercado monetário estava sendo superado. Nos mercados de câmbio e café as transações tinham sido vigorosas. Elogiava a posição dos bancos que haviam aumentado a taxa de desconto, embora reforçasse que os mesmos bancos foram, em boa medida, responsáveis pela recente crise da praça. Segundo o periódico, era incontestável que tal crise fora provocada

---

53 Ofício citado em FRANCO, Afonso Arinos de Melo e PACHECO, Cláudio. *História... Op. cit.*, p. 131.

pelos bancos. Finalmente, o retrospecto anunciava de maneira clara, e essa era a primeira vez que o assunto da fusão aparecia no jornal, que

> a lei para criação do banco nacional passou na Câmara dos Deputados por grande maioria, e diz-se que nos primeiros dias de julho procurará o Sr. ministro da Fazenda entender-se com os bancos Comercial e do Brasil a fim de facilitar e apressar a execução daquela lei. Ignoramos as intenções de S. Ex. quanto *aos meios de realizar a fusão desses bancos, que é o que se tem em vista* [grifo nosso].[54]

Pode-se supor, como indica Gremaud, que parte daqueles que direcionavam seus recursos para o setor bancário estivesse descontente com a desordem concorrencial e apoiasse as intenções do ministro da Fazenda.[55] A crise monetária do início de 1853, imputada por imprensa e governo a tal concorrência, derrubava a taxa de desconto, o lucro do banco, a distribuição de dividendos e a remuneração dos depósitos, quadro nada compensador para o grupo dos que viviam de renda e investidores financeiros. Além disso, aumentavam as chances de ocorrer uma corrida ao fundo do poço, que poderia levar à quebra dos bancos e prejuízos para seus clientes. Do ponto de vista macroeconômico, a desvalorização cambial e a expansão do crédito decorrente da derrubada dos descontos estimulavam a inflação e levavam a uma redução do estoque de riqueza que em nada interessava a esse grupo. A criação de um novo banco que restabelecesse a ordem nesse mercado poderia significar aumento de dividendos, maior remuneração dos depósitos e baixo risco de quebra, uma vez que a instituição contaria com o respaldo do Estado. Com isso, os que viviam de renda e os investidores financeiros tinham motivos suficientes para avalizar a política do governo, a política saquarema.

No entanto, como lembram Levy e Andrade, o capital usurário institucionalizado nos bancos emissores resistia à investida do governo.[56] Mesmo assim, e pode-se supor também que sob pressão, os dois bancos emissores do Rio, mediante negociações, aceitaram a proposta de fusão feita pelo governo. O governo compensaria os

---

54 JORNAL DO COMÉRCIO, 5 de julho de 1853.

55 Cf. GREMAUD, Amaury Patrick. *Das controvérsias... Op. cit.*, p. 147.

56 Cf. LEVY, Maria Bárbara e ANDRADE, Ana Maria Ribeiro de. Fundamentos... *Op. cit.*, p. 36.

acionistas dos bancos extintos com ações e participação na administração do novo banco, que deveria ser rentável para seus acionistas. O banco, que devia ser da moeda e do crédito, era também do lucro. Essa origem ambígua seria causa de tensão permanente nas relações entre Estado e banco.

Aqui é interessante observar a posição de Irineu Evangelista de Souza em relação à fusão. No mesmo artigo em que defendia seu banco da acusação de ser causador da crise monetária, publicado no dia 12 de julho no *Jornal do Comércio*, ele assinava a recomendação para que, diante da possibilidade de fusão, os acionistas do banco dessem plenos poderes à sua diretoria para negociar o acordo com o governo, considerado útil e necessário.

Curiosamente, vemos aqui um Irineu defensor da nova instituição e, por conseguinte, ratificando o monopólio de emissão, mas ele certamente esperava as contrapartidas que lhe seriam oferecidas pelo Império. Do ponto de vista do negócio, não haveria razão para que ele defendesse o monopólio de emissão, pois seu banco praticamente dominava o comércio brasileiro. Ao mesmo tempo, não havia nada que justificasse a liquidação de seu banco que, por meio das emissões, realizava sua intenção de combinar o financiamento e o empreendimento dos negócios sob seu controle. Mas a posição do futuro barão era, de fato, delicada. Não podia resistir à pressão da opinião pública, via críticas da imprensa à atuação dos bancos da corte, nem aos pedidos que lhe fez o próprio Rodrigues Torres. A Irineu só restava ceder ao governo. Mais tarde, em sua autobiografia, ele se posicionaria claramente tanto contra a criação do segundo Banco do Brasil, quanto à fusão que lhe deu origem:

> *a idéia da concentração absoluta do crédito em um só Banco, que apareceu em 1852, sempre me repugnou e só por condescendência entrei nas vistas do ministério que fez passar a lei de 23 de julho* que levava em suas entranhas esse pensamento como depois se manifestou, sendo certo que minha posição no anterior Banco do Brasil, por mim criado, que tinha ainda 17 anos de vida a percorrer, dava-me elementos para resistir com vantagem à semelhante idéia.
>
> *Reconhecendo, porém, pelas conversas que tive com o ministro da Fazenda da época, até que ponto ficaria ele contrariado assumida por mim essa posição, desisti*, abrigando a esperança de concorrer para que a grande instituição de crédito que se ia criar inoculasse

> na vida econômica e financeira do país uma nova era de desenvolvimento e progresso [grifos nossos].

Essa passagem foi escrita depois que Irineu experimentou a decepção das contrapartidas imperiais, isto é, dada sua posição de presidente do maior banco emissor do país e dado que seu banco ficou com maior número de ações da nova instituição resultante da fusão do que o Banco Comercial, seria razoável que tivesse sido nomeado pelo imperador presidente do segundo Banco do Brasil.[57] No entanto, ele teve que se contentar com um cargo de diretor, para o qual foi eleito pelos acionistas do banco. Além disso, a composição da diretoria não lhe era favorável e certamente encontraria resistência para aprovar suas propostas, o que o levou a renunciar ao seu novo cargo:

> tomei, pois, parte ativa na organização do atual Banco do Brasil, sendo eleito um de seus diretores. *No entanto, manejos eleitorais haviam dado ingresso na Diretoria a alguns nomes próprios que me eram hostis, realizando-se a exclusão de outros que se achariam a meu lado nas votações*. Em tais circunstâncias, recusei o cargo, apesar das vivas instâncias do ministro da Fazenda, para que entrasse no respectivo exercício [grifo nosso].[58]

De fato, boa parte da diretoria do novo banco era formada por representantes do extinto Banco Comercial e por adversários seus.[59] Com a renúncia, Irineu se afastou formalmente da administração do banco, embora dissesse acompanhar "os movimentos do vasto mecanismo de crédito, que o amálgama de interesses concentrados nos dois Bancos que funcionavam anteriormente representavam". Fora fundar a sociedade bancária Mauá, MacGregor & Cia.[60] Seguindo os passos de Irineu,

57 Como veremos logo adiante, com a fusão, o Banco Comercial ficou com 30.000 ações do novo banco, ao passo que o Banco do Brasil ficou com 50.000 ações.

58 Para ambas as citações, cf. MAUÁ, Visconde de. *Autobiografia* ("Exposição aos credores e ao público") seguida de "O meio circulante no Brasil". Rio de Janeiro: Zelio Valverde, 1943, p. 227.

59 Dos 15 membros da diretoria, sete eram originários do Banco Comercial, a saber, Francisco Xavier Pereira, Diogo Duarte Silva, Joaquim José dos Santos Junior, João Francisco Emery, Baltazar Jacome de Abreu e Sousa, José Justino Pereira de Faria, José Carlos Mayrink.

60 Para a citação, cf. MAUÁ, Visconde de. *Autobiografia... Op. cit.*, p. 228. Para a sociedade bancária

outro acionista do extinto Banco do Brasil, Francisco Casimiro da Cruz Teixeira, seria um dos fundadores do Banco Rural e Hipotecário do Rio de Janeiro. Assim, o novo Banco do Brasil tinha o monopólio da emissão de notas, mas isso não impedia o surgimento de outros bancos de depósitos, descontos e, inclusive, de emissão. É verdade que a sociedade bancária Mauá, MacGregor & Cia., ao se organizar como sociedade em comandita, encontrou uma brecha na legislação que a permitiria emitir vales como fazia outrora o extinto Banco do Brasil. Contudo, o governo não hesitaria em frustrar essa tentativa sofisticada de romper o monopólio de emissão do novo Banco do Brasil. O banco da Ordem não podia ser ameaçado.

3.3. A criação do banco da Ordem

No Brasil, as motivações que, em épocas diferentes, levaram o Estado a criar seus bancos são balizas que permitem situá-los num contexto de interesses e projetos mais imediatos ou mais amplos. Enquanto o segundo Banco do Brasil, o de 1853, estava associado ao projeto de construção do Estado imperial e, mais do que isso, ao projeto civilizatório levado a cabo pelos saquaremas, o primeiro Banco do Brasil engajava-se na solução de problemas financeiros imediatos da corte, inerentes à sua trasladação e fixação no Brasil. Naquela altura, pareciam claros os problemas econômicos e, sobretudo, financeiros enfrentados por ela, que a criação do banco deveria resolver.

De fato, o alvará que fundou o primeiro Banco do Brasil dizia a que veio logo de início sem maiores delongas. O banco fora criado para auxiliar o Real Erário a cobrir as despesas de manutenção da corte; para realizar o pagamento de soldos, ordenados, juros e pensões dos quadros políticos do Estado e para remover o obstáculo que a escassez de meio circulante impunha ao comércio. Além disso, o novo banco deveria facilitar o financiamento das despesas do Estado; canalizar recursos estagnados para o comércio; colocar numerário em circulação e promover a indústria nacional, isto é, o comércio, a agricultura e pequenas manufaturas e fábricas, por meio do giro e da reunião dos capitais isolados.[61]

Mauá, MacGregor & Cia., cf. GUIMARÃES, Carlos Gabriel. *Bancos, Economia e Poder... Op. cit.*, especialmente cap. 3.

61 Cf. BRASIL. *Collecção das leis do Brazil de 1808*. Rio de Janeiro: Imprensa Nacional, 1891.

Como observaram Peláez e Suzigan, as razões oficiais que justificavam a criação do banco apresentadas no alvará não diferem muito das razões apontadas pelos historiadores contemporâneos, que enfatizam a necessidade de financiamento das despesas públicas, tão elevadas quanto o "delírio imperial da monarquia lusa nos trópicos".[62] Afonso Arinos, por exemplo, apontou como causa primeira do estabelecimento do banco a necessidade de financiamento por parte do governo, sendo a diminuição da escassez de moeda uma causa apenas secundária. Juntando as duas coisas, afirmava que o banco fora fundado para ser um fornecedor de papel-moeda, embora se dissesse o contrário e até mesmo se pensasse o contrário.[63]

Na mesma linha, Cavalcanti sustenta que a criação de um banco num momento de expansão comercial e liberdade de empresa teria sido uma boa medida por parte do governo se ele próprio não tivesse desvirtuado sua finalidade como estabelecimento de crédito, observação semelhante à de Felisbello Freire e Victor Viana.[64] Este último enquadra a criação do banco num programa geral de adaptação das instituições metropolitanas à nova realidade tropical, ao lado da abertura dos portos, da liberdade de indústria e da criação de escolas. E ainda chama a atenção para o que estava acontecendo na Europa, onde guerras sucessivas desequilibravam as despesas públicas vis-à-vis às receitas e eram financiadas pela emissão de curso forçado e temporariamente inconversível de seus bancos.

Também de olho na experiência estrangeira, Vieira considerou a criação do Banco do Brasil mera consequência do que se passava no cenário internacional da época. Não se trataria, portanto, de uma adaptação, como quer Viana, mas de uma cópia mesmo do que ocorria no estrangeiro, uma vez que os problemas financeiros enfrentados pelos governos de Inglaterra e França eram praticamente idênticos aos enfrentados pelo governo português.[65] Daí sua ênfase na finalidade financeira do banco em detrimento do crescimento econômico via promoção do comércio.

---

62 Cf. PELÁEZ, Carlos Manuel e SUZIGAN, Wilson. *História monetária... Op. cit.*, p. 39. Para a citação, cf. LEVY, Maria Bárbara e ANDRADE, Ana Maria Ribeiro de. A gestão monetária na formação do Estado Nacional. In: *Revista Brasileira de Mercado de Capitais*, v. 6, n. 17, maio/ago. 1980, p. 145.

63 FRANCO, Afonso Arinos de Melo e PACHECO, Cláudio. *História... Op. cit.*, p. 12; 26.

64 Cf. CAVALCANTI, Amaro. *O meio circulante... Op. cit.*, p. 59; FREIRE, Felisbello. *História... Op. cit.*, p. 4 e VIANA, Victor. *O Banco do Brasil... Op. cit.*, p. 9.

65 Cf. VIEIRA, Dorival Teixeira. *Evolução... Op. cit.*, p. 55-8.

Em suma, diante da escassez de metais preciosos e da necessidade premente de financiamento das despesas públicas, despesas de guerra inclusive, o primeiro Banco do Brasil foi fundado para emitir papel-moeda de modo que garantisse, em primeiro lugar, o financiamento do Estado e, em segundo lugar, aliviasse a escassez de moeda na colônia. Foi um banco criado com o fim último de resolver problemas financeiros de curto prazo. Foi, portanto, criado com uma motivação muito mais financeira do que econômica, com uma visão muito mais de curto prazo do que de longo prazo, como instrumento de uma orientação econômica muito mais paliativa do que permanente.

O problema da qualidade da moeda ainda não era predominante, pois faltava moeda. Contudo, como é interessante notar, Cavalcanti e Calógeras concordam que a emissão de papel-moeda, tal como concebida e manipulada pelo Estado, foi a causa das dificuldades e do descrédito enfrentados pelo banco posteriormente. Para o primeiro, a emissão era uma espécie de pecado original na constituição do banco. Para o segundo, ela apenas empurrava para o futuro a solução dos problemas do presente. De fato, como vimos, o preço político pago pelo banco pelos serviços prestados ao Estado foi sua extinção em 1829.[66]

Imaginava-se que a liquidação do Banco do Brasil ajudaria a resolver o problema da instabilidade do valor do meio circulante. No entanto, tal solução não aliviou a situação monetária. O Banco do Brasil foi extinto, mas suas notas ainda continuaram circulando, e seu excesso, visto como causa da inflação e da depreciação do câmbio, ainda afetava a economia como um todo. Além das notas do Banco do Brasil, havia também o contratempo da falsificação da circulação metálica, sobretudo, das moedas de cobre. O problema dessa circulação viciada era, internamente, a inflação e a oscilação do câmbio, e, externamente, o encarecimento em moeda nacional do financiamento da dívida externa. Além da questão da qualidade do meio circulante, o conflito no Prata e outras lutas internas pressionavam as despesas do Estado e o problema da escassez de moeda permanecia. Diante desses problemas renitentes, os debates em torno da criação de um novo banco também eram permanentes.

Na regência, o contexto político não fora menos conturbado. A proposta de Araújo Viana para o meio circulante previa uma quebra do padrão monetário que

66 Cf. CAVALCANTI, Amaro. *O meio circulante... Op. cit.*, p. 74; CALÓGERAS, João Pandiá. *A política monetária... Op. cit.*, p. 32.

possibilitasse a reorganização financeira do Império. Nesse momento, surgiu novamente a ideia da recriação de um banco nacional. De fato, a reforma de Araújo Viana deixava claro que a preocupação por trás da proposta de criação de um novo banco público era a recuperação de uma circulação viciada por moedas de cobre, inclusive falsificadas, e notas do antigo Banco do Brasil, a fim de melhorar a qualidade do meio circulante e estabilizar seu valor.

Apesar de problemas como o aumento da despesa pública e da escassez de moeda se fazerem presentes, a motivação principal por trás da tentativa de criação de um novo banco público era mesmo o melhoramento do meio circulante. Ao contrário do que motivou a criação do primeiro Banco do Brasil, neste caso, questões monetárias mais do que propriamente financeiras guiaram sua concepção. Tanto que a lei que criava o banco era a mesma que fixava o novo padrão monetário. O banco foi concebido, assim, como parte de um projeto mais amplo de reorganização da economia imperial.

Embora fosse o principal acionista, como previa a lei, o Estado não poderia manter com o novo banco o mesmo tipo de relação que mantinha com o anterior, pois amarras estatutárias impediriam que o banco fosse tratado como mero fornecedor de papel-moeda. O que era muito razoável, uma vez que esse comportamento seria contraditório com o objetivo principal de sanear o meio circulante e estabilizar seu valor ao redor da nova paridade. No entanto, como já sabemos, a reforma monetária foi executada, mas o banco não prosperou, nem sequer chegou a sair do papel.

Passadas as tribulações políticas da regência e do início do segundo Império, num contexto em que as agitações internas se arrefeciam e o comércio se expandia, o valor da moeda girava ao redor da paridade. Segundo Vieira, essa estabilidade se devia menos à reforma e mais ao aumento da produção mundial de ouro entre as décadas de 1850 e 1860. O aumento da oferta desse metal derrubou seu preço e, com isso, era normal que o ouro brasileiro não saísse do país ou mesmo que viesse do exterior, expandindo o volume da circulação metálica.[67] Esse ambiente de estabilização econômica e política, e de disponibilidade de metais, era favorável à criação de bancos emissores de vales. Vimos que na década de 1840 foram criados bancos emissores em várias províncias. Entre 1851 e 1853, o Banco Comercial e o Banco do Brasil eram os maiores bancos emissores de vales da praça do Rio de Janeiro. Diante da emissão de vales que, na prática, funcionavam como moeda, o total controle da

67 Cf. VIEIRA, Dorival Teixeira. *Evolução... Op. cit.*, p. 107.

oferta de moeda escapava do governo. Esse controle estava em parte em suas mãos e em parte nas mãos dos bancos emissores, ainda que formalmente sujeitos a limitações estatutárias.

Porém, a abundância de emissões e a expansão das operações dos dois bancos emissores do Rio, numa conjuntura de crescimento econômico, estimularam negócios especulativos e não especulativos, pressionando o mercado monetário. A saída de notas do Tesouro para as províncias do Norte 'enxugava' ainda mais a praça do Rio de Janeiro e agravava a situação. Com a saída dessas notas, era cada vez maior a dificuldade dos bancos para garantir o troco de seus vales. Como vimos, no início de 1853, a escassez de meio circulante tornou-se um problema para os bancos e para as transações. A concorrência entre os bancos era apontada pela imprensa e pelo governo como causadora do problema. E o governo agiu por meio da proposta de Rodrigues Torres de criar um novo banco com o monopólio da emissão de notas, que pudesse ajudar o governo não só a melhorar o meio circulante, mas também a promover o crédito e a riqueza nacional. Na Câmara, o ministro defendeu sua proposta discursando que seu objetivo principal não era o melhoramento do meio circulante, mas "dar desenvolvimento e expansão do crédito, e por este meio auxiliar as operações do comércio e da indústria". No entanto, continuava, "como o melhoramento do meio circulante é, no meu entender, uma necessidade pública... entendi que convinha chamar também o concurso da instituição que se pretende criar em auxílio deste melhoramento".[68] Um banco, primeiro, da moeda e, depois, do crédito.

Na historiografia do banco, Freire não chegou a comentar a decisão do governo de levar adiante o projeto. Viana e Pacheco se limitaram a chamar a atenção, respectivamente, para os objetivos governamentais de acabar com a concorrência entre Banco do Brasil e Banco Comercial e instaurar o monopólio de emissão nas mãos da nova instituição.[69] Ambos os objetivos remetendo para o melhoramento do meio circulante. Sem mais comentários, o fim da concorrência entre os bancos do Rio e a instauração do monopólio de emissão aparecem para esses autores como as motivações que estariam por trás do projeto de Rodrigues Torres. Mas é só.

---

68 Cf. sessão de 20 de junho de 1853 in BRASIL. *Anais da Câmara*, p. 259.

69 Cf. VIANA, Victor. *O Banco do Brasil... Op. cit.*, p. 332-3; FRANCO, Afonso Arinos de Melo e PACHECO, Cláudio. *História... Op. cit.*, p. 130.

Estudiosos que trataram especificamente da questão monetária, mas que também passaram pela história do banco, abordaram mais detidamente a criação do segundo Banco do Brasil. Em seu trabalho clássico sobre o meio circulante nacional, Amaro Cavalcanti, ministro da Fazenda por breve período no também breve governo de Delfim Moreira, afirmava que o "propósito sabido" do governo ao propor o projeto que criava o novo Banco do Brasil era obter o monopólio de emissão bancária. Tal monopólio seria uma estratégia para frear a circulação fiduciária, cuja participação no sistema monetário se ampliava, e sanear o meio circulante. Contudo, Cavalcanti enfatizou também a contrapartida das medidas saneadoras, a restrição do crédito, e seu efeito negativo sobre a dinamização da economia nacional.

Pandiá Calógeras, futuro ministro da Fazenda no governo de Wenceslau Braz, estudou o banco em sua obra sobre a política monetária brasileira. Nela, relacionava a criação do banco à perturbação que a circulação fiduciária, representada por vales emitidos pelos bancos comerciais existentes na época, trazia para o sistema monetário. Em sentido oposto ao de Cavalcanti, atacava os bancos emissores e defendia o governo imperial ao argumentar a favor do saneamento do meio circulante. Ele dizia que, em 1849, Rodrigues Torres já chamara a atenção do imperador para o efeito expulsão e substituição do papel sobre os metais, movimento previsto na conhecida lei de Gresham. Ao lado da circulação fiduciária, Calógeras falava também num "provincianismo circulatório" que complicava a relação comercial entre as praças e frequentemente provocava sobressaltos monetários na corte. Nesse quadro, afirmava que a reforma de 1853 estava na "atmosfera econômica do ambiente".[70] Ainda que a análise de Cavalcanti e Calógeras sobre a criação do segundo Banco do Brasil fosse mais detida, predominava ainda na explicação das motivações o par concorrência-monopólio de emissão.

Mais recentemente, ao analisar a evolução do sistema monetário brasileiro, Vieira retirou em parte a responsabilidade do Estado e do Banco do Brasil pela condição da circulação monetária. Ele apontou a fragilidade da estrutura econômica do país e a dependência do que ocorria no estrangeiro como determinantes do aumento do meio circulante e explicação do fracasso de todas as tentativas, que ele considerava artificiais e descontextualizadas, de se reduzir o volume das notas

---

70 CAVALCANTI, Amaro. *O meio... Op. cit.*, p. 197; CALÓGERAS, João Pandiá. *A política... Op. cit.*, p. 99-100.

em circulação, inclusive a tentativa levada a cabo em 1853. A realidade agrícola nacional, sazonal e imprevisível, estava na origem da instabilidade econômica e das perturbações monetárias.[71]

Depois de qualificar Rodrigues Torres como "o mais importante técnico de política [monetária] da monarquia brasileira", Peláez e Suzigan apontaram aspectos institucionais como a falta de regulamentação monetária e bancária, ao lado da circulação fiduciária dos bancos comerciais que desvalorizava as notas emitidas pelo Tesouro, como causa da substituição da pluralidade pelo monopólio de emissão por uma instituição oficial. Aproximando-se da análise de Cavalcanti, viam a queda da taxa de desconto muito mais como resultado da necessidade de crédito do que da concorrência entre os bancos emissores da praça do Rio.[72]

A influência da situação orçamentária do governo na criação do Banco do Brasil foi lembrada por Dênio Nogueira. Dizia ele que a criação de um banco com monopólio de emissão tal como o proposto por Rodrigues Torres só foi possível graças à situação fiscal favorável.[73] Embora interessante e original, discordamos da posição de Nogueira. Não nos parece que a situação fiscal do governo fosse uma condição fundamental para a instalação do banco, posto que era instituição privada organizada como sociedade anônima. Destarte, parte do seu capital proveio da venda de ações ao público e outra parte do capital já existente dos bancos que foram objeto da fusão que resultou no novo estabelecimento. Além disso, o resgate das notas do Tesouro, operação que poderia exigir recursos fiscais, ficou a cargo do Banco do Brasil, conforme estabelecido em seus estatutos. O resultado fiscal favorável de 1852-3, junto com a redução do déficit comercial no mesmo período, era apenas um dado alvissareiro de que a conversibilidade e a estabilidade do valor do mil-réis poderiam ser alcançadas. Sem dúvida, esses resultados contribuíram para constituir a conjuntura econômica que levou o ministro a anunciar que chegara a hora de se estabelecer um banco de emissão na corte, mas o projeto político de construção do Estado imperial era muito mais fundamental para justificar a criação do banco do que tais resultados.

---

71 VIEIRA, Dorival Teixeira. *Evolução... Op. cit.*, p. 11.

72 PELÁEZ e SUZIGAN, *História monetária... Op. cit.*, p. 73ss.

73 NOGUEIRA, Dênio. *Raízes de uma nação: um ensaio de história sócio-econômica comparada*. Rio de Janeiro: Forense Universitária/Santa Úrsula, 1988.

O liame entre a estratégia política e econômica saquarema só foi ressaltado por Bárbara Levy. Preenchendo lacuna de trabalhos anteriores, muito ligados à questão monetária, ela chamou a atenção para o aspecto político da constituição do Banco do Brasil em 1853. Defendia, então, que seu objetivo precípuo era impor o poder da monarquia na gestão da moeda, relacionando-o ao processo de consolidação do Estado Nacional. Para ela, isso significou um golpe, por parte do governo, no sistema bancário privado, o que provocou reação de banqueiros que não estavam dispostos a se submeter à centralização do setor bancário. Com Ana Maria Ribeiro de Andrade, Levy sustentava que o monopólio de emissão e o controle da oferta de moeda eram a expressão da vitória do poder central sobre o fragmentado poder regional. Tal vitória levou o governo a se sentir suficientemente forte para intervir na circulação monetária das províncias. Por isso, diziam que o banco correspondia no plano econômico à centralização que se processava no plano político.[74]

Na linha de Bárbara Levy, Guimarães lembrou que, no interior do Estado imperial, os conservadores do Rio de Janeiro, da Bahia e de Pernambuco enfatizavam a necessidade de controlar a oferta de moeda para garantir a estabilidade cambial. Assim, conforme interesse dos conservadores, surgia o Banco do Brasil com monopólio de emissão para por fim à pluralidade de bancos emissores.[75]

Recentemente, em sua tese de doutorado sobre as políticas monetária e bancária do Império, Villela disse que o Banco do Brasil de 1853 foi criado para interromper o fluxo de moeda da corte para outras províncias e, ao mesmo tempo, regular a oferta monetária. O privilégio de emissão serviria para ordenar essa oferta, a fim de suprir a crescente demanda por crédito e estabelecer uma circulação de notas lastreadas em ouro, coerentemente com a reforma de 1846.[76]

Já Delorme Prado, ao estudar o fracasso do desenvolvimento econômico brasileiro no século XIX, não fez maiores considerações sobre o segundo Banco do Brasil, apesar de apontar a estrutura inadequada de financiamento da economia mercantil escravista do Império como um dos fatores que, além de não contribuir para superar as barreiras ao seu desenvolvimento econômico, reforçou as dificuldades criadas

---

74 LEVY, Maria Bárbara e ANDRADE, Ana Maria Ribeiro de. Fundamentos... *Op. cit.*, p. 19/36; LEVY, Maria Bárbara. *A indústria... Op. cit.*, p. 61.

75 GUIMARÃES, Carlos Gabriel. *Bancos, Economia e Poder... Op. cit.*, p. 101-34.

76 Cf. VILLELA, André Arruda. *The political economy... Op. cit.*, p. 79.

por um mercado interno restrito e uma economia estruturada para atender o mercado externo.[77] Como discutiremos adiante, a tese de Delorme Prado reforça a ideia de que a política econômica do governo, de maneira geral, e a atuação do Banco do Brasil, de maneira específica, contribuíram apenas para uma expansão quantitativa da economia imperial, sem promover mudanças que alterassem sua estrutura. Contudo, a manutenção dessa ordem, longe de fracasso, poderia ser interpretada como a expressão do desejo de uma fração da classe senhorial que visava construir uma civilização nos trópicos.

Do ponto de vista da conjuntura externa, o Banco do Brasil surgiu no contexto do movimento de expansão e reformas bancárias de meados do século XIX ocorrido simultaneamente na Europa, nos Estados Unidos e no Brasil.[78] A discussão do projeto de Rodrigues Torres no Legislativo revela que os parlamentares brasileiros conheciam bem as experiências estrangeiras e, muitas vezes, baseavam-se nelas para defender suas posições ou elaborar suas proposições.

O senador Manuel de Assis Mascarenhas, por exemplo, criticou os poderes de que o ministro da Fazenda gozaria com o novo banco e o comparou à experiência francesa levada a cabo nos tempos de Napoleão. Ele ainda relacionou o projeto às experiências inglesa e austríaca, dizendo que a intenção de seu autor era ligar financeiramente as províncias à corte e, para isso, queria criar uma grande instituição que o auxiliasse e lhe fosse subordinada. O também senador Manuel Vieira Tosta evocou a longínqua experiência de um banco da Rússia, criado em 1849, para questionar o ministro se os empréstimos externos tomados pelo banco e garantidos pelo governo brasileiro, como previa o projeto, seriam feitos exclusivamente para o resgate de notas, como no caso russo, ou serviriam também a outros fins.[79]

Na Câmara, o deputado Joaquim Otávio Nébias desfiou uma série de exemplos de bancos estrangeiros quando criticou o projeto de Rodrigues Torres por criar "um banco todo comercial sem atender a sorte das indústrias e da agricultura". O deputado defendia a criação de um banco que fosse capaz de atender ao mesmo tempo as demandas do comércio, da indústria e, sobretudo, da lavoura. Dizia que

---

77 PRADO, Luiz Carlos Thadeu Delorme. *The Failure of Brazilian Economic Development in the XIXth Century*. 1991. Tese (Doutorado em História Econômica) - University of London, p. 215.

78 Para expansão bancária na Europa e nos Estados Unidos, cf. CAMERON, Rondo. *Banking in the Early... Op. cit.*

79 Cf. sessão de 28 de maio de 1853 in BRASIL. *Anais do Senado*, p. 152-5.

os governos preocupados em promover os interesses da nação cuidavam da criação de bancos que pudessem apoiar a agricultura. Citava os casos da Rússia, da Prússia e dos Estados Unidos. Lembrava ainda que o banco nacional da Áustria, apesar de ser comercial, fora instigado pelo governo a fazer empréstimos hipotecários, e que só não havia bancos desse tipo na Inglaterra porque lá a oferta e o movimento de crédito por parte dos diversos bancos dispensavam sua criação.[80]

De fato, a simultaneidade da expansão bancária na Europa, nos Estados Unidos e no Brasil nos faz questionar se tal movimento do setor bancário brasileiro fez parte do quadro mais geral de expansão do capitalismo ou estava mais ligado a fatores econômicos e políticos internos. No caso do segundo Banco do Brasil, esta última hipótese prevaleceu. A criação do banco foi motivada, no plano econômico, pela deficiência monetária e creditícia da economia mercantil escravista que afetava negativamente sua relação com o mercado externo, ou seja, a instabilidade do valor da moeda aumentava o risco cambial dos negociantes de grosso, e com o mercado interno, ou seja, a desvalorização do câmbio encarecia produtos importados, estimulando a inflação dos preços internos. Além disso, o aparecimento de bancos na economia mercantil brasileira, baseada numa relação de trabalho escravista, não podia seguir movimento semelhante ao das economias industriais europeias e dos Estados Unidos, baseadas numa relação de trabalho assalariada. A mudança ocorrida no sistema bancário brasileiro em 1853 também não deve ser destacada do contexto político nacional, pois o banco enquadrava-se perfeitamente no projeto político saquarema.

Assim, a criação do banco foi motivada primeiramente por fatores econômicos e políticos internos. Mas é claro que esses fatores econômicos e políticos internos estavam imbricados numa estrutura econômica que dependia basicamente do comércio externo. Por isso não surpreende o arranjo político-econômico interno baseado em centralização política e estabilidade da economia. Finalmente, não se deve esquecer que a conjuntura econômica do início da década de 1850 também estimulou o setor bancário brasileiro, que se beneficiou dos capitais antes empregados no tráfico negreiro e da regulamentação das atividades comerciais no código comercial.

Em síntese, embora no discurso o desenvolvimento do comércio e a expansão do crédito estivessem sempre presentes, a criação do segundo Banco do Brasil

80 Cf. sessão de 21 de junho de 1853 in BRASIL. *Anais da Câmara*, p. 266-7.

privilegiava o melhoramento do meio circulante. Quer dizer, na concepção do ministro da Fazenda, a estabilização do valor da moeda era uma condição necessária para o crescimento econômico rápido. Além disso, o caminho do melhoramento do meio circulante passava pelo monopólio da emissão de notas.[81] No plano político, a vitória desse projeto representava o triunfo da tendência centralizadora do governo. De fato, o novo Banco do Brasil correspondia, quanto ao controle da moeda e do crédito, ao projeto em marcha de unificação política e militar levado a cabo pelos saquaremas. Como braço financeiro desse projeto, o banco enquadrava-se mesmo num projeto civilizatório ainda mais amplo conduzido pelo mesmo grupo que, acima de tudo, prezava a manutenção da ordem social e econômica, isto é, da classe senhorial e da economia mercantil escravista nacional.

Ainda que a expansão bancária ocorrida no Brasil tenha coincido com a ocorrida em outros países, esse movimento, tanto pela motivação como pela diferença entre os contextos econômicos, parece-nos distinto no Brasil e alhures. Entretanto, as experiências estrangeiras influenciaram, em certa medida, a política econômica brasileira. Nesse sentido, não podemos negligenciar a lei de Peel inglesa e os bancos nacionais da França, da Inglaterra, da Bélgica e da Áustria na concepção do segundo Banco do Brasil.[82] Além disso, em que pese o conhecimento e a discussão de experiências bancárias estrangeiras por parte dos parlamentares, a criação desse banco não se inseria num movimento internacional mais amplo de expansão bancária que alcançava o Brasil como economia mercantil escravista adjacente à economia capitalista dos países europeus e dos Estados Unidos. Tratava-se mais de um processo interno de construção de um Estado centralizado e forte. Um Estado saquarema precisava de um banco saquarema.

Logo depois de fechados os acordos entre o governo e as diretorias dos antigos bancos emissores do Rio, os estatutos do segundo Banco do Brasil foram estabelecidos pelo decreto 1223, de 31 de agosto de 1853.[83] Eles continham 79 artigos divididos em quatro títulos: I) Do Banco do Brasil; II) Da administração geral do Banco; III)

81 Cf. PELÁEZ, Carlos Manuel e SUZIGAN, Wilson. *História monetária... Op. cit.*, p. 76-7.

82 Para influência do pensamento econômico dos países centrais no Brasil, cf. GREMAUD, Amaury Patrick. *Das controvérsias... Op. cit.* especialmente cap. 2; para a tendência à centralização da emissão em países europeus e para Banco do Brasil inspirado nos modelos dos bancos nacionais da Bélgica e da Áustria, cf. VIEIRA, Dorival Teixeira. *Evolução... Op. cit.*, p. 113-5; 335.

83 Cf. *Collecção das leis do Império do Brasil de 1853*. Rio de Janeiro: Typ. Nacional, 1853.

Disposições gerais e IV) Disposições transitórias. Por mais enfadonha que seja sua exposição, não há como fugir dela se quisermos partir para a análise do banco com uma ideia completa de como ele funcionaria. Conscientes de que a leitura dos estatutos não é tarefa das mais agradáveis, expomos seu conteúdo não sob a forma de artigos, mas sob a forma de texto corrente para tentar reduzir esse inconveniente.

O título I, Do Banco do Brasil, é dividido em duas seções: Da criação do Banco (10 artigos) e Das operações do Banco (17 artigos). Sob o primeiro título, na primeira seção, estabelece-se no Rio de Janeiro um banco de descontos, depósitos e emissão que se chamaria Banco do Brasil com duração de 30 anos. Seu fundo capital seria de 30.000:000$, divididos em 150.000 ações. Ele seria, portanto, organizado como sociedade anônima e suas ações poderiam ser possuídas por nacionais ou estrangeiros. A transferência de ações teria que ser registrada no banco com assinatura do proprietário. Como apontamos, o fato de ser um banco privado, apesar de estabelecido e, de certo modo, controlado pelo governo, será causa de tensões na relação entre ambos.

Desde que autorizado pelo governo, o banco poderia estabelecer caixas filiais onde quisesse. Os estatutos dessas caixas deveriam ser organizados pela diretoria da matriz e submetidos à aprovação do governo. O banco começaria a funcionar a partir da aprovação dos estatutos e nomeação da diretoria. As caixas filiais do Rio Grande do Sul e de São Paulo, que pertenciam ao Banco do Brasil extinto, seriam convertidas em filiais do novo banco assim que começassem suas operações. A organização das caixas, contudo, poderia ser modificada pela diretoria do novo banco. Concretizava-se, assim, a ideia de Rodrigues Torres de criar um banco na capital do Império com ramificações nas províncias, fortalecendo o poder central. Como estava previsto que o banco dependeria de autorização do governo para abrir caixas filiais, esvaziava-se ainda mais o poder local.

Talvez com receio de se repetir o que aconteceu nas duas experiências anteriores, os estatutos procuraram fomentar a incorporação do banco ao facilitar a compra de suas ações. A subscrição poderia ser feita em prestações, mas estas nunca poderiam ser inferiores a 10% do seu valor de face: a primeira prestação seria paga logo que fosse eleita a diretoria e as outras nos prazos estabelecidos pela mesma diretoria, sempre por meio de avisos com pelo menos 15 dias de antecedência. Tal estímulo à subscrição de ações do segundo Banco do Brasil estaria longe de ser necessário tamanho, o *frisson* causado no mercado pelo início da venda desses papéis. O acionista que não pagasse em dia sua prestação deixaria de ser acionista e perderia, em benefício do banco, todo o valor pago anteriormente. Contudo, a diretoria poderia analisar atrasos nos pagamentos por circunstâncias extraordinárias. O dividendo anual consistiria no lucro líquido do banco, depois de deduzidos 6%, que iriam para um fundo de reserva. A dedução deixaria de existir se o fundo de reserva excedesse a 10% do capital realizado do banco. O primeiro dividendo seria pago no mês de julho de 1854 e os outros semestralmente nos meses de janeiro e julho de cada ano.

Ainda sob o primeiro título, agora na segunda seção, seriam definidas as operações do banco: 1) desconto de letras de câmbio, da terra e outros títulos comerciais à ordem e com prazo determinado. Esses títulos seriam garantidos pela assinatura de duas pessoas notoriamente abonadas e residentes no lugar em que fosse feito o desconto. Excepcionalmente poderia se aceitar que um dos garantidores não fosse residente no local do desconto. O banco poderia descontar também escritos das alfândegas e bilhetes do Tesouro. O valor dos títulos descontados não poderia exceder 10% do fundo efetivo do banco e o prazo não poderia exceder a quatro meses; 2) compra e venda, recebendo comissão, de metais preciosos, apólices da dívida pública e outros títulos de valores e cobrança de dividendos, letras e outros títulos a prazo fixo; 3) depósitos de recursos públicos ou particulares; 4) tomada de dinheiro a prêmio em conta corrente ou passando letras com prazos de no mínimo 60 dias; 5) compra e venda por conta própria de metais preciosos; 6) realização de empréstimos sob penhor de ouro, prata e diamantes, apólices da dívida pública, ações de companhias confiáveis, títulos comerciais que representassem transações comerciais legítimas e mercadorias não perecíveis depositadas nas alfândegas ou armazéns alfandegados. O banco não poderia emprestar sob penhor de suas próprias ações. Além do penhor, o banco também devia receber letras a prazo, de no máximo quatro meses, que poderiam ser assinadas apenas pelo mutuário, desde que notoriamente abonado. Se o penhor consistisse em apólices da dívida pública ou ações de companhias, o mutuário deveria transferi-las previamente para o banco. Se o penhor consistisse em papéis de crédito negociáveis, ouro, prata ou outras mercadorias, o banco exigiria consentimento por escrito do devedor para que pudesse negociar ou alhear o penhor caso a dívida não fosse paga no vencimento. As mercadorias penhoradas seriam avaliadas por corretores nomeados pela diretoria;

7) movimento de fundos entre praças do Império; 8) operações de câmbio para importar metais preciosos ou impedir a exportação deles; e, finalmente, 9) emissão de notas, isto é, bilhetes pagáveis à vista e ao portador.

Claro que dentre essas operações destacavam-se os descontos, os depósitos e a emissão de notas, operação que o governo acompanharia de perto, pois sua percepção era de que emissões excessivas desestabilizavam o valor do meio circulante. Vale lembrar que a preocupação era muito maior com a emissão do que com descontos e depósitos, porque o ministro e os metalistas da época aparentemente não consideravam a criação de moeda via multiplicador bancário. Assim, não surpreende que a atenção governamental em assuntos monetários recaísse sobre os bancos de emissão.

A operação de emissão do banco seria limitada pelas seguintes regras: 1) a emissão não poderia ultrapassar o dobro do fundo disponível, isto é, do valor que o banco tivesse efetivamente em caixa, representado por moeda corrente ou barras de ouro de 22 quilates, avaliado pelo preço legal. O dinheiro recebido a prêmio ou em contas correntes não faria parte do fundo disponível; 2) a emissão também não poderia ultrapassar o valor dos descontos nem dos empréstimos sobre penhores. Se o governo achasse que essa segunda limitação não fosse suficiente para garantir o pagamento imediato das notas do banco, o mesmo governo, ouvida a diretoria e consultado o conselho de Estado, poderia decretar que a emissão não ultrapassasse o valor dos títulos descontados.

O banco poderia aumentar a emissão na mesma medida do papel-moeda que fosse resgatado por conta dos 10.000:000$, mas de modo algum a emissão poderia ultrapassar o triplo do fundo disponível nem o valor dos descontos e dos empréstimos sobre penhores. Além do limite dado pelo valor dos descontos e dos empréstimos sobre penhores, o banco poderia fazer emissões adicionais trocando notas por moeda corrente ou ouro de 22 quilates em barra, avaliado pelo preço legal, desde que conservasse em caixa o fundo disponível correspondente ao limite da emissão e a moeda ou barras de ouro que recebesse em troca das emissões adicionais. Temos aqui uma concessão importante ao metalismo, uma vez que o lastro do futuro meio circulante nacional, isto é, das notas do novo banco, não seria totalmente metálico.

As notas do Banco do Brasil teriam o privilégio exclusivo de serem recebidas nas repartições públicas: notas emitidas pela caixa central na província do Rio e notas emitidas pelas caixas filiais em suas respectivas províncias. A caixa central não poderia emitir notas de valor menor do que 20$ e as filiais, menores de 10$. Concretizava-se, assim, a provincialização da circulação defendida por Rodrigues Torres e aprovada em lei três anos antes. A limitação da circulação das notas das caixas filiais, como veremos, foi criticada por Levy e Andrade por causar embaraços ao comércio, à política de resgate de notas do Tesouro e ao próprio valor dessas notas.[84]

O banco poderia receber um prêmio, na proporção do valor depositado, definido pela parte e de acordo com a instituição, por aceitar em seu cofre depósitos voluntários de títulos de crédito, pedras preciosas, moeda, joias e ouro ou prata em barra. Em contrapartida, a pessoa receberia um recibo que poderia ser transferido por endosso. E, por fim, o banco deveria publicar, quinzenalmente, o preço de seus descontos e o juro do dinheiro que deveria receber a prêmio. Letras e outros títulos assinados por diretores que estivessem na comissão de descontos não seriam aceitos, bem como os que estivessem assinados por dois diretores do banco.

O título II aborda a administração geral do banco. A primeira seção trata da assembleia geral dos acionistas. Ela seria encabeçada pelo presidente do banco e formada pelo conjunto de acionistas que possuíssem no mínimo 20 ações, isto é, 4:000$. Tal assembleia se reuniria no mês de julho de cada ano e extraordinariamente quando: 1) fosse requerida por acionistas cujas ações perfaçam pelo menos 10% do capital do banco; 2) fosse requerida pela comissão fiscal e 3) quando a diretoria julgasse necessário para tratar estritamente de assunto específico. A convocação extraordinária deveria ser marcada com oito dias de antecedência.

O quórum mínimo da assembleia geral do banco seria formado por acionistas que representassem um terço do valor nominal das ações subscritas no Rio de Janeiro. Se não houvesse quórum, seria convocada nova assembleia, com poder de deliberação, desde que os membros não representassem menos de um quarto do valor nominal das mesmas ações. Os votos na assembleia seriam contados assim: 20 ações, um voto, mas nenhum acionista poderia ter mais do que 15 votos, isto é, 300 ações. Para se ter direito ao voto, a ação deveria ser transferida no mínimo 60 dias antes da reunião. A assembleia geral dos acionistas poderia: 1) alterar os estatutos, desde que os membros representassem 10.000:000$ do capital; 2) aprovar, rejeitar ou modificar regulamento interno feito pela diretoria; 3) julgar as contas anuais; 4)

---

84 LEVY, Maria Bárbara e ANDRADE, Ana Maria Ribeiro de. Fundamentos... *Op. cit.*, p. 39.

nomear a diretoria, suplentes e fiscais. Nenhuma alteração de estatutos poderia ser feita sem aprovação do governo.

A segunda seção do título II trata da direção do banco. A diretoria seria composta por um presidente, um vice e 15 diretores. Presidente e vice seriam nomeados pelo imperador. Diretores seriam eleitos pela assembleia geral dos acionistas em votação secreta e com exigência de maioria absoluta de votos. Cinco suplentes e comissão permanente composta de três fiscais seriam eleitos pela mesma assembleia e, a cada ano, um membro dessa comissão deveria ser substituído. Os membros da diretoria deveriam possuir e depositar no banco no mínimo 50 ações, isto é, 10:000$, inalienáveis durante suas gestões. Um quinto dos membros da diretoria seria substituído anualmente por antiguidade. Contudo, tanto diretores quanto fiscais que deveriam ser substituídos poderiam ser reeleitos.

À diretoria caberia: 1) deliberar sobre a criação, emissão e anulação das notas; 2) fixar semanalmente as quantias que podem ser empregadas em descontos ou empréstimos sobre penhores; 3) determinar a taxa de desconto, o prêmio do dinheiro que receber a juro e os prazos; 4) relacionar as firmas que podem fazer desconto e seus limites de crédito; 5) dirigir e fiscalizar todas as operações do banco; 6) nomear e demitir empregados; 7) propor alterações dos estatutos à assembleia; 8) organizar o regulamento interno do banco; 9) aprovar o relatório das operações e estado do banco e o balanço que devem ser apresentados anualmente à assembleia geral dos acionistas.

A diretoria deveria se reunir uma vez por semana, e a presença de dez diretores mais o presidente seria suficiente para deliberação. A exceção seria a decisão sobre operações de câmbio para importar ou impedir a exportação de metais, que exigiria a presença dos 15 diretores. A diretoria teria um secretário para lavrar e ler as atas de reunião. Haveria no banco uma comissão de descontos, composta de três diretores, que examinaria os títulos apresentados para desconto, verificaria se os tais satisfaziam as condições exigidas pelos estatutos e se ofereciam a garantia necessária. Os diretores se alternariam na comissão conforme a ordem em que fossem eleitos e não poderiam passar mais do que 15 dias consecutivos nessa comissão.

As atribuições do presidente do banco foram bastante discutidas no Senado. Os senadores Montezuma, Mascarenhas, Olinda e Batista de Oliveira criticaram a extensão dos poderes do cargo e sua nomeação pelo governo. Rodrigues Torres rebateu as críticas dos parlamentares e sustentou que as atribuições do presidente não eram tão amplas.[85] Os estatutos acabaram definindo que a ele caberia: 1) apresentar o relatório anual das operações e estado do banco à assembleia; 2) presidir, se julgasse necessário, as comissões ordinárias; 3) presidir a diretoria e a assembleia geral dos acionistas, examinar e inspecionar as operações do banco, executar os estatutos, o regimento interno e as decisões da diretoria, devendo suspender as que julgasse contrárias aos estatutos e informar imediatamente ao governo, para que este decidisse se deveriam ou não ser executadas; 4) propor à diretoria todas as medidas que considerasse vantajosas ao banco; 5) convocar extraordinariamente a diretoria. O presidente deveria comparecer diariamente no banco e receberia 10:000$ anuais pagos pela instituição. Os diretores, por sua vez, receberiam 4% do lucro líquido do banco depois de deduzido o fundo de reserva. A diretoria deveria enviar ao ministério da Fazenda até o oitavo dia de cada mês um balanço e o estado do ativo e passivo do banco no mês anterior.

As disposições gerais estão no título III que, primeiro, trata do resgate das notas do Tesouro que estavam em circulação à razão de 2.000:000$ por ano. Tal resgate deveria começar num prazo de dois anos e os primeiros 10.000:000$ utilizados nessa operação seriam fornecidos pelo banco a título de empréstimo ao governo, sem cobrança de juros enquanto durasse o banco. Findo o prazo de 30 anos, o governo pagaria o empréstimo em apólices da dívida pública. Assim que o resgate ultrapassasse os 10.000:000$, o governo pagaria trimestralmente ao banco o valor que excedesse aquela soma. Esse ponto também suscitou polêmica no Legislativo. Discutia-se se essa operação seria ou não prejudicial para o Estado, uma vez que ele pagaria juros ao banco pelo empréstimo destinado ao resgate de suas notas. Propunha-se como alternativa que o próprio governo emitisse, livrando-o do pagamento de juros. Rodrigues Torres sustentou que a operação de resgate das notas do Tesouro via banco não traria prejuízos ao Estado e, portanto, seria absolutamente legítima. Venceu o ministro.

As notas do Tesouro resgatadas pelo banco seriam remetidas semestralmente à caixa de amortização, que as conferiria e inutilizaria. O banco ficaria com recibos, chamados conhecimentos, da quantia recebida pela caixa, assinada pelo inspetor e pelo tesoureiro da seção de substituição e resgate do papel-moeda da

85 Cf. sessões de 17 a 24 de maio de 1853 in BRASIL. *Anais do Senado*, p. 90-132.

mesma caixa. Tais recibos seriam, então, enviados ao Tesouro e trocados por títulos de igual valor que seriam usados pelo governo para quitar o empréstimo com o banco. As quantias resgatadas que ultrapassassem os 10.000:000$ também seriam enviadas à caixa de amortização e inutilizadas. O banco ficaria com recibos e cobraria o Tesouro, podendo suspender o resgate de papel-moeda enquanto essas quantias não lhe fossem pagas.

Nesse título também se trata de empréstimos e pagamentos ao governo. O governo poderia avalizar empréstimos externos do banco, desde que o valor não excedesse o montante da dívida do governo com o banco. Toda vez que houvesse aumento de seu capital, o governo poderia exigir que um terço do aumento fosse aplicado no resgate das notas do Tesouro. As notas do banco não pagariam o imposto do selo.

Por fim, são definidas as regras de emissão, aquisição de bens e responsabilidade dos diretores. As regras de emissão poderiam ser alteradas por decreto do governo, autorizando o banco a elevar a emissão até o triplo do fundo disponível. A diretoria poderia requerer dos poderes políticos quaisquer medidas que julgasse convenientes para crédito, segurança e prosperidade do estabelecimento. Bens móveis, semoventes ou de raiz que o banco recebesse de seus devedores por meios conciliatórios ou judiciais seriam vendidos no menor prazo possível. O banco poderia comprar e possuir os edifícios que fossem necessários ao seu funcionamento. Os diretores seriam responsáveis pelos abusos que praticassem no exercício de suas funções.

O título IV trata das disposições transitórias e reflete o resultado final das negociações entre o governo e os dois bancos emissores do Rio. Aborda a fusão, a distribuição de ações e a liquidação desses bancos. Do total de ações, 80.000 caberiam aos acionistas dos bancos que foram fundidos: 50.000 para o Banco do Brasil e 30.000 para o Banco Comercial. Assim que os estatutos fossem aprovados pelos acionistas desses bancos e pelo governo, o ministro da Fazenda abriria subscrição de 30.000 ações na corte. As ações que faltassem para completar o fundo capital de 30.000:000$, isto é, 40.000 ações, seriam distribuídas nas províncias. Essas ações ficariam reservadas até a abertura de caixas filiais nas províncias que pudessem abrir a subscrição de tais ações. De preferência, caberia ao banco local o número de ações equivalente ao seu capital, se quisesse se tornar caixa filial do Banco do Brasil. As ações distribuídas aos bancos locais seriam computadas pelo valor nominal. As outras, pelo preço que fosse determinado pela diretoria. As ações que não fossem vendidas, na corte ou províncias, voltariam para o banco para serem vendidas e o prêmio obtido com elas seria direcionado para o fundo de reserva. Depois de cinco anos, o banco poderia dispor das ações destinadas às províncias que não foram vendidas, mesmo que não tivesse estabelecido caixas em todos os lugares onde havia bancos no momento de sua criação.

Instalado o novo Banco do Brasil, cessariam as operações dos bancos fundidos cuja liquidação seria assim: 1) o banco receberia e lançaria a débito e crédito na conta corrente desses bancos todo o ativo e passivo que lhes pertencer; 2) cobraria todas as dívidas ativas desses bancos; 3) não poderia reformar os títulos vencidos, a não ser que tivesse autorização da diretoria do banco a que pertencessem ou da comissão especial nomeada por ela; 4) poderia reformar letras garantidas por penhor de apólices da dívida pública, ações de companhias acreditadas ou dos próprios estabelecimentos, desde que o prazo da reforma fosse de no máximo 12 meses, a contar do início das operações do Banco do Brasil; 5) abriria conta de juro recíproco para os dois estabelecimentos por tudo o que recebesse e pagasse em nome desses estabelecimentos, inclusive as prestações em que deveriam entrar o pagamento das ações do banco que lhes pertencessem; 6) as diretorias dos dois bancos fundidos e as comissões por elas nomeadas acompanhariam e fiscalizariam a liquidação, cada uma no respectivo banco; 7) feita a cobrança de todos os títulos e pago todo o passivo dos dois bancos, inclusive das 80.000 ações, o saldo seria rateado entre os respectivos acionistas; 8) se o ativo de qualquer um dos dois bancos não fosse suficiente para cobrir o passivo, os acionistas teriam que completar a diferença por que fossem responsáveis. Quem não a completasse, perderia as vantagens a que teria direito. O banco não cobraria nada pelo trabalho de liquidação e receberia os prédios dos dois bancos pelo preço que lhes teria custado.

Do ponto de vista institucional, os estatutos do segundo Banco do Brasil representavam um avanço em relação aos anteriores. Eles revelam que o banco idealizado por Rodrigues Torres deveria auxiliar o governo a resgatar as notas do Tesouro em circulação e também a aumentar o crédito e a riqueza nacional. Com isso esperava-se solucionar dois problemas crônicos da economia mercantil escravista nacional, em que a nova instituição estaria inserida: a instabilidade do valor da moeda e do câmbio, e a escassez de moeda e de crédito.

Por meio de seu banco, o ministro da Fazenda tentava conciliar o saneamento do meio circulante e o atendimento das necessidades da economia brasileira em expansão, sobretudo das demandas do comércio. No entanto, dadas as amarras a que o banco estava submetido em seus estatutos, parece implícito que o aumento do crédito não poderia comprometer a política de saneamento do meio circulante, ou seja, as necessidades da praça deveriam se enquadrar naquela política.[86] Moeda forte significava estabilidade econômica, unidade territorial, identidade nacional e inserção no mundo civilizado.[87] Coerente com o projeto saquarema e com a manutenção da economia mercantil escravista, o Banco do Brasil constituía-se como o banco da Ordem, mas o choque entre a instituição ideal e a economia real não tardaria a aparecer.

Entre as instituições de 1808 e 1853, o Banco do Brasil natimorto de 1833. A comparação dos estatutos desses três bancos relacionada às motivações apresentadas anteriormente permite verificar se estas se refletiam nos estatutos, assim como observar em que medida as experiências anteriores influenciaram os projetos posteriores. Formalmente, os estatutos do primeiro banco tinham apenas 24 artigos e foram apresentados no mesmo alvará que criava o banco. Os estatutos do banco de 1833 continham 39 artigos e estavam inseridos na lei que fixava o novo padrão monetário. Finalmente, os estatutos do segundo Banco do Brasil, como acabamos de ver, foram apresentados em decreto específico e possuíam 79 artigos divididos em quatro títulos, que contemplavam também os dispositivos relativos à fusão do Banco do Brasil e o Banco Comercial do Rio de Janeiro. Entre uma experiência e outra, os estatutos foram ficando mais organizados e sofisticados.

Desde logo, chama a atenção o fato de que os estatutos de bancos privados foram concebidos e elaborados pelo governo. Entretanto, tratava-se nos três casos de bancos emissores e essa intervenção marcante do governo em estabelecimentos em princípio privados pode ser explicada justamente pela prerrogativa do Estado sobre o controle da moeda e do crédito do país e pela importância das ações nesses âmbitos para a atividade econômica como um todo. No caso do segundo Banco do Brasil, não seria surpreendente se a oposição liberal o considerasse mais um exemplo do "despotismo saquarema". Contudo, bancos como esses deveriam estar sob estreita vigilância e controle do Estado, como entendiam Rodrigues Torres e o próprio Souza Franco.

---

86 Para política econômica do partido conservador e o distanciamento de seu contexto real, cf. FURTADO, Celso. *Formação... Op. cit.*, p. 229-230; TEIXEIRA, Arilda Magna Campanharo. *Determinantes e armadilhas da política monetária brasileira no II Império*. 1991. Dissertação (Mestrado em Economia) – Universidade Federal Fluminense.

87 MATTOS, Ilmar Rohloff. *O tempo... Op. cit.* A Recunhagem da Moeda Colonial.

Além disso, os três bancos estavam estatutariamente vinculados ao Estado. No precursor, os primeiros membros da junta que administrava o banco e da diretoria seriam nomeados pelo príncipe-regente. Nas eleições seguintes, os membros da junta e da diretoria seriam eleitos pela assembleia dos acionistas, mas deveriam ser confirmados por diploma régio. Os estatutos do banco de 1833 previam que o Estado nomearia cinco dos 25 diretores. Ademais, o Estado teria 20% de participação no capital do banco. Finalmente, no segundo Banco do Brasil, a influência do Estado se fazia presente tanto na administração quanto na operação da instituição, passando pela nomeação do presidente e vice-presidente do banco pelo imperador; pela necessidade de aprovação governamental em caso de mudança nos estatutos; pelo privilégio de emissão; pelo recebimento de notas do banco nas estações públicas e pela garantia, por parte do governo, de empréstimos que por ventura o banco tomasse no exterior. Havia, portanto, uma relação umbilical entre Estado e banco e, por isso, não é possível analisar o banco isolado da política dos gabinetes imperiais.

Entre a primeira e a segunda experiências bancárias concretizadas pelo governo, notam-se avanços quantitativos da economia do país. Os números dos bancos refletiam parcialmente os números da economia como um todo. Ainda que considerados nominalmente, houve um aumento significativo do capital estipulado nos estatutos para a formação dos estabelecimentos, assim como do número de ações a ser distribuído ao público. Por outro lado, o valor da ação do segundo Banco do Brasil caiu cinco vezes em relação ao do primeiro (Tabela 5).

Tabela 5 - Capital e divisão do capital do Banco do Brasil (1808, 1833 e 1853) - em mil-réis

	1808	1833	1853
Capital	1.200:000$	20.000:000$	30.000:000$
Nº de ações	1.200	200.000	150.000
Valor da ação	1:000$	100$	200$

Fonte: Alvará de 12 de outubro de 1808; Lei 59, de 8 de outubro de 1833 e Decreto 1223, de 31 de agosto de 1853. In: BRASIL. Leis, decretos etc. *Collecção das Leis do Império do Brasil*. Rio de Janeiro: Imprensa Nacional, 1853; 1872; 1891.

O número de ações a serem distribuídas e a queda do valor da ação indicam a ampliação do mercado brasileiro a ser explorado pelo setor bancário e o aumento de capital aponta que o vulto da atuação dos bancos mudara de patamar. De fato, os três bancos foram criados com o intuito de serem bancos nacionais, mas apenas os estatutos do banco de 1833 e do segundo Banco do Brasil previam a abertura de caixas filiais nas províncias. Isso não quer dizer que o primeiro Banco do Brasil não tivera caixas filiais. Ele chegou a abrir duas, uma na Bahia e outra em São Paulo. Contudo, os projetos de abertura de caixas filiais nas províncias dos outros dois bancos eram mais ambiciosos. Os estatutos do banco de 1833 indicavam que os diretores deveriam abrir caixas filiais em qualquer lugar que possuísse mil ações do banco, isto é, 100:000$. Bastava possuir as ações para que se abrisse uma caixa filial do Banco do Brasil. Porém, como dissemos, nem a caixa central desse banco chegou a sair do papel. A maior rede de filiais acabou sendo constituída pelo segundo Banco do Brasil. Eram sete ao todo, localizadas no Rio Grande do Sul, em São Paulo, em Minas Gerais, na Bahia, em Pernambuco, no Maranhão e no Pará. Vimos que seus estatutos tratavam mais detalhadamente da criação de caixas filiais e ainda definiam o destino das caixas filiais que pertenciam ao extinto Banco do Brasil.

O primeiro Banco do Brasil foi coroado com privilégios mais diversificados do que os de seus sucessores. Seus privilégios iam desde a intermediação de operações do governo e a venda de produtos controlados por ele, passando pela exclusividade de depósitos e empréstimos, até a aceitação de notas do banco como pagamento de impostos e dívidas com o governo. Além disso, a Junta e a diretoria do banco teriam salários equivalentes aos de ministros e gozariam dos mesmos privilégios dos deputados da Junta do Comércio. Por fim, as ações do banco não poderiam ser alvo de execução judicial. Já o banco de 1833 contaria com a exclusividade de depósitos, com a administração do cofre dos órfãos e com o controle da casa da moeda. E o segundo teria aval do governo para empréstimos externos e suas notas seriam aceitas nas repartições públicas. Entretanto, vale lembrar que essa aceitação era limitada à província a que pertencia a nota, ou seja, notas emitidas pela caixa central seriam aceitas na província do Rio de Janeiro, notas emitidas pelas caixas filiais seriam aceitas nas respectivas províncias.

O privilégio da emissão de notas era comum aos três bancos. Entretanto, enquanto os estatutos do primeiro banco não estabeleciam seus limites, nos outros dois ela deveria obedecer a regras e limites bem definidos. Certamente inspirados na experiência anterior, seus estatutos regularam estritamente a relação entre

Estado e banco. O estatuto do banco de 1833, por exemplo, chegava a vetar a compra de apólices da dívida pública e o empréstimo de recursos ao Estado sem autorização do Legislativo. Caso o fizesse sem autorização, o banco poderia até ser extinto. Além disso, aumentou a preocupação com a fiscalização das operações do banco, evidenciando que, pelo menos estatutariamente, caminhava-se no sentido de maior controle das atividades internas e externas da instituição.

Quanto às atribuições, nota-se claramente a relação entre as motivações pelas quais os bancos foram criados e os estatutos. Embora no discurso o objetivo dos bancos criados fosse estimular a atividade econômica, o primeiro banco deveria auxiliar o erário a cobrir as despesas de manutenção da corte, realizar o pagamento do funcionalismo e, por fim, fomentar a circulação de moeda e incentivar o comércio. Já os outros dois bancos teriam como principal atribuição substituir por suas notas o papel-moeda emitido pelo governo.

Na prática, a prioridade do primeiro Banco do Brasil era o financiamento das despesas públicas, enquanto a dos outros dois estava mais relacionada à organização monetária do Império. Se o primeiro fora pensado como um banco da corte num momento de montagem do aparato de Estado, os outros dois já foram concebidos como bancos de Estado, com preocupações creditícias e, sobretudo, monetárias. Enquanto as motivações econômicas que levaram ao estabelecimento dos bancos aparecem de maneira mais ou menos clara nos estatutos, as motivações políticas, evidentemente, estão apenas implícitas. A proposta de criar um banco nacional com monopólio de emissão refletia a disputa entre o poder central e provincial, revelando, especialmente no caso do banco de 1853, a vantagem do primeiro sobre o segundo. Em suma, de 1808 para 1853, os privilégios se mantiveram, mas o controle governamental aumentou. Assim como aumentou a responsabilidade do banco na administração da atividade econômica, sobretudo, no que diz respeito à moeda e ao crédito.

As operações previstas nos estatutos eram semelhantes nos três casos (Quadro 1). Descontos, depósitos e emissão eram as operações básicas. O primeiro Banco do Brasil poderia realizar oito operações que estavam claramente definidas nos estatutos. Assim como o primeiro, o segundo poderia realizar oito operações, todas elas bem definidas nos estatutos. Já o banco de 1833 poderia realizar apenas seis operações, embora não estivessem definidas tão claramente nos estatutos.

Quadro 1 – Operações do Banco do Brasil previstas nos estatutos (1808, 1833, 1853)

1º Banco do Brasil	Banco do Brasil de 1833	2º Banco do Brasil
Descontos	Descontos	Descontos
Cobranças	Empréstimos	Empréstimos sobre penhor
Depósitos	Depósitos	Depósitos
Emissão de letras ou bilhetes à vista e ao portador	Emissão de letras ou bilhetes à vista e ao portador	Emissão de notas
Comissão sobre saques	Comissão sobre depósito de objetos	Tomada de dinheiro a prêmio
Recebimento de recursos a juros	Movimentação de fundos	Movimentação de fundos
Comissão pela venda de produtos privativos de contrato e administração real		Operações de câmbio
Comercializar ouro e prata		Compra e venda de metais, apólices da dívida e outros títulos

Fonte: Alvará de 12 de outubro de 1808; Lei 59, de 8 de outubro de 1833 e Decreto 1223, de 31 de agosto de 1853. In: BRASIL. Leis, decretos etc. *Collecção das Leis do Império do Brasil*. Rio de Janeiro: Imprensa Nacional, 1853; 1872; 1891.

Do ponto de vista administrativo, houve mudanças em relação ao número de diretores e à assembleia de acionistas (Quadro 2). A Junta que administraria o primeiro Banco do Brasil deveria ser composta pelos dez maiores acionistas, constituindo a diretoria os quatro mais hábeis dentre eles, que também atuariam como fiscais. Na estrutura administrativa do banco de 1833 não havia uma junta, como anteriormente, apenas uma diretoria. A diretoria, responsável pela administração do banco, seria composta por 25 membros. Vinte seriam eleitos pela assembleia entre os acionistas do banco. Os cinco restantes seriam indicados pelo governo e não precisariam necessariamente ser acionistas do banco. Não se fala em fiscais nos estatutos desse banco. Por fim, mantendo o que estava previsto na organização anterior, também não havia uma junta de administração no segundo Banco do Brasil. Ele seria gerido por 15 diretores eleitos pela assembleia entre os acionistas e por um presidente e um vice-presidente nomeados pelo imperador. Além da diretoria, haveria uma comissão fiscal composta por três membros.

As diferenças se repetem na constituição das assembleias de acionistas. No primeiro banco, a assembleia geral era formada pelos 40 maiores acionistas, que deveriam ser todos portugueses. Estrangeiros só poderiam participar da assembleia indiretamente, por meio de procuração concedida a portugueses. Já a assembleia do banco de 1833 seria mais democrática, pelo menos formalmente, pois dela participariam todos os acionistas. Já o segundo Banco do Brasil se posiciona entre o primeiro e o segundo. Nem os maiores, nem todos os acionistas, fariam parte da assembleia, apenas os que tivessem no mínimo 20 ações.

As regras de funcionamento da assembleia do banco de 1833 realmente facilitavam a participação de acionistas menores. Uma ação, que valia 100$, corresponderia a um voto. A partir de duas ações, havia uma regra de proporcionalidade que determinava o número de votos. Já no primeiro e no segundo bancos era preciso ter no mínimo 25 ações, respectivamente, para se obter um voto. Isso correspondia a um capital bem maior, de 5:000$ e 4:000$, também respectivamente, do que o necessário para o mesmo fim no banco de 1833. Assim, embora as assembleias deste e do segundo banco fossem mais abertas do que a do primeiro, a quantidade mínima de participação no capital para se obter o direito a um voto aproximava o segundo e o primeiro bancos.

Em relação à administração e à assembleia de acionistas, nota-se a tendência de ampliação da representatividade dos acionistas, pelo menos formalmente. Isso se reflete no maior acesso à assembleia, sobretudo no banco de 1833, e no aumento do número de diretores em relação à primeira experiência. Outra diferença nesse aspecto que sugere aprendizado com as experiências anteriores é a criação, prevista nos estatutos do segundo banco, de uma comissão fiscal à parte da diretoria, ao contrário do que aconteceu no primeiro banco, em que os próprios diretores deveriam ser fiscais de si mesmos.

Quadro 2 – Administração e assembleia dos acionistas do Banco do Brasil (1808, 1833, 1853)

	Assembleia	Junta	Diretoria	Fiscais
1º Banco do Brasil	Os 40 maiores acionistas	Os dez maiores acionistas	Os quatro mais hábeis	Diretores como fiscais
Banco do Brasil de 1833	Todos os acionistas	-	20 + 5	-
2º Banco do Brasil	Acionistas com no mínimo 20 ações	-	15 + 2	Três

Fonte: Alvará de 12 de outubro de 1808; Lei 59, de 8 de outubro de 1833 e Decreto 1223, de 31 de agosto de 1853. In: BRASIL. Leis, decretos etc. *Collecção das Leis do Império do Brasil.* Rio de Janeiro: Imprensa Nacional, 1853; 1872; 1891.

A comparação dos estatutos e seu cruzamento com as motivações que levaram ao estabelecimento dos três Bancos do Brasil revelam como a conjuntura política e econômica interferiu na elaboração dos estatutos, refletindo-se neles, e como as experiências anteriores foram, de certa maneira, aproveitadas posteriormente. Não se sustenta o discurso de Lisboa Serra de que a lei de 5 de julho de 1853 "estabeleceu sem dúvida uma entidade nova na ordem administrativa, sem nenhum nexo, nenhuma relação, afinidade ou semelhança com alguma outra até então existente".[88] A evolução dos estatutos manifestada nas atribuições e nos controles estabelecidos não significava necessariamente que eles fossem estritamente cumpridos ou que não pudessem ser rompidos de acordo com a conjuntura. De qualquer modo, as regras foram ficando mais detalhadas, o controle interno e externo sobre as atividades do banco e suas responsabilidades aumentaram. Além disso, o que não deu certo nas experiências anteriores foi considerado nas experiências seguintes. Isso é claro na questão da relação do Estado com as atividades do banco e do controle e limitação das emissões, ainda que apenas estatutariamente.

Em suma, o primeiro Banco do Brasil tinha um caráter diferente dos de seus sucessores. Enquanto aquele tinha caráter de ajuda governamental, o banco de 1833 acabou se tornando uma espécie de ensaio para orientar questões monetárias e creditícias que se concretizariam 20 anos depois. Do ponto de vista econômico, percebemos motivações financeiras na criação do primeiro Banco do Brasil e seu reflexo

88 Sessão de 17 de maio de 1854. Cf. BRASIL. *Anais da Câmara*, p. 43.

nos estatutos. Já nos outros dois predominaram motivações econômicas ligadas à moeda e ao crédito. Do ponto de vista político, percebemos no primeiro banco a preocupação com a adaptação das instituições políticas metropolitanas à nova realidade e com as campanhas militares. A proposta de 1833 já revelava uma tendência centralizadora, apontando na direção da unidade política do país em meio aos conflitos regenciais. Essa tendência se reforçou e se concretizou no segundo Banco do Brasil, cujas operações só se iniciariam no dia 10 de abril de 1854, mais de seis meses depois de aprovados seus estatutos, num prédio situado na esquina da rua da Alfândega com a Candelária.[89]

89 MONTEIRO, Fernando. *A velha rua Direita*. Rio de Janeiro: Banco do Brasil, Museu e Arquivo Histórico, 1965, p. 97.

PARTE II
1853 A 1859

Capítulo 4 – Os primeiros anos do banco e o espraiar da Ordem

4.1. O sentido do banco numa economia mercantil-escravista

Vimos até aqui os antecedentes da criação do segundo Banco do Brasil que, de certa maneira, influenciaram em sua organização. A análise dos estatutos dos três bancos "oficiais" estabelecidos entre 1808 e 1853 mostrou que acertos das experiências anteriores foram mantidos e erros corrigidos. Também deve ter ficado clara a diferença de caráter do primeiro banco em relação aos outros dois. Enquanto o primeiro era, de fato, um banco do crédito, sobretudo para financiar a despesa do Estado, os outros dois eram muito mais bancos da moeda, preocupados respectivamente com o saneamento do meio circulante e a estabilização de seu valor.

A dificuldade de estabilização do meio circulante era constante na economia do Império. A escassez de metais obrigava o governo a promover quebras de padrão, como em 1833 e 1846, para ajustar o valor da moeda ao do metal. O segundo Banco do Brasil veio não só para auxiliar o governo a disseminar o crédito pelo Império, mas também, como acabamos de dizer, para sanear o meio circulante e manter o valor da moeda na paridade estabelecida pela reforma de 1846. Para alcançar tais objetivos, o banco contava com o monopólio de emissão de notas e, portanto, formalmente, tinha em suas mãos o controle da oferta monetária de todo o Império.

Ocorre que monopólio de emissão e lastro metálico não eram vistos por todos como meios adequados de se atingir os fins almejados, como mostraram os debates parlamentares que trataram da constituição do segundo Banco do Brasil. No jogo político, venceu o partido conservador, sobretudo os chamados saquaremas. No jogo das doutrinas econômicas, levou vantagem a corrente metalista, pois o monopólio de emissão e a miragem do padrão-ouro prevaleceram sobre a pluralidade e o lastro em títulos.

Mais importante, no entanto, é ter ficado claro que a concepção do segundo Banco do Brasil vinha embutida no projeto político saquarema, sendo o banco seu braço financeiro, aquele que forneceria a identidade monetária a um Império civilizado, eliminaria o risco ou a desordem cambial e garantiria a estabilidade do relacionamento financeiro do jovem Império com a nova metrópole, a Inglaterra.[1]

A lei de julho autorizava o governo a estabelecer um banco de depósitos, descontos e emissão, situado na cidade do Rio de Janeiro. O decreto de outubro regulamentava aquela lei, mas antes que o banco entrasse em operação era preciso promover sua incorporação, ou seja, dividir seu capital em ações e vendê-las para constituir tal capital. Como vimos, o segundo Banco do Brasil foi estabelecido como sociedade anônima, cujo capital de 30.000:000$ seria dividido em 150.000 ações. Parte delas, 80.000 ações, ficaria com os bancos que foram objeto da fusão, 30.000 com o Banco Comercial e 50.000 com o Banco do Brasil. O restante, 70.000 ações, seria distribuído entre corte, 30.000 ações, e províncias, 40.000 ações. Estas seriam reservadas para a abertura das caixas filiais. Inicialmente seriam ofertadas ao público as 30.000 ações que caberiam à corte.

Nascido privado e com a bênção do governo, a expectativa de que o novo negócio gerasse dividendos polpudos era grande e, em boa medida, certa. Rodrigues Torres, que logo deixaria o ministério da Fazenda, redigiu as instruções para a venda das ações do novo banco em 3 de setembro de 1853. Provavelmente sem imaginar a enorme procura que se daria por esses ativos, o ministro elencou seis instruções bastante simples, sem nenhum mecanismo para contornar um possível problema de excesso de demanda. Segundo elas, uma comissão seria encarregada de fazer a subscrição e anunciá-la em jornais da corte, indicando data e local do início das assinaturas com pelo menos três dias de antecedência. A subscrição ficaria aberta por três dias consecutivos, das dez da manhã às três da tarde. Os pretendentes assinariam o nome em listas, informando a quantidade de ações pretendidas, o endereço e também a profissão caso não fizesse parte do rol das profissões "geralmente conhecidas". Interessante notar o caráter de pessoalidade dessa parte da instrução. Isso indica que numa sociedade anônima, como era o caso do novo banco, nem todos os acionistas eram tão anônimos assim. A subscrição poderia ser feita pessoalmente ou por carta e, ao final dos três dias, a tal comissão elaboraria uma lista geral com os pedidos ordenados pela quantidade de ações pretendida por cada assinante. Simples assim.

Seguindo, então, as regras prescritas uma comissão nomeada pelo governo ficou encarregada da subscrição das ações. Entre os dias 15 e 17 de setembro de 1853, das

1 Cf. BASTOS, Pedro Paulo. Centro e periferia no padrão-ouro: qual a contribuição de formação econômica do Brasil? In: IPEA. *50 anos de Formação econômica do Brasil: ensaios sobre a obra clássica de Celso Furtado*. Rio de Janeiro: IPEA, 2009, p. 169.

dez da manhã às três da tarde, o distinto público da corte poderia subscrever as ações na comissão governamental. Longe do desastroso exemplo de 1833 e dos vaticínios sombrios proferidos pela oposição liberal, o lançamento das ações do novo Banco do Brasil superou a mais positiva das expectativas. No dia da oferta, houve verdadeira corrida para subscrevê-las e para isso apareceram não só capitalistas e especuladores, mas também pequenos investidores. Os 254.305 pedidos de compra de ações do banco, distribuídos entre 3.087 pretendentes, colocaram o governo numa enrascada.[2] Como lidar com uma demanda mais de oito vezes superior à oferta? Quem seriam os excluídos da lista de pretendentes? Como excluí-los?

Diante dessa dificuldade, o governo decidiu mudar as regras do jogo. Honório Hermeto Carneiro Leão, visconde de Paraná, sucessor de Rodrigues Torres no ministério da Fazenda, foi o responsável pelo trabalho. Conforme as novas regras, editadas em 10 de outubro de 1853, a primeira rodada de assinaturas foi anulada e outra rodada foi marcada para o dia 17 de outubro. O frenesi causado pela distribuição das ações levou o próprio imperador a pedir um prêmio de 10% sobre o preço de cada ação para financiar o melhoramento das calçadas da cidade do Rio de Janeiro. O pagamento do prêmio não seria obrigatório, mas os subscritores que o fizessem teriam preferência na distribuição das ações. O prêmio deveria ser pago até oito dias depois da publicação em jornal da lista de subscritores. Quem não o fizesse no prazo, perderia o direito às ações requeridas e estas voltariam para o banco. Todos os recursos arrecadados com o prêmio iriam para o Tesouro para, posteriormente, serem aplicados no tal melhoramento das calçadas da corte.

Segundo o próprio arquiteto da mudança nas regras do jogo, o prêmio se justificava porque os subscritores das ações do banco tinham certeza de que obteriam lucro no futuro. A expectativa de retorno certo motivava o excesso de demanda e, consequentemente, contribuía para valorizar ainda mais esses ativos. Por isso, o imperador e o governo resolveram socializar parte do lucro particular que seria gerado pela propriedade das ações do banco, direcionando-o para uma obra que beneficiaria a cidade do Rio de Janeiro como um todo. Apesar do discurso da socialização do lucro particular, o prêmio cobrado pelo governo, que não deixava de ser uma maneira criativa de angariar recursos para financiar uma obra pública, era uma alternativa para aumentar o preço da ação e tentar resolver o problema do excesso de pedidos.

---

2 Analisados os pretendentes, 335 foram eliminados, restando ainda 2.752 interessados.

A nova subscrição terminaria quando se atingissem as 30.000 assinaturas, independentemente do prazo de três dias. Apesar de tudo indicar o contrário, as novas regras previam o que aconteceria caso a subscrição não atingisse o limite de 30.000 ações. Neste caso, ela seria prorrogada por mais três dias e o limite máximo por investidor subiria para 500 ações. Se ainda assim a subscrição não se completasse, as ações que sobrassem voltariam para o banco.

Paraná também alterou as regras deixadas por seu antecessor, Rodrigues Torres, dizendo que se as ações fossem distribuídas segundo as regras anteriores o número de acionistas com direito a voto na assembleia seria reduzido, isto é, muitos acionistas não alcançariam o mínimo de 20 ações para participar da votação, e os novos acionistas ficariam impedidos de pleitear um assento na diretoria, para o qual era exigido o mínimo de 50 ações. Embora apontasse nas regras anteriores duas restrições aos direitos dos novos acionistas, as novas regras definidas por Paraná não deixavam de ser restritivas, pois procuravam solucionar apenas o problema do excesso de demanda pelas ações do banco. De acordo com elas, a participação na nova rodada de assinaturas ficaria limitada aos que participaram da primeira; não seria permitido assinar mais do que 200 ações; a comissão poderia recusar assinaturas caso desconfiasse de "laranjas" e, finalmente, poderia restringir o número de pedidos conforme o patrimônio do subscritor.

A cobrança do prêmio de 10% sobre o valor de cada ação não foi suficiente para arrefecer a demanda pelos títulos que em apenas duas horas superou o limite da oferta e ainda gerou 600:000$ para o conforto dos pedestres da corte. Já a distribuição das ações concentrou-se nos subscritores que compraram entre 40 e 80 ações. Havia também muitos subscritores que detinham entre dez e 40 ações. Nos extremos apareciam subscritores com cem ações e subscritores com apenas duas.

Embora a subscrição das ações do segundo Banco do Brasil tenha sido bem-sucedida, Freire e Cavalcanti consideraram a cobrança do prêmio um ato de agiotagem e primeiro sintoma da intervenção do governo na recém-nascida instituição. A mudança de regras, sobretudo a cobrança do prêmio, também repercutiu na imprensa nacional e estrangeira. No Brasil, alguns jornais a criticaram advertindo que com ela o governo perdia credibilidade, mas o *Jornal do Comércio*, em editorial, defendeu a decisão do governo. Na Inglaterra, como conta Cláudio Pacheco, enquanto o *Times*, de Londres, vislumbrava que a confiança do país no Brasil certamente se reduziria, o *Albion*, de Liverpool, defendia a decisão do governo dizendo que se ela não fora legal, fora ao menos patriótica.[3]

Esse episódio é revelador, pois indica como seriam as relações entre banco e governo. Primeiro, foi este último quem conduziu o processo de venda de ações de um empreendimento formalmente privado. Segundo, como se não bastasse a condução da venda, o governo interveio no processo alterando as regras do jogo, isto é, cobrando um prêmio sobre o preço das ações para tentar controlar sua distribuição. Ficava claro nesse momento quem estava no comando do banco. A intervenção governamental, desde logo, turvava seu caráter privado e iluminava sua natureza pública. Terminado o processo de venda das 30.000 ações do banco destinadas à corte, iniciou-se a campanha para eleição de sua primeira diretoria.

De acordo com os estatutos, ela seria composta por um presidente e um vice-presidente ambos nomeados pelo imperador dentre os acionistas que tivessem no mínimo 50 ações. Ao nomear o presidente e seu vice, o governo construía um canal de comunicação direta com o banco e de controle sobre suas atividades, uma vez que se o presidente julgasse as deliberações da diretoria contrárias aos estatutos, caberia a ele informar imediatamente ao governo, para que este decidisse se tais deliberações deveriam ou não ser executadas. Além de presidente e vice, a diretoria seria composta por mais 15 membros. Os diretores seriam eleitos pela assembleia geral em votação secreta e com exigência de maioria absoluta de votos. Para ocupar o cargo era preciso que o candidato possuísse e depositasse no banco no mínimo 50 ações, equivalentes a 10:000$, que ficariam inalienáveis durante suas gestões. Cinco suplentes e uma comissão permanente composta de três fiscais também seriam eleitos pela assembleia dos acionistas.

As primeiras eleições foram marcadas para o dia 3 de novembro e, como exigiam maioria absoluta de votos para cada candidato, o processo só terminou em meados

3 A comissão era composta por Francisco José da Rocha, João Pedro da Veiga e Antônio José de Bessa; e a primeira lista de acionistas do banco contava com 1.119 nomes. Cf. BRASIL. MINISTÉRIO DA FAZENDA. *Proposta e relatorio apresentados á Assembléa Geral Legislativa na Segunda Sessão da Nona Legislatura do anno de 1853 pelo Ministro e Secretario d'Estado dos Negocios da Fazenda Honório Hermetto Carneiro Leão.* Rio de Janeiro: Typ. Nacional, 1854, p. 8; BANCO DO BRASIL. *Relatório apresentado á Assembléa Geral dos Accionistas do Banco do Brasil na sua reunião de 1854, pelo seu Presidente João Duarte Lisboa Serra.* Rio de Janeiro: Typ. de J. Villeneuve e C., 1854; Jornal do Comércio, 16 de outubro de 1853. Cf. também FREIRE, Felisbello. *Historia... Op. cit.*, p. 68; VIANA, Victor. *O Banco do Brasil... Op. cit.*, p. 343; CAVALCANTI, Amaro. *O meio... Op. cit.*, p. 202; PACHECO, Cláudio. *História do Banco do Brasil.* Brasília: Banco do Brasil, 1979. v. 1, p. 372-7.

daquele mês, sendo então constituída a primeira diretoria do segundo Banco do Brasil, composta majoritariamente por negociantes da corte (Quadro 3).

Quadro 3 – Composição da primeira diretoria do segundo Banco do Brasil (1853)

Cargo		Ocupante	Atividade	Banco de origem
Presidência	Presidente	João Duarte Lisboa Serra	1. Conselheiro; 2. Fundador da Cia. Fluminense de Transporte.	-
Presidência	Vice-presidente	João Pereira Darrigue Faro (futuro segundo barão e visconde do Rio Bonito)	1. Negociante nacional; 2. Membro do Tribunal do Comércio; 3. Veador de S. M. a Imperatriz; 4. Vice-presidente da província do Rio de Janeiro; 5. Diretor da Imperial Cia. de Seguro contra Fogo.	-
Diretoria	Diretor	Francisco Xavier Pereira	-	Banco Comercial (tesoureiro)
Diretoria	Diretor	Diogo Duarte Silva	1. Conselheiro.	Banco Comercial (secretário)
Diretoria	Diretor	João Ignacio Tavares	1. Negociante nacional.	Banco do Brasil
Diretoria	Diretor	Militão Maximo de Sousa (futuro visconde de Andaraí)	1. Negociante nacional; 2. Membro do Tribunal do Comércio; 3. Comerciante de importação de carne seca e gêneros do sul e do rio da Prata; 4. Comerciante de grosso.	Banco do Brasil
Diretoria	Diretor	Irineu Evangelista de Souza (futuro barão e visconde de Mauá)	1. Negociante nacional.	Banco do Brasil

Diretoria	Diretor	Joaquim José dos Santos Junior	1. Negociante nacional; 2. Deputado do Tribunal do Comércio da Corte; 3. Presidente da Cia. dos Ônibus; 4. Diretor da Cia. de Seguros Argos Fluminense.	Banco Comercial
Diretoria	Diretor	Teófilo Benedito Otoni	1. Presidente do Monte Pio Geral.	-
Diretoria	Diretor	João Francisco Emery	1. Negociante estrangeiro (francês) de importação e exportação; 2. Diretor da Imperial Cia. de Seguro contra Fogo.	Banco Comercial
Diretoria	Diretor	Bernardo Ribeiro de Carvalho	1. Negociante nacional (consignações de café)	-
Diretoria	Diretor	George Gracie	-	Banco do Brasil (gerente)
Diretoria	Diretor	Balthasar Jacome de Abreu e Sousa	1. Negociante nacional; 2. Capitalista, proprietário de prédios etc.	Banco Comercial
Diretoria	Diretor	José Justino Pereira de Faria	1. Negociante nacional.	Banco Comercial
Diretoria	Diretor	Antonio Alves da Silva Pinto Junior	1. Negociante nacional; 2. Membro do Tribunal do Comércio; 3. Presidente da Cia. de Niterói.	-
Diretoria	Diretor	José Carlos Mayrink	1. Negociante Nacional; 2. Membro do Tribunal do Comércio; 3. Comerciante de grosso.	Banco Comercial
Diretoria	Suplente	Antonio Gomes Netto	1. Negociante nacional; 2. Membro do Tribunal do Comércio.	Banco do Brasil (suplente de diretor)
Diretoria	Suplente	Jeronymo José de Mesquita	1. Negociante nacional	
Diretoria	Suplente	Antonio Ribeiro Queiroga	1. Negociante nacional.	Banco do Brasil

Diretoria	Suplente	João Henrique Ulrich	1. Conselheiro do Monte Pio Geral; 2. Sócio e gerente da Cia. Itaguaiense de Navegação.	-
Diretoria	Suplente	José de Araújo Coelho	1. Negociante nacional	-
Comissão Fiscal	Fiscal	Joaquim José Rodrigues Torres	1. Conselheiro; 2. Ministro da Fazenda	-
Comissão Fiscal	Fiscal	Ângelo Muniz da Silva Ferraz	1. Conselheiro; 2. Presidente do Cassino Fluminense.	-
Comissão Fiscal	Fiscal	José Antonio Moreira (barão de Ipanema)	1. Negociante nacional	Banco do Brasil (ex-presidente)

Fonte: *Almanack Laemmert Administrativo, Mercantil e Industrial da Corte e província do Rio de Janeiro.* Rio de Janeiro, Typ. Un. Laemmert, 1854; *Registro de Cartas de Matrículas dos Comerciantes, Corretores, Agentes de Leilões, trapicheiros e Administradores de Armazens de Depósitos do Tribunal do Comércio da Capital do Império.* IC3 57. Livro 1. Tomo I de 1851/1855. *Apud* GUIMARÃES, Carlos Gabriel. *Bancos, Economia e Poder... Op. cit.*; NEVES, Edson Alvisi. *Magistrados e negociantes... Op. cit.*, p. 111-2.

O fato de ser uma instituição privada com obrigações públicas tornava tensa a relação entre banco e governo. Como impor o sentido da ordem a uma instituição privada quando seus interesses particulares eram colocados em jogo? Como calibrar os interesses de uma instituição que era ao mesmo tempo privada, comprometida com seus acionistas, e instrumento do Estado, devendo explicações ao governo e à sociedade da corte? Os estatutos estabeleciam formalmente a relação entre banco e governo, mas havia uma lacuna entre os estatutos e a prática. Ainda que o governo tivesse o direito de nomear o presidente e o vice-presidente do banco, o conflito entre governo e banco permanecia, inclusive dentro da própria instituição financeira. Se nomeado pelo imperador, seu presidente seria representante do governo, do banco ou dos dois ao mesmo tempo? Como veremos, essa questão será discutida na Câmara dos Deputados por ocasião da decisão quanto à compatibilidade ou incompatibilidade do exercício simultâneo dos cargos de deputado e presidente do banco pelo conselheiro Lisboa Serra.

A presença significativa de negociantes na diretoria do banco estreitava as relações e os interesses da instituição e da Associação Comercial do Rio de Janeiro. De acordo com Ridings, nada menos do que 19 membros da diretoria da Associação

Comercial do Rio de Janeiro serão diretores do Banco do Brasil entre 1853 e 1889.[4] No entanto, seu posicionamento quanto à política econômica do governo se distanciará do das associações comerciais de outras províncias. Enquanto nessas associações se criticava a política centralizadora do governo, naquelas mais ligadas à exportação de café e dominadas por estrangeiros, como as do Rio e de Santos, prevalecia o conservadorismo na defesa da estabilidade do valor da moeda. A desvalorização do câmbio e a inflação, ainda que pudessem estimular o setor em alguns momentos, eram vistas com bastante receio por essas associações comerciais. E também por outras, apesar da defesa da descentralização da emissão.

Além disso, o mesmo Ridings observa que aqueles que defendiam a estabilidade do valor da moeda eram vistos pelo governo como representantes da boa economia do século XIX e considerados fontes de *expertise* econômica.[5] Assim, ter representantes da Associação Comercial do Rio de Janeiro na diretoria do banco era coerente com o projeto saquarema em marcha. No limite, boa parcela dos homens do crédito parecia concordar com os homens da moeda, mas, na luta pelo lucro privado, era inevitável que aparecessem conflitos entre banco e governo. Nesse caso, a palavra final vinha do governo e, para além dele, do trono.

A força dos negociantes estava na diretoria que, entre outras funções, era responsável pela emissão das notas do banco, pelo volume de recursos disponíveis para empréstimos e pela determinação da taxa e do prazo dos descontos. Era responsável, em suma, pelo manuseio da torneira monetária que garantia liquidez à economia mercantil. Como já nos referimos, o banco criado em 1853 foi resultado da fusão de dois bancos já existentes, por isso a maioria dos membros da direção do novo banco veio justamente dos que foram objeto da fusão. Como as diretorias do Banco Comercial e do Banco do Brasil eram formadas integralmente por negociantes, não surpreende que parte deles assumisse a direção do novo banco.

A força dos negociantes também estava na assembleia dos acionistas, pois figuravam entre os maiores proprietários de ações do segundo Banco do Brasil. De acordo com o relatório do banco de 1854, seu maior acionista, com 15.732 ações, era, curiosamente, o Banco Rural e Hipotecário do Rio de Janeiro, cuja diretoria também era formada majoritariamente por negociantes (Quadro 4).

---

4 RIDINGS, Eugene. *Business Interest Groups... Op. cit.*, p. 137.

5 *Ibidem*, p. 142.

Quadro 4 – Composição da diretoria do Banco Rural e Hipotecário do Rio de Janeiro (1854)

Cargo		Ocupante	Atividade
Diretoria	Diretor	Belarmino Ricardo de Siqueira (Barão de São Gonçalo)	Fazendeiro e capitalista; Deputado provincial no Rio de Janeiro.
Diretoria	Diretor	José Pedro da Mota Saião (Barão do Pilar)	Negociante nacional.
Diretoria	Diretor	João Batista Fonseca	Negociante nacional.
Diretoria	Diretor	Antônio Ribeiro Fernandes Forbes	Negociante nacional; Capitalista e comerciante de grosso.
Diretoria	Suplente	Francisco Casimiro da Cruz Teixeira	Negociante estrangeiro (português) de importação e exportação.
Diretoria	Suplente	João Pires da Silva	Negociante nacional.
Diretoria	Suplente	Manoel de Araújo Coutinho Vianna	Diretor da Cia. de Seguro contra Fogo e Raio.
Diretoria	Suplente	José Henriques de Araújo	-
Diretoria	Suplente	Antônio Joaquim Dias Braga	Negociante estrangeiro (português) de importação e exportação.
Diretoria	Suplente	Antônio José Monteiro Amarante	Negociante nacional; Fazendeiro e comerciante de grosso.

Fonte: *Almanack Laemmert Administrativo, Mercantil e Industrial da Corte e província do Rio de Janeiro*. Rio de Janeiro, Typ. Un. Laemmert, 1854; *Registro de Cartas de Matrículas dos Comerciantes, Corretores, Agentes de Leilões, trapicheiros e Administradores de Armazens de Depósitos do Tribunal do Comércio da Capital do Império*. IC3 57. Livro 1. Tomo I de 1851/1855. *Apud* GUIMARÃES, Carlos Gabriel. *Bancos, Economia e Poder... Op. cit.*; *Idem*. O Império e os bancos comerciais do Rio de Janeiro na segunda metade do século XIX: os casos do Banco Mauá, MacGregor & Cia., do Banco Rural e Hipotecário do Rio de Janeiro e do Banco Comercial e Agrícola. [mimeo], p. 9.

Vários de seus diretores também eram grandes acionistas individuais do segundo Banco do Brasil, como Antônio Ribeiro Fernandes Forbes, com 1.562 ações, o que o colocava como segundo maior acionista individual do banco, perdendo apenas para José Bernardino de Sá, barão de Vila Nova do Minho, com 4.681 ações; João Batista da Fonseca, com 1.092 ações; Antônio Joaquim Dias Braga, com 250 ações; Manuel de Araújo Coutinho Vianna, com 120 ações; o barão de São Gonçalo, com 110 ações e, finalmente, João Pires da Silva, com 65 ações.

Estabelecia-se, assim, o conflito entre crédito e moeda na atuação do banco. De um lado, a obrigação assumida com o governo de valorizar o meio circulante via controle da emissão; de outro, a pressão interna para ampliar o limite de emissão tanto para atender a necessidade do comércio, como para aumentar a distribuição de dividendos entre os acionistas, uma vez que maior emissão significava maior volume de negócios e, consequentemente, maior lucro para o banco.

Para falar da relação entre negociantes e governo no âmbito do segundo Banco do Brasil é preciso lembrar, antes de tudo, que o banco, embora privado, era uma criatura estatal e tinha objetivos públicos ao lado de fins particulares. E tinha ônus e bônus por conta dessa relação de privilégio. Era justamente o fato de ser privado que abria uma brecha para algumas poucas ações independentes que desencadeavam conflitos com o governo. A intensidade desses conflitos dependia do grupo político que estava no poder.

Embora houvesse homogeneidade de interesses entre os grupos políticos que chegavam ao governo quanto à manutenção da economia mercantil escravista, havia divergências profundas quanto a outras questões econômicas. O banco foi idealizado pelos que defendiam a centralização bancária e criado para funcionar nessa condição. Ao longo do tempo, as mudanças de governo e de política econômica alterariam essa condição e tensionariam a relação entre banco e governo. Dado o caráter público e privado da instituição, os interesses do banco estavam ligados aos do governo e aos dos acionistas. Do conflito de interesses entre governo e acionistas nasciam as tensões. A prática do banco, embora regulada, nem sempre atendia à política econômica do governo, mesmo que ocupado por partidários da centralização. Contudo, as tensões eram controladas. O banco puxava a corda para o lado de seus interesses, mas sem deixá-la arrebentar. O governo, por sua vez, soltava ou puxava a corda dependendo da orientação de sua política econômica.

Em suma, o segundo Banco do Brasil seguia a política econômica formulada pelo governo e a executava, ou seja, não cabia ao banco a formulação de tal política, mas sua execução. Na prática, no entanto, havia conflito entre formulação e execução. O banco tinha o discurso da moeda e a prática do crédito. O governo conservador que o criou tinha o discurso do crédito e a prática da moeda, ainda que ajustada às condições da economia local. Talvez por isso surgisse um conflito suficiente para provocar tensões, mas não rompimentos, entre homens da moeda e homens do crédito. Como observa Saes, sem metal que garantisse o lastro da moeda, mesmo que no discurso o governo defendesse o padrão, na prática ele era obrigado a emitir moeda de curso forçado.[6] Na verdade, isso significava abandonar o padrão-ouro estabelecido legalmente.

---

6 SAES, Flávio Azevedo Marques. *Crédito e bancos... Op. cit.*, p. 135.

4.2. Os primeiros anos do banco da Ordem: a ilusão metálica dos saquaremas

Embora tivesse os estatutos regulamentados desde agosto de 1853, o processo de venda de ações já estivesse encerrado desde outubro de 1853 e a administração do banco já estivesse nomeada e eleita desde novembro de 1853, um problema aparentemente com a impressão de notas fez que o banco só abrisse suas portas ao público no dia 10 de abril de 1854. Eram as portas de um edifício próprio que ficava na rua da Alfândega, esquina com Candelária, como já indicamos. Na verdade, logo se tornaria um conjunto formado pela antiga sede do Banco Comercial do Rio de Janeiro, que ficava na Candelária, e mais três prédios contíguos que seguiam pela rua da Alfândega, adquiridos pelo banco em 1855 da Irmandade do Santíssimo da Freguesia de Nossa Senhora da Candelária. De segunda a sexta-feira, das dez da manhã às três da tarde, as portas do banco se abriam para receber a clientela.

O início das operações foi anunciado de modo alvissareiro pelo *Jornal do Comércio*: "O Banco do Brasil começou hoje as suas operações. Constatamos que as transações que fez excederam o termo médio diário dos extintos bancos".[7] De fato, apesar de algumas perturbações e tensões, os primeiros anos do banco da Ordem fariam crer que o braço financeiro do projeto saquarema atingiria seus objetivos e ajudaria o governo a pavimentar o caminho do Império brasileiro rumo à moeda forte e à civilização.

O monopólio da emissão de notas nas mãos do Banco do Brasil estava estabelecido formalmente. Restava ao governo fazer cumprir efetivamente sua principal determinação no campo financeiro. A lei de 5 de julho estabeleceu apenas o monopólio de emissão, o que não impedia a constituição de novos bancos de depósitos e descontos. No entanto, a constituição formal desses estabelecimentos não significava, na prática, que eles não emitissem títulos semelhantes às notas bancárias, como os vales de curto prazo e ao portador. Amaro Cavalcanti lembra que, mesmo depois da criação do Banco do Brasil, firmas e indivíduos particulares não só da Corte, mas também de outras províncias, emitiam títulos semelhantes às notas bancárias mesmo sem obter

7 Cf. JORNAL DO COMÉRCIO, 11 de abril de 1854. Embora fosse exemplar do dia 11 de abril, a notícia sobre o início das atividades do banco referia-se ao dia anterior.

autorização legal para a operação. No início de 1855, segundo Viana, "todos os bancos emitiam vales e a febre de negócios acelerou as emissões".[8]

A direção do banco reclamara ao governo quanto à essa situação, cobrando-lhe um posicionamento firme diante de tal ilegalidade e ameaça. Ilegalidade porque feria o monopólio de emissão previsto na lei de 5 de julho. Ameaça porque, em tese, comprometia a operação de enxugamento do meio circulante que o Banco do Brasil deveria levar a cabo. Como se comportou o governo diante dessas primeiras perturbações do monopólio de emissão do banco da Ordem? O governo manteria sua política atendendo aos reclamos do Banco do Brasil ou a afrouxaria acomodando outros interesses? O comportamento do governo nesse caso refletiria seu grau de comprometimento com o banco que criara e com seu projeto político. Vejamos como as coisas se passaram por meio dos relatórios do Ministério da Fazenda de 1854 e 1855.

Embora vários bancos estivessem envolvidos com a emissão ilegal, a ação do governo focalizou, em especial, dois bancos da Corte: o Banco Rural e Hipotecário do Rio de Janeiro e o Banco Mauá, MacGregor e Cia. O Banco Rural e Hipotecário começou a funcionar em maio de 1854, um mês depois de iniciadas as operações do Banco do Brasil, embora estivesse autorizado a funcionar desde maio do ano anterior. Era uma sociedade anônima, portanto sujeita às restrições a esse tipo de organização impostas no código comercial, conduzida por uma administração composta por seus maiores acionistas, dentre eles fazendeiros e negociantes como indicou o Quadro 4. A novidade aqui é que esse estabelecimento foi constituído como banco de depósitos, descontos e, eis a novidade, empréstimos hipotecários. Apesar de carregar hipotecário no próprio nome, os balanços do banco revelam que as operações com hipotecas, isto é, o desconto de letras hipotecárias, eram bastante restritas por conta do embaraço legal em relação a esse tipo de garantia.[9] Apesar de almejar a emissão de notas em seus estatutos, o governo o aprovou apenas como

8 Cf. CAVALCANTI, Amaro. *O meio... Op. cit.*, p. 205; VIANA, Victor. *O Banco do Brasil... Op. cit.*, p. 346.

9 A participação dos descontos (empréstimos) sobre letras hipotecadas correspondeu a 4% do total de empréstimos em 1855; 6% em 1856; 8% em 1857; 12% em 1858 e 13% em 1859. Cf. GUIMARÃES, Carlos Gabriel. O Império e os bancos comerciais do Rio de Janeiro na segunda metade do século XIX: os casos do Banco Mauá, MacGregor e Cia., do Banco Rural e Hipotecário do Rio de Janeiro e do Banco Comercial e Agrícola. [mimeo]. O embaraço legal refere-se à dificuldade de execução de bens imóveis do devedor.

banco de depósitos, descontos e empréstimos hipotecários. Porém, isso não foi suficiente para impedi-lo de, na prática, emitir vales ao arrepio da lei.

Mais tarde, com Souza Franco no ministério, o decreto 2.111, de 27 de fevereiro de 1858 o autorizará a emitir notas próprias, expressando a mudança de orientação da política bancária do Império, que passaria do monopólio à pluralidade de emissão. Isso significará um golpe no braço financeiro do projeto saquarema em marcha, significará desfazer o monopólio da emissão de notas e, por assim dizer, ferir aquele que era o principal distintivo do segundo Banco do Brasil. De fato, como a teia de Penélope, o projeto saquarema retomará seu curso a partir de leis restritivas, que restringirão as emissões de tal modo que o monopólio da emissão retornará naturalmente ao Banco do Brasil, restabelecendo a ordem perdida. Se a pluralidade de emissão seria a expressão da orientação liberal da política econômica, as leis restritivas marcariam a reação conservadora e a volta ao monopólio de emissão. Tanto que, como veremos, o Banco do Brasil comprará o direito de emissão do Banco Rural e Hipotecário em 1862.

A casa bancária de Mauá foi outra instituição financeira que perturbou a ordem do monopólio. Fundado em julho de 1854, iniciou suas operações em outubro do mesmo ano. Era um banco ambicioso com capital de 20.000:000$, metade dele integralizada no início das operações. Chegou a ter 14 caixas filiais, sete no Brasil e sete no exterior.[10] A princípio, seria um banco de depósitos e descontos, mas, na prática, também emitia vales. A novidade trazida nesse caso pelo engenhoso Mauá foi a organização do banco como sociedade em comandita por ações. Era uma tacada esperta para driblar o código comercial e fugir das amarras legais que prendiam as companhias organizadas como sociedades anônimas, por exemplo, à necessidade de aprovação de seus estatutos pelo governo.

Livre dos tentáculos governamentais que abraçavam as sociedades anônimas, tais como na época eram organizados os bancos, a casa bancária de Mauá encontraria uma brecha para romper o monopólio de emissão do Banco do Brasil por meio da emissão de vales. O propósito disso estava explícito nas palavras do próprio Mauá, que via na organização em comandita por ações uma maneira de "ficar fora do arbítrio governativo", considerado por ele uma anomalia, já que se tratava

---

10 CAVALCANTI, Amaro. *O meio... Op. cit.*, p. 205; GUIMARÃES, Carlos Gabriel. *Bancos, Economia e Poder... Op. cit.* Especialmente cap. 3 – A criação da sociedade bancária Mauá, MacGregor e Cia.

do emprego do capital de acionistas particulares.[11] O problema era que o código comercial previa a organização de companhias como sociedade em comandita ou sociedade por ações, mas não uma mistura das duas coisas.[12] Também reflexo da mudança de orientação da política econômica do ministro Souza Franco, a casa bancária de Mauá tomará o lugar do Banco do Brasil na questão do câmbio durante a crise de 1857, indicando o auge de suas relações políticas com o governo imperial.

Bem, nenhum dos dois bancos entrou em funcionamento imediatamente após a fundação. O atraso do Banco Rural estava ligado à não aprovação, por parte do governo, de seus estatutos como banco emissor. Já o da casa bancária de Mauá relacionava-se evidentemente com sua original forma de organização. As duas questões demandavam respostas do governo conduzido a essa altura por conservadores ligados ao projeto saquarema. E suas respostas vieram com um viés centralizador, no primeiro caso, e de proteção ao Banco do Brasil, no segundo.

O governo não aprovou os estatutos do Banco Rural e Hipotecário como banco emissor. Como observa Guimarães, a censura às emissões do banco estava relacionada a um contexto mais amplo de crise monetária provocada pelas disputas comerciais entre os dois bancos emissores da praça do Rio, como vimos anteriormente, e já indicavam o viés centralizador da política econômica saquarema. Tal viés se confirmaria em julho de 1853 com a formação do segundo Banco do Brasil. O drible de Mauá no governo também não foi bem-sucedido, uma vez que seu banco teve que ser reorganizado sob a forma de sociedade em comandita, tal como previa o código comercial.[13] Resolvidas formalmente a questão estatutária do Banco Rural e organizacional do Banco Mauá, eles finalmente entraram em operação.

Surgiu, então, na prática, o problema das emissões. Como dissemos, ambos os bancos emitiam vales à revelia da legislação e do monopólio do Banco do Brasil. Mais uma vez o governo precisava reagir e, coerente com seu projeto, não aceitaria emissão ilegal de notas. Em tese, o governo conduzido por saquaremas, de cunho metalista, era contra a emissão de vales, pois entendia que eles entravam em circulação e faziam aumentar a massa do meio circulante, pressionando o câmbio para baixo e os preços internos para

11 MAUÁ, Visconde de. *Autobiografia... Op. cit.*, p. 232.

12 A sociedade em comandita caracteriza-se pela união comercial de sócios-capitalistas e sócios-gerentes.

13 GUIMARÃES, Carlos Gabriel. O Império e os bancos comerciais... *Op. cit.*, p. 9-10. Mais detalhes sobre o Banco Mauá, MacGregor e Cia., cf. *Idem. Bancos, Economia e Poder... Op. cit.*

cima. Um parecer do Conselho de Estado de dezembro de 1854 diz claramente que o governo não toleraria corporações irresponsáveis e independentes de sua inspeção, pois poderiam comprometer o saneamento do meio circulante. Referia-se, é claro, às emissões da casa bancária de Mauá. Assim pensava o governo, e o relatório do ministério da Fazenda de 1854, assinado pelo marquês de Paraná, seguia a mesma linha:

> O papel das sociedades bancais, envolvido no prestígio dos capitais reunidos, que se presume representar, *mantém-se indefinidamente na circulação em concorrência com a moeda legal, cujo valor pode depreciar pela abundância de emissão*, causando a subida nominal de todos os preços, provocando as exportações metálicas, e perturbando o curso das transações comerciais [grifo nosso].

Concretamente, no caso do Banco Rural, só seria permitida a emissão de vales com prazos não inferiores a 30 dias, pagáveis a um indivíduo particular, e não ao portador, e transferível somente por endosso. Quer dizer, esse tipo de vale, na concepção do governo, não se confundia com moeda e, portanto, não feria a legislação vigente. No caso do Mauá, MacGregor, que, a partir de março de 1855, chegou a emitir vales ao portador com prazos de apenas cinco a dez dias, a proibição foi completa. O governo considerou tais vales substitutos próximos do papel-moeda e, portanto, ilegais não só em termos da legislação mais geral, como dos estatutos. O banco acatou a decisão do governo e logo recolheu seus vales da circulação.

Assim, o governo saquarema eliminava as primeiras perturbações da ordem num movimento que protegia seu objetivo de sanear o meio circulante e seu banco. Mais a este último do que ao primeiro, pois, como observa Cavalcanti, a emissão de vales por parte desses bancos tinha pouco efeito sobre a circulação.[14] No mesmo relatório de 1854, o ministro da Fazenda defendeu claramente o monopólio da emissão dizendo que se houvesse concorrência emissora,

> nem o Banco do Brasil poderia fruir com segurança as vantagens, que pela lei lhe foram conferidas em compensação das condições onerosas, a que se comprometeu para efetuar a grande operação

14 Cf. VILLELA, André Arruda. *The political economy... Op. cit.*, p. 85; CAVALCANTI, Amaro. *O meio... Op. cit.*, p. 205.

> de resgate, visto que seus movimentos de crédito serão coartados e contrariados pelo papel dos estabelecimentos rivais. (...) O princípio da concorrência é sem dúvida fecundo em bons resultados (...) Naquela porém de que se trata [emissão de moeda], e em que a principal condição não é já o baixo juro do capital, mas a solidez do papel que o representa, a concorrência de bancos entregue a si mesmos quase sempre produz a distensão das molas do crédito, com todo o séquito de suas deploráveis conseqüências.[15]

Em março de 1856, o governo ainda impediria que uma sociedade anônima estabelecida em Salvador, sem estatutos devidamente aprovados, emitisse vales pagáveis à vista e ao portador. Usou o poder coercitivo da polícia para apreender os vales emitidos pela instituição transgressora.

Tais ações e posicionamentos indicavam que o governo saquarema não afrouxaria sua política econômica e bancaria o monopólio da emissão de notas nas mãos do Banco do Brasil. Os bancos que tentaram emitir vales ou outros títulos, na medida em que caíam na vigilância do governo, tinham que se enquadrar na política centralizadora. Como vimos, o Banco Rural e Hipotecário não teve a emissão de notas aprovada pelo governo e a casa bancária de Mauá não pôde se organizar como sociedade em comandita por ações, perdendo flexibilidade para emitir os próprias vales à vista e ao portador. Aos bancos de depósitos e descontos só restava acatar os ditames governamentais. Esses casos ilustram bem como inicialmente o governo saquarema protegia a condução do braço financeiro de seu projeto, garantindo o monopólio de emissão nas mãos do Banco do Brasil e dos negociantes ligados a ele.

4.3. A conjuntura política e econômica e o Banco do Brasil (1854-56)

O governo procurava resguardar a posição monopolista do Banco do Brasil. Tal ação não surpreende, pois durante seus primeiros anos de funcionamento, combinaram-se em sua administração e no ministério da Fazenda, diretores e

---

15 Para as duas citações, cf. BRASIL. MINISTÉRIO DA FAZENDA. *Proposta e relatorio apresentados á Assembléa Geral Legislativa na Terceira Sessão da Nona Legislatura do anno de 1854 pelo Ministro e Secretario d'Estado dos Negocios da Fazenda Honório Hermetto Carneiro Leão*. Rio de Janeiro: Typ. Nacional, 1855, p. 10-1.

ministros ligados ao projeto político saquarema. O primeiro presidente do banco, como já mencionamos, foi o conselheiro Lisboa Serra, deputado pelo Maranhão e, ao lado de Rodrigues Torres, defensor de primeira hora do banco no Legislativo. Interessante notar aqui uma questão que surgiu com a nomeação de Lisboa Serra para a presidência do banco. Poderia um membro do Legislativo ser presidente de uma instituição privada, tal como formalmente era o segundo Banco do Brasil? Haveria incompatibilidade entre as funções do conselheiro, doravante homem do banco e do governo simultaneamente? Essa discussão é interessante porque acaba ajudando a desnudar a natureza do banco, o que é importante para entender o grau e o modo de intervenção do governo na instituição.

Na verdade, essa questão foi levantada pelo próprio Lisboa Serra numa reunião da diretoria do banco em maio de 1854. Ele se referia a um parecer da comissão de constituição e poderes da Câmara dos Deputados que apontava a incompatibilidade constitucional entre os cargos de parlamentar e presidente do banco. Segundo o art. 32 da Constituição de 1824, um deputado não poderia ocupar outro cargo ou função a não ser o de ministro ou conselheiro de Estado.[16] O parecer alegava ainda incompatibilidade "de tempos e de trabalhos", uma vez que, dadas as suas atribuições, seria indispensável a presença constante do presidente no banco. Dado o parecer da comissão, restava sua aprovação na Câmara dos Deputados. O parecer foi votado em regime de urgência, a pedido do próprio Lisboa Serra, que se absteve da presidência enquanto a questão estava sendo discutida pelos parlamentares. Por uma diferença de apenas cinco votos, a Câmara rejeitou o parecer da comissão e liberou o deputado Lisboa Serra para o exercício do cargo.

Resolveu-se assim a questão, mas o importante são as opiniões sobre a natureza do banco que surgiram nessa discussão que envolveu vários parlamentares. Não cabe apresentá-la toda aqui. Vamos apenas resumir as opiniões em jogo nos discursos dos deputados José Antônio Saraiva e João Antônio de Miranda. O deputado Saraiva, que foi voto vencido na comissão, justificou sua posição a favor da compatibilidade distinguindo emprego público e privado. Se o cargo de presidente do Banco do Brasil fosse considerado um emprego público, seria incompatível com a

16 Art. 32. O exercício de qualquer Emprego, à exceção dos de Conselheiro de Estado, ou de Ministro de Estado, cessa interinamente, enquanto durarem as funções de Deputado, ou de Senador. Cf. BRASIL. *Constituição política do Império do Brasil*. Rio de Janeiro: Typ. Nacional, 1824.

Constituição, conforme dizia o parecer. No entanto, se o cargo não fosse considerado emprego público, a incompatibilidade constitucional não se verificaria.

Levantou-se assim o debate sobre a natureza jurídica da instituição, pois, para o deputado Saraiva, a solução da questão passava pela discussão da natureza pública ou privada do cargo e, por extensão, do próprio banco. Foi nesse sentido que justificou seu voto contrário ao parecer da comissão, dizendo que tinha "íntima convicção de que o lugar de presidente do Banco do Brasil não é um emprego público [grifo nosso], *e conseguintemente o seu exercício não pode ser incompatível com o cargo de deputado, pela disposição contida no art. 32 da constituição do Império*".

O fato de que o cargo assumisse feições públicas não alterava sua natureza de emprego particular, como disse o mesmo deputado: "*Se esse serviço é público* [em função de sua natureza] *a ocupação de qualquer indivíduo toma o caráter de funcionalismo; se porém é particular, embora proveitoso ao público ou ao país,* não pode jamais assumir aquele caráter [grifo nosso]". E continuou:

> O presidente do Banco do Brasil é, pois, especialmente o primeiro representante, o fiscal mais qualificado dos interesses particulares reunidos no Banco e conseguintemente *não pode e não é essencialmente um funcionário público, um agente do governo, um homem que representa no Banco os interesses governamentais ou do Tesouro* [grifo nosso].

Nesse debate, seu colega de comissão, o deputado Miranda, sustentou a incompatibilidade constitucional e defendeu o caráter público da função de presidente e da instituição. Dizia que

> Estas atribuições, que foram positivamente marcadas na lei para que fossem exercidas pelo presidente do banco designam muito claramente o caráter de semelhante empregado [público]. Bem se vê que não podem ser elas exercidas senão por aquele que recebesse do governo a prerrogativa de suspender as disposições da diretoria. *Não há pois quem possa considerar as funções de um tal homem como funções de particular* [grifo nosso].

Entre discursos e apartes, um trecho da fala do deputado Saraiva resume bem as duas posições em jogo na Câmara e revela que, no fundo, o que também se discutia era a dependência ou independência do banco em relação ao governo. O trecho é um pouco longo, mas vale a pena reproduzi-lo nesta altura. No segundo parágrafo a seguir, o deputado abre a alternativa do emprego misto, o que reforçaria a tese da compatibilidade, ainda que, como lembrara o deputado Figueira de Melo, também membro da comissão, o art. 32 da Constituição falasse em "*qualquer Emprego*":

> Os nobres deputados se deixam dominar e uma idéia fixa, a de que *o banco é uma instituição governamental*, e sob domínio dessa idéia consideram o presidente do banco um agente do governo, *esquecendo-se de que o presidente do banco é o primeiro fiscal dos interesses bancários, dos interesses particulares*; eles não separam, não discriminam as duas entidades que intervieram na organização do banco, deixam-se levar pelo fato da iniciativa que teve o governo na incorporação do banco para dizer que o presidente do banco é empregado público, porque o governo o criou, porque a lei especificou as atribuições que, segundo os estatutos, dever ter o presidente do banco, porque enfim essa entidade é de nomeação do governo.
>
> Parece-me que os nobres deputados não têm razão. Se aqueles que defendem a minha opinião não têm razão de considerar o presidente do banco empregado essencialmente particular, é fora de toda dúvida que os nobres deputados não têm também razão para querer que aceitemos exclusivamente a opinião contrária; os nobres deputados teriam razão de dizer: - venhamos a um acordo; vamos fazer um conchavo; *consideremos este empregado de natureza mista*; - mas dizer que ninguém tem direito de pensar de maneira diferente dos nobres deputados, é desconhecer a separação que há dos interesses governamentais e particulares na incorporação do banco, e do verdadeiro papel que representa o seu presidente [grifos nossos].[17]

---

17 Sessões de 17 e 18 de maio de 1854. Além de Miranda e Saraiva, os deputados Sayão Lobato, Silva Ferraz e Justiniano José da Rocha também se destacaram no debate. Cf. BRASIL. *Anais da Câmara*, p. 42-45; 54-71. Para as citações, cf. respectivamente p. 44, 63 e 65 do mesmo documento. Cf. também PACHECO, Cláudio. *História... Op. cit.*, p. 392-96. A questão da natureza jurídica do banco voltou mais ou menos nos mesmos termos em maio de 1857 quando Mauá, então deputado, apresentou um requerimento pedindo informações à diretoria da instituição. Cf. *Ibidem*, p. 426-31.

Embora privado nos estatutos, a intervenção do governo no banco conferia um caráter ambíguo à natureza jurídica da instituição, como bem demonstraram as discussões sobre a compatibilidade ou incompatibilidade constitucional do exercício simultâneo do cargo de deputado e presidente do banco. Na prática, o segundo Banco do Brasil era uma instituição privada com uma função pública, a saber, o controle da oferta de moeda e do crédito na economia do Império.

Esse caráter de instituição privada com função pública definia a maneira pela qual o governo interviria no banco. Como instituição privada, o governo não poderia impor sem mais sua orientação ao banco. Assim, a maneira como se dava a intervenção adquiria duas formas. A primeira era legal e estava expressa nos estatutos do banco. A segunda era institucional e exercida pela presidência do banco. Mesmo sem função executiva, cabia ao presidente colocar o governo a par do que acontecia no banco e enquadrá-lo na legislação vigente. Como instituição com função pública, era alto o grau de intervenção governamental na administração do banco, que se expressava nos estatutos por meio da regulamentação das operações, sobretudo, das emissões, e da nomeação do presidente e vice-presidente da instituição.

Sendo o banco privado com função pública, abria-se espaço para o conflito entre os interesses de sua administração e do governo, todavia, ao longo da história do segundo Banco do Brasil, a orientação do governo prevalecerá. A administração do banco, ao contrário do que aconteceu com o primeiro Banco do Brasil, buscará seus interesses dentro dos limites estabelecidos pelo governo. Por isso não surpreende o inegável aumento das emissões nos primeiros anos de funcionamento do banco. Isso estava de acordo com seus interesses, na medida em que seus lucros se elevavam em função do aumento das operações de empréstimo, e do comércio, que experimentava a ampliação da oferta de crédito. Estava também de acordo com os interesses do governo, que devia administrar a dosagem correta da política de saneamento vis-à-vis à demanda por crédito das praças. Era só a partir de certo limite que essa ampliação entrava em conflito com o principal objetivo do governo, qual seja, o de sanear o meio circulante.

Nesse momento aparecia o conflito de interesses entre banco e governo, mas era um conflito apenas relativo, no sentido de que o limite da emissão foi ultrapassado somente uma vez nesses primeiros anos e, mesmo quando a isso ocorreu, rapidamente voltou a se enquadrar nele. Daí ser lícito falar em privilégio da orientação do governo sobre a administração do banco. Todavia, isso não impedia que o banco lutasse para ampliar esse limite, como no caso do pleito pela mudança nas regras de emissão. Foi justamente por conta da ambiguidade da função pública dentro de uma instituição privada, exigência que veio como resquício da experiência do primeiro Banco do Brasil, que surgiram as primeiras tensões entre banco e governo.

Com a administração do banco enquadrada pela política econômica do governo, resta observarmos quem ocupava o ministério da Fazenda na época. Até setembro de 1853, o titular da pasta era Rodrigues Torres. Com sua saída, ocupou a pasta Honório Hermeto Carneiro Leão, conde e futuro marquês de Paraná, político afinado com o projeto saquarema. Com lideranças no ministério e no banco, a Ordem comandava a marcha do braço financeiro de seu projeto. A conjuntura não poderia ser mais favorável e os bons ventos da política também sopravam sobre a economia (Gráfico 3).

Gráfico 3 – Saldos fiscal e comercial, e taxa de câmbio do Império do Brasil (1854-56)

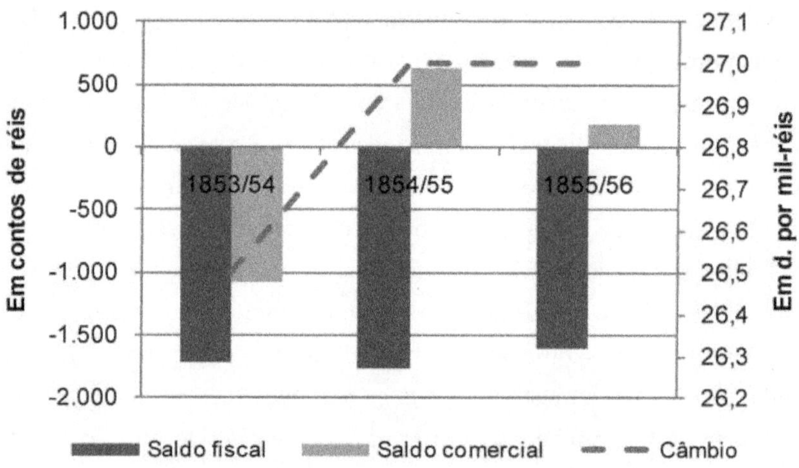

Fonte: VILLELA, André Arruda. *The political economy... Op. cit.* Statistical Appendix, p. 303-13; BRASIL. MINISTÉRIO DA FAZENDA. *Relatório da comissão... de 1859... Op. cit.* Anexos; *Ibidem*, *Relatório da comissão... de 1864...Op. cit.* Anexos.

Apesar do déficit fiscal, a conjuntura econômica no período seguia positiva. O saldo comercial se ampliou e o câmbio se valorizou, a despeito do aumento das emissões do Banco do Brasil. A subida da taxa de desconto de 7% para 8% em abril de 1855 refletia o movimento do banco para tentar proteger seu fundo disponível e controlar o aumento da oferta de crédito. Contudo, ainda seria uma taxa baixa se comparada a outras taxas oferecidas no mercado, que oscilavam de 13% a 15% no final de 1856.[18] Nesse quadro, os primeiros anos do banco foram alvissareiros, confirmando as expectativas otimistas que vinham desde o lançamento de suas ações no ano anterior. As operações do banco, isto é, a soma da entrada e saída de recursos do seu caixa, refletiam o momento favorável (Gráfico 4).

Gráfico 4 – Operações do Banco do Brasil (1854-56)

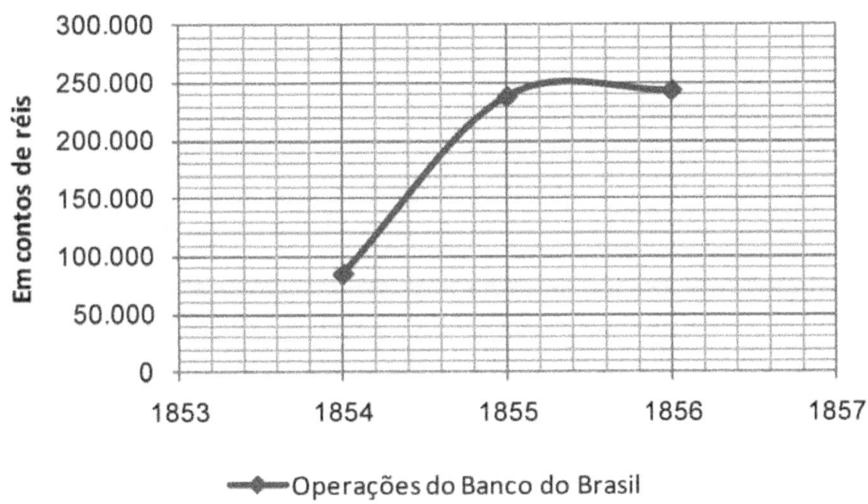

Fonte: Balanços do Banco do Brasil. In: BANCO DO BRASIL. *Relatório apresentado á Assembléa Geral dos Accionistas do Banco do Brasil.* Vários números.

Entre 1854 e 1856, as operações do banco quase triplicaram. O aumento das contas de ativo e passivo também foi expressivo. Dentro do ativo (Tabela 6), destacava-se o desconto de letras. Isso indica que o banco fazia majoritariamente empréstimos comerciais, uma vez que essas letras eram o principal instrumento do crédito mercantil.[19]

Nem nos primeiros anos de seu funcionamento, nem nos seguintes, o banco descontou letras hipotecárias. Destarte, o banco não financiava diretamente a lavoura, mas emprestava aos intermediários financeiros dos fazendeiros, tanto que a frequente reforma de letras descontadas por eles e, consequentemente, a imobilização

18 ANDRADA, Antonio Carlos Ribeiro de. *Bancos de emissão... Op. cit.*, p. 55.

19 MÜLLER, Elisa. *Moedas e bancos no Rio de Janeiro no século XIX* [mimeo], p. 1.

de capital nessas operações serão bastante criticadas futuramente pelos opositores do banco. O tempo do crédito agrícola não era o mesmo do crédito comercial e, por isso, um banco emissor como o Banco do Brasil não deveria se aventurar em empréstimos de médio e longo prazos. O banco, portanto, aparecia dentro da economia mercantil escravista como a engrenagem que oferecia, sobretudo, o crédito necessário para que a máquina comercial pudesse colocar em circulação a produção agrícola.[20] Esse padrão de empréstimo se manterá até a reestruturação do banco em 1866.

Os encaixes, isto é, a soma dos valores que o banco mantinha em seu caixa, acompanharam o movimento dos empréstimos e também aumentaram, porém, num ritmo mais lento. Considerando o conjunto dos bancos do Império nessa época, ainda que fossem poucos, a participação dos encaixes do Banco do Brasil no total dos encaixes dos bancos, de acordo com dados de Peláez e Suzigan, chegará a quase 90% em 1856.[21]

Como o Banco do Brasil era emissor, vale a pena chamar a atenção para o estado de seu fundo disponível, ou seja, a soma dos recursos em notas do Tesouro ou metal que serviam de lastro parcial para suas emissões. Era justamente esse fundo que deveria garantir a conversibilidade das notas do banco, conferindo-lhes credibilidade e garantindo a estabilidade de seu valor. Como base das emissões, era ele quem devia regular sua contração ou expansão. Do ponto de vista operacional, a formação e manutenção da parcela metálica do fundo disponível será o calcanhar de Aquiles do banco, um problema que o acompanhará até que finalmente perca o monopólio de emissão.

---

20 OLIVEIRA, Geraldo de Beauclair Mendes de. *A construção... Op. cit.*, p. 167.

21 Cf. PELÁEZ, Carlos Manuel e SUZIGAN, Wilson. *História monetária... Op. cit.* Anexos.

Tabela 6 – Empréstimos e encaixes do Banco do Brasil (1854-56) – em mil-réis

ATIVO	1854	1855	1856
1. EMPRÉSTIMOS	**16.299.964,324**	**24.120.091,522**	**29.435.390,649**
1.1. Letras descontadas	13.269.900,410	19.619.704,493	25.183.645,103
1.2. Letras caucionadas	3.030.063,914	4.500.387,029	4.251.745,546
1.3. Letras a receber	0,000	0,000	0,000
1.4. Letras hipotecárias	0,000	0,000	0,000
1.5. Letras de concordata	0,000	0,000	0,000
1.6. Letras a receber das caixas filiais	0,000	0,000	0,000
2. ENCAIXES	**6.041.390,157**	**9.195.522,386**	**9.435.269,367**
2.1. Caixa geral	5.978.231,029	9.195.522,386	9.435.269,367
2.1.1. Em notas do Banco do Brasil	357.300,000	380.270,000	67.910,000
2.1.2. Em notas das caixas filiais	0,000	0,000	0,000
2.1.3. Em notas do Tesouro menores ou iguais a 10$ e troco em cobre e prata	0,000	0,000	0,000
2.1.4. Em prata amoedada	0,000	0,000	0,000
2.1.5. Fundo disponível	5.620.931,029	8.815.252,386	9.367.359,367
2.1.5.1. Em moeda corrente, metal e papel	5.620.931,029	6.225.147,111	6.146.541,403
2.1.5.2. Em barras de Au de 22K/Ag de 11d.	0,000	2.590.105,275	3.220.817,964
2.2. Caixa de depósito	63.159,128	0,000	0,000

Fonte: Balanços do Banco do Brasil. In: BANCO DO BRASIL. *Relatório apresentado á Assembléa Geral dos Accionistas do Banco do Brasil.* Vários números.

Dentro do passivo (Tabela 7), destacavam-se as emissões. Elas se expandiram fortemente nos três primeiros anos de funcionamento da instituição, o que significava aumento da oferta de crédito com notas do banco lastreadas parcialmente em notas do Tesouro ou metal, ou seja, lastreadas parcialmente pelo fundo disponível do banco. Como o aumento das emissões era superior ao aumento das exportações, que indicavam aproximadamente o volume total de transações na época, tal expansão foi apontada por Calógeras e Buescu, por exemplo, como causa de um processo especulativo que teria levado à crise em 1857. Para eles, as emissões "*a jato contínuo*" estimulariam a demanda por um crédito que seria aplicado na constituição de empresas de solidez questionável.[22]

De fato, foi uma expansão significativa. No entanto, fosse especulação, fosse crescimento efetivo das transações comerciais, o aumento das emissões não poderia ultrapassar o limite definido nos estatutos. Embora o aumento das emissões no período pareça sugerir uma política econômica expansionista, no limite, a política econômica do governo saquarema colocava restrições ao crescimento e desenvolvimento da economia imperial. O aumento da emissão não poderia desrespeitar seu lastro parcial, mesmo que isso pudesse significar um freio para as transações comerciais.

Por isso, não se podia dizer que essa expansão era incoerente com o projeto saquarema. O ponto é que a ampliação do crédito era um de seus alvos, mas ela estava condicionada aos limites do lastro das notas do Banco do Brasil. O crédito aumentava, mas o privilégio continuava a ser da moeda, pois era o limite de emissão que regulava a expansão do crédito. Enquanto esse limite não fosse atingido, não haveria problema com a política de emissão do banco. A demanda por crédito seria atendida e o lastro parcial das notas do banco respeitado, garantindo seu troco em metal ou notas do Tesouro.

A moeda comandava a regulação do crédito e enquanto fosse assim a coerência da política econômica saquarema estaria mantida. A ampliação do limite de emissão concedida pelo governo ao banco em 1855 não significaria um afrouxamento dessa política, mas uma capitulação diante da escassez de metais de que padecia a economia brasileira. O governo saquarema insistia, mas o padrão-ouro não deixava de ser uma miragem.

Os depósitos não acompanharam o desempenho das emissões. O banco não dependia da captação de depósitos para expandir seus empréstimos, uma vez que usava as emissões para isso. Desse modo, eles representaram, em média, apenas 8% do total do passivo do banco entre 1854 e 1866. A baixa participação dos depósitos do Banco do Brasil no total de depósitos dos bancos, em torno de 30%, corrobora sua pequena importância para o banco.[23]

---

22 CALÓGERAS, João Pandiá. *A política monetária... Op. cit.*, p. 106-7; BUESCU, Mircea. *300 anos de inflação.* Rio de Janeiro: APEC, 1973, p. 188.

23 Cf. PELÁEZ, Carlos Manuel e SUZIGAN, Wilson. *História monetária... Op. cit.* Anexos.

Tabela 7 – Depósitos e emissões do Banco do Brasil (1854-56) – em mil-réis

PASSIVO	1854	1855	1856
1. DEPÓSITOS	**4.689.740,141**	**1.643.775,638**	**1.128.831,698**
1.1. Letras a pagar	3.186.076,024	128.781,254	71.238,308
1.1.1. Do atual Banco do Brasil	2.060.496,616	20.287,049	1.506,160
1.1.2. Do extinto Banco do Brasil	833.646,742	41.681,989	21.744,710
1.1.3. Do Banco Comercial	291.932,666	66.812,216	47.987,438
1.1.4. Das caixas filiais	0,000	0,000	0,000
1.1.5. Do Banco Comercial e Agrícola	0,000	0,000	0,000
1.2. Contas correntes	1.440.504,989	1.514.994,384	1.057.593,390
1.3. Depósitos voluntários	63.159,128	0,000	0,000
2. EMISSÃO	**9.000.000,000**	**17.540.000,000**	**23.519.170,000**

Fonte: Balanços do Banco do Brasil. In: BANCO DO BRASIL. *Relatório apresentado á Assembléa Geral dos Accionistas do Banco do Brasil*. Vários números.

A partir dos dados dos balanços, podemos avançar na análise dos dados do banco por meio do cálculo dos coeficientes de encaixe e empréstimo. O coeficiente de encaixe mostra os recursos que ficam disponíveis no caixa do banco para atender à demanda por saques e pelo troco de suas notas em relação ao montante total dos depósitos e emissões. Já o coeficiente de empréstimo indica a relação entre os recursos que o banco empresta e os recursos que ele capta (Tabela 8).

Tabela 8 – Coeficientes de encaixe e empréstimo do Banco do Brasil (1854-56)

	1854	1855	1856
Encaixes/Depósitos + emissões	0,44	0,48	0,38
Empréstimos/Depósitos + emissões	1,19	1,26	1,19

Fonte: Balanços do Banco do Brasil. In: BANCO DO BRASIL. *Relatório apresentado á Assembléa Geral dos Accionistas do Banco do Brasil*. Vários números. Por se tratar de um banco emissor, somamos as emissões aos depósitos para calcular os coeficientes.

Embora caia de 0,44, em 1854, para 0,38, em 1856, o coeficiente de encaixe do banco seria alto para um banco comercial, já que significa dinheiro que poderia ser emprestado, mas que fica parado no caixa. Entretanto, como se trata de um banco emissor, esse valor alto é resultante da manutenção do fundo disponível, usado para trocar as notas do banco por metais ou notas do Tesouro. De acordo com os estatutos do banco, seu fundo disponível deveria ter obrigatoriamente, no mínimo, metade do valor das emissões. Essa obrigatoriedade será relaxada já a partir de 1855, quando o valor mínimo do fundo disponível passa a ser de um terço do valor das emissões, e será restabelecida em abril de 1859.

Já o coeficiente de empréstimo se manteve estável em torno de 1,21. O banco tinha mais recursos a receber, via empréstimos, do que a pagar, via saques e troco de notas. Possivelmente, o banco aumentava a oferta de recursos para empréstimos por meio da utilização de seu próprio capital. Vale notar que, no período, os depósitos decresceram, sobretudo a partir da rubrica letras a pagar, mas o aumento da emissão e dos empréstimos garantiu a estabilidade da relação. Tendo mais a receber do que a pagar, os lucros do banco seguiram trajetória ascendente, assim como os dividendos distribuídos aos acionistas, o que se refletia no valor das ações do banco (Gráfico 5).

Gráfico 5 – Lucro líquido, dividendo e valor da ação do Banco do Brasil (1854-56)

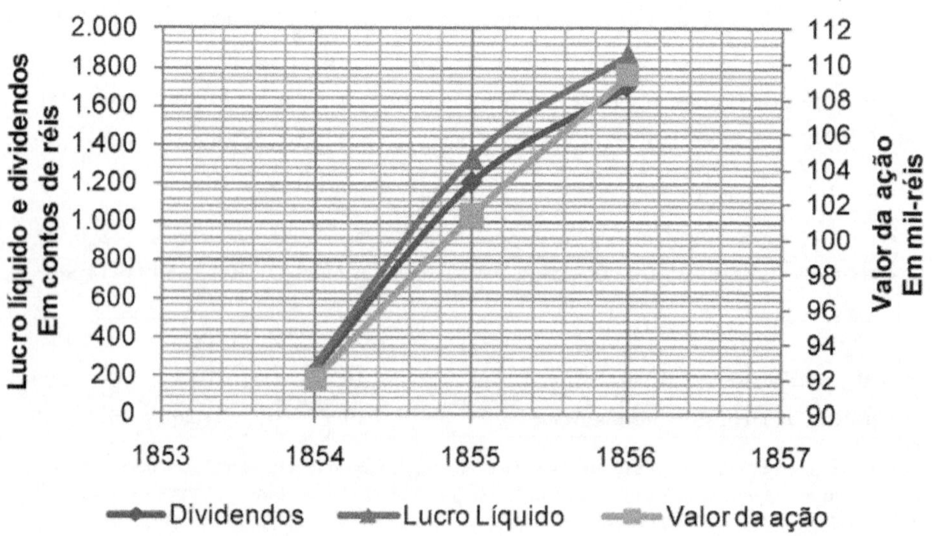

Fonte: BANCO DO BRASIL. *Relatório apresentado á Assembléa Geral dos Accionistas do Banco do Brasil.* Vários números.

O aumento das operações, dos lucros e dos dividendos do banco, que jogavam para cima o valor de suas ações, parecia indicar um caminho seguro rumo à consecução dos objetivos do governo em termos de moeda e crédito. O câmbio se estabilizara ao redor da paridade de 27d. e os empréstimos do banco subiram, justificando aquela euforia econômica apontada por Calógeras e Buescu.

Mas nem tudo eram flores no caminho do banco da Ordem. Logo nesses primeiros anos já apareceriam a fragilidade do lastro de suas emissões e a dificuldade de mantê-las dentro dos limites estabelecidos legalmente. Os dados das tabelas 7 e 8 não dão conta dessa fragilidade por mostrarem apenas o estoque do fundo disponível e da emissão na data de apuração do balanço do banco. Para observá-la, precisamos acompanhar o fluxo dessas duas variáveis ao longo do período (Gráfico 6).

Gráfico 6 – Emissão e limite de emissão do Banco do Brasil (1854-56)

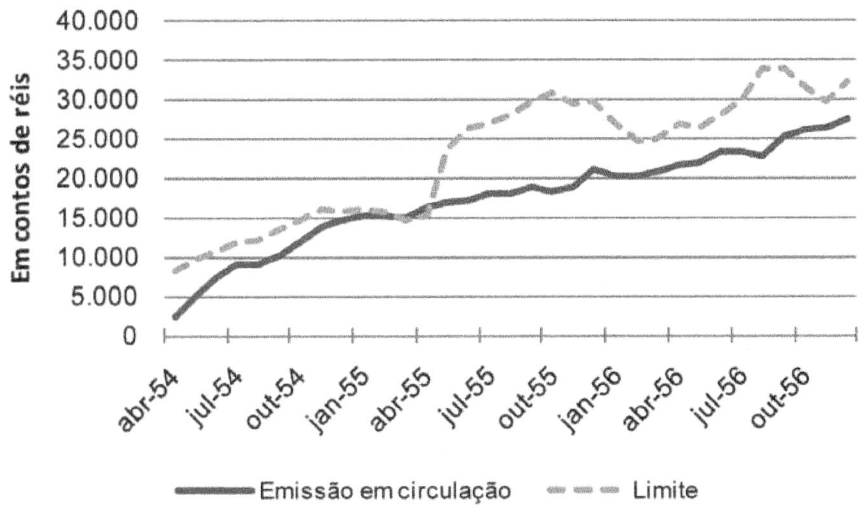

Fonte: BANCO DO BRASIL. *Relatório apresentado á Assembléa Geral dos Accionistas do Banco do Brasil*. Vários números.

A primeira fragilidade do fundo disponível estava na sua composição. Se observarmos a Tabela 7, veremos que uma parcela bem menor do fundo era composta por ouro, sendo o restante constituído por notas do Tesouro e outros metais. Como nos referimos anteriormente, o lastro das notas do Banco do Brasil não era inteiramente metálico. Os próprios saquaremas e seus pares metalistas, embora perseguissem a miragem do padrão-ouro, aparentemente tinham consciência da escassez de metal no Império e de suas consequências para o meio circulante. O ideal metálico não cabia numa economia em que era crescente a demanda por moeda para liquidação de transações comerciais. Então, quando criaram o banco, adaptaram o lastro de suas notas à realidade do país, permitindo seu troco também em notas do Tesouro.

Mesmo assim, no início de 1855, as emissões do banco aproximavam-se perigosamente de seu limite legal, dado pelo duplo de seu fundo disponível. Entre janeiro e março desse ano, o banco reduziu suas emissões, esforçando-se para mantê-las dentro do limite. Todavia, seu fundo disponível também se reduziu, minando o esforço contracionista, e, em março mesmo, o limite foi rompido. Surgiam, assim, as primeiras tensões entre o governo e o banco.

Já dissemos que a ambiguidade da natureza jurídica do banco abria brecha para tensões. Embora a administração do banco o considerasse uma instituição privada, tal como estabelecido em seus estatutos e tal como a Câmara dos Deputados implicitamente reconhecera ao votar pela compatibilidade das funções de deputado e presidente do banco, muitas de suas ações tinham que passar pelo crivo do governo. Era esse seu espaço de controle sobre o banco e é nele que podemos verificar como se davam as relações entre as duas instituições.

Os objetivos mais imediatos que os saquaremas queriam atingir por meio do banco eram a estabilidade do valor da moeda e, subordinado a este, a ampliação do crédito na economia. Era de se esperar que o governo auxiliasse o banco a atingir esses objetivos. No entanto, para os interesses do banco, a ampliação do crédito vinha antes da estabilidade da moeda. O aumento dos empréstimos, via emissão, além de atender à demanda por crédito do comércio fazia aumentar os lucros do banco e os dividendos de seus acionistas. Por isso, era de se esperar também que surgissem conflitos entre os interesses do banco e os objetivos impressos no Projeto saquarema.

As primeiras tensões surgiram quando, nove meses depois do início do funcionamento do banco, sua administração pleiteou uma mudança em seus estatutos. Foram cinco solicitações, duas delas atendidas, a saber, a permissão para adiantar dinheiro em conta corrente sobre cautelas da casa da moeda e reduzir o abatimento das letras recebidas com penhor de 25% para 10%. As outras três, negadas pelo governo, diziam respeito ao aumento do prazo dos descontos e ao desconto de letras de outros bancos. Enquanto o Banco do Brasil tentava afrouxar as condições de suas operações, o governo se aferrava a uma orientação mais conservadora. Dizia o parecer do conselho de Estado que

> a única providência, que em ocasiões de crise, ou de pânico, pode salvar os bancos de emissão do perigo de falência, ou de suspenderem seus pagamentos, consiste em *conservar-se sempre uma razoável relação entre a importância da emissão e do fundo disponível, e em se descontarem somente títulos com mais de uma firma de reconhecido crédito, e realizáveis em curtos prazos* [grifo nosso].

Emissão limitada, prazos curtos e títulos sólidos. Esses eram os princípios recomendados pela teoria e prática dos bancos das "*nações civilizadas*" e era assim que o banco de uma nação que estava a caminho da civilização deveria se comportar. O pensamento do conselho de Estado e, portanto, do governo, também vinha expresso no relatório do ministério da Fazenda de 1854.[24] O banco ora ganhava, ora perdia. Se neste primeiro caso, suas reivindicações foram parcialmente atendidas, quando solicitou a criação de caixas filiais tanto em Ouro Preto, como em outras províncias do Império, foi prontamente autorizado pelo governo.[25]

A tensão se elevou com o pedido do banco para elevar o limite de emissão. O banco começou a chegar próximo do limite nos primeiros meses de 1855 com a combinação de aumento das emissões e redução do fundo disponível. Nessa época, houve forte saída de recursos para as províncias do Nordeste, a fim de honrar compromissos relativos à compra de escravos e outros bens, aumentando os saques sobre o banco. Como suas notas eram de circulação apenas regional, era preciso

---

24 Para citação, Cf. BRASIL. *Imperiaes resoluções do Conselho de Estado na secção de fazenda desde o anno em que começou a funccionar o mesmo Conselho até o presente*. Rio de Janeiro: Typ. Nacional, 1870, p. 352. O conselho não foi unânime ao negar o alargamento do prazo dos descontos. Os conselheiros Montezuma e Alves Branco votaram a favor. Itaboraí votou contra. Paraná o seguiu e, como ministro, decidiu a questão. Cf. *Ibidem*, p. 352-5; BRASIL. MINISTÉRIO DA FAZENDA. *Proposta e relatório... de 1854... Op. cit.*, p. 7. Para as alterações nos estatutos do banco, cf. decreto 1489, de 20 de dezembro de 1854. In: BRASIL. *Collecção das leis do Império do Brasil de 1854*. Rio de Janeiro: Typ. Nacional, 1854.

25 Cf. decreto 1490, de 20 de dezembro de 1854, e decreto 1580, de 21 de março de 1855. In: BRASIL. *Collecção das leis do Império do Brasil de 1854*. Rio de Janeiro: Typ. Nacional, 1854; *Idem*. *Collecção das leis do Império do Brasil de 1855*. Rio de Janeiro: Typ. Nacional, 1856.

enviar notas do Tesouro ou metal para aquelas províncias. Portanto, esses saques pressionavam para baixo o fundo disponível do banco. Por outro lado, a demanda por crédito na praça do Rio pressionava para cima as emissões. O banco agia entre o crédito e a moeda, entre suas facetas privada e pública, mas acabava seguindo a política econômica do governo. Apesar do grande aumento das emissões em relação ao momento em que o banco entrara em funcionamento, o banco tentou frear a expansão das emissões desde o início de 1855.

Diante da escassez de notas do Tesouro no país, e aqui é preciso lembrar a lei de 1850 que proibia novas emissões por parte do governo, restava ao banco apelar para os metais se quisesse aumentar seu fundo disponível. Ao recear que o limite de emissão estivesse ameaçado, o banco tentou sacar sobre Londres certa quantia de metais a que tinha direito. No entanto, um problema na comunicação com a ilha impediu que a remessa se efetivasse. Ficara difícil conseguir metais rapidamente. O Banco do Brasil tentou, então, um acordo com os bancos da Bahia e de Pernambuco. Propunha a abertura de uma conta corrente de crédito nessas instituições para evitar o movimento de recursos inter-provincial e a sangria de seu fundo disponível. Apesar da disposição das diretorias dos bancos do Nordeste, a proposta não se efetivou imediatamente.[26] Nesse mesmo contexto, o banco chegou a fazer uma chamada de capital que poucos frutos renderia, uma vez que a previsão era de que a integralização se desse majoritariamente em notas do próprio banco, não contribuindo, portanto, para aumentar o fundo disponível. Em situação difícil, o banco teve que restringir suas operações de desconto.

O governo criticou a atuação do banco, apesar de sua tentativa de conter as emissões. O parecer da seção de Fazenda do conselho de Estado reclamava do atraso no estabelecimento das caixas filiais, o que poderia ter ajudado a evitar a evasão de recursos para o Nordeste e, consequentemente, o enfraquecimento do fundo disponível. Já o relatório do ministro da Fazenda de 1854 argumentava que o banco deveria ter se resguardado, comprando metais, por exemplo, para evitar problemas com o fundo disponível e com o curso normal dos descontos.

O governo acusava o banco de ter restringido os descontos e causado transtornos ao comércio. Seria o privilégio do crédito sobre a moeda? Parece-nos que não. A

26 BANCO DO BRASIL. *Relatório apresentado á Assembléa Geral dos Accionistas do Banco do Brasil na sua reunião de 1855, pelo Vice-Presidente do Banco Visconde do Rio Bonito*. Rio de Janeiro: Typ. J. Villeneuve, 1855, p. 12-5.

maior crítica do governo em relação ao banco era de que ele não tinha administrado bem o lastro de suas emissões e de que isso poderia levar à suspensão dos descontos e até a uma crise financeira. A ênfase da crítica mostra que a questão de fundo para o governo era a moeda. O caso era que qualquer problema com a moeda poderia levar a perturbações no crédito.

O banco respondeu ao governo em seu relatório de 1855. Nele, justificou que as caixas filiais não entraram em funcionamento, apesar da aprovação dos estatutos, porque não havia notas prontas para a emissão em quantidade suficiente. Defendeu-se da acusação de que havia suspendido os descontos, mostrando o contrário, e ainda disse que, mesmo antes do limite de emissão ser ameaçado, já adotava uma política preventiva de compra de metais.[27] A solução para a fragilidade do fundo disponível do banco parecia estar além de suas forças.

Apesar das críticas, a atuação do banco mostrava seu esforço para se enquadrar nas limitações legais estabelecidas pelo governo saquarema. O grande problema era que esse esforço esbarrava nas limitações reais da economia mercantil escravista. Como manter o lastro das emissões, seja em notas do Tesouro ou metal, numa economia em expansão que demandava cada vez mais crédito para a realização das transações? A administração do Banco do Brasil bem que tentou, mas, sem notas do Tesouro ou metal, o limite de emissão foi rompido em março de 1855.

Restava ao banco recorrer ao governo que, por meio do decreto 1.581, de 2 de abril de 1855,[28] autorizou a ampliação do limite de emissão ao triplo do fundo disponível. Apesar das críticas, mais uma vez o governo atendeu à solicitação do banco para evitar uma pressão financeira na praça do Rio. Entretanto, era uma autorização temporária, com prazo de um ano apenas, e que, como deixava claro o decreto, poderia ser cassada pelo governo a qualquer momento, mesmo antes de terminado o prazo estabelecido.

O alargamento das emissões do Banco do Brasil rompia o privilégio da moeda e desvirtuava a orientação original inscrita no Projeto saquarema? Mais uma vez parece-nos que não. Primeiro porque ficava clara a ingerência do governo caso qualquer abuso viesse a ser cometido, por parte do banco, em relação às emissões.

---

27 BANCO DO BRASIL. *Relatório apresentado á Assembléa Geral dos Accionistas... de 1855...Op. cit.*, p. 16-7; BRASIL. MINISTÉRIO DA FAZENDA. *Proposta e relatório... de 1854... Op. cit.*, p. 8-9; BRASIL. *Imperiaes resoluções do Conselho de Estado... Op. cit.*, p. 393-5.

28 Cf. BRASIL. *Collecção das leis do Império do Brasil de 1855*. Rio de Janeiro: Typ. Nacional, 1856.

Bastava ao governo cassar a autorização concedida ao banco. Essa salvaguarda era fundamental, pois o próprio governo reconhecia

> quanto pode o mal que se pretende remediar, ser agravado por essa medida, se ela não for executada com muita prudência e tino. Se o banco, armado da faculdade de emitir até o triplo do seu fundo disponível, não se compenetrar de que lhe cumpre, não já procurar vantajosos dividendos para seus acionistas, mas principalmente constituir-se regulador discreto da circulação monetária; se não se esforçar por conceder os recursos do crédito somente sob caução de legítimos títulos comerciais; *se, numa palavra, não mantiver o equilíbrio que deve existir entre a soma das operações reais e a massa do meio circulante*, os apuros tornarão a aparecer em breve tempo, e, sem dúvida, em muito maior escala [grifo nosso].

Na mesma linha, a autorização concedida era temporária, mostrando que não se tratava de uma mudança de rumo na política econômica, mas uma adaptação circunstancial. A intenção era a volta ao limite anterior, tanto que o parecer do conselho de Estado recomendava que o governo procurasse "*pelos meios que julgar mais apropriados, fazer com que a diretoria proceda de modo que, no fim do prazo acima indicado, o banco não conserve em circulação* maior soma de notas do que o duplo do fundo disponível, *sem todavia contrair subitamente a emissão para chegar a esse resultado* [grifo nosso]".[29]

Por fim, com a morte de Lisboa Serra em abril de 1855, o imperador nomeou ninguém menos do que Itaboraí para a presidência do banco. Com ele, as emissões seguiriam estritamente a orientação do governo. Pelo menos durante um tempo. O banco entendeu o recado e o gesto do governo. Entre maio e dezembro de 1855, embora o limite tivesse sido expandido, as emissões giraram ao redor do duplo do fundo disponível (Tabela 9).

29 Para citações, Cf. BRASIL. *Imperiaes resoluções do Conselho de Estado... Op. cit.*, p. 393-5.

Tabela 9 – Emissão e limite de emissão do Banco do Brasil (maio-55 a maio-56) – em mil-réis

	Emissão em circulação	Triplo do Fundo disponível	Duplo do Fundo disponível	Emissão - Duplo
mai-55	16.812.218	23.541.102	15.694.068	1.118.150
jun-55	17.159.730	26.445.757	17.630.505	-470.775
jul-55	17.953.550	27.068.851	18.045.901	-92.351
ago-55	18.006.840	27.957.754	18.638.503	-631.663
set-55	18.999.480	29.747.757	19.831.838	-832.358
out-55	18.353.380	30.989.245	20.659.497	-2.306.117
nov-55	18.896.970	29.590.332	19.726.888	-829.918
dez-55	21.062.870	29.636.709	19.757.806	1.305.064
jan-56	20.220.890	26.863.679	17.909.120	2.311.770
fev-56	20.401.260	24.753.258	16.502.172	3.899.088
mar-56	20.790.140	25.060.870	16.707.247	4.082.893
abr-56	21.665.120	26.873.758	17.915.839	3.749.281
mai-56	21.873.340	26.327.496	17.551.664	4.321.676

Fonte: BANCO DO BRASIL. *Relatório apresentado á Assembléa Geral dos Accionistas do Banco do Brasil*. Vários números.

As emissões passaram a exceder sistematicamente o duplo somente a partir de dezembro de 1855. Mesmo assim, elas permanecerão confortavelmente dentro do limite do triplo do fundo disponível pelo menos até abril de 1857. Ao contrário do que aponta Andrada,[30] esses números refletiam o esforço do banco para manter o controle das emissões em relação ao fundo disponível e, dessa maneira, combinar fortalecimento da moeda e atendimento da demanda por crédito.

Contudo, respeitar o limite de emissão não significava necessariamente que as emissões estivessem decrescendo. De maio de 1856 até abril de 1857, as emissões do banco aumentariam, ainda que sem ultrapassar o limite. O aumento das emissões faria da taxa de desconto do banco a mais baixa da praça, mesmo depois de sua elevação em março de 1855. A facilidade de crédito, em cuja base estava a facilidade emissora, estimularia a demanda por descontos e empréstimos tanto para transações comerciais como para atividades especulativas e levaria um clima de euforia

30 ANDRADA, Antonio Carlos Ribeiro de. *Bancos de emissão... Op. cit.*, p. 54.

à praça do Rio que, pouco tempo depois, se transformaria em crise. O banco aumentava suas emissões, o que estava de acordo com os interesses de seus acionistas, mas não ultrapassava seu limite legal, o que estava de acordo com os interesses do governo. Se a expansão emissora aumentava a tensão entre governo e banco, o respeito aos limites legais impedia um rompimento.

Entretanto, a fragilidade do fundo disponível permanecia e o banco parecia, de fato, não ter forças para solucionar esse problema. A saída de recursos para as províncias do Nordeste continuava a sangrar seu fundo disponível e, segundo Paraná, ainda no ministério da Fazenda, ameaçava permanentemente o limite da emissão. Isso frustrava "todas as medidas de precaução que ele [o banco] efetivamente tomara para conservar seu fundo disponível na medida prescrita e indispensável ao mecanismo de suas operações".[31] João Maurício Wanderley, futuro barão de Cotegipe,[32] sucessor de Paraná no ministério da Fazenda, também reconhecia que o banco se esforçava em vão para ampliar seu fundo disponível, como observou em seu relatório de 1856:

> É fato constante dos balanços do Banco do Brasil que de Junho de 1855 até fim de Março último, *tem este estabelecimento importado cerca de vinte mil contos de ouro, e que, não obstante isso, e a operação do troco das notas de 50$ de que vos deu conta o Relatório anterior, o fundo disponível apenas teve de então para cá o aumento de 4.000 contos*: donde se vê que tem havido e continua a haver uma *permanente* exportação de moeda deste para os outros mercados do Império, e talvez para algumas praças estrangeiras [grifos nossos].[33]

---

31 BRASIL. MINISTÉRIO DA FAZENDA. *Proposta e relatorio apresentados á Assembléa Geral Legislativa na Quarta Sessão da Nona Legislatura do anno de 1855 pelo Ministro e Secretario d'Estado dos Negocios da Fazenda Honório Hermetto Carneiro Leão.* Rio de Janeiro: Typ. Nacional, 1856, p. 10.

32 Nasceu na vila da Barra do Rio São Francisco, Bahia, em 1815. Formado em Direito pela Faculdade de Olinda, foi juiz de direito, chefe de polícia e presidente da província da Bahia (1852). Foi deputado (1843) e senador (1856) pela mesma província. Foi ministro do Império, dos negócios estrangeiros, da Marinha e da Fazenda em diversos gabinetes (1853, 1868, 1875 e 1885). Foi chefe de gabinete (1885) e presidente do Banco do Brasil. Faleceu no Rio de Janeiro, em 1889. Cf. VASCONCELLOS, barão e SMITH DE VASCONCELLOS, barão. *Archivo... Op. cit.*, p. 136.

33 BRASIL. MINISTÉRIO DA FAZENDA. *Proposta e relatorio apresentados á Assembléa Geral Legislativa na Primeira Sessão da Décima Legislatura do anno de 1856 pelo Ministro e Secretario d'Estado dos Negocios da Fazenda João Maurício Wanderley.* Rio de Janeiro: Typ. Nacional, 1857, p. 17.

Era o mesmo diagnóstico do banco. Não seria possível frear a saída de recursos para as províncias do Nordeste a não ser que se produzisse um saldo comercial entre as províncias que a impedisse ou que a taxa de desconto da praça do Rio fosse mais alta do que em outras praças.[34] Fora isso, pouco adiantaria a importação de metais por parte do banco. A entrada em funcionamento das caixas filiais tampouco resolveria o problema, como esperava Paraná. Ponderava o presidente do banco, Itaboraí, que para honrar os saques que a matriz porventura fizesse sobre as filiais, estas teriam de ou lançar mão de capitais próprios, o que embaraçaria o comércio provincial, ou de capitais enviados anteriormente pela própria matriz, o que recolocaria o problema da saída de recursos. Para Cavalcanti, Levy e Andrade, e Dorival Teixeira, se as notas emitidas pela matriz e pelas caixas filiais não tivessem circulação limitada, talvez o funcionamento dessas últimas fosse mais efetivo para solucionar definitivamente o problema.[35]

O prazo para que o limite de emissão do banco voltasse ao duplo deveria expirar em abril de 1856, conforme o decreto do ano anterior. Como o problema da saída de recursos para o Nordeste não fora resolvido e a fragilidade do fundo disponível permanecia, sua situação nos meses anteriores ao vencimento do prazo do alargamento da emissão era praticamente a mesma. Nas palavras de Viana, eram os "prodromos da grande crise".[36]

Foi nesse quadro que, em janeiro de 1856, o banco solicitou ao governo que as notas do Tesouro retiradas de circulação conforme as leis de 1835 e 1837 pudessem ser trocadas por notas do banco. O banco enviaria essas notas para a caixa de amortização, que faria a troca. Em contrapartida, à medida que as notas do Tesouro fossem trocadas, a caixa de amortização mandaria para o banco somas de novas notas do Tesouro correspondentes aos valores trocados.[37] Era mais um pedido de ajuda

---

34 Como veremos adiante, a explicação de Souza Franco para a saída de recursos para as províncias do Nordeste passa, não pelo seu superávit comercial em relação às províncias do sul, mas pela escassez de meio circulante para a realização de transações naquelas províncias. É importante destacar a posição de Souza Franco porque ela indica a guinada da política econômica com sua subida ao ministério em 1857.

35 BANCO DO BRASIL. *Relatório apresentado á Assembléa Geral dos Accionistas do Banco do Brasil na sua reunião de 1856, pelo seu Presidente Visconde de Itaborahy.* Rio de Janeiro: Typ. Nacional, 1856, p. 4-5; CAVALCANTI, Amaro. *O meio... Op. cit.*, p. 209; LEVY, Maria Bárbara e ANDRADE, Ana Maria Ribeiro de. Fundamentos... *Op. cit.*, p. 35-40; VIEIRA, Dorival Teixeira. *Evolução... Op. cit.*, p. 136-7.

36 VIANA, Victor. *O Banco do Brasil... Op. cit.*, p. 351.

37 Cf. CAVALCANTI, Amaro. *O meio... Op. cit.*, p. 209; CALÓGERAS, João Pandiá. *A política monetária...*

ao governo para que o banco pudesse aumentar seu fundo disponível e permanecer dentro dos limites legais de emissão. Pedido feito e atendido.

No mês seguinte, mais uma ajuda do governo. Paraná, ainda ministro da Fazenda, sem nem mesmo consultar o conselho de Estado, manteve o triplo do fundo disponível como limite de emissão e estendeu esse direito às caixas filiais, que começaram a funcionar recentemente. Era isso que basicamente estabelecia o decreto 1.721, de 5 de fevereiro de 1856. Paraná o justificou dizendo que

> nessas circunstâncias [saída de recursos e fragilidade do fundo disponível] o expediente ordinário, que se apresentava ao Banco, seria o de contrair seus descontos; mas, considerando que uma pressão monetária e graves sofrimentos do comércio dali sobreviriam provavelmente; *e atendendo a que a medida reclamada fundava-se menos no projeto de dar maior latitude às operações do estabelecimento, do que na imperiosa necessidade de precaver contingências*, que o colocassem numa situação ilegal ou paralisassem os seus movimentos, o governo autorizou por Decreto de 5 de Fevereiro último a Diretoria a estender a emissão do Banco e Caixas Filiais até o triplo do fundo disponível [grifo nosso].[38]

Foi o próprio banco, presidido por Itaboraí, quem solicitou a manutenção do limite de emissão. Uma contradição com o Projeto saquarema? Nabuco, por exemplo, ao comentar o episódio, diz que não se deve chamar a escola unitária de restritiva, porque foram seus representantes que autorizaram o alargamento da emissão do Banco do Brasil.[39] Em discursos parlamentares futuros, Souza Franco fará acusações semelhantes.

No entanto, parece-nos novamente que não é esse o caso. Primeiro porque fica claro no relatório de Paraná que o banco não solicitara a manutenção do limite para ampliar suas operações, mas para se precaver contra a possibilidade de ultrapassar o limite de emissão diante da fragilidade de seu fundo disponível. Segundo porque eram as demandas e limitações da própria economia mercantil

---

Op. cit., p. 106.

38 BRASIL. MINISTÉRIO DA FAZENDA. *Proposta e relatório... de 1855... Op. cit.*, p. 10.

39 NABUCO, Joaquim. *Um estadista... Op. cit.*, p. 310.

escravista que desafiavam a implementação do Projeto saquarema. Estava claro que era preciso ceder diante da realidade, que a moeda teria que ceder ao crédito. O desafio consistia em atender às necessidades daquela economia, sem comprometer a estabilidade da moeda. Apesar do relaxamento necessário e imposto por tais necessidades, o governo lutava para manter sua política, tanto que o art. 5º do decreto reservava ao governo o direito de, quando julgasse conveniente, "restabelecer todas ou algumas das disposições dos Estatutos do Banco do Brasil e de suas Caixas Filiais, alteradas pelo presente decreto", salvaguarda que também aparecia no decreto anterior. Terceiro porque o lastro parcial da moeda permaneceu, ainda que o custo dessa política fosse elevado para o banco.

Mesmo assim as concessões que o governo fazia ao banco foram vistas por Calógeras como "atos de fraqueza".[40] Contudo, o governo tinha que ajudar o banco a se equilibrar entre o ideal da circulação metálica e a necessidade real de crédito por parte da economia mercantil escravista. Era assim, em meio a concessões, que o Projeto saquarema ia tentando se impor à realidade dessa economia durante os primeiros anos do banco da Ordem, um contínuo fazer e desfazer como sugeria a ideia da teia de Penélope.

Em suma, as reivindicações do banco e as respostas do governo mostram que havia uma arena em que o banco lutava para ampliar os limites de sua atuação e o governo, por sua vez, procurava defender sua política econômica. Esse era um conflito que provocava tensões, mas não rompimento entre governo e banco. Outro conflito se dava entre o ideal da política econômica saquarema, baseada na miragem de um padrão-ouro, ainda que adaptado às circunstâncias nacionais, e a realidade da economia mercantil escravista, que demandava um volume cada vez maior de meio circulante para honrar transações, especulativas ou não, num contexto de expansão e euforia. Até o início de 1857, o governo cedeu à realidade e ao banco em alguns momentos, mas manteve firme a orientação que privilegiava a centralização do controle da oferta de moeda e sua estabilidade.

A subida de Souza Franco ao Ministério da Fazenda inverterá essa orientação. O que era monopólio de emissão se converterá em pluralidade; o que era privilégio da moeda se transformará em privilégio do crédito. O banco terá que se adaptar e o Projeto saquarema será ameaçado, mas a crise de 1857 tratará de recolocar as coisas

40 CALÓGERAS, João Pandiá. *A política monetária... Op. cit.*, p. 106.

no caminho da Ordem e da civilização. Entretanto, antes de falar da crise, vale passar pela finalização do processo de fusão dos bancos que deram origem ao segundo Banco do Brasil e pela criação de suas caixas filiais, dois processos que completavam a estrutura definitiva do banco da Ordem.

4.4. O fim do processo de fusão

Como dissemos, a ideia da fusão dos dois bancos emissores da praça do Rio de Janeiro estava implícita no projeto de Rodrigues Torres, mas só foi mencionada abertamente depois da votação do projeto no Parlamento. Vale notar que a palavra fusão nesse caso significou apenas a superposição desses dois bancos no que veio a ser o segundo Banco do Brasil, não repercutindo significativamente, como era de se esperar em casos como este, na diminuição do quadro de funcionários ou no aumento das operações do novo banco em relação aos mesmos números dos bancos que foram objeto da fusão.

Quanto aos funcionários dos bancos em liquidação, embora os estatutos não mencionassem nada sobre seu destino, a diretoria do segundo Banco do Brasil, atendendo à deliberação dos acionistas do Banco Comercial e do extinto Banco do Brasil manifestada na reunião anterior à fusão e à proposta apresentada por um de seus membros, selecionou entre os funcionários dos bancos que foram objeto da fusão aqueles que iriam trabalhar no novo banco.[41] Quase ninguém ficou de fora (Quadro 5).

---

41 Cf. BANCO DO BRASIL. *Relatório apresentado á Assembléa Geral dos Accionistas do Banco do Brasil na sua reunião de 1854... Op. cit.* Cf. também BANCO DO BRASIL. *Atas de reunião da diretoria (1854-1866).* A proposta a que nos referimos foi feita pelo diretor José Carlos Mayrink, conforme a ata da décima segunda reunião realizada no dia 27 de janeiro de 1854.

Quadro 5 – Origem dos funcionários do segundo Banco do Brasil (1853)*

<table>
<tr><th></th><th>Banco Comercial do Rio de Janeiro</th><th>Banco do Brasil extinto</th></tr>
<tr><td>Tesoureiro</td><td>Francisco Xavier Pereira</td><td>Joaquim Pereira Vianna de Lima Júnior</td></tr>
<tr><td>Secretário</td><td>Diogo Duarte da Silva</td><td>Henrique de Macedo Coutinho</td></tr>
<tr><td>Guarda-livros</td><td>João Frederico Moller</td><td>Alfredo Augusto Pereira Basto*</td></tr>
<tr><td>1º contador</td><td>João Martins do Amaral Júnior</td><td>Quintiliano de Mello Sousa Menezes*</td></tr>
<tr><td>2º contador</td><td></td><td>José Henrique Trindade</td></tr>
<tr><td rowspan="5">Escriturários</td><td>Joaquim Ernesto Pereira Vianna</td><td>Henrique Nogueira Murat*</td></tr>
<tr><td>Cândido Duarte Silva</td><td>Joaquim José Marques*</td></tr>
<tr><td>Joaquim Vieira da Costa</td><td>Alfredo Eduardo d'Azevedo Barbosa</td></tr>
<tr><td>Augusto Duarte Silva</td><td>Antônio da Costa Timótheo</td></tr>
<tr><td>Guilherme José Cardoso</td><td>Antônio Soares Pinto Júnior</td></tr>
<tr><td>1º recebedor</td><td>Domingos José Pereira Alves</td><td>Antônio Joaquim Bernardes</td></tr>
<tr><td>2º pagador</td><td>Diogo Duarte Silva Júnior</td><td>Antônio José Vicente da Costa</td></tr>
<tr><td rowspan="2">Cobradores</td><td>Antônio Carlos de Araújo Lima</td><td>Francisco Antônio da Costa</td></tr>
<tr><td>Cândido Pereira Monteiro</td><td>Torquato Joaquim da Costa</td></tr>
<tr><td rowspan="5">Amanuenses</td><td>Jacintho Teixeira da Cunha</td><td>João Honório d'Oliveira*</td></tr>
<tr><td>Luiz Jácome de Abreu e Sousa*</td><td>Francisco Álvares da Cunha</td></tr>
<tr><td>Manoel José Madeira</td><td>Carlos Manoel Nogueira Campos Júnior</td></tr>
<tr><td>José Benedito da Costa Jordão</td><td></td></tr>
<tr><td>Antônio Joaquim da Silva Tibre</td><td></td></tr>
<tr><td>Porteiro</td><td>Bento José Lavra Pinto</td><td>Domingos José Ferreira Braga</td></tr>
<tr><td rowspan="2">Contínuos</td><td rowspan="2">Francisco José de Carvalho</td><td>Francisco Antônio Mendes de Oliveira</td></tr>
<tr><td>José Antônio dos Santos</td></tr>
</table>

*Apenas os nomes grifados não foram aproveitados no segundo Banco do Brasil.

Fonte: BANCO DO BRASIL. *Relatório apresentado á Assembléa Geral dos Accionistas do Banco do Brasil na sua reunião de 1854, pelo seu Presidente João Duarte Lisboa Serra.* Rio de Janeiro: Typ. de J. Villeneuve e C., 1854; *Almanack Laemmert Administrativo, Mercantil e Industrial da Corte e província do Rio de Janeiro.* Rio de Janeiro, Typ. Un. Laemmert, 1854.

Isto revela que, na verdade, houve mais uma soma do número de funcionários do que propriamente uma racionalização de atividades decorrente da fusão, donde decorreria uma redução mais significativa do número funcionários. É o que também mostra a comparação do montante em letras descontadas e caucionadas pelo segundo Banco do Brasil, em 30 de junho de 1855, com a soma do montante dessas operações realizadas pelos dois bancos extintos, no momento da fusão (Tabela 10).

Tabela 10 – Operações com letras descontadas e caucionadas: bancos extintos x segundo Banco dl – em mil-réis

	Banco Comercial + Banco do Brasil extinto	Segundo Banco do Brasil	Diferença
Letras descontadas	20.018:565$983	19.619:704$493	398:861$490
Letras caucionadas	8.761:909$504	4.500:587$029	4.171:522$475

Fonte: BANCO DO BRASIL. *Relatório apresentado á Assembléa Geral dos Accionistas do Banco do Brasil na sua reunião de 1855*. Rio de Janeiro: Typ. de J. Villeneuve e C., 1855.

A diferença em relação ao montante em letras caucionadas é significativa, mas há uma explicação simples para isso. Nas carteiras do Banco Comercial e do Banco do Brasil havia ações de companhias e dos próprios bancos. As ações dos próprios bancos não podiam ser aceitas como penhor pelo segundo Banco do Brasil e as de outras companhias só eram aceitas com redução de pelo menos 1/3 do valor realizado. Dessa maneira, a tendência era de que caísse mesmo o montante de operações com letras caucionadas no novo banco.[42] Já em relação ao montante em letras descontadas, há apenas uma pequena diferença, sugerindo novamente mera soma de operações. No entanto, deve-se levar em conta que o novo banco estava apenas iniciando suas atividades.

A mera superposição de instituições, como indicam os dados apresentados, confirma a hipótese de que não havia uma razão especificamente microeconômica que motivasse a fusão. Esse foi um processo essencialmente político, uma manobra do governo saquarema para obter o controle da oferta de moeda via centralização da emissão no segundo Banco do Brasil. Uma tacada que nem mesmo Irineu Evangelista de Souza pôde resistir. Por isso mesmo o processo de fusão seguia adiante sem maiores dificuldades.

Logo no primeiro relatório apresentado à assembleia geral de acionistas do Banco do Brasil, Lisboa Serra atribuía o "assombroso" movimento do novo banco à liquidação dos antigos bancos e dizia que a fusão vinha sendo operada com exatidão e regularidade. No mesmo relatório foram consideradas disposições práticas para executar o que dispunha o art. 77 dos estatutos. Enquanto isso, a liquidação dos bancos fundidos caminhava a passos largos (Tabela 11).

42 Cf. BANCO DO BRASIL. *Relatório apresentado á Assembléa Geral dos Accionistas... de 1855... Op. cit.*, p. 11.

Tabela 11 – Resumo da liquidação dos bancos extintos em relação às suas principais operações – em mil-réis

	10 de abril	Cobradas	30 de junho
Letras descontadas	20.018.565,983	13.874.263,020	6.144.302,963
Letras caucionadas	8.671.909,504	4.562.734,215	4.109.175,289

	10 de abril	Cobradas	30 de junho
Letras a pagar	15.883.104,410	11.661.450,432	4.221.653,978
Letras de emissão	2.824.900,000	2.379.500,000	445.400,000

Fonte: BANCO DO BRASIL. *Relatório apresentado á Assembléa Geral... Op. cit.* (1854).

De 10 de abril de 1854, início das operações do segundo Banco do Brasil, a 30 de junho do mesmo ano, data de fechamento do primeiro relatório apresentado à assembleia dos acionistas, 69% das cobranças e 73% dos pagamentos dos bancos em liquidação já haviam sido realizados. O relatório dos fiscais do banco, ou seja, dos representantes dos acionistas junto à diretoria, também apresentava números que demonstravam a velocidade do processo de fusão (Tabela 12).

Tabela 12 – Posição dos bancos em liquidação em 30 de junho de 1854 – em mil-réis

	Banco Comercial	Banco do Brasil extinto
Ativo	19.804:330$403	18.008:663$347
Liquidado	11.033:787$624	5.850:195$052
A liquidar	**8.770:542$779**	**12.158:468$295**
Em circulação	**2.860:607$615**	**1.806:446$363**
Letras a pagar	2.667:007$615	1.554:646$363
Emissão	193:600$000	251:800$000
Emissão na fusão	1.574:000$000	1.250:900$000
Emissão recolhida	1.380:400$000	999:100$000

Fonte: BANCO DO BRASIL. *Relatório apresentado á Assembléa.... Op. cit.* (1854).

Em pouco mais de três meses, foram liquidados 16.883:982$676 do ativo e recolhida a maior parte da emissão em circulação dos dois bancos que havia no momento da fusão. Nesse ritmo, já no relatório seguinte, apresentado à assembleia dos acionistas em 1855, o visconde do Rio Bonito, então vice-presidente do novo Banco do Brasil, declarou concluída com muito êxito a liquidação do Banco Comercial e do antigo Banco do Brasil, pois não trouxera prejuízos aos acionistas e todas as obrigações contraídas haviam sido liquidadas.[43]

O processo de fusão, que se iniciara em 1853, chegou ao fim e não foi obstáculo insuperável para a execução do plano de Rodrigues Torres. Pelo contrário, foi solução. Sem capital suficiente para constituir ou financiar o banco proposto, constituí-lo com os capitais privados já empregados nos bancos existentes foi alternativa audaciosa. Pelo comportamento de Irineu Evangelista de Souza no episódio e pela débil resistência por parte da administração dos dois bancos fundidos, nota-se a grande pressão exercida pelo governo e até pelo ministro da Fazenda pessoalmente. Completava-se, assim, o primeiro movimento da grande tacada de Rodrigues Torres. O segundo movimento, que começou antes mesmo de terminado o primeiro, passava pela capilarização das operações do banco nas províncias do Império e isso requeria o estabelecimento de caixas filiais, pelo menos nas praças mais importantes, tal como previsto nos estatutos do banco. O fim do processo de fusão e o estabelecimento de caixas filiais em várias províncias definiram os contornos finais do segundo Banco do Brasil.

4.5. O espraiar da Ordem

A criação do segundo Banco do Brasil justificava-se, do ponto de vista econômico, pela necessidade de saneamento do meio circulante, isto é, pela necessidade de fazer valer o padrão-ouro estabelecido na reforma monetária de 1846 e garantir a conversibilidade da moeda que circulava pelo Império. Do ponto de vista político, a criação do banco enquadrava-se no projeto político saquarema, cujos pilares eram a manutenção da ordem econômica, política e social, com centralização do poder político na Corte, e a construção de uma civilização nos trópicos. O segundo Banco do Brasil, cuja principal característica era o monopólio de emissão, viria impor a centralização do poder

43 Letras e dividendos não reclamados permaneceriam no passivo dos balanços do segundo Banco do Brasil até 1859.

governamental na gestão da moeda e do crédito. A consolidação do Estado nacional de cunho centralizador, inserida num projeto que buscava trazer ordem e civilização ao país, não poderia prescindir do controle da moeda e do crédito. Ocorre que esse controle não poderia se restringir à Corte, mas alcançar outras províncias do Império.

Entre as décadas de 1830 e 1840, depois de um período sem bancos desde a extinção do primeiro Banco do Brasil em 1829, foram criados bancos privados na Corte e nas províncias, todos eles emissores de vales. Os dois maiores eram o Banco Comercial e o Banco do Brasil, de Irineu Evangelista de Souza, ambos localizados na Corte. Em seguida vinham os bancos das províncias da Bahia, Pernambuco, Maranhão e Pará.

No início da década de 1850, a conjuntura de crise que envolvia os bancos emissores da Corte abriu espaço para a proposição do monopólio da emissão de notas no Império e, consequentemente, para a criação do segundo Banco do Brasil. Aprovada a proposta, expressa no projeto que dava origem ao banco, passou-se da pluralidade à centralização da emissão de notas bancárias. A emissão de vales à vista e ao portador foi proibida em todo o Império e só o novo Banco do Brasil, criado em 1853, teria o direito de emitir notas desse tipo. A questão era como fazer com que a emissão de notas de um banco que se localizava na Corte fosse capaz de atender à demanda por meio circulante de outras províncias, uma vez que a economia mercantil escravista contaria agora com apenas uma fonte para irrigar as praças com moeda e satisfazer suas necessidades comerciais.

A dificuldade de capilarização do meio circulante era um dos principais problemas levantados pelos opositores da centralização da emissão bancária. Souza Franco, líder inconteste dessa oposição, já advertia, muito antes da criação do segundo Banco do Brasil, que as grandes distâncias e a dificuldade e demora nas comunicações eram um obstáculo que a centralização da emissão não poderia superar.[44] Porém, ignorando a advertência da oposição, o banco e os partidários da centralização emissora foram em frente e criaram caixas filiais do banco em várias províncias do Império.

De fato, o novo banco deveria contar com um aparato institucional para que sua emissão de alguma maneira alcançasse as praças mais distantes da Corte. A solução para o problema da circulação regional e das distâncias estava contemplada no projeto de Rodrigues Torres e passava pela criação, por parte do banco, das caixas filiais. O primeiro parágrafo do art. 1º da lei que criou o banco previa a criação de caixas

44 FRANCO, Bernardo de Souza. *Os bancos do Brasil... Op. cit.*, p. 83.

filiais onde as necessidades do comércio as exigissem. A exigência das necessidades do comércio, embora fosse um critério vago para a abertura das caixas, permaneceu no art. 5º dos estatutos do banco. Ele aparentemente teria liberdade para abrir caixas filiais onde entendesse necessário e deveria também organizar seus estatutos, todavia, a aprovação da abertura dessas caixas teria que passar pela chancela do governo.

As caixas filiais foram assunto frequente nas reuniões da diretoria do banco em seus primeiros anos. O ponto de partida, evidentemente, era a conversão das caixas do extinto Banco do Brasil em São Paulo e no Rio Grande do Sul em caixas filiais do novo Banco do Brasil. Iniciativa própria mesmo só a criação da caixa de Minas Gerais, em Ouro Preto, pois as outras caixas viriam da conversão dos bancos emissores existentes na Bahia, em Pernambuco, no Maranhão e no Pará. Como rezavam os estatutos da matriz, os estatutos das caixas filiais foram propostos pela diretoria do Banco do Brasil e avaliados pelo governo. Os pareceres do conselho de Estado em todos os casos foram positivos e não contrariaram o que o banco havia afirmado. De maneira geral, os estatutos das caixas filiais seguiram o padrão dos estatutos elaborados para a caixa filial de Ouro Preto.[45]

Se seguíssemos apenas as letras da lei e dos estatutos, seríamos levados a deduzir que a exigência das necessidades do comércio regional foi o motivo pelo qual o banco criou, com aprovação do governo, uma caixa filial na província mineira. No entanto, para além das necessidades do comércio, a caixa filial de Ouro Preto era fundamental para reduzir o vazamento das notas emitidas pela matriz para Minas, uma vez que a demanda provincial passaria a ser atendida por notas emitidas pela própria caixa, e para atrair, via depósitos, os metais preciosos que ainda circulavam nessa província.[46]

Por outro lado, a caixa de Ouro Preto, e também a de São Paulo, teriam a peculiaridade de receber notas emitidas pela matriz e gozar de seu fundo disponível para o cálculo de seus limites de emissão, criando um espaço ampliado para a circulação das notas da matriz que abarcava as regiões próximas à Corte com as quais esta mantinha estreitos vínculos comerciais. Além disso, a caixa mineira especificamente diferenciava-se das demais por ter seu capital de 100:000$ totalmente integralizado

---

45 Sessão 121, de 28 de dezembro de 1854. Cf. BANCO DO BRASIL. *Atas de reunião...Op. cit.*, p. 1.

46 Como vimos, a atração dos metais preciosos era importante para aumentar o fundo disponível do banco e de suas caixas filiais. O fundo disponível, reserva em moeda corrente e ouro, era a base sobre a qual os bancos emitiam. Para a questão da criação da caixa filial de Ouro Preto, cf. LEVY, Maria Bárbara e ANDRADE, Ana Maria Ribeiro de. Fundamentos...*Op. cit.*, p. 38.

pelo Banco do Brasil. Talvez isso se deva justamente ao fato desta caixa não se originar de um estabelecimento preexistente, evitando assim a necessidade de negociar participação acionária com antigos proprietários. O capital das demais caixas, todas oriundas de estabelecimentos preexistentes, seria dividido em ações.

O parecer do conselho de Estado sobre a caixa de Minas Gerais, datado de 16 de dezembro de 1854 e assinado por Itaboraí, Montezuma e Alves Branco, foi extremamente favorável. Enaltecia as vantagens que traria para a província e para o banco. Para a província porque contaria com um necessário estabelecimento de crédito, pois, até aquela altura, Minas Gerais não possuía ainda "no seu vasto território um só estabelecimento de crédito e falece-lhe assim um dos instrumentos indispensáveis da propriedade dos povos modernos".[47] Para o banco porque a caixa movimentaria, por meio dos descontos, capitais que, de outro modo, ficariam dormentes em seus cofres sem lhe render os frutos oriundos das operações financeiras.

Da mesma maneira, o parecer do conselho de Estado sobre a caixa de São Paulo, assinado em 17 de março de 1855 por Itaboraí e pelos agora viscondes de Jequitinhonha e Caravelas, acatou todas as reivindicações do banco. Tendo em vista que a caixa de São Paulo seria resultado da conversão da caixa filial do extinto Banco do Brasil, o parecer foi favorável inclusive à possibilidade de que, nos primeiros tempos, a caixa descontasse títulos com prazos mais longos, entre quatro e seis meses. Nesse mesmo dia, também saiu o parecer favorável à conversão dos bancos emissores das províncias e da caixa filial do Rio Grande do Sul em caixas filiais do novo Banco do Brasil. Num parecer bastante sucinto, os mesmos conselheiros recomendaram a aprovação dos estatutos das instituições financeiras que espraiariam a orientação da política econômica saquarema pelas províncias do Império.

Com pareceres tão favoráveis, os decretos que aprovavam os estatutos de todas as caixas filiais do Banco do Brasil seriam lançados dentro de pouco tempo. Nessa altura, temos que enfrentar a leitura nada agradável dos estatutos das caixas filiais. Era por meio deles que se estruturavam as relações entre filiais e matriz, e, por extensão, entre filiais e governo. Destarte, as relações entre filiais e governo se davam indiretamente, sendo intermediária a matriz. Consola-nos aqui o fato de serem todos eles, os estatutos das sete caixas filiais do banco, muito semelhantes, bastando-nos a leitura de um só para compreender o sentido de todos os outros. Os decretos que aprovavam os estatutos

47 Cf. BRASIL. *Imperiaes resoluções do Conselho de Estado... Op. cit.*, p. 355.

das caixas filiais realmente saíram logo depois dos pareceres favoráveis do conselho de Estado. Ainda em dezembro de 1854, foram aprovados os da caixa filial de Ouro Preto e, em março do ano seguinte, foram aprovados os das demais caixas.[48] Dos estatutos, destacamos a organização, as operações e a administração das caixas.

Com exceção da caixa de Ouro Preto, todas as outras tinham seu capital dividido em ações. Inicialmente, foram distribuídas 10.000 ações nas caixas da Bahia e de Pernambuco; 2.500 ações nas caixas de São Paulo e do Rio Grande do Sul e 2.000 ações nas caixas do Maranhão e do Pará. Como veremos adiante, a distribuição das ações refletia a importância das caixas filiais em termos de operações.

De acordo com os estatutos, as caixas estavam autorizadas a fazer nove operações. Elas poderiam descontar letras e outros títulos comerciais com prazo máximo de quatro meses, mas, no caso das caixas que se originaram de bancos preexistentes, o prazo máximo do desconto se estendia para seis meses nos quatro primeiros anos. Para assegurar o retorno e a lisura da operação, tais títulos deveriam ser garantidos por duas assinaturas, desde que não fossem as duas de diretores da caixa ou de membros da comissão de desconto. Esperava-se, com isso, aliviar o problema da oferta de crédito nas províncias.

Dando continuidade à política econômica saquarema, as caixas filiais poderiam emitir notas pagáveis à vista e ao portador na própria caixa em que foram emitidas. Essas notas teriam o privilégio de serem recebidas nas estações públicas provinciais. Inicialmente, o limite de emissão seguia os mesmos parâmetros do limite da matriz, ou seja, as emissões não podiam ultrapassar o duplo do fundo disponível nem exceder o montante total dos descontos e dos empréstimos sobre penhor. Contudo, pouco tempo depois do início da operação das caixas, seu limite de emissão foi ampliado para o triplo do fundo disponível, assim como o fora na matriz. Esperava-se, com isso, aliviar o problema da escassez de meio circulante para realização de transações e crédito nas províncias. E só nas províncias, pois, como já mencionamos, a circulação das notas das caixas era restrita às suas fronteiras. Somente as notas emitidas pelas caixas de Ouro Preto e São Paulo poderiam ser pagas nessas mesmas caixas ou na matriz e apenas elas poderiam trocar notas emitidas pela matriz e gozar de seu fundo disponível para efeito do cálculo de seus limites de emissão.

48 Cf. decreto 1490, de 20 de dezembro de 1854. In: BRASIL. *Collecção das leis do Império do Brasil de 1854*. Rio de Janeiro: Typ. Nacional, 1854 e decreto 1580, de 21 de março de 1855. In: *Idem*. *Collecção das leis do Império do Brasil de 1855*. Rio de Janeiro: Typ. Nacional, 1856.

A emissão e o desconto eram as operações mais importantes das caixas. Estavam definidos aí os dois pilares da política econômica saquarema, a saber, a moeda e o crédito. Assim como na matriz, o crédito estava subordinado à moeda, pois a ampliação dos descontos dependia, em boa medida, do aumento das emissões, limitadas, por sua vez, pela dinâmica do fundo disponível. Além dessas duas operações mais importantes, descontos e emissão, as caixas poderiam, autonomamente, receber comissão sobre a compra e venda de metais preciosos, apólices da dívida pública geral e provincial; receber em conta corrente recursos de particulares ou de estabelecimentos públicos; comprar e vender metais preciosos; fazer empréstimos sobre penhor de ouro ou prata e, com exceção da caixa de Ouro Preto, fazer operações de câmbio para importar metais preciosos ou impedir sua exportação. Esta última operação indicava claramente a intenção do governo de garantir o lastro metálico, ainda que parcial, da moeda brasileira. Dependiam de autorização ou instrução da matriz, a captação de dinheiro a prêmio por meio de conta corrente ou da passagem de letras e o movimento de fundos para a capital do Império e outros lugares da província. Ademais, seria prerrogativa da matriz suspender ou restringir qualquer operação das caixas.

Os estatutos deixavam claro o controle da matriz sobre as caixas filiais ao estabelecerem que suas diretorias, cujo tamanho variava em função do tamanho de cada caixa, seriam nomeadas pela diretoria da matriz. Para ser diretor de uma caixa era preciso ter uma quantidade mínima de ações que também variava de caixa para caixa. O controle sobre a diretoria das caixas era importante porque cabiam a ela funções que interferiam diretamente no valor da moeda e nas condições do crédito, tais como deliberar sobre a emissão; fixar semanalmente a quantia destinada para operações de desconto e penhor; determinar a taxa dos descontos e seus prazos, obedecendo o limite máximo de quatro meses; organizar a relação de assinaturas que seriam aceitas nos descontos e o limite de crédito de cada uma; nomear e demitir quaisquer funcionários;[49] propor à matriz alterações nos estatutos; organizar o regulamento interno; dirigir e fiscalizar todas as operações da caixa e, finalmente, enviar mensalmente à matriz informações sobre tais operações.

Por via das dúvidas, a matriz poderia, sempre que julgasse conveniente, inspecionar o estado das caixas filiais. Embora o art. 35 autorizasse a diretoria da caixa a exercer

49 A exceção era o tesoureiro da caixa de Ouro Preto, que seria nomeado pela matriz e só ela poderia demiti-lo.

"livre e geral administração", o art. 37 punha um freio a essa liberdade. Ele dizia com muita clareza que a diretoria da caixa devia cumprir e fazer cumprir todas as ordens e instruções da matriz em tudo que dissesse respeito aos estatutos, ao regimento interno e a quaisquer disposições que por ventura fossem adotadas pelas caixas. Questões importantes como a dissolução da caixa, a mudança de sua sede ou a criação de agências das caixas filiais, por exemplo, seriam decididas pela diretoria da matriz.

Pelos estatutos, observamos que, formalmente, as caixas filiais estavam atadas às decisões da matriz e subordinadas a elas. Era a matriz quem impunha o limite de emissão das caixas; quem tinha a prerrogativa de suspender ou restringir suas operações; quem nomeava sua diretoria; e, enfim, quem decidia questões fundamentais como sua dissolução. Na prática, todavia, não era bem assim. Pacheco e Vieira chamam atenção para o fato de que as distâncias e, consequentemente, a dificuldade de comunicação entre matriz e filiais tornavam frouxa a fiscalização da primeira sobre as últimas. O fato de cada caixa ter seus próprios estatutos e suas próprias diretorias levou Pacheco a afirmar que elas não eram simplesmente agências como as que conhecemos hoje. Formavam, na verdade, uma federação de bancos que desfrutava de bastante autonomia justamente por conta dessa dificuldade de comunicação e, por extensão, de fiscalização.[50]

De fato, empréstimos descuidados e fraudes podiam acontecer longe dos olhos da matriz, como bem ilustrará o caso de Pernambuco. Apesar disso, não se pode afirmar que as caixas desobedeciam sistematicamente as orientações gerais do banco. O limite de emissão, por exemplo, pelo menos nos primeiros anos de funcionamento das caixas, sempre foi obedecido. Suas diretorias, nomeadas pela matriz, pareciam procurar assegurar o cumprimento das instruções da diretoria da caixa central que, por sua vez, seguia a política econômica do governo.

O tamanho das diretorias das caixas variava em função do tamanho do negócio e, para fazer parte dela, era preciso ter uma quantidade mínima de ações que também variava de caixa para caixa. A diretoria da caixa de Ouro Preto seria composta por três membros, com no mínimo vinte e cinco ações cada um; as de São Paulo, Rio Grande do Sul, Maranhão e Pará, por cinco membros, com no mínimo trinta ações cada um; e as da Bahia e de Pernambuco, por sete membros, com no mínimo quarenta ações cada um (Quadro 6).

---

50 Cf. PACHECO, Cláudio. *História... Op. cit.*, p. 179; VIEIRA, Dorival Teixeira. *Evolução... Op. cit.*, p. 122.

Quadro 6 – Composição das primeiras diretorias das caixas filiais do Banco do Brasil (1853-1866)

Caixa filial de Ouro Preto	
Cargo	**Ocupante**
Presidente	Barão de Camargos (Manuel Teixeira de Souza)
Vice-presidente	Carlos de Assis Figueiredo (nomeado em 8/5/56)
Diretor	Antônio Luiz de Magalhães Mosqueira

Caixa filial de São Paulo	
Cargo	**Ocupante**
Presidente	Barão de Iguape (Antônio da Silva Prado - nomeado em 13/4/55)
Vice-presidente	Barão de Souza Queiróz (Francisco Antônio de Sousa Queiróz)
Diretor	Barão de Itapetininga (Joaquim José dos Santos Silva)
Diretor	Barão de Tietê (José Manuel da Silva)
Diretor	Jayme da Silva Telles

Caixa filial do Rio Grande do Sul	
Cargo	**Ocupante**
Presidente	Porfírio Ferreira Nunes
Diretor	José de Sousa Gomes
Diretor	Antônio José Ferreira Guimarães
Diretor	José Bernardino Teixeira Barbosa
Diretor	Delfino Lorena de Sousa

Caixa filial da Bahia	
Cargo	**Ocupante**
Presidente	Visconde dos Fiaes (Luís Paulo de Araújo Bastos)
Vice-presidente	Manoel Belens de Lima
Diretor	João Smith Gillmer
Diretor	Antônio José da Costa
Diretor	Francisco José Godinho
Diretor	José Agostinho Salles
Diretor	Joaquim José Rodrigues

Caixa filial de Pernambuco	
Cargo	**Ocupante**
Presidente	Barão e visconde de Suaçuna (Francisco de Paula Cavalcanti de Albuquerque)
Vice-presidente	João Ignácio de Medeiros Rego
Diretor	Manoel Ignácio de Oliveira
Diretor	João Pinto de Lemos
Diretor	Manoel Gonçalves da Silva
Diretor	Luiz Gomes Ferreira
Diretor	José Pereira da Cunha

Caixa filial do Maranhão	
Cargo	**Ocupante**
Presidente	João Gualberto da Costa
Vice-presidente	Manoel Pereira Guimarães Caldas
Diretor	Antônio Xavier da Silva Leite
Diretor	Henrique Season
Diretor	Antônio Francisco de Azevedo

Caixa filial do Pará	
Cargo	**Ocupante**
Presidente	João Maria de Moraes
Vice-presidente	Archibald Campbell
Diretor	Joaquim Antônio Alves
Diretor	Manoel Antônio Pimenta Bueno
Diretor	Henry B. Dewy

Fonte: BANCO DO BRASIL. *Relatório apresentado á Assembléa Geral dos Accionistas... de 1856... Op. cit.* Anexos.

A influência de negociantes era grande também na diretoria das caixas filiais. As caixas de São Paulo e do Rio Grande do Sul nada mais eram do que as caixas do extinto Banco do Brasil controlado por Irineu Evangelista de Souza, negociante nacional. Os bancos da Bahia e de Pernambuco, que se tornaram caixas do Banco do Brasil, foram criados por iniciativa das associações comerciais das respectivas províncias. Muitos dos negociantes que já ocupavam o cargo nos bancos que foram extintos para dar lugar às caixas filiais foram nomeados sem hesitação pela matriz para compor a diretoria dos novos estabelecimentos, como atesta o relatório do banco de 1856:

> a confiança que mereceram dos acionistas das respectivas Províncias os Diretores dos Bancos que tinham de converter-se em filiais do Banco do Brasil, e a prática que deverão ter adquirido no meneio desses Estabelecimentos, foram parte para que a Diretoria os *nomeasse*, com raras exceções, para administrarem as referidas Caixas [grifo nosso].[51]

Assim como os diretores da matriz, eles também buscavam privilegiar o crédito. Destarte, os interesses e conflitos das caixas filiais em relação à política econômica do governo seriam semelhantes aos da matriz. Embora negociantes de fora da Corte sustentassem a pluralidade de emissão,[52] os diretores das caixas tinham que se enquadrar na orientação do governo por meio das instruções que recebiam da matriz. As caixas filiais, assim como a matriz, operavam nos limites estabelecidos pelo governo e lutavam internamente para ampliá-los.

Apesar de terem os estatutos aprovados rapidamente pelo governo, as caixas filiais não entrariam em funcionamento imediatamente. Pelo contrário, ainda demorariam muito a estender o benefício do crédito do Banco do Brasil às províncias. Os decretos que autorizavam o funcionamento da caixa de Ouro Preto e das demais caixas eram de dezembro de 1854 e março de 1855, respectivamente. As caixas de Ouro Preto e São Paulo, as primeiras a entrar em operação, só iniciaram suas atividades em janeiro de 1856. Em março do mesmo ano, entrou em operação a caixa do Rio Grande do Sul. Em julho, foi a vez das caixas da Bahia, Pernambuco e Maranhão. No mês seguinte, a caixa do Pará finalmente abriu suas portas ao público. Passou-se mais de um ano entre a aprovação dos estatutos e o efetivo funcionamento das caixas. O que houve? O relatório de 1856 apontava a preparação e assinatura das notas para emissão como causa principal do atraso, aliás, mesmo motivo alegado para justificar o atraso no início das operações da matriz.

Fosse ou não fosse essa a principal causa do atraso, o fato é que, nesse ínterim, a fragilidade do fundo disponível da matriz se revelava seu calcanhar de Aquiles e lhe trazia problemas para se manter dentro do limite de emissão. O banco padecia com a sangria de seu fundo disponível causada pela saída de recursos para as províncias do Nordeste. Tanto o banco como o governo acompanhavam a situação

51 BANCO DO BRASIL. *Relatório apresentado á Assembléa Geral dos Accionistas... de 1856... Op. cit.*, p. 10.

52 RIDINGS, Eugene. *Business Interest Groups... Op. cit.*, p. 137.

com preocupação. As remessas de metais e notas do Tesouro para as províncias do Nordeste eram sempre apontadas, pelo banco e pelo governo, como causa da fragilidade do fundo disponível da instituição.

Para o banco, a solução do problema não passava apenas pelas operações das caixas, mas pelo equilíbrio da balança comercial interprovincial ou pela administração da taxa de desconto. Em que pese a questão da provincialização da circulação das notas emitidas pelas caixas, como observaram Cavalcanti, Levy e Andrade, e Dorival Teixeira, para o governo, o estabelecimento de caixas filiais seria a solução para conter a fuga de recursos enfrentada pelo banco ao longo de seus primeiros anos. A circulação das notas emitidas pelas caixas, ainda que limitadas às respectivas províncias, deveria aliviar em boa medida o problema. Assim, o governo pressionava e criticava a administração do banco pelo atraso do início das operações de suas caixas filiais. Afinal, com estatutos aprovados havia mais de um ano, já era tempo de iniciar suas atividades.

O auge da pressão governamental para que as caixas filiais entrassem em funcionamento se deu com o rompimento do limite de emissão a que nos referimos anteriormente. Embora Itaboraí, então presidente da instituição, dissesse que as caixas não seriam solução para o problema da fragilidade do fundo disponível do banco, Paraná, então ministro da Fazenda, insistia que as caixas ajudariam a conter a saída de recursos e reclamava do atraso do início de suas operações, ainda mais tendo em vista que os estatutos da caixa de Ouro Preto já estavam aprovados desde 1854 e os das demais caixas desde 1855. A pressão governamental surtiu efeito e as caixas entraram em operação ao longo de 1856. Mas o tempo deu razão a Itaboraí e mesmo depois que as caixas começaram a funcionar, a fragilidade do fundo disponível do banco continuou.

Apesar dos diagnósticos divergentes, a criação das caixas filiais era interessante para o banco e para o governo. Nada melhor do que as palavras de Itaboraí, ao mesmo tempo representante da instituição e encarnação do projeto político do governo, em seu relatório de 1856 apresentado aos acionistas do banco, para indicar o interesse comum: "*cumprindo-nos procurar* difundir o crédito *por todos os pontos mais importantes do Império, algum sacrifício que seja preciso fazermos para tal fim não nos deve empecer no desempenho desta* missão civilizadora [grifos nossos]".[53] Era a difusão do crédito e a missão civilizadora, no limite, representada pela moeda, que uniam os interesses do banco e do governo.

---

53 BANCO DO BRASIL. *Relatório apresentado á Assembléa Geral dos Accionistas... de 1856... Op. cit.*, p. 10.

Em suma, se por um lado a criação das caixas filiais faria aumentar as operações e, portanto, o lucro do banco como um todo, por outro, ajudaria o governo a capilarizar a oferta de moeda pelas províncias do Império e atenuar o problema da escassez de meio circulante e de crédito que embaraçava as transações comerciais. Todavia, vale lembrar que o crédito sempre esteve condicionado ao limite das emissões, que correspondia ao triplo do fundo disponível de cada caixa. Os interesses do banco e do governo caminhavam juntos nesse caso, o risco era de que a administração das caixas fugisse ao controle da matriz e, por extensão, do próprio governo. Para que isso não ocorresse, os diretores das caixas foram escolhidos a dedo e, de fato, até o fim do monopólio de emissão, em 1866, as caixas permaneceriam sob controle da matriz e da política econômica do governo.

Até junho de 1856, somente as caixas de Ouro Preto, São Paulo e Rio Grande do Sul haviam iniciado suas operações. As demais caixas só entraram em operação a partir de julho desse mesmo ano e seus dados começaram a aparecer no balanço de 1857. Por isso, ao falarmos das primeiras operações das caixas filiais do Banco do Brasil, ou seja, aquelas ocorridas ao longo de seu primeiro semestre de funcionamento, apresentaremos apenas dados das três primeiras caixas mencionadas. Dados que foram extraídos do primeiro balanço das caixas filiais publicado no relatório da diretoria do banco dirigido à assembleia de seus acionistas.

As caixas de Ouro Preto e São Paulo já funcionavam desde janeiro e a do Rio Grande do Sul desde março de 1856. Portanto, nesse período, as operações das caixas filiais como um todo ainda eram bastante restritas. Só para se ter uma ideia, enquanto as operações da matriz atingiam os 243.653:981$731 nesse mesmo período, as operações das três caixas que estavam em funcionamento somadas montavam a apenas 5.273:181$003, pouco mais de 2% das operações totais do Banco do Brasil. Um valor irrisório, é verdade, mas que crescerá significativamente ao longo dos próximos doze meses. Não seria adequado, portanto, comparar neste momento as operações das caixas com as da matriz, mas podemos ter uma ideia de como foram as operações iniciais de cada caixa filial (Gráfico 7).

Gráfico 7 – Operações das caixas filiais do Banco do Brasil (posição de maio de 1856)

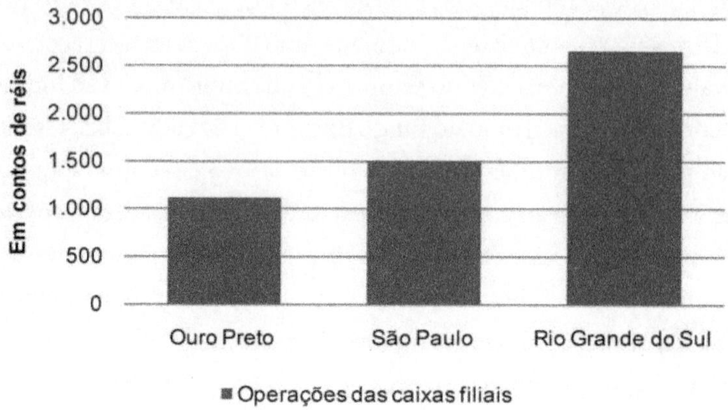

Fonte: BANCO DO BRASIL. *Relatório apresentado á Assembléa Geral dos Accionistas... de 1856... Op. cit.* Anexos.

Não surpreende que São Paulo e Rio Grande do Sul, outrora caixas do extinto Banco do Brasil, tivessem maior volume de operações do que Ouro Preto. A caixa mineira, única novidade em termos de filiais, continuaria sendo a filial com menor nível de operações até 1866, perdendo inclusive para as distantes caixas filiais do Maranhão e do Pará. Isso também não surpreende, uma vez que as caixas de Ouro Preto e São Paulo, mais a matriz, formavam um grande espaço de circulação de notas do banco.

Como já mencionamos, as notas emitidas pela matriz podiam ser trocadas nessas caixas, e somente nelas. Atender à demanda por crédito, atrair os metais preciosos que ainda circulavam nessas províncias, sobretudo em Minas, e alargar o espaço de circulação das notas emitidas pela matriz eram os objetivos do banco e do governo. Dentre estes objetivos, destacava-se o último, como apontou Itaboraí em seu relatório de 1856 dirigido aos acionistas do banco. Dizia o seu então presidente nesse mesmo relatório que as caixas de Minas Gerais e São Paulo "eram antes caixas de troco do que de descontos".[54] E, de fato, o troco era uma operação importante de ambas as caixas. Na verdade, isso se verificou mais no caso da caixa de Ouro Preto, em que o troco foi sistematicamente superior aos empréstimos até 1866, do que no

---

54 Para as duas breves citações, cf. BANCO DO BRASIL. *Relatório apresentado á Assembléa Geral dos Accionistas... de 1856... Op. cit.*, p. 10.

caso da caixa de São Paulo. Nesta, ocorreu o contrário, os empréstimos foram sistematicamente superiores ao troco.

As contas do ativo das caixas de Ouro Preto, São Paulo e Rio Grande do Sul revelam que estas duas últimas eram as que mais faziam empréstimos e sugerem maior dinamismo dessas praças. Embora a caixa do Rio Grande do Sul tenha feito mais empréstimos do que a caixa de São Paulo, inclusive num menor espaço de tempo, já que entrou em operação apenas em março, dois meses depois da caixa paulista, o volume de empréstimos da caixa de São Paulo logo ultrapassará o volume da caixa gaúcha. Já o troco da caixa mineira superava o da caixa paulista, o que indica boa quantidade de notas emitidas pela matriz circulando pela província. A caixa de Ouro Preto, sim, era antes uma caixa de troco do que de descontos. Inicialmente o volume dos encaixes era bastante alto nas três caixas, reflexo do início das operações (Tabela 13).

Tabela 13 - Empréstimos, encaixes e troco da emissão das caixas filiais do Banco do Brasil (posição de maio de 1856) - em mil-réis

ATIVO	1856
Empréstimos	**767.357,616**
Ouro Preto	58.429,742
São Paulo	130.395,000
Rio Grande do Sul	578.532,874
Troco da emissão	**231.690,000**
Ouro Preto	138.680,000
São Paulo	93.010,000
Encaixe (Fundo disponível)	**1.116.691,959**
Ouro Preto	202.831,731
São Paulo	378.038,426
Rio Grande do Sul	535.821,802

Fonte: Balanço das caixas filiais do Banco do Brasil. In: BANCO DO BRASIL. *Relatório apresentado á Assembléa Geral dos Accionistas... de 1856... Op. cit.* Anexos.

No passivo, encontramos um retrato da situação dos depósitos e da emissão de notas dessas caixas filiais. Assim como na matriz, o aumento dos depósitos não acompanhava o ritmo de crescimento das emissões. Nas caixas filiais, as emissões, muito mais do que os depósitos, serviam de base para os empréstimos. Os depósitos representarão cerca de 2% apenas do total do passivo das caixas entre 1856 e 1866. Portanto, as emissões se destacam nessas contas. Chama a atenção o volume de emissões das caixas de Ouro Preto e São Paulo, bem maiores do que o da caixa do Rio Grande do Sul. Isso pode indicar a maior demanda por crédito do espaço econômico formado pela Corte e províncias próximas ou uma diretoria mais frouxa em relação à política de emissões ou ambas as coisas. O contrário aconteceria na distante caixa do Rio Grande do Sul (Tabela 14).

Tabela 14 – Depósitos e emissões das caixas filiais do Banco do Brasil (posição de maio de 1856) – em mil-réis

PASSIVO	1856
Depósitos (Letras a pagar)	**85.573,260**
Ouro Preto	15.000,000
São Paulo	3.595,000
Rio Grande do Sul	66.978,260
Emissão em circulação	**1.577.810,000**
Ouro Preto	551.660,000
São Paulo	656.070,000
Rio Grande do Sul	370.080,000

Fonte: Balanço das caixas filiais do Banco do Brasil. In: BANCO DO BRASIL. *Relatório apresentado á Assembléa Geral dos Accionistas... de 1856... Op. cit.* Anexos.

A partir dos dados das tabelas apresentadas acima, podemos avaliar os coeficientes de encaixe e empréstimo das três caixas filiais do banco. Como já mencionamos, o coeficiente de encaixe mostra os recursos que ficavam disponíveis no caixa do banco para atender à demanda por saques e pelo troco de suas notas em relação ao montante total dos depósitos e emissões. Já o coeficiente de empréstimo indica a relação entre os recursos que o banco empresta e os recursos que ele capta (Tabela 15).

Tabela 15 - Coeficientes de encaixe e empréstimo das caixas filiais do Banco do Brasil (1856)

	1856
Encaixes/Depósitos + emissões	
Ouro Preto	0,358
São Paulo	0,573
Rio Grande do Sul	1,226
Empréstimos/Depósitos + emissões	
Ouro Preto	0,103
São Paulo	0,198
Rio Grande do Sul	1,324

Fonte: Balanços do Banco do Brasil. In: BANCO DO BRASIL. *Relatório apresentado á Assembléa Geral dos Accionistas... de 1856... Op. cit.* Anexos. Por se tratar de bancos emissores, somamos as emissões aos depósitos para calcular os coeficientes.

Os coeficientes parecem confirmar as particularidades da administração da caixa do Rio Grande do Sul em relação às outras duas caixas. Enquanto nas caixas de Ouro Preto e São Paulo o risco representado pelos coeficientes de encaixe relativamente mais baixos era compensado por coeficientes de empréstimo também mais baixos, na caixa do Rio Grande do Sul verifica-se exatamente o oposto. Ambos os coeficientes são elevados, indicando que a caixa emprestava bastantes recursos, mas não abria mão de manter um nível também elevado de recursos em caixa.

Vale lembrar que a análise dos coeficientes para este primeiro ano de operações das caixas filiais não reflete sua dinâmica ao longo do período. É a partir de 1857 que os dados encontram o padrão que seguirão durante os anos em que as caixas funcionaram. Contudo, a ideia aqui é apenas mostrar o funcionamento ainda incipiente das caixas filiais em seus primeiros meses de atividade.

Nesse período, o maior volume de empréstimos da caixa do Rio Grande do Sul converteu-se em maior lucro líquido para a caixa. O baixíssimo volume de empréstimo da caixa mineira, por sua vez, converteu-se em pequeno prejuízo (Gráfico 8). De maneira geral, as caixas tiveram lucro entre 1856 e 1866. O prejuízo da caixa mineira logo seria recuperado. Aliás, em termos de rentabilidade, nenhuma caixa conseguiria superar a de Ouro Preto.

Gráfico 8 - Lucro líquido das caixas filiais do Banco do Brasil de Ouro Preto, São Paulo e Rio Grande do Sul (posição de maio de 1856)

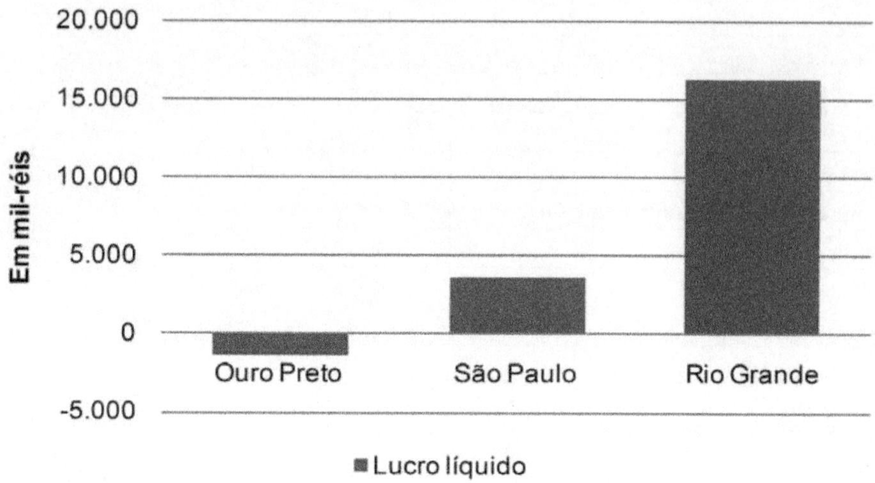

Fonte: Balanços do Banco do Brasil. In: BANCO DO BRASIL. *Relatório apresentado á Assembléa Geral dos Accionistas... de 1856... Op. cit.* Anexos.

As emissões talvez sejam as operações mais interessantes para este estudo, pois seu comportamento refletia ao mesmo tempo os comportamentos da demanda por crédito nas praças, da administração do banco e do governo. Já dissemos que a administração das emissões levava a tensões no relacionamento entre o banco e o governo. O banco, querendo alargar seus empréstimos e, consequentemente, seus lucros, buscava ampliar os limites estabelecidos pelo governo. Este, por sua vez, procurava enquadrar o banco nos limites para que seu objetivo de estabilizar o valor do mil-réis e entrar no padrão-ouro fosse alcançado. O mil-réis forte fazia parte da ordem e da civilização inscritas no projeto saquarema. Respeitar a política econômica do governo significava contribuir para que o projeto marchasse para o sucesso. Todavia, a economia mercantil e escravista imporia obstáculos concretos a essa marcha.

No contexto das ideias metalistas, o controle das emissões era a expressão maior da adesão do banco ao projeto saquarema. Nesse sentido, já observamos que a matriz, criada para ser o braço financeiro do projeto, procurava seguir as orientações do governo e não ultrapassar o limite de emissão. Foram circunstâncias outras relacionadas à própria estrutura da economia brasileira no período que acabaram provocando o rompimento do limite. Qual seria o comportamento das caixas filiais em relação às emissões? Seguiriam as orientações da matriz e do governo, desobedeceriam sistematicamente essas orientações ou tentariam se equilibrar entre a obediência e a desobediência, ofertando o crédito demandado pelas províncias, mesmo que isso significasse o rompimento temporário do limite de emissão? O retrato das emissões das três caixas filiais em maio de 1856 mostra que todas elas estavam estritamente dentro do limite estabelecido pelo governo, obedecendo, portanto, pelo menos em termos da política de emissão, as orientações da matriz (Gráfico 9).

Gráfico 9 - Emissão e limite da emissão das caixas filiais do Banco do Brasil de Ouro Preto, São Paulo e Rio Grande do Sul (posição de maio de 1856)

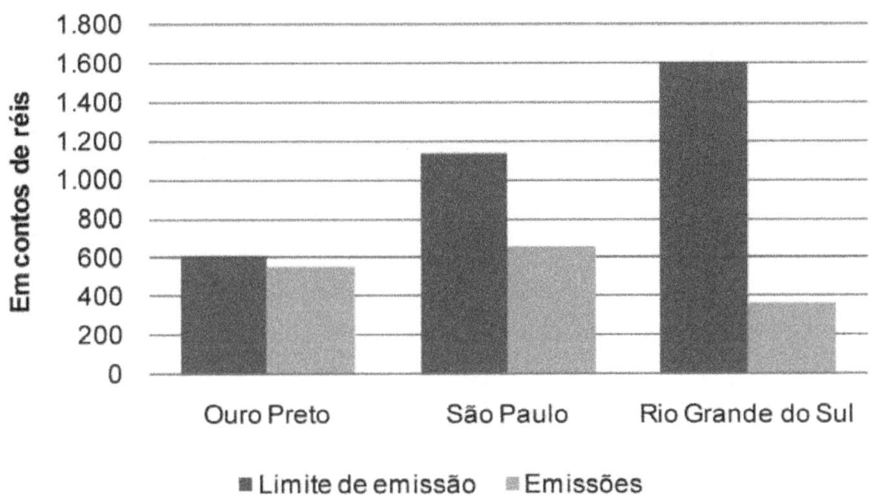

Fonte: Fonte: Balanços do Banco do Brasil. In: BANCO DO BRASIL. *Relatório apresentado á Assembléa Geral dos Accionistas... de 1856... Op. cit.* Anexos.

De fato, as três caixas estavam dentro do limite de emissão em maio de 1856. Claro que, considerando o retrato da emissão apresentado no balanço, as caixas de São Paulo e Rio Grande do Sul com uma folga maior do que a da caixa de Ouro Preto. No entanto, temos uma visão mais adequada das operações de emissão quando observamos seu fluxo mensal.

No caso das caixas filiais, a apresentação das emissões mensais e de seus respectivos limites significaria a construção de sete gráficos distintos, um para cada caixa. Para não sobrecarregar o leitor com tantos gráficos, optamos por agregar as sete caixas filiais do Banco do Brasil em dois conjuntos, um que representa o Norte e o Nordeste, e outro que representa o Sul e o Sudeste. Assim, ficam pertencendo ao primeiro conjunto as caixas da Bahia, de Pernambuco, do Maranhão e do Pará. Ao segundo conjunto correspondem as caixas de Ouro Preto, São Paulo e Rio Grande do Sul. Caso haja algum evento importante em alguma caixa específica e que valha a pena ser notado, mostraremos o dado desagregadamente. Essa maneira de apresentar as emissões poderia induzir uma interpretação errônea, uma vez que os limites de emissão não eram considerados de modo agregado. A matriz e cada caixa tinham seus limites de emissão definidos por seus fundos disponíveis individuais. Por isso, mesmo apresentando os dados agregadamente, tomaremos o cuidado de indicar eventuais estouros do limite por parte de qualquer caixa filial individualmente.

Como por ora estamos considerando apenas os primeiros meses de funcionamento das caixas, há apenas o fluxo das emissões mensais das caixas do conjunto Sul e Sudeste, e ele ainda é baixo, girando em torno de 950:000$. Só para termos uma referência, a partir de julho de 1856, primeiro mês em que todas as caixas filiais estarão em operação, a soma das emissões chegará a aproximadamente 6.950:000$. Vale lembrar que a matriz, em seus primeiros anos de funcionamento, e também depois disso, enfrentou problemas com a fragilidade de seu fundo disponível. Em março de 1855, quase um ano depois do início de suas operações, o limite de emissão, estabelecido pelos estatutos como o duplo do fundo disponível, teve de ser alargado temporariamente para o triplo por conta da saída de recursos para o Nordeste do país. Em fevereiro de 1856, um novo decreto manteve o triplo do fundo disponível como limite da emissão da matriz e o estendeu às caixas filiais. Como era de se esperar, nos primeiros meses de funcionamento das caixas, a emissão aumentou seguidamente. Entretanto, o fluxo mostra que o limite de emissão estava longe de ser ultrapassado (Gráfico 10).

Gráfico 10 - Emissão e limite da emissão das caixas filiais do Banco do Brasil do Sul e Sudeste (fluxo mensal jan/56 a jun/56)

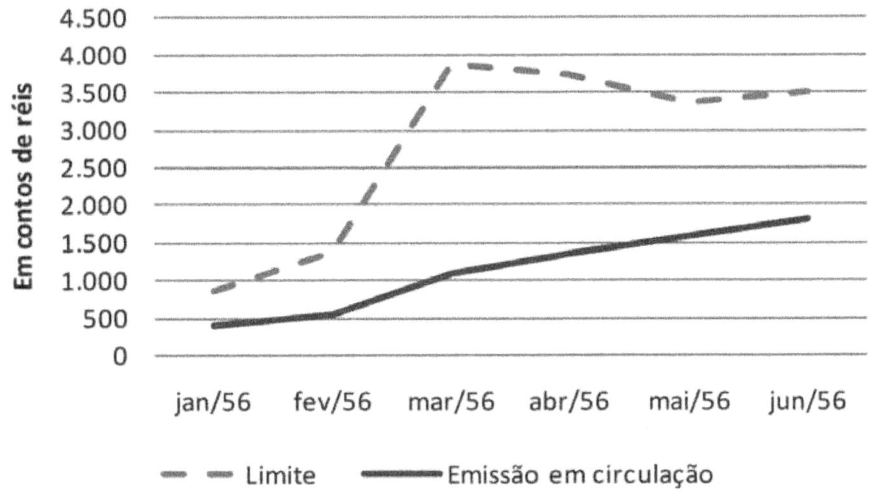

Fonte: Balanços do Banco do Brasil. In: BANCO DO BRASIL. *Relatório apresentado á Assembléa Geral dos Accionistas... de 1856... Op. cit.* Anexos.

A caixa de Ouro Preto era a que andava mais próxima do limite, porém, sem ultrapassá-lo em momento algum. Vemos com isso que, nos primeiros meses de funcionamento, as caixas se adequaram às orientações da matriz e, por extensão, do governo. O crédito nas províncias era ampliado por elas, mas o limite, definido pelo volume do fundo disponível, era respeitado.

Finalmente, podemos observar o movimento de entrada e saída de recursos entre matriz e filiais por meio das remessas e dos saques feitos por elas ao longo do período.[55] A partir daí, podemos definir se o maior fluxo de recursos vai da Corte para as províncias ou o contrário. Contudo, é preciso ressaltar que o volume de recursos movimentado não era tão significativo, sobretudo em relação ao volume de recursos com o qual trabalhava a matriz. Ele representava, aproximadamente, 15% do total das operações das filiais e apenas 5% do total das operações da matriz. Inicialmente, as remessas de recursos de parte a parte são quase equivalentes, com

55 As remessas aqui significam transferências de recursos entre matriz e filiais ou vice-versa. Os saques são retiradas de recursos da matriz pelas filiais ou vice-versa. Ambos significam entrada ou saída de recursos de parte a parte.

um saldo de 354:050$504 favorável à matriz. Já os saques da matriz sobre as caixas filiais foram bem mais vultosos do que os saques das caixas sobre a matriz. Temos, então, que, em 1856, a matriz sacou um pouco mais de recursos sobre as caixas filiais do que remeteu a elas, e as caixas filiais, por sua vez, remeteram bem mais recursos à matriz do que sacaram sobre ela (Gráfico 11).

Gráfico 11 – Movimento de fundos entre matriz e caixas filiais do Banco do Brasil (1856)

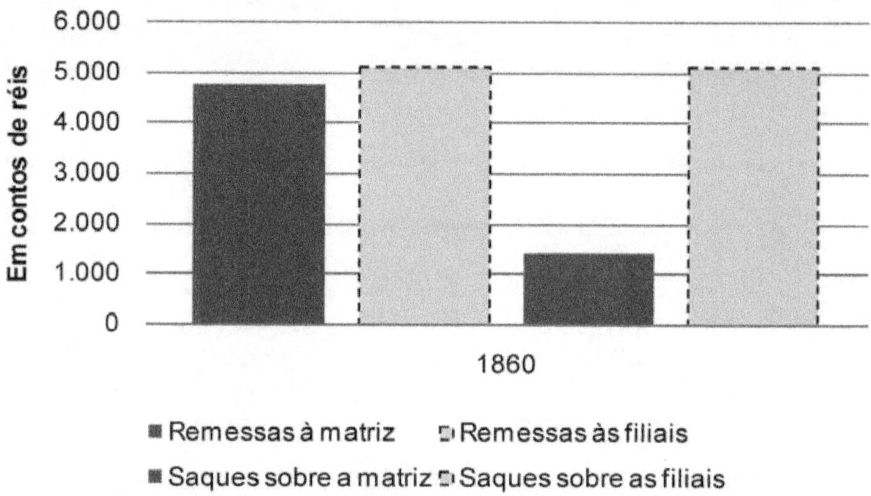

Fonte: Balanços do Banco do Brasil. In: BANCO DO BRASIL. *Relatório apresentado á Assembléa Geral dos Accionistas... de 1856... Op. cit.* Anexos.

Vale lembrar que os dados apresentados no gráfico abarcam todo o ano de 1856 e, por isso, já contam com as operações das caixas do Norte e Nordeste que entraram em operação a partir de julho desse mesmo ano. No mesmo período, o movimento de fundos entre as caixas filiais foi irrisório, sendo 11:445$000 da caixa de Ouro Preto para a de São Paulo e 65:344$631 da caixa da Bahia para a caixa do Rio Grande do Sul. O movimento bastante baixo de fundos entre as caixas filiais não surpreende, pois o grosso do movimento parecia ser intermediado pela matriz, como indica o gráfico. Portanto, era pequena a interação direta entre elas, reforçando o controle da matriz sobre o conjunto de suas filiais.

A dinâmica das caixas filiais do Banco do Brasil e de suas relações com a matriz abre espaço para uma breve discussão do desenvolvimento financeiro no centro e na periferia do Império que, por sua vez, acabará nos conduzindo ao projeto político saquarema. Entre 1854 e 1866, o Banco do Brasil era de longe o maior banco do Império. Como vimos, nesse período, ele absorvia aproximadamente 31% dos depósitos bancários totais e ficava com 62% do total de encaixes. Portanto, falar do banco e de suas filiais corresponde, em boa medida, a falar das instituições financeiras do Império como um todo. Mas será que o relativo controle da matriz sobre as caixas filiais caracterizaria uma relação entre metrópole e hinterlândia, tal como definida por Cameron?[56]

Para responder a essa questão, é preciso retomar as caracterizações de metrópole e hinterlândia deste autor. A metrópole seria, evidentemente, adiantada do ponto de vista financeiro. Seu interesse em relação à hinterlândia seria manter por lá a estabilidade econômica, política e social por meio da influência ou do controle sobre as atividades financeiras desse espaço. Essa influência ou esse controle assumiriam a forma de regulamentação ou propriedade das instituições financeiras da hinterlândia e de imposição de uma política econômica ortodoxa.

Ora, diante do que vimos anteriormente, podemos dizer que, no caso em tela, embora a propriedade das instituições financeiras da hinterlândia estivesse nas mãos de agentes econômicos e políticos locais, a metrópole financeira não só regulamentava fortemente as atividades dessas instituições, como impunha sua política econômica de cunho restritivo. Contudo, não se tratava de adotar uma política restritiva na hinterlândia e outra expansionista na metrópole tendo em vista o desenvolvimento de uma, o atraso relativo da outra e a manutenção dos poderes econômico, político e social que isso acarretava. Tratava-se aqui de espalhar a boa política econômica, a ortodoxa, a todo espaço econômico do Império, seja na metrópole financeira, seja na hinterlândia. Apesar da forte pressão da demanda por crédito típica de uma economia mercantil e escravista como a brasileira na época, o privilégio da moeda se fazia sentir em todas as praças por meio da política econômica restritiva proposta no projeto saquarema. A ilusão do padrão-ouro resistia diante da realidade da economia mercantil e escravista.

Vale lembrar aqui que, apesar da tendência de crescimento acelerado das emissões, o Banco do Brasil procuraria manter-se dentro dos limites de emissão

56 Cf. CAMERON, Rondo. Metrópole e hinterlândia... *Op. cit.*

estabelecidos pelo governo. O aumento das emissões poderia até dar a impressão de uma política expansionista por parte do governo e de um controle frouxo das emissões por parte da diretoria do banco. No entanto, essa expansão encontrava um limite claramente definido pelo governo dado por sua política econômica restritiva e concretizado nos estatutos. O privilégio era da moeda, mas o crédito poderia, e deveria, diante das demandas da economia mercantil e escravista, ocupar seu espaço até esse limite. Nesse sentido, mesmo com aumento de emissão, o banco e suas caixas filiais se enquadravam no projeto saquarema.

Vale lembrar ainda que essa era uma política econômica ortodoxa peculiar, isto é, perseguia o padrão-ouro como rezava a cartilha europeia da boa política econômica, mas o fazia acomodando esse objetivo às condições da economia brasileira, o que pode ser verificado, por exemplo, na inusitada possibilidade de lastrear as notas do banco em notas sem lastro emitidas pelo Tesouro. Os dirigentes saquaremas se inspiravam na ordem e civilização dos países europeus, mas, a julgar pelas adaptações que faziam em suas políticas, sabiam que a implantação da ordem e civilização nos trópicos teria que seguir um caminho particular. Assim, era a política econômica ortodoxa peculiar que emanava da metrópole financeira e se espalhava pela hinterlândia.

Ainda de acordo com Cameron, a influência ou controle da metrópole sobre a hinterlândia poderia seguir fins particulares, políticos ou públicos. Os fins particulares estariam ligados à busca de lucros por parte de instituições financeiras da metrópole; os fins políticos diriam respeito aos benefícios que os dirigentes da metrópole poderiam obter para si e seus apaniguados a partir da influência ou controle da hinterlândia; e, finalmente, os fins públicos se relacionariam a uma intenção honesta por parte dos dirigentes da metrópole de orientar as instituições financeiras da hinterlândia para o que presumiriam ser o mais adequado para elas e para o país.

No caso do Banco do Brasil, predominavam aparentemente os fins públicos, no sentido de que a metrópole orientava a atuação das instituições financeiras da hinterlândia rumo a uma política considerada a mais adequada para elas e para o país, a política econômica saquarema. Isso não nega que o governo pudesse ter lançado mão de expedientes para aumentar o lucro da instituição ou para favorecer tal ou qual grupo de interesse, mas o projeto político saquarema predominava sobre fins particulares ou da pequena política. Ligado a um fim político era evidente que estava, mas a um fim da grande política, por assim dizer, pois vislumbrava, para além dos interesses partidários, um futuro de ordem e civilização para todo o Império, seguindo a orientação política emanada diretamente do soberano. Confundir os interesses do partido conservador com os do Império como um todo foi uma tacada política dos dirigentes saquaremas.[57]

Se havia metrópole, havia hinterlândia e ela se caracterizaria por ser atrasada do ponto de vista financeiro. Contudo, segundo Cameron, a hinterlândia lutaria contra o jugo metropolitano para que pudesse desenvolver seu setor financeiro, procurando caminhos alternativos para se libertar da política econômica ortodoxa imposta pela metrópole. Era como se o objetivo metropolitano de estabilização do valor da moeda acorrentasse a oferta de crédito e, por conseguinte, o desenvolvimento econômico da hinterlândia. Ela lutaria, portanto, para romper os grilhões da moeda, ampliar sua oferta de crédito e liberar seu desenvolvimento econômico.

No caso do Banco do Brasil, no período analisado, o jugo metropolitano era claro, mas a rebeldia das províncias não ultrapassava os limites de administrações por vezes frouxas que, ora aqui ora ali, procuravam ampliar seus lucros particulares. Por aqui a moeda prevaleceria sobre o crédito também na hinterlândia. Sem muita rebeldia. A política saquarema preparou o terreno para que seu projeto econômico penetrasse nas províncias sem maiores desgastes.

Vale ressaltar que a ideia de hinterlândia não é estática. Suas instituições financeiras poderiam muito bem se desenvolver e, na medida desse desenvolvimento, produzir suas próprias políticas financeiras, atuando como a metrópole. A implicação desse movimento é que a política econômica expansionista, que caracterizaria a hinterlândia, tenderia a ficar cada vez mais restritiva, característica da metrópole financeira. Portanto, se a política financeira da metrópole privilegia a moeda e a da hinterlândia privilegia o crédito, teríamos, de acordo com esse esquema, o privilégio dinâmico da moeda sobre o crédito. É como se inicialmente o crédito prevalecesse na hinterlândia até que sua economia e, por extensão, suas instituições financeiras, se desenvolvessem e, a partir desse desenvolvimento, passasse a prevalecer a moeda e a estabilidade econômica, política e social. Portanto, tal esquema reforçaria o caráter conservador da metrópole financeira.

---

57 Cf. CARVALHO, José Murilo. *A construção... Op. cit.*, p. 249-60; MATTOS, Ilmar Rohloff. *O tempo... Op. cit.*, p. 179.

Como nosso período de análise é relativamente curto, essa dinâmica não pôde ser observada. No entanto, a experiência da pluralidade de emissão de 1857 levou à criação de bancos cujo objetivo mais geral era atender à demanda por crédito nas províncias. Embora nesse período a política econômica tivesse se tornado expansionista, ela continuava a emanar da metrópole e esta continuava a influenciar ou controlar as instituições financeiras da hinterlândia.

No fundo, mais do que uma relação de dominação entre metrópole e hinterlândia, as diferentes políticas econômicas executadas no período em questão revelavam o conflito entre Corte e províncias. Do ponto de vista da política econômica, esse conflito se expressava no duelo político entre metalistas e papelistas, entre partidários da centralização e da descentralização do poder político. Contudo, como já advertimos, embora a relação entre poder descentralizado e papelismo seja estreita, não é possível associar sem mais frações da classe dominante provinciais às ideias papelistas. Do mesmo modo, a unidade de emissão, isto é, a centralização do poder na Corte não pode ser associada sem mais ao grupo metalista. De maneira geral, ela era defendida por grupos ligados ao comércio externo e por proprietários de terra escravistas não só do Centro-Sul como também das províncias do Nordeste, ao passo que a pluralidade de emissão era sustentada por grupos mais ligados ao comércio interno.[58] Todos, no entanto, constituíam-se em frações da classe senhorial e buscavam, por meios diversos, alcançar os mesmos objetivos.

Finalmente, nesse período, encontramos características na relação entre Corte e províncias que a aproximam da relação entre metrópole financeira e hinterlândia. Entretanto, essa era uma relação com características um pouco diferentes do que seria o padrão dessa relação. Em primeiro lugar, tanto na metrópole como na hinterlândia havia praticamente uma instituição financeira, o Banco do Brasil. Ademais, essa era uma instituição privada, apesar de fortemente influenciada pelo governo. É verdade que as filiais do banco tinham diretorias próprias e eram responsáveis pela distribuição do crédito nas províncias. Contudo, gozavam de autonomia apenas relativa, pois esbarravam na regulamentação imposta por seus estatutos e que partia da metrópole financeira. Como bancos emissores, eram responsáveis também pelo controle da oferta de moeda e, por isso, tinham que obedecê-la.

58 Cf. GUIMARÃES, Carlos Gabriel. *Bancos, Economia e Poder... Op. cit.* A crise de 1853 e a reforma econômica de 1853.

Segundo, diferentemente do padrão, a política econômica da metrópole não se diferenciava da política econômica da hinterlândia. A hinterlândia seguia a mesma política da metrópole financeira, fosse ela expansionista ou restritiva. Talvez por isso a hinterlândia não tenha esboçado reação significativa diante da investida da metrópole financeira. Isso pode não ser surpreendente no caso da política econômica expansionista, mas o é no caso da política econômica restritiva. Portanto, essa passividade poderia indicar o grau de adesão das províncias à política econômica conservadora e, assim, o projeto saquarema lançava-se para além da Corte, espraiando a Ordem pelo Império.

Em 1856, primeiro ano de funcionamento das caixas, suas operações ainda eram pequenas. Elas experimentariam uma generosa ascensão no ano seguinte, mesmo em meio à crise financeira que aportou no Rio de Janeiro com o paquete que vinha de Londres.

Capítulo 5 – A interrupção de um projeto

5.1. O banco da Ordem sob pressão

Em meio ao conflito que se dava entre o ideal da política econômica saquarema e a realidade da economia mercantil escravista, aumentava a pressão sobre o Banco do Brasil. Num contexto de crescimento econômico, ficava cada vez mais difícil atender à crescente demanda por crédito, ainda mais a partir do momento em que o banco começou efetivamente a resgatar os 2.000:000$ em notas do Tesouro, como previam seus estatutos.[1] Tal demanda só poderia ser atendida por meio da expansão das emissões do banco ou da criação de outras instituições financeiras capazes de ofertá-lo. Falar em outras instituições financeiras era falar em bancos emissores. A base do crédito, numa economia com capacidade restrita de captar depósitos, era mesmo a emissão de notas bancárias. Portanto, falar em outras instituições financeiras era falar em pluralidade de emissão. A quebra do monopólio emissor do Banco do Brasil, que até aqui marchava de acordo com o projeto saquarema, espreitava ameaçadora.

Em fins de 1856 e início de 1857, apesar dos esforços do banco e de suas caixas filiais, seu fundo disponível continuava fragilizado pela saída de recursos para o Nordeste e para o exterior. Por isso mesmo, João Maurício Wanderley, que substituíra Paraná no Ministério da Fazenda, continuava a defender o monopólio de emissão do Banco do Brasil. Quer dizer, se o próprio Banco do Brasil enfrentava dificuldades para aumentar suas emissões por conta da fragilidade de seu fundo disponível, não havia razão para supor que outras instituições emissoras não enfrentassem o mesmo problema. Portanto, segundo seu relatório, diante das solicitações para se organizar novos bancos emissores, "*resolveu o governo adiar qualquer deliberação sobre este assunto, porque, nas circunstâncias atuais, serão eles mais prejudiciais do que úteis aos interesses da indústria*".[2] Não seria Wanderley o ministro da Fazenda que mexeria na política econômica saquarema.

---

1 BRASIL. MINISTÉRIO DA FAZENDA. *Proposta e relatório... anno de 1856... Op. cit.*, p. 17.

2 *Ibidem.*

Nos anos de 1857 e 1858, o Império experimentaria uma reviravolta em sua política econômica, comprometendo o braço financeiro do projeto saquarema que, apesar das dificuldades, vinha se firmando desde 1854. A origem dessa reviravolta repousava em fatores econômicos e políticos. Os primeiros ainda estão relacionados à escassez de meio circulante e de crédito nas praças para realização de transações, sejam produtivas ou especulativas. A demanda por maior oferta de meio circulante e crédito colocava forte pressão sobre o banco. O monopólio de emissão do Banco do Brasil não parecia ser uma torneira de tamanho suficiente para irrigar as praças com a liquidez necessária para atender à demanda. O limite desse tamanho era dado, em última instância, pela política econômica saquarema, que buscava o padrão-ouro e, por extensão, trazer ordem e civilização ao Império brasileiro. A dificuldade de alcançá-lo relacionava-se como sempre à fragilidade do fundo disponível do Banco do Brasil.

Desde 1854, os saquaremas que conceberam o banco viviam esse verdadeiro suplício de Tântalo. O padrão-ouro, ainda que adaptado às circunstâncias nacionais, parecia estar ao alcance da política econômica implementada, porém, à medida que a economia se aproximava desse padrão, a miragem se confirmava. A busca por algo que aparentemente estava ao alcance, mas que se desfazia como miragem, transformava em Tântalos os dirigentes saquaremas que, insistindo nessa busca, amarrariam o desenvolvimento financeiro do Império. Por conta dessa política, o banco operava sob pressão constante.

Em fins de 1856 e início de 1857, num contexto de expansão comercial, euforia especulativa e aumento do nível geral de preços,[3] a pressão sobre o banco e sobre a política econômica saquarema aumentou. Tal política estava na berlinda e a direção do banco, com Itaboraí na presidência, sob ataque. No campo econômico, ecoava a voz da pluralidade com o senador e ex-ministro da Fazenda Bernardo de Souza Franco.[4]

Os fatores políticos não foram menos importantes para explicar a reviravolta da política econômica. Estavam relacionados, no fundo, à política de conciliação

3 Cf. BRASIL. MINISTÉRIO DA FAZENDA. *Proposta e relatorio apresentados á Assembléa Geral Legislativa na Quarta Sessão da Décima Legislatura do anno de 1859 pelo Ministro e Secretario d'Estado dos Negocios da Fazenda Angelo Moniz da Silva Ferraz.* Rio de Janeiro: Typ. Nacional, 1860, p. 78; VILLELA, André Arruda. *The political economy... Op. cit.*, p. 90.

4 Souza Franco fora ministro da Fazenda entre 31 de maio e 18 de agosto de 1848. Curiosamente seria sucedido por Pedro de Araújo Lima, futuro marquês de Olinda, seu amigo pessoal, e por Joaquim José Rodrigues Torres, seu antípoda em assuntos econômicos.

e à reforma eleitoral de 1855. Conduzida por Paraná, a reforma fortaleceu o poder político-eleitoral de líderes locais, os chamados tamanduás, com o fito de ampliar o espectro da representação política no Parlamento e reabilitar lideranças liberais no espírito da conciliação. Também pudera, entre 1853 e 1856, a Câmara era composta exclusivamente por membros do partido conservador. Segundo Nabuco, o governo queria formar uma nova Câmara em que houvesse uma forte maioria conciliadora, porém sem excluir a oposição liberal. Em suas palavras, o governo buscava uma legislatura que não fosse "carregadamente saquarema".[5]

Os opositores da reforma concordavam que, com ela, a representação política poderia até se tornar mais autêntica, mas advertiam que isso seria um desastre para a política nacional. Os saquaremas farejavam a ameaça que rondava seu projeto. De fato, o resultado das primeiras eleições depois da reforma foi positivo para os liberais, embora a maioria do Parlamento permanecesse em cabeças e mãos conservadoras. Abria-se, assim, uma fissura liberal na Câmara que possibilitaria, dentro de pouco tempo, a reviravolta em sua política econômica.

Paraná não viveria para ver sua reforma eleitoral implementada. Depois de sua morte, em setembro de 1856, Luís Alves de Lima e Silva, marquês e futuro duque de Caxias, figura importante do partido conservador, assumiu a chefia do gabinete. Como já mencionamos, para o Ministério da Fazenda, que também era ocupado por Paraná, foi nomeado João Maurício Wanderley. O gabinete de Caxias realizou as eleições em que o Partido Liberal, beneficiando-se das novas regras eleitorais, abocanhou cerca de 20% do Parlamento. Claro que ainda era uma participação muito inferior à do partido conservador, mas isso não deixaria de contribuir para a continuidade da política de conciliação. Entretanto, Caxias era um espírito demasiadamente conservador para levar adiante tal política e, por isso, era um ministro demissionário.

O novo chefe de gabinete, portanto, teria que ser um político que gozasse de prestígio e confiança junto aos conservadores e que pudesse, simultaneamente, conduzir a política de conciliação. Pedro de Araújo Lima, visconde e marquês de Olinda, um dos fundadores do partido conservador, mas com espírito aberto à transação política, foi o nome indicado para suceder Caxias. A fissura liberal que

---

5 A política de conciliação procurava reincorporar o Partido Liberal à vida política do Império depois dos episódios de 1842. Cf. CARVALHO, José Murilo. *A construção... Op. cit.*, p. 407; NABUCO, Joaquim. *Um estadista... Op. cit.*, p. 286.

vinha se abrindo na Câmara com o resultado das eleições, aumentou com a nomeação do senador Souza Franco, amigo de Olinda, para o Ministério da Fazenda. Nos anos seguintes, as finanças ocupariam lugar de grande destaque nos debates parlamentares. Nabuco diz, com razão, que "*o ministério Olinda-Souza Franco assinala em nossa história constitucional antes uma* fase financeira *que uma* fase política: é a conciliação aplicada aos bancos [grifos nossos]".[6]

5.2. As ideias e a política econômica de Souza Franco

A ascensão de Souza Franco estava ligada, portanto, à pressão sobre a política econômica saquarema e sobre o Banco do Brasil, à política de conciliação, à reforma eleitoral de 1855 e à amizade com Olinda. Tudo isso somado levou ao Ministério da Fazenda um político que sabidamente agiria para desfazer a política econômica da Ordem. A atuação parlamentar de Souza Franco sempre foi coerente com as ideias que divulgou em sua obra *Os bancos do Brasil*, de 1848. Desde sempre se apresentou como oposição aos saquaremas e antípoda de sua política econômica. Já vimos um pouco de suas ideias em capítulo anterior, quando discutimos o debate entre papelistas e metalistas. Vale apontar aqui o núcleo de seu pensamento em relação aos bancos de emissão. Esse núcleo será, por assim dizer, o guia de sua política econômica, uma reviravolta em relação à política econômica vigente e um rompimento com o braço financeiro do projeto saquarema.

Embora já tivesse passado pelo Ministério da Fazenda, Souza Franco era visto como o novo em meio aos velhos conservadores. Ele concebia os bancos como instituições capazes de reunir acionistas em busca de valorização para seus capitais por meio do crédito. Assim, essas instituições colocavam à disposição de investidores capitais que, do contrário, permaneceriam dormentes nos cofres e colchões de seus proprietários. Ao cumprir a função de mediador entre poupadores e investidores, os bancos poderiam coadjuvar ou contrariar governos no desenvolvimento da riqueza pública e na administração do meio circulante, fornecendo-o na medida da necessidade dos mercados e conservando-o, ao mesmo tempo, o mais fixo e invariável possível.[7]

6 NABUCO, Joaquim. *Um estadista... Op. cit.*, p. 295.

7 FRANCO, Bernardo de Sousa. *Os bancos do Brasil... Op. cit.*, p. 47-8.

O novo ministro da Fazenda também se preocupava com a estabilidade da moeda. Nesse quesito, sustentava que "a circulação metálica, ou sob base metálica e papel bancário realizável à vontade do portador, é preferível a de papel não realizável do Tesouro e à própria circulação metálica".[8] É o que veremos quando, em meio à crise de 1857, o governo atuará para defender a paridade cambial e preservar o valor do mil-réis. Como vimos no capítulo anterior, os papelistas não defendiam uma moeda totalmente sem lastro, assim como não sustentavam a instabilidade do valor da moeda em nome da ampliação da oferta de crédito. O crédito vinha em primeiro lugar, mas a estabilidade do valor do mil-réis deveria ser preservada, sobretudo, pelo bom desempenho das exportações. No fundo, o privilégio do crédito para os papelistas e o privilégio da moeda para os metalistas era a diferença fundamental entre os dois grupos.

Souza Franco considerava a criação de bancos essencial para o desenvolvimento da economia nacional, mas advertia que o governo da época, embora contasse com pessoas versadas no assunto, não compreendia a estreita ligação entre os bancos e o sistema monetário. Era uma alfinetada endereçada especificamente a Rodrigues Torres, então ministro da Fazenda, e à política metalista em geral. Fundamental em seu diagnóstico quanto à necessidade de bancos na economia brasileira era o entendimento de que os bancos que por ventura fossem criados no Império não poderiam ofertar o crédito suficiente para atender à demanda de todas as praças contando apenas com depósitos. Antecipava, portanto, que, se bancos fossem criados para auxiliar o desenvolvimento da economia, esses bancos teriam que ser emissores. Gozando do direito de emitir notas, seu funcionamento deveria ser autorizado pelo governo e suas operações estritamente acompanhadas por ele.[9] Era a ideia de uma emissão plural e controlada, entre os extremos do monopólio puro e da liberdade ilimitada.

Defensor do crédito em primeiro lugar, Souza Franco era também um fervoroso defensor dos bancos de emissão. Sustentava do mesmo modo a conversão de notas do Tesouro em notas bancárias conversíveis em metais, tal como previa o projeto que criou o segundo Banco do Brasil, e a criação de bancos provinciais para disseminar o crédito.[10] As diferenças fundamentais entre seu projeto e o do Banco do

8 *Ibidem*, p. 85-7.

9 *Ibidem*, p. 85-7.

10 *Ibidem*, p. 94-5.

Brasil eram justamente o privilégio do crédito e a pluralidade de emissão. Chegou mesmo a esboçar uma lei que dividia o Império em "*círculos bancais*", tal como fará Rui Barbosa no alvorecer da República, anos do famoso encilhamento, mas isso importa menos aqui do que suas ideias mais gerais sobre bancos. Se tivéssemos que resumi-las em poucas palavras, elas seriam, nesta ordem, aumento da oferta de crédito, pluralidade de emissão e conversibilidade do meio circulante.

O posicionamento de Souza Franco em assuntos financeiros era sobejamente conhecido nos círculos políticos do Império. Sua nomeação para o Ministério da Fazenda em 1857 era um recado bastante claro para os saquaremas de que, doravante, seu projeto sofreria maiores resistências políticas, afinal, era esse o espírito da conciliação. Os saquaremas entenderam o recado e já no mês seguinte à chegada de Souza Franco ao ministério promoveram reuniões políticas para intimidar o novo gabinete.

A pressão saquarema surtiria efeito temporário, mas era difícil para os conservadores sustentar oposição a Olinda, uma das figuras mais respeitadas do partido. Itaboraí chegou a dizer no Senado que nutria uma espécie de veneração pelo presidente do conselho.[11] Entre o conservador Olinda e o liberal Souza Franco, estava a fissura necessária para o questionamento da política econômica saquarema. Por isso, segundo Nabuco, com o novo gabinete,

> abre-se um período que foi na história do reinado um dos de maior atividade e agitação, porque foi o do ensaio da chamada liberdade bancária, isto é, da luta entre os partidários da pluralidade e os da unidade de emissão, ou melhor *dos que nenhuma soma de papel-moeda podia satisfazer e dos que desejavam restringi-la à elasticidade do câmbio ao par*. Desde então até 1860 a questão que ocupa todos os espíritos é a questão bancária [grifo nosso].[12]

No dia 4 de maio de 1857, Souza Franco foi nomeado ministro da Fazenda. A ação liberal no campo econômico estava para começar, mas a reação saquarema logo tratou de intimidá-la. Talvez seja esse o motivo da hesitação inicial do ministro em colocar em prática sua política econômica. No entanto, no Parlamento e na

11 NABUCO, Joaquim. *Um estadista... Op. cit.*, p. 296; 304. A afirmação de Itaboraí foi feita na sessão do Senado de 22 de maio de 1857. Cf. *Anais do Senado*, p. 75.

12 *Ibidem*, p. 308.

imprensa, era grande a pressão sobre o governo e o Banco do Brasil para que houvesse alguma mudança de rumo na política econômica vigente. A realidade da economia mercantil escravista continuava a ameaçar o ideal saquarema. Certamente juntavam-se ao coro de apelos os negociantes da praça que vislumbravam na quebra do monopólio de emissão uma oportunidade de obter uma concessão para abrirem seus próprios bancos emissores.

Embora não houvesse programa escrito, assim como os saquaremas também não escreveram o seu, a política econômica a ser seguida por Souza Franco era do conhecimento de todos. Dada sua atuação coerente no Parlamento, bastava consultar seu escrito de 1848 para prever o que aconteceria, mas o ministro hesitava mesmo assim em colocar suas ideias em prática.

Os diretores do Banco do Brasil devem ter percebido que o monopólio de emissão do banco estava ameaçado, contudo, não se manifestaram formalmente diante da possibilidade de mudança da política econômica. Estavam mais preocupados em defender o banco dos ataques que vinha sofrendo na imprensa. Já o Parlamento começou a exigir um posicionamento mais claro do ministro. A questão dos bancos estava suspensa, por assim dizer, desde o ministério anterior e cobrava uma decisão. No Senado, o visconde de Jequitinhonha criticava o novo gabinete por não apresentar seu programa de maneira explícita e alfinetava sua composição eclética dizendo que cada ministro deveria explicar o seu pensamento, "porque são diferentes as bases sobre que cada um deles tem de dirigir os negócios públicos". Emendou o raciocínio mais adiante advertindo em seu discurso que, diante de posicionamentos tão diversos, a nova administração não tinha "bases sólidas" e que "não poderia fazer bem algum ao país".[13] Jequitinhonha voltou à carga poucos dias depois. Ponderava que as posições políticas divergentes do chefe de gabinete e do ministro da Fazenda levariam a um equilíbrio de forças contraditórias que paralisaria a administração. Então, o senador questionava:

> Não há de o Senado tomar em consideração este objeto, *exigindo que os Srs. ministros manifestem suas vistas políticas para satisfazer os que estão duvidosos*, e acabar com o meio de que se tem muitas vezes usado para destruir os ministérios, meio que consiste em tirar-lhes o prestígio de que tanto carecem? [grifo nosso].

13 Cf. sessão de 18 de maio de 1857. *Anais do Senado*, p. 61.

Jequitinhonha cobrou especificamente de Souza Franco uma posição quanto ao Banco do Brasil. O ministro disse então, de maneira meio vaga, o que pretendia fazer, mas se esquivou de demonstrar como o faria, alegando o pouco tempo de governo do novo gabinete. As atas das sessões do Senado dizem que o ministro

> reconhece que [o Banco do Brasil] tem feito serviços ao país, e que pode continuar a fazê-los; assenta porém que precisa da *coadjuvação do governo* para que se obtenha o *desideratum* de *facilitar ao comércio* os meios de que ele precisa por *uma taxa* [de desconto] *mais baixa do que a atual.* São estas suas opiniões; *quanto ao meio prático de realizá-las, não pode ser apresentado de momento por um ministério que existe há 15 dias* [grifos nossos].

De maneira prudente e hábil, Souza Franco ainda evitava falar da pluralidade de emissão, mas Jequitinhonha parecia querer ouvir essas palavras saírem da boca do ministro da Fazenda. Os saquaremas precisavam ter a certeza de que a execução de seu projeto entraria em contramarcha. Apesar de concordar com o ministro que quinze dias eram pouco tempo para se definir uma nova política econômica, Jequitinhonha lembrou os discursos passados do colega quando se discutia a saída de recursos da Corte para outras províncias do Império. Naquelas ocasiões, Souza Franco defendia a reforma do Banco do Brasil e foi por esse flanco que o senador baiano encontrou uma brecha para continuar pressionando o ministro. Perguntava o orador,

> que reforma é essa? Disse o Sr. ministro conscienciosamente alguma coisa que valha, ou só quis então fazer oposição à administração ou ao nobre presidente do banco? *Se falou conscienciosamente, declare em que consiste essa reforma do banco*, do contrário arranque, desfaça essa nuvem negra que pesa sobre um estabelecimento de tanta importância, arrede essa espada de Dâmocles erguida sobre ele, que o conserva temeroso esperando a cada momento uma reforma radical. *Faça uma declaração expressa*, perdoar-se-lhe-á a inconsistência pelos grandes benefícios que podem resultar a um estabelecimento daquela ordem [grifos nossos].[14]

14 Para as três citações, cf. sessão de 22 de maio de 1857. *Anais do Senado*, p. 70-2.

Diante da pressão do senador, o ministro da Fazenda não entraria mais em questões econômicas. Ainda não chegara a hora de anunciar explicitamente a pluralidade bancária e expor as feridas que se abririam no projeto saquarema. Antes disso, Souza Franco proporia no Senado uma medida que, segundo ele, beneficiaria o governo e o banco. A medida autorizaria o governo a depositar os recursos disponíveis no Tesouro e nas tesourarias das províncias em contas correntes remuneradas do Banco do Brasil e de suas caixas filiais. Para o ministro, não fazia sentido manter recursos parados nos cofres do Tesouro e das tesourarias provinciais num quadro de carência de meio circulante e de crédito. Lançar novamente esses recursos na circulação seria um alívio para as praças do Império.[15]

Aos olhos dos saquaremas, que esperavam a pluralidade bancária e, portanto, o enfraquecimento do Banco do Brasil, a proposta era no mínimo ambígua e lançava dúvidas quanto ao futuro do banco. Ele continuaria ser, por assim dizer, o banco do governo ou se tornaria um banco emissor a mais em meio às novas instituições que surgiriam com a pluralidade de emissão? Embora perdesse o monopólio de emissão, o ministro considerava o banco uma importante instituição financeira e, inicialmente, manteria seus laços e suas obrigações em relação ao governo. Jequitinhonha parecia ter razão quando questionava "que reforma é essa?", mas essa medida de Souza Franco era coerente com a política que estava para implementar a partir do Ministério da Fazenda. O motivo mais forte dado pelo ministro para justificá-la revelava o diagnóstico de escassez de meio circulante e crédito, e apontava a pluralidade de emissão.

Como que antecipando a resistência saquarema, num discurso pronunciado na Câmara no dia anterior à sessão em que Souza Franco admitiria a pluralidade de emissão, Torres Homem, então deputado pelo Rio de Janeiro, começou exigindo do novo gabinete a continuidade da política que desde 1853 "imprimiu uma direção nova na marcha do governo do país". Era uma reação aos rumos que tomavam a política de conciliação. Com o fortalecimento da representação liberal no Parlamento e no ministério, tal política tornou-se ameaça concreta ao projeto saquarema, incorporada no ministro da Fazenda e na própria conjuntura econômica. Diante disso, o deputado atacou com veemência a pluralidade de emissão "sem peias". Disse

15 Souza Franco orçava entre 8.000:000$ e 10.000:000$ os recursos disponíveis no Tesouro e nas tesourarias das províncias. Com a medida, entre 5.000:000$ e 6.000:000$ retornariam à circulação. Cf. sessão de 6 de junho de 1857. *Anais do Senado*, p. 92-4.

que ela era preconizada para resolver problemas que a praça do Rio e o Banco do Brasil enfrentavam e para estimular a indústria nacional, mas que serviria apenas para "excitar no público e no comércio esperanças quiméricas". Evocou argumentos teóricos para dizer que

> *Não é verdade que os bancos de emissão criem capitais*; eles limitam-se a operar sobre os que já existem, nem mais nem menos; e a fazê-los passar de umas mãos para outras por meio de seu papel de uma convertibilidade imediata. *Os capitais são frutos exclusivos do trabalho e da economia*, que os acumula para empregá-los na criação de novos valores. Tiras de papel não possuem a propriedade mágica de improvisar riquezas onde o trabalho as não produziu: na ciência do crédito não há lâmpadas de Aladino.
>
> *Um banco de emissão não desconta os produtos do trabalho futuro*; o seu bilhete representa transações efetuadas, representa capitais que circulam atualmente sob a forma de produtos até chegarem ao consumo e à liquidação definitiva. *A multiplicação artificial dos sinais representativos da moeda aumenta as artérias da circulação, sem aumentar ao mesmo tempo a quantidade dos valores circulantes*; e neste caso o refluxo é igual à emissão.
>
> Os que pretendem por semelhante meio prover a escassez de capitais assemelham-se àqueles que na deficiência real de artigos de subsistência propusessem como remédio o duplicar-se o número de carros para transportá-los ao mercado [grifos nossos].[16]

Vale notar que Torres Homem ainda advertia em seu discurso que as novas doutrinas em voga eram generosas e cheias de promessas magníficas, mas não correspondiam ao que se passava no mundo real. Referia-se na política à conciliação e na economia à pluralidade de emissão. Como se as doutrinas defendidas pelos saquaremas, a unificação dos interesses partidários sob o manto do imperador e o padrão-ouro, também não passassem de quimeras.

Diante das cobranças no Parlamento por um programa mais claro, o governo resolveu agir e pelo menos o ministro da Fazenda passou a ter uma atitude mais efetiva para implementar a nova política econômica. A pluralidade de emissão

16 Para as três últimas citações, cf. sessão de 12 de junho de 1857. *Anais da Câmara*, p. 230-5.

veio à luz num discurso pronunciado na Câmara dos Deputados em meio à discussão da resposta à fala do trono de 1857. Souza Franco começava a pagar na Câmara a cobrança que Jequitinhonha fizera no Senado. Talvez aí ele enfrentasse menor resistência da oposição, tanto que sua fala foi entrecortada por reações de apoio dos parlamentares.

Nesse discurso, Souza Franco fez o seu diagnóstico dos grandes problemas enfrentados pela economia do Império, que, segundo ele, eram três: juros altos, curto prazo dos empréstimos e escassez de meio circulante. Todos os três, grandes problemas econômicos que a política econômica saquarema era acusada de aprofundar. Por isso, ela e seu banco estavam na berlinda. O ministro explicava que os juros altos poderiam estar ligados a um excesso de demanda por capital em relação à oferta e que se essa oferta aumentasse, os juros poderiam baixar. Indicava ainda que a oferta insuficiente de capital não seria consequência da escassez do recurso, mas da organização deficiente das instituições de crédito do país. Dizia que esses

> são princípios que cumpre examinar se são aplicáveis ao estado presente das coisas e ao estado atual da procura e oferta dos capitais. Estará por ventura a procura nas condições normais? Há completa liberdade de procura, é exato; *mas haverá também completa liberdade de oferta? Haverá os estabelecimentos suficientes para tornar efetiva a oferta?* Para reunir e oferecer à procura os capitais todos, ou a grande massa dos *capitais disponíveis*? Nesses pontos pelo menos não há perfeita liberdade. (...) digo simplesmente: "a procura é perfeitamente livre, mas a oferta sendo limitada a *certos e determinados meios, a certos e determinados estabelecimentos*, não está nas condições de satisfazer as exigências daquela" [grifos nossos].

Na visão de Souza Franco, o crédito comercial apenas era insuficiente para atender as diversas demandas por crédito da economia mercantil escravista. O crédito às indústrias agrícola e manufatureira não poderia ser deixado de lado. O caso era que essas indústrias demandavam empréstimos com prazos mais longos e não poderiam ser atendidas adequadamente pelo crédito comercial. Assim, não se poderia duvidar da conveniência de se estimular no país a criação de instituições financeiras que ofertassem esse tipo de crédito, como os bancos hipotecários. Talvez não seja coincidência o fato de que, no período Souza Franco, o Banco Rural e Hipotecário do Rio de Janeiro e o Banco Comercial e Agrícola passassem a ser, depois do Banco do Brasil, os dois maiores bancos da Corte.

Quanto ao meio circulante, dizia o ministro que só havia dois modos de atender à necessidade dos mercados de acordo com o volume das transações: ou o governo o fornecia por meio da emissão de notas do Tesouro, ou os próprios mercados se supririam por meio de bancos emissores particulares. O caso era que, na visão de Souza Franco, não se fazia nem uma coisa nem outra no Brasil. Nem o governo emitia notas do Tesouro, nem os mercados eram livres para que "*por meio da liberdade de emissão*" pudessem atender à demanda, expandindo ou contraindo a oferta de meio circulante "*segundo as leis econômicas*". Entretanto, suas críticas eram endereçadas mais à política econômica saquarema e menos ao Banco do Brasil e suas caixas filiais, pois, para ele, estes estavam

> limitados portanto aos descontos a curtos prazos, e não tendo ocasião de lançar notas na circulação senão emprestando-as sob títulos que se lhes apresentam, não pode sua emissão exceder nunca à soma dos seus descontos, e esta restringida pelos seus limites. Os mercados que possam admitir as condições dos bancos e servir-se do seu crédito, hão de ter a emissão precisa; os que não se servirem do crédito comercial senão em pequena escala hão de sentir falta de notas para as transações de todas as outras indústrias, e *será evidente a necessidade de outros estabelecimentos, que não tão somente os comerciais, para o duplo fim de fornecer capitais às indústrias e meio circulante aos mercados* [grifo nosso].

Com essas palavras, o ministro não criticava o Banco do Brasil em si, mas sua orientação. Por isso, disse no mesmo discurso que o banco era um estabelecimento excelente e que o governo tinha em vistas sustentá-lo e apoiá-lo para que atingisse seus objetivos. Claro que esses objetivos seriam reorientados de acordo com a política econômica do novo governo. O jogo político quanto às questões econômicas era pesado e o apoio ao Banco do Brasil poderia fazer parte da estratégia de Souza Franco. Se de um lado, ele retiraria o monopólio do banco, de outro promoveria medidas que poderiam compensar essa perda. A lei 906, que veremos adiante, pode servir como exemplo.

Independentemente do que pudesse ocorrer com o Banco do Brasil, ficava evidente com esse discurso que o governo colocaria em xeque o monopólio do banco e em prática a pluralidade de emissão. Apesar disso, demonstrando certa habilidade política, o ministro tentava evitar o conflito ideológico entre pluralidade e monopólio de emissão, e procurava justificar pela necessidade a incorporação de mais alguns bancos emissores no Império. Se os saquaremas apelavam para o imperador para implementar sua política, Souza Franco apelava para a realidade econômica do Império. Por isso dizia:

> Não entro na questão da singularidade ou da pluralidade de um só ou de muitos bancos; para *mim o que é verdade é que os atuais não satisfazem a todas as exigências da situação, e que muitos são desnecessários, se tornariam antes mais um embaraço do que verdadeiro auxílio* [grifos nossos].

Também neste trecho chama atenção a censura do ministro à criação de muitos bancos para remediar o problema da escassez do meio circulante e do crédito, o que seria desnecessário e mesmo inconveniente. Assim, ficava clara a pluralidade de emissão, mas não era uma completa liberdade emissora. Para que afastasse o risco de ser mal compreendido por aliados ou propositalmente mal interpretado por opositores, Souza Franco logo advertiu:

> *Ninguém tire dos meus princípios a conclusão de que quero a completa liberdade de oferta*; não está isto em meus princípios; e apresento estas considerações para tirar depois conclusões que não serão nunca *assustadoras*, não serão nunca dessas conclusões que podem levar o nobre deputado pelo Rio de Janeiro que ontem falou [Torres Homem] a ter receio das medidas do Ministério da Fazenda [grifo nosso].[17]

Para finalizar seu discurso, o ministro disse que era chegado o momento de preencher a lacuna do crédito no país, aprovando a incorporação de "*mais alguns*"

17 Para as últimas quatro citações de Souza Franco, cf. sessão de 13 de junho de 1857. *Anais da Câmara*, p. 248-52.

bancos emissores na Corte e nas províncias. Ainda que a defesa da conversibilidade e da estabilidade cambial fosse mantida, a pluralidade de emissão representava uma reviravolta na política econômica anterior e o xeque-mate no monopólio do Banco do Brasil. Restava solucionar a questão legal, uma vez que o monopólio do banco era garantido pela lei de julho de 1853. Contudo, a legislação não seria o maior problema enfrentado por Souza Franco.

Depois da hesitação inicial, o ministro levaria a cabo suas ideias econômicas e, inicialmente, contaria com o apoio do imperador.[18] Com isso, não só interromperia a marcha do projeto saquarema, como desconstruiria o monopólio de emissão que há dois anos caracterizava a oferta de moeda no país. O crédito passaria a prevalecer sobre a moeda. Apesar de até aqui o banco não ter se manifestado face à mudança da política econômica do governo, aumentaram as tensões entre as duas instituições. Isso não surpreende, uma vez que Souza Franco era o governo e Itaboraí era o banco. Com duas cabeças que pensavam de modo tão destoante em termos de política econômica, o banco seguiria a orientação do governo? Certamente não com Itaboraí na presidência.

5.3. A resistência saquarema

Com a morte de Lisboa Serra em abril de 1855, Itaboraí fora nomeado presidente do Banco do Brasil. No entanto, antes que ele assumisse, passaram interinamente pela presidência os diretores Francisco Xavier Pereira e João Pereira Darrigue Faro, visconde do Rio Bonito. Itaboraí só assumiria efetivamente o cargo em setembro de 1855.[19] Tendo Lisboa Serra e depois Itaboraí como presidentes era claro que a diretoria do banco, sem abrir mão de lutar para abrir espaços de atuação e geração de lucros para a instituição, continuaria a seguir as orientações da política econômica emanada do governo. Assim, a resistência saquarema a uma reviravolta nessa política se fazia presente no banco. Portanto, quando Souza Franco anunciou que lhe retiraria o bônus mais vantajoso concedido pela lei de julho de 1853, mantendo seu principal ônus, o resgate gradual das notas do Tesouro que estavam em circulação,

18 Na fala do trono de encerramento da sessão de 1857, o imperador elogiará "*os progressos da indústria e o desenvolvimento do espírito de associação*". Cf. BRASIL. *Fallas do Throno... Op. cit.*, p. 519.

19 Cf. PACHECO, Cláudio. *História... Op. cit.*, p. 181; BRASIL. MINISTÉRIO DA FAZENDA. *Proposta e relatório... anno de 1856... Op. cit.* Anexos.

o mínimo que se poderia esperar, por parte da diretoria e dos acionistas do banco, era uma reação violenta e indignada.

Contudo, a reação do banco à política do ministro passou longe disso. O aumento da taxa de desconto em maio poderia até ser interpretado como demonstração de insatisfação com o novo gabinete, mas, formalmente, não houve reação alguma.[20] O relatório apresentado aos acionistas em 1857, por exemplo, assinado por Francisco Xavier Pereira, não trazia uma palavra a respeito da nova política do governo que violava frontalmente os estatutos do banco. Sua reação só viria muito mais tarde, no momento em que tal política começaria a fazer água.

Como explicar o fato de que o banco da Ordem, criado no contexto de um projeto mais amplo dirigido pelos conservadores, não reagiria a uma política que, do ponto de vista desse grupo político, traria a desordem ao Império e desmontaria o braço financeiro do projeto saquarema? Na resposta dessa questão entram em jogo a natureza privada de um banco orientado pelo governo e ainda o conflito entre os interesses de seus acionistas e do governo. Se de um lado o banco queria emitir cada vez mais para ampliar suas operações e, consequentemente, seus lucros, o que seria apoiado por Souza Franco, de outro, não queria abrir mão do monopólio, o que definitivamente não seria apoiado pelo novo ministro da Fazenda. Era o caso de pesar custo e benefício de uma coisa e outra, mas não só. Além da política de conciliação, que, de certa maneira, interrompia a resistência saquarema, o ministro acenava com incentivos para o banco, numa espécie de compensação pela perda do monopólio.

Farejando o bom momento, Mauá e outros acionistas propuseram alterações nos estatutos do banco que iam ao encontro da política de Souza Franco. Como bem assinala Guimarães, percebia-se "a necessidade de controlar o Banco do Brasil, visando a auxiliar a política implementada pelo ministro da Fazenda, que beneficiava o próprio Mauá".[21] Tanto Mauá quanto Souza Franco eram sabidamente defensores do crédito e nada mais conveniente que o primeiro, ainda que não diretamente, assumisse as rédeas do banco ora comandado por Itaboraí, sabidamente defensor da moeda. Por isso, as principais alterações propostas se dariam na administração

20 A taxa de desconto subiu de 8% para 9% em 7 de maio de 1857. Observe-se que a taxa parece ter subido, na verdade, em resposta à queda do fundo disponível em abril e, consequentemente, à aproximação do limite de emissão. Cf. BRASIL. MINISTÉRIO DA FAZENDA. *Relatório da Comissão de Inquérito nomeada por aviso do Ministério da Fazenda de 10 de outubro de 1859*. Anexo B.

21 Cf. GUIMARÃES, Carlos Gabriel. *Bancos, Economia e Poder... Op. cit.* A crise de 57 e o banco.

e na política de emissão do banco. Uma comissão foi, então, eleita pela assembleia dos acionistas para avaliar a proposta. Além de Mauá, dela faziam parte Itaboraí, Bernardo Ribeiro de Carvalho, Antônio Nicolau Tolentino, barão de Lages, e Alexandre Maria de Mariz Sarmento.[22]

A alteração mais importante em termos administrativos era a proposta de que os negócios do expediente deveriam ser resolvidos em reuniões diárias dos diretores-gerentes com o presidente do banco. Até aí, tudo bem. O problema surgia com a proposta de criação de um conselho diretor, nos moldes do Banco da Inglaterra, que daria a palavra final em caso de divergência entre diretores-gerentes e presidente. Criticando a proposta, o parecer assinado pela comissão, excetuando-se Mauá, dizia que, dessa maneira, o presidente que ora poderia suspender atos da diretoria e da assembleia dos acionistas tendo que se reportar apenas ao governo, ficaria subordinado a um conselho diretor eleito pela assembleia dos acionistas. Ficava clara na proposta a tentativa de esvaziar as funções do presidente e, por extensão, reduzir a influência do governo no banco. Dessa maneira, além de apontar inconvenientes nas funções do novo conselho e nas novas funções do presidente, a comissão advertia que tal alteração não coadjuvava com a letra e o espírito da lei de 1853, o espírito saquarema.[23]

Na defesa desse mesmo espírito, a comissão rejeitou quaisquer medidas que pudessem ameaçar o fundo disponível e a conversibilidade das notas do Banco do Brasil. Baseada numa doutrina metalista adaptada às condições da economia brasileira, aquela que norteou a elaboração dos estatutos do banco, a comissão criticou, por exemplo, a proposta de se considerar o fundo disponível da matriz e das caixas filiais "em complexo", ou seja, como se fossem um fundo único. Justificava-se dizendo que tal medida comprometeria a conversibilidade das notas do banco onde o fundo estivesse abaixo da necessidade, pois, ainda que recursos dos fundos da matriz ou de outras filiais pudessem ser usados como socorro, sua movimentação entre matriz e caixas e entre as próprias caixas não era trivial.[24] Não se podia admitir qualquer manobra que tentasse driblar os limites de emissão estabelecidos legalmente e comprometer a estabilidade do valor da moeda.

---

22 BANCO DO BRASIL. *Parecer da comissão nomeada pela assembléa geral dos accionistas do Banco do Brasil para examinar diferentes propostas que lhe forão apresentadas.* Rio de Janeiro: Empreza Nacional do Diário, 1857.

23 *Ibidem*, p. 9-10.

24 *Ibidem*, p. 11-3.

A comissão também criticou a proposta que dava curso geral às notas do banco em todo o Império. Tais notas só seriam conversíveis em moeda corrente na matriz e nas caixas da Bahia e de Pernambuco. Ora, dizia a comissão, as referidas caixas teriam muita dificuldade de realizar o troco das notas e, na prática, o troco só poderia ser feito na matriz. Portanto, se as notas do banco tivessem curso forçado em todo o Império e o banco só tivesse obrigação de trocá-las na matriz, tais notas acabariam se transformando em papel-moeda, o mal que os saquaremas queriam evitar. A proposta e o parecer da comissão revelavam a disputa entre diferentes projetos políticos. No campo econômico, a disputa entre ideias papelistas e metalistas. A conjuntura era favorável às primeiras, mas as outras resistiam.

Logo no início dos trabalhos da comissão, a resistência saquarema se apresentaria como obstáculo às pretensões de Mauá e, diante dela, o barão resolveu apresentar seu voto separadamente, organizando um projeto de novos estatutos para o banco. Contudo, sua tentativa foi em vão, pois o parecer da comissão rejeitou as alterações mais importantes referentes à administração e todas as referentes à política emissora do banco. Acatou apenas alterações menos importantes relativas à administração.

A resistência saquarema alterava os estatutos do banco para que tudo permanecesse como estava, mas ela encontraria seus limites. O complexo de interesses envolvidos na nova política econômica, somado às pressões que o banco sofria no Parlamento e na imprensa, levou Itaboraí a deixar sua presidência. O visconde demitiu-se informalmente do cargo de presidente do banco depois de uma discussão com Souza Franco na sessão do Senado de 17 de junho de 1857. A diretoria do banco reconheceria formalmente, "com muito pesar", a demissão de Itaboraí três dias depois.[25] Vale a pena transcrever o breve diálogo final da sessão do Senado em que Souza Franco sugere, de maneira não muito sutil, a saída de Itaboraí do banco. O contexto é a discussão da lei 906 e Itaboraí respondia à acusação feita por Souza Franco de que nessa discussão agia mais como presidente do banco do que como senador do Império:

> O SR. VISCONDE DE ITABORAÍ diz que antes de responder às observações do precedente orador [Souza Franco], cumpre-lhe declarar que no Senado fala como representante da nação, e não como presidente do banco, e que nunca há de sacrificar suas opiniões a quaisquer considerações que se possam dar.

25 Cf. BANCO DO BRASIL. *Atas de reunião da diretoria (1854-1866)*. Sessão de 20 de junho de 1857.

> O SR. MINISTRO DA FAZENDA observa em aparte que a medida que se trata [lei 906] é para o banco.
>
> O SR. VISCONDE DE ITABORAÍ responde que se trata de uma medida de interesse público, e que *quando o nobre ministro entender que um senador que é presidente do Banco do Brasil pode causar o menor estorvo a suas medidas, tem na sua mão o meio de acabar com esse embaraço.*
>
> O SR. MINISTRO DA FAZENDA – Não se deu ainda este fato, se se desse...
>
> O SR. VISCONDE DE ITABORAÍ – *Está no seu direito desde já, se entende que minha voz pode embaraçar as medidas do governo.*
>
> O SR. MINISTRO DA FAZENDA – *Nesse ponto o nobre senador é melhor juiz do que eu* [grifos nossos].[26]

O diálogo expressa o embate de duas visões distintas da política econômica e o jogo político necessário para vencer adversários e romper obstáculos para a implementação de determinada orientação. Nesse contexto, em meados de 1857, os saquaremas já não aguentavam a pressão por mudança na política econômica e, por isso, sua resistência dentro do banco claudicava. Render-se ao governo significaria errar com ele.[27] Com Itaboraí fora da presidência, o banco seguiria, inicialmente, a política definida pelo novo governo. Somente a crise financeira que virá no final daquele ano redimirá os saquaremas.

Mesmo no Parlamento, onde a representação conservadora gozava de grande vantagem em relação à liberal, a resistência saquarema não conseguiu impedir a reviravolta na política econômica. Vozes conservadoras se levantavam tanto no Senado, com Jequitinhonha e o próprio Itaboraí, como na Câmara, com Torres Homem. No entanto, a resistência saquarema esbarrava na política de conciliação e, em última instância, no marquês de Olinda. A discussão no Senado da lei 906 já referida ilustra bem o que estava ocorrendo em termos econômicos naquele momento. Esboçavam-se aí as posições de liberais e saquaremas, os ataques e a resistência, a ação e a reação.

---

26 Sessão de 17 de junho de 1857. Cf. *Anais do Senado*, p. 142.

27 CALÓGERAS, João Pandiá. *A política monetária... Op. cit.*, p. 109.

Essa lei foi derivada da proposta, feita por Souza Franco, que autorizava o Tesouro e as tesourarias da província a depositarem seus recursos em contas correntes remuneradas do Banco do Brasil. O ministro apresentou três justificativas para sua proposta. As duas primeiras, mais pragmáticas e frágeis, diziam respeito à diminuição da carga de responsabilidade que pesava sobre os ombros dos tesoureiros por administrarem vultosa soma de recursos e ao pagamento de juros sobre uma parcela desses recursos. A terceira justificativa, mais doutrinária e forte, era, nas palavras do próprio ministro, "*a desconveniência de conservar nos cofres do Tesouro e das tesourarias* somas avultadas que representam capitais retirados da circulação, somas avultadas em dinheiro, que fazem falta aos mercados donde são tiradas [grifo nosso]".[28] Para o ministro, as notas do banco representavam o capital dos produtores, uma parte de seu lucro extraído de sua atividade. Assim, seriam capitais retirados da circulação e fariam falta aos mercados.

Como, na visão de Souza Franco, tal proposta seria vantajosa para o banco, para o governo e para o comércio, sua aprovação não deveria enfrentar maiores obstáculos. O banco ganharia com o aumento de recursos disponíveis para realizar operações e, consequentemente, obter maiores lucros; o governo ganharia com os juros recebidos sobre os recursos depositados no banco; e o comércio ganharia com a ampliação do crédito e, consequentemente, com a maior liquidez do mercado. Contudo, embutida na proposta estava uma questão doutrinária e justamente por isso a resistência saquarema apareceu para tentar frear o desfazer da ordem.

Diante das justificativas do ministro, Itaboraí questionou primeiro a possibilidade de retirada livre dos recursos depositados no banco. Dizia que se assim fosse, o banco não poderia receber esses recursos sem ferir seus estatutos, que estabeleciam um prazo mínimo de sessenta dias para o saque dos recursos recebidos a juros. Questionou depois a afirmação do ministro de que havia escassez de meio circulante na economia. Argumentou que o aumento da emissão do Banco do Brasil, dos preços e das importações indicava justamente o contrário. Portanto, não haveria necessidade de aumentá-lo.

Questionou, então, a concepção de que as notas do banco guardadas no Tesouro representavam capital retirado da circulação. Para o senador, as notas do banco

28 De acordo com os depoimentos de Itaboraí e Souza Franco, o governo pagava entre 100:000$ e 400:000$ anuais de juros sobre recursos do cofre dos órfãos que ficavam sob a guarda do Tesouro. Cf. *Anais do Senado*, p. 133/173. Para a citação, cf. sessão de 6 de junho de 1857. *Anais do Senado*, p. 92.

nada mais eram do que títulos comerciais que representavam transações já ocorridas. Assim, pouco importaria para a circulação se tais notas estivessem paradas nos cofres do Tesouro, pois independentemente disso o produto que representavam continuaria a circular. Portanto, as notas do banco que estavam no Tesouro não seriam capital retirado da circulação.

Finalmente, questionou a utilidade da medida tanto para fazer aumentar a circulação, quanto para gerar lucros para o banco. Argumentou que se os 3.000:000$ ou 4.000:000$ em notas do banco guardadas no Tesouro entrassem imediatamente na circulação, haveria risco de que o mesmo montante em ouro saísse do fundo disponível do banco. Como o fundo regulava a emissão, essa saída exigiria uma contração de pelo menos 9.000:000$ em notas emitidas e, consequentemente, os descontos seriam restringidos. Caso essas notas não voltassem ao banco para o troco, elas provocariam inflação. Portanto, se o banco tivesse que guardar tais notas e colocá-las em circulação gradualmente, de acordo com as exigências do mercado, teria prejuízo ao pagar juros sobre um dinheiro que ficaria praticamente parado em seus cofres. Dessa maneira, a proposta de Souza Franco "*seria um presente que ele* [o banco] não deveria aceitar".

A réplica do ministro expunha a tensão entre as pretensões do governo e a atuação do banco. Souza Franco esperava que Itaboraí, "presidente do banco, e até certo ponto agente do governo",[29] se sensibilizasse com a situação do Tesouro, que pagava juros sobre capitais parados que ficavam sob sua guarda, e ajudasse o governo a resolver esse problema. Assustava-se com a recusa, por parte do senador, de recursos que poderiam ser emprestados pelo banco e supunha que isso só poderia se dar porque ao banco não interessava que as notas guardadas no Tesouro voltassem aos seus caixas para o troco. Sentia que Itaboraí se opusesse à medida, pois sua posição seria apoiada pela diretoria da instituição e, assim, o banco não ajudaria o governo a resolver esse problema. Aumentava a pressão sobre Itaboraí, que fora acusado de agir mais como presidente do banco do que como senador. O que se seguiu foi o diálogo que transcrevemos anteriormente e que culminou em sua demissão da presidência do banco.

Na segunda discussão no Senado, Itaboraí, já fora da presidência do banco, continuou a sustentar, ao contrário do que entendiam o ministro e a imprensa, que não havia escassez de meio circulante na economia. Apesar da pressão sobre a política econômica

---

29 *Ibidem*, p. 138.

saquarema, continuava a advertir sobre o mal que a superabundância de meio circulante poderia causar às transações comerciais do país. A desvalorização do mil-réis estava à espreita. Ainda nessa discussão, apelou novamente para a ilegalidade da medida e criticou estrategicamente o banco justamente por ter expandido demais o crédito.

No entanto, o momento político era de Souza Franco. A crítica de que o Banco do Brasil, ou o seu privilégio, era a causa do atrofiamento do crédito nas províncias reforçava a orientação de sua política econômica.[30] Apesar da resistência saquarema, tanto a proposta do ministro da Fazenda quanto a pluralidade bancária estavam a caminho. Uma fala de Itaboraí é particularmente interessante para ilustrar o momento. Ao justificar a fragilidade do fundo disponível do banco com a saída de recursos para outras províncias, ele se dizia absolvido por Souza Franco da responsabilidade por este "pecado" e, como que reconhecendo a derrota de sua política econômica, dizia ironicamente que a absolvição do "grande sacerdote da nova religião" era para ele um grande consolo, não tendo sequer receio de ser "condenado à inquisição".[31]

A proposta de Souza Franco, embora aparentemente significasse um fortalecimento do Banco do Brasil, era coerente com a nova religião. Além de uma questão pragmática, livrar o governo do pagamento de juros sobre recursos guardados no Tesouro, a proposta envolvia uma questão doutrinária de fundo, isto é, a expansão do meio circulante com notas bancárias para forçar a baixa da taxa de desconto, estimulando o crédito e, por extensão, a atividade econômica. Era um passo no sentido da papelização do sonho dourado saquarema. Na discussão da proposta, ficou clara a incompatibilidade de doutrinas econômicas e o aumento da tensão entre governo e banco. A resistência de Itaboraí não foi suficiente para conter a força do governo. Mais uma vez o banco atuaria segundo a orientação estabelecida pelo gabinete, só que agora a orientação era, em boa medida, oposta ao que havia anteriormente. Dessa maneira, a proposta do ministro da Fazenda apontava o início do desfazer da ordem.

Vencida a resistência saquarema, a proposta de Souza Franco seria aprovada como lei 906 em 10 de agosto de 1857[32] e seu efeito ficaria bastante claro no balanço do banco.

30 Sessão de 25 de junho de 1857. Cf. *Anais do Senado*, p. 187.

31 Sessão de 25 de junho de 1857. Cf. *Anais do Senado*, p. 174.

32 Cf. BRASIL. *Collecção das leis do Império do Brasil de 1857*. Rio de Janeiro: Typ. Nacional, 1857.

Em 1858, o montante de recursos recebidos pelo banco em conta corrente aumentou aproximadamente sete vezes em relação à média dos anos anteriores (Gráfico 12).

Gráfico 12 – Contas correntes do Banco do Brasil (1854-58)

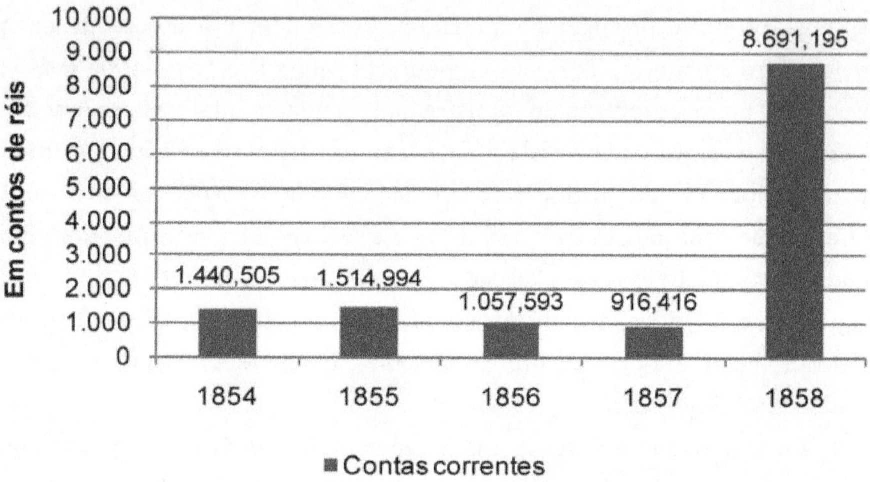

Fonte: Balanços do Banco do Brasil. In: BANCO DO BRASIL. *Relatório apresentado á Assembléa Geral dos Accionistas do Banco do Brasil.* Vários números.

Ainda que a lei contribuísse para aumentar os lucros do banco, Itaboraí parecia mesmo pensar para além da instituição, nas consequências da nova política econômica para o projeto saquarema. Mais tarde, o senador se lamentaria por não ter previsto o risco do ciclo político para a marcha de tal projeto e faria um *mea culpa*:

> *A culpa será minha, porque não previ que ao Banco do Brasil se desse a direção que tem tido, nem que houvesse um ministro da Fazenda que, sem refletir nas condições especiais em que nos achamos, relativamente ao nosso sistema monetário,* criasse uma aluvião de bancos de emissão (...). Se fui culpado, se caí em erro, esse erro procedeu de não ter podido prever o futuro, nem ter-me passado pela idéia que *o princípio que dirigiu a criação desse estabelecimento seria destruído por simples decisão do governo, e*

> *a instituição dirigida como tem sido por culpa do Sr. ministro da Fazenda* [grifos nossos].[33]

A lei representava a vitória de quem estava no governo no jogo de forças políticas que guiavam a política econômica. O interesse privado do banco e o interesse governamental em sua atuação sob nova orientação explicam parcialmente a demissão do presidente saquarema e o arrefecimento praticamente total da já combalida resistência do banco à política de Souza Franco. Fora do banco e do Parlamento, também aumentava a pressão por mudanças na política econômica. Como aponta Pacheco, as discussões da proposta do ministro repercutiram nos jornais e até o insuspeito Jornal do Comércio, defensor habitual das políticas conservadoras, publicava editoriais e artigos defendendo a expansão do crédito e o fim do monopólio de emissão. Os alvos preferenciais das críticas eram Itaboraí e o Banco do Brasil.[34]

Nesse momento, os saquaremas estavam em xeque, mas a resistência à nova política econômica continuava na Câmara dos Deputados. As questões do monopólio de emissão e da regulação bancária entraram no debate sobre as sociedades em comandita, que já vinha ocorrendo desde 1856. Duas emendas ao projeto original estavam sendo discutidas pelos parlamentares, uma apresentada pelo barão de Mauá, outra por Torres Homem. A emenda de Mauá, evidentemente, era mais coerente com a política de Souza Franco e, por isso, tinha a preferência do ministro. Quanto à organização de sociedades comanditárias que fizessem operações bancárias, limitava-se a dizer que "só poderão instituir-se com prévia autorização do governo, enquanto uma lei especial sobre bancos não for promulgada". Numa jogada esperta, não se falava nada sobre a emissão, abrindo uma brecha legal para que ela fosse autorizada. No entanto, a emenda de Torres Homem, mais coerente com a política de Itaboraí, não deixaria passar uma brecha como essa. Além de prever que a incorporação de sociedades comanditárias que fizessem operações bancárias tivesse que ser autorizada pelo governo, dizia claramente que

> nenhum banco sob a forma comanditária ou anônima, poderia emitir letras ou vales pagáveis ao portador, e a prazo maior de

33 Sessão de 17 de maio de 1858. Cf. *Anais do Senado*, p. 92.

34 Cf. PACHECO, Cláudio. *História... Op. cit.*, p. 517-9.

> 30 dias, *sem autorização do corpo Legislativo*, enquanto por lei não foram reguladas as condições e o modo com que o governo facultará o poder de emissão às ditas sociedades e companhias [grifo nosso].[35]

As questões do monopólio de emissão e da regulação bancária entravam assim no debate. A resistência saquarema apresentava-se na emenda de Torres Homem por meio da proibição de qualquer emissão, fosse ela de notas ou vales, sem autorização do Legislativo. Também numa jogada esperta, a necessidade de autorização do Legislativo para que bancos pudessem emitir era uma tentativa de impedir, ou pelo menos retardar, o estabelecimento de bancos de emissão.

O resultado da discussão do projeto e das duas emendas foi a supressão das restrições levantadas na proposta de Torres Homem. O próprio ministro da Fazenda participou da discussão e sustentou que notas bancárias não eram papel-moeda e que mal algum poderiam fazer ao comércio, pelo contrário, ajudariam a aliviar a escassez de meio circulante, destravar o crédito e trazer prosperidade para a economia do Império. Caiu também a necessidade de autorização do Legislativo para que emissões pudessem ser feitas. Resolveu-se, então, acrescentar ao projeto que caberia ao governo

> *facultar aos bancos a emissão de notas ao portador e à vista, realizáveis em moeda corrente (ouro ou papel-moeda), até o triplo dos fundos disponíveis*, não sendo de valor menor de 20$ na Corte e província do Rio de Janeiro, e de 10$ nas outras províncias do Império [grifo nosso].[36]

Nessa proposta, inteiramente de acordo com a política de Souza Franco, eliminava-se ao mesmo tempo o monopólio de emissão do Banco do Brasil e a prerrogativa do Legislativo de autorizar a emissão, isto é, o governo poderia estabelecer os bancos de emissão que achasse convenientes. E assim a legislação bancária misturava-se à legislação das sociedades em comandita. Desse modo, o próprio ministro da

35 Para ambas as citações, cf. Sessão de 11 de julho de 1857. Cf. *Anais da Câmara*, p. 230.

36 Sessão de 21 de julho de 1857. Cf. *Anais da Câmara*, p. 41.

Fazenda solicitou às comissões de Fazenda e de Comércio, que analisavam o caso das comanditas, que considerassem separadamente a legislação bancária.

Aproveitando a deixa do ministro, o renitente Torres Homem logo apresentou um projeto sobre bancos de emissão. Na verdade, era o que já se debatia sobre o assunto no âmbito da discussão sobre as sociedades em comandita e, por isso, o projeto foi apresentado como se fosse um trabalho conjunto das comissões de Fazenda e de Comércio. Contudo, Mauá e Sampaio Viana, membros dessas comissões, reclamaram que não foram ouvidos. E, segundo o próprio Torres Homem, de fato não o foram, pois era sabido que divergiriam totalmente da maioria dos membros das comissões e do que fora apresentado à Câmara. De qualquer modo, para encerrar essa pequena discussão, o presidente da Câmara apresentou o projeto não como sendo das comissões, mas de três deputados que o assinavam, a saber, Augusto de Oliveira, Sérgio Macedo e Torres Homem. O projeto era uma peça de defesa tão descarada do monopólio de emissão e do Banco do Brasil que mais parecia um escárnio da política econômica do ministro da Fazenda. Vale a pena transcrever aqui seus três artigos e o parágrafo que estabelecia o limite de emissão:

> Art. 1º - Na capital do Império, na província do Rio de Janeiro, e nas outras em que existir o número de caixas filiais do banco do Brasil que exigirem as necessidades do comércio, e com o capital suficiente para preencher os fins a que se destinam, *nenhum outro banco ou sociedade bancária debaixo de qualquer forma comercial poderá emitir letras, notas promissórias ou vales ao portador, e com prazo menor de 30 dias, enquanto vigorar a lei de 5 de julho de 1853.*
>
> Art. 2º - No caso de verificar-se por inquéritos regularmente feitos, ou por representações das praças de comércio, a conveniência de aumentar-se o número ou o capital das caixas filiais existentes nas ditas províncias, *o governo convidará o banco do Brasil a satisfazer essa necessidade na forma exigida. Se no prazo de 6 meses nenhuma providência houver tomado o banco do Brasil para ampliar nesse sentido os benefícios do crédito, poderá o governo autorizar a incorporação de qualquer sociedade bancária com emissão no distrito da província em que for indispensável, contanto que sua sede não seja na mesma cidade ou vila em que funcionar a caixa filial.*

> Art. 3º - Nas províncias em que se der a hipótese do artigo precedente, e nas outras em que não houverem caixas filiais, a emissão será concedida com as seguintes cláusulas.
>
> § 2º A emissão não excederá o *duplo do capital próprio do banco existente em caixa para o troco em moeda corrente, ou em barras de ouro e prata* [grifos nossos].[37]

O primeiro e o terceiro artigos revelavam a continuidade da política restritiva do gabinete anterior e, por isso, não constituíam novidade. O segundo artigo do projeto era particularmente interessante, pois, ao mesmo tempo em que mantinha o privilégio do Banco do Brasil, abria espaço para que outros bancos fossem criados. Era a concessão possível para que houvesse alguma chance de aprovação do projeto no contexto da nova política econômica. Mas os saquaremas não estavam na posição política de quem fazia concessões. Souza Franco reclamou do projeto apresentado por Torres Homem e disse que não passava de uma manobra para atrasar a criação de novos bancos de emissão. O ministro tampouco queria discutir a questão bancária neste momento. Para ele, tal discussão revelaria "o receio de que o governo venha a cometer excessos que não estão na sua intenção" e "o desejo de privar o país das instituições que promovam o desenvolvimento razoável do crédito público".[38]

As manifestações de apoio e os elogios à fala do ministro eram forte indício de que o projeto de Torres Homem obviamente não seria acatado. A resistência saquarema claudicava no Parlamento. Contudo, a pluralidade também não viria como Legislação, mas como estabelecimento efetivo de bancos emissores, atropelando o Legislativo e o monopólio de emissão estabelecido pela lei que criou o segundo Banco do Brasil. Em agosto de 1857, a derrota saquarema ficou ainda mais evidente e concreta com a criação de tais bancos (Quadro 7). Para Calógeras, uma fraqueza do governo diante dos "clamores da especulação".[39] O próprio Torres Homem reconheceria, em seu relatório do Ministério da Fazenda de 1858, que com a criação dos novos bancos ao lado do Banco do Brasil "o plano da lei de 1853 ficava fundamentalmente mudado, tanto no ponto de vista da reforma do

---

37 Sessão de 24 de julho de 1857. Cf. *Anais da Câmara*, p. 89.

38 Sessão de 28 de julho de 1857. Cf. *Anais da Câmara*, p. 124.

39 CALÓGERAS, João Pandiá. *A política monetária... Op. cit.*, p. 113.

meio circulante, como no modo de reger o crédito do país".[40] No entanto, como dissemos, a questão legal não seria o maior problema enfrentado pelo ministro. Era o xeque-mate de Souza Franco.

Quadro 7 - Bancos de emissão criados a partir de agosto de 1857

Decreto	Banco	Província	Início das operações
1.971, 31 ago. 1857	Banco Comercial e Agrícola	Rio de Janeiro	Mar. 1858
2.005, 24 out. 1857	Banco da Província de São Pedro do Sul	Rio Grande do Sul	Jun. 1859
2.021, 11 nov. 1857	Banco de Pernambuco	Pernambuco	Maio 1858
2.035, 25 nov. 1857	Banco do Maranhão	Maranhão	Maio 1858
2.111, 3 abr. 1858	Banco Rural e Hipotecário (autorização para emitir)	Rio de Janeiro	Fev. 1859
2.140, 3 abr. 1858	Banco da Bahia	Bahia	Nov. 1858

Fonte: *Proposta e relatorio apresentados á Assembléa Geral Legislativa na Segunda Sessão da Décima Legislatura do anno de 1857 pelo Ministro e Secretario d'Estado dos Negocios da Fazenda Bernardo de Sousa Franco*. Rio de Janeiro: Typ. Nacional, 1858. Para o início das operações, cf. BRASIL. MINISTÉRIO DA FAZENDA. *Relatório da Comissão de Inquérito nomeada por aviso do Ministério da Fazenda de 10 de outubro de 1859*, p. 57.

Como já apontamos, a pluralidade de emissão estabelecida com a criação dos novos bancos de emissão não se daria "*sob o regime da* liberdade regulada *por lei, nem sob o regime da liberdade absoluta e concorrência ilimitada, mas sob o* regime restrito da autorização do governo [grifos nossos]". A "liberdade regulada" implicava a definição, por parte do governo, dos limites de emissão dos novos bancos, que poderiam emitir notas à vista e ao portador até o limite do capital realizado e do duplo do fundo disponível. Metade dessas notas deveria ser lastreada em apólices da dívida pública e ações de estradas de ferro com juros garantidos pelo governo e a outra metade deveria ser lastreada em metais e notas do Tesouro, constituintes do fundo disponível. Havia, no entanto, duas exceções a essa regra geral: o Banco Comercial e Agrícola poderia ter seu fundo disponível totalmente constituído por títulos da dívida pública e ações de estradas de ferro com juros garantidos pelo governo e o fundo disponível do Banco da Bahia poderia contar com ações de

40 BRASIL. MINISTÉRIO DA FAZENDA. *Proposta e relatório... do anno de 1858... Op. cit.*, p. 5.

qualquer estrada que tivesse juros garantidos pelo governo.[41] Posteriormente, essas distinções serão alvo de críticas dos saquaremas.

Já o "regime restrito da autorização do governo" significava que o Executivo assumiria o direito de autorizar as emissões por sua conta, sem passar pelo Legislativo. Não surpreende que Souza Franco, no afã de acelerar a implementação de sua política e expandir rapidamente o crédito no país, adotasse tal medida, mas essa manobra cobraria seu preço político no futuro. Tampouco surpreende o fato de que os novos bancos de emissão tenham sido criados nas principais praças de comércio, áreas onde já atuava o Banco do Brasil. Para Villela, essa coincidência de localização revelava implicitamente uma crítica à atuação do banco, significando que ele não fora capaz de fornecer a liquidez e o crédito adequado para tais mercados.[42] Isto é certo, mas vale lembrar que a crítica de Souza Franco ultrapassava em muito os limites do Banco do Brasil. Era uma crítica mais profunda, que se vinculava diretamente à política econômica levada a cabo pelos saquaremas. O banco, por ser o detentor do monopólio de emissão, era apenas a face visível de uma crítica que carregava não só interesses econômicos e políticos distintos, como divergências doutrinárias a respeito da moeda e do crédito.

Os bancos de Souza Franco também não entraram em funcionamento imediatamente. O ministro creditou a defasagem entre a data de criação dos novos bancos e o início efetivo de suas operações à dificuldade de realização do capital desses estabelecimentos em meio à crise de 1857, mas isso não o impedia de insistir que tais bancos foram criados para suprir a demanda da economia por moeda e crédito, sobretudo fora da corte. Dizia o ministro em seu relatório que

> todos estes bancos tiveram por motivo de sua aprovação a satisfação das necessidades da agricultura, comércio e indústrias das localidades, onde ou não havia estabelecimentos de crédito, como em Porto Alegre, ou existiam forças tão limitadas, que *nem ao próprio comércio forneciam os meios de que precisava para suas transações,*

41 Cf. BRASIL. MINISTÉRIO DA FAZENDA. *Proposta e relatório... do anno de 1857... Op. cit.*, p. 5; BRASIL. *Collecção das leis... Op. cit.*; NABUCO, Joaquim. *Um estadista... Op. cit.*, p. 309. Para o Banco da Bahia especificamente, cf. AZEVEDO, Thales de e LINS, E. Q. Vieira. *História do Banco da Bahia, 1858-1958*. Rio de Janeiro: José Olympio, 1969.

42 VILLELA, André Arruda. *The political economy... Op. cit.*, p. 92.

> *ficando a agricultura e mais indústrias privadas do adiantamento de capitais necessários ao desenvolvimento de seus trabalhos* (...)
>
> Em geral, e principalmente nos lugares onde funcionava o Banco do Brasil ou suas caixas filiais, tinham os novos estabelecimentos por fim *levar as vantagens do crédito às indústrias, ou classes da sociedade*, a que os outros não podiam estender seus descontos pela natureza especial de sua organização, e *fornecer fundos ao Comércio, e meio circulante ao mercado* nas épocas, em que situação igual a em que o Banco do Brasil se achou colocado nos meses de abril e maio de 1857, o obrigasse a restringir os seus descontos. Nas outras localidades, totalmente privadas do auxílio das instituições de crédito, os novos Bancos tinham, além do fim descrito, o de dotá-las com este *elemento de progresso*, que bem dirigido concorre poderosamente para o desenvolvimento da riqueza particular e pública [grifos nossos].[43]

Era esse o teor da crítica implícita ao Banco do Brasil a que nos referimos há pouco e a justificativa concreta para a criação dos novos bancos emissores. As próprias palavras de Souza Franco deixavam claro que, para ele, era o crédito, e não a moeda, o "elemento de progresso". Ocorre que a substituição do privilégio da moeda pelo do crédito não foi feita de maneira tranquila. A crise externa que aportou no Brasil no final de 1857 misturou-se a uma crise interna diagnosticada por muitos como resultante do excesso de emissão e, portanto, do privilégio de um crédito que escapou do controle do governo. Os embaraços enfrentados pela política de Souza Franco levarão ao abandono do privilégio do crédito como elemento de progresso e à retomada do privilégio da moeda como elemento civilizatório.

Souza Franco, coerente com as ideias que há anos defendia abertamente no Parlamento, cumpria seu papel no Ministério da Fazenda. Caberia à administração do banco reagir à nova política, pois, além de perder o monopólio de emissão, o banco continuaria com o ônus do resgate das notas do Tesouro. Contudo, pelos motivos que já apontamos, ela não se pronunciou diante da ameaça de mudança no regime de emissão com a subida de Souza Franco ao ministério nem diante da

43 BRASIL. MINISTÉRIO DA FAZENDA. *Proposta e relatório... anno de 1857... Op. cit.*, p. 5-6. Diante da ameaça de rompimento do limite de emissão, o Banco do Brasil elevou a taxa de desconto de 8% para 9% em maio de 1857.

criação dos novos concorrentes. As atas de reunião de diretoria revelavam que seus membros estavam mais preocupados com questões ordinárias, sobretudo com as caixas filiais. O único registro relacionado à criação de novos bancos de emissão foi uma solicitação ao Legislativo para que, diante da emissão de notas de 10$ pelo banco emissor criado na província do Rio de Janeiro, autorizasse o Banco do Brasil a emitir notas de valor inferior a 20$, mínimo estabelecido nos estatutos.[44]

O relatório apresentado à assembleia dos acionistas em 1857 nada falava sobre a movimentação rumo à pluralidade. Não poderia falar dos bancos criados a partir de agosto, porque tal relatório não abarcava o período em que os novos bancos de emissão foram criados. Mas essa não era a razão por não ter havido crítica à reviravolta na política econômica, pois o mesmo relatório referente ao ano de 1858, período em que os bancos já haviam sido criados, fez apenas breve referência ao assunto relacionada justamente à solicitação feita ao Legislativo no ano anterior. Dizia que a emissão das notas do novo banco emissor colocava o Banco do Brasil em "situação desvantajosa", solicitava as mesmas condições de emissão do novo banco, isto é, emitir notas de valor inferior a 20$ na província do Rio de Janeiro, e reclamava que o Legislativo ainda não havia considerado seu pleito.[45] Apenas isso. Nada contra a pluralidade de emissão em si. Apenas o relatório dos fiscais do Banco do Brasil de 1858 lembraria de criticar o ato de Souza Franco, acusando-o de quebrar o monopólio legal de emissão e de colocar o banco em situação de concorrência desleal.[46]

Com a resistência saquarema claudicante no banco e no Parlamento, a nova política econômica de Souza Franco seguia seu curso. No entanto, a crise que aportou no Brasil em novembro de 1857 turvou o ambiente econômico e político. A pressão que sofreram Itaboraí e o Banco do Brasil logo mudaria de lado e recairia sobre Souza Franco e sua política de pluralidade bancária. Abria-se, assim, espaço para

44 BANCO DO BRASIL. *Atas de reunião da diretoria (1854-1866)*. Sessão de 7 de outubro de 1857, p. 100-1.

45 BANCO DO BRASIL. *Relatório apresentado á Assembléa Geral dos Accionistas do Banco do Brasil na sua reunião de 1857, pelo director, servindo de Presidente, Francisco Xavier Pereira*. Rio de Janeiro: Typ. Nacional, 1857; *Idem*. *Relatório apresentado á Assembléa Geral dos Accionistas do Banco do Brasil na sua reunião de 1858, pelo director, servindo de Presidente, Jerônimo José de Mesquita*. Rio de Janeiro: Typ. Nacional, 1858, p. 5.

46 BANCO DO BRASIL. *Relatório dos Fiscaes do Banco do Brasil Apresentado á Assembléa Geral dos Accionistas do Banco do Brasil*. 1858, p. 2. Cf. também Cf. PACHECO, Cláudio. *História*... *Op. cit.*, p. 547.

mais uma reviravolta na política econômica do Império, desta vez, para a reação saquarema e a retomada do braço financeiro de seu projeto.

5.4. A primeira crise econômica capitalista de alcance mundial e seu reflexo no Brasil

A origem da crise financeira que ocorreria em 1857 estava, de acordo com vários autores que a analisaram, na descoberta de ouro nos Estados Unidos e na Austrália no final da década de 1840 e início da de 1850 respectivamente.[47] A ampliação da oferta do metal, que servia de lastro à emissão de moeda em vários países, levou a uma expansão do crédito nos Estados Unidos e na Europa.

A primeira metade da década de 1850 foi de euforia da economia mundial e a conjuntura econômica brasileira acompanhou esse ritmo. Os problemas econômicos que surgiam por aqui, como o aumento da demanda por meio circulante e crédito, estavam relacionados justamente à expansão de uma economia mercantil atrelada ao mercado externo. Nos Estados Unidos e na Europa houve um surto de criação de bancos e construção de ferrovias. Além disso, o aumento do preço dos grãos devido a más colheitas e à guerra da Crimeia,[48] a Rússia era grande produtora desse gênero agrícola, estimulou a expansão de sua produção. Mesmo os produtores de grãos ingleses, que tenderiam a perder mercado para a concorrência externa com a revogação das leis dos grãos (*corn laws*), em 1846, ganharam terreno com o aumento do preço do produto e a consequente expansão de sua produção.

Ocorre que, na euforia, a construção de ferrovias parece ter ultrapassado os limites da possibilidade de se obter retornos razoáveis com o investimento. Como parceiros dessa empreitada, os bancos também sentiram o efeito do investimento excessivo. Com o fim da guerra da Crimeia e o reaparecimento dos grãos russos no mercado, o preço do produto despencou. O freio na expansão das ferrovias, a

---

47 Para crise de 1857, cf. KINDLEBERGER, Charles Poor. *Manias... Op. cit.*, p. 166-7/181; CLAPHAM, John. *The Bank of England: A History*. Cambridge: Cambridge University Press, 1945. Para crise nos EUA, CALOMIRIS, Charles W. e SCHWEIKART, Larry. The Panic of 1857: Origins, Transmission, and Containment. *The Journal of Economic History*, v. 51, n. 4, dez. 1991, p. 807-34.

48 Conflito que nasceu da investida russa sobre território turco. Ocorreu entre 1853 e 1856 envolvendo, de um lado, a Rússia, e, de outro, a aliança entre Turquia, Inglaterra, França e reino do Piemonte-Sardenha.

queda do preço dos grãos e a possibilidade de que devedores não honrassem seus compromissos financeiros apontavam para o que seria a primeira crise econômica capitalista de alcance mundial.[49]

Como toda crise que se preze, esta também teria um estopim. A falência da *Ohio Life Insurance and Trust Company* (*Ohio Life*), em agosto de 1857, levou pânico ao mercado estadunidense e aos mercados da Inglaterra, França, Alemanha e Escandinávia, provocando corridas bancárias. Nesses países, os mercados de crédito se contraíram, as taxas de desconto subiram e a euforia anterior transformou-se em apreensão e falências de bancos. A contração da demanda externa logo seria sentida por países exportadores da Ásia, África e América do Sul, entre eles o Brasil.

O paquete da crise aportou no Brasil em novembro de 1857.[50] A notícia de que os mercados dos Estados Unidos e, sobretudo, da Europa naufragavam exportou o pânico para as praças brasileiras. O comércio da Corte, principal praça do Império, ficou paralisado diante da paralisia de seus maiores parceiros comerciais. As exportações do país estavam ameaçadas e, diante da iminência da desvalorização do mil-réis, aumentou a demanda por ativos fortes, como a libra e o ouro. O já fragilizado fundo disponível do banco, sobretudo sua parcela metálica, ficou gravemente ameaçado com a notícia da crise externa. A saída de recursos metálicos, para atender necessidades externas ou internas, comprometia tanto o fundo disponível do Banco do Brasil quanto a manutenção da paridade da taxa de câmbio prevista na lei de 1846.[51] Diante desse quadro, banco e governo precisavam agir.

Como disse Cavalcanti, sem a crise, 1857 já seria um ano de provação para o Banco do Brasil, com ela, a situação se agravou.[52] O banco estava numa posição delicada porque devia, ao mesmo tempo, defender seu fundo disponível e fornecer liquidez ao comércio interno e externo. O problema era que a defesa do fundo

49 KINDLEBERGER, Charles Poor. *Manias... Op. cit.*, p. 167.

50 O paquete *Teutonia* trouxe a notícia da Inglaterra; a barca *Conrab* (Boston) e o paquete *Tyme* (Filadélfia), dos Estados Unidos. Cf. respectivamente Sessão de 23 de julho de 1858. *Anais da Câmara*, p. 240 e VIANA, Victor. *O Banco do Brasil... Op. cit.*, p. 364.

51 Como vimos, a lei de 11 de setembro de 1846 estabelecia que, a partir de 1º de janeiro do ano seguinte, as estações públicas recebessem moedas de ouro de 22 quilates na razão de 4$000 por oitava, o que equivalia a um câmbio de 27d. por mil-réis, e autorizava o governo a retirar de circulação a quantidade de papel-moeda que fosse necessária para manter tal valor. Cf. BRASIL. *Collecção das leis do Império do Brasil de 1846*. Rio de Janeiro: Typ. Nacional, 1847.

52 CAVALCANTI, Amaro. *O meio... Op. cit.*, p. 211.

disponível implicava uma retração dos descontos, a fim de reduzir o troco das notas do banco por metal. Para atender simultaneamente a esses dois objetivos conflitantes, o banco decidiu aumentar a taxa de desconto, que passou de 8% para 10%; favorecer a satisfação do comércio externo, o que significava enviar metais na medida das necessidades dos credores estrangeiros; e servir liberalmente as necessidades do comércio interno, o que significava aumentar a emissão de notas. Em meio à crise, o banco procurava privilegiar tanto a moeda quanto o crédito. Tarefa improvável em face de objetivos conflitantes. O aumento do desconto protegeria o fundo disponível, mas encareceria o crédito comercial; a garantia de envio de metais para o exterior e o aumento da emissão de notas aliviariam a demanda por tal crédito, mas ameaçariam o fundo disponível do banco. Mesmo assim, o banco tentaria realizá-la e precisaria da ajuda de um governo que estava disposto a prestá-la, uma vez que diagnosticava a baixa do câmbio como efeito da crise e, portanto, como fenômeno passageiro. Bastava que o governo, junto com o banco, garantisse a liquidez da praça durante a crise para que, passada a turbulência, o câmbio voltasse a se valorizar.

Seguiu-se, então, um vaivém de ofícios entre a diretoria do banco e o Ministério da Fazenda. No primeiro deles, o banco solicitava ao governo que garantisse um empréstimo externo para manter o câmbio ao par. De acordo com o art. 3º da lei que instituiu o banco, o governo deveria prestar sua garantia a empréstimos externos feitos pela instituição no limite do montante das notas do Tesouro que ela havia retirado de circulação. Na época do ofício, esse montante equivalia a 3.000:000$ ou 337.500 libras ao par. Contudo, o banco avaliava que tal quantia não seria suficiente para atender às necessidades da praça e conter a baixa do câmbio. Para isso seria necessário, no mínimo, o dobro desse montante. Em seguida, o banco solicitou ao governo a elevação do limite de emissão ao quádruplo do fundo disponível, sob pena de ver excedido o limite do triplo e de ter que elevar a taxa de desconto numa conjuntura em que o comércio passava por uma situação difícil e demandava crédito para superá-la. Em face da crise, prevaleceu o espírito de cooperação entre governo e banco, embora o primeiro não cedesse totalmente às solicitações do segundo. No caso dos empréstimos, não negou sua garantia, mas a limitou a 100.000 libras, aproximadamente 890:000$ ao par, e condicionou a garantia a valores mais vultosos à medida da necessidade. No caso da ampliação do limite de emissão, não a negou, mas também a adiou até que a necessidade a exigisse.[53]

Enquanto isso, ainda em novembro de 1857, para proteger a parcela metálica de seu fundo disponível, o banco suspendia o troco de suas notas em ouro e aumentava novamente o desconto de 10% para 11%. Mesmo contando com a garantia de apenas uma parcela do montante que avaliara necessário e solicitara ao governo para defender o câmbio, o banco sacou as 100.000 libras sobre Londres, mas com o câmbio abaixo do par, a 26,25d. Os que não conseguiram honrar seus compromissos com os recursos disponibilizados pelo banco, tiveram que se sujeitar a um câmbio ainda mais desvalorizado em relação à paridade, em torno de 25,5d. e 26d.[54]

Os saques sobre Londres evitavam a saída imediata de letras ou metais para o estrangeiro e, consequentemente, contribuíam para sustentar o câmbio. Contudo, em algum momento no futuro, essas letras ou metais teriam que ser enviados ao estrangeiro para honrar os saques realizados. Para a oposição conservadora, essa estratégia era artificial, porque o câmbio sobre o qual era realizado o saque não refletia a taxa de câmbio de mercado, e era insustentável, porque, no limite, não impediria o vazamento de metais do fundo disponível do banco. No entanto, para o momento, o governo e o Banco do Brasil sustentavam que era o que se podia fazer para defender o fundo disponível sem prejudicar as demandas do comércio. Mais tarde, o senador José Pedro Dias de Carvalho, então vice-presidente do banco, ao ser questionado por Itaboraí, justificaria a atuação da instituição na crise:

> *Entendi que, prestando o banco à praça, na ocasião em que ela mais necessitava de seus auxílios*, os que estavam a seu alcance prestar, como eram ministrar os saques a favor dos que tinham necessidade de fazer remessas de cambiais para a Europa; *não negando ao comércio os recursos compatíveis com a situação do banco e com as circunstâncias dos que os demandavam, tinha o banco pelo menos evitado a calamidade presente; tinha evitado a ruína de muitas casas de comércio*, que sem esses auxílios poderiam ter sido vítimas da calamidade para que não tinham concorrido, mas

53 Cf. BANCO DO BRASIL. *Relatório apresentado á Assembléa Geral dos Accionistas do Banco do Brasil na sua reunião de 1858, pelo director, servindo de Presidente, Jerônimo José de Mesquita*. Rio de Janeiro: Typ. Nacional, 1858, p. 6-7.

54 VIANA, Victor. *O Banco do Brasil... Op. cit.*, p. 371.

> que circunstâncias alheias à sua vontade as haviam forçado a suportar [grifos nossos].[55]

Para atender o comércio interno, o banco continuava a descontar e reformar letras "com todo espírito de liberalidade", segundo o *Jornal do Comércio*.[56] Se tomadas isoladamente, essas ações se mostravam coerentes com os objetivos definidos pelo banco – sustentar o câmbio e atender as demandas do comércio interno e externo. Mas se tomadas em conjunto, revelavam-se incoerentes entre si. A suspensão do troco das notas do banco em ouro contribuía para preservar a parcela metálica do fundo disponível, mas favorecia a depreciação do mil-réis e transformava as notas do banco em papel-moeda inconversível. O aumento da taxa de desconto também contribuía para preservar o fundo disponível, mas desestimulava os empréstimos para o comércio interno. O empréstimo externo contribuía para atender à demanda do comércio externo, mas era insuficiente para sustentar o câmbio ao par. Finalmente, o aumento das operações de desconto poderia contribuir para a baixa do fundo disponível caso as notas emitidas viessem a troco.

Enfim, era uma miscelânea de medidas conflitantes para atingir objetivos conflitantes. Eram medidas inconsistentes e paliativas que só poderiam dar certo caso a crise do comércio externo logo se arrefecesse. Aliás, a estratégia adotada pelo banco, e seguida inicialmente pelo governo, para sustentar o câmbio e aliviar os efeitos da crise para o comércio só fazia sentido para os que esperavam a pronta recuperação das exportações brasileiras. A manutenção artificial da paridade por meio de operações de saque sobre Londres ficaria insustentável caso a crise se prolongasse, pois esses saques teriam que ser cobertos com metais que sairiam do fundo disponível do banco. Somente a retomada das exportações poderia devolver o câmbio à paridade e à legalidade.

Os efeitos da crise ainda se faziam sentir em dezembro, quando os clientes da casa bancária de Antônio José Alves do Souto, a mesma que quebrará em 1864, correram em pânico a seus guichês para resgatarem seus recursos nela depositados. De acordo com Pacheco, o estabelecimento foi salvo graças à intervenção do Banco do Brasil e ao apoio moral do governo.[57] A crise não dava sinais de

55 Sessão de 14 de maio de 1858. Cf. *Anais do Senado*, p. 45-6.

56 Cf. BRASIL. MINISTÉRIO DA FAZENDA. *Relatório da Comissão de Inquérito nomeada por aviso do Ministério da Fazenda de 10 de outubro de 1859*, p. 36.

57 PACHECO, Cláudio. *História... Op. cit.*, p. 246.

arrefecimento. Infelizmente, as notícias que chegaram de Londres em janeiro de 1858 eram ainda piores do que as de dezembro. Parecia que a crise duraria mais do que o banco e o governo esperavam e, diante disso, o governo solicitou ao banco que lhe informasse as providências que a diretoria pretendia tomar e que tipo de ajuda o governo poderia lhe oferecer. O banco respondeu que a estratégia continuaria a mesma, ou seja, continuaria sacando sobre Londres. Contudo, como o banco já não tinha, em Londres, fundos suficientes para saques, tais operações teriam que ser honradas com a remessa de metais para aquela praça. O problema era que essa remessa comprometia o fundo disponível do banco e poderia levá-lo a ultrapassar o limite de emissão. Para que isso não acontecesse, o banco solicitou ao governo que cobrisse a saída de metais de seu fundo disponível com notas do Tesouro, usando papel-moeda do governo para preservar o valor do fundo e tornando desnecessária uma eventual contração da emissão para que seu limite fosse respeitado.

O governo atendeu ao pedido do banco fornecendo 1.000:000$ em notas do Tesouro que estavam na caixa de amortização. Na verdade, processava-se uma troca de metal por papel que, em última instância, levaria o meio circulante do Império à inconversibilidade. Por isso, era tão importante a pronta retomada das exportações. Com o pedido aceito, já em janeiro de 1858, o banco sacou 250.000 libras sobre Londres também abaixo do par. Em vão, pois o câmbio e a parcela metálica do fundo disponível do banco seguiam a tendência de baixa. Apesar disso, para não comprometer o comércio interno, o banco decidiu baixar a taxa de desconto de 11% para 9% entre janeiro e fevereiro. A redução da taxa de desconto nesse contexto será fortemente criticada por Rodrigues Torres.

Numa última tentativa de reverter a desvalorização cambial, o banco solicitou ao governo que lhe fornecesse uma quantidade de notas do Tesouro amortizadas tal que satisfizesse um saque sobre Londres suficiente para devolver o câmbio à paridade. O governo, que já não havia acatado prontamente o pedido do banco de garantia para o empréstimo de 6.000:000$, ou 675.000 libras ao par, tampouco acataria um pedido de garantia para um empréstimo cujo montante nem sequer fora definido, ainda mais achando que as operações de compra de metais por parte do Banco do Brasil já não seriam capazes de surtir efeito significativo sobre o câmbio. Agora sim, o governo ofereceria garantia ao banco para saques de até 600.000 libras, sendo que

400.000 libras a 25,5d. e o restante a 26d., o que seria tomado pelo governo "*como um serviço feito às finanças do Império*".[58]

O banco, por sua vez, recusou a oferta do governo. Embora essa recusa tivesse causado certo ressentimento no ministro da Fazenda por uma sensação de abandono e falta de confiança no gabinete, ambas as recusas se deram num ambiente amistoso. Se, ao recusar a proposta do banco, o governo oferecera uma garantia menor do que a que o banco solicitara; o banco, por sua vez, ao recusar a contra-proposta do governo, se oferecera para executar a operação caso o governo imperial entendesse que a intervenção da instituição na operação pudesse ser útil. Até aqui, governo e Banco do Brasil haviam andado juntos na tentativa de sustentar o câmbio.

A partir dessas duas recusas amistosas, o câmbio chegou a cair a 22d. por mil-réis em março. O conselho de Estado emitiu parecer sobre as causas da baixa do câmbio e sinalizou a necessidade de mudança de rumos na política econômica.[59] Mais do que para causas externas, o conselho chamava a atenção para o excesso de emissão de notas bancárias, este sim apontado como responsável maior pela queda do câmbio. A pressão contra a política econômica de Souza Franco começava a aumentar. O governo resolveu, então, assumir a defesa do câmbio e encontrou um novo parceiro, a casa bancária Mauá, MacGregor e Cia. Não cabe nesta altura nos estendermos sobre as operações da casa bancária Mauá realizadas com apoio do governo, nem sobre os questionamentos que surgiram no Parlamento a respeito desse apoio. Vale ressaltar apenas que, depois de várias operações de saques sobre Londres e da queda do déficit comercial brasileiro, o câmbio começou a se valorizar e, em agosto de 1858, já estava próximo da paridade.[60] No entanto, isso não era suficiente para eliminar as críticas feitas por saquaremas à política econômica do ministro da Fazenda tanto na Câmara quanto no Senado.

---

58 BRASIL. MINISTÉRIO DA FAZENDA. *Proposta e relatório... do anno de 1857... Op. cit.*, p. 40; BANCO DO BRASIL. *Relatório apresentado... na sua reunião de 1858... Op. cit.*, p. 37.

59 Cf. BRASIL. *Imperiaes resoluções do Conselho de Estado na secção de fazenda desde o anno em que começou a funccionar o mesmo Conselho até o presente*. Rio de Janeiro: Typ. Nacional, 1870, p. 258-64.

60 Para operações da Casa Bancária Mauá e reações políticas ao apoio do governo a esse estabelecimento, cf. BRASIL. MINISTÉRIO DA FAZENDA. *Relatório da Comissão de Inquérito... de 10 de outubro de 1859... Op. cit.*, p. 38-9; GUIMARÃES, Carlos Gabriel. *Bancos, Economia e Poder... Op. cit.* A crise de 57 e o banco.

Para resolver de vez o problema da desvalorização do câmbio, restava a volta à conversibilidade em ouro das notas do Banco do Brasil, suspensa desde novembro de 1857. O governo pensava que assim a paridade seria restabelecida e então acenou ao banco mostrando que estava disposto a ajudá-lo a restabelecer o troco de suas notas em ouro. E, de fato, o governo o ajudou atendendo à solicitação de disponibilizar em conta corrente do próprio banco as notas do Tesouro que estivessem nas estações públicas, a fim de compensar uma eventual queda do fundo disponível resultante da retomada da conversibilidade em metal. O governo atendeu à solicitação do banco e os dois voltaram a caminhar juntos para solucionar o problema da desvalorização do câmbio. No mesmo mês de agosto, em que houve a retomada do câmbio, o Banco do Brasil voltou a trocar suas notas em ouro. Como resultado destes eventos, a continuidade dos saques sobre Londres, a retomada das exportações e a volta do troco das notas do Banco do Brasil em ouro, o câmbio se manteve quase ao par entre setembro e dezembro de 1858.

Desde que a crise externa foi anunciada no Império, em novembro de 1857, a tônica da política econômica de Souza Franco passou a ser a sustentação do câmbio conforme a paridade estabelecida pela lei de 1846. Claro que o crédito era peça importante dessa política e as emissões cumpriam minimamente sua parte na manutenção da liquidez do comércio interno, apesar do efeito baixista sobre o câmbio, no entanto, com a crise, a moeda roubou a cena do crédito nos meses que se seguiram até a queda do gabinete.

Na crise, em suma, a política do governo, assim como a política do banco, tornou-se uma miscelânea contraditória que procurava, ao mesmo tempo, defender a moeda, tal como demandava a legislação, e ampliar o crédito, tal como demandavam as praças. Como os bancos emissores já haviam sido criados, a política do ministro voltou-se para a sustentação do câmbio inicialmente com auxílio do Banco do Brasil e, posteriormente, da casa bancária Mauá.

Souza Franco preocupava-se, evidentemente, com os efeitos perniciosos da baixa do câmbio sobre a economia do Império, mas constantemente se referia à defesa da paridade como uma questão legal. Por que um ministro que praticamente atropelou o monopólio de emissão estabelecido legalmente em 1853 se preocuparia tanto com a paridade fixada pela lei de 1846? O fato de termos dito anteriormente que a questão legal do monopólio de emissão do Banco do Brasil não fora o maior problema de Souza Franco pode dar a impressão de que o ministro simplesmente ignorou a lei de 1853 ao implementar efetivamente a pluralidade de emissão no país. De fato, essa era a visão da oposição saquarema e, posteriormente, será a visão do próprio Banco do Brasil. Contudo, uma fala do ministro na Câmara, ainda antes da criação dos novos bancos, revelava que sua interpretação da lei encontrava uma brecha para a implementação da pluralidade sem ferir a legislação. Entre manifestações de apoio dos parlamentares, Souza Franco argumentava que

> *Em nenhum dos artigos da lei de 5 de julho o governo fica inibido de criar mais bancos*, nem este foi o pensamento do legislador, nem podia sê-lo. Não podia sê-lo, porque, se o banco do Brasil satisfaz às necessidades reais de algumas indústrias, não satisfaz às de outras, e essas indústrias não são enteadas que devam ser deixadas ao desamparo [grifo nosso].[61]

Não se tratava, assim, de agir ao arrepio da lei, mas de seguir uma interpretação que, embora muito peculiar, daria respaldo à sua política econômica. Portanto, seja na criação de novos bancos emissores, seja na sustentação da paridade, Souza Franco acreditava agir em defesa da legalidade. Isso ajuda a explicar a importância que o problema cambial tomou em sua gestão no Ministério da Fazenda.

A partir do segundo semestre de 1858, a política concertada entre governo, casa bancária Mauá e Banco do Brasil parecia espantar os efeitos da crise externa sobre a economia brasileira. As primeiras estimativas apontavam perdas de 1.500:000$ a 3.000:000$ diretamente relacionadas à crise e falências de quatro a doze casas ligadas ao comércio externo, todas restritas à Corte, contabilizando perdas de 20.000:000$ a 30.000:000$.[62] No final das contas, um saldo relativamente positivo diante da virulência da crise de 1857.

Não obstante, a oposição saquarema usaria com habilidade a crise externa para imputar ao governo, mais especificamente à atuação de Souza Franco, a

---

61 Sessão de 28 de julho de 1857. Cf. *Anais da Câmara*, p. 123. De fato, não havia nada na lei de 5 de julho que impedisse a criação de mais bancos de depósitos e descontos no Império, mas o monopólio de emissão era claramente concedido ao Banco do Brasil.

62 Cf. BRASIL. MINISTÉRIO DA FAZENDA. *Relatório da Comissão de Inquérito... de 10 de outubro de 1859*. *Op. cit.*, p. 34.

responsabilidade por uma crise interna relacionada à abundância do meio circulante. Ganhava força o diagnóstico do excesso de emissão como causa da desvalorização cambial esboçado pelo conselho de Estado em março de 1858 e, apesar da aparente calmaria, aumentavam as pressões sobre o ministro da Fazenda.

5.5. O contra-ataque saquarema

Embora os depoimentos de negociantes nacionais e estrangeiros colhidos no relatório de 1859 fossem posteriores à crise, é lícito supor que suas opiniões já exercessem influência desde seu início. Sobre a causa da desvalorização do câmbio, as opiniões se dividiam entre a crise externa, o déficit comercial, o excesso de emissão de notas bancárias e uma combinação dessas duas últimas causas. Os negociantes que apontavam o déficit comercial, provocado em boa medida pela crise, como causa da desvalorização, Mauá entre eles, defendiam a política econômica de Souza Franco e propunham pequenos ajustes para que o câmbio voltasse à paridade legal. Entretanto, a maioria dos negociantes culpava o excesso de emissão pela situação do câmbio, entre eles José Carlos Mayrink, diretor do Banco do Brasil. Os bancos emissores de Souza Franco estavam na mira desta maioria que considerava a crise mais interna e menos externa. A crise externa teria apenas antecipado o aparecimento da desordem monetária.[63] Provavelmente esse era um foco de pressão da praça sobre a política econômica de Souza Franco.

Nesse contexto, o contra-ataque saquarema era articulado no interior do próprio governo. Em março de 1858, o conselho de Estado emitiu parecer, ao qual nos referimos há pouco, assinado por Itaboraí, Abrantes e Abaeté, sobre as causas da desvalorização do câmbio e os meios que o governo deveria utilizar para resolver o problema. O parecer era bastante crítico da atuação do Banco do Brasil e, como o banco seguiu as orientações do novo gabinete, segue-se que a crítica se estendia à política econômica de Souza Franco. De acordo com ele, a desvalorização excessiva do câmbio tinha uma causa muito clara, a saber, a suspensão do troco das notas do Banco do Brasil em ouro. Como vimos, em novembro de 1857, o banco suspendera o troco de suas notas em ouro, a fim de proteger a parcela metálica de seu fundo disponível. As notas passaram a ser trocadas apenas por notas do Tesouro, o que levou à sua desvalorização.

63 Cf. *Ibidem*. Anexo A.

O governo era acusado de concordar implicitamente com esse movimento do banco, pois o auxiliou com a remessa de 1.000:000$ que estavam em poder da caixa de amortização e anunciou que estava pronto a aumentar essa quantia assim que o banco o requisitasse. Pouco ouro e muito papel-moeda fizeram o câmbio despencar.

Com esse diagnóstico, a atuação do banco entrou na berlinda. Para o conselho, o banco foi diretamente responsável pela necessidade de suspensão do troco em ouro. Sua diretoria foi criticada e, segundo o mesmo conselho, tal medida poderia ter sido evitada se suas operações não tivessem se expandido excessivamente; se o banco tivesse tomado providências urgentes para reforçar a parcela metálica de seu fundo disponível logo que soube da crise e, finalmente, se não tivesse baixado a taxa de desconto entre janeiro e fevereiro de 1858.

A atuação do Banco do Brasil procurava proteger seu fundo disponível e, ao mesmo tempo, atender às necessidades do comércio interno e externo, daí a suspensão do troco em ouro e a baixa do desconto. Mas, para os conselheiros, essas operações beiravam a falta de bom senso. Aliás, a atuação do banco já seria criticada mesmo antes do anúncio da crise. Em agosto de 1857, o banco decidiu baixar a taxa de desconto, a fim de elevar suas operações e melhorar seus resultados, mesmo que isso implicasse uma redução do fundo disponível, ou seja, o banco ganharia mais com o aumento das operações, mas, em compensação, ficaria mais exposto ao troco de suas notas diante da queda do fundo disponível.

A falta de bom senso a que se referia o parecer dizia respeito à manutenção dessa baixa taxa de desconto em face das notícias da crise externa e da expectativa de queda das exportações do Império. Quer dizer, era de se prever que a crise levaria credores externos a demandar letras ou metais por aqui e que o comprometimento das exportações por conta da queda da demanda externa, sem uma redução proporcional das importações, forçaria uma saída de metais para o exterior. Esses dois movimentos previsíveis constituíam séria ameaça à parcela metálica do fundo disponível do banco. O bom senso da administração do banco se desfez justamente diante da previsibilidade da situação. Para o conselho, ao não elevar o desconto para contrair as operações, o banco caminhou para a suspensão do troco de suas notas em ouro. Assim, julgava que tal suspensão fora uma "conseqüência necessária"[64] da imprevidência da direção do banco.

---

64 BRASIL. *Imperiaes resoluções do Conselho de Estado... Op. cit.*, p. 261.

Num discurso a que já nos referimos, proferido no Senado pouco tempo depois, Itaboraí se dirá culpado por não ter previsto o rumo que a direção do banco poderia tomar, rumo diverso daquele que esperava ser seguido. Ele se referia claramente ao aumento excessivo do volume de operações do banco tendo em vista o crescimento das transações comerciais. Embora a política conservadora recomendasse restringir as emissões para que a paridade fosse restabelecida, o banco as aumentava não só para auferir maior lucro com o consequente aumento das operações, mas também para atender às necessidades da praça. Todavia, vale lembrar que a política emissionista do banco não chegou a ultrapassar os limites de emissão.

O fato de aumentar as emissões, e, por conseguinte, as operações, num momento em que a prudência conservadora recomendava justamente o contrário indicava que o banco, em primeiro lugar, agia de maneira coerente com a política econômica de Souza Franco e, em segundo lugar, procurava tirar o maior proveito possível da situação em favor de seus acionistas, afinal, o banco era uma instituição privada. Ao mesmo tempo, o fato de não extrapolar o limite de emissão indicava que seus interesses privados esbarravam na política estabelecida pelo governo, neste caso, os limites de emissão estabelecidos nos estatutos elaborados pelos saquaremas. Resquícios da Ordem permaneciam apesar da nova política econômica.

Já o governo, ainda segundo o parecer, pouco poderia fazer pela valorização do câmbio, pois isso dependeria exclusivamente da restrição da circulação das notas do Banco do Brasil. A partir de 1853, caberia ao banco, e não ao governo, cumprir a função que contemporaneamente chamaríamos de "*guardião do valor da moeda*". A ciência econômica dos conservadores baseava-se mais uma vez na teoria quantitativa da moeda para aconselhar o enxugamento da circulação como único meio de valorizar o câmbio e fazê-lo voltar ao par. Ao governo caberia, se necessário, conceder crédito ao banco para financiar a retirada de suas notas de circulação, conforme autorizava a lei de 1846.

Junto a essa recomendação vinha a crítica à política artificial de valorização cambial. Como vimos, para tentar valorizar o câmbio, o banco vinha fazendo saques sobre Londres, com garantia do governo. Para o conselho, o resultado dessa política produziria apenas "*um resultado efêmero e sem vantagem real à vista da agravação do mal que cumpre remediar*".[65] De nada adiantariam os saques, por par-

65 *Ibidem*, p. 263.

te do banco, se em seguida metais sairiam de seu fundo disponível direto para o estrangeiro para honrar essas operações. Além de não resolver definitivamente o problema, essa operação era considerada lesiva ao banco e ao governo, uma vez que sacava com um câmbio artificialmente valorizado e tinha que comprar letras ou metais para honrar tais saques com um câmbio desvalorizado, o câmbio de mercado, se necessário financiado pelo governo.

Em suma, o parecer revelava o descontentamento e a discordância do conselho em relação à teoria e à prática da política econômica de Souza Franco. A recomendação de se contrair a emissão para valorizar a moeda nacional e a crítica à política de valorização artificial do câmbio explicitavam a defesa de uma política econômica conservadora por parte do conselho de Estado.

No Parlamento, os deputados saquaremas começavam a questionar a ligação do governo com Mauá. A pressão política sobre Souza Franco que viera da praça e passara pelo conselho de Estado atingiria agora o Parlamento. A falta de resultados mais definitivos da política econômica do ministro da Fazenda e a substituição do Banco do Brasil pela casa bancária Mauá nas operações de saque sobre Londres avivaram os discursos da oposição conservadora. Depois das críticas sobre o câmbio exaradas no parecer do conselho de Estado, Itaboraí continuou a desferir seus ataques ao banco e a Souza Franco a partir da tribuna do Senado. Acompanhavam-no na crítica o visconde de Jequitinhonha, Manuel Felizardo de Souza e Mello[66] e Silveira da Mota.

Na Câmara dos Deputados, a oposição se destacava com os afiados discursos de Torres Homem. De maneira geral, os conservadores questionavam as operações de saques sobre Londres realizadas pela casa bancária Mauá com apoio do governo e aproveitavam para fazer críticas mais gerais à conciliação, à política e às doutrinas econômicas de Souza Franco e ao próprio ministro da Fazenda. A julgar pela manifestação dos parlamentares nos discursos de ataque feitos pela oposição e nos de defesa feitos pelo governo, o jogo de forças parecia equilibrado tanto no Senado quanto na Câmara. Souza Franco estava pressionado, mas não isolado.

---

66 Nasceu na freguesia de Campo Grande, Rio de Janeiro, em 1805. Formado em Matemática pela Universidade de Coimbra. Participou da comissão de liquidação do primeiro Banco do Brasil e presidiu as províncias do Ceará (1837), Maranhão (1839), Alagoas (1840) e São Paulo (1843). Foi ministro da Marinha, dos Negócios Estrangeiros, da Guerra, da Agricultura, Comércio e Obras Públicas, e ocupou interinamente o Ministério da Fazenda. Faleceu em 1866. Cf. CARMO, J. A. Pinto do. *Ministros... Op. cit.*

Os vários debates sobre as operações do câmbio e a política econômica do governo geralmente eram longos e repetitivos, por isso, não seria o caso de comentarmos cada um deles. Chegavam a ser maçantes para os próprios parlamentares na época, assim como chegam a ser hoje para o leitor das atas das sessões do Senado e da Câmara. No entanto, eles se tornam atraentes e reveladores quando filtramos apenas os argumentos de ataque e defesa da oposição e do governo.

O contra-ataque saquarema no Parlamento começou com um questionamento específico quanto à eficácia das operações de saque sobre Londres para sustentar o câmbio. Como vimos, a oposição conservadora considerava a elevação do câmbio conseguida por meio dessa estratégia artificial e insustentável. Para ela, partidária da ortodoxia monetária, a desvalorização do câmbio era causada pelo excesso de meio circulante em relação ao volume de transações comerciais. Portanto, sua valorização só poderia ter lugar com a redução do meio circulante diante da redução das transações, com a elevação da taxa de desconto para evitar a saída de metais do fundo disponível e com um empréstimo para ampliar a parcela metálica do fundo disponível, a fim de garantir o troco em ouro das notas do Banco do Brasil. Esse conjunto de medidas seria suficiente para manter a paridade do câmbio e eliminar a necessidade de abrir saques sobre Londres. A alternativa saquarema para tentar minimizar os efeitos da crise na economia do Império, que implicava um questionamento que ia muito além do câmbio, foi apresentada no Parlamento e contava com manifestações de apoio de muitos parlamentares.

A política de Souza Franco, partidário da heterodoxia monetária,[67] partia de um diagnóstico diferente do problema da desvalorização cambial e, portanto, sua ação para combatê-lo também seria diferente. Para o ministro, foi a crise de 1857 quem comprometeu as exportações do país e gerou um déficit comercial que forçou a desvalorização do câmbio. Portanto, tal movimento seria conjuntural e assim que as exportações do país se recuperassem o câmbio tenderia a voltar à paridade. Restava ao governo e ao banco garantirem temporariamente a liquidez do comércio interno e externo por meio de taxas de desconto mais baixas e realização de letras de câmbio. Lançando mão de exemplos estrangeiros, como os de Hamburgo e da Inglaterra, o ministro sustentava que, em tempos de crise, tudo o que o comércio precisava era de um tempo para realizar

67 A heterodoxia monetária se diferenciava da ortodoxia na medida em que discordava das conclusões da teoria quantitativa da moeda.

suas transações num contexto mais próspero e de maior confiança.[68] Tentava, assim, evitar um *crunch* de crédito e suas consequências recessivas nos moldes do que os bancos centrais fazem atualmente em contextos de crise. Dizia ele:

> *O que resta é que os bancos auxiliem o comércio durante as crises, e que o governo apóie a estes.* A política de restrições do Sr. senador pelo Rio de Janeiro é fatal nestas épocas; nem mais um vintém daria ela ao comerciante a quem um pequeno auxílio, ou respiro de dias, salvaria [grifo nosso].[69]

Para Souza Franco, a intervenção do governo e do banco era imprescindível para minimizar os efeitos da crise sobre a economia imperial, orientação oposta à de Itaboraí. Além disso, ao se defender, atacava a alternativa saquarema questionando a possibilidade de sua execução e seus possíveis resultados:

> Perguntei ainda agora ao nobre senador [Itaboraí] como retirava o papel-moeda? Retirava o papel do Tesouro; com que o pagava, como supria as necessidades do mercado, onde ia buscar moeda que o substituísse, se a existente não é suficiente? Retirava as notas do banco; como? *Obrigando a pagar dívidas em tempo em que a praça não as pode pagar!*
>
> *A verdade é que não tinham outro meio de sair da dificuldade senão causando um cataclismo geral; e, em lugar de sair dessa dificuldade, iriam criar outra maior* [grifos nossos].[70]

Não se tratava, no entanto, de dizer qual era a melhor alternativa ou quem tinha a razão nesse debate. O importante aqui é atentar para a discussão das alternativas. A política de Souza Franco não foi aceita passivamente pela oposição saquarema e sofria golpes constantes no Parlamento. O ministro da Fazenda era o alvo principal dos golpes, sobretudo os desferidos por Itaboraí e Torres Homem. Tanto que, num momento de desabafo, ele disse que não se dava um passo no Rio de Janeiro nem

68 Sessões de 14 e 15 de maio de 1858. Cf. *Anais do Senado*, p. 56/67.

69 Sessão de 18 de maio de 1858. Cf. *Anais do Senado*, p. 104.

70 Sessão de 15 de maio de 1858. Cf. *Anais do Senado*, p. 72.

se escrevia uma palavra que não fosse para culpá-lo de alguma coisa.[71] A defesa de Souza Franco nesse quesito, todavia, pareceu suplantar a investida dos saquaremas, mas o contra-ataque da oposição estava apenas começando.

Os saquaremas não pararam no questionamento da necessidade e eficácia da operação cambial. Enveredaram também pelo campo da sua legalidade e, nesse caso, o questionamento girava em torno de uma interpretação da lei de 1846. Todos entendiam que a referida lei impunha ao governo a obrigação de sustentar o câmbio na paridade, mas havia ambiguidade no modo de fazê-lo. Como vimos, ela autorizava o governo a retirar de circulação a quantidade de papel-moeda que fosse necessária para manter tal valor, isto é, ao pé da letra, o governo estaria autorizado apenas a fazer operações que significassem redução do meio circulante e, consequentemente, valorização do câmbio. Essa era a interpretação dos saquaremas, uma interpretação coerente com a política econômica que defendiam. Assim, para que o câmbio se valorizasse, bastaria que o Banco do Brasil, detentor do controle da oferta de moeda do Império, contraísse sua circulação e fortalecesse seu fundo disponível, se necessário, com a ajuda do governo. Era o banco, portanto, e não o governo, quem deveria zelar pela paridade. Como as operações de saque do Banco do Brasil, e posteriormente da casa bancária Mauá, implicavam a participação do governo e não significavam redução do meio circulante, a oposição saquarema as acusavam de violar a lei de 1846 e, portanto, de serem ilegais. Nas palavras de Itaboraí,

> nem a lei autoriza o governo senão para retirar papel da circulação, nem a baixa do câmbio é a única conseqüência da depreciação do papel-moeda. *A lei não diz que o governo fica autorizado a fazer operações de crédito a fim de elevar o câmbio; mas muito expressamente declara, como devera declarar, a fim de retirar papel-moeda.* Aqui não podem haver duas interpretações: a letra da lei é clara, o seu espírito está demais de acordo com os princípios da ciência econômica [grifo nosso].[72]

Porém, Souza Franco enxergava a lei com outras luzes. Para ele, as operações de saque estavam totalmente de acordo com a lei de 1846 e, portanto, seriam operações

71 Sessão de 17 de maio de 1858. Cf. *Anais do Senado*, p. 92.

72 Sessão de 15 de maio de 1858. Cf. *Anais do Senado*, p. 89.

legais. O ministro argumentava que a lei autorizava o governo a fazer operações, não estritamente para reduzir o meio circulante, mas para elevar o valor das notas do Tesouro e mantê-lo assim. Operações que significassem redução de meio circulante seriam apenas uma alternativa disponível para atingir o objetivo final da autorização legal, a saber, a valorização do câmbio e a manutenção da paridade. Diante da queda do câmbio, governo e banco deveriam trabalhar juntos para que ele voltasse a se valorizar. Diante dos efeitos recessivos de uma contração monetária e da dificuldade de se conseguir empréstimos em metal, os saques sobre Londres seriam a única alternativa para o governo e para o banco.[73] E foi o que fez o ministro.

Na altura das discussões sobre o assunto no Senado, as operações de saque eram favas contadas. Os questionamentos *ex-post* só serviam mesmo para pressionar Souza Franco, como mostra a fala de Torres Homem na Câmara:

> [Souza Franco] violou a lei monetária de 11 de setembro de 1846, *que autorizava operações de crédito para a retirada do papel do Tesouro*. Nem ao menos colheu o benefício da transgressão, porque deixa-nos um papel desapreciado, o câmbio baixo, a desconfiança nas relações comerciais e uma desordem na circulação difíceis de reparar [grifo nosso].[74]

A legalidade das ações do governo e do banco voltou a ser questionada em dois outros momentos. Primeiro, quando o Banco do Brasil decidiu sacar sobre Londres abaixo do par.[75] Dias de Carvalho defendia a atuação da instituição valendo-se de seus estatutos. Argumentava que não se podia discutir a legalidade da operação uma vez que o banco estava autorizado por seus estatutos a realizar "operações de câmbio para importar metais preciosos, ou impedir a exportação deles".[76] No entanto, Itaboraí considerava o saque abaixo do par ilegal porque, ao fazê-lo, o banco não cumpria a obrigação legal de sustentar o valor de suas notas na paridade, em outras palavras, o banco não pagaria suas notas com a mesma quantidade de ouro

73 Sessões de 20 e 28 de maio de 1858. Cf. *Anais do Senado*, p. 109/206.

74 Sessão de 21 de junho de 1858. Cf. *Anais da Câmara*, p. 240.

75 A paridade legal era de 27d. Em dezembro, o banco sacou a 26d. e em janeiro a $25^{1/2}$d.

76 Art. 11, §8 dos estatutos do Banco do Brasil. Para a fala de Dias de Carvalho, cf. sessão de 14 de maio de 1858. In: *Anais do Senado*, p. 44.

que se comprometera a pagar quando as emitiu. Daí Itaboraí considerar que, além de legal, essa também seria uma obrigação moral do banco.[77] O banco estava na berlinda tanto quanto o governo. O segundo momento foi quando o governo, em janeiro de 1858, emprestou ao banco 1.000:000$ em notas do Tesouro para fortalecer seu fundo disponível. Como a operação de empréstimo não tinha autorização do Legislativo, a oposição a considerou ilegal. Segundo o senador saquarema, todos sabiam que

> na ocasião em que o banco, por não ter notas do Tesouro, se havia de ver forçado a fazer seus pagamentos em ouro, sob pena de declarar-se francamente falido, o Sr. ministro da Fazenda, *violando a constituição do Império*, lhe enviou da caixa de amortização um fornecimento de mil contos em notas do Tesouro, que o banco considerou como fundo disponível [grifo nosso].[78]

Na Câmara, Torres Homem chegou ao paroxismo de considerá-la emissão de moeda falsa.[79] Ademais, para Itaboraí, ao conceder tal empréstimo, o governo comprometia a conversibilidade em ouro das notas do Banco do Brasil, mais uma ilegalidade. Embora Souza Franco adotasse o discurso da conversibilidade, para a oposição, a remessa de notas do Tesouro para o banco autorizada pelo ministro era a prática que contrariava o discurso. Na verdade, com ela, o governo acabava estimulando o banco a não realizar suas notas em ouro, isto é, o governo dava ao banco notas do Tesouro irrealizáveis quando era preciso trocar notas do banco por moeda metálica.[80]

Mais voltado para questões práticas do que teóricas, como ele mesmo dizia, Souza Franco se defendia argumentando que o banco recorria ao governo quando via ameaçado seu fundo disponível. Para não correr o risco de que o banco suspendesse totalmente o troco, o governo lhe garantia o fornecimento de notas de Tesouro. Justo diante das circunstâncias, mas a oposição dizia que esse apoio estimulou o banco a suspender o troco de suas notas em ouro e a fazê-lo apenas em

77 Sessão de 17 de maio de 1858. Cf. *Anais do Senado*, p. 80-1.

78 Sessão de 17 de maio de 1858. Ver também crítica de Jequitinhonha ao empréstimo na sessão de 21 de maio de 1858. Cf. *Anais do Senado*, p. 83/248.

79 Sessão de 13 de agosto de 1858. Cf. *Anais da Câmara*, p. 126.

80 Sessão de 1º de junho de 1858. Cf. *Anais do Senado*, p. 9.

notas do Tesouro, instalando, de fato, um regime de notas inconversíveis, o "*regime do papelório*".[81] Os saquaremas, tidos como vigilantes da constituição e das leis, levantavam a bandeira da legalidade para pressionar o ministro da Fazenda.

As relações do Banco do Brasil e, posteriormente, da casa bancária Mauá com o governo também foram alvo dos parlamentares oposicionistas. Como dissemos, as discussões sobre os saques da casa bancária Mauá, MacGregor & Cia. estenderam-se por várias sessões e giravam em torno de três pontos: a substituição do Banco do Brasil pela casa bancária de Mauá; a diferença entre as condições em que seriam feitas as operações dos bancos; e a transparência das operações feitas pela casa bancária de Mauá, amigo de Souza Franco e seu aliado de primeira hora. Como vimos, em 1857, Mauá tentara capturar a administração do Banco do Brasil por meio de uma alteração de estatutos, a fim de garantir que ele seguisse a orientação da política econômica do novo governo. No entanto, essa proposta acabou barrada por uma comissão do próprio banco. Desde então o barão aguardava nova oportunidade de se relacionar mais estreitamente com o governo e ela apareceu justamente quando o Banco do Brasil recusou-se a continuar a sacar sobre Londres.

Segundo Dias de Carvalho, o banco recusou-se a continuar com essas operações porque a parte metálica de seu fundo disponível estava comprometida e não podia enviar mais metais ao exterior para honrar os saques que fizesse. Como o governo não aceitou disponibilizar esses recursos para o banco, sua contra-proposta foi recusada. No entanto, para a oposição, se as condições apresentadas ao Banco do Brasil fossem as mesmas oferecidas à casa bancária de Mauá, o Banco do Brasil não teria se recusado a continuar com as operações de saque. A diferença entre as propostas, e, portanto, a brecha aberta para favorecer Mauá, era o ponto de ataque dos saquaremas. Já Souza Franco entendia a recusa do banco por achar que as operações de saque, nas condições estabelecidas pelo governo, seriam mesmo desvantajosas para a instituição. Não fosse isso, dizia o ministro que o Banco do Brasil teria continuado a auxiliar o governo na sustentação do câmbio.[82] Para ele, o banco só fez os primeiros saques por pressão das necessidades da praça, mas, como instituição privada, não poderia descuidar totalmente dos interesses de seus acionistas.[83]

81 Sessões de 17 e 18 de maio de 1858. Cf. *Anais do Senado*, p. 88/107. Ver também sessão de 13 de agosto de 1858. Cf. *Anais da Câmara*, p. 121.

82 Sessão de 15 de maio de 1858. Cf. *Anais do Senado*, p. 68.

83 Sessão de 23 de julho de 1858. Cf. *Anais do Senado*, p. 248.

A recusa do banco foi, portanto, a principal razão que Souza Franco deu aos parlamentares para justificar a troca, o que não satisfazia a oposição saquarema.[84] Junto a isso, alegou que a casa bancária de Mauá, como sociedade em comandita, poderia tomar decisões mais ágeis do que o Banco do Brasil, cuja diretoria era composta por quinze membros. Aliás, foi a dificuldade de reunir essa diretoria que atrasou a resposta do banco ao ofício, a que já nos referimos, em que o governo fez sua contraproposta ao banco. Esse atraso suscitou dúvidas entre os parlamentares de que Souza Franco autorizara os saques da casa bancária de Mauá antes mesmo da resposta do Banco do Brasil. O ministro negava, mas, numa de suas falas na Câmara, Mauá disse que a demora da diretoria do banco em se reunir para deliberar sobre os saques era uma "desatenção" com o governo e que Souza Franco não deveria suportar essa demora, esperando de braços cruzados tal deliberação, indicando que o ministro, de fato, não deve ter esperado a resposta do Banco do Brasil. Mais importante era a outra justificativa para a troca sacada por Mauá: o banco não fez a operação por não confiar totalmente no governo. Essa era a razão do certo ressentimento de Souza Franco em relação ao banco, manifestado posteriormente no Parlamento, quando disse que

> a diretoria do banco Mauá, Sr. Presidente, *tinha confiança no governo e no país* (...) Mas o que aconteceu com a diretoria do Banco do Brasil? Dizia consigo – *o ministro da Fazenda não sabe o que está fazendo, não quero comprometer-me com este ministro trapalhão*! [grifos nossos].[85]

Até a recusa em continuar com os saques, o Banco do Brasil auxiliou o governo na sustentação do câmbio. Depois dela, continuou com suas operações sem criticar o governo por conta da pluralidade de emissão. Nesta altura, a postura do banco não agradava nem Souza Franco nem Itaboraí. Apesar das explicações de Souza Franco, as relações do governo com a casa bancária de Mauá não ficaram suficientemente esclarecidas.

A oposição acusava o ministro de ter oferecido ao banco do barão seu amigo melhores condições do que as que oferecera ao Banco do Brasil para realizar as operações de saque, um caso de favorecimento explícito. Silveira da Mota dizia que

---

84 Cf. BRASIL. MINISTÉRIO DA FAZENDA. *Proposta e relatório... do anno de 1857... Op. cit.*, p. 9.

85 Sessão de 23 de julho de 1858. Cf. *Anais do Senado*, p. 255.

o governo firmara um "*contrato leonino*" com a casa bancária Mauá, isto é, um contrato em que só uma das partes poderia lucrar e essa parte seria, é claro, o estabelecimento de Mauá. O senador goiano, apoiado por Itaboraí, atacava frontalmente a operação dizendo que Souza Franco

> escolheu uma casa de comércio para sacar sobre si mesma, mas o governo garantiu a descoberto o pagamento das letras, quando não tinha fundos para isso. Note-se que esta negociação feita pelo banco Mauá teve por base que *o governo se obrigava a por à disposição desse banco todas as somas que ele não pudesse ter lá.* (...) Creio que esta declaração do nobre ministro no seu ofício de 12 de março deste ano importa o mesmo que dizer o nobre ministro: "Eu dou todos os fundos para os saques", e a isto reduz-se a operação a que a casa Mauá apenas deu o seu nome para os saques, sem responsabilidade alguma, porque *a negociação foi feita de tal modo pelo nobre ministro com a casa Mauá (e eu creio que isto é o que não se fez com o Banco do Brasil), que a casa Mauá tinha toda a alternativa de lucrar e nenhuma de perder* [grifos nossos].

O ministro insistia que o governo provavelmente não precisaria disponibilizar fundos na Europa para cobrir os saques de Mauá. Como sua casa bancária tinha fundos na Europa, a disponibilização de recursos por parte do governo seria uma possibilidade; já o Banco do Brasil não tinha fundos na Europa e, portanto, a disponibilização de recursos por parte do governo seria uma certeza. Por isso, sem os fundos do governo, o Banco do Brasil se disse incapaz de realizar a operação e assim Souza Franco ficou livre para procurar a ajuda da casa bancária de Mauá.

Contudo, embora afirmasse que as condições para a realização das operações de saque oferecidas a essa casa fossem exatamente as mesmas que o Banco do Brasil recusara, o próprio ministro da Fazenda reconhecia que "houve pequenas diferenças que nem vale a pena discutir-se".[86] Era por esse flanco que a oposição o atacava. Evidentemente, Mauá também negava qualquer tipo de favorecimento por parte do governo. Dizia que "as vantagens que se supõe terem sido concedidas à Casa Mauá

86 Sessão de 15 de maio de 1858. Cf. *Anais do Senado*, p. 69.

só existem na imaginação dos que as fantasiam".[87] Souza Franco sustentava que só não manteve as operações com o Banco do Brasil porque este se recusou a ajudar o governo. A oposição insistia que o banco recusara a ajuda porque as condições oferecidas pelo governo não eram as mesmas que ele oferecera à casa bancária de Mauá. Mas, se nem o Banco do Brasil reclamou de sua substituição nas operações de saque, por que os parlamentares conservadores haveriam de fazê-lo? Fosse como fosse, a oposição saquarema aproveitava qualquer fato que pudesse comprometer politicamente Souza Franco.

Nessa linha, a transparência das operações de saque também se tornou alvo do questionamento dos saquaremas. Ao contrário do que ocorrera com as operações de saque do Banco do Brasil, no caso da casa bancária de Mauá, não se sabia qual era o limite de saque estabelecido pelo governo, nem quanto se sacou com garantia do governo e quanto se sacou além dela. As informações que vinham do governo eram insuficientes e as que saíam na imprensa, desencontradas. Por isso, da tribuna do Senado, Itaboraí questionou Souza Franco.[88] Inicialmente, o ministro titubeou para responder aos ataques do senador, mas logo depois firmou sua defesa na necessidade de sigilo de determinadas operações, como as de saque, para evitar especulações. Dizia que

> o governo, quando trata de tomar letras, não declara que vai ser tomador, não declara as quantias que precisa, e se é ou não urgente a sua precisão, *porque a sua franqueza e concorrência no mercado o levaria a fazer transações desfavoráveis*; assim como quando trata de sacar, *não pode ser obrigado a declarar toda sua intenção*, os limites de seus saques, porque poderia encontrar embaraços [grifos nossos].[89]

A pergunta óbvia que se seguia era, então, por que se informavam as operações do Banco do Brasil? Segundo Souza Franco, o Banco do Brasil, por não ter relações com a praça de Londres, precisava dar publicidade à garantia que o governo lhe prestava para que suas letras pudessem ser sacadas. Dessa maneira, a praça deveria

87 Sessão de 21 de junho de 1858. Cf. *Anais da Câmara*, p. 247.

88 Sessão de 11 de maio de 1858. Cf. *Anais do Senado*, p. 24-26.

89 Sessão de 12 de maio de 1858. Cf. *Anais do Senado*, p. 34.

estar informada do limite até o qual se estendia a garantia governamental aos saques do banco. Já a casa bancária Mauá, que tinha inclusive uma filial em Londres, gozava de crédito na praça e, portanto, não precisaria dar tanta publicidade à garantia do governo para realizar as operações de saque. Para o ministro, todas as informações necessárias ao Legislativo e à praça foram dadas no relatório do Ministério da Fazenda.[90] Com isso, o ministro certamente esperava encerrar o assunto, mas obviamente os saquaremas não lhe dariam trégua. Na Câmara, Torres Homem acusaria o governo de ter permitido que as operações de saque da casa bancária de Mauá ocorressem sob o "véu do mistério".[91] No Senado, Souza Franco seria novamente vítima das palavras de Silveira da Mota que diziam que

> o país, quando sair da fascinação que certos ouropeis financeiros têm produzido, há de reconhecer que o Sr. ministro fez operações com os dinheiros públicos *em segredo*, sem estabelecer os limites; há de reconhecer que se faziam operações dessas, *preferindo à luz meridiana do Banco do Brasil o segredo de uma casa comanditária* [a Casa Bancária Mauá, MacGregor & Cia.] (...) o país há de fazer justiça [grifos nossos].[92]

Depois de muito debatida, a questão dos saques foi desaparecendo no Senado. Como estivessem exauridas as possibilidades de explorá-la politicamente, ela foi morrendo por si mesma, como diria Souza Franco.[93] Contudo, era evidente a intenção de pressionar politicamente o ministro e a oposição saquarema procurou atingi-lo também por meio da atuação do Banco do Brasil. Isso porque considerava que o ministro pressionava o banco para seguir sua política e suas doutrinas econômicas. O tom do discurso no Senado era dado por Itaboraí:

> A primeira coisa, Sr. presidente, em que parece ter errado o Banco do Brasil; e antes de tudo devo declarar que *não pretendo atribuir toda a culpa dos erros praticados por esse estabelecimento*, se erros

90 Sessão de 12 de maio de 1858. Cf. *Anais do Senado*, p. 35-7.

91 Sessão de 21 de junho de 1858. Cf. *Anais da Câmara*, p. 239.

92 Sessão de 20 de maio de 1858. Cf. *Anais do Senado*, p. 116.

93 Sessão de 23 de julho de 1858. Cf. *Anais da Câmara*, p. 244.

> cometeu, como acredito, às suas próprias inspirações. *A pressão que sobre ele devia exercer o Sr. ministro da Fazenda*, já pelas suas palavras e censuras proferidas nas câmaras, já pelas que se liam nos escritos que fazia constantemente publicar em sustentação de suas doutrinas econômicas, e contra o procedimento prudente e circunspecto da diretoria desse estabelecimento, são circunstâncias que se lhe devem levar em conta.
>
> O Banco do Brasil não pôde talvez resistir a essa pressão, não pôde deixar de proceder como procedeu.
>
> *Não pretendo, pois, atribuir-lhe inteiramente a culpa de erros, que me parece dever com mais justiça ser atribuída ao Sr. ministro da Fazenda* [grifos nossos].[94]

Souza Franco defendia-se acusando falhas congênitas na constituição do banco que o teriam levado às dificuldades pelas quais passava. Apontava a incoerência do discurso de Itaboraí ao dizer que seu opositor deixou ambígua a regra do troco, indicando simplesmente que poderia ser feito em metal ou notas do Tesouro, e que foi conivente com a ampliação do limite de emissão do banco para o triplo do fundo disponível. Ademais, o grande número de diretores só contribuía para confundir e atrapalhar as operações do banco.

De fato, as críticas de Souza Franco fazem sentido, mas não podemos perder de vista que Itaboraí não considerou o risco do ciclo político. Quando fez a lei, não imaginava que o governo e o banco poderiam seguir outra orientação num futuro próximo. A regra do troco podia até ser ambígua, mas para ele era claro que o troco deveria ser feito preferencialmente em ouro ou notas do Tesouro ao par; o limite de emissão foi ampliado, mas para ele era claro que a emissão deveria acompanhar o ritmo das transações comerciais. Para Itaboraí, a mudança de rumo da política econômica parecia ser totalmente inesperada.[95]

Mesmo assim, já que a constituição do banco era considerada viciada por Souza Franco, Itaboraí lançou-lhe um desafio ao propor que apresentasse então um projeto modificando as disposições da lei de 1853 e ao aconselhá-lo a deixar que o Senado avaliasse e decidisse o que fosse melhor para o país, tendo em vista as razões em que

94 Sessão de 17 de maio de 1858. Cf. *Anais do Senado*, p. 85.

95 Sessão de 2 de junho de 1858. Cf. *Anais do Senado*, p. 14 (Apêndice).

se fundava o governo imperial. Dizia que, assim, ele e outros senadores poderiam examinar mais detidamente a questão e decidir

> se o estado de nosso meio circulante, se a posição em que se acha o banco é resultado das *medidas desastrosas do Sr. ministro da Fazenda e da direção que tem tido aquele estabelecimento, ou se dos defeitos e erros de sua organização* (...) [grifo nosso].[96]

Ao lado dos defeitos congênitos na organização do banco, o ministro também acusava Itaboraí, quando este ocupou a presidência do banco, de ter expandido excessivamente suas operações e de não ter fortalecido seu fundo disponível. Os dados dos primeiros anos mostram que, de fato, as operações do banco cresceram e que o aumento do fundo disponível era um problema para o banco. Contudo, é preciso considerar que as transações comerciais também cresciam e a conjuntura econômica não era de crise. Como as situações eram diversas, as críticas de Souza Franco perdiam força.

Porém, a crítica mais veemente feita à diretoria do banco foi a já referida suspensão do troco de suas notas em ouro logo depois de anunciada a crise. Para a oposição saquarema, essa medida, somada aos saques abaixo do par, contribuiria para a desvalorização do câmbio, minaria a credibilidade do banco e, muito pior, colocaria o país no regime do papel-moeda. Apesar de se dizer contrário à suspensão do troco em ouro, para a oposição, Souza Franco teria contribuído para que isso ocorresse ao fornecer para o banco o empréstimo em notas do Tesouro que estavam na caixa de amortização. Dessa maneira, com o fundo disponível aumentado, o banco poderia continuar a emitir suas notas e trocá-las por papel-moeda, preservando a parcela metálica do fundo. Embora essa medida contribuísse para manter o crédito na praça e aliviar temporariamente a posição do banco, os saquaremas consideravam-na absurda. Primeiro, por aumentar o meio circulante. Segundo, por condenar o já combalido lastro-ouro do mil-réis. Terceiro, por abrir um precedente para o transplante de notas inconversíveis da caixa de amortização direto para o fundo disponível do banco.

As vozes conservadoras sustentavam que o banco, ao perceber o ritmo ascendente dos descontos e descendente do fundo disponível, devia logo ter aumentado a

96 Sessão de 2 de junho de 1858. Cf. *Anais do Senado*, p. 15 (Apêndice).

taxa de desconto para desestimular essas operações. Assim, preservaria o seu fundo disponível e estaria numa posição mais confortável no momento em que a crise estourou, podendo, via empréstimos, garantir o troco de suas notas em ouro. Como o banco acabou fazendo justamente o contrário disso, Dias de Carvalho assumiu a defesa de sua atuação diante do ataque conservador. A preocupação primeira do banco era atender à demanda da praça.

Negociantes "inteligentes nestas matérias" ouvidos pelo banco e sua própria diretoria convenceram-se de que as operações de saque seriam mesmo a melhor alternativa para tentar, ao mesmo tempo, sustentar o câmbio e aliviar os efeitos da crise na praça do Rio. Porém, para que essa alternativa funcionasse, o câmbio teria que se valorizar num curto espaço de tempo. A ideia era que se aparecesse no mercado como sacador de letras, o banco tranquilizaria a praça e ganharia tempo para que o câmbio se valorizasse. Com isso, Dias de Carvalho foi conversar com Souza Franco:

> Então tive ocasião de entender-me com S. Ex. o Sr. ministro da Fazenda, porque *o Senado sabe perfeitamente que o presidente do Banco do Brasil tem necessidade de estar em contato com o ministro da repartição da fazenda, que tem necessidade, quando o estabelecimento a que preside precisa dar alguns passos que estejam em relação com o governo, de ouvir a opinião do ministro respectivo*; e nem isto é novo, porque creio que antes de mim assim se praticava, e nem mesmo creio que seja possível que o governo conserve, dirigindo o primeiro estabelecimento de crédito do país, um homem que não esteja em harmonia com o mesmo governo, um homem que não procurasse conhecer qual o pensamento do governo para marchar de acordo com ele, se entender que é conveniente; e, quando assim não entenda, resignar o lugar para que outro mais próprio vá desempenhá-lo.
>
> *Não quero dizer que o Banco do Brasil seja um estabelecimento de governo, mas somente que da maneira por que ele está organizado tem o governo toda a ingerência na sua marcha*. Procurei pois entender-me a esse respeito com o Sr. ministro da Fazenda e lhe fiz ver qual a opinião da diretoria do banco sobre este assunto, e trocamos algumas palavras e observações acerca da maneira de se realizarem os saques. Vendo que S. Ex. estava disposto a apoiar o

> banco nas operações que ele se propunha fazer, não tive dúvida de, com meus colegas, tomar a resolução de fazer os saques sobre Londres [grifos nossos].

Depois da conversa com o ministro da Fazenda, o vice-presidente do banco disse não ter dúvidas ao tomar a decisão de sacar sobre Londres. Ora, se o governo tem toda a ingerência sobre a marcha do banco, a suspensão do troco em ouro de suas notas não poderia ser uma decisão unilateral da instituição. Tanto não seria unilateral que o governo auxiliou o banco com o empréstimo em notas do Tesouro. Assim, Dias de Carvalho podia alegar que, se o banco errou, errou junto com o ministro da Fazenda.[97] Era isso mesmo que diziam os saquaremas. Agora, embora a suspensão do troco em ouro das notas do banco introduzisse, de fato, um regime de moeda fiduciária, ela não jogava de modo algum o banco na ilegalidade, pois a lei de 1853 previa o troco de suas notas em ouro ou notas do Tesouro.

Ao fazer a lei do banco, Itaboraí não imaginava que ele sairia dos trilhos de suas ideias, pois não tomou o cuidado de condicionar o troco das notas do banco em notas do Tesouro ao término do estoque de ouro do fundo disponível.[98] Esse descuido teve lugar porque Itaboraí ignorou o risco do ciclo político, como já dissemos anteriormente. Claro que, para ele, a prioridade do troco em ouro era evidente, mas os papelistas que estavam agora no governo não hesitaram priorizar o papel-moeda, sobretudo, num contexto de crise. Ironicamente, o regime de moeda fiduciária se implantava absolutamente dentro da lei criada por um ex-ministro da Fazenda de tendências metalistas.

As críticas mais diretas à diretoria do banco foram feitas por Itaboraí e Jequitinhonha e referiam-se, respectivamente, à liberalidade nos empréstimos contraídos pela própria diretoria do banco e à discricionariedade no troco em ouro de suas notas durante a crise.[99] Contudo, eram críticas marginais que não ganharam maior importância no debate justamente por não atingirem Souza Franco. Os ataques ao banco são compreensíveis na medida em que a instituição não estava agindo conforme as orientações de um governo conservador em termos econômicos, mas seguindo as orientações de um governo liberal. As doutrinas econômicas

97 Para ambas as citações, cf. sessão de 14 de maio de 1858. Cf. *Anais do Senado*, p. 44-6.

98 Sessão de 2 de junho de 1858. Cf. *Anais do Senado*, p. 10.

99 Cf. PACHECO, Cláudio. *História... Op. cit.*, p. 497-99; Sessão de 21 de maio de 1858. In: *Anais do Senado*, p. 248. Jequitinhonha acusava o banco de favorecer a casa Stockmeyer.

defendidas por ambos eram muito diversas. A orientação do banco idem. Daí Souza Franco dizer que Itaboraí, diante dos ataques que desferiu ao banco, queria abandonar seu "filho querido" e entregá-lo ao ministro da Fazenda. No entanto, como disse o próprio Itaboraí, o alvo da critica não era o banco, mas Souza Franco. Portanto, as críticas à instituição não poderiam surpreender ninguém. Mesmo o ataque à sua diretoria, em que Itaboraí a acusava de ser perdulária e de facilitar empréstimos a seus funcionários em condições temerárias, pode ser interpretado como uma tentativa de retomada do banco. Itaboraí o criticava para retomá-lo posteriormente e é exatamente isso que acontecerá em breve.

Interessante a crítica de Souza Franco de que se Itaboraí estivesse no controle do banco ele o fecharia, pois a manutenção do troco em ouro de suas notas o levaria à falência. Mas talvez, neste momento, não fosse esse o caso. Itaboraí criticava a política do banco que fora realizada com a conivência do governo, como ele mesmo afirmava. Tratava-se mais de um enquadramento ortodoxo da política seguida pelo banco do que de fechar de vez a instituição. No entanto, a crítica de Souza Franco ganha contornos visionários quando interpretada de maneira estrita: se o banco não seguisse a política saquarema e fosse inviável reconduzi-lo a essa política, Itaboraí o fecharia. O criador não hesitaria em destruir sua criatura. Nesse sentido, Souza Franco tem razão, como veremos nos últimos anos do banco. Sem condições de retornar à política original, o próprio Itaboraí sugerirá a reformulação de seu Banco do Brasil. Isso reforça a tese de que o banco estava ligado como engrenagem ao projeto político mais amplo levado a cabo pelos saquaremas. A partir do momento em que ele não pudesse mais exercer sua função original no projeto, a partir do momento em que esta engrenagem falhasse, ela seria simplesmente revista, como o foi em 1859, e, caso não pudesse ser consertada, descartada do projeto, como o foi em 1866.

Finalmente, a oposição saquarema partia para o ataque contra o pecado original de Souza Franco: a pluralidade de emissão. Independentemente da crise internacional, diziam os conservadores, a economia do Império enfrentaria uma crise por conta da desordem monetária provocada pelo excesso de emissão advindo da criação de novos bancos emissores no país. Ao contrário do diagnóstico do governo, para a oposição saquarema a crise internacional não seria a culpada pela desvalorização do câmbio, mas sim a pluralidade de emissão. Dessa maneira, os efeitos da crise externa eram habilidosamente transformados por ela em efeitos de uma crise interna e tributados à política econômica do ministro da Fazenda. A pluralidade de emissão seria a origem de todos os males. A expansão da oferta monetária além das necessidades do comércio resultante dessa medida comprometeria a estabilidade do valor do mil-réis e a conversibilidade das notas bancárias em metal. O regime fiduciário, como apontava a experiência de outros países, lançaria o Brasil na desordem monetária, na instabilidade cambial e no excesso de crédito que só poderiam levá-lo a crises e tirá-lo do rumo da ordem e da civilização. Itaboraí, porta-voz principal da oposição saquarema nessa matéria, justificava no Parlamento sua defesa do monopólio de emissão:

> É porque eu entendo que não temos ainda homens suficientemente habilitados para dirigirem semelhantes estabelecimentos; é porque entendo que, ainda quando os tivéssemos, a *concorrência dos bancos é sempre perniciosa*; porque os leva a facilitarem seus descontos, a promoverem especulações aleatórias e a praticarem outros abusos que por fim os conduzem à bancarrota e às desgraças públicas que delas resultam. Nem eu jamais sustentei a opinião que me atribui o Sr. ministro da Fazenda: *o que eu sempre sustentei, o que o pequeno estudo que faço dessas matérias e as minhas próprias reflexões me fazem ainda sustentar, é que dentro da mesma esfera de transações comerciais não convém, e não é consentâneo com os verdadeiros interesses do comércio, da indústria e do público que exista mais de um banco de circulação* [grifos nossos].[100]

Além disso, para ele, a pluralidade feria a lei de 1853 e alterava completamente a constituição do segundo Banco do Brasil. Com novos bancos emissores, "*parasitas no sistema da lei bancária de 1853*",[101] o Banco do Brasil não poderia cumprir seu desiderato de sanear o meio circulante e dar ao Império brasileiro uma moeda estável e forte como deveria ser a moeda de um país civilizado. O argumento da oposição saquarema era de que de nada adiantaria o Banco do Brasil retirar papel-moeda do governo de circulação e restringir a emissão de suas notas se, por outro lado, os novos bancos emissores derramassem suas emissões na circulação. Para ela, a

100 Sessão de 2 de junho de 1858. Cf. *Anais do Senado*, p. 14-5.

101 Sessão de 21 de junho de 1858. Cf. *Anais da Câmara*, p. 237.

combinação de retirada das notas do Tesouro, por parte do Banco do Brasil, e de novas emissões, por parte dos novos bancos, revelava a incoerência e a insustentabilidade da política de Souza Franco. Com a descentralização do poder emissor, o Banco do Brasil e, por tabela, o governo, perderia o controle da oferta monetária e não conseguiria sustentar o valor do mil-réis. Nada mais contrário ao projeto político saquarema. E tudo isso não seria culpa do banco, mas de Souza Franco.[102]

No entanto, o ministro da Fazenda não criou tantos bancos emissores quanto a palavra pluralidade pode fazer supor, nem instituiu no Brasil, como ele mesmo disse, a liberdade total de criação de bancos emissores. Ironicamente, a oposição saquarema o criticaria justamente por ter criado poucos bancos emissores. Ora, se Souza Franco era um crítico do monopólio, com a criação de poucos novos bancos emissores autorizados pelo governo, ele constituía um novo quase monopólio, privilegiando e patrocinando algumas instituições. Com isso, o ministro da Fazenda certamente deve ter perdido boa parte do apoio que devia ter entre os negociantes que desejavam abrir seu próprio banco e apenas esperavam uma autorização governamental que não seria concedida. Para Torres Homem,

> tão depressa passou-se do terreno da discussão para o domínio da ação, o nobre ministro esqueceu-se de seu programa, errou o rumo, e foi dar consigo no campo do privilégio, não do privilégio tal qual existia, mas do *privilégio cheio do arbítrio, do privilégio colocado em frente da igualdade de pretensões, e por conseqüência aberto a todas as recriminações de injustiça, de parcialidade, de patronato* [grifo nosso].[103]

O casuísmo das autorizações para criação de novos bancos emissores e as peculiaridades das regras de emissão para cada um deles se juntavam às outras críticas para mostrar a inconsistência da nova política econômica. Como a pluralidade, as autorizações e os estatutos dos novos bancos não passaram pela aprovação do Parlamento, o ministro da Fazenda foi acusado de atropelar o Legislativo. Essa talvez fosse, porém, a única maneira de Souza Franco executar sua política, uma vez que o Parlamento era amplamente dominado pelo partido

102 Sessão de 17 de maio de 1858. Cf. *Anais do Senado*, p. 91.

103 Sessão de 21 de junho de 1858. Cf. *Anais da Câmara*, p. 235/40.

conservador.[104] O próprio Itaboraí dizia claramente que o Legislativo com toda certeza não aprovaria as leis de incorporação dos novos bancos se tivesse que discuti-las e votá-las. De todo modo, é interessante observar a crítica da oposição ao "ministerialismo" de Souza Franco. Logo os saquaremas!

Incoerente, insustentável e inconsistente. A avalanche de questionamentos e críticas à política econômica do novo gabinete que se formou em meados de 1858 parecia mesmo ter como objetivo desestabilizar o ministro da Fazenda. O que se via no Parlamento era o embate entre dois grupos políticos que defendiam doutrinas econômicas inconciliáveis e a tentativa dos saquaremas de preparar um retorno para recolocar a economia do Império no rumo de seu projeto político.

Como alguns discursos parlamentares deixavam transparecer, a subida de Souza Franco e a implementação de sua política econômica, totalmente diversa da política anterior, abriu espaço para críticas mais gerais à política de conciliação.[105] A atuação de Souza Franco no Ministério da Fazenda comprometia parcialmente o projeto saquarema e o desempenho de seu braço financeiro. Se a desordem econômica prevalecesse, o Banco do Brasil perderia seu sentido original. Se os saquaremas fossem bem-sucedidos em seus ataques, o banco da Ordem recuperaria sua razão de ser. Por isso, no Senado, Silveira da Mota dizia que o país haveria de "*fazer justiça*" e Jequitinhonha advertia que o país reclamava uma "*medida salvadora*". Na Câmara, Torres Homem escreveria o epitáfio do gabinete Olinda-Souza Franco:

> Em nossa forma de governo livre toda administração que se mostra incapaz de satisfazer as grandes necessidades públicas, *como a atual se tem mostrado*, por sua profunda esterilidade, que além disso *tem violado as leis, e desvirtuado as instituições do país, uma tal administração está morta...* [grifos nossos].[106]

Contudo, a partir de agosto de 1858, diante da resposta positiva do câmbio à retomada das exportações e do troco das notas do Banco do Brasil em ouro, a crise ia sendo superada e os ânimos da oposição conservadora no Parlamento em relação

104 Cf. CARVALHO, José Murilo. *A construção... Op. cit.*, p. 407.

105 Cf. discurso de Torres Homem na sessão de 21 de junho de 1858. In: *Anais da Câmara*, p. 233.

106 Sessão de 6 de agosto de 1858. Cf. *Anais da Câmara*, p. 54.

às questões econômicas se arrefeceram. Mas o contra-ataque saquarema logo produziria resultados.

A política econômica de Souza Franco era a marca do gabinete que subira em 4 de maio de 1857. O desgaste político do ministro da Fazenda era, portanto, o desgaste do gabinete como um todo. Ao lado das críticas e questionamentos à necessidade, legalidade e transparência das operações de saque; à relação com Mauá e o preterimento do Banco do Brasil; à pluralidade de emissão; ao patronato e ao ministerialismo, pesavam a incoerência, a insustentabilidade e a inconsistência da política econômica de Souza Franco. A pressão sobre o ministro da Fazenda vinha de todos os lados, inclusive de dentro do próprio gabinete. O imperador divergia de suas ideias, o gabinete não o apoiava unanimemente e o Parlamento fazia-lhe oposição ferrenha. A situação do gabinete era insustentável politicamente e o contra-ataque saquarema no Senado contribuiria decisivamente para a queda do ministro em dezembro de 1858.[107] Estava preparada a nova reviravolta da política econômica com a subida de Torres Homem ao Ministério da Fazenda e, em seguida, com o retorno de Itaboraí à presidência do banco. O projeto saquarema retomava sua marcha. Presos à teia de Penélope, os saquaremas iniciavam o refazer da Ordem.

107 A nomeação do conservador Souza e Mello para a presidência de Pernambuco foi o estopim para a queda do gabinete. Cf. NABUCO, Joaquim. *Um estadista... Op. cit.*, p. 314-5.

Capítulo 6 – O contra-ataque saquarema e a retomada da Ordem

6.1. A nova reviravolta

O gabinete Abaeté-Torres Homem subiu no dia 12 de dezembro de 1858 com a queda do gabinete Olinda-Souza Franco. Segundo Nabuco, a questão financeira continuava a predominar, apesar da troca de gabinetes. A indicação de Torres Homem para o Ministério da Fazenda apontava essa predominância, posto que significava uma revisão da política econômica e uma nova tentativa de resolver definitivamente o problema do meio circulante do país. Como o chefe do gabinete assumiu a inexpressiva pasta da Marinha, o ministro da Fazenda teria caminho livre no Executivo para propor e realizar sua reforma bancária. Tal reforma seria feita com olhos conservadores como já se podia prever por meio dos discursos do novo ministro quando parlamentar. Não havia dúvida de que a reação saquarema se efetivaria sendo ministro da Fazenda Torres Homem, "um vermelho da cor de Eusébio de Queirós, Itaboraí e Uruguai".[1]

Para levar a cabo o plano de reconstrução da ordem econômica no Império, o ministro da Fazenda precisaria do apoio do Banco do Brasil, se não o de seus diretores, o de seu presidente. Em 15 de janeiro de 1859, o visconde de Itaboraí foi reconduzido à presidência do banco, embora só fosse tomar posse do cargo efetivamente apenas dois meses depois.[2] Se Souza Franco e Dias de Carvalho uma vez defenderam que o presidente do banco deveria seguir minimamente a orientação do ministério, nada mais acertado do que a nomeação do visconde para o cargo. Com a dupla Torres Homem e Itaboraí no Ministério da Fazenda e no Banco do Brasil, respectivamente, estavam dadas as condições para uma nova reviravolta na política econômica do governo e para o resgate do banco da Ordem. Isso significava,

---

1 Cf. NABUCO, Joaquim. *Um estadista... Op. cit.*, p. 317.

2 BANCO DO BRASIL. *Relatório apresentado á Assembléa Geral dos Accionistas do Banco do Brasil na sua reunião de 1859, pelo seu Presidente Visconde de Itaborahy.* Rio de Janeiro: Typ. Francisco de Paula Brito, 1859, p. 6.

basicamente, a restauração do monopólio de emissão nas mãos do Banco do Brasil e a busca da circulação metálica, voltando a fazer valer plenamente a lei de 1853.

As ideias do novo ministro da Fazenda, já conhecidas de seu tempo de parlamentar, foram claramente expressas em seu relatório. Como outros conservadores, ele considerava a estabilidade do valor do meio circulante condição fundamental para a expansão econômica. Essa estabilidade só seria alcançada com a conversibilidade da moeda em metal. A moeda inconversível era considerada um mal, porém, diante da carência de metais pela qual poderia passar o Império, seu uso poderia até ser admitido, desde que não excedesse o volume de transações. Como já dissemos, essa era uma concessão metalista à realidade de uma economia mercantil e escravista como a brasileira que a essa altura se ressentia da oferta de metais preciosos. Pelo visto, o ecletismo era antes uma necessidade do que uma qualidade dos dirigentes do Império. Emitir moeda para expandir as transações era visto como uma inversão herética da boa teoria econômica. A emissão de moeda nunca poderia criar valor como a produção, sendo apenas uma representação dessa produção. O controle da oferta de moeda, que garantiria sua conversibilidade e a estabilidade de seu valor, deveria ser feito por um único banco emissor sob a influência direta do governo, sob pena de comprometer a estabilidade da moeda. Assim, a pluralidade de bancos emissores e a concorrência entre eles, tal como se apresentava à época, representava uma ameaça a essa estabilidade e, portanto, deveria ser abolida. Em síntese, monopólio de emissão e circulação metálica garantiriam a estabilidade do valor do meio circulante nacional e recolocariam o Império nos trilhos da ordem e da civilização.

Assim como Itaboraí, Torres Homem foi crítico da atuação do banco durante o ministério Souza Franco. Creditando tal atuação à inexperiência, dizia que o banco emprestou e emitiu excessivamente, isto é, além das necessidades das transações, "seduzido pelas perspectivas lisonjeiras, que oferecem a princípio a distribuição do crédito" e "iludido pelos clamores e exigências da especulação". Contudo, para ele, o problema mais grave a ser enfrentado pelo governo e pelo banco era a perda do controle da oferta de moeda resultante da pluralidade de bancos emissores. Sem o monopólio de emissão, à contração da emissão de notas do Banco do Brasil corresponderia uma expansão da emissão dos outros bancos, a oferta de moeda ficaria sem controle e o meio circulante tenderia à desvalorização. O diagnóstico de Torres Homem era de que, na situação atual,

> o governo não pode atalhar a má circulação: o Banco do Brasil também o não pode, quando mesmo a organização de sua diretoria fosse menos imperfeita do que é. O resultado tem sido que, *em vez de progredirmos na tarefa de melhorar o meio circulante, pelo contrário, havemos retrocedido a ponto de acharmos presentemente em situação pior que a anterior a 1853* [grifo nosso].[3]

O relatório do ministro da Fazenda reafirmava o privilégio da moeda sobre o crédito e colocava novamente de pé o projeto saquarema. O Banco do Brasil retomaria o monopólio da emissão de notas e a economia imperial reencontraria o rumo da circulação metálica, condições para que os fins últimos da direção saquarema fossem alcançados. Teoricamente, a posição de Torres Homem era clara. A questão era como reverter na prática a política de Souza Franco e iniciar o refazer da Ordem. Assim como Souza Franco, Torres Homem tinha um posicionamento muito claro em relação a assuntos econômicos e, portanto, era de se esperar que logo começasse a implementar seu programa. Mas não foi isso o que aconteceu. Assim como Souza Franco, Torres Homem hesitou em tomar as primeiras medidas concretas no sentido do monopólio de emissão e da circulação metálica, excetuando-se talvez a indicação de Itaboraí para a presidência do banco. E ainda antes de tomá-las aprovou a criação de nada menos do que dezoito casas de crédito num mesmo dia.[4]

Na verdade, eram bancos de depósitos e descontos evidentemente sem direito de emissão. Como bem observou Nabuco, a criação dos bancos não era uma "capitulação" diante da necessidade de ampliar o crédito no país, era antes um "epigrama", pois o ministro provavelmente sabia da dificuldade de se manter casas de crédito com base apenas em depósitos de clientes, hábito ainda pouco desenvolvido no

---

3 BRASIL. MINISTÉRIO DA FAZENDA. *Proposta e relatório... do anno de 1858... Op. cit.*, p. 4-5.

4 Decretos 2.383 a 2.400 de 2 de abril de 1858. Neste dia foram criados os seguintes estabelecimentos de crédito: 1. Banco do Rio de Janeiro (RJ); 2. Banco da Província do Rio de Janeiro (RJ); 3. Caixa Hipotecária e de Descontos (RJ); 4. Banco de São Paulo (SP) 5. Banco Industrial e Hipotecário (RJ); 6. Banco Central do Comércio (RJ); 7. Banco Agrícola, Comercial e Hipotecário (SE); 8. Banco do Ceará (CE); 9. Banco de Crédito Sul-Americano (RJ); 10. Associação Coadjuvadora (RJ); 11. Banco Auxiliar da Lavoura (RJ); 12. Banco Proprietário (RJ); 13. Banco Auxiliador (RJ); 14. Banco Socorro e Auxílio (RJ); 15. Banco Comercial Paraense (PA); 16. Banco União Comercial e Agrícola de Pernambuco (PE); 17. Sociedade Auxiliadora (RJ); 18. Banco Industrial, Comercial e Territorial do Rio de Janeiro (RJ). Cf. BRASIL. *Collecção das leis do Império do Brasil de 1859*. Rio de Janeiro: Typ. Nacional, 1860.

Império àquela altura. Ainda que não se tratasse de epigrama, Calógeras não via contradição entre essa medida e a política econômica de Torres Homem dadas as condições restritas de emissão impostas pelo governo.[5] No entanto, vale lembrar que os bancos de depósito poderiam se tornar criadores de moeda, mesmo que marginalmente. Se a ideia de Torres Homem era reverter a política bancária atual a fim de controlar a oferta de moeda, a autorização que concedeu para a criação dos bancos seria incoerente com seu objetivo, a não ser que, como dissemos, o mecanismo do multiplicador bancário fosse pouco conhecido à época. Como nenhum desses bancos sobreviveria às futuras restrições impostas pelo ministro, o mais provável é que ele tenha autorizado a criação desses bancos natimortos apenas para arrefecer a pressão da praça sobre o governo.

De fato, a criação dos bancos estava mais para zombaria do que para rendição. A primeira medida de cunho restritivo tomada por Torres Homem viria logo em seguida e afetaria diretamente o Banco do Brasil. Tratava-se da revogação da autorização concedida ao banco em fevereiro de 1855 para elevar o limite de sua emissão ao triplo do fundo disponível. A partir de abril de 1859, o Banco do Brasil teria que obedecer o limite de emissão estabelecido originalmente em seus estatutos, ou seja, o duplo do fundo disponível.[6] Na prática, o decreto não afetaria muito as operações do banco, que já vinha trabalhando com emissões ao redor do duplo desde agosto de 1858. Porém, também a partir de abril de 1859, o fundo disponível do banco desceu do patamar dos 9.000:000$ para 7.000:000$ e a emissão em circulação permaneceu ao redor dos 20.000:000$. Apesar da exigência legal, o banco não conseguiria se manter dentro do limite do duplo de emissão até pelo menos fevereiro de 1861.

Para Pacheco, com essa medida, o governo procurava sinalizar para a praça o início da concretização de sua política restritiva e advertir a diretoria do Banco do Brasil, que pouco antes rejeitara a proposta de Coelho de Castro, um de seus diretores, de redução voluntária do limite de emissão.[7] Depois de alguma hesitação, a primeira medida restritiva do governo poderia gerar a expectativa de que Torres Homem radicalizasse sua política, decretando a volta do monopólio de emissão e

---

5 CALÓGERAS, João Pandiá. *A política monetária... Op. cit.*, p. 120.

6 Decreto 2.411 de 30 de abril de 1859. Cf. BRASIL. *Collecção das leis... Op. cit.*

7 Sessão 449, de 20 de abril de 1859. Cf. BANCO DO BRASIL. *Atas de reunião... Op. cit.*, p. 102; PACHECO, Cláudio. *História... Op. cit.*, p. 24.

fechando os outros bancos emissores ou simplesmente cassando-lhes o direito de emissão. Expectativa que, em parte, não se confirmou, pois o ministro não decretou o fechamento dos bancos emissores autorizados a funcionar por Souza Franco, nem lhes cassou o direito de emissão.

A estratégia de Torres Homem seria mais sutil. Acabar de chofre com a pluralidade de bancos de emissão traria inconvenientes para a economia do Império e provavelmente enfrentaria uma insuperável resistência política. O enxugamento do meio circulante correspondente às emissões dos novos bancos certamente provocaria escassez de meio circulante para a realização das transações e de crédito, levando a economia do Império a mais uma crise monetária e financeira. Nesse caso, qualquer apoio por parte do Parlamento ou da imprensa à nova política ficaria comprometido. No Parlamento, uma proposta mais radical certamente pararia numa resistência antissaquarema, composta tanto por políticos liberais, como por conservadores descontentes com o mando do núcleo saquarema. Por isso, não restava alternativa ao ministro da Fazenda a não ser uma estratégia mais sutil de implementação gradual do monopólio de emissão.

O projeto sobre bancos de circulação apresentado por Torres Homem à Câmara na sessão de 15 de junho de 1859 era muito diferente daquele proposto por ele mesmo em julho de 1857, quando fazia oposição ao governo como deputado. O projeto de 1857 era tão virulento em relação à pluralidade que mais parecia um escárnio da política econômica de Souza Franco. Enquanto a proposta de 1857 vetava a emissão de letras, notas promissórias ou vales por parte de qualquer banco ou sociedade bancária durante a vigência da lei de 1853, o novo projeto, mais ameno nos meios, mas mirando o mesmo fim, procurava restringir as emissões impondo rígidas condições para que elas pudessem ser efetivadas. O artigo único do projeto previa que os bancos de emissão do Império, Banco do Brasil e caixas filiais inclusive, seriam obrigados a realizar o troco de suas notas em ouro e à vontade do portador. Os bancos teriam um período de três anos para se adaptar às novas condições.

Enquanto isso, o limite de emissão ficaria restrito ao máximo da emissão feita nos quatro meses anteriores ao projeto e, caso esse limite não fosse respeitado, os bancos perderiam não só o direito de emissão de notas, como a autorização para funcionar como bancos de depósitos e descontos. Fiscais nomeados pelo governo e pagos pelos próprios bancos supervisionariam as operações de cada um dos estabelecimentos e cuidariam para que as disposições contidas no projeto fossem respeitadas. Diante de condições de emissão tão restritas, o projeto previa a suspensão da obrigação do Banco do Brasil de resgatar os 2.000:000$ anuais em notas do governo previstos na lei de 1853 enquanto suas notas não pudessem ser trocadas em ouro.

Finalmente, como que reagindo à maneira pela qual Souza Franco criara seus bancos emissores em 1857, o projeto definia que só ao Legislativo competia conceder autorização para a criação de bancos de emissão ou prorrogar a concessão dos bancos de emissão existentes.[8] A volta do limite de emissão ao duplo do fundo disponível e a exigência do troco das notas de banco em ouro, nesse caso, das notas do Banco do Brasil, significavam uma correção dos rumos tomados pela política de Itaboraí iniciada em 1853.

Com habilidade, o projeto de Torres Homem combinava formalmente a preservação dos direitos dos bancos existentes com uma estratégia gradual de desmonte da pluralidade bancária, uma vez que, sem a coadjuvação do governo, os bancos criados por Souza Franco não conseguiriam cumprir a exigência do troco de suas notas em ouro e, consequentemente, ficariam impossibilitados de emitir. Portanto, com o passar do tempo, só o Banco do Brasil conseguiria satisfazer a exigência da lei e, assim, voltaria a ter o monopólio de emissão e o controle da oferta do crédito e da moeda no Império, condições consideradas necessárias para que cumprisse seu propósito original. Essa era a intenção velada do ministro da Fazenda, mas ela não passaria despercebida pela oposição antissaquarema. O projeto de Torres Homem seria apreciado pelas comissões de Fazenda; de comércio, indústria e artes; e ainda pela comissão de justiça civil. No jogo político, os saquaremas pareciam estar em vantagem novamente, mas Torres Homem e Itaboraí não contavam com a magnitude das reações ao novo gabinete e à sua política no Parlamento e no banco.

6.2. A resistência antissaquarema

A discussão do projeto de Torres Homem na Câmara se dava como uma contra-face do que ocorrera no Senado quando, tempos atrás, Souza Franco começara a executar sua política econômica. Interessante notar que a resistência saquarema contra a política de Souza Franco era mais forte no Senado, onde se

8 Para o projeto de Torres Homem, cf. sessão de 15 de junho de 1859. In: *Anais da Câmara*, p. 135.

juntava o núcleo do partido conservador. Já a resistência antissaquarema contra a política de Torres Homem era mais forte na Câmara, onde os liberais voltaram a ter espaço depois de 1855.

Se naquela época os senadores saquaremas atacaram sistematicamente a atuação do ministro da Fazenda levando à queda do gabinete em dezembro de 1858, agora eram os deputados antissaquaremas, alguns conservadores inclusive, que pressionavam sistematicamente Torres Homem e sua reforma bancária. A principal voz da oposição saquarema à política de Souza Franco na Câmara experimentava desta vez a pressão que a questão bancária gerava para o gabinete como um todo e para o ministro da Fazenda em particular. O governo teria que mobilizar toda sua força política para aprovar seu projeto, pois não seria fácil vencer a resistência da oposição liberal e de conservadores descontentes com a direção saquarema.

O primeiro indício da força dessa resistência veio de dentro do próprio conselho de Estado. Em 3 de junho de 1859, o projeto de reforma bancária de Torres Homem foi enviado aos conselheiros para apreciação de seus seis artigos.[9] Três dias depois, o conselho exarava seu parecer com sete opiniões contrárias ao projeto e cinco a favor dele. Dentre os que votaram contra, estavam Olinda, Jequitinhonha e Sapucaí. De maneira geral, suas argumentações se assentavam em três bases: a ilegalidade do projeto, uma vez que obstruía o direito do Banco do Brasil de trocar suas notas também por notas do Tesouro tal como estabelecido na lei de 1853; a inexequibilidade, uma vez que o banco já tentara sem sucesso metalizar o troco de suas notas e que o déficit comercial atual impediria a manutenção do ouro no país; e, finalmente, o fato consumado, uma vez que os bancos emissores criados por Souza Franco já mantinham relações com o comércio e acabar com eles geraria transtorno e desconfiança na praça. O apoio ao projeto de Torres Homem já começava a falhar no conselho de Estado. Contudo, não lhe faltava a sustentação da trindade saquarema para contrabalançar a resistência. Itaboraí, Uruguai e Eusébio votaram a favor do projeto de Torres Homem e, por conseguinte, a favor da retomada do braço econômico de seu projeto político. A trindade era o principal lastro do projeto de reforma bancária do ministro da Fazenda.

Do conselho de Estado à Câmara, a luta pela aprovação do projeto se revelaria dura, numa disputa entre saquaremas e antissaquaremas. Apesar das discussões

---

9 Sessão de 6 de junho de 1859. Cf. BRASIL. *Atas do conselho de Estado pleno. Terceiro conselho de Estado, 1857-1864.*

intensas, a tramitação da reforma bancária entre os deputados foi mais veloz do que recomendava a importância da matéria e do que gostaria a oposição. Assim como mostraram habilidade ao não acabar de chofre com a pluralidade bancária, os saquaremas souberam conduzir o processo da maneira que melhor lhes conviesse, ainda que para isso tivessem que lançar mão de expedientes pouco ortodoxos. Primeiro, em vez de defenderem abertamente a proposta na imprensa, estamparam no Jornal do Comércio artigos anônimos frequentes que defendiam o projeto e atacavam seus adversários no Parlamento e na praça, a fim de arrebanhar apoio para a causa. Segundo, em vez de redigirem um projeto de lei com vários artigos e parágrafos, como era o costume e como havia sido enviado para o conselho de Estado, redigiram o projeto de lei que iria para a Câmara com apenas um artigo e vários parágrafos para obrigar a discussão do projeto em bloco, não por artigos, e acelerar sua tramitação entre deputados e senadores.

A resistência antissaquarema no Parlamento, todavia, estava vigilante. Assim que o projeto foi apresentado na Câmara, o deputado mineiro Martinho Álvares da Silva Campos requereu que, além de passar pelas comissões de Fazenda e de Comércio, Indústria e Artes, o projeto passasse também pela comissão de Justiça Civil, indicando que um dos alvos da oposição seria sua legalidade.[10] A votação apertada a favor do requerimento revelava uma Câmara dividida e prenunciava os problemas que teria o gabinete para aprovar suas medidas. No entanto, o governo conseguiu uma primeira vitória com o parecer favorável das comissões, assinado, entre outros, por Coelho de Castro, diretor do Banco do Brasil, e Paulino de Sousa. O parecer dizia que o projeto podia

> ser encarado em relação ao seu fim, aos meios de consegui-lo, à legalidade desses meios: *o fim* é sem dúvida alguma fortificar o mais possível o valor da moeda, *os meios* consistem na conversibilidade das notas dos bancos em ouro à vontade do portador, *a legalidade* depende do modo por que deve proceder o corpo Legislativo em relação aos estabelecimentos de emissão atualmente existentes, criados por lei, e outros por decreto do poder executivo [grifos nossos].

10 Sessão de 15 de junho de 1859. In: *Anais da Câmara*, p. 135-6.

A introdução do parecer deixava claro que a manutenção da paridade do valor do mil-réis em relação ao ouro continuava a ser a principal preocupação do governo e, para isso, o valor da moeda deveria ser fortalecido. Quanto aos fins do projeto, o parecer o considerava de utilidade pública "da mais alta categoria", pois considerava a desvalorização da moeda e, consequentemente, a inflação gerada por ela, verdadeira "calamidade pública".[11] Até aqui não havia grandes desavenças entre os grupos que lutariam a favor e contra o projeto na Câmara. Elas começaram com a avaliação dos meios e da legalidade do projeto. Nesse sentido, o parecer era amplamente favorável ao governo. Quanto aos meios, seguia a orientação doutrinária do ministro da Fazenda, criticava as "facilidades do crédito" e defendia o enxugamento do meio circulante para valorizar o mil-réis. Com isso, a inflação cederia, o ouro afluiria para o país por meio do comércio e os bancos não teriam grandes dificuldades para compor seu fundo disponível e atender ao troco das notas em metal. Quanto à legalidade, avalizava implicitamente o projeto ao considerar suficiente o prazo de três anos para que os bancos se adequassem às novas regras.[12] Ora, se os pareceristas aprovaram o prazo para que os bancos se enquadrassem nas novas regras era porque concordavam com elas e as consideravam legais. O parecer favorável das comissões era um bom argumento a favor do projeto do governo.

Porém, não satisfeitos com o teor do parecer, os representantes da oposição nas comissões, Manuel Pinto de Souza Dantas e Francisco de Paula Santos, deram voto em separado contra o projeto. Junto com Martinho Campos, os dois deputados seriam vozes importantes da resistência antissaquarema. Os ataques da oposição concentravam-se nas bases jurídica e econômica do projeto. Sua legalidade esbarrava na obrigação do troco das notas dos bancos em ouro. Para a oposição essa obrigação representava uma quebra do contrato entre governo e Banco do Brasil estabelecido em 1853. Os estatutos do banco previam o troco em ouro ou notas do Tesouro e não deixavam claro se a opção por metal ou papel seria definida pelo banco ou pelo portador da nota.[13]

11 Para as citações, cf. sessão de 22 de junho de 1859. In: *Anais da Câmara*, p. 195.

12 Sessão de 22 de junho de 1859. In: *Anais da Câmara*, p. 196.

13 O §6º do art. 1º diz apenas que "Os bilhetes do Banco serão à vista e ao portador, e realizáveis em moeda corrente (metal ou papel-moeda)...". Cf. Lei 683, de 5 de julho de 1853. In: *Collecção das leis... de 1853... Op. cit.*

Essa ambiguidade abria uma brecha para uma interminável discussão. Os parlamentares de tendência metalista, afinados agora com o governo, sustentavam que caberia ao portador da nota definir se queria o troco em metal ou papel. Já os parlamentares de tendência papelista, que agora se encontravam na oposição, defendiam que a decisão de trocar as notas emitidas pelo banco em metal ou papel era uma prerrogativa do Banco do Brasil. Portanto, qualquer exigência de troco exclusivo em metal, por parte de governo, significaria quebra de contrato. Algo semelhante se daria com os bancos de emissão criados durante a gestão de Souza Franco no Ministério da Fazenda, só que, neste caso, como esses bancos não tinham contrato com o governo, apenas autorização para funcionar, a exigência do troco em ouro era considerada um desrespeito aos direitos adquiridos. No voto em separado, Souza Dantas e Paula Santos deixavam clara essa posição ao dizerem que

> a santidade das leis, a fé dos contratos, a dignidade dos poderes públicos e os interesses econômicos do país *condenam o pensamento exorbitante contido no projeto* submetido à análise e ao estudo das comissões reunidas [grifo nosso].[14]

Assim, a oposição batia na tecla de que tanto a quebra de contrato com o Banco do Brasil, quanto o desrespeito aos direitos adquiridos dos outros bancos de emissão, eram inconstitucionais e, portanto, o projeto de Torres Homem seria ilegal. Outrora, os saquaremas utilizaram a lei que criou o Banco do Brasil para declarar a ilegalidade da pluralidade bancária estabelecida por Souza Franco, agora a resistência antissaquarema utilizava a mesma lei para sustentar a ilegalidade da obrigação, por parte do banco, do troco de suas notas em ouro. A maleabilidade das interpretações jurídicas permitia que isso acontecesse, mas o que estava mesmo em jogo era a reconstituição do braço financeiro do projeto saquarema desfigurado em 1857 e os próprios rumos da economia do Império.

As críticas oposicionistas aos aspectos econômicos do projeto também eram mordazes, a começar por sua base doutrinária. Torres Homem e outros deputados favoráveis ao projeto se fiavam na "boa" teoria econômica desenvolvida no estrangeiro e nas experiências de outros países para sustentar suas argumentações. Em resposta,

14 Sessão de 22 de junho de 1859. In: *Anais da Câmara*, p. 200.

a oposição criticava a abstração e generalização dessa teoria, em contrapartida à sua aplicação prática e adequação à especificidade da economia brasileira, buscando minar a autoridade do ministro da Fazenda no assunto e questionar os casos de outros países, sobretudo o caso inglês de 1844, como exemplos a serem seguidos no Brasil. Para realidades diferentes, as políticas, e mesmo as teorias, deveriam ser diferentes. O deputado José Antônio Saraiva fazia a crítica mais geral de que os princípios abstratos da ciência econômica não podiam ter em todo lugar a mesma aplicação e os mesmos resultados e Souza Dantas complementava a crítica manifestando a opinião de que o caso inglês nada a tinha a ver com o brasileiro. Dizia ele:

> Quer-se em uma situação como esta, a mais crítica e difícil de quantas temos tido há muitos anos, imitar a Inglaterra num gesto que o seu Parlamento praticou *sem ferir os direitos adquiridos, sem violar a fé dos contratos, e numa quadra de completa prosperidade* [grifo nosso].[15]

Assim, a oposição continuava duvidando do diagnóstico de que a desvalorização do mil-réis fosse causada pelo excesso de meio circulante e apontava o desequilíbrio da balança comercial como o maior vilão da desvalorização do câmbio. Se tal desequilíbrio não fosse corrigido, seria praticamente impossível manter a circulação metálica, pois o metal seria escoado para o estrangeiro por conta do déficit comercial. A escassez de metais, que já se pronunciava com a dificuldade de formação e manutenção do fundo disponível do Banco do Brasil desde a sua criação, e o desequilíbrio da balança comercial, lançavam dúvidas sobre a possibilidade de execução da lei. Saraiva pedia ao ministro que mostrasse que a conversibilidade em ouro seria possível no país. Se ele o conseguisse, estaria resolvida a questão.[16] Além disso, a oposição apostava na contração da atividade econômica, proveniente do enxugamento da circulação e da provável diminuição das fontes de crédito com a extinção dos bancos emissores e, consequentemente, na queda da arrecadação fiscal como resultados certos da execução da lei. De acordo com as expectativas negativas dos deputados discordantes, Souza Dantas e Paula Santos,

15 Para a crítica de Saraiva, cf sessão de 7 de julho de 1859; para a citação, cf. sessão de 2 de julho de 1859. In: *Anais da Câmara*, p. 52/24.

16 Para a fala de Saraiva, cf sessão de 7 de julho de 1859. In: *Anais da Câmara*, p. 52.

> poderão os bancos, à força de contrações, e depois de causarem grandes desastres sociais, obter a introdução de algum ouro no país, *mas a importação de produtos manufaturados se contrairá também violenta e excessivamente; a exportação dos produtos nacionais será exígua, e assim as fontes de rendas públicas se estancarão por longos anos* [grifo nosso].[17]

A divergência teórica levava à divergência de diagnóstico que, por sua vez, conduzia à divergência de perspectivas. Não havia possibilidade de conciliação no campo econômico. Ao lado dessas críticas de cunho geral, alguns parlamentares faziam críticas a disposições específicas do projeto, como a possibilidade de pagamentos ao Banco do Brasil em notas do Tesouro, e à ausência de dispositivos que previssem a retirada completa dessas notas da circulação. No contexto do projeto, consideravam incoerente a exigência da circulação metálica com a tolerância em relação à circulação de notas do Tesouro.

A discussão da reforma bancária de Torres Homem ultrapassou em muito o aspecto puramente econômico da matéria. Estava também em jogo o futuro político do Império. Nesse quadro, surgiram acusações de toda ordem contra o governo. Como dissemos, o "amigo da ordem", Torres Homem, foi acusado de estar por trás dos artigos anônimos ofensivos aos opositores do projeto e publicados no Jornal do Comércio.[18] A oposição reclamava do mascaramento da verdadeira intenção do governo contida num projeto hipócrita, a saber, o retorno do monopólio de emissão às mãos do Banco do Brasil. João Lustosa da Cunha Paranaguá, futuro segundo visconde e segundo marquês de Paranaguá,[19] atacava firmemente o governo nesse sentido dizendo que

17 Sessão de 22 de junho de 1859. In: *Anais da Câmara*, p. 200.

18 Cf. discurso do deputado Francisco de Paula da Silveira Lobo na sessão de 17 de junho de 1859. In: *Anais da Câmara*, p. 20.

19 Nasceu na fazenda Brejo do Mocambo, na freguesia de Nossa Senhora do Livramento (depois vila e comarca de Paranaguá), Piauí, em 1821. Bacharel em Direito pela Faculdade de Olinda, exerceu vários cargos na magistratura brasileira. Foi deputado (1840) e senador (1865) pelo Piauí. Presidiu as províncias do Maranhão (1858), Pernambuco (1865) e Bahia (1881). Foi ministro do Império (1859), da Justiça (1866), da Guerra (1866 e 1878), dos Negócios Estrangeiros (1866 e 1885), da Fazenda (1882) e chefe de gabinete (1882). Nomeado para o conselho de Estado em 1879, faleceu no Rio de Janeiro, em 1912. Cf. VASCONCELLOS, barão e SMITH DE VASCONCELLOS, barão. *Archivo... Op. cit.*, p. 335-6.

> o projeto do nobre ministro tem por alvo a destruição dos bancos criados por decretos do poder executivo, e sobre suas ruínas a *reconstrução do Banco do Brasil* nas suas bases primitivas, visto que como S. Ex. entende que o sistema da lei de 5 de julho de 1853 fora perturbado pela criação de novos bancos; *e pois era preciso criar-lhes dificuldades insuperáveis nas circunstâncias atuais, em proveito da unidade bancária que o nobre ministro quer (...) O fim que o nobre ministro visa é sem dúvida a unidade bancária* [grifos nossos].

Nessa linha, sem olhar para o passado, a oposição antissaquarema criticava o abandono da política de conciliação e advertia que, com o projeto, o governo abalaria o período de calma por que passava a economia do Império. Talvez por isso, diziam, o projeto não contasse com o apoio do comércio e do país.

A oposição também não deixou passar a tentativa esperta dos saquaremas de atalhar a discussão do projeto. Perceberam a manobra contida em sua redação, acusaram o fato e fizeram o que estava ao seu alcance para adiar sua votação com "questiúnculas protelatórias",[20] como os vários requerimentos propostos por deputados que lhe eram contrários. Interessante notar o tom de ressentimento na crítica de vários deles ao descaso de Torres Homem em apresentar seu projeto à Câmara com mais detalhes. A percepção não de todo equivocada dos oposicionistas era de que o governo estava ignorando o Legislativo e tentava atropelá-lo na decisão da questão. Num de seus discursos, Martinho Campos comparou o esforço que Robert Peel fez em 1844 para convencer o Parlamento inglês a aprovar sua lei com o descaso de Torres Homem em relação ao Parlamento brasileiro. O deputado oposicionista reclamava que o ministro,

> que podia também como Peel propor-nos um projeto acompanhado de uma exposição de motivos igual a de Peel, não o quis fazer, sendo que S. Ex. tem a vantagem de ser quatro vezes mais eloqüente do que Peel. Porque não imitou o grande estadista inglês, que forneceu ao Parlamento todos os esclarecimentos necessários com aquela perfeição com que tudo se faz na Inglaterra, onde os dados estatísticos são completos como podem ser, onde

20 Cf. discurso do deputado Jerônimo José Teixeira Júnior, futuro visconde do Cruzeiro, na sessão de 30 de junho de 1859. In: *Anais da Câmara*, p. 243.

> são tão numerosos os escritos nas matérias econômicas, porque a Inglaterra possui mais do que outros países, numerosos eminentes economistas, os mestres verdadeiros de todos nós?... *Isto teve o Parlamento inglês para seu auxílio. Mas a nós o que foi dado? A palavra do Sr. ministro da Fazenda, a autoridade do Sr. visconde de Itaboraí, e nada mais* [grifo nosso].[21]

A tramitação do projeto de Torres Homem lembra muito a do projeto de criação do segundo Banco do Brasil. Nela também esteve presente certo desdém do gabinete em relação à participação política dos deputados no processo decisório do governo, coerente com a ideia de que a prerrogativa de escolher a política do governo deveria ser do executivo e não do Legislativo. Isso talvez explique por que o ministro da Fazenda nem sequer participou da segunda discussão do projeto na Câmara.[22] Essa observação, apesar de pitoresca, é importante, pois revelava o sentimento contrário ao autoritarismo saquarema. A impressão era de que o governo, baseado na autoridade moral do ministro da Fazenda, prescindia das discussões no Legislativo para levar a cabo seu projeto e considerava que os parlamentares deveriam fazer o mesmo. Essa era uma das razões da falta de apoio ao projeto entre os conservadores. Alguns deles não votavam contra o projeto, mas contra os saquaremas. O "despotismo saquarema" se revelava em passagens como aquela em que quando Francisco de Paula Silveira Lobo[23] disse que meia dúzia de homens caprichosos queria sobrepor-se à nação, uma voz da oposição logo emendou que uma dúzia seria demais, lembrando que d. Manuel dissera que eram apenas dois os que queriam mandar, "os dois charruas", referindo-se evidentemente a Torres Homem e Itaboraí.[24]

Para completar, não faltaram os ataques de cunho pessoal. Primeiro, Torres Homem foi acusado de vender ações do Banco do Brasil antes da aprovação do

---

21 Sessão de 5 de julho de 1859. In: *Anais da Câmara*, p. 31.

22 Sessão de 15 de julho de 1859. In: *Anais da Câmara*, p. 159.

23 Nasceu em Mamanguape, Pará. Formado em Direito pela Faculdade do Recife. Filiado ao Partido Liberal, tornou-se conservador mais tarde. Foi deputado (1857), senador e presidente das províncias de Pernambuco (1866) e Minas Gerais (1869). Faleceu em 1886. CARMO, J. A. Pinto do. *Ministros... Op. cit.*

24 Sessão de 11 de julho de 1859. In: *Anais da Câmara*, p. 98. Certamente d. Manuel se referia a um grupo indígena do sul do Brasil, os charruas. Assim como os charruas não se sujeitaram à catequese jesuítica, esses saquaremas resistiam a deixar o poder.

projeto, já prevendo que o banco não conseguiria se enquadrar nas novas regras. José Maria da Silva Paranhos, futuro visconde do Rio Branco,[25] subiu à tribuna para defender o ministro invertendo o raciocínio do acusador com muita habilidade. Disse que Torres Homem vendera as ações justamente porque previra um futuro auspicioso para o Banco do Brasil e que, com a venda de suas ações, prevenia-se contra acusações posteriores de ter se aproveitado da situação. Segundo, o ministro era acusado de ser tutelado por Itaboraí e de lhe dever obediência por ter sido o visconde quem o indicara para o cargo. Nessas ocasiões, o velho Timandro tornava-se vítima de suas próprias armadilhas discursivas, mas não deixava de responder com eloquência aos ataques da oposição antissaquarema.

No banco, as medidas restritivas propostas por Torres Homem bastaram para animar o grupo de acionistas descontentes com o novo gabinete, que já vinha embalado pela derrota da proposta de mudança dos estatutos do banco, a propor a convocação da assembleia geral dos acionistas para discutir uma representação contra o governo. A assembleia aprovou o envio da representação ao governo e a solicitação subiu à diretoria. A questão então era saber se, pelos estatutos, a diretoria estava obrigada ou não a acatar uma proposta emanada dos acionistas do banco. Para resolvê-la, Itaboraí optou pela votação da diretoria. A tensão entre diretores pró e contra o novo gabinete aumentou e se refletiu no apertado resultado que decidiu a questão. Por sete votos a seis, com a abstenção do presidente, a diretoria deliberou que estava obrigada a acatar a proposta emanada da assembleia geral dos acionistas e, portanto, a administração do banco deveria encaminhar a representação ao governo.[26]

Embora o resultado da votação da diretoria não apareça nominalmente nas atas, Pacheco recolheu da edição de 15 de julho do Correio Mercantil, jornal ligado à oposição, vale notar, os votos de cada um dos diretores. Nas palavras do jornal, assim iam os nomes dos diretores que "votaram a favor da representação que sustentava seus interesses" e dos que votaram contra, para que, "em tempo devido", os

25 Nasceu na Bahia, em 1819. Graduado em Matemática, foi diretor da Escola Militar. Foi deputado pelo Rio de Janeiro e senador (1862) pelo Mato Grosso. Foi também presidente da província do Rio de Janeiro (1858). Nos conselhos, ocupou o ministério dos Negócios Estrangeiros (1853, 1858, 1861, 1868), da Marinha (1853), da Guerra (interino em 1858 e 1871), da Fazenda (1861 e 1871) e a chefia do gabinete (1871). Nomeado conselheiro de Estado ordinário em 1866, faleceu no Rio de Janeiro em 1880. Cf. VASCONCELLOS, barão e SMITH DE VASCONCELLOS, barão. *Archivo... Op. cit.*, p. 390-2.

26 Atas das sessões de 22 de junho e 7 de julho de 1859. In: BANCO DO BRASIL. *Atas de reunião... Op. cit.*, p. 111-3/115-8.

acionistas do Banco do Brasil pudessem "fazer justiça". Assim iam os nomes dos que resistiam à investida saquarema no interior do banco e dos que a defendiam.[27]

Diante da resistência antissaquarema na Câmara, Itaboraí não podia permitir que mais um elemento perturbasse a votação do projeto. Por isso não acatou a deliberação da diretoria, invocando o § 3º do art. 50 dos estatutos, que conferia ao presidente do banco o direito de "suspender [as decisões da diretoria] que julgar contrárias aos mesmos estatutos, e dar imediatamente conta ao Governo, para que este decida se devem ou não ser executadas".[28] Ele considerava que tal decisão feria os arts. 35 e 65 dos estatutos do banco, quer dizer, a representação contra o governo escapava à competência da assembleia geral dos acionistas e caberia somente à diretoria requerer tal representação. Com esse argumento, suspendeu a decisão da diretoria e logo oficiou o governo, que, evidentemente, aprovou a decisão do presidente do banco. A resposta do governo seguia a interpretação de Itaboraí e sustentava que

> nas atribuições da mesma Assembléia Geral não está compreendida a de *prescrever à Diretoria a maneira porque esta deve exercer a autorização que lhe dá o artigo 65 dos Estatutos*; e a faculdade de requerer aos Poderes Políticos do Estado medidas, que assegurem o crédito e a prosperidade do Banco, é atribuição que os referidos estatutos conferiram à Diretoria, e que deve ser exercida *quando e como esta julgar conveniente*: concluindo-se de tudo isto que *a deliberação da Assembléia Geral dos Acionistas, não é, como se supõe, um mandato imperativo que deva como tal ser cumprido pela Diretoria, cujos deveres e atribuições, acham-se muito claramente definidos nos supramencionados Estatutos* [grifos nossos].[29]

Vale notar o pequeno espaço que Itaboraí dedicou ao assunto em seu relatório aos acionistas do Banco do Brasil. Isso podia ser interpretado como uma tentativa de minimizar a questão, mas também podia sugerir certo desprezo pelas demandas da

27 Cf. PACHECO, Cláudio. *História... Op. cit.*, p. 60. Os diretores que votaram a favor da representação foram Dias de Carvalho, Silva Guimarães, Ferreira de Faria, João José dos Reis, Jerônimo José de Mesquita, José Rafael de Azevedo e Militão Correia de Sá. Os que votaram contra: Haddock Lobo, Mayrink, Coelho de Castro, José de Miranda Ribeiro, José de Araújo Coelho e Antônio Gomes Neto.

28 Cf. decreto 1223, de 31 de agosto de 1853. In: BRASIL. *Collecção das leis... Op. cit.*

29 BANCO DO BRASIL. *Relatório... de 1859... Op. cit.*, p. 16-7.

assembleia geral dos acionistas e a imposição da vontade do presidente do banco e do governo sobre os interesses dos proprietários de ações do banco. O "despotismo saquarema" aludido anteriormente também parecia presente no banco. O veto de Itaboraí à decisão da diretoria reverberou na Câmara dos Deputados. A oposição antissaquarema interpelou o ministro da Fazenda sobre o motivo da decisão e acusou o presidente do banco de destruir o direito de petição de uma sociedade comercial. Diante de um ato considerado arbitrário e autoritário, o deputado Fernando da Cunha perguntava

> o que fez o presidente do Banco do Brasil? Pôs um veto absoluto (mais do que pode o monarca brasileiro quanto aos decretos do poder Legislativo!), pôs um veto absoluto à deliberação da associação, pôs um veto absoluto quer à deliberação da maioria dos acionistas, quer à da maioria da diretoria do banco, e disse-lhes: - *Não represento ao corpo Legislativo porque não quero* (...) Isso é um abuso, é uma violência, é um atropelo de todas as fórmulas; uma imposição caprichosa ditada pelo cego orgulho e pela tenacidade de um homem que tem entendido que *só ele deve governar e dirigir todas as instituições bancárias, que entende que deve reduzir todas as instituições de crédito a um monopólio!* [grifos nossos].[30]

A forte reação da Câmara ao "despotismo saquarema" se ampliou quando representações de algumas municipalidades contra o projeto do governo também foram censuradas.[31] A oposição acusava o governo de retirar arbitrariamente o direito constitucional dos "de baixo" de representar contra os "de cima" na hierarquia política. A pressão antissaquarema era forte, mas não se pode perder de vista que o governo contava com o apoio político da trindade.

Findas as discussões e polêmicas na Câmara e no banco, o governo saiu vitorioso. Na Câmara, apesar dos ataques maciços da oposição antissaquarema, Paranhos, Uruguai e o próprio ministro da Fazenda conseguiram sustentar a defesa do projeto, o que lhes valeu uma apertada vitória na votação da primeira discussão por uma diferença de apenas onze votos. No banco, Itaboraí conseguira vetar a representação

---

30 Sessão de 11 de julho de 1859. In: *Anais da Câmara*, p. 97-8.

31 Sessão de 23 de julho de 1859. In: *Anais da Câmara*, p. 221-4. As representações censuradas vinham das câmaras de Paraíba do Sul, Valença e Vassouras.

contra o governo proposta pelos acionistas e acatada pela diretoria. A reverberação desse ato na Câmara não foi suficiente para conter o encaminhamento do projeto. Depois de mais duas rodadas de discussão, a redação final também foi aprovada e o projeto encaminhado para o Senado. No entanto, a vitória de Torres Homem não deixou de ser uma vitória de Pirro. Para vencer, o gabinete precisou acionar toda a força do Executivo sobre a Câmara e, assim, transformou a votação da reforma bancária em questão de gabinete, isto é, ela teria que ser aprovada ou rejeitada em bloco, sem emendas, e, dependendo do resultado final da votação, ou caía o gabinete ou dissolvia-se a Câmara.

A aprovação apertada do projeto por maioria de apenas um voto indicava que a Câmara não depositava confiança suficiente no gabinete para que pudesse executar seu intento. Diante disso, Abaeté solicitou ao imperador o adiamento da Câmara e, se isso não fosse suficiente para recobrar a confiança no ministério, sua dissolução. Na queda de braço entre gabinete e Câmara, esta última saiu vitoriosa, com certo sabor de vingança. O imperador não adiou nem dissolveu a Câmara e Abaeté resolveu então se retirar. Assim, o projeto do governo nem chegou a ser apreciado no Senado, uma vez que a questão financeira derrubara mais um ministério. Quase simultaneamente, Itaboraí pedira demissão da presidência do Banco do Brasil, sendo substituído por Cândido Batista de Oliveira.[32] Paralisada no meio do caminho, a lei bancária de Torres Homem deixava um círculo aberto que o próximo gabinete haveria de fechar.

6.3. A conjuntura econômica entre a desconstrução e reconstrução do projeto saquarema (1857-59)

Souza Franco definitivamente não pôde contar com uma das melhores conjunturas econômicas. Em novembro de 1857, apenas cinco meses depois da subida do novo gabinete, a economia brasileira foi surpreendida pela crise financeira que se iniciou nos Estados Unidos. O saldo fiscal, que atingira o ápice no ano anterior, foi corroído rapidamente ao longo de 1858 e manteve a trajetória de queda acentuada até 1859. O câmbio, que rondava a paridade, despencou para a casa

32 O gabinete Abaeté-Torres Homem caiu no dia 10 de agosto de 1859. Cf. NABUCO, Joaquim. *Um estadista... Op. cit.*, p. 327-9. Para a demissão de Itaboraí, aceita pelo decreto de 9 de agosto de 1859, cf. Sessão 469, de 12 de agosto de 1859 e sessão 471, de 24 de agosto de 1859. In: BANCO DO BRASIL. *Atas de reunião da diretoria (1854-1866)*, p. 130-1/133-4.

dos 23,5d. e sua desvalorização foi o principal problema enfrentado pelo ministro da Fazenda. O saldo comercial apresentou melhora, resultado parcial da própria desvalorização do câmbio, todavia, melhora insuficiente para tornar a balança de comércio superavitária (Gráfico 13).

Gráfico 13 - Saldos fiscal e comercial, e taxa de câmbio do Império do Brasil (1857-59)

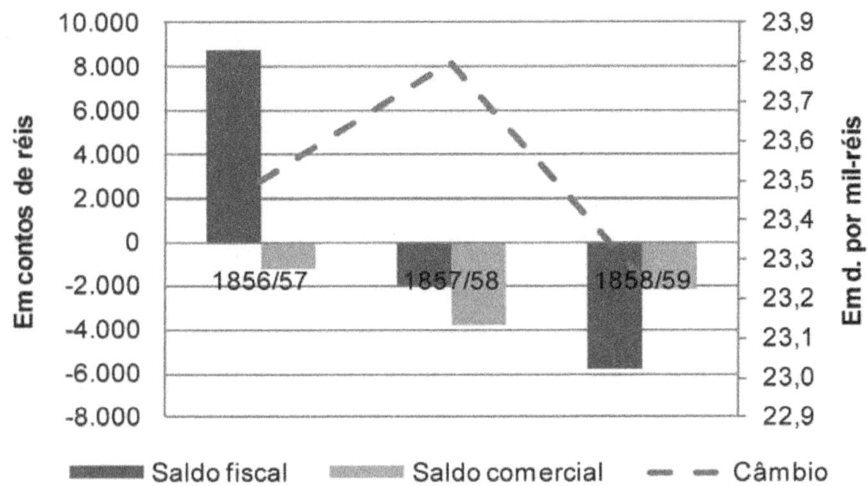

Fonte: VILLELA, André Arruda. *The political economy... Op. cit.* Statistical Appendix, p. 303-13; BRASIL. MINISTÉRIO DA FAZENDA. *Relatório da comissão... de 1859... Op. cit.* Anexos; *Ibidem. Relatório da comissão... de 1864...Op. cit.* Anexos.

O saldo comercial era um dado importante no debate sobre a política de sustentação da paridade levada a cabo por Souza Franco. O argumento dos críticos de sua política era de que, enquanto o saldo comercial fosse deficitário, de nada adiantaria importar ouro ou realizar saques sobre Londres, pois todo o esforço de trazer metais para o país ou impedir sua saída seria consumido por tal déficit. Como vimos, o diagnóstico do governo era de que o déficit comercial era provocado pela crise e que, portanto, seria passageiro. Bastaria que o governo e o Banco do Brasil fizessem operações-ponte para ajudar o comércio a atravessar o período de crise e logo os problemas do déficit comercial e da desvalorização cambial estariam resolvidos.

A aposta do governo se mostrou equivocada, pois a crise se estendeu por um período mais longo do que o previsto, e esse erro de análise acabou levando à queda do gabinete. Esse mesmo dado também foi importante na discussão do projeto de Torres Homem. O argumento principal de quem se posicionou contra sua reforma bancária era de que os déficits comerciais impediriam definitivamente a implantação de uma circulação metálica no Império. Alheio às críticas, o gabinete cairia antes mesmo que sua reforma fosse implementada.

A dependência estrutural da economia mercantil escravista em relação ao mercado externo era impedimento constante às aspirações políticas de se criar no Império uma moeda forte tal como a dos países civilizados. E aqui entra uma contradição interessante inerente ao projeto saquarema. Ao visar a manutenção da economia mercantil escravista, o próprio projeto comprometia à concretização da circulação metálica no Império. Seu braço financeiro, o segundo Banco do Brasil, ao fornecer crédito diretamente ao comércio e indiretamente à agricultura, reforçava a estrutura econômica mercantil e escravista. Ao buscar a circulação metálica, esbarrava nas limitações estruturais dessa economia que se movimentava de acordo com o apetite dos mercados externos.

O banco não fora concebido e criado para desenvolver uma economia industrial baseada em relações livres de trabalho, mas para sanear e expandir apenas quantitativamente uma economia periférica acessória ao desenvolvimento capitalista do centro, a economia de um Império com ordem e civilização particulares. Daí a possibilidade de se combinar a defesa da moeda forte com a sustentação das relações escravistas de trabalho e dos monopólios. Essa contradição insolúvel por si só já significaria a condenação do banco da Ordem. Contudo, outra crise e uma nova guerra precipitariam os fatos em meados da década de 1860.

Entre 1857 e 1859, o Banco do Brasil operava em meio ao processo de desconstrução e reconstrução do projeto saquarema e das turbulências trazidas e deixadas pela crise internacional. Sua taxa de desconto oscilou durante a crise e chegou a 11% em janeiro de 1858, pico da série que vai até abril de 1865. A taxa voltará a esse nível entre agosto e setembro de 1858, quando o banco retomará o troco em ouro de suas notas, mas logo descerá para o patamar de 9%. Nos primeiros meses da gestão de Torres Homem, a taxa de desconto ainda descerá um pouco, para 8%. Esse movimento de queda indicava certa tensão entre o banco e o novo gabinete. Assim que reassumiu a presidência do banco, em fevereiro de 1859, Itaboraí propôs sem sucesso aumentar a taxa de desconto, mas ela só voltaria para a casa dos 9% em junho de 1859 e aí permaneceria até a queda do gabinete.

Apesar do ambiente econômico conturbado, o desempenho do banco nesse período foi surpreendente. Suas operações saltaram do patamar dos 250.000:000$ em 1856 para os 350.000:000$ em 1857, atingindo o ápice em 1858 (Gráfico 14). O volume de operações de aproximadamente 450.000:000$ alcançado neste ano será o maior até o estouro da crise do Souto e da guerra do Paraguai. Portanto, em termos de volume de operações, o banco atingiu o auge durante o ministério de Souza Franco. Era um aumento coerente com a política expansionista do ministro e combinava com os interesses do banco na busca por maior lucro.

Talvez por isso, no início da crise, o banco tenha apoiado o ministro e o ministro apoiado o banco. Esse resultado talvez ajude a explicar por que o banco se omitiu na defesa de seu monopólio de emissão e das condições estabelecidas na lei de 1853. É verdade que mais tarde o banco cobrará a volta ao monopólio e à legalidade, mas só mais tarde. As reclamações contra a quebra do monopólio vinham dos saquaremas, que enxergavam na pluralidade de emissão uma ameaça ao seu projeto.

Gráfico 14 – Operações do Banco do Brasil (1857-59)

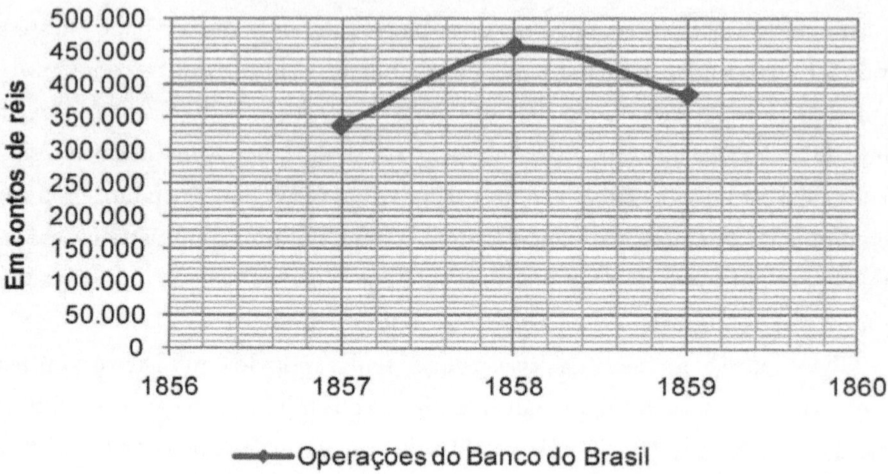

Fonte: Balanços do Banco do Brasil. In: BANCO DO BRASIL. *Relatório apresentado á Assembléa Geral dos Accionistas do Banco do Brasil.* Vários números.

Do mesmo modo, a queda do volume de operações em 1859, resultante de uma política mais restritiva que vigorou com a recondução de Itaboraí à presidência do banco, pode ajudar a explicar a reação do grupo de acionistas que propôs uma representação contra o projeto de reforma bancária de Torres Homem. Em que pese posições doutrinárias mais abstratas em favor da pluralidade e do crédito, o resultado prático da guinada conservadora na política econômica seria mesmo a queda do volume de operações do banco e isso certamente afetaria os interesses mais imediatos dos acionistas.

Esse resultado fica ainda mais claro quando acompanhamos a forte redução dos empréstimos entre 1858 e 1859. Vale lembrar que, pouco tempo depois de assumir a presidência, Itaboraí propôs à diretoria que se restringisse essa operação e se aumentasse a taxa de desconto para evitar, diante do estado debilitado do fundo disponível, a suspensão do troco das notas do banco. Embora a taxa de desconto não tenha sido aumentada, as operações de empréstimo foram de fato limitadas.

Outro dado que chama bastante a atenção é a saída de ouro do fundo disponível durante a crise financeira. Em 1858, as reservas de ouro do Banco do Brasil estavam à míngua, revelando a necessidade de suspender o troco das notas do banco nesse metal, e seu fundo disponível contava com praticamente apenas notas do Tesouro (Tabela 16).

Tabela 16 - Empréstimos e encaixes do Banco do Brasil (1857-59) - em mil-réis

ATIVO	1857	1858	1859
1. EMPRÉSTIMOS	**40.193.668,246**	**45.779.985,810**	**27.966.133,672**
1.1. Letras descontadas	36.090.027,246	40.239.838,810	25.931.008,672
1.2. Letras caucionadas	4.103.641,000	5.540.147,000	2.035.125,000
1.3. Letras a receber	0,000	0,000	0,000
1.4. Letras hipotecárias	0,000	0,000	0,000
1.5. Letras de concordata	0,000	0,000	0,000
1.6. Letras a receber das caixas filiais	0,000	0,000	0,000
2. ENCAIXES	**13.624.989,057**	**18.519.393,813**	**24.779.476,984**
2.1. Caixa geral	13.624.989,057	18.519.393,813	24.779.476,984
2.1.1. Em notas do Banco do Brasil	499.310,000	9.766.410,000	15.646.320,000
2.1.2. Em notas das caixas filiais	0,000	0,000	1.437.000,000
2.1.3. Em notas do Tesouro menores ou iguais a 10$ e troco em cobre e prata	0,000	0,000	0,000
2.1.4. Em prata amoedada	0,000	0,000	0,000
2.1.5. Fundo disponível	13.125.679,057	8.752.983,813	7.696.156,984
2.1.5.1. Em moeda corrente, metal e papel	4.806.057,277	8.532.881,043	7.041.177,751
2.1.5.2. Em barras de Au de 22K/Ag de 11d.	8.319.621,780	220.102,770	654.979,233
2.2. Caixa de depósito	0,000	0,000	0,000

Fonte: Balanços do Banco do Brasil. In: BANCO DO BRASIL. *Relatório apresentado á Assembléa Geral dos Accionistas do Banco do Brasil*. Vários números.

A oscilação da emissão do banco no período não foi grande, apresentando pequena expansão em 1858 e pequena retração em 1859. O que merece destaque no passivo do banco neste período é o aumento significativo do volume de depósitos (Tabela 17). Recursos do Tesouro e das tesourarias das províncias depositados no banco em contas correntes remuneradas explicam esse aumento. Tais depósitos eram resultado da lei 906 que comentamos anteriormente e que acabou gerando a demissão de Itaboraí da presidência do banco.

Tabela 17 - Depósitos e emissões do Banco do Brasil (1857-59) - em mil-réis

PASSIVO	1857	1858	1859
1. DEPÓSITOS	**1.006.742,261**	**11.960.437,367**	**11.927.519,649**
1.1. Letras a pagar	90.325,840	3.269.242,389	4.901.003,600
1.1.1. Do atual Banco do Brasil	39.263,160	3.221.820,956	4.857.675,187
1.1.2. Do extinto Banco do Brasil	8.345,440	5.720,210	3.468,590
1.1.3. Do Banco Comercial	42.717,240	41.701,223	39.859,823
1.1.4. Das caixas filiais	0,000	0,000	0,000
1.1.5. Do Banco Comercial e Agrícola	0,000	0,000	0,000
1.2. Contas correntes	916.416,421	8.691.194,978	7.026.516,049
1.3. Depósitos voluntários	0,000	0,000	0,000
2. EMISSÃO	**33.304.170,000**	**35.373.420,000**	**34.620.760,000**

Fonte: Balanços do Banco do Brasil. In: BANCO DO BRASIL. *Relatório apresentado á Assembléa Geral dos Accionistas do Banco do Brasil*. Vários números.

A partir dos dados acima, obtivemos os coeficientes de encaixe e empréstimos do banco. O coeficiente de encaixe permaneceu na casa de 0,40 até 1858. No ano seguinte, o coeficiente, que já era elevado, subiu para 0,53, o que indica uma gestão mais conservadora do encaixe.

Já o coeficiente de empréstimo refletia a queda desta operação sofrida em 1859. O coeficiente, que desde o início das atividades do banco se apresentava maior do que 1, tornou-se menor do que 1 em 1858 e 1859 (Tabela 18). A explicação desse resultado para ambos os anos é, no entanto, diferente. Enquanto em 1858, o que forçou a queda do coeficiente foi o aumento dos depósitos em conta corrente derivados da lei 906, quer dizer, neste ano, os empréstimos aumentaram, mas os depósitos aumentaram mais do que proporcionalmente aos empréstimos; em 1859, o que forçou a queda foi a própria redução das operações de empréstimo. Os coeficientes revelam claramente que a dupla Torres Homem e Itaboraí usava o banco para retomar a marcha de seu projeto político, ainda que para isso tivesse que sacrificar os interesses mais imediatos de seus acionistas.

Tabela 18 - Coeficientes de encaixe e empréstimo do Banco do Brasil (1857-59)

	1857	1858	1859
Encaixe/Depósitos+emissões	0,40	0,39	0,53
Empréstimo/Depósitos+emissões	1,17	0,97	0,60

Fonte: Balanços do Banco do Brasil. In: BANCO DO BRASIL. *Relatório apresentado á Assembléa Geral dos Accionistas do Banco do Brasil.* Vários números.

Tal sacrifício se expressa na queda do lucro líquido e da distribuição de dividendos em 1859. A curva que representa o valor da ação do Banco do Brasil, por ter sido construída a partir de médias anuais, não consegue captar as oscilações que ocorreram dentro de cada ano e essas oscilações são importantes para ajudar a explicar o que acontecia no banco e na política econômica do país. Curiosamente, a implementação da pluralidade bancária pouco afetou o valor da ação do banco. Observando *ex-post* isso é facilmente compreendido quando se nota que as operações, o lucro líquido e a distribuição de dividendos do banco aumentaram no período (Gráfico 15).

Gráfico 15 - Lucro líquido, dividendo e valor da ação do Banco do Brasil (1857-59)

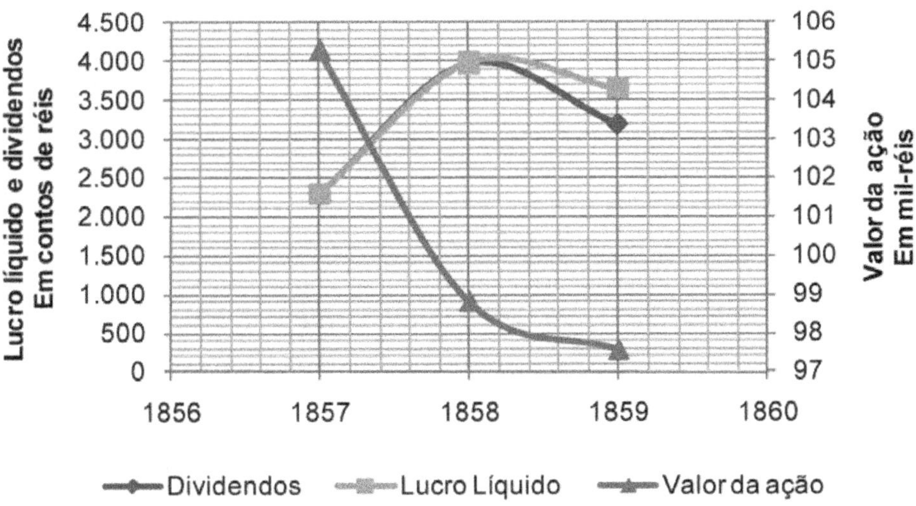

Fonte: BANCO DO BRASIL. *Relatório apresentado á Assembléa Geral dos Accionistas do Banco do Brasil.* Vários números.

Também é curioso que nos primeiros meses da crise, entre novembro de 1857 e março de 1858, o valor da ação do banco tenha se mantido na casa dos 105$. A explicação aqui é muito menos evidente, mas talvez esteja relacionada à ajuda que o governo garantira ao banco nesse momento. Contudo, a partir de abril de 1858, como o Banco do Brasil e o governo não conseguiam reverter a desvalorização do câmbio, como a casa bancária de Mauá entrava em cena e substituía o Banco do Brasil na coadjuvação ao governo para tentar retomar a paridade do câmbio, o valor da ação do Banco do Brasil começou a cair e atingiu o poço em agosto de 1858 a 85$900. No segundo semestre deste ano, com a retomada do câmbio, o valor da ação do banco voltou a subir e, na saída de Souza Franco, em dezembro, já estava de volta à casa dos 105$.

O valor da ação se manteve com a subida de Torres Homem, mas despencou em julho de 1859 diante da expectativa da aprovação de sua reforma bancária. Aqui há algo interessante a se notar. A volta do monopólio às mãos do Banco do Brasil, implicação quase imediata da reforma de Torres Homem, como logo perceberam os representantes da oposição antissaquarema, deveria, em tese, produzir um aumento no valor da ação do banco, assim como a implementação da pluralidade, tal como aconteceu no período Souza Franco, deveria produzir uma queda nesse valor.

Na prática, todavia, ocorreu justamente o contrário e a explicação para isso está na dinâmica das operações do banco e na sua relação com a política econômica vigente. Embora o monopólio favorecesse aparentemente o banco, ele significava ao mesmo tempo a implementação de uma política econômica de cunho mais restritivo, que levaria à redução das operações do banco e, portanto, a uma queda de seu lucro e da distribuição de dividendos a seus acionistas. Já a pluralidade, embora aparentemente não fosse favorável ao banco, significava ao mesmo tempo a implementação de uma política econômica de cunho mais expansionista, que levaria ao aumento das operações do banco e, portanto, a um aumento do lucro e da distribuição de dividendos.

Temos então que enquanto a pluralidade de emissão amenizava o conflito entre as facetas privada e pública do banco, o monopólio o acirrava. Ao perseguir a estabilidade do valor do mil-réis, sua faceta pública, o banco poderia muito bem comprometer seus resultados, sua faceta privada. Do ponto de vista estritamente dos resultados, a pluralidade de emissão estava longe de ser um mau negócio para os acionistas do Banco do Brasil. Pelo contrário, foi com o retorno ao monopólio preconizado veladamente no projeto restritivo de Torres Homem, apoiado por Itaboraí, que o banco experimentou uma redução tanto em suas operações como em seu lucro.

Ao contrário do que a política econômica expansionista de Souza Franco poderia sugerir, as emissões do Banco do Brasil não aumentaram significativamente. Chegaram mesmo a cair com o advento da crise. Até abril de 1859, quando as regras de emissão foram alteradas, o limite só foi ultrapassado duas vezes, uma em abril e outra em dezembro de 1857. A partir da alteração das regras, o banco não conseguiu se manter dentro do limite de emissão, que voltara ao duplo do fundo disponível, como constava originalmente em seus estatutos. O Banco do Brasil teria que se enquadrar na nova política restritiva lançada por Torres Homem, o que só seria alcançado alguns anos mais tarde, em fevereiro de 1861.

Gráfico 16 – Emissão e limite de emissão do Banco do Brasil (1857-59)

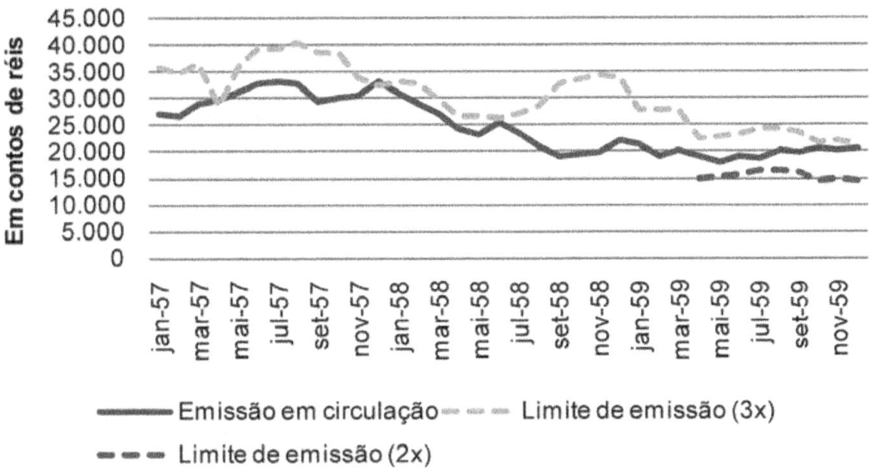

Fonte: BANCO DO BRASIL. *Relatório apresentado á Assembléa Geral dos Accionistas do Banco do Brasil*. Vários números.

Em suma, entre 1853 e 1866, o Banco do Brasil teve uma vida intensa, seguindo com suas operações em meio a políticas econômicas bipolares de diferentes gabinetes. A primeira reviravolta na política econômica deu-se justamente em 1857 com a subida de Souza Franco ao Ministério da Fazenda e a implantação da pluralidade de bancos de emissão no país. Interrompia-se assim a política econômica atrelada ao projeto saquarema de construção do Estado imperial e iniciava-se uma nova fase do banco, em que teria de conviver com outras fontes emissoras e, em alguma medida, abrir mão de seu desiderato original. O banco não reagiu a essa mudança e chegou mesmo a abraçar a nova política econômica que, de certa maneira, harmonizava os interesses de suas facetas pública e privada.

Na crise de 1857, o banco atuou em duas frentes, inicialmente auxiliando o governo a sustentar o câmbio e fornecendo liquidez à praça. Agindo assim, contribuiu para amenizar os efeitos da crise externa sobre a economia brasileira. Porém, foi acusado por políticos conservadores de se esquecer da moeda e privilegiar o crédito, preparando uma armadilha para o futuro. A pressão da oposição saquarema contra a política econômica de Souza Franco era crescente, sobretudo no Senado, e prenunciava a retomada de seu projeto. Foi quando se deu a segunda reviravolta na política econômica com a subida de Torres Homem ao Ministério da Fazenda. Com ele, preparou-se a retomada do projeto saquarema. O Banco do Brasil deveria recuperar o monopólio de emissão e voltar a ser o banco da Ordem. No entanto, o gabinete não suportou a pressão da resistência antissaquarema e acabou caindo antes da concretização das intenções preconizadas em seu projeto de reforma bancária, cuja solução ficara em aberto.

Os anos de 1857 a 1859 foram marcados pelas reviravoltas na política econômica e pela intensidade do debate político sobre a questão bancária. A atividade do banco foi um reflexo dessas políticas. O período foi marcado também pelo desenvolvimento das atividades das caixas filiais do Banco do Brasil, cujas operações haviam se iniciado recentemente.

6.4. As caixas filiais, a crise de 1857 e a retomada do projeto saquarema

Como dissemos, a apresentação dos dados das sete caixas filiais exigiria a elaboração de poucos gráficos muito confusos ou muitos gráficos com poucas informações em cada um, possibilidades que cansariam o leitor e não atingiriam o objetivo de expor com clareza a situação do conjunto das caixas filiais. Por isso, optamos por apresentá-las em dois grupos, um que representa o Norte e o Nordeste, e outro que representa o Sul e o Sudeste. Não custa lembrar que as caixas da Bahia, de Pernambuco, do Maranhão e do Pará pertencem ao primeiro grupo e as caixas de

Ouro Preto, São Paulo e Rio Grande do Sul pertencem ao segundo. Caso haja algum evento importante em alguma caixa específica e que valha a pena ser notado, mostraremos o dado separadamente.

As caixas filiais, embora tivessem os estatutos aprovados entre 1854 e 1855, só começaram a operar a partir de janeiro de 1856. Ainda que se considere que a análise dos dados das caixas filiais entre 1857 e 1859 parta de uma base estatística bastante baixa, pois haviam iniciado suas atividades há apenas um ano, seu desempenho durante a crise não deixa de ser surpreendente. A partir de julho de 1856, todas as caixas filiais do Banco do Brasil já estavam em funcionamento e, no período em tela, as operações de todas elas sempre aumentaram.

Contudo, o ritmo desse aumento foi significativamente diferente. Durante a gestão de Souza Franco no Ministério da Fazenda, a expansão das operações das caixas do S/SE atingiu os 70%, enquanto a das caixas do N/NE chegava aos 24%. Em 1859, no entanto, com Itaboraí de volta ao banco e Torres Homem no Ministério da Fazenda, as operações continuaram a aumentar, porém, num ritmo muito menos veloz, a saber, 18% e 6% respectivamente. Mesmo considerando que o ritmo de crescimento das operações das caixas tenderia mesmo à queda depois do período inicial, a persistência da diminuição desse ritmo no ano seguinte e a retração mesmo das operações depois da lei de 1860 indicavam a reviravolta da política econômica e a retomada do projeto saquarema. A ordem deveria ser restabelecida também nas províncias.

Durante todo o período, o volume de operações das caixas do N/NE será sempre superior ao das caixas do S/SE. Entre 1857 e 1859, o volume das operações das caixas do N/NE correspondia a nada menos do que 86% do volume total de operações das caixas (Gráfico 17). As caixas da Bahia e de Pernambuco, de longe, se destacavam das demais. A soma de suas operações correspondia a mais do que o quíntuplo das operações das caixas do S/SE. Isso pode indicar que as praças do S/SE, de certo modo, usavam a matriz para realizar parte de suas operações. Isso é mais claro nos casos das caixas de Ouro Preto e São Paulo, que podiam inclusive trocar notas emitidas pela matriz, mas também pode servir para o caso do Rio Grande do Sul. Já as praças da Bahia e de Pernambuco lançavam mão mesmo de suas caixas filiais do Banco do Brasil.

Gráfico 17 – Operações das caixas filiais do Banco do Brasil (posições de maio de 1857, 1858 e 1859)

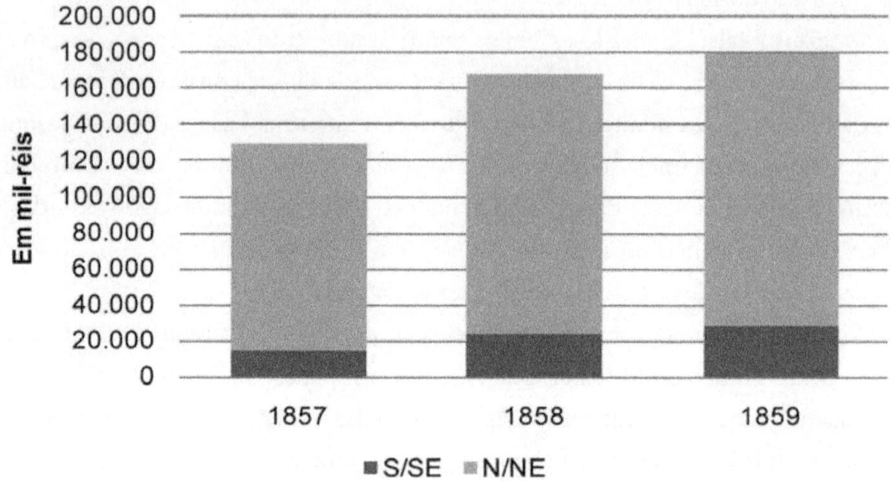

Fonte: BANCO DO BRASIL. *Relatório apresentado á Assembléa Geral dos Accionistas... Op. cit.* Vários números. Anexos.

As contas do ativo refletiam o volume de operações das caixas e, por conseguinte, os números das caixas do N/NE eram novamente bem mais expressivos do que os das caixas do S/SE. Entre estas últimas, destacavam-se as operações de empréstimo da caixa filial de São Paulo, controlada pela família Prado,[33] que representavam mais do que o dobro das mesmas operações da caixa filial do Rio Grande do Sul, indicando um aumento da importância econômica de São Paulo, pelo menos para o banco, já nessa época.

Como era de se esperar, o troco das notas emitidas pela matriz nas filiais de Ouro Preto e São Paulo se elevou entre 1857 e 1858, mas depois permaneceu na casa dos 2.500:000$, revelando os limites da construção de um espaço financeiro que abarcaria Rio de Janeiro, São Paulo e Minas Gerais. A lei de 1860 reduzirá ainda mais esse espaço e, com o tempo, o troco da emissão da matriz se tornará muito pouco significativo. Vale notar que esse troco em Ouro Preto sempre foi maior do que em São Paulo, indicando maior integração dessa filial com a matriz. Aliás, como dissemos, Itaboraí considerava as caixas de Ouro Preto e São Paulo mais de

33 SAES, Flávio Azevedo Marques de. *Crédito e bancos... Op. cit.*, p. 73.

troco do que descontos, embora isso fosse mais verdadeiro para a caixa mineira do que para a paulista.

Para finalizar os comentários sobre as contas selecionadas do ativo, o fundo disponível das caixas permaneceu mais ou menos estável no período (Tabela 19). Melhor comentá-lo posteriormente relacionando-o ao limite de emissão.

Tabela 19 - Empréstimos, encaixes e troco da emissão das caixas filiais do Banco do Brasil (posições de maio de 1857, 1858 e 1859) - em mil-réis

ATIVO	1857	1858	1859
Empréstimos	**10.929.574,041**	**16.119.258,023**	**21.409.146,214**
S/SE	1.525.765,729	3.168.180,914	4.100.157,503
N/NE	9.403.808,312	12.951.077,109	17.308.988,711
Troco da emissão	**1.109.180,000**	**2.064.360,000**	**2.740.150,000**
S/SE	1.109.180,000	2.064.360,000	2.740.150,000
N/NE	0,000	0,000	0,000
Encaixe (Fundo disponível)	**8.332.448,848**	**10.688.986,499**	**10.529.377,334**
S/SE	1.638.532,869	1.426.017,181	1.939.194,377
N/NE	6.693.915,979	9.262.969,318	8.590.182,957

Fonte: Balanço das caixas filiais do Banco do Brasil. In: BANCO DO BRASIL. *Relatório apresentado á Assembléa Geral dos Accionistas... Op. cit.* Vários números. Anexos.

No passivo, os depósitos continuavam a ser pouco significativos, o que mostra como seria difícil nessa época manter um banco apenas de depósitos e empréstimos, sem faculdade emissora. Algo excepcional deve ter acontecido com os depósitos em 1859. A queda acentuada desses recursos não foi explicada ou comentada no relatório do banco. Contudo, podemos dizer que fora algo excepcional porque no ano seguinte o padrão dos dois anos anteriores foi retomado. Infelizmente, pela falta de informações, tornou-se difícil nos aproximarmos do que de fato aconteceu.

O retrato da emissão em circulação apresentado nos balanços mostra um aumento significativo do conjunto das emissões entre 1857 e 1858, exceções feitas às caixas do Rio Grande do Sul e da Bahia, cujas emissões nesse período cresceram apenas 1% e 2% respectivamente. De 1858 a 1859, as emissões seguiram a tendência dos empréstimos com queda no ritmo de aumento em praticamente todas as caixas, exceções feitas à caixa do Rio Grande do Sul novamente e à caixa do Pará, e inclusive retração nas caixas da Bahia e do Maranhão, o que contribuiu para reduzir o volume total da emissão do conjunto N/NE no período (Tabela 20).

Tabela 20 - Depósitos e emissões das caixas filiais do Banco do Brasil (posições de maio de 1857, 1858 e 1859) - em mil-réis

PASSIVO	1857	1858	1859
Depósitos (Letras a pagar)	**400.194,930**	**426.810,439**	**72.111,560**
S/SE	17.178,601	27.666,906	1.446,976
N/NE	383.016,329	399.143,533	70.664,584
Emissão em circulação	**16.892.590,000**	**20.975.330,000**	**21.703.450,000**
S/SE	4.088.930,000	5.488.780,000	6.751.490,000
N/NE	12.803.660,000	15.486.550,000	14.951.960,000

Fonte: Balanço das caixas filiais do Banco do Brasil. In: BANCO DO BRASIL. *Relatório apresentado á Assembléa Geral dos Accionistas... Op. cit.* Vários números. Anexos.

Entre 1857 e 1859, as caixas do N/NE mantinham, em conjunto, uma proporção maior de encaixes em relação aos depósitos e emissões. Ao mesmo tempo, emprestavam uma proporção maior desses recursos quando comparadas com as caixas do S/SE (Tabela 21). Não é fácil explicar esse padrão de comportamento. Uma alternativa para explicar a maior cautela das caixas do N/NE seria a dificuldade de comunicação com a matriz, isto é, a dificuldade de envio de recursos emergenciais em caso de necessidade e, portanto, a manutenção de encaixes maiores. A mesma razão, mas no sentido inverso, ajudaria a explicar o coeficiente de encaixe mais baixo das caixas do S/SE.

Em relação aos empréstimos, mais uma vez a questão da comunicação pode ser útil para explicar os coeficientes mais altos das caixas do N/NE. As demandas financeiras das províncias dessas regiões dificilmente poderiam ser deslocadas para a matriz, ao passo que esse deslocamento seria mais fácil para as províncias das regiões S/SE. Assim, o coeficiente de empréstimos das caixas do S/SE tenderia mesmo a ser menor do que o das caixas do N/NE, uma vez que parte das demandas financeiras daquela região poderia ser atendida pela matriz.

Tabela 21 - Coeficientes de encaixe e empréstimo das caixas filiais do Banco do Brasil (1857-59)

	1857	1858	1859
Encaixes/Depósitos + Emissões			
S/SE	0,399	0,259	0,287
N/NE	0,508	0,590	0,572
Empréstimos / Depósitos + Emissões			
S/SE	0,372	0,574	0,607
N/NE	0,713	0,825	1,152

Fonte: Balanço das caixas filiais do Banco do Brasil. In: BANCO DO BRASIL. *Relatório apresentado á Assembléa Geral dos Accionistas... Op. cit.* Vários números. Anexos.

O aumento das operações e dos empréstimos das caixas filiais já indicava um aumento também de seus lucros líquidos. De fato, entre 1857 e 1859, as caixas do S/SE apresentaram esse aumento. Contudo, as caixas do N/NE tiveram uma queda no lucro líquido em 1859, o que parece estranho tendo em vista o aumento das operações e dos empréstimos dessas caixas nesse período (Gráfico 18). O relatório do banco não tratou do caso nem deu maiores informações para que pudéssemos entender melhor o que aconteceu. Observando o balanço do banco de 1859, a explicação para isso parece estar no aumento significativo da rubrica diversos do passivo das caixas filiais da Bahia e de Pernambuco. Como não há detalhamento algum do que é computado nessa rubrica, a explicação fica pela metade. Limitamo-nos, assim, à informação da queda do lucro líquido das caixas do N/NE sem conseguir uma maior aproximação de suas causas.

Gráfico 18 - Lucro líquido das caixas filiais do Banco do Brasil do S/SE e N/NE (posições de maio de 1857, 1858 e 1859)

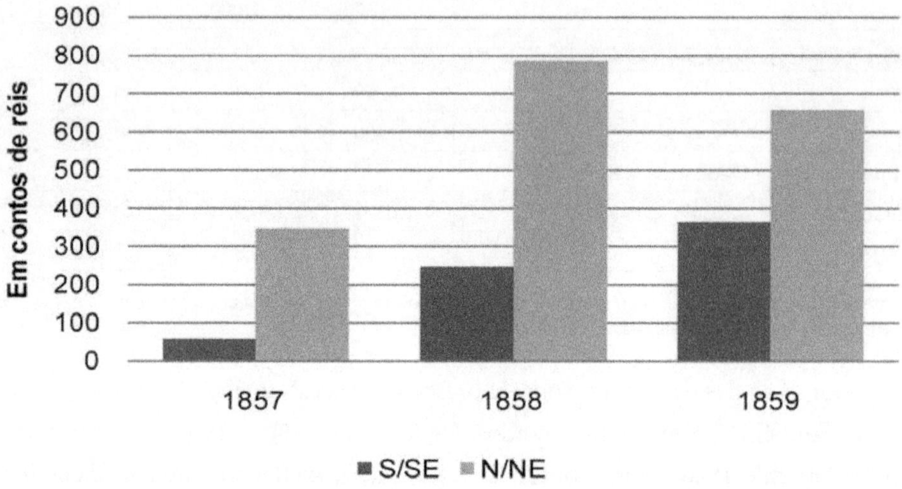

Fonte: Balanços do Banco do Brasil. In: BANCO DO BRASIL. *Relatório apresentado á Assembléa Geral dos Accionistas... Op. cit.* Vários números. Anexos.

No caso das emissões, enquanto as caixas filiais das províncias do N/NE se mantiveram confortavelmente dentro do limite estabelecido pelo governo, as caixas do S/SE o ultrapassaram (Gráfico 19). Isso por causa das emissões das caixas de Ouro Preto e São Paulo, pois a caixa do Rio Grande do Sul conseguiu se manter dentro do limite mesmo depois de sua redução para o duplo do fundo disponível em 1859. Tal fato corrobora a observação já feita para o ano anterior de que a diretoria dessa caixa teria uma posição mais conservadora em relação à política de emissão de notas. Apesar da tendência de aumento da diferença entre o limite de emissão e as emissões das caixas do S/SE, o número absoluto não chegava a ser alarmante, girando em torno dos 2.800:000$ depois da redução do limite.

Entre as caixas do N/NE, a de Pernambuco por pouco não conseguiu se manter no limite depois de sua redução e somente ela o ultrapassou. A julgar por esse retrato das emissões, as caixas filiais do Banco do Brasil não encontrariam tanta dificuldade para se enquadrar no novo limite de emissão imposto pela política econômica de cunho restritivo lançada por Torres Homem. Enquadrar-se na exigência do troco de suas notas em ouro, todavia, era outra história. Entre 1857 e 1858, apenas metade do fundo disponível era composto por moeda e barras de ouro.

Gráfico 19 – Emissão e limite da emissão das caixas filiais do Banco do Brasil do S/SE e N/NE (posições de maio de 1857, 1858 e 1859)

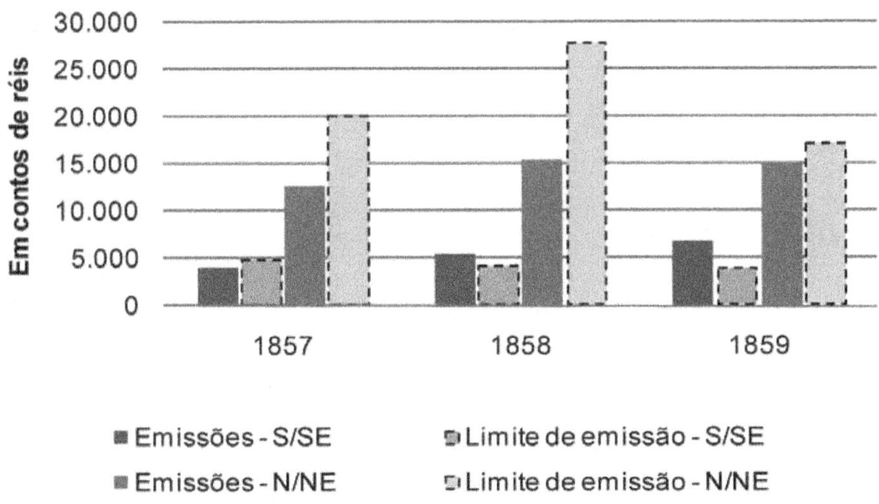

Fonte: Balanços do Banco do Brasil. In: BANCO DO BRASIL. *Relatório apresentado á Assembléa Geral dos Accionistas... Op. cit.* Vários números. Anexos.

A situação das emissões, de fato, não parecia ser tão alarmante. A observação de seu fluxo mensal nos aproxima de maneira mais precisa da situação das caixas filiais nesse quesito. Como o retrato das emissões já indicava, as caixas filiais do S/SE tiveram dificuldades para se manter dentro do limite de emissão a partir do final de 1857, ou seja, a partir da crise. Quando o governo decretou a redução do limite para o duplo do fundo disponível, a diferença entre a emissão e o limite dessas caixas aumentou ainda mais (Gráfico 20). As caixas de Ouro Preto e São Paulo eram as responsáveis pelo estouro do limite das caixas do S/SE. Contudo, vale lembrar que o limite de emissão efetivo dessas caixas deveria considerar também a emissão e o fundo disponível da matriz. No período, a emissão do conjunto, caixas e matriz, ultrapassava o duplo do fundo disponível, mas não o triplo. Já a caixa do Rio Grande do Sul contribuía para amenizar o estouro das caixas do S/SE uma vez que, mesmo depois da redução do limite, ela se manteve dentro dele.

Gráfico 20 – Emissão e limite de emissão das caixas filiais do Banco do Brasil do Sul e Sudeste (fluxo mensal jan/57 a dez/59)

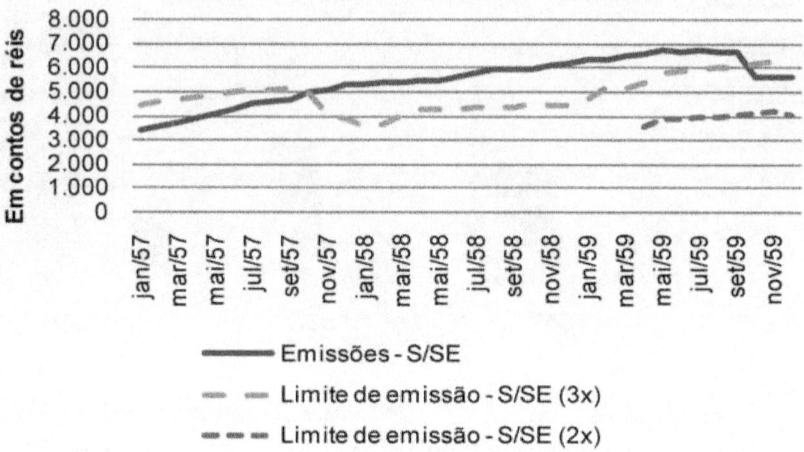

Fonte: BANCO DO BRASIL. *Relatório apresentado á Assembléa Geral dos Accionistas... Op. cit.* Vários números. Anexos.

A situação das caixas do N/NE era bastante diversa. Elas se mantiveram dentro do limite de emissão durante todo o período e permaneceram assim mesmo depois do seu estreitamento em abril de 1859 (Gráfico 21). Apenas a caixa de Pernambuco o ultrapassou por um breve período, entre abril e maio de 1859, justamente quando fora reduzido, mas logo em seguida conseguiu se enquadrar na nova regra de emissão. Vale lembrar, entretanto, que os limites de emissão não eram considerados de maneira agregada como fazemos nesta análise. Para o banco e para o governo, cada caixa deveria respeitar o seu limite e aquela que o desrespeitasse deveria se enquadrar nele o mais rapidamente possível.

Gráfico 21 - Emissão e limite de emissão das caixas filiais do Banco do Brasil do Norte e Nordeste (fluxo mensal jan/57 a dez/59)

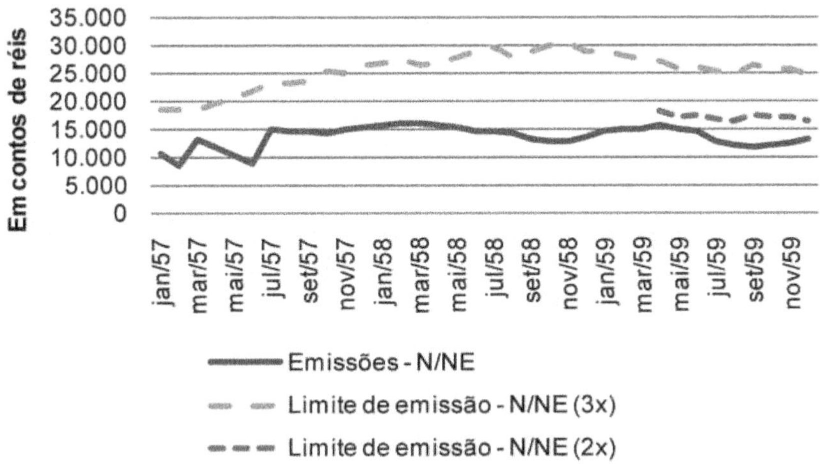

Fonte: BANCO DO BRASIL. *Relatório apresentado á Assembléa Geral dos Accionistas... Op. cit.* Vários números. Anexos.

Interessante notar que, com exceção das caixas do Rio Grande do Sul e do Pará, a linha de tendência das emissões das caixas filiais forma uma parábola, indicando aumento das emissões no período Souza Franco e uma redução das emissões no período Torres Homem, ainda que modesta em vários casos.

Em 1857, as remessas tanto da matriz quanto das filiais foram maiores do que os saques. Com o estouro da crise no final desse ano, os saques das caixas sobre a matriz foram significativamente maiores do que suas remessas. Essa saída de recursos poderia indicar o ambiente de desconfiança do público de outras praças diante do que ocorria na Corte. Em 1859, à medida que a crise ficava para trás e a confiança do público ia sendo restabelecida, as remessas das caixas filiais passaram a aumentar e seus saques sobre a matriz a diminuir (Gráfico 22). Coerente com essas operações, as caixas filiais foram recebedoras líquidas de recursos durante a crise e, na medida da recuperação da praça do Rio, o fluxo de recursos se inverteu. Em 1860, as filiais voltaram a enviar à matriz mais recursos do que receberam.[34]

34 Os saldos das remessas e saques entre matriz e caixas filiais de 1857 a 1860 foram, respectivamente, os seguintes: 148:912$514 a favor das filiais; 8.692:265$228 a favor da matriz; 2.737:483$484 a favor da matriz e, finalmente, 6.450:351$523 a favor das filiais.

Gráfico 22 – Movimento de fundos entre matriz e caixas filiais do Banco do Brasil (posições de maio de 1857, 1858 e 1859)

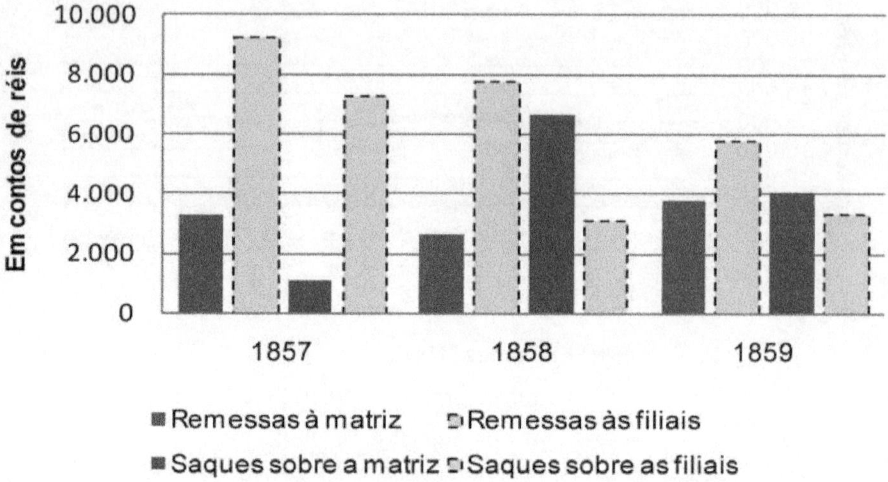

Fonte: Balanços do Banco do Brasil. In: BANCO DO BRASIL. *Relatório apresentado á Assembléa Geral dos Accionistas... Op. cit.* Vários números. Anexos.

De maneira geral, as operações das caixas filiais do Banco do Brasil entre 1857 e 1859 continuaram refletindo a orientação administrativa da matriz e a política econômica do governo. Ainda que o limite de emissão não fosse respeitado no caso das caixas filiais do S/SE, um movimento de queda das emissões se fazia sentir a partir de setembro de 1859. A diminuição do ritmo de crescimento dos empréstimos e da emissão indicava a retomada da ordem. Os anos seguintes marcariam o longo caminho de volta ao projeto saquarema original.

PARTE III
1860 A 1866

Capítulo 7 – Silva Ferraz e a continuidade da Ordem

7.1. Silva Ferraz: a confirmação da Ordem

Resultado da fusão dos dois maiores bancos emissores da praça do Rio de Janeiro, o segundo Banco do Brasil, inserido no projeto político levado a cabo pelos saquaremas, fora criado para auxiliar o governo a manter a ordem política e social, isto é, seguir a direção imposta pelos saquaremas e proteger os interesses da classe senhorial, sobretudo da fração fluminense, de seus cafeicultores, negociantes e burocratas, e a manter a ordem econômica, isto é, preservar a estrutura mercantil e escravista da economia, expandindo-a apenas quantitativamente.

Para isso, o banco contaria com o monopólio da emissão de notas no Império e, portanto, com o controle da oferta de moeda e crédito na economia. Assim deveria sanear o meio circulante e estabilizar o valor do mil-réis de acordo com a paridade estabelecida na lei de 1846. Mantida a ordem, o Império brasileiro seguiria no caminho da civilização. Assim começou a operar o banco, administrado mormente por negociantes e acompanhado de perto pelo governo imperial por meio dos olhos de seu presidente e vice-presidente por ele nomeados.

Logo nos primeiros anos de funcionamento, afloraram as tensões entre as facetas pública e privada do banco, tensões que também revelavam o conflito entre a ilusão metálica dos saquaremas e as necessidades de uma economia mercantil e escravista em expansão. O nó górdio da questão estava na política de emissão de notas do banco que poderia marchar ao lado da moeda ou do crédito dependendo de sua orientação, contracionista ou expansionista. Se, de um lado, as praças e a faceta privada do banco demandavam uma política emissora mais frouxa para atender a procura por crédito, um governo saquarema e a faceta pública do banco buscavam um controle restrito da emissão de moeda de modo a promover a estabilização do valor do mil-réis e a metalização do meio circulante do Império. O privilégio era da moeda. Já um governo liberal aproximava as facetas privada e pública do banco. O privilégio era do crédito.

Entre 1854 e 1859, o Banco do Brasil experimentou a aplicação concreta das políticas econômicas diversas que disputavam espaço no seio do governo imperial. Nos primeiros anos do banco da Ordem, a orientação era saquarema. Apesar da ampliação do limite de emissão em 1856, não houve mudança na orientação da política econômica, apenas concessão diante da realidade econômica das praças. Assim como concessão foi a possibilidade do troco das notas do Banco do Brasil em notas do Tesouro. A realidade geralmente perturba os sonhos. Adaptando-se como podia à realidade da economia mercantil escravista, o banco fez a ordem se espraiar para as províncias com a criação de suas caixas filiais.

Apesar das dificuldades impostas pela estrutura econômica, que tornava a manutenção do fundo disponível o calcanhar de Aquiles da instituição, o banco da Ordem seguia sua marcha sem vislumbrar maiores problemas no horizonte até que, em maio de 1857, com a subida de Souza Franco ao Ministério da Fazenda, a política econômica experimentou verdadeira reviravolta. O monopólio de emissão do Banco do Brasil foi rompido com a criação de novos bancos emissores na Corte e nas províncias. O controle centralizado da oferta monetária e creditícia, fonte não desprezível de poder político e fundamental para garantir a estabilidade do valor da moeda aos olhos dos saquaremas, ficou comprometido face às emissões dos novos bancos. A oposição liberal, uma vez no poder com o ministro da Fazenda, começou a desfazer a ordem econômica que os saquaremas vinham construindo desde 1853.

A conjuntura econômica não tem partido, é claro, mas o que foi considerado a primeira crise econômica capitalista de alcance mundial, que se abateu sobre o Império brasileiro em novembro de 1857, deu o fôlego necessário para um contra-ataque saquarema e uma nova reviravolta na política econômica. A nomeação de Torres Homem para o Ministério da Fazenda em 1859 e a volta de Itaboraí à presidência do Banco do Brasil marcaram a retomada do projeto desse grupo político. Contudo, a proposta de reforma bancária do novo ministro da Fazenda, absolutamente coerente com a política econômica saquarema, enfrentou dura resistência na Câmara dos Deputados, inclusive de parlamentares conservadores. Em votação apertada, a proposta foi aprovada na Câmara. No entanto, mal chegou ao Senado e o gabinete Abaeté caiu, arrastado pela resistência legislativa à proposta de Torres Homem. Junto com a queda do gabinete veio a demissão de Itaboraí da presidência do banco. Aparentemente, a retomada do projeto saquarema seria mais difícil do que se podia prever. E mais difícil parecia ficar com a subida de Ângelo Muniz da Silva Ferraz à chefia do gabinete e ao Ministério da Fazenda. Uma incógnita rondava o futuro do banco da Ordem.

Sabia-se que Ferraz não era o campeão do imperador, Eusébio de Queirós e Uruguai estavam à sua frente, mas também se sabia que, diante da recusa desses dois saquaremas em ocupar a chefia do gabinete, ele seria o escolhido para o cargo. "Os senhores me obrigam a recorrer ao Ferraz", dizia o monarca aos chefes saquaremas.[1] Interessante é que sua falta de opção indicava o aval à política conservadora. Não fossem as recusas, o gabinete certamente estaria nas mãos dos saquaremas, mas parece que lhes era mais adequado dirigir nas sombras.

A indicação de Ferraz não significava, de início, garantia de continuidade da política saquarema no campo econômico. Pelo contrário. Suas ideias econômicas iam e vinham num caminho em que era difícil identificar claramente para que lado rumavam. Por exemplo, o senador baiano era favorável ao projeto de Torres Homem, mas com restrições de viés liberal. Afinal, em termos de política econômica, o novo chefe de gabinete estava com os saquaremas ou com os liberais?

A ascensão de Ferraz em agosto de 1859 desnorteou tanto uns como outros. A divisão da Câmara em pró e antissaquaremas trazia novamente a hesitação ao gabinete, turvando o horizonte da política econômica. Que rumo tomar? A hesitação não foi peculiaridade de Ferraz, é verdade. Souza Franco e Torres Homem também hesitaram na implementação de suas políticas econômicas. A diferença é que nos dois últimos casos já se sabia a orientação a ser seguida. Assim, a hesitação desses gabinetes não aparecia como incógnita. Já a ambiguidade das ideias econômicas de Ferraz fazia com que a hesitação de seu gabinete aparecesse como incógnita. Nem conservadores nem liberais podiam assegurar de que lado estava o chefe de gabinete e ministro da Fazenda. Não se sabia ao certo que rumo a política econômica do Império iria tomar. Nesse contexto incerto, a subida de Ferraz trazia esperança para os liberais e suspense para os saquaremas, e os legisladores cobravam ansiosos uma posição definitiva do ministro da Fazenda.

Como ainda não estava clara a orientação da política econômica, a organização do novo gabinete certamente fez aumentar a esperança dos liberais. Reflexo da divisão da Câmara dos Deputados na votação do projeto de reforma bancária

---

1 NABUCO, Joaquim. *Um estadista... Op. cit.*, p. 328-9.

do gabinete anterior, Ferraz organizou um ministério com membros que fizeram oposição clara ao projeto. Os deputados marquês de Paranaguá, Sebastião do Rego Barros e Francisco Xavier Paes Barreto, e o senador João Lins Vieira Cansanção de Sinimbu, futuro visconde de Sinimbu,[2] eram todos do Partido Liberal. O deputado João de Almeida Pereira Filho e o próprio Ferraz eram o contrapeso conservador. Com tal formação, os "inimigos da restrição" vislumbraram no gabinete uma vitória política.[3] Contudo, Ferraz hesitava na apresentação de sua política econômica e seus discursos nesse campo eram ambíguos, certeza mesmo só a necessidade de um levantamento minucioso sobre a situação econômica do Império. Dizia no Senado que a questão econômica com que deparava o gabinete era grave e exigia um "exame sério e um profundo estudo". Na Câmara, afirmava novamente a necessidade de um "maduro exame" dos fatos econômicos e de prudência para conduzir a questão.[4]

Enquanto isso, a ambiguidade do discurso do chefe do novo gabinete continuava. Falando aos deputados, Ferraz dava apenas sinais do rumo que tomaria sua política econômica. Dizia que o estado monetário do Império não era nada lisonjeiro, com circulação de moedas estrangeiras e emissão de notas de pequeno valor em províncias do Sul e do Nordeste, e que a condição dos bancos de emissão existentes à época, em relação ao seu fundo disponível, era defeituosa, comprometendo a conversibilidade das notas que emitiam. A Inglaterra era o exemplo a ser seguido e os saquaremas poderiam enxergar aí uma abertura para levarem adiante a retomada de sua política econômica. Embora composto por liberais, a orientação do novo gabinete parecia ser conservadora. Porém, no mesmo discurso em que insinuava a necessidade de uma política econômica mais restritiva, à maneira saquarema, advertia que

2 Nasceu no engenho de Sinimbu, Alagoas, em 1810. Bacharel em Ciências Jurídicas e Sociais pela Faculdade de Olinda e doutor pela Universidade de Iena. Foi deputado (1843) e senador (1857) por Alagoas. Presidiu as províncias de Alagoas (1840), Sergipe (1841), Bahia (1856) e Rio Grande do Sul (1855). Foi também ministro residente no Uruguai (1843). Nos conselhos, ocupou o Ministério dos Negócios Estrangeiros (1859 e interino em 1878), da agricultura (1862 e 1878), da justiça (interino em 1862), da guerra (interino em 1878) e da fazenda (interino em 1878). Nomeado para o conselho de Estado em 1882, faleceu em 1908. Cf. VASCONCELLOS, barão e SMITH DE VASCONCELLOS, barão. *Archivo... Op. cit.*, p. 481.

3 *Ibidem*, p. 333.

4 Sessão de 11 de agosto de 1859. *Anais do Senado*, p. 93; sessão de 19 de agosto de 1859. *Anais da Câmara*, p. 118.

> a palavra *emitir* de que usei tem por fim demonstrar que eu, conquanto respeite as intenções puras, a ilustração dos ilustres autores do projeto sobre a questão bancária que se acha sujeita ao exame do Senado, conquanto siga algumas das idéias que esse projeto encerra, *não podemos contudo dar assentimento a todas*, e isto se manifesta pela entrada no gabinete da maior parte de meus companheiros, que se tinham pronunciado de uma maneira muito clara na discussão do mesmo projeto [grifos nossos].[5]

Assim como Souza Franco, Ferraz se posicionava no debate econômico como defensor da pluralidade bancária, desde que regulada. Mesmo depois de apresentar sua proposta de política econômica de cunho restritivo, o ministro da Fazenda insistia que não era simpático à ideia de bancos exclusivos e que não admitia o monopólio de emissão. Dizia que mesmo que se ficasse demonstrada a necessidade de um banco nacional, não daria essa responsabilidade ao Banco do Brasil.[6] Daí a simpatia e a esperança dos liberais.

A sinalização confusa do discurso de Ferraz e a proposta de uma análise mais apurada da situação econômica do Império certamente fizeram aumentar o suspense dos saquaremas. Entre a política econômica liberal e saquarema, o Banco do Brasil ficava em compasso de espera. A partir de setembro, tanto a esperança liberal quanto o suspense saquarema em relação ao novo gabinete começaram a diminuir. Pior para os liberais, pois a política econômica do governo enveredava pelos caminhos do monopólio de emissão. Os sinais confusos emitidos nos discursos de Ferraz começaram a ficar mais claros com a exigência de que bancos e sociedades anônimas remetessem semanalmente ao governo uma demonstração de suas operações. De maneira geral, ele não via com bons olhos as administrações desses estabelecimentos e, em boa medida, lhes imputava a culpa pelo excesso de emissão que comprometia o valor do mil-réis e a conversibilidade metálica das notas bancárias.

Apesar de aumentar a supervisão do governo sobre bancos e sociedades anônimas, esse decreto não produzia efeito prático sobre suas emissões, mas já representava um primeiro passo rumo a uma política econômica restritiva. Outro passo nessa direção, agora sim mais firme e com efeito prático sobre as emissões, foi dado

5 Sessão de 19 de agosto de 1859. *Anais da Câmara*, p. 120.

6 Sessão de 24 de maio de 1860. *Anais do Senado*, p. 57.

com o decreto que alterou a regulamentação da cobrança do imposto do selo, que era de julho de 1850. As novas regras ampliaram a base de cobrança do imposto, que passou a contemplar o capital, a transferência de ações de sociedades anônimas e a emissão de títulos ao portador com prazo menor do que dez dias. Apenas uma exceção escapava do gravame: as notas do Banco do Brasil.[7]

Estavam dados os ingredientes para uma grande polêmica. Em que pese a necessidade do governo de incrementar sua receita tributária para tentar inverter a tendência de deterioração do saldo fiscal que vinha desde 1856, a mudança nas regras da lei do selo afetariam diretamente a emissão dos bancos. Assim, não podia deixar de ser vista pelos liberais como medida de restrição ao crédito. Para piorar, a permanência da isenção do pagamento do imposto do selo de que gozava o Banco do Brasil não podia deixar de ser vista como manutenção dos privilégios do banco e restauração do monopólio emissor. O Correio Mercantil dizia claramente que a mudança da lei do selo era "um meio latente de restringir o crédito, matar os estabelecimentos bancários e criar o monopólio do Banco do Brasil".[8] Com restrição ao crédito e monopólio de emissão em mente, o fantasma do projeto de Torres Homem rondava os espíritos liberais, embora Ferraz insistisse que não era continuador da política econômica de seu antecessor.[9]

Posteriormente, defendendo-se das acusações que lhe faria o senador Pedro Rodrigues Fernandes Chaves, barão de Quaraim,[10] de que a nova lei do selo restringiria as emissões, Ferraz diria que o objetivo da mudança das regras de cobrança do imposto do selo era simplesmente forçar a substituição de notas de pequeno valor por notas de valores maiores, pois aquelas raramente voltavam ao troco e acabavam constituindo emissão inconversível, um "grande vexame para todos os povos". Mas fato era que o aumento do custo da emissão tendia mesmo a reduzi-la, um "estorvo salutar" à emissão de notas de pequeno valor, segundo Ferraz.[11]

---

7 Cf. decreto 2.457 de 5 de setembro de 1859 e decreto 2.490 de 30 de setembro de 1859. In: BRASIL. *Collecção das leis do Império do Brasil de 1859*. Rio de Janeiro: Typ. Nacional, 1859.

8 PACHECO, Cláudio. *História... Op. cit.*, p. 94.

9 NABUCO, Joaquim. *Um estadista... Op. cit.*, p. 333.

10 Nasceu na província do Rio Grande do Sul, em 1807. Iniciou os estudos de Direito em Coimbra e os completou na Faculdade de São Paulo. Foi juiz de fora, de direito e desembargador. Deputado (1848) pelo Rio Grande do Sul e pela Paraíba, e senador (1853) pela Paraíba, faleceu na Itália, em 1866. Cf. VASCONCELLOS, barão e SMITH DE VASCONCELLOS, barão. *Archivo... Op. cit.*, p. 374-5.

11 Cf. sessão de 24 de maio de 1860. *Anais do Senado*, p. 52; BRASIL. MINISTÉRIO DA FAZENDA.

Coerente com o discurso que fizera na Câmara, o chefe do gabinete e ministro da Fazenda procurava com as medidas de setembro apertar o cerco do governo sobre bancos e sociedades anônimas e restringir suas emissões rumo à conversibilidade. À medida que se firmava a orientação do novo gabinete em termos econômicos, restava aos liberais, que iam se encaminhando para a oposição, levantar obstáculos à sua política. Mais desconfiados dos rumos que o novo gabinete iria tomar em termos de política econômica, passaram a questionar a legalidade do decreto que alterou as regras de cobrança do imposto do selo, estratégia muito usada no Legislativo por qualquer oposição. Alguns senadores questionaram a competência do Executivo para criar impostos, sustentando que tal prerrogativa seria do Legislativo. Ferraz considerou o argumento dos senadores e o refutou dizendo que o Executivo não criara uma nova lei, apenas modificara o regulamento de uma lei já existente, e que isto estava absolutamente dentro da competência do Executivo.[12] O questionamento da legalidade do decreto não foi suficiente para impedir que fosse levado a efeito. Houve relatos de que a lei do selo não fora bem recebida nas províncias, sobretudo na da Bahia, causando inclusive constrangimento ao imperador, que por lá estava quando foi anunciado o decreto. Ferraz minimizou o fato chamando-o de mal entendido, a oposição que se formava o amplificou, advertindo que o país se opunha à política econômica restritiva.[13]

Apesar de toda indicação de que o novo gabinete seguiria o rumo da política econômica restritiva, o ministro da Fazenda cumpriu o que dissera nas câmaras ao nomear por aviso, em 10 de outubro de 1859, uma Comissão de Inquérito para elaborar um amplo relatório da situação econômica do Império, incluindo o levantamento de dados estatísticos do comércio e dos bancos. Faziam parte da comissão o procurador fiscal do Tesouro, conselheiro José Carlos de Almeida Areias, futuro Barão e visconde de Ourém;[14] o contador do Tesouro, Antônio José de Bem; o sub-

---

Relatório da Comissão de Inquérito... de 10 de outubro de 1859... Op. cit., p. 106.

12 *Ibidem*, p. 52.

13 BRASIL. MINISTÉRIO DA FAZENDA. *Relatório da Comissão de Inquérito... de 10 de outubro de 1859... Op. cit.*, p. 30-2; BRASIL. MINISTÉRIO DA FAZENDA. *Relatório da comissão... de dezembro de 1864... Op. cit.* Anexo A, p. 79-80.

14 Nasceu no Rio de Janeiro, em 1825. Bacharel em Ciências Jurídicas e Sociais pela Academia de São Paulo, foi ministro plenipotenciário em Londres (1868) e diretor do contencioso do Tesouro Nacional. Era conselheiro do imperador. Faleceu na França, em 1892. Cf. VASCONCELLOS, barão e SMITH DE VASCONCELLOS, barão. *Archivo... Op. cit.*, p. 320-1.

-diretor de rendas públicas, José Maurício Fernandes Pereira de Barros, além de Ferraz, que a presidia. A despeito da pressão que Ferraz sofria no Parlamento para definir sua política econômica, a espera pelo resultado da Comissão de Inquérito servia para arrefecer tanto essa pressão quanto as paixões políticas herdadas da discussão do projeto de seu antecessor. Interessante notar que a comissão era formada por pessoas diretamente ligadas ao Tesouro nacional e ao dia-a-dia das finanças públicas, legitimando tecnicamente o parecer.

Não é possível afirmar que Ferraz tivesse a intenção de usar o parecer para legitimar sua política econômica dando-lhe verniz técnico por meio do aval de pessoas que trabalhavam no Tesouro e, assim, sobrepujar a divisão do Legislativo que vinha da votação do projeto de Torres Homem. No entanto, o próprio Ferraz dizia que a questão econômica não deveria ser tratada como uma questão política e que não podia dividir o Legislativo.[15] Uma estratégia para superar essa divisão seria justamente deslocar a questão do campo político para o técnico e, nesse caso, nada mais adequado para legitimar sua política econômica do que o parecer aparentemente técnico da Comissão de Inquérito. Até aqui, ainda que houvesse sinais de orientação restritiva, a política econômica do novo gabinete não estava definida. Embora em menor grau, a esperança liberal e o suspense saquarema continuavam.

Enquanto isso, o Banco do Brasil seguia com suas operações e solicitações ao governo. Tendo em vista a permanente fragilidade de seu fundo disponível e a possibilidade de ultrapassar o limite de emissão, fixado no duplo do fundo disponível desde abril de 1859, o banco pleiteou ao governo, em setembro do mesmo ano, a substituição de notas do Tesouro de valor elevado por outras de valor mais baixo; a substituição de notas do Tesouro por notas do banco para aumentar o fundo disponível e, finalmente, a garantia governamental para um empréstimo externo de 3.000:000$ nas mesmas condições dos empréstimos anteriores. A seção de Fazenda do conselho de Estado foi consultada e seu parecer, assinado por Itaboraí, Abrantes e Jequitinhonha, aconselhava o governo a acatar apenas a primeira solicitação do banco. Dizia o parecer que, embora se pudesse usar as notas de pequeno valor para retardar a velocidade do troco em momentos de apuros, um expediente espúrio, esse não seria o caso do Banco do Brasil e, por isso, não haveria mal em atender esse pedido.

15 Cf. sessão de 19 de agosto de 1859. *Anais da Câmara*, p. 122.

Já as outras duas solicitações foram rejeitadas pelo conselho de Estado. Para os conselheiros, de nada adiantaria a substituição de notas do Tesouro por notas do banco para aumentar o fundo disponível porque, como apenas as notas do Tesouro tinham circulação nacional, aqueles que precisassem fazer remessas para o interior do Império logo correriam aos guichês do banco para sacá-las de seus cofres. Quanto à garantia do empréstimo, cujo fim seria importar metais para fortalecer o fundo disponível, o conselho o considerou desnecessário naquele momento, mas anuiu que as condições do empréstimo fossem as mesmas das anteriores caso o governo resolvesse conceder o privilégio.

Coerente com o sentido da alteração das regras de cobrança do imposto do selo, isto é, retirar de circulação notas de pequeno valor, o governo negou tanto a substituição de notas do Tesouro de grande valor por notas de pequeno valor, como a substituição de notas do Tesouro por notas do banco. Já a garantia do empréstimo para importar metais e fortalecer o fundo disponível nos mesmos termos de empréstimos anteriores foi concedida, contrariando o parecer do conselho de Estado.[16] Negar as substituições requeridas pelo banco significava frear sua emissão lastreada em notas do Tesouro. Conceder ao banco a garantia do governo para tomar um empréstimo que contribuiria para ampliar a parcela metálica de seu fundo disponível significava que o governo partiria definitivamente para a metalização do meio circulante.

No mês seguinte, outubro de 1859, a emissão do Banco do Brasil, que já vinha além do limite do duplo do fundo disponível desde que esse limite fora restabelecido pelo governo, aproximou-se do limite do triplo. Para evitar que ficasse na ilegalidade, o banco recorreu novamente ao governo solicitando autorização para exceder o limite do duplo. O presidente do banco, Cândido Batista de Oliveira, fez o pedido tendo em vista a baixa do fundo disponível do banco e a necessidade de manter a emissão no mesmo patamar em que se encontrava para atender à demanda das praças de comércio. No conselho de Estado, Caetano Maria Lopes Gama, visconde de Maranguape,[17] e Olinda votaram a favor do pleito do banco. Olinda lembrou

16 BRASIL. *Imperiaes resoluções do Conselho de Estado... Op. cit.*, p. 366-9; BRASIL. MINISTÉRIO DA FAZENDA. *Proposta e relatório... do anno de 1859... Op. cit.*, p. 65-6.

17 Nasceu em Recife, Pernambuco, em 1795. Doutor em Direito pela Universidade de Coimbra, ocupou vários cargos na magistratura brasileira, chegando a ministro do Supremo Tribunal de Justiça. Foi deputado pelas províncias de Alagoas (1823), Pernambuco (1826) e Goiás (1830), e senador

que o banco não abusara do limite de emissão quando podia emitir até o triplo do fundo disponível e que essa ampliação serviria para evitar crises. Para Maranguape, a ampliação da emissão não seria problema diante da escassez de crédito. A maioria do conselho, no entanto, votou pelo indeferimento do pedido. Primeiro, alegou que a documentação enviada pelo banco era insuficiente para que o conselho pudesse avaliar melhor a situação, o que também aconteceu no caso anterior. Segundo, disse que se havia mesmo desfalque no fundo disponível era porque o banco não gozava da necessária confiança do público para que suas notas permanecessem na circulação ou porque a emissão era excessiva ou desproporcional às exigências do comércio e da indústria lícita. Como a confiança do público aparentemente não era problema para a instituição, valeria a segunda hipótese e, nesse caso, não haveria razão para atender a solicitação do banco.[18] O governo seguiu o parecer do conselho de Estado e não concedeu ao banco a ampliação de seu limite de emissão.

Ao recusar a maioria dos pleitos do Banco do Brasil, o governo se mostrava coerente com a política econômica que viria a adotar. Tais recusas evidentemente não agradaram ao banco, mas ainda não haveria retaliações. Em fevereiro de 1860, o banco solicitou novamente a garantia governamental para um empréstimo externo. O governo consultou o conselho de Estado e, seguindo seu parecer, de 30 de abril de 1860, recusou-se a conceder a garantia solicitada por considerar que tal garantia dependeria de autorização do Legislativo.[19] O banco se calou diante de mais uma recusa, mas a gota d'água viria posteriormente com a aprovação do projeto econômico proposto pelo novo gabinete.

Nesse mesmo dia veio à luz o relatório da Comissão de Inquérito nomeada pelo Ministério da Fazenda em outubro de 1859. Esse relatório é especialmente importante porque as emendas que Ferraz fez ao projeto de Torres Homem, que tramitava no Senado, foram amplamente baseadas nas conclusões dos comissários. Duas

(1839) pelo Rio de Janeiro. Presidiu as províncias de Alagoas (1830), Goiás (1824) e Rio Grande do Sul (1829) e foi ministro várias vezes. Nomeado para o conselho de Estado em 1842, faleceu em 1864, no Rio de Janeiro. Cf. VASCONCELLOS, barão e SMITH DE VASCONCELLOS, barão. *Archivo... Op. cit.*, p. 274-5.

18 BRASIL. *Imperiaes resoluções do Conselho de Estado... Op. cit.*, p. 374-6; BRASIL. MINISTÉRIO DA FAZENDA. *Proposta e relatório... do anno de 1859... Op. cit.*, p. 66.

19 BRASIL. *Imperiaes resoluções do Conselho de Estado... Op. cit.*, p. 462; BRASIL. MINISTÉRIO DA FAZENDA. *Proposta e relatório... do anno de 1859... Op. cit.*, p. 66.

questões estruturavam o projeto emendado por Ferraz: emissão e regras de abertura e funcionamento das sociedades anônimas. A primeira conclusão importante era de que o excesso de emissão em relação às transações era o responsável pela desvalorização do mil-réis. Seguia, nesse sentido, uma teoria quantitativa da moeda estrita e dizia que o critério para se julgar se havia ou não excesso de emissão, o *unerring test*, como diziam os ingleses, era o movimento da taxa de câmbio e do preço do ouro.

Se a circulação fosse exclusivamente metálica, funcionaria o esquema do padrão-ouro e a emissão se ajustaria automaticamente ao movimento do comércio e, por extensão, da taxa de câmbio e do preço do ouro. Dessa maneira, seria impossível haver excesso de emissão. Se a circulação fosse mista, caso do Brasil antes de novembro 1857, o mecanismo de ajuste automático do padrão-ouro não deixaria de estar presente, mas existiria a possibilidade de haver excesso de emissão, o que perturbaria a taxa de câmbio e o preço do ouro. Todavia, se a circulação fosse inconversível, caso brasileiro de novembro de 1857 a agosto de 1858, quando o Banco do Brasil suspendeu o troco de suas notas em ouro, o mecanismo de ajuste automático da emissão em relação ao movimento do comércio desaparecia por completo e o limite de emissão, e, portanto, a taxa de câmbio e o preço do ouro, dependeria apenas da prudência dos bancos emissores.[20]

Estabelecia-se, assim, relação direta entre emissão de notas bancárias e taxa de câmbio. Se o excesso de emissão desvalorizava a taxa de câmbio, seguia-se que a restrição da emissão levaria à valorização do câmbio. Destarte, o meio mais adequado para se conseguir a valorização do câmbio passava pela restrição das emissões. Daí a preocupação do gabinete com a supervisão dos bancos emissores e com o valor do mil-réis. No fundo, o relatório recomendava a volta ao esquema de 1853, isto é, circulação mista com emissão de notas plenamente conversíveis em metal à vista e à vontade do portador, a fim de que a regulação da oferta monetária se enquadrasse no mecanismo autômato do padrão-ouro.

Ainda em relação à emissão, o relatório recomendava retirar de circulação as notas de pequeno valor e substituí-las por moeda metálica. Essa medida contribuiria para evitar fraudes, protegendo as classes menos abastadas que as utilizavam, e corridas ao banco por parte da massa que carregava essas notas. Baseada

20 BRASIL. MINISTÉRIO DA FAZENDA. *Relatório da Comissão de Inquérito... de 10 de outubro de 1859... Op. cit.*, p. 45-6.

em autoridades anglo-saxônicas como Smith, Condy Raquet, Bowen, McCulloch, Overstone e MacLeod, a comissão previa a proibição da emissão de notas à vista e ao portador, sob qualquer forma, salvo as emitidas pelos bancos autorizados pelo governo a realizar este fim. A emissão de notas ilegítima deveria sofrer sanções penais.[21] A doutrina metalista e as experiências inglesas embasavam o relatório dos comissários e, assim, ia sendo definido o rumo da política econômica do novo gabinete em direção à Ordem.

O relatório também advertia que a concorrência entre bancos emissores poderia levar ao excesso de emissão. Na prática, as notas emitidas por um banco não costumavam ser substituídas por notas de outros bancos, pelo contrário, as notas dos vários bancos emissores se somavam na circulação fiduciária, aumentando seu volume e colocando em risco a regularidade e a garantia das emissões. Tal advertência não significava necessariamente um aval à volta do monopólio de emissão do Banco do Brasil, mas a manutenção de várias disposições do projeto de Torres Homem levava os adversários do projeto a reconhecer nele uma manobra do governo para dificultar o funcionamento dos bancos de emissão criados por Souza Franco e devolver o privilégio perdido ao banco de Itaboraí.

A restrição das emissões e da concorrência entre bancos emissores estava contemplada na primeira parte do projeto de Ferraz, que seguiu de perto a orientação de seu antecessor no Ministério da Fazenda em termos de política econômica. Para além da questão monetária, o relatório descrevia a situação ilegal de várias sociedades anônimas, sobretudo na província da Bahia, mas também em Alagoas, Minas Gerais e na Corte, que funcionavam como bancos e não tinham autorização governamental para funcionar. A maioria das emendas apresentadas por Ferraz tratava dessa questão e ocupava a segunda parte de seu projeto. Tratava-se aqui de ordenar a abertura de sociedades anônimas e de regularizar o funcionamento dos estabelecimentos já existentes.

Em suma, o relatório sustentava uma política de restrição tanto em relação à emissão quanto às regras de abertura e funcionamento das sociedades anônimas. Com Itaboraí e Torres Homem na sombra, o relatório da Comissão de Inquérito passava a fazer o papel de autoridade legitimadora da política econômica saquarema. Já comentamos que esse relatório poderia servir como justificativa para a

21 *Ibidem*, p. 105-6.

escolha da política econômica do governo e, com os líderes saquaremas na sombra, costurar a união do Legislativo em torno do projeto. Orientada por princípios técnicos e dados empíricos, a escolha da política econômica estaria acima das paixões políticas e dos partidos. Era assim que o ministro da Fazenda esperava aprovar seu projeto. Depois de apresentado o resultado da Comissão de Inquérito, Ferraz escancarou sua política econômica no relatório do Ministério da Fazenda de 1859.

Como recomendava o relatório da Comissão de Inquérito, o ministro da Fazenda advertia os parlamentares de que algo precisava ser feito para ordenar a incorporação de sociedades anônimas e para regularizar a situação daquelas que já funcionavam sem autorização governamental e até mesmo se dedicavam à emissão ilegal de títulos, o que não era raro à época.[22] Muitas companhias iniciavam suas atividades bem antes de obterem a aprovação de seus estatutos pelo governo. Já comentamos que, no caso dos bancos, os estatutos do Banco Comercial do Rio do Janeiro foram aprovados em 1842, embora suas atividades tivessem se iniciado em 1838, ou seja, o banco passou quase cinco anos em situação irregular.

Certamente o maior cuidado com a incorporação e o funcionamento das sociedades anônimas restringiria a formação de companhias desse tipo e, por tabela, restringiria também investimentos especulativos e emissões ilegais. Desse modo, a questão das sociedades anônimas se articulava ao problema do meio circulante, uma vez que os investimentos especulativos em novas companhias pressionavam a demanda por emissões bancárias e as emissões ilegais de algumas sociedades anônimas diminuíam ainda mais a capacidade de controle da oferta de moeda e crédito, por parte do Banco do Brasil e do governo, e assim contribuíam para a desvalorização do meio circulante. Não foi à toa que o imperador, na fala do trono de 1860, chamou a atenção para a necessidade de revisão da legislação das sociedades anônimas e para o estado do meio circulante.[23] Não foi à toa que Ferraz, por meio de emendas, acrescentou a questão das sociedades anônimas ao projeto de Torres Homem. A revisão da legislação desse tipo de companhia foi feita, em boa medida, em função do saneamento do meio circulante e da busca pela circulação metálica.

Nesse sentido, e também seguindo o relatório da Comissão de Inquérito, o ministro reafirmou a retirada de circulação de notas de pequeno valor, isto é, até 40$.

22 BRASIL. MINISTÉRIO DA FAZENDA. *Proposta e relatório... do anno de 1859... Op. cit.*, p. 64.

23 Cf. BRASIL. *Fallas do Throno... Op. cit.*, p. 549-50.

Dizia que infelizmente a emissão dessas notas no estrangeiro inspirava os banqueiros brasileiros a fazer o mesmo, trazendo prejuízos para as classes menos abastadas da sociedade, companhias de veículos de condução e barcas de passagem, pois tinham que lidar com um papel inconversível, depreciado e, não raramente, falsificado. Ademais, as classes menos abastadas que usavam o dinheiro miúdo no dia-a-dia seriam as mais prejudicadas em caso de crise bancária, pois

> o ponto, ou a falência de um banco abala, como a experiência o mostra, a confiança nos bilhetes, e notas de todos. *Na alta esfera comercial em que giram as notas de valores superiores, estes abalos poucas sensações produzem*: a classe dos comerciantes é dotada do tino necessário para prever o perigo e conjurá-lo, e tem meios idôneos para remover os males iminentes, ou quando inevitáveis, de suportá-los com calma. *Ao extenso círculo dos consumidores faltam estas condições, o golpe se desfecha sem poder ser apercebido pelas suas vítimas* [grifos nossos].

Então, também inspirado na experiência estrangeira, o governo brasileiro resolveu coibir tal emissão e preconizar o uso da moeda metálica em transações cotidianas de pequena monta. As notas dos bancos deveriam ser usadas para "facilitar as transações de negociantes de grosso trato em si, ou as que se operam entre estes e as de retalho". Como vimos, a mudança nas regras de cobrança do imposto do selo, segundo Ferraz, tinha como objetivo afastar as notas de pequeno valor da circulação.

Porém, o cerne do projeto do novo ministro dizia respeito aos bancos de emissão e nesse quesito não só manteve como aprofundou as disposições do projeto de seu antecessor. Em relação ao meio circulante, por exemplo, se antes os bancos de emissão teriam um prazo de três anos para abrir o troco em ouro, agora esse prazo seria reduzido para apenas um ano e os que não conseguissem abrir o troco em metal teriam que retirar suas notas de circulação gradualmente. Em relação às sociedades anônimas, se o projeto anterior nem entrava nessa questão, agora as emendas de Ferraz apontavam uma intervenção direta do governo nesses estabelecimentos ao regular, por exemplo, a eleição e a substituição dos membros de suas administrações.

Aparentemente, os bancos de emissão e suas administrações eram muito mal vistos por Ferraz. Isso porque, em relação ao crédito, costumavam ser temerários com os empréstimos, imobilizando capital, e ter em seus "respectivos cadastros créditos muito superiores aos seus haveres", o que poderia não só lhes causar dificuldades em épocas de crise como levá-los à falência. De acordo com o relatório, o amor ao lucro por parte de suas administrações os levava a desprezar as advertências da ciência e da experiência sem se preocuparem com o interesse geral. Em relação à moeda, o ministro criticava o excesso de emissão e sua inconversibilidade e, assim, dizia que o governo devia tomar medidas para contê-los. Empréstimos temerários e abuso emissor fragilizavam a posição dos bancos de emissão do Império e o relatório criticava, sobretudo, os que foram criados por Souza Franco:

> os bancos de circulação, *modernamente criados entre nós*, quaisquer que fossem os benefícios, ótimas intenções e patrióticos desejos de seus fundadores, *não se acham constituídos de um modo tão seguro, e forte que possam resistir ao primeiro ímpeto ou arrojo de tempestades comerciais* [grifos nossos].

O Banco do Brasil era criticado por ter desenvolvido suas operações "até certa época", e esta certa época se referia ao período de Souza Franco, sem considerar sua "índole, natureza e fim". Mas ressalvava que agora o banco mudara de rumo e contava que "é de esperar que a marcha cautelosa, que ora parece seguir, o habilite a conquistar a posição normal, que lhe foi marcada pelos seus estatutos". Essas palavras do ministro somadas às suas críticas à concorrência bancária pareciam ensaiar a volta do monopólio de emissão. No entanto, o governo sustentava que a exigência da conversibilidade em ouro de suas notas deveria ser retomada justamente para eliminar a fragilidade dos bancos de emissão do Império. Com ela, todos os "receios e perigos" em relação à atividade emissora deveriam desaparecer e

> além disso, o princípio de imediata conversibilidade seguido por todos os teóricos e práticos em geral, qualquer que seja sua escola ou sistema, constituindo a única segurança da circulação da moeda-papel, *não admite, nem demora de pagamento, nem o troco em outra espécie que não seja moeda metálica; e toda a aplicação que de outro modo se pretenda fazer peca pela sua base* [grifo nosso].

Para Ferraz, os bancos iriam se fortalecer caso se enquadrassem na lei. A questão, posta desde o gabinete anterior, era saber quantos bancos conseguiriam sobreviver a tal exigência e à política restritiva que implicava. Como ironicamente observou o senador Dias de Carvalho, os bancos deveriam mesmo ficar muito fortes, desde que conseguissem escapar da crise que poderia ser gerada com a aprovação da proposta. Mais tarde, ao analisar a lei de 1860, Amaro Cavalcanti seguiu a mesma linha ao considerá-la extremamente restritiva e avaliava que o governo, na tentativa declarada de salvar os bancos de emissão, acabaria matando a todos. *To grasp all, to loose all*, dizia.[24] Porém, a oposição, mais antes do que agora, apontaria novamente que caberia apenas um sobrevivente no espírito da nova lei, o Banco do Brasil. Fosse ou não essa a intenção do governo, tanto antes como agora, sua defesa recaía sempre na necessidade de fortalecer os bancos emissores e, assim, criar as condições para a plena conversibilidade metálica. Contudo, a manutenção no projeto de Silva Ferraz das disposições do projeto de Torres Homem e o aprofundamento de algumas delas pavimentavam o caminho de volta ao monopólio. Em síntese, o relatório apontava o rumo da política econômica do novo gabinete ao dizer que

> os bancos de circulação, quando bem construídos e dirigidos, prestam eminentes serviços; mas exercem um privilégio, cujo abuso é funesto à indústria, e à própria sociedade. E se este privilégio exercido com garantias, por pessoas que devem ser hábeis, e gozar de inteireza, sob a inspeção do governo, pode ser fatal à indústria e à sociedade, *o que esperar de seu indevido uso nas mãos de pessoas às vezes ignaras, que não oferecem garantias, talvez fraudulentas, livres de toda a fiscalização, que de um dia para outro se arvoram em Banqueiros pela força de sua simples vontade, confiadas na credulidade daqueles que compõem as classes pouco abastadas e menos abastadas da sociedade?* (...) Aos Poderes Supremos do Estado, não só pelo princípio de *conservação, de ordem e de segurança*, como pelo dever de prevenir tudo quanto possa retardar ou impecer a prosperidade do País, e ainda mais pela tutela que exerce em favor das diferentes classes da sociedade, *compete limitar e regularizar o exercício dessa liberdade* [de emissão] *de bilhetes à vista e ao portador* [grifos nossos].[25]

---

24 Sessão de 9 de julho de 1860. In: *Anais do Senado*, p. 88; CAVALCANTI, Amaro. *O meio... Op. cit.*, p. 261.

25 Para citações, BRASIL. MINISTÉRIO DA FAZENDA. *Proposta e relatório... do anno de 1859... Op. cit.*,

O relatório do Ministério da Fazenda de 1859 plasmava o relatório da Comissão de Inquérito do mesmo ano, o que não poderia ser surpreendente, uma vez que o próprio Ferraz era o presidente da dita comissão. As emendas ao projeto de Torres Homem propostas por Ferraz, que seguiam a orientação restritiva do relatório da Comissão de Inquérito, foram enviadas ao Senado. Só para recapitular, as disposições do projeto anterior mantidas por Ferraz diziam respeito à exigência do troco das notas bancárias em ouro; à definição de um prazo para cumprimento dessa exigência; à restrição da emissão até que os bancos abrissem efetivamente o troco em ouro; à fiscalização governamental e medidas punitivas para quem descumprisse as regras estabelecidas na lei; à suspensão temporária do resgate de notas do Tesouro, por parte do Banco do Brasil; e, finalmente, à prerrogativa exclusiva do Legislativo para autorizar a criação de novos bancos de emissão.

As emendas enviadas ao Senado eram relativas à organização das sociedades anônimas; à autorização exclusiva do Legislativo para criação de bancos de emissão, ferrovias e companhias de navegação; à proibição da emissão de títulos por sociedades anônimas não autorizadas; à fiscalização permanente dos bancos; à permissão para que o Banco do Brasil pudesse receber notas de outros bancos de emissão; à regulação da distribuição de dividendos e do fundo de reserva dos bancos; à proibição da emissão de notas de pequeno valor; ao resgate, por parte do governo, do papel-moeda do Tesouro; às regras de funcionamento de outras instituições financeiras, como caixas econômicas e montepios; à regulação das transações que envolviam títulos passíveis de cotação, como os da dívida pública e ações; à substituição da moeda de cobre; à cunhagem de prata por particulares; e, finalmente, à concessão de apólices da dívida pública aos acionistas de estradas de ferro que tivessem garantia de juros.[26]

A lógica do projeto era apertar o controle governamental sobre os bancos emissores e tornar as regras de emissão mais restritivas com o intuito de fortalecê-los e obrigá-los a se adaptar às novas regras, num espaço de tempo relativamente curto, para que pudessem realizar o troco de suas notas em ouro. A ilusão metálica saquarema resistia e, para metalizar a circulação, eram necessários bancos de emissão fortes. Ou seria melhor apenas um banco emissor grande e forte? As medidas

---

p. 65-77.

26 Cf. PACHECO, Cláudio. *História... Op. cit.*, p. 107.

restritivas propostas no projeto apontavam a tendência ao monopólio e à efetiva retomada do projeto saquarema ensaiada no gabinete anterior. Como comentamos, a oposição não deixará passar despercebida essa suposta intenção velada do governo, mas a reação, que até poderíamos chamar novamente de antissaquarema, não será suficiente para impedir a transformação do projeto em lei e sua concretização pelo governo. A fala do trono era a senha que o ministro da Fazenda precisava para seguir adiante. Chegavam ao fim a esperança liberal e o suspense saquarema. Ferraz se revelava como a confirmação da Ordem no poder.

7.2. A marca da continuidade

Embora os senadores considerassem certa sua aprovação, as discussões sobre o projeto que ora tramitava na casa não pouparam seu proponente e revelavam o conflito entre os que esperavam em Ferraz a mudança de orientação da política econômica e os que confirmaram nele sua continuidade em relação ao gabinete anterior e, por conseguinte, à política econômica saquarema. Talvez as coisas não fossem tão simples assim. A composição do ministério, formado também por membros do Partido Liberal que se opuseram à reforma de Torres Homem, e a disputa de poder dentro do partido conservador, turvavam as posições políticas, isto é, tal estado de coisas poderia angariar para o projeto do novo gabinete o apoio de liberais e a oposição de conservadores.

No Senado, o barão de Quaraim, ligado ao partido conservador, captou bem o ambiente político ao avaliar que conservadores e liberais confiavam no ministério porque, além de se verem representados nele, os conservadores enxergavam a defesa de suas doutrinas econômicas e, paradoxalmente, os liberais vislumbravam a oposição a essas mesmas doutrinas encarnadas nos membros do gabinete que outrora a combateram. O gabinete parecia agradar a todos, mas, diante desse paradoxo, o barão chegou à conclusão de que ambos os grupos estavam completamente iludidos com Ferraz, que gozaria de certa independência não só em relação aos colegas de gabinete liberais, mas também em relação aos conservadores, saquaremas inclusive. O barão dizia que

> o ministério segue as doutrinas conservadoras, porque na verdade são as mais sãs; *ele tem tendências conservadoras; mas não quer os*

> *conservadores*. O ministério quer conservadores a quem dê empregos, a quem eleve, a quem eduque, enfim, *quer criaturas suas. Não quer os conservadores atuais*, porque os considera com pretensões de pedagogos, porque os reputa grandes vultos que fazem sombra demais [grifos nossos].[27]

Quer dizer, Ferraz tenderia às doutrinas conservadoras não porque lhe eram impostas pelo partido conservador, mas porque as considerava as "*mais sãs*", e, assim, marcava independência em relação aos liberais que se opuseram ao projeto do gabinete anterior. Por outro lado, ao alterar as regras de cobrança do imposto do selo via executivo, o chefe de gabinete teria marcado sua independência em relação aos conservadores que defendiam a prerrogativa do Legislativo nesse caso. Além disso, o barão dava a entender que Ferraz queria criar um novo mando a partir de seu gabinete, rejeitando os "*conservadores atuais*", os saquaremas, e, assim, marcar sua independência também em relação a esse grupo. No entanto, em termos de política econômica, o gabinete não poderia estar mais próximo dos saquaremas,[28] tanto que Itaboraí e Torres Homem serão os maiores defensores da política econômica do governo no Legislativo.

O parecer da Comissão de Fazenda do Senado sobre o projeto, assinado por Itaboraí, Abrantes e Joaquim Francisco Vianna, dizia claramente que as propostas de Ferraz e Torres Homem partiam do mesmo princípio, isto é, de que a oferta monetária definia o valor do meio circulante, e tendiam ao mesmo fim, a saber, a circulação metálica. Por isso, recomendava ao Senado aprovar as emendas substitutivas apresentadas pelo novo ministro da Fazenda, ainda que se pudesse vislumbrar uma aparente divergência de meios entre os projetos, mas que, de modo algum, desvirtuaria o espírito do projeto anterior. Nesse sentido, dizia o parecer que

> os meios que cada um deles propõe podem parecer diferentes; mas, no conceito da comissão, hão de produzir mais ou menos lentamente os mesmos resultados; e nesta convicção, *desejando ela vivamente concorrer quanto em si cabe para auxiliar o ilustrado*

27 Sessão de 24 de maio de 1860. *Anais do Senado*, p. 47.

28 Cf. FREIRE, Felisbello. *Historia... Op. cit.*, p. 109; VIANA, Victor. *O Banco do Brasil... Op. cit.*, p. 404; CALÓGERAS, João Pandiá. *A política monetária... Op. cit.*, p. 124.

> *Sr. ministro da Fazenda no empenho de prestar à nação o relevante serviço de livrá-lo do regime do papel irrealizável*, julga preferível que se adotem as medidas que ele propõe na parte relativa às emendas substitutivas do projeto da outra Câmara [grifo nosso].[29]

E mais, para finalizar o parecer, a comissão não só concordava com as emendas substitutivas, como considerava que elas substituiriam com vantagem o que estava no projeto de Torres Homem. Nem é preciso dizer que tais emendas tornavam ainda mais restritivas as disposições do projeto anterior e diziam respeito, basicamente, ao prazo para se estabelecer a conversibilidade em ouro das notas dos bancos emissores, que seria mais curto; à base cujo múltiplo serviria de limite para a emissão e às condições de emissão caso tais bancos não conseguissem abrir o troco de suas notas em ouro no prazo estipulado, que seriam mais restritas; e, finalmente, à proibição da emissão de notas de pequeno valor.[30]

Na Câmara, Torres Homem iria ainda mais longe que o parecer da Comissão de Fazenda do Senado ao dizer que o fim e os meios de ambos os projetos eram os mesmos. Com habilidade política, afirmava que seus sucessores se convenceram de que o excesso de meio circulante era a causa maior da desvalorização do câmbio por meio do relatório da Comissão de Inquérito de 1859 e não por influência dele ou de outros saquaremas. O ex-ministro da Fazenda usava o relatório da Comissão de Inquérito para deslocar o foco dos verdadeiros mentores dessa política econômica, mas não se furtou ao prazer de dizer que a honra da execução dessas medidas caberia ao ministério de 10 de agosto. Como vimos, Ferraz também usou o relatório da Comissão de Inquérito para dar legitimidade técnica ao seu projeto, no entanto, a recomendação de Itaboraí e as palavras de apoio ao projeto proferidas por Torres Homem indicavam que o ministro da Fazenda estava no caminho da Ordem.

O Senado não reproduzia o ambiente político dividido que reinara na Câmara durante a votação do projeto de Torres Homem. Porém, era evidente que haveria reações à proposta de Ferraz, sobretudo por parte dos liberais. Nas discussões,

---

29 Para o parecer da Comissão de Fazenda do Senado, cf. sessão de 20 de junho de 1860. *Anais do Senado*, p. 99.

30 O projeto de Torres Homem e as emendas substitutivas podem ser encontrados, respectivamente, nas sessões da Câmara de 15 de junho de 1859 e do Senado de 20 de junho de 1860. Cf. *Anais da Câmara*, p. 135; *Anais do Senado*, p. 99-100.

todavia, o novo gabinete ficava numa situação política curiosa. Era acusado por liberais de dar continuidade à política econômica do gabinete anterior, apesar de não se dizer saquarema, bastava olhar sua composição. Ao mesmo tempo, executava uma política conservadora ao gosto dos saquaremas e era defendido por eles no Legislativo. Ficava, no discurso, entre liberais e saquaremas, na prática, muito mais para os últimos do que para os primeiros.

O projeto de Ferraz era tão saquarema que, como não era de surpreender, a reação a ele no Senado iniciou-se com Souza Franco. Apesar de afirmar que sua intenção era meramente analisar a proposta de melhoria do meio circulante, o senador liberal logo descambou para o ataque, insinuando que

> poderia, e talvez alguém poderá, *discutir a questão no sentido de uma nova reforma ao plano gorado de 1853, para comprometer terceiros na sustentação de suas idéias erradas, de suas idéias*, que acredito que foram convertidas em lei no espírito da melhor boa fé, mas *que falharam na prática tão completamente que não é possível reabilitá-las* (...) Eu poderia ainda, e alguém poderá, *examinar este projeto como tentativa política de escorar nos esforços da restrição e do monopólio dominação ou influências*, que as necessidades da época repelem e que não podem ser mais sustentadas, *dominação e influências que, se não fossem procurar outros que a venham sustentar*, o clamor suscitado em todos os ângulos do Império viria acabar de as derrocar. Essas tentativas, *que se acobertam hoje sob a responsabilidade terceiros, por não ousarem se mostrar a descoberto*, alguém talvez mostrará que será baldadas, mesmo sob a capa de plano tão meritório, como é o de regular o crédito bancário e sustentar o valor do meio circulante [grifos nossos].[31]

Em suas insinuações, Souza Franco referia-se aos supostos mentores da proposta, que não poderiam aparecer claramente para não despertar no Senado as paixões políticas que outrora dividiram a Câmara. Tirar o foco dos saquaremas era a estratégia da situação, mas trazê-los à luz, lembrar o cisma da Câmara e acusar o governo de continuidade era a estratégia da oposição. Por isso, o senador paraense advertia que era

31 Sessão de 28 de junho de 1860. *Anais do Senado*, p. 186.

> preciso notar que a comissão, deixando de parte as emendas do Sr. senador pela Bahia, que é presidente do Conselho, *tomou por base seu projeto favorito do ano passado*, tomou por base esse projeto repelido pelo país inteiro, *o que obrigou o ministério a retirar-se* [grifos nossos].[32]

Fazendo coro ao colega liberal, d. Manuel era tão incisivo quanto fora um ano antes em seus ataques ao projeto de Torres Homem. Descortinava sem rodeios o que pensava estar por trás do projeto de Ferraz, os saquaremas. E acusava o ministro da Fazenda de trocar suas ideias pelo apoio político desse grupo. Para o senador, já em franca oposição ao novo gabinete, o projeto representava a vitória da Comissão de Fazenda, nomeadamente de seu relator, Itaboraí, e o triunfo das doutrinas econômicas defendidas pelos saquaremas. E, por que não, também o triunfo de seu banco. Era claro que, para os mentores do projeto, seria necessário acabar com os bancos emissores com exceção de um só, o Banco do Brasil, daí as regras restritivas. "O grande plano de 1853 vai ser de novo posto em execução", dizia d. Manuel. O argumento usado contra o projeto de Torres Homem permanecia de pé. O mesmo senador fez a síntese que revelava o projeto de Ferraz como a retomada da política saquarema, ao discursar que

> *a idéia do nobre senador pelo Rio de Janeiro* [Itaboraí] *está triunfante, o banco privilegiado vai ficar só, os outros bancos de emissão vão desaparecer*; porque, senhores, não é possível que eles possam manter-se com os ônus que lhes impõe o projeto, que tem por fim dar cabo deles. Era o mesmo fim da proposição da Câmara dos Srs. deputados; mas as emendas da ilustre comissão ainda são mais rigorosas, mais restritas, embora o Sr. presidente do conselho hoje, em resposta ao meu nobre amigo que se senta à minha direita [Souza Franco] lhe perguntasse: "Não vedes as concessões que faço aos bancos de emissão? Não vedes que vão ter muito mais força do que tinham até agora?" [grifos nossos]

Aqui entrava a argumentação de que Dias de Carvalho também lançará mão alguns dias depois. É verdade que os bancos de emissão que sobrevivessem às

---

32 *Ibidem*, p. 193.

restrições da lei ficariam mais fortes, mas isso seria possível? Para d. Manuel, não, e, segundo ele, Ferraz sabia muito bem que

> esses bancos não podem aproveitar-se desses favores [da lei]; S. Ex. sabe muito bem que eles vão recolher sua emissão, e reduzir-se a bancos de depósitos e descontos. *Ficará unicamente o Banco do Brasil com suas caixas filiais; e assim o Sr. presidente do conselho e a ilustre Comissão de Fazenda verão preenchidos seus desejos. O pensamento da lei de 5 de julho de 1853 será realizado, e o Sr. visconde de Itaboraí poderá cantar vitória* [grifo nosso].[33]

Zacarias de Góes e Vasconcellos seguia a mesma linha ao avaliar que a surpreendente mudança de posição do ministro da Fazenda era um movimento "*ilógico*" que o colocava numa situação embaraçosa diante de alguns parlamentares e de seus colegas de ministério. De fato, no jogo político, não fazia sentido apresentar uma proposta que ratificava uma política econômica que dividira o Parlamento e fora aprovada na Câmara por maioria de apenas um voto. Na votação do projeto do gabinete anterior, a correlação de forças políticas se mostrava equilibrada e, portanto, a própria divisão do Parlamento fornecia as condições políticas para que Ferraz optasse por emendar o projeto no sentido de afirmar ou alterar sua orientação econômica. Por isso, Zacarias observava que, para chegar à chefia do gabinete, Ferraz não precisava "sacrificar suas opiniões a crenças alheias", referindo-se, é claro, às crenças econômicas saquaremas.

Dados os seus posicionamentos anteriores sobre a questão e a própria formação do gabinete, o lógico seria que o ministro da Fazenda ficasse com a segunda opção, mas, a fim de superar a divisão do Legislativo, a lógica política de Ferraz implicava satisfazer liberais e saquaremas. Se os primeiros foram guindados ao ministério, os segundos viram sua política econômica triunfar legitimada pelo relatório da Comissão de Inquérito de 1859. Como vimos, tal relatório conferia legitimidade técnica à continuidade da política econômica e, ao mesmo tempo, tentava, ainda que sem muito sucesso, mascarar a direção saquarema. Essas palavras de Souza Franco, d. Manuel e Zacarias são importantes aqui para mostrar a continuidade não só da política econômica proposta pelo gabinete anterior, como a influência

33 Para citações, cf. sessão de 4 de julho de 1860. *Anais do Senado*, p. 50-54.

dos saquaremas sobre o novo gabinete nessa matéria. A retomada do projeto desse grupo político estava na boca da oposição a Ferraz.

Além das acusações de continuidade da política econômica e da influência saquarema, os senadores de oposição ao gabinete, sobretudo Souza Franco, levantavam também problemas concretos do projeto. Do ponto de vista econômico, insistiam que o enxugamento do meio circulante reduziria as transações, diminuiria a oferta de crédito e liquidaria estabelecimentos comerciais. Dadas as regras restritivas previstas no projeto, os bancos emissores ficariam nas mãos do governo e, dada a tendência de volta ao monopólio de emissão no Banco do Brasil, o crédito estaria disponível apenas para os favoritos do ministério, aqueles que merecessem os "favores e graças da suprema e exclusiva direção das finanças do Império".[34] Em duas palavras, o projeto de Ferraz significaria para a oposição crise e privilégio.

A doutrina econômica em que se baseava o projeto também era questionada pela oposição, isto é, não havia consenso de que o enxugamento do meio circulante fosse o melhor meio para promover a valorização da moeda imperial. Pelo contrário, dizia-se que essa doutrina era desmentida pelos fatos e por novas teorias que deveriam ser consideradas pelos formuladores do projeto. O meio mais adequado para valorizar o mil-réis não seria o enxugamento do meio circulante, via restrição à emissão bancária, mas via retirada de notas do Tesouro em circulação e manutenção de saldo favorável na balança comercial. O resultado de qualquer outra medida seria o encarecimento do crédito, a diminuição das exportações do Império e, por conseguinte, a redução da entrada de metais no país, o comprometimento da conversibilidade e, finalmente, a desvalorização da moeda. A velha dicotomia entre as doutrinas metalistas e papelistas continuava presente nos debates parlamentares. Do ponto de vista jurídico, a oposição voltava a levantar a questão dos direitos adquiridos e da retroatividade das disposições do projeto. As peças do xadrez político estavam recolocadas em seus lugares com Souza Franco como líder do ataque da oposição e Itaboraí como arauto da defesa do governo.

Ao começar a se defender dos ataques da oposição, Ferraz iniciará um discurso que acabará se desenrolando numa espécie de diálogo com Souza Franco em que as ironias ajudarão a desvelar, no campo econômico, a relação do novo gabinete com os saquaremas, sobretudo com Itaboraí. Da tribuna, dizia o ministro da Fazenda:

34 Para as duas citações curtas, cf. sessão de 5 de julho de 1860. *Anais do Senado*, p. 61.

> Sucede-me neste momento o que sucedeu outrora a Moisés depois de ouvir a palavra divina na sarça, com a diferença entre o que é divino e o que é humano (...) Mas não tenho um Aarão que tome o lugar de responder aos nobres senadores...[35]

Ao que d. Manuel respondeu sarcasticamente que Ferraz não só teria seu Aarão, como não estaria longe, referindo-se evidentemente a Itaboraí. E, de fato, nesta sessão do Senado, o ministro da Fazenda não falou muito, limitando-se a defender seu projeto das críticas de violação de direitos adquiridos e retroatividade de suas disposições. Citou exemplos de leis estrangeiras e nacionais que também feriam os princípios do direito adquirido e da não retroatividade, porém, não deixaram de ser implementadas por isso. Baseado em autores estrangeiros, como Dalloz e Chassat, argumentava que esses princípios não poderiam ter aplicação absoluta, sob pena de levar a legislação ao imobilismo, e que, sobre eles, deveria estar a utilidade pública da lei.

Assim como aconteceu com Souza Franco e Torres Homem, a questão legal não seria o maior obstáculo à aprovação do projeto. Ainda no âmbito legal, agora em relação ao Banco do Brasil especificamente, Ferraz entendia que a criação do banco era fruto de um contrato celebrado entre os sócios dos bancos que foram extintos com a fusão no novo estabelecimento e que se concretizava nos seus estatutos. Outra coisa era o contrato do banco com o governo, que dizia respeito a apenas duas coisas, a saber, a obrigação do banco de retirar gradualmente de circulação as notas do Tesouro e o dever do governo de cumprir os termos da retirada e aceitar as notas do banco nas estações públicas. Dessa maneira, seu projeto não violava contrato algum porque apenas exigia que o banco, por meio de sua emissão, operasse de modo a manter o padrão monetário e regular o câmbio. Eis o que o governo queria do banco:

> Obedecei às leis da administração dos bancos; fazei que *pelas medidas conhecidas, pela contração do crédito, pela contração da emissão e por todos os modos que dentro de vossa alçada* estão, a emissão que superabunda se vá restringindo, *para que as nossas circunstâncias se tornem favoráveis, para que o câmbio suba ao par*; e então, por uma transação que é fácil, podereis, pelas medidas apresentadas no projeto, *conservar não só em circulação ouro, mas fazer com que vossas*

35 Sessão de 2 de julho de 1960. *Anais do Senado*, p. 3.

> *notas, que representam ouro, tenham um pagamento conforme a vossa promessa*, conforme o dever que contraístes com os portadores. E de passagem direi, (...), que portadores de notas dos bancos não são devedores, mas sim credores dos mesmos bancos [grifos nossos].[36]

Não se tratava, portanto, de uma obrigação nova imposta ao banco de pagar suas notas em ouro. Tratava-se apenas de corrigir seus desvios por meio das medidas propostas no projeto e, de acordo com a interpretação de Itaboraí, enquadrá-lo nos próprios estatutos ao exigir que os portadores de suas notas pudessem optar livremente pelo troco em metal. Assim, não haveria nada demais no projeto, suas disposições apenas balizariam o caminho que conduziria à circulação metálica no Império, à ordem e à civilização. Contudo, o Banco do Brasil não receberia bem o projeto do governo. Voltando a Moisés e Aarão, depois de ouvir o discurso de Itaboraí em defesa do projeto do governo, Souza Franco subiu à tribuna para dizer:

> Senhores, Moisés queixava-se ainda ontem, trazendo nas mãos as tábuas da lei, de que Aarão não o coadjuvasse a sustentá-las, não se apresentasse para apoiá-las. *Aarão apresentou-se e eu fico em dúvida se é antes o verdadeiro Moisés que vem tomar o seu lugar ou se é Aarão que corre a apoiar as idéias contidas nas tábuas da lei que nos são apresentadas*, naturalmente por ordem do Altíssimo, anunciadas por línguas de fogo para serem promulgadas ao som de instrumentos celestes [grifo nosso].[37]

De fato, a voz dos saquaremas era a voz do governo. Itaboraí foi à tribuna defender o projeto das acusações que lhe fizera Souza Franco. A primeira delas recorria à conhecida ideia defendida por papelistas de que não havia abundância de emissão e que, mesmo que houvesse, não adiantaria restringir a circulação, uma vez que o valor da moeda não dependia de sua quantidade. Claro que Itaboraí a rebateu apelando para a teoria quantitativa da moeda. Portanto, se o governo partia do pressuposto de que havia excesso de emissão, o que seria comprovado pelo câmbio desvalorizado em relação à paridade e pelo fato de as notas do Banco do Brasil não irem ao troco,

---

36 *Ibidem*, p. 6.

37 Sessão de 3 de julho de 1860. *Anais do Senado*, p. 28.

o meio para remediá-lo só poderia ser a redução da quantidade de papel existente. O projeto previa que essa redução fosse realizada por meio da limitação das emissões até que os bancos emissores pudessem abrir o troco de suas notas em ouro. Os bancos teriam um ano para abrir o troco em metal, caso contrário, suas notas teriam que ser retiradas gradualmente de circulação. Uma doutrina combatia a outra como numa conversa de surdos. Predominava aquela cujo representante estivesse no poder.

Fora dele, a oposição apelava para os prejuízos que a restrição da emissão e, consequentemente, do crédito, traria ao comércio e à indústria. Matemático, Itaboraí respondia que a restrição fortaleceria a posição dos bancos e, por extensão, o crédito, e que, a retirada anual de 3% a 6% das notas dos bancos que não cumprissem o prazo para a abertura do troco em ouro, como previa o projeto, não poderia fazer tão mal ao comércio e à indústria. E terminava a defesa do projeto lembrando que crédito era capital e não papel. Quando a contrapartida do crédito é o capital, recursos que ficariam parados passam a ser movimentados, tornando-se produtivos, mas quando a contrapartida do crédito é o papel, não se pode dizer o mesmo, porque papéis que não podem ser convertidos em capital não representam coisa alguma, iludem o público e levam a crises. A liberdade de crédito nessas bases, portanto, seria nociva ao comércio e à indústria e, se fosse para ser assim, que o governo fabricasse o papel inconversível. Ferraz ainda subiria à tribuna e tentaria emplacar uma ideia de união dos parlamentares em torno de um objetivo comum, que seria "sairmos desta posição precária em que nos achamos",[38] e de que para isso era preciso fazer concessões, assim como ele as tinha feito à Comissão de Fazenda e esta as tinha feito a ele. Essas palavras de Ferraz pareciam mais uma tentativa, sem sucesso, de amenizar a influência saquarema sobre seu projeto, pois a oposição continuava a bater na tecla da continuidade. Para marcá-la, Souza Franco apelava novamente à Bíblia:

> Senhores, ou estou muito enganado, e Deus permita que o esteja, ou estão nos levando à ruína, como eu previa em 1848, por motivos políticos; e então eu me julgo autorizado para dizer que *o Moisés que nos apresenta estas tábuas da lei não vem em nome do Altíssimo, é pelo contrário algum fingido agente da Divindade, por exemplo, algum Numa aconselhado pela ninfa Egéria. Ele não tem*

38 Sessão de 4 de julho de 1860. *Anais do Senado*, p. 49.

> *a autoridade divina, não tem a autoridade da ciência; tem a autoridade das paixões e dos interesses políticos* [grifo nosso].[39]

Em que pesem as críticas oposicionistas e as numerosas discussões no Senado, o projeto de Ferraz foi aprovado num clima político mais favorável do que o vivido por Torres Homem na Câmara.[40] Nesta casa, seu projeto também não enfrentou maiores resistências, uma vez que a apresentação das emendas ao projeto no Senado retirava dos deputados qualquer possibilidade de alteração no texto. Por isso, do Senado, Souza Franco chamava atenção para o abuso que o governo cometera contra a Câmara ao manobrar para que ela tivesse que votar um projeto seu sem ter a possibilidade de emendá-lo. Da Câmara, Martinho Campos reclamava com razão de que a discussão do projeto entre os deputados seria insignificante e incompleta.[41] Mesmo essa aparente estratégia regimental para, de certa maneira, atropelar o Legislativo não deixava de lembrar o estilo saquarema. Apesar das reclamações da oposição, o projeto foi aprovado na Câmara com uma diferença de 43 votos.

Não deixa de ser surpreendente que um projeto acusado de dar continuidade à proposta do gabinete anterior, que obtivera maioria de apenas um voto nessa mesma Câmara, fosse aprovado com tamanha folga de votos. Mesmo no Senado não se verificou o afloramento das paixões políticas tal como na Câmara, embora o projeto de Ferraz recuperasse e aprofundasse o contestado projeto de Torres Homem. O senador Zacarias percebeu a estranha calma do debate atual em relação à celeuma levantada pelo projeto anterior. O que teria acontecido? O próprio senador atribuía essa calma a certa resignação dos parlamentares diante de um projeto que vinha como se fosse imposto de cima para baixo, isto é, do Executivo para o Legislativo. A decepção com os eventos do ano passado teria arrefecido as paixões políticas.

Decepção e resignação, também, mas não se pode esquecer outros elementos concretos que certamente contribuíram para superar a divisão do Legislativo.

---

39 Sessão de 6 de julho de 1860. *Anais do Senado*, p. 74.

40 As discussões do projeto de Ferraz no Senado se arrastaram por várias sessões e giravam em torno sempre dos mesmos pontos já mencionados, com pouquíssimas variações. Elas se encerraram com a aprovação do projeto em 23 de julho de 1860. Sua redação final foi aprovada cinco dias depois e, então, foi enviado à Câmara para última votação antes de se tornar lei. Cf. *Anais do Senado*.

41 Sessão de 6 de julho de 1860. *Anais do Senado*, p. 74 e sessão de 6 agosto de 1860. *Anais da Câmara*, p. 67.

Primeiro, o tempo. A proposta de Ferraz fora votada após o recesso parlamentar e aproximadamente seis meses depois da votação do projeto de Torres Homem na Câmara. Nesse ínterim, a fala do trono enviou sinais de que o novo gabinete deveria tratar tanto da questão do meio circulante como das sociedades anônimas. A aprovação do trono era o segundo elemento. Terceiro, o relatório da Comissão de Inquérito de 1859, que dava legitimidade técnica à escolha da política econômica, colocando-a, de certo modo, acima das paixões partidárias. Finalmente, a proximidade das eleições, que ocorreriam no início de 1861, inibia alguns espíritos de oposição e de crítica ao governo. Mas o que isso tem a ver com o Banco do Brasil? Independentemente dos motivos que levaram a Câmara a aprovar a lei com um placar tão elástico, a divisão do Legislativo parecia estar superada e, assim, permitiria que o governo levasse a cabo sua política econômica que recolocava em marcha o projeto saquarema. Como engrenagem desse projeto, o Banco do Brasil sofreria as consequências da lei 1.083, de 22 de agosto de 1860, a chamada Lei dos Entraves.

7.3. A Lei dos Entraves e o Banco do Brasil

Na parte em que trata do meio circulante, a lei continha disposições gerais para todos os bancos de emissão, Banco do Brasil inclusive, e específicas, apenas para este último. Esse tratamento em separado dado ao Banco do Brasil mostrava que o governo diferenciava os bancos de emissão criados por Souza Franco e o banco de emissão criado por Itaboraí. Diferenciação sem sentido, de acordo com a oposição, pois todos eles, sem distinção, eram fruto de contratos selados com o governo. No entanto, pesava a favor do Banco do Brasil a aprovação legislativa para sua criação, ao passo que pesava contra os bancos de Souza Franco a aprovação executiva apenas. Pesava a favor do Banco do Brasil a restauração da lei de 1853, ao passo que pesava contra os bancos de Souza Franco o fato de terem violado aquela lei. O Banco do Brasil era não só o maior banco, como o banco do governo. Para que os objetivos da lei, em termos de meio circulante, fossem alcançados, o Banco do Brasil teria que cumprir seu desiderato de estabelecer o troco de suas notas em ouro. Se os outros bancos conseguissem, apesar das restrições da lei às emissões, ótimo, mas a chave do sucesso da lei era o Banco do Brasil. Com saquaremas por trás da política econômica de Ferraz, o Banco do Brasil era novamente eleito como banco da Ordem. Daí as disposições que tratavam especificamente dele.

Dentre as disposições gerais, a mais importante era a que previa o estabelecimento do troco em ouro das notas dos bancos de emissão dentro do prazo de um ano a contar da publicação do decreto. Até que conseguissem abrir o troco metálico de suas notas, os bancos teriam seus limites de emissão restringidos com base num cálculo definido pela lei e deveriam se enquadrar no limite estabelecido por uma tabela apresentada no decreto que a regulamentava. Os bancos que desrespeitassem o limite estabelecido teriam três meses para se regularizar. O cálculo para definir o limite de emissão do Banco do Brasil era diferente dos demais bancos emissores. Enquanto o cálculo para esses bancos levava em conta a média da emissão realizada no primeiro semestre de 1860, para o Banco do Brasil considerava a média da emissão calculada por trimestres desde a instalação do banco até março de 1860. Esse cálculo certamente dava maior folga às emissões do Banco do Brasil e fez levantar as vozes da oposição contra o privilégio do banco e a intenção do governo de restaurar o monopólio de emissão. O governo, por sua vez, negava a acusação e reafirmava sua intenção de querer apenas fortalecer os bancos de emissão do Império com vistas à introdução da circulação metálica. Qualquer que fosse a intenção do governo, o fato é que o Banco do Brasil ficava numa posição melhor do que a dos outros bancos de emissão para enfrentar as medidas restritivas da lei.

Passado o prazo estabelecido pela lei, os bancos que ainda não tivessem conseguido abrir o troco de suas notas em ouro teriam que retirar gradualmente suas notas de circulação até que o troco em metal fosse estabelecido. Uma vez aberto o troco em ouro, o banco que não pagasse suas notas à vista em ouro ou moeda corrente, à vontade do portador, seria considerado falido. Em suma, os bancos teriam que criar condições para abrir e manter o troco em ouro de suas notas. Esse era o espírito da lei, a volta da miragem do padrão-ouro, a retomada do projeto saquarema.

Ainda dentro das disposições gerais, agora as que se referem às sociedades anônimas, havia questões que interferiam diretamente na administração do Banco do Brasil. A exigência de substituição anual de um quinto da diretoria das sociedades anônimas e a proibição de reeleição dos diretores substituídos no primeiro ano, contado do dia da substituição, causarão dúvidas e gerarão consultas do banco ao governo.

Já mencionamos a disposição específica que definia o limite de emissão do Banco do Brasil. No sentido da retirada de circulação de notas de pequeno valor, outra disposição específica previa que o banco, caso não abrisse o troco em ouro no prazo de seis meses, não poderia manter em circulação mais do que 25% de emissão total em notas menores de 50$ na Corte e de 25$ nas províncias. O Banco do Brasil também ficava autorizado a receber notas de outros bancos emissores existentes nos locais em que estivesse estabelecido, mas as notas que circulassem entre os bancos deveriam ser compensadas semanalmente, numa espécie embrionária de Câmara de compensação, nos moldes das *clearing houses* inglesas. Por fim, a lei exigia a presença de um fiscal em cada banco, remunerado pelo próprio banco, cuja função seria prestar contas ao governo das operações de cada instituição. Mais uma vez o Banco do Brasil foi privilegiado pela lei, pois seu fiscal seria seu próprio presidente.[42]

Em suma, se o cálculo definido na lei dava uma folga ao limite de emissão do banco e o recebimento de notas de outros bancos emissores poderia fazer aumentar suas operações, a restrição à circulação de notas de pequeno valor contribuiria para restringir sua emissão efetiva. Ter o presidente nomeado pelo governo como fiscal poderia até indicar certo distanciamento em relação ao governo, mas as regras para a substituição de membros da administração das sociedades anônimas recolocavam a interferência do governo em questões internas do banco. A aprovação da lei no Legislativo e sua iminente execução exigiam avaliação séria por parte do banco de suas consequências. Entre ônus e bônus da lei, o banco teria que se posicionar e, embora privilegiado em relação aos outros bancos de emissão, o Banco do Brasil, por meio de sua diretoria e assembleia de acionistas, reclamaria ao governo seus direitos contratuais e dispararia críticas contra os efeitos restritivos da lei.

7.4. Reclamar e obedecer: a diretoria do Banco do Brasil

Se a assembleia de acionistas reclamava, a diretoria hesitava. Quando o diretor João José dos Reis advertiu seus colegas para que reagissem diante da aprovação de

42 A lei de 1.083 de 22 de agosto de 1860 foi seguida por uma série de decretos que a regulamentavam. São os seguintes: 2.664 de 10 de outubro (trata da retirada de circulação das notas de valor inferior a 50$); 2.679 de 3 de novembro (dispõe sobre os documentos que bancos e sociedades anônimas tinham que enviar ao governo); 2.680 também de 3 de novembro (trata dos fiscais); 2.685 de 10 de novembro (regulamenta várias disposições da lei de 22 de agosto); 2.691 de 14 de novembro (trata das falências); 2.692 também de 14 de novembro (proíbe empréstimos sobre penhor sem autorização legal); 2.694 de 17 de novembro (regulamenta a emissão); 2.711 de 10 de dezembro (regulamenta a criação de bancos e sociedades anônimas). Todos os decretos são de 1860. Cf. BRASIL. *Collecção das leis do Império do Brasil de 1860*. Rio de Janeiro: Typ. Nacional, 1860.

uma lei que considerava ofensiva aos estatutos do banco, Batista de Oliveira logo interrompeu qualquer possibilidade de discussão interna, pelo menos até a divulgação do parecer da Comissão de Fazenda do Senado, que saiu no dia 20 de junho de 1860, dizendo que o colega poderia ficar tranquilo porque os interesses do banco seriam defendidos por seus diretores que ocupavam cadeiras nas câmaras.[43]

Na primeira reunião após o parecer da Comissão de Fazenda do Senado, favorável ao projeto, o mesmo Batista de Oliveira propôs que a diretoria fechasse uma posição sobre o projeto para pautar a atuação dos parlamentares ligados ao banco. O diretor Paula Santos, deputado que participara da comissão que analisou o projeto de Torres Homem na Câmara e, como vimos, o criticou veementemente junto com Souza Dantas em seu voto em separado, logo propôs que o banco enviasse uma representação ao governo, a fim de garantir a manutenção de seus direitos. Posta em votação a proposta, foi derrotado por oito votos a cinco.[44] Parte da diretoria do banco reagiu à lei, evidenciando certo conflito com o governo, mas outra parte foi capaz de manter a reação sob controle. Talvez por isso a reação dos parlamentares ligados ao banco pudesse ser resumida a reclamar e obedecer.

Ainda no Senado, o senador e então vice-presidente do banco, Dias de Carvalho, sustentava a posição de que o projeto violava o contrato existente entre o governo e os acionistas do banco. Ele entendia, voltando à velha discussão dos anos Souza Franco, que a lei de 1853 não obrigava o Banco do Brasil a trocar suas notas exclusivamente em ouro. Com esse entendimento, defendia-se dos ataques de que o banco se excedia em suas operações e de que não cumprira com suas obrigações ao suspender o troco em ouro em novembro de 1857. Dizia que o banco cumpriu rigorosamente a lei ao resgatar da circulação as notas do Tesouro e ao manter o troco em papel ou metal sem jamais suspendê-lo. Quer dizer, o banco não descumpriu a lei ao suspender o troco em ouro, porque manteve o troco de suas notas em papel, conforme sua interpretação da lei e dos estatutos do banco. Quanto aos eventuais excessos cometidos pelo banco, o senador escudava-se na cumplicidade do governo, seja na ampliação do limite de emissão para o triplo do fundo disponível quando Itaboraí era ministro da Fazenda,

---

43 Sessão 529, de 11 de junho de 1860. Cf. BANCO DO BRASIL. *Atas de reunião...Op. cit.*, p. 198-9.

44 A proposta de Souza Dantas foi feita na sessão 531, de 25 de junho de 1860, discutida na sessão 532, de 28 de junho de 1860, e votada na sessão 533, de 2 de julho de 1860. Cf. BANCO DO BRASIL. *Atas de reunião...Op. cit.*, p. 201-4. Vale ressaltar que Pacheco diz equivocadamente que as duas primeiras sessões referidas ocorreram em 25 e 28 de julho. Cf. PACHECO, Cláudio. *História... Op. cit.*, p. 147.

seja na manutenção do troco de notas do banco por notas do Tesouro abaixo do par quando o ministro da Fazenda era Souza Franco. Por isso, dizia:

> Se, pois, senhores, há alguma culpa, e tão grave como aquela que lançou o Sr. presidente do conselho [Ferraz] sobre a diretoria do banco, por não ter conservado as coisas no estado em que se achava, deve caber-nos; *então, senhores, sede justos, não carregue só a diretoria do Banco do Brasil com esse excesso; tome o governo também a parte de responsabilidade que lhe cabe nessa concessão* [grifo nosso].[45]

Para o senador, quem estava descumprindo o contrato era, na verdade, o governo. Ainda mais porque a lei implicava alterações nos estatutos que teriam de ser aprovadas pelo banco como fato consumado. Como se podia alterar um contrato bilateral sem o acordo de uma das partes?, perguntava o senador.[46] Também no Senado, Batista de Oliveira ainda tentaria aprovar algumas emendas que poderiam favorecer o banco, mas a proposta seria rejeitada por Ferraz e retirada pelo próprio senador.[47] A não ser pelas participações de seu presidente e vice-presidente, que também eram membros do Legislativo, vale lembrar, o banco ficou à margem da elaboração da lei, que saía do governo para interferir diretamente em seus estatutos. Apoiado por Dias de Carvalho, d. Manuel acusou tal fato e questionou o governo por não ter negociado com o banco uma saída conciliatória para questão. Fez-se algo nesse sentido?

> Nada disto se fez, e quer-se hoje *impor ao banco* a obrigação de realizar suas notas em ouro, dentro de um prazo limitadíssimo e à vontade do portador, não se vacilando em violar o contrato solene que existe com o banco, e em faltar à boa fé. Tal procedimento é honesto, é justo, é digno do Senado? [grifo nosso].[48]

45 Sessão de 2 de julho de 1860. In: *Anais do Senado*, p. 16.

46 Sessão de 30 de junho de 1860. In: *Anais do Senado*, p. 212-4.

47 As emendas de Batista de Oliveira consideravam o ouro que não fosse de 22 quilates, como as onças espanholas, como parte do fundo disponível do Banco do Brasil; as notas do Banco do Brasil como parte do fundo disponível de outros bancos emissores; e a circulação de notas do Banco do Brasil de $100 em todo o Império. Sessão de 6 de julho de 1860. In: *Anais do Senado*, p. 49.

48 Sessão de 4 de julho de 1860. In: *Anais do Senado*, p. 53.

Apesar das críticas dos senadores ligados ao banco, a lei de 1860 seria implementada tal como queria o governo. Assim, se poderia até esperar uma reação mais forte da diretoria do banco contra o governo, mas isso não aconteceria e o próprio Dias de Carvalho reconhecia que o banco não deveria se opor ao governo.

> Devo dizer a V. Ex. [Ferraz] que eu, como senador do Império, hei de usar de uma linguagem muito diferente daquela que usarei como membro da diretoria do Banco do Brasil, lá não hei de desmentir o que disse nesta casa, mas, *como conheço que aquele estabelecimento não pode marchar em luta com o governo, hei de submeter-me a tudo o que for decretado pelo corpo Legislativo* [grifo nosso].[49]

O tom de resignação e obediência dessas palavras do vice-presidente do banco revelava como sua diretoria se comportaria diante da lei, equilibrando-se entre os interesses do governo e de seus acionistas. Ao mesmo tempo em que avaliaria a lei e tentaria se esquivar, na medida do possível, de seus efeitos restritivos, acenando para os acionistas, cumpriria regularmente todas as suas disposições, agradando ao governo. O diretor Mayrink, por exemplo, depois de considerar que a lei restringia o direito de emissão do banco; que, dada a conversibilidade, se a emissão excedesse a quantidade de ouro necessário para a realização das transações, o excesso iria ao troco; que o banco teria que atender ao troco exigido para o pagamento de importações e remessas de recursos para o exterior; que o banco faria o maior sacrifício entre todos para restringir sua emissão; que o banco deveria manter sua emissão dentro do limite, aumentar a parcela metálica do fundo disponível e ter títulos líquidos disponíveis para que pudesse recolher o excesso de emissão, propunha mudanças internas que iam no sentido da lei, como a revisão dos limites de crédito dos clientes do banco.[50]

Esse comportamento ambíguo, de equilíbrio, não deixava de refletir uma divisão interna à diretoria do banco entre membros pró-governo e pró-acionistas. Essa situação lembrava muito a divisão da mesma diretoria ao votar o pedido de representação contra o governo feito pela assembleia dos acionistas no ano anterior. A diferença era que agora Itaboraí não estava mais na presidência do banco para cercear a manifestação dos acionistas contra o governo, mas a diretoria ainda

49 Sessão de 30 de junho de 1860. In: *Anais do Senado*, p. 214.

50 Sessão 562, de 2 de janeiro de 1861. Cf. BANCO DO BRASIL. *Atas de reunião...Op. cit.*, p. 25-7.

estava sob controle dos membros pró-governo. Por isso, a reação mais enérgica à lei dentro do banco viria da assembleia dos acionistas. A lei de 1860 tornou ainda mais complexo o arranjo de interesses em torno da nova política econômica. O governo, lastreado pelos saquaremas, impunha seu plano restritivo e acompanhava de perto sua execução. Os acionistas do Banco do Brasil, organizados sob a liderança de opositores do governo, notadamente de Mauá, esbravejavam contra a lei, o desrespeito aos contratos, aos direitos adquiridos e, sobretudo, contra a queda dos dividendos. Entre governo e acionistas, a diretoria se dividia entre reivindicações e críticas, mas não deixava de seguir a orientação da política econômica do governo.

Mesmo antes da promulgação da lei, o banco já tomava providências no sentido de reduzir o montante de suas operações e fortalecer seu fundo disponível, por meio de empréstimos externos, tendo em vista a retomada do troco em ouro de suas notas.[51] E, de fato, em fevereiro de 1861, o Banco do Brasil estava habilitado para abrir o troco em ouro, prestes a cumprir o prazo determinado pela lei e evitar as restrições à circulação de notas do banco, pois a mesma lei estabelecia que se o troco em ouro não fosse aberto no prazo de seis meses, o banco teria que reduzir a circulação de suas notas de valor inferior a 50$ a 25% do valor total de sua emissão. Contudo, tendo em vista o "estado da praça" e a impossibilidade das caixas filiais de realizarem suas notas em ouro, a diretoria do banco preferiu não abrir o troco em ouro de suas notas. Sendo o Banco do Brasil o único a abrir o troco em ouro, ela receava um ataque ao seu fundo disponível, o que levaria a um aumento da taxa de desconto para protegê-lo e, consequentemente, à restrição do crédito. O governo foi consultado e concordou com a decisão da diretoria do banco, bastando que cumprisse a lei, ou seja, procedesse à restrição da circulação de suas notas de pequeno valor na Corte e nas províncias. E, obediente, foi o que fez o banco. É verdade que ele terá dificuldade para cumprir tal determinação e solicitará ao governo uma prorrogação por mais 120 dias do prazo original de quatro meses, no que será atendido por José Maria da Silva Paranhos, que subiu ao Ministério da Fazenda após a queda de Ferraz.[52]

---

51 BANCO DO BRASIL. *Relatório apresentado à Assembléa Geral dos Accionistas do Banco do Brasil na sua reunião de 1860, pelo seu presidente Candido Baptista de Oliveira.* Rio de Janeiro: Typ. de Francisco de Paula Brito, 1860, p. 8/14. O relatório do Banco do Brasil à assembleia dos acionistas saiu em 25 de julho de 1860, antes, portanto, da promulgação da lei.

52 BANCO DO BRASIL. *Relatório apresentado... de 1860... Op. cit.*, p. 9-10 e Anexos 1 a 4; BRASIL.

Diferentemente dos gabinetes anteriores, a queda de Ferraz foi causada principalmente por um fato político, isto é, a vitória liberal nas eleições de 1860, em que despontou Teófilo Otoni, um dos diretores do Banco do Brasil à época. Era a derrota eleitoral de um gabinete que aparentemente seguia a orientação saquarema não só na política econômica, pois, de acordo com Nabuco de Araújo, "os vermelhos se constituíram em Consistório e dispõem como querem do governo que os vai acompanhando como eles e para onde o levam".[53] A questão econômica pode até não ter unido os conservadores ao redor dos saquaremas, como acontecera na votação do projeto de Torres Homem em 1859, mas certamente extremou os liberais em 1860. Nesse sentido, Pacheco acerta ao dizer que o descontentamento dos liberais com a questão bancária também contribuiu para a queda do gabinete, ideia corroborada por um parecer de Itaboraí no conselho de Estado.[54] Sem dúvida, a eleição de 1860 foi um golpe nos conservadores e um alento ao Partido Liberal, que assim renascia. Porém, o gabinete encabeçado por Caxias, com Paranhos no Ministério da Fazenda, asseguraria a continuidade do braço financeiro do projeto saquarema. O refazer da Ordem seguiria sua marcha.

MINISTÉRIO DA FAZENDA. *Proposta e relatorio apresentados á Assembléa Geral Legislativa na Primeira Sessão da Décima Primeira Legislatura do anno de 1860 pelo Ministro e Secretario d'Estado dos Negocios da Fazenda José Maria da Silva Paranhos*. Rio de Janeiro: Typ. Nacional, 1861, p. 13-15. Cf. também sessão 571, de 18 de fevereiro de 1861 e sessão 572, de 22 de fevereiro de 1860. In: BANCO DO BRASIL. *Atas de reunião... Op. cit.*, p. 35-9.

53 NABUCO, Joaquim. *Um estadista... Op. cit.*, p. 345.

54 PACHECO, Cláudio. *História... Op. cit.*, p. 142. No parecer a que nos referimos, Itaboraí dizia que a política econômica restritiva proposta por Torres Homem e seguida por Ferraz contribuiu para o enfraquecimento e queda de ambos os gabinetes. Cf. BRASIL. *Imperiaes resoluções do Conselho de Estado... Op. cit.*, p. 362-3.

Capítulo 8 – O longo caminho de volta ao monopólio de emissão

8.1. Reclamar e reclamar: a assembleia de acionistas do Banco do Brasil

O gabinete chefiado por Caxias subiu no dia 2 de março de 1861. Desta vez não parecia haver muita dúvida quanto à continuidade da política econômica do gabinete anterior, embora houvesse no ministério membros da ala moderada do partido conservador.[1] O ministro da Fazenda seguia a orientação saquarema e influenciava o chefe do gabinete. Segundo Nabuco, Paranhos "estava agora identificado com Eusébio de Queiróz [*sic*] e arrastava Caxias para esse lado",[2] o lado dos conservadores puros. O relatório do Ministério da Fazenda, que sairia poucos meses depois da subida do gabinete, corroborou a política econômica de Ferraz que, diante da desvalorização das notas do Banco do Brasil ocasionada pela emissão dos bancos da Corte, o Comercial e Agrícola e o Rural e Hipotecário, "*iniciou, promoveu e adotou*" a lei de 1860, com o intuito de enquadrar os bancos emissores e restabelecer o meio circulante do Império. Portanto, não havia espaço para a esperança liberal ou para o suspense saquarema, a política econômica de Ferraz seria mantida, o que estava em questão era a execução da lei de 1860.

Se Ferraz iniciou, promoveu e adotou a lei, caberia a Paranhos resolver as dúvidas que ela suscitava na prática. Algumas de suas interpretações foram contestadas por seu antecessor, por exemplo, a de que o Banco do Brasil não estaria sujeito à restrição anual de sua circulação, caso não conseguisse abrir o troco em ouro no prazo de um ano a partir da publicação da lei, em agosto de 1860. Pacheco conta que Ferraz ficou furioso e acusou Paranhos de desvirtuar o espírito de sua lei com essa interpretação. Se o espírito da lei era restringir a circulação de notas bancárias inconversíveis para que seu valor atingisse o par do ouro, livrar o Banco

1 Inicialmente, Saraiva e Antônio Coelho de Sá e Albuquerque. Com a saída desses dois em 10 de julho de 1861, José Ildefonso de Souza Ramos e Benevenuto Augusto de Magalhães Taques.

2 NABUCO, Joaquim. *Um estadista... Op. cit.*, p. 353.

do Brasil dessa obrigação, caso não conseguisse abrir o troco em ouro no prazo estabelecido, significaria "atacar diretamente a alma da lei" e "destruir a vontade do legislador nesta parte".[3]

Diante da reprimenda, Paranhos deve ter voltado atrás, pois um ofício do banco ao Ministério da Fazenda, datado de 12 de junho de 1861, solicitava justamente que a redução de sua emissão no primeiro ano fosse de 3% sobre o total que lhe era permitido manter em circulação. Considerando a interpretação inicial do ministro da Fazenda e que a emissão do banco nessa altura estava aquém do limite, o governo concedeu.[4] Entre solicitações e concessões, a lei ia sendo executada e cumprida pelos bancos emissores.[5]

Em abril de 1861, o banco completou o resgate dos 10.000:000$ em notas do Tesouro.[6] Até o final desse mês, apesar das reclamações feitas ao governo, a diretoria do banco obedeceria a lei sem ouvir a posição da assembleia geral dos acionistas. Nessa altura, aconteceria uma reunião da mesma assembleia para discutir justamente as implicações da lei nos estatutos do banco. Como vimos, esse assunto já vinha sendo tratado pela diretoria e, como sugeriu Mayrink, uma comissão especial nomeada pelo presidente do banco ficou de dar seu parecer sobre a situação da instituição diante da lei.[7] Em março, o parecer elencava as disposições da lei de 1860 que alteravam os estatutos do banco. Eram disposições operacionais, como 1) a restrição da emissão de notas de pequeno valor; 2) a redução gradual da emissão em circulação caso o banco não abrisse o troco em ouro; 3) a falência caso não pagasse suas notas à vista e em metal; 4) a exclusão de moedas de prata e notas do Tesouro de pequeno valor do cômputo do fundo disponível; e administrativas, como 5) a exclusão do direito de voto por procuração na eleição da diretoria do banco; 6) a proibição da reeleição de diretores e suplentes no primeiro ano a partir de sua substituição; e 7) o veto a diretores e suplentes substituídos de participarem da administração do banco no primeiro ano a partir de sua substituição. Tais disposições

---

3 PACHECO, Cláudio. *História... Op. cit.*, p. 143-5.

4 BANCO DO BRASIL. *Relatório apresentado... de 1861... Op. cit.* Anexos 6 e 7.

5 BRASIL. MINISTÉRIO DA FAZENDA. *Proposta e relatório... do anno de 1860... Op. cit.*, p. 17.

6 *Ibidem*, p. 9.

7 Sessão 564, de 7 de janeiro de 1861 e sessão 568, de 28 de janeiro de 1861. Cf. BANCO DO BRASIL. *Atas de reunião... Op. cit.*, p. 28-9/31-3.

serão alvo de dúvidas e consultas ao conselho de Estado durante todo o segundo semestre de 1861.[8]

As disposições administrativas revelavam um aumento da interferência do governo em questões internas não só do Banco do Brasil, mas das sociedades anônimas de maneira geral. Já as disposições operacionais, segundo o parecer, colocariam o banco em "posição mais melindrosa do que a anterior à lei". No entanto, levantar controvérsias em relação à lei não daria resultado, uma vez que fora aprovada pelo Parlamento e deveria ser seguida por todos os súditos da nação. O parecer recomendava, então, que a diretoria cumprisse suas determinações mesmo sem consultar a assembleia dos acionistas e que expusesse ao Legislativo a dificuldade de carregar os ônus contratuais tendo que enfrentar, ao mesmo tempo, a concorrência de outros emissores e a cobrança de seus acionistas por maiores dividendos. Rejeitava as possibilidades, que devem ter sido ventiladas entre os acionistas, de rescisão de contrato com o governo, deixando o banco de ser emissor e atuando apenas em operações de depósitos e descontos, e mesmo de liquidação do banco. Finalizava pedindo o apoio da assembleia de acionistas e sustentando a posição ambígua da diretoria do banco, que deveria continuar tentando se enquadrar na lei, mas resguardando-se para que não fossem "feridos os interesses do mesmo estabelecimento, nem sacrificados os daqueles que têm com ele extensas e importantes relações". Portanto, para o parecer, o banco deveria continuar com a estratégia de reclamar e obedecer.

8 As resoluções do conselho de Estado sobre as disposições administrativas predominaram e foram as seguintes: N. 671 - Resolução de 17 de julho de 1861 – Sobre as questões suscitadas pelo presidente do Banco do Brasil a respeito da renovação anual dos membros da diretoria, no caso especial de renúncia dos cargos e reeleição de alguns membros demissionários; N. 672 - Resolução de 17 de julho de 1861 – Sobre as dúvidas expostas pelo presidente do Banco do Brasil relativamente à eleição e renovação dos suplentes dos diretores do mesmo banco; N. 681 - Resolução de 25 de setembro de 1861 – Sobre a inteligência do art. 52 dos estatutos do Banco do Brasil quanto ao honorário que compete ao respectivo presidente nos seus impedimentos por moléstia ou licença; N. 684 - Resolução de 16 de outubro de 1861 – Sobre as dúvidas suscitadas pelo vice-presidente do Banco do Brasil – se as disposições dos §§ 11 e 13 do art. 2º da lei de 22 de agosto de 1860 são aplicáveis aos diretores e suplentes das caixas filiais do mesmo banco. Já sobre as disposições operacionais foram apenas duas resoluções: N. 676 - Resolução de 10 de agosto de 1861 – Sobre a dúvida em que se acha a diretoria do Banco do Brasil relativamente à verdadeira inteligência da 2ª parte do § 2º art. 1º a lei de 22 de agosto ou da disposição que lhe é paralela, do art. 4º do Decreto de 10 de novembro de 1860; N. 686 - Resolução de 28 de dezembro de 1861 – Sobre o ofício do vice-presidente do Banco do Brasil relativamente à computação do fundo disponível do mesmo banco, em relação a suas caixas filiais. Cf. BRASIL. *Imperiaes resoluções do Conselho de Estado... Op. cit.*

Se a lei de 1860 deixava o Banco do Brasil em situação melindrosa, os outros bancos emissores também tinham dificuldade para se enquadrar nela, como era de se prever. O caso é que já em 1861, na mesma sessão em que foi votado o parecer a que acabamos de nos referir, apareceu uma proposta de um dos diretores do banco que concretizava o caminho de volta ao monopólio de emissão e confirmava o temor da oposição liberal. Para que o Banco do Brasil pudesse carregar com maior tranquilidade o ônus de controlar a oferta de moeda no Império e cumprir a lei sem ferir os interesses de seus acionistas, o diretor Coelho de Castro propunha uma emenda ao parecer que previa apresentar à assembleia dos acionistas

> a conveniência de um acordo com os Bancos Agrícola e Rural, *para constituir a unidade de emissão no distrito da circulação dos referidos Bancos*, e bem assim a necessidade de algumas modificações aos Estatutos do Banco, que o coloquem em posição de bem cumprir as suas obrigações para com o País sem ofender a seus interesses particulares [grifo nosso].[9]

Na reunião seguinte, em que o parecer seria votado, Coelho de Castro apresentou uma subemenda que esclarecia os termos da autorização que a diretoria do banco solicitava à assembleia dos acionistas. Pedia autorização, em primeiro lugar, para efetuar o acordo com os bancos emissores do Rio de Janeiro, a fim de comprar-lhes seu direito de emissão. Segundo, para solicitar ao Legislativo a aprovação desse acordo e conceder o privilégio exclusivo da emissão de notas nas províncias do Rio de Janeiro, São Paulo e Minas Gerais. Caso essa concessão não fosse feita invalidaria o acordo com os bancos emissores do Rio. Terceiro, para solicitar ao Legislativo também algumas alterações nos estatutos do banco para adequá-los não só à lei de 1860, como "à centralização do governo econômico do Banco do Brasil". Aparentemente Batista de Oliveira esquivou-se de apresentar o parecer da comissão aos acionistas alegando que, por ser o delegado do governo no banco, não seria o canal mais adequado para denunciar que a lei de 1860

9 Para o parecer completo e para as três citações, cf. Sessão 577, de 26 de março de 1861. In: BANCO DO BRASIL. *Atas de reunião... Op. cit.*, p. 46-50. Cf. também PACHECO, Cláudio. *História... Op. cit.*, p. 150-3.

infringia seus estatutos. Contudo, a subemenda de Coelho de Castro seria aprovada na diretoria e submetida à assembleia dos acionistas, que se reuniria de 30 de abril a 2 de maio de 1861.[10]

O resultado dessa assembleia não poderia ter sido mais desfavorável à diretoria do banco. Além de não considerarem a proposta de incorporação da emissão dos bancos Agrícola e Rural, os acionistas resolveram, por conta própria, nomear uma comissão para negociar diretamente com o governo as condições de existência do Banco do Brasil no contexto da lei de 1860 com poderes até para propor a rescisão do contrato caso suas reclamações não fossem atendidas. À frente desse motim da assembleia de acionistas contra a diretoria do banco e o governo estava novamente Mauá, cuja proposta vitoriosa propunha

> a nomeação de uma comissão de cinco membros, *a quem a Assembléia Geral do Banco do Brasil confere os necessários poderes para negociar por intermédio de seu órgão com o governo as novas condições de existência do Banco*, por não estar de acordo esta Assembléia Geral com os atos do Poder Legislativo e Executivo, que presumem ter alterado o contrato bilateral, em que se baseara a incorporação do Banco, sem acordo e anuência do mesmo Banco, antes de findar-se o prazo estipulado no contrato, podendo o mesmo concordar na rescisão do contrato, mediante as justas indenizações a que temos direito, se não obtiver do governo novas concessões que habilitem o estabelecimento a preencher o fim de sua missão, conciliando os interesses dos acionistas com os do Banco [grifo nosso].

Por meio da comissão, a assembleia dos acionistas dava um drible na diretoria, cuja maior parte dos membros era pró-governo, e tentava negociar diretamente com o governo. O drible se completou com a eleição dos membros da comissão, pois nenhum dos cinco eleitos fazia parte da diretoria do banco e quatro deles eram signatários da referida proposta.[11] A reação da assembleia dos acionistas à lei de

---

10 Sessão 578, de 1º de abril de 1861. Cf. BANCO DO BRASIL. *Atas de reunião... Op. cit.*, p. 50-1.

11 PACHECO, Cláudio. *História... Op. cit.*, p. 155. Os cinco eleitos para a comissão nomeada pela assembleia dos acionistas foram o visconde de Ipanema (774 votos); Joaquim Pereira de Faria (577 votos); Antônio José Alves Souto (554 votos); o barão de Mauá (550 votos) e Militão Máximo de Souza (519 votos). Dias de Carvalho, membro da diretoria mais votado, foi o sexto da lista com apenas 312 votos.

1860 e à posição da diretoria do banco em relação a ela espelhava, por um lado, um movimento político de oposição ao governo liderado por Mauá, que usava seu espaço na mesma assembleia para criticar a política econômica saquarema, e, por outro, um movimento mesmo dos acionistas que reclamavam da queda dos dividendos pagos pelo banco com as medidas restritivas que começaram a ser tomadas com Torres Homem. E, de fato, a tendência dos dividendos a partir de 1859 era claramente de queda (Gráfico 23).

Gráfico 23 – Dividendos pagos pelo Banco do Brasil (1857-62)

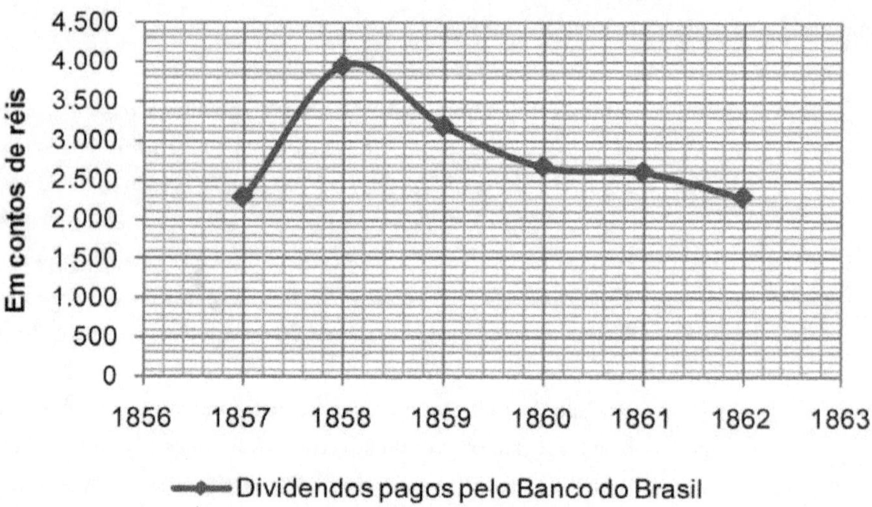

Fonte: Balanços do Banco do Brasil. In: BANCO DO BRASIL. *Relatório apresentado á Assembléa Geral dos Accionistas do Banco do Brasil.* Vários números.

As facetas pública e privada do banco novamente entravam em conflito. Enquadrar-se na lei de 1860 e cumprir os desígnios do projeto saquarema significava um custo para o banco que seus acionistas aparentemente não estavam dispostos a suportar. Entre eles e o governo estava a diretoria, cuja estratégia de reclamar e obedecer parecia não ser suficiente para equilibrar os interesses conflitantes que estavam em jogo. A assembleia dos acionistas preferia reclamar e reclamar em enfrentamento aberto com o governo.

Mauá, Ipanema, Pereira de Faria e Militão Máximo de Souza eram signatários da proposta.

Diante do resultado dessa assembleia, a diretoria avaliou que não gozava da confiança plena por parte dos acionistas e resolveu demitir-se coletivamente no dia 4 de maio de 1861.[12] Em reunião posterior, a renúncia coletiva foi justificada pela diretoria:

> É condição indispensável ao mandatário a plena confiança do mandante, qualquer que seja o prazo e a forma de sua instituição para que ele possa bem desempenhar a comissão que aceitou. *Faltando esta confiança e manifestando-se por atos significativos a desaprovação do mandante em pontos definidos, os mandatários, embora o mandato não possa ser imediatamente revogado, perdem a consideração de que devem gozar*; e momentos há em que o único procedimento digno é o de resignar as funções de que se achavam revestidos. Tal é a situação a que foram levados os diretores do Banco do Brasil [grifo nosso].[13]

Se a questão econômica derrubara Torres Homem e contribuíra para a queda de Ferraz do Ministério da Fazenda, agora produzia seus estragos na administração do Banco do Brasil. No entanto, a mesma assembleia dos acionistas que provocara a renúncia coletiva da diretoria, reelegeria pouco depois dez dos quinze diretores do banco.[14] Isso abrirá uma discussão interna sobre o futuro da instituição e motivará reações talvez mais enérgicas da diretoria em relação às decisões governamentais, mas o banco não deixará de seguir a lei e a orientação do governo. Conforme consta no relatório de Paranhos de 1861, o pensamento da lei não estava longe de sua realização.[15]

Apesar da reeleição da maioria dos membros da diretoria que havia se demitido coletivamente, ou por isso mesmo, a relação entre diretoria e assembleia dos acionistas continuava tensa. A comissão da assembleia dos acionistas solicitou que a diretoria também nomeasse uma comissão de diretores para que pudessem elaborar

12 Sessão 584, de 4 de maio de 1861. Cf. BANCO DO BRASIL. *Atas de reunião... Op. cit.*, p. 54-5.

13 Sessão 587, de 15 de maio de 1861. Cf. BANCO DO BRASIL. *Atas de reunião... Op. cit.*, p. 57-9. Cf. também PACHECO, Cláudio. *História... Op. cit.*, p. 154.

14 PACHECO, Cláudio. *História... Op. cit.*, p. 155.

15 Cf. BRASIL. MINISTÉRIO DA FAZENDA. *Proposta e relatorio apresentados á Assembléa Geral Legislativa na Segunda Sessão da Décima Primeira Legislatura do anno de 1861 pelo Ministro e Secretario d'Estado dos Negocios da Fazenda José Maria da Silva Paranhos*. Rio de Janeiro: Typ. Nacional, 1862, p. 26.

um parecer comum sobre as medidas que seria conveniente propor ao governo para assegurar que o banco continuasse a contemplar o interesse de seus acionistas sem deixar de cumprir sua missão pública. Não foi atendida. Então, solicitou à diretoria informações sobre o banco para que pudesse definir em seu parecer as reais necessidades do estabelecimento. Foi atendida, mas com atraso. A má vontade da diretoria era evidente e o governo, embora dissesse que acolheria o parecer da comissão para "meditar e resolver", deixou claro que não discutiria qualquer ponto que implicasse reforma dos estatutos antes que a assembleia dos acionistas a aprovasse, conforme dispunham os próprios estatutos do banco. Apesar disso, o parecer da comissão foi publicado no dia 17 de agosto de 1861.

Inicialmente, o parecer recuperava a discussão que já vinha desde o projeto Torres Homem e atacava os mesmos pontos abordados por Dias de Carvalho na defesa do banco quando se discutia o projeto de Ferraz no Senado. Dizia que a lei de 1860 não podia ser aplicada ao Banco do Brasil sem ferir seus direitos adquiridos e o contrato bilateral que seus acionistas assinaram com o governo. Como vimos, Ferraz sustentou que o interesse público de seu projeto estava acima dos direitos adquiridos e a aprovação que as câmaras deram ao projeto corroboraram a sustentação do então chefe de gabinete e ministro da Fazenda. Quanto ao contrato, bastaria que o banco cumprisse o que já estava estabelecido em seus estatutos, não se tratando, portanto, de ferir o acordo entre governo e acionistas do banco.

O caso é que o parecer também ressuscitava uma velha discussão que vinha da época de Souza Franco, quando o banco suspendeu o troco em ouro de suas notas, mantendo apenas o troco em notas do Tesouro. Os pareceristas entendiam, assim como Souza Franco, que a obrigatoriedade do troco em ouro e, consequentemente, a obrigação de manter o valor do papel-moeda ao par do ouro, não estava na letra da lei de 1853 nem passara, em momento algum, na mente de nenhum dos diretores dos bancos que foram objeto da fusão que resultou no segundo Banco do Brasil. Já os saquaremas, Itaboraí à frente, entendiam que sim, o Banco do Brasil tinha obrigação de trocar suas notas por ouro conforme o espírito da lei de 1853. A ambiguidade de seu § 6º do art. 1º, que previa o troco em moeda corrente, metal ou papel-moeda, deveria ser corrigida, conforme demonstraram os ataques de Souza Franco à lei na época da crise de 1857, e foi justamente isso que fez o projeto de Torres Homem e que foi mantido na lei de Ferraz, isto é, estabelecia-se claramente a obrigatoriedade do troco em ouro das notas dos bancos emissores do Império. O parecer argumentava, no entanto, que o Banco do Brasil sempre fora discricionário ao trocar suas notas, decidindo ele mesmo se entregava ouro ou notas do Tesouro, de acordo com sua conveniência, aos clientes que compareciam aos seus guichês para realizar tal operação. E isso com a anuência do delegado do governo no banco, seu próprio presidente, que nunca vetou tal prática. Para os pareceristas, o troco em ouro não estava nem na lei de 1853 nem na prática.

Argumentavam ainda que se o troco em ouro fosse uma obrigação, o governo teria que dar uma compensação muito maior aos acionistas dos bancos emissores do Rio para que topassem a fusão. O privilégio de ter as notas do banco aceitas nas estações públicas e a isenção do pagamento do imposto do selo seriam insuficientes para compensar os custos do controle da oferta monetária e creditícia e do estabelecimento da circulação metálica no Império. Reclamavam objetivamente do alto custo de oportunidade do empréstimo de 10.000:000$, sem juros, feito ao governo para iniciar a retirada das notas do Tesouro de circulação. Interessante notar, entretanto, que o parecer não mencionou o privilégio fundamental do monopólio de emissão. Não só não falou no bônus do monopólio, como atacou eventuais "medidas desacertadas de um só banco" e defendeu sem hesitação a concorrência limitada e regulada por lei para o exercício do direito de emissão. Era como se Souza Franco estivesse falando pelos acionistas do banco. Talvez os pareceristas, sobretudo Mauá, ao deixarem de lado os eventuais bônus do monopólio de emissão, não quisessem criticar o ex-ministro da Fazenda, cuja política econômica rompera com tal privilégio, nem defender involuntariamente uma doutrina com a qual não concordavam.

A apresentação dessas questões no parecer apontava o descontentamento de parte dos acionistas do banco com o governo e expressava mesmo a liderança de Mauá na assembleia dos acionistas, conforme anotou Pacheco.[16] Com isso, criticavam diretamente o governo e indiretamente os saquaremas. A censura à doutrina metalista dominante não tardaria a aparecer. O governo era acusado de transplantar ideias inglesas para o trópico, curvando-se à autoridade dos que apoiavam o metalismo sem verificar se ele era verdadeiro ou aplicável no Brasil. Com a lei de 1860, o governo fazia ainda pior, pois não só referendava a teoria como a exagerava. Ao mesmo tempo, avaliavam que a circulação fiduciária ajudara o Brasil a desenvol-

16 PACHECO, Cláudio. *História... Op. cit.*, p. 155.

ver os seus recursos até aqui, mas que ainda não havia riqueza suficiente para se conseguir rapidamente estabelecer a circulação metálica no Império. Nesse sentido, a lei de 1860 não só impediria o desenvolvimento dos recursos, via contração violenta do crédito, como provocaria a depreciação dos capitais existentes.

Em suma, o parecer solicitava ao governo a não aplicação da lei de 1860 ao Banco do Brasil; a proibição da criação de novos emissores; a responsabilidade de auxiliar o governo na manutenção do valor da moeda e a autorização para fazer mudanças na administração do banco. O banco, por sua vez, devia completar seu capital; criar mais caixas filiais; parar de tomar dinheiro a prêmio e dar maior liquidez à sua carteira de títulos. Nenhuma palavra sobre dividendos. Talvez para não dar margem a críticas do governo em relação à ganância dos acionistas ou à sobreposição do interesse particular sobre o interesse público.[17]

O parecer revelava, pois, a posição de uma parcela dos acionistas que, além de defender seus interesses particulares, criticava a política econômica saquarema. As palavras de Mauá poderiam muito bem ter saído da boca de Souza Franco. A comissão fazia clara oposição ao governo e aos saquaremas. Contudo, tinha que enfrentar a força do governo e desse grupo político no banco, cuja diretoria, como vimos, demonstrou má vontade com a comissão e não encaminharia seu parecer ao governo.

Assim como ocorreu com a representação contra o projeto de Torres Homem que a assembleia dos acionistas queria enviar ao governo, mas fora vetada por Itaboraí, então presidente do banco, Batista de Oliveira, que ocupava agora esse cargo, seguiu a inteligência que seu antecessor e também o governo deram aos estatutos àquela época, afirmando que a assembleia dos acionistas não poderia impor mandatos à diretoria do banco. Dessa maneira, entendia seu presidente que não poderia dar execução à deliberação da mesma assembleia que, então, enviou seu parecer diretamente ao Legislativo. Contudo, para evitar a reação furiosa dos acionistas, Batista de Oliveira amenizou sua decisão sinalizando que, tendo em vista o art. 65 dos estatutos, aceitaria qualquer requerimento, por parte da diretoria, que fosse no sentido da representação dos acionistas e o enviaria ao governo. Aproveitando a deixa, o diretor Paula Santos, aquele mesmo da oposição ao projeto de Torres Homem na Câmara, propôs a organização de uma comissão que apresentasse um

17 Para o parecer, cf. PACHECO, Cláudio. *História... Op. cit.*, p. 156-162.

projeto de representação ao governo solicitando que a lei de 1860 não fosse aplicada ao banco.[18]

O projeto de representação da comissão da diretoria foi apresentado por Otoni e, basicamente, seguia a argumentação e as reivindicações que já estavam no parecer da assembleia dos acionistas. Para remediar os males que ameaçavam a existência do banco, e os dividendos de seus acionistas, a diretoria requeria que o Legislativo desse um voto de confiança ao ministro da Fazenda, que então era Paranhos, para que o governo pudesse negociar a modificação do contrato celebrado com o Banco do Brasil.[19] Surpreendente foi o voto em separado de Coelho de Castro. Se antes ele pedia autorização aos acionistas para que a diretoria negociasse a compra do direito de emissão dos bancos Agrícola e Rural, indicando a reconcentração do direito de emissão no Banco do Brasil, pelo menos nas províncias do Rio de Janeiro, Minas Gerais e São Paulo, agora o mesmo Coelho de Castro sugeria como melhor alternativa para o banco, e para seus acionistas, a rescisão do contrato com o governo, retirando-lhe o direito de emissão e transformando-o num banco de depósitos e descontos.

Seria o fim do banco da Ordem? Ainda não. No dia seguinte à apresentação, o projeto foi aprovado, assim como parte da proposta de Coelho de Castro feita em seu voto em separado, mas a diretoria não deixou passar a renúncia ao direito de emissão.

Pelo que consta no parecer da comissão especial que avaliou a fusão do Banco do Brasil com o Banco Agrícola, de que logo falaremos, a diretoria esperava uma resposta do Legislativo à representação da assembleia dos acionistas que fora encaminhada diretamente às câmaras. Contudo tal representação ficou aparentemente sem resposta. Os relatórios do banco confirmam a informação do parecer. No relatório à assembleia dos acionistas de 1862, o presidente do banco informou aos acionistas que as representações enviadas ao governo, em virtude das deliberações da assembleia dos acionistas que se reuniu em 2 de abril, ainda pendiam sem solução do Legislativo, ou seja, até julho de 1862. No mesmo relatório, só que de 1863, a

18 Sessão de 7 de julho de 1859 e sessão 605, de 12 de agosto de 1861. Cf. BANCO DO BRASIL. *Atas de reunião... Op. cit.*, p. 85-7/115-8.

19 Corriam paralelamente duas representações do banco: uma enviada pela assembleia dos acionistas ao Legislativo e outra enviada pela diretoria ao Executivo. O conteúdo de ambas era praticamente o mesmo, o que levou Batista de Oliveira a dizer na reunião do conselho de Estado pleno que houve duplicata de representação. Cf. Sessão de 10 de julho de 1862. In: BRASIL. *Atas do conselho de Estado pleno. Terceiro conselho de Estado, 1857-1864.*

pendência continuava, ou seja, até julho de 1863. Enquanto isso, o banco cumpria a lei e tentava se enquadrar nela.[20]

A lei de 1860 abriu espaço para propostas de alternativas que compatibilizassem suas facetas privada e pública. Segundo Pacheco, formaram-se duas correntes dentro do banco: uma conservadora e outra renovadora. A corrente conservadora, apoiada pelos diretores mais antigos, defendia a compra dos direitos de emissão dos bancos Agrícola e Rural e estava mais ligada ao governo. A renovadora, apoiada pelos diretores mais novos, sustentava a renúncia ao direito de emissão, transformando o Banco do Brasil num estabelecimento de depósitos e descontos apenas. Essa corrente estava mais ligada à assembleia dos acionistas e dava vazão à pressão desse grupo não só por maiores dividendos, como também pela manutenção de empréstimos feitos a si mesmos.[21] Também não se pode deixar de observar que o fim do direito de emissão do Banco do Brasil significaria o fim do banco da Ordem e, portanto, essa corrente fazia franca oposição à política econômica saquarema no interior do banco.

---

20 O parecer da comissão especial dizia que a "*a assembléia geral dos acionistas havia deliberado apelar,* como de fato se apelou, *para o corpo Legislativo. A deferência para com a assembléia geral dos acionistas e para com o corpo Legislativo* exigia que a diretoria esperasse a solução da representação que se fez, e não a desse sob sua responsabilidade *criando uma situação nova que não fosse filha do estudo e da experiência. Infelizmente porém,* as câmaras se encerraram sem que nem ao menos fosse iniciada medida alguma no sentido da representação do banco, *provando-se por este fato e pelas declarações do Sr. ministro da Fazenda que os poderes nacionais aguardavam para depois de algum tempo de experiência de lei, o estudo das modificações, que por ventura conviesse fazer-lhe*". Cf. BANCO DO BRASIL. *Parecer da commissão especial nomeada pela directoria do Banco do Brasil, d'entre seus membros sobre a conveniência de negociar-se com os Bancos Comercial e Agrícola e Rural e Hypotecário, a cessão ao Banco do Brasil do direito que aqueles bancos tem de emmitir notas á vista e ao portador, apresentado à Assembléa Geral dos Srns. Accionistas em 2 de abril de 1862.* Rio de Janeiro: Typ. do Correio Mercantil, 1862, p. 4-5. Cf. também Sessão 607, de 26 de agosto de 1861 e sessão 608, de 27 de agosto de 1861. Cf. BANCO DO BRASIL. *Atas de reunião...Op. cit.*, p. 89-94/94-5; PACHECO, Cláudio. *História... Op. cit.*, p. 161-2. Cf. também BANCO DO BRASIL. *Relatório apresentado à Assembléa Geral dos Accionistas do Banco do Brasil na sua reunião de 1862, pelo seu Presidente O Conselheiro Candido Baptista d'Oliveira.* Rio de Janeiro: Typ. Paula Brito, 1862, p. 16; BANCO DO BRASIL. *Relatório apresentado à Assembléa Geral dos Accionistas do Banco do Brasil na sua reunião de 1863, pelo seu Presidente Candido Baptista d'Oliveira.* Rio de Janeiro: Typ. Paula Brito, 1863, p. 16.

21 PACHECO, Cláudio. *História... Op. cit.*, p. 163-4.

8.2. Reclamar e solucionar: consolidação da proposta de uma nova fusão

A fim de discutir os rumos do banco, Otoni propôs a nomeação de uma comissão de diretores para avaliar a conveniência da fusão do Banco do Brasil com o Banco Comercial e Agrícola, o que foi aprovado pela diretoria. A comissão foi instalada no dia 21 de outubro de 1861 e dela faziam parte o próprio Otoni, João Coelho Gomes Filho e Francisco José Gonçalves.[22] Interessante notar que a proposta de fusão fora aventada também por Mauá. Tanto ele como Otoni, por suas tendências liberais e favoráveis à pluralidade emissora, tenderiam a votar contra qualquer proposta que pudesse conduzir à volta do monopólio de emissão no Banco do Brasil. Por que, então, esses insuspeitos membros da administração do Banco do Brasil proporiam a fusão com o Banco Comercial e Agrícola caminhando justamente nesse sentido? Bem, a explicação para essa aparente incoerência teórica grave começa com a discussão da originalidade da proposta. Como vimos, Otoni e Mauá não foram os primeiros a propor a fusão. Coelho de Castro já a havia proposto seis meses antes e, com a anuência da diretoria, foi levada para ser discutida na assembleia dos acionistas. Só que a assembleia, liderada por Mauá, nem sequer discutiu a questão, preferindo se concentrar na representação que faria ao governo contra a aplicação da lei de 1860 ao Banco do Brasil.

Agora, a volta da questão pelas mãos de Otoni e Mauá poderia manifestar a pressa do Banco Comercial e Agrícola em acertar um acordo com o Banco do Brasil diante da precariedade de sua situação, por conta do direito de emissão e das restrições impostas pela lei de 1860, e da pressão dos acionistas do Banco do Brasil pelo aumento dos dividendos. A fusão seria capaz de, ao mesmo tempo, salvar um banco em estado falimentar e arrefecer os ânimos de acionistas insatisfeitos. A incoerência teórica dessa posição se justificaria por sua conveniência prática. Nessas circunstâncias, não se podia impedir os efeitos restauradores da lei de 1860 e, aparentemente, os saquaremas continuavam a dar as cartas em termos de política econômica.

Entretanto, Mauá era uma liderança muito influente entre os acionistas do Banco do Brasil. Mostra de sua força foi o movimento que levantou contra a operação de

22 Sessões 616, de 14 de outubro de 1861 e sessão 618, de 21 de outubro de 1861. Cf. BANCO DO BRASIL. *Atas de reunião... Op. cit.*, p. 107-10/111-2.

tomada de dinheiro a prêmio por parte do banco. Para Mauá, além de não se enquadrar perfeitamente nos estatutos do banco, essa operação gerava prejuízo aos acionistas, pois frequentemente os recursos captados não eram emprestados, e restringia enormemente a oferta de recursos para outras casas bancárias, uma vez que o prêmio pago pelo Banco do Brasil atraía tais recursos para seus cofres. Então, na assembleia dos acionistas de agosto de 1862, Mauá solicitou e conseguiu aprovar o fim dessa operação.

Sua influência certamente seria decisiva também na votação sobre a fusão. Diante da gravidade da matéria, era de se esperar que as três alternativas aventadas para definir os rumos do banco, a saber, a fusão, a renúncia ao direito de emissão e até a liquidação, fossem exaustivamente debatidas por seus diretores. Contudo, a análise das atas das reuniões da diretoria entre a nomeação da comissão especial que analisaria a fusão e a apresentação de seu parecer, em janeiro de 1862, revela que praticamente não houve debates nesse sentido, predominando a discussão de questões operacionais rotineiras. Aparentemente essa matéria era muito mais uma questão de acionistas do que da diretoria do banco propriamente, por isso sua discussão aparecia com maior frequência na imprensa. Coerente com as posições políticas dos diferentes grupos que disputavam influência dentro do banco e no governo, o Correio Mercantil publicava artigos favoráveis à renúncia ao direito de emissão e, por conseguinte, negavam a opção que conduziria ao retorno parcial do monopólio de emissão às mãos do Banco do Brasil. Já o Jornal do Comércio dava espaço a artigos que apoiavam a reunificação do direito de emissão no Banco do Brasil, ainda que apenas na Corte.[23] A proposta de liquidação não prosperou e praticamente não se falou mais dela. Diante da ausência de debate interno, o parecer da comissão especial da diretoria definiria os rumos do banco.

Como acabamos de nos referir, tal parecer foi apresentado à diretoria na sessão de 23 de janeiro de 1862. De início o parecer lembrava a proposta original de Coelho de Castro que fora ignorada pela assembleia dos acionistas e, em seguida, partia para o ataque à lei de 1860. Sustentava que suas regras restritivas colocavam o banco em situação anormal e insustentável. Mudanças em seus estatutos deveriam ser feitas para que pudesse se adequar à nova lei. Ainda não chegara o momento de renunciar ao direto de emissão, dizia o parecer, era preciso antes executar plenamente os

23 PACHECO, Cláudio. *História... Op. cit.*, p. 171.

estatutos firmados em 1853 e verificar os resultados do banco. O parecer assinado por Otoni, certamente apoiado por Mauá, publicado na tipografia do Correio Mercantil, defendia o cumprimento dos estatutos originais. Estariam eles promovendo o plano de Itaboraí? Que contradição seria! Mas não se tratava de contradição. Eles poderiam muito bem sustentar a lei de 1853 conforme a interpretação de Souza Franco em 1857. Basicamente, tal interpretação negava a proibição de se criar novos bancos emissores e afirmava o troco das notas do Banco do Brasil em papel-moeda. Não havia, portanto, contradição na defesa da lei de 1853. Estranho, de fato, era propor uma fusão entre bancos emissores que, em certa medida, recolocaria o monopólio de emissão nas mãos do Banco do Brasil. No entanto, como dissemos, a posição de Otoni e Mauá neste momento era muito mais pragmática do que teórica.

Em síntese, o parecer propunha o seguinte à assembleia dos acionistas: 1) pedir autorização ao governo para aumentar o capital do banco para 33.000:000$; 2) ceder 24.000 ações do Banco do Brasil aos acionistas do Banco Agrícola; 3) fazer a liquidação desse banco mediante cobrança de pequena taxa ou deixar a liquidação correr por conta do próprio banco liquidado; 4) seguir o modelo da liquidação dos bancos que se fundiram no Banco do Brasil, caso este último fizesse a liquidação do Banco Agrícola; e 5) requerer ao governo mudanças no contrato com o banco e pedir garantias de que não seriam criados novos bancos de emissão no tempo de seu privilégio. Depois de várias tentativas de se discutir o parecer na diretoria, ele acabou sendo discutido e aprovado na sessão de 10 de fevereiro do mesmo ano com a emenda do diretor João Coelho Gomes Filho que propunha estender o acordo ao Banco Rural e Hipotecário.

A discussão do parecer na assembleia dos acionistas foi marcada para o dia 2 de abril de 1862, quando foi aprovado.[24] A aprovação do parecer indica que seria temerário supor que Mauá e Otoni tivessem proposto a fusão justamente para que ela fosse rejeitada pela assembleia dos acionistas. Se quisessem isso, provavelmente teriam conseguido. Foram questões concretas, relacionadas à lei de 1860, que motivaram a fusão. O próprio parecer dizia claramente que não pretendia discutir "as

---

24 Sessões 634 a 644, de 23 de janeiro de 1862 a 19 de março de 1862. Cf. BANCO DO BRASIL. *Atas de reunião... Op. cit.*, p. 129-46. Para o parecer, cf. BANCO DO BRASIL. *Parecer da commissão especial nomeada pela directoria do Banco do Brasil, d'entre seus membros sobre a conveniência de negociar--se com os Bancos Comercial e Agrícola e Rural e Hypotecário, a cessão ao Banco do Brasil do direito que aqueles bancos tem de emmitir notas á vista e ao portador, apresentado à Assembléa Geral dos Srns. Accionistas em 2 de abril de 1862*. Rio de Janeiro: Typ. do Correio Mercantil, 1862.

grandes questões conexas como a da unidade bancária" e que olhava o acordo "só pelo lado do interesse do Banco do Brasil".[25] Ademais, é preciso lembrar que a fusão fortaleceria o banco diante da concorrência incômoda dos recém-abertos *London and Brazilian Bank* e *Brazilian and Portuguese Bank*, primeiros bancos estrangeiros de depósitos e descontos que aportaram na praça do Rio entre 1862 e 1863.[26]

No contexto da lei, Otoni e Mauá, como membros da administração do banco, tiveram que ceder e tomar providências imediatas que favorecessem o banco e seus acionistas. A assembleia dos acionistas os seguiu e, assim, ironicamente, o Banco do Brasil caminhava em direção ao monopólio de emissão e fortalecia a política econômica saquarema. A crítica teórica e política a esse movimento do banco ficaria mais uma vez a cargo de Souza Franco. Enquanto o Banco do Brasil se encaminhava para propor ao governo a fusão com o Banco Agrícola e a negociação da compra do direito de emissão do Banco Rural, o gabinete Caxias enfrentava forte resistência política no Parlamento.

A proposta de uma política econômica restritiva derrubara Torres Homem e a aprovação da lei de 1860, restritivíssima, certamente contribuiu para a queda de Ferraz. Uma vez colocada em prática, todavia, a lei de 1860 parece não ter sido o objeto da efervescência que derrubaria Caxias do gabinete e Paranhos do Ministério da Fazenda. O que fervia em 1862 era o longo tempo de mando do partido conservador, ou de uma oligarquia dentro do partido ou dos vermelhos ou dos saquaremas, que passava a ser questionado tanto por liberais, como era evidente, como por conservadores moderados. Estava em marcha a formação da liga progressista, arranjo político que unia justamente os dois grupos questionadores contra o *uti possidetis* de quatorze anos do partido conservador.[27] Vale dizer que esse discurso de Nabuco de Araújo ajuda a corroborar a tese

25 BANCO DO BRASIL. *Parecer da commissão especial... Op. cit.*, p. 9.

26 BANCO DO BRASIL. *Relatório apresentado à Assembléa Geral dos Accionistas do Banco do Brasil na sua reunião de 1864, pelo seu Presidente Candido Baptista d'Oliveira*. Rio de Janeiro: Typ. do Correio Mercantil, 1864, p. 14. Para os bancos ingleses no Brasil, cf GRANZIERA, Rui Guilherme. *A guerra do Paraguai e o capitalismo no Brasil*. São Paulo: Hucitec/Unicamp, 1979, p. 78-85. Para o *London and Brazilian Bank* especificamente, cf. JOSLIN, David. *A Century of Banking in Latin America*. Londres: Oxford University Press, 1963. A década de 1860 foi marcada pela entrada de investimentos diretos ingleses no Brasil. Cf. GRAHAM, Richard. *Grã-Bretanha e o início da modernização no Brasil*. São Paulo: Brasiliense, 1973.

27 Para o discurso do *Uti possidetis*, cf. NABUCO, Joaquim. *Um estadista... Op. cit.*, p. 355-60. Para a retirada do gabinete Caxias, cf. também sessão de 27 de maio de 1862. In: *Anais da Câmara*, p. 79.

de que a política econômica saquarema seguia vigorando no Império desde a criação do segundo Banco do Brasil até, pelo menos, o momento do discurso feito em 1862.

A força do grupo de liberais e conservadores descontentes com a Ordem, que já se apresentava embrionariamente na votação do projeto de Torres Homem, se revelou na aprovação por diferença de apenas um voto da emenda de Zacarias, senador da oposição, ao voto de graças. Sem maioria sólida, o gabinete solicitou ao imperador a dissolução da Câmara. Como era trivial, a solicitação foi negada e mais um gabinete batia em retirada.

Elevado a chefe de gabinete, Zacarias nomearia Dias de Carvalho para o Ministério da Fazenda. Em tese, a formação desse gabinete concretizava uma vitória da liga progressista e uma ameaça ao poder político dos saquaremas. Segundo Nabuco de Araújo, "a Liga estava triunfante. Havia terminado o chamado domínio dos quatorze anos em que, sob diversos ministérios, governara o país oficial o poderoso triunvirato de que Eusébio de Queirós era a alma".[28] Porém, esse gabinete teria vida curta, curtíssima, durando três dias apenas. Assim como a aprovação do projeto de Torres Homem na Câmara, em 1859, fora uma vitória de Pirro, essa vitória do grupo político, por assim dizer, antissaquarema também não deixou de sê-lo. O próprio Torres Homem subiu à tribuna da Câmara para escancarar a fraqueza e insustentabilidade política de um gabinete que não conseguiria maioria parlamentar sólida para desempenhar suas "árduas funções", pois, dissolvido o gabinete Caxias,

> o poder passou para as mãos da oposição, que, por um laço armado à fortuna, se havia achado em maioria de um voto. Maioria de um dia, maioria de algumas horas talvez, maioria contestada como filha da surpresa. *A superioridade numérica de um voto, eis o título de seu triunfo; eis a fonte única da sua pretensão de mudar a face política do país* [grifo nosso].[29]

No dia seguinte, durante a votação de emendas do Senado a um projeto da Câmara que regulava promoções na armada, Torres Homem propôs o adiamento da discussão até que a Câmara pudesse confiar que o gabinete cumpriria "fiel e irrestritamente" o

---

28 NABUCO, Joaquim. *Um estadista... Op. cit.*, p. 360.

29 Sessão de 27 de maio de 1862. In: *Anais da Câmara*, p. 79.

projeto de lei que se votava.[30] Claro que a votação do adiamento transformou-se numa questão de confiança e, caso fosse aprovado, o gabinete certamente se retiraria. Por diferença de seis votos, venceu o adiamento e o gabinete, como de praxe, solicitou a dissolução da Câmara. Não a obteve e caiu. Então, o imperador chamou o velho Olinda para organizar o novo gabinete e para o Ministério da Fazenda foi nomeado novamente Holanda Cavalcanti, o mesmo da reforma monetária de 1846 e do projeto de bancos emissores provinciais.[31] Defensor da circulação metálica e de bancos emissores provinciais, o ministro da Fazenda parecia ser neutro diante das disputas partidárias. Talvez, por isso, nenhuma reviravolta ocorreria na política econômica do governo.

No entanto, de acordo com Nabuco, o novo gabinete representava o "triunfo completo da Liga, o fracasso completo da oligarquia".[32] Olinda e Holanda Cavalcanti seriam uma ameaça ao projeto saquarema? Olinda disse na Câmara que seu programa ministerial seguiria as medidas urgentes expostas na fala do trono, a saber, melhorar o sistema administrativo das províncias; reformar a lei orgânica das câmaras municipais; promover modificações na legislação eleitoral e no código do processo criminal; cuidar da guarda nacional, do Exército e da armada; tentar resolver o problema da falta de braços na agricultura; e, finalmente, limitar a despesa pública para equilibrar o orçamento imperial. Ou seja, nada sobre moeda, crédito ou bancos. Assim, a lei de 1860 continuaria sendo executada, predominando ainda os princípios econômicos que lhe serviram de base. Isso indicava que o poder político do triunvirato ainda não chegara ao fim, pelo menos não no campo econômico. A maior preocupação do ministério não podia deixar de ser política, isto é, seguir uma estratégia que resultasse na formação de uma maioria na Câmara ligada aos progressistas. A estratégia passaria pela dissolução da Câmara atual, muito dividida, e pela convocação de eleições. Contudo, o gabinete hesitava em dissolver a Câmara. Enquanto isso, os saquaremas jogados aparentemente na oposição se fortaleciam. O moderado Antônio Coelho de Sá e Albuquerque, que fizera parte do gabinete Ferraz, numa carta escrita a Nabuco de Araújo, observava que

30 Sessão de 28 de maio de 1862. In: *Anais da Câmara*, p. 100-1. Cf. também PACHECO, Cláudio. *História... Op. cit.*, p. 183.

31 O gabinete Vasconcellos caiu no dia 24 de maio de 1862, mesma data da subida de Olinda. Holanda Cavalcanti já havia sido ministro da Fazenda por um curto período em 1832 e, mais tarde, entre 1846 e 1847.

32 NABUCO, Joaquim. *Um estadista... Op. cit.*, p. 363.

> os Vermelhos, dominando de fato pelo *uti possidetis*, com o apoio do pais oficial que é seu, inculcam-se vencidos e mártires para lograrem os ares com que na oposição os partidos decaídos se restauram e reabilitam, e nós, *sem a ação e a direção*, temos todavia a responsabilidade desta situação, e, como se governássemos e estivéssemos no poder, vamos cada dia perdendo a popularidade e o entusiasmo que a nossa ascensão inspirava [grifo nosso].[33]

Sem a ação e a direção do gabinete que representava a liga progressista, a política econômica saquarema seguia seu curso. Em junho de 1862, o conselho de Estado opinaria duas vezes pelo indeferimento do pedido da diretoria do Banco do Brasil para modificar seus estatutos, seja pela falta de informações por parte do banco, seja por julgar fora de sua competência emitir parecer sobre a questão.[34] O governo parecia resistir a tal modificação, talvez por receio de que o grupo de acionistas liderado por Mauá tomasse as rédeas de sua administração, e jogava a decisão para o Legislativo. Na mesma data, o conselho de Estado emitiria seu parecer sobre a fusão do Banco do Brasil com o Banco Agrícola e a compra do direito de emissão do Banco Rural. Em síntese, a representação que o banco enviou ao governo solicitava autorização para elevar o capital do banco a 33.000:000$; distribuir 24.000 ações do Banco do Brasil aos acionistas do Banco Agrícola mediante o pagamento de 3.840:000$, liquidando-se este banco por sua conta e risco; e, finalmente, comprar o direito de emissão do Banco Rural e Hipotecário.[35]

8.3. O longo caminho de volta ao monopólio de emissão

O parecer do conselho de Estado consideraria três questões, a saber, se o governo poderia conceder a aprovação da fusão entre o Banco do Brasil e o Banco Agrícola sem passar pelo crivo do Legislativo; se conviria ao governo concedê-la, caso fosse de sua competência fazê-lo; e, finalmente, autorizado o aumento de

---

33 *Ibidem*, p. 363.

34 BRASIL. *Imperiaes resoluções do Conselho de Estado... Op. cit.*, p. 281-8.

35 *Ibidem*, p. 293. Vale lembrar que a proposta de compra dos direitos de emissão do Banco Rural resultou de uma emenda proposta pelo diretor Coelho Gomes em fevereiro de 1862. Cf. sessão 638, de 10 de fevereiro de 1862. BANCO DO BRASIL. *Atas de reunião... Op. cit.*, p. 134.

capital decorrente da proposta de fusão, se conviria dispensar o banco da obrigação de aplicar um terço desse aumento no resgate de notas do Tesouro, conforme estabelecia o art. 64 de seus estatutos.

Quanto à primeira questão, a maioria do conselho entendia que o governo poderia conceder tanto a aprovação da fusão, como o aumento de capital decorrente dela. No final da resposta a essa questão, o parecer já indicava o caráter da resposta à segunda questão, que ia ao encontro do pensamento econômico saquarema. O parecer considerava que

> o meio proposto da fusão e uniformidade da emissão é sem contradita eficacíssimo, ou pelo menos o que menos inconvenientes oferece, o mais fácil na execução, o que melhor satisfaz as exigências de uma praça comercial como a nossa, enfim, *o que indubitavelmente mais se acorda, e conforma com o espírito e letra da luminosa lei de 5 de julho 1853* [grifo nosso].[36]

O rumo que essas palavras indicavam não poderia ser mais saquarema, apesar de Olinda e Holanda Cavalcanti, que deviam estar mais preocupados com a preparação das eleições de 1863. Além disso, o parecer considerava a fusão de interesse geral e do banco. A unidade bancária e a manutenção do Banco do Brasil depois da abertura do troco em ouro, auxiliada pela fusão, seria do interesse de todos e de um. A volta ao monopólio de emissão era "evidentissimamente" útil ao país diante das condições anormais em que "causas poderosas e invencíveis" haviam colocado o meio circulante do Império, causas relacionadas sem dúvida à pluralidade bancária de Souza Franco. A intenção do conselho era mesmo indicar a devolução ao Banco do Brasil da capacidade de regular a oferta monetária do Império como condição para que pudesse manter o troco de suas notas em ouro.[37] Sendo coerente com o que foi dito nas respostas anteriores, o parecer opinava contrariamente à solicitação de liberação da aplicação de um terço do aumento do capital do banco no resgate de notas do Tesouro por considerar que tal solicitação feria o espírito das leis de 1853 e 1860, cujo cerne era o saneamento do meio circulante mediante o resgate gradual do papel-moeda.

---

36 BRASIL. *Imperiaes resoluções do Conselho de Estado... Op. cit.*, p. 290.

37 *Ibidem*, p. 291.

Até aqui parecia que o relatório fora escrito pela pena de Itaboraí. E, do ponto de vista das ideias nele expostas, poderia mesmo tê-lo sido. Contudo, Itaboraí e Abrantes discordaram das respostas positivas dadas pelo parecer às duas primeiras questões. Contradição à vista? Não, pois a discordância se relacionava muito mais a um apego à letra da lei de 1860 e dos estatutos do banco do que um posicionamento contrário às ideias expostas no parecer. Na verdade, ambos as afirmavam e aprofundavam, visto que diziam duvidar de que o monopólio de emissão do Banco do Brasil apenas no Rio de Janeiro, em Minas e São Paulo fosse suficiente para que o banco pudesse controlar a oferta de moeda e desempenhar as obrigações que contraíra com o governo imperial. Para isso, o banco deveria se livrar não só da concorrência dos bancos emissores da Corte, como também dos provinciais.[38] As negativas de Itaboraí e Abrantes às solicitações do banco pareciam exprimir antes protesto do que contrariedade, mas o parecer favorável à fusão indicava a direção da Ordem.[39]

Ouvido o conselho de Estado, a proposta de fusão do Banco do Brasil com o Banco Comercial e Agrícola e a compra do direito de emissão do Banco Rural e Hipotecário foi enviada à Câmara e o parecer de sua Comissão de Fazenda também lhe foi amplamente favorável. Alegava o parecer que além de resolver o problema da concorrência com outros bancos emissores, que embaraçava as operações do Banco do Brasil, a centralização da emissão contribuiria para facilitar o controle da oferta monetária e adiantar a implementação da circulação metálica. Como a proposta não feria a lei de 1860 nem os estatutos do banco, a comissão recomendava aos deputados que aprovassem a proposta do banco.[40] A proposta foi aprovada com uma emenda substitutiva assinada por Paranhos e Antônio José Henriques, e subiu ao Senado o seguinte texto:

---

38 *Ibidem*, p. 294. Cf. também parecer da Comissão de Fazenda da Câmara na sessão de 26 de julho de 1862. In: *Anais da Câmara*, p. 240-1.

39 Na sessão da Câmara de 18 de julho de 1862, Mauá solicitou ao governo que, uma vez aberto o troco em ouro das notas do Banco do Brasil, o limite de sua emissão fosse estendido ao triplo e que as notas de $100 e $200 emitidas pela matriz fossem aceitas nas estações públicas de todo o Império. Eram medidas para proteger o fundo disponível metálico do banco. As solicitações foram enviadas à Comissão de Fazenda da Câmara, mas aparentemente não foram aprovadas. O governo resistia às investidas do banco, sobretudo as conduzidas por Mauá. Cf. *Anais da Câmara*, p. 158; PACHECO, Cláudio. *História... Op. cit.*, p. 185.

40 Sessão de 26 de julho de 1862. In: *Anais da Câmara*, p. 239-41. A comissão era formada por Joaquim Jerônimo Fernandes da Cunha, Joaquim Delfino Ribeiro da Luz e Antônio José Henriques, em cujo voto em separado dizia não ser necessária a autorização legislativa para o aumento do capital do banco e para a dispensa de utilização de um terço do aumento de capital no resgate de notas do

> Fica o governo autorizado a aprovar o acordo ajustado pelo banco do Brasil com os outros dois bancos de circulação desta Corte, Comercial e Agrícola, e Rural e Hipotecário, sobre a desistência que estes fazem do seu direito de emissão, nos termos dos arts. 2º, 3º e 4º do parecer da comissão especial do mesmo Banco do Brasil, adotado em sessão especial da respectiva assembléia geral de 3 de abril do corrente ano.[41]

O texto aprovado na Câmara foi discutido rapidamente no Senado entre os dias 19 e 21 de agosto de 1862. Praticamente só Souza Franco se manifestou contra a proposta do banco. Argumentava que além de ilegal, era incompleta. Era ilegal porque, de acordo com o código comercial do Império, uma sociedade anônima só poderia ser liquidada se o seu prazo de funcionamento expirasse; se todos os seus sócios, unanimemente, concordassem com o fim do negócio; se ela falisse ou não pudesse preencher o fim social para o qual fora criada. No caso da liquidação do Banco Comercial e Agrícola, segundo o senador, nenhuma dessas condições se verificava. Era incompleta porque não fazia a discussão mais ampla da unidade ou pluralidade de emissão que a fusão implicava. Além disso, dizia que a fusão não era motivada pelo interesse dos bancos, mas pela fragilidade da situação em que foram colocados pelas restrições da lei de 1860.

> Com a passagem da medida e constituindo-se o Banco do Brasil o único de emissão no Império, há de exigir para se poder sustentar providências que, sendo pedidas a pretexto de urgências da situação, hão de fazer afrouxar todas as regras e decretos do governo, e posteriormente, a lei de 1860 pôs às emissões bancárias, e se diz que tinham por fim a certeza da realização em metais, o que fará verificar

---

Tesouro, pois o governo já estava autorizado para isso pela lei de 1853.

41 O projeto entrou em segunda e terceira discussão e foi aprovado na sessão de 13 de agosto de 1862. A primeira discussão ocorreu na sessão de 11 de agosto do mesmo ano. Cf. respectivamente Anais da Câmara, p. 122-4/92-3; cf também PACHECO, Cláudio. *História... Op. cit.*, p. 176-7. Os artigos a que se refere o texto aprovado previam que o Banco do Brasil 2) cedesse 24.000 ações suas aos acionistas do Banco Agrícola; 3) fizesse a liquidação do Banco Agrícola mediante cobrança de pequena taxa ou deixar a liquidação correr por conta do próprio banco liquidado; e 4) seguisse o modelo da liquidação dos bancos que se fundiram no Banco do Brasil, caso o Banco do Brasil fizesse a liquidação do Banco Agrícola.

> a suspeita de que essa lei e regulamentos, *planejados com o fim de afastar os concorrentes do Banco do Brasil*, tem de ficar letra morta desde que, extintos os bancos competidores, restar somente o Banco do Brasil, único e senhor do monopólio de emissão [grifo nosso].[42]

Assim, ia se confirmando a intenção velada que ele dizia estar por trás do projeto de Torres Homem e que permaneceu no projeto de Ferraz, isto é, a volta ao monopólio de emissão do Banco do Brasil. Esse seria o verdadeiro alcance da proposta de fusão, resultado deliberado da lei de 1860. Mas a volta ao monopólio, paradoxalmente, significaria uma ameaça à própria lei. Uma solicitação de Mauá à Câmara feita em julho de 1862 e o próprio pedido de aprovação da fusão já apontariam as solicitações do banco no sentido de "afrouxar todas as regras e regulamentos do governo". A reação do ex-ministro da Fazenda no Senado era um indício claro de que a retomada do projeto saquarema continuava em marcha, apesar de Olinda e Holanda Cavalcanti, e a liquidação do Banco Comercial Agrícola, concebido por Souza Franco para competir em pé de igualdade com o Banco do Brasil de Itaboraí, era um golpe simbólico naqueles que defendiam o papel e a pluralidade de emissão. A despeito da advertência de Souza Franco, a proposta do Banco do Brasil foi aprovada pela resolução legislativa 1.172, de 28 de agosto de 1862, e sua execução regulamentada pelo decreto 2.970, de 9 de setembro de 1862.

O decreto apenas ampliava quantitativamente as operações e possibilidade de emissão do banco no contexto da lei de 1860, mas não alterava a natureza de seus estatutos originais. Pelo contrário, ele caminhava no sentido de devolver o monopólio de emissão ao Banco do Brasil tal como previa a lei de 1853. Por isso, consideramos exagerado dizer que a fusão do Banco do Brasil com o Banco Comercial e Agrícola tenha originado um novo Banco do Brasil, como faz Freire.[43] Para ele, este seria o quarto Banco do Brasil, mas para nós ele continuava sendo o segundo Banco do Brasil, ainda o banco da Ordem.

---

42 No Senado, a primeira, segunda e terceira discussões da proposta do Banco do Brasil ocorreram respectivamente nas sessões de 19, 20 e 21 de agosto de 1862. Cf. *Anais do Senado*, p. 124-56. O trecho citado está na p. 128. Também para Cavalcanti a fusão do Banco do Brasil com o Agrícola e a compra do direito de emissão do Banco Rural foram forçadas pela lei de 1860. Cf. CAVALCANTI, Amaro. *O meio... Op. cit.*, p. 271.

43 FREIRE, Felisbello. *Historia... Op. cit.*, p. 115. Provavelmente seguindo Freire, Faoro também fala em quarto Banco do Brasil. Cf. FAORO, Raymundo. *Os donos... Op. cit.*, p. 34.

8.4. A conjuntura política e econômica e o Banco do Brasil (1858-62)

A lei de 1860 não só manteve como aprofundou as disposições restritivas do projeto de Torres Homem, a fim de agilizar a implementação da circulação metálica no Império. Era evidente que ela repercutiria fortemente não só no Banco do Brasil, mas também nos outros bancos emissores do Império. A estratégia de fragilizar para fortalecer levada a cabo pela lei de 1860 certamente contribuiu para induzir a fusão do Banco do Brasil com os outros bancos emissores da Corte e, posteriormente, para o fim da emissão dos bancos provinciais. Antes da fusão, o efeito da lei de 1860 sobre as operações do banco foi significativo (Gráfico 24)

Gráfico 24 – Operações do Banco do Brasil (1858-62)

Fonte: Balanços do Banco do Brasil. In: BANCO DO BRASIL. *Relatório apresentado á Assembléa Geral dos Accionistas do Banco do Brasil*. Vários números.

A política econômica restritiva que vinha sendo implementada desde a subida de Torres Homem ao Ministério da Fazenda, em 1858, e a recondução de Itaboraí à presidência do banco no mesmo ano colocaram suas operações numa trajetória de queda que logo motivaria a reação dos acionistas diante da redução da distribuição de dividendos. Interessante observar o leve aumento das operações a partir de 1860. Depois da enorme retração das operações, de quase 30%, ocorrida entre 1859 e 1860, era de se esperar que elas se recuperassem minimamente. Assim, elas cresceram 7% entre 1860 e 1861 e 5% entre 1861 e 1862. Também contribuiu para isso o desempenho favorável das exportações do Império, que levou a balança comercial a registrar superávits em 1861 e 1862 (Gráfico 25). O saldo da balança comercial entre 1861 e 1862 foi amplamente favorável ao Brasil, mais pela queda das importações do que pelo aumento das exportações. Acompanhando esse resultado positivo, o câmbio se movimentou no sentido da valorização e da paridade, trajetória a que Paranhos, como ministro da Fazenda, atribuía não só à melhora do comércio externo, mas aos efeitos da lei de 1860.[44]

Gráfico 25 - Saldos fiscal e comercial, e taxa de câmbio do Império do Brasil (1860-62)

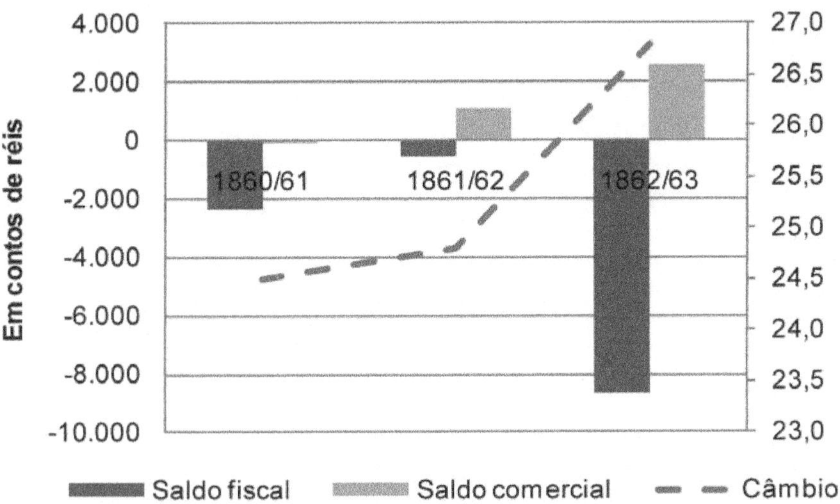

Fonte: VILLELA, André Arruda. *The political economy... Op. cit.* Statistical Appendix, p. 303-13; BRASIL. MINISTÉRIO DA FAZENDA. *Relatório da comissão... de 1859... Op. cit.* Anexos; *Ibidem. Relatório da comissão... de 1864...Op. cit.* Anexos.

Em 1861, as exportações chegaram a cair 3% em relação ao ano anterior, mas essa retração foi bem menor do que o aumento de 12% ocorrido entre 1859 e 1860. Portanto, o desempenho das exportações brasileiras ajuda a explicar o aumento das operações do banco. A mesma análise vale para as operações de desconto. Depois de uma queda de 31% entre 1859 e 1860, elas se recuperaram parcialmente nos anos

44 BRASIL. MINISTÉRIO DA FAZENDA. *Proposta e relatório... do anno de 1860... Op. cit.*, p. 13.

seguintes com crescimento médio de 12,5%. As exportações seriam explicação suficiente para o crescimento das operações totais e das operações de desconto num contexto de política econômica restritiva? Não. Como dissemos, as fortes quedas registradas entre 1859 e 1860 nas operações totais e nas operações de desconto do banco viesam os resultados posteriores. Portanto, o melhor a fazer é considerar o período que vai de 1859 a 1862. Nesse intervalo, as exportações se expandiram em torno de 12%. Ao mesmo tempo, as operações totais e as operações de desconto do banco sofreram quedas significativas, respectivamente, de 20% e 13%. Esses dados parecem suficientes para mostrar o forte impacto das medidas restritivas adotadas a partir de 1859 sobre as operações do Banco do Brasil. Quer dizer, com base nos números do comércio externo, a economia do Império deve ter crescido entre 1860 e 1862, crescimento que o Banco do Brasil não conseguiu acompanhar em boa medida por conta das restrições que lhe foram impostas pela política econômica de 1859 e sua confirmação com a lei de 1860.[45]

Na linha das medidas restritivas, o encaixe aumentou no período, sobretudo por conta da retenção de notas do próprio banco e de suas caixas filiais. O fundo disponível oscilou entre 6.800:000$ e 8.700:000$, mas sua parcela em ouro de 22 quilates se manteve praticamente a mesma, oscilando de 220:000$ para apenas 225:000$ (Tabela 22). Os recursos do fundo disponível, embora longe de serem confortáveis, já eram suficientes para que o banco abrisse o troco de suas notas em ouro em fevereiro de 1861. No entanto, como vimos, nessa altura, as caixas filiais ainda não estavam prontas para tanto e a diretoria do banco resolveu, com anuência do governo, adiar o troco em ouro de suas notas. Ultrapassado o prazo legal, o banco teve que se enquadrar nas restrições estabelecidas pela lei caso o prazo para a abertura do troco em ouro da emissão não fosse cumprido. Ao consultar o governo para saber se o banco deveria mesmo se enquadrar em tais restrições, a resposta de Ferraz, então chefe de gabinete e ministro da Fazenda, foi clara e afirmava que se o banco não conseguiu trocar suas notas em ouro no prazo de seis meses, tal como estabelecia a lei, deveria sim retirar de circulação as notas de 50$ e 25$ na Corte e nas províncias respectivamente, de maneira que as essas notas de valores pequenos não ultrapassassem 25% de sua emissão total num prazo a ser definido pelo governo. Então, o

45 Cf. VILLELA, André Arruda. *The political economy... Op. cit.* Statistical Appendix, p. 303-13; e balanços do Banco do Brasil. In: BANCO DO BRASIL. *Relatório apresentado á Assembléa Geral dos Accionistas do Banco do Brasil*. Vários números.

banco retirou suas notas de 30$ na Corte e de 25$ nas províncias.[46] A lei de 1860 era dura, mas era a lei.

Tabela 22 - Empréstimos e encaixes do Banco do Brasil (1860-62) - em mil-réis

ATIVO	1860	1861	1862
1. EMPRÉSTIMOS	**26.601.002,136**	**26.701.706,745**	**30.428.627,623**
1.1. Letras descontadas	24.781.142,136	26.049.446,745	29.235.077,623
1.2. Letras caucionadas	1.819.860,000	652.260,000	1.193.550,000
1.3. Letras a receber	0,000	0,000	0,000
1.4. Letras hipotecárias	0,000	0,000	0,000
1.5. Letras de concordata	0,000	0,000	0,000
1.6. Letras a receber das caixas filiais	0,000	0,000	0,000
2. ENCAIXES	**22.935.893,238**	**26.881.205,083**	**25.471.325,772**
2.1. Caixa geral	22.935.893,238	26.881.205,083	25.471.325,772
2.1.1. Em notas do Banco do Brasil	14.710.430,000	16.821.970,000	17.934.000,000
2.1.2. Em notas das caixas filiais	507.000,000	1.297.490,000	686.000,000
2.1.3. Em notas do Tesouro menores ou iguais a 10$ e troco em cobre e prata	0,000	0,000	40.272,454
2.1.4. Em prata amoedada	0,000	74.000,000	15.000,000
2.1.5. Fundo disponível	7.718.463,238	8.687.745,083	6.796.053,318
2.1.5.1. Em moeda corrente, metal e papel	7.498.354,468	8.467.636,313	6.570.456,708
2.1.5.2. Em barras de Au de 22K/Ag de 11d.	220.108,770	220.108,770	225.596,610
2.2. Caixa de depósito	0,000	0,000	0,000

Fonte: Balanços do Banco do Brasil. In: BANCO DO BRASIL. *Relatório apresentado á Assembléa Geral dos Accionistas do Banco do Brasil*. Vários números.

46 BRASIL. MINISTÉRIO DA FAZENDA. *Proposta e relatório... do anno de 1860... Op. cit.*, p. 15-6.

Os depósitos seguiram movimento muito semelhante ao dos empréstimos e seu aumento mais significativo em 1862 se deveu, sobretudo, ao aumento dos recursos captados em conta corrente com juros. Além dos juros, talvez não se possa desconsiderar certo clima de confiança no fortalecimento dos bancos emissores, pelo menos do Banco do Brasil, trazido pela lei de 1860. Assim, o aumento da confiança do público nos bancos emissores pode ter sido importante para a evolução dos depósitos do banco. Já as emissões seguiram o ritmo da lei de 1860 e foram se reduzindo paulatinamente (Tabela 23).

Tabela 23 - Depósitos e emissões do Banco do Brasil (1860-62) - em mil-réis

PASSIVO	1860	1861	1862
1. DEPÓSITOS	**9.509.324,442**	**9.936.706,107**	**12.751.767,421**
1.1. Letras a pagar	5.389.227,221	3.570.665,864	3.371.586,626
1.1.1. Do atual Banco do Brasil	5.389.227,221	3.570.665,864	3.371.586,626
1.1.2. Do extinto Banco do Brasil	0,000	0,000	0,000
1.1.3. Do Banco Comercial	0,000	0,000	0,000
1.1.4. Das caixas filiais	0,000	0,000	0,000
1.1.5. Do Banco Comercial e Agrícola	0,000	0,000	0,000
1.2. Contas correntes	4.120.097,221	6.366.040,243	9.380.180,795
1.3. Depósitos voluntários	0,000	0,000	0,000
2. EMISSÃO	**33.887.280,000**	**33.626.790,000**	**32.570.000,000**

Fonte: Balanços do Banco do Brasil. In: BANCO DO BRASIL. *Relatório apresentado á Assembléa Geral dos Accionistas do Banco do Brasil*. Vários números.

A partir desses números calculamos os coeficientes de encaixe e empréstimo do banco. Eles confirmam o caráter restritivo da política econômica que já vinha desde 1859. Os encaixes permanecem altos e os empréstimos baixos em relação aos depósitos e às emissões, mantendo esse padrão entre 1860 e 1862 (Tabela 24).

Tabela 24 - Coeficientes de encaixe e empréstimo do Banco do Brasil (1860-62)

	1860	1861	1862
Encaixe/ depósitos + emissões	0,53	0,62	0,56
Empréstimo/depósitos + emissões	0,61	0,61	0,67

Fonte: Balanços do Banco do Brasil. In: BANCO DO BRASIL. *Relatório apresentado á Assembléa Geral dos Accionistas do Banco do Brasil.* Vários números.

Diante desses números, o lucro líquido, os dividendos e o valor da ação do banco seguiram a mesma trajetória de queda (Gráfico 26). A redução do valor dos dividendos motivou forte reação dos acionistas do banco na assembleia. Por isso, não surpreende a reclamação do autor de um artigo publicado no Jornal do Comércio, pouco antes da assembleia dos acionistas de abril de 1862, de que "os dividendos pareciam ser o último cuidado de quem dirigia o banco".[47] Era evidente que algo devia ser feito para aliviar a pressão dos acionistas e, a partir da fusão com o Banco Comercial e Agrícola e a compra do direito de emissão do Banco Rural e Hipotecário, os dividendos aumentarão.

Gráfico 26 - Lucro líquido, dividendo e valor da ação do Banco do Brasil (1860-62)

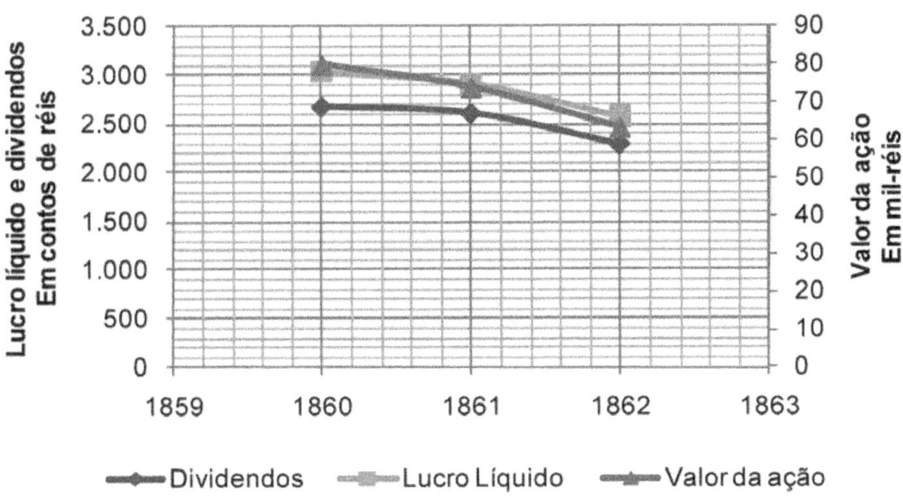

Fonte: BANCO DO BRASIL. *Relatório apresentado á Assembléa Geral dos Accionistas do Banco do Brasil.* Vários números.

47 PACHECO, Cláudio. *História... Op. cit.*, p. 193.

Já vimos que os retratos da emissão do banco nos balanços indicavam que ela se retraiu no período. A partir da lei de 1860, a sistemática do cálculo do fundo disponível do Banco do Brasil, base para definir seu limite de emissão, mudou. Foram mudanças significativas e a apuração do fundo disponível do banco passou a ser uma operação mais complexa e a suscitar dúvidas inclusive entre os membros da diretoria do banco.[48] Para facilitar a observação do seu comportamento em relação à emissão, resolvemos considerar, a partir de então, duas bandas para o limite emissor, uma inferior, correspondente ao duplo do fundo disponível, e outra superior, correspondente ao triplo do mesmo fundo. Vale lembrar que às vezes o limite do triplo superestima o limite real, ao passo que o duplo o subestima, pois não considera os 10.000:000$ correspondentes ao resgate das notas do Tesouro e que contavam como fundo disponível do banco. Apesar disso e ainda que tais bandas não reflitam precisamente os limites de emissão do banco, a intenção é que elas sirvam apenas como parâmetros para avaliar o comportamento do banco em relação à emissão e, por conseguinte, à política econômica do governo (Gráfico 27).

Gráfico 27 - Emissão e limite de emissão do Banco do Brasil (1860-62)

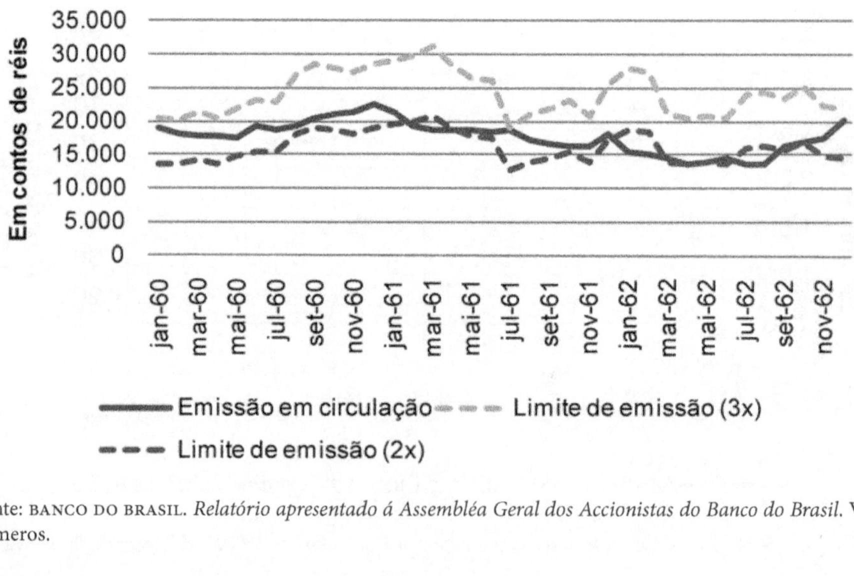

Fonte: BANCO DO BRASIL. *Relatório apresentado á Assembléa Geral dos Accionistas do Banco do Brasil*. Vários números.

48 Cf., por exemplo, a resolução do conselho de Estado de 28 de dezembro de 1861. BRASIL. *Imperiaes resoluções do Conselho de Estado... Op. cit.*, p. 246-7.

Como dissemos, o Banco do Brasil seguiu uma estratégia de reclamar do governo e obedecer à sua política econômica. O comportamento das emissões revela que, entre 1860 e 1862, o banco não ultrapassou o limite do triplo do fundo disponível e tentou se enquadrar no limite do duplo do mesmo fundo. Segundo o relatório do Ministério da Fazenda de 1861, apresentado em maio de 1862, embora nenhum banco ainda tivesse aberto o troco de suas notas em ouro, o objetivo da lei de 1860, isto é, a livre conversibilidade em metal, não estava longe de sua realização[49] e, de fato, o Banco do Brasil e suas caixas filiais abriram o troco em ouro de suas notas poucos meses depois, em 23 de outubro de 1862.[50] O suplício de Tântalo parecia ter chegado ao fim, porém, logo em dezembro do mesmo ano, o banco sofreria com a insuficiência de seu fundo disponível, motivando mais um pedido ao governo de ampliação de seu limite de emissão. A lei ia sendo executada com dificuldades e o banco ia reclamando ao governo os ajustes necessários à sua sobrevivência.

Em suma, o aumento proporcionalmente menor das operações do banco, de maneira geral, e dos empréstimos e depósitos, especificamente, em relação ao crescimento das exportações, somado ao comportamento obediente de sua emissão, cuja tendência era de queda, indicavam os efeitos restritivos da lei de 1860 sobre o banco. Tais efeitos justificavam o epíteto lei dos entraves dado pelo economista francês de tendência liberal Joseph Garnier em seu *Traité d'économie*.[51]

Amaro Cavalcanti vai nessa linha ao dizer que o único resultado da lei de 1860 foi a contração inoportuna do meio circulante, pois combinada com a conjuntura de crescimento do comércio externo, levava a pressões monetárias. Parecia que o governo de então acreditava que a circulação metálica seria possível por um ato de vontade do Legislativo ou do Executivo, mas o resultado prático da lei de 1860 foi que o país ficou sem ouro e sem bancos de emissão. Delorme Prado concordaria com a argumentação de Cavalcanti e também atribui as dificuldades do comércio e dos bancos no início da década de 1860 à contração monetária, que estava em claro descompasso com o desempenho da economia brasileira. Para ambos, a política econômica restritiva levada a cabo por Ferraz, e apoiada

49 BRASIL. MINISTÉRIO DA FAZENDA. *Proposta e relatório... do anno de 1861... Op. cit.*, p. 26.

50 BRASIL. MINISTÉRIO DA FAZENDA. *Proposta e relatorio apresentados á Assembléa Geral Legislativa na Terceira Sessão da Décima Primeira Legislatura do anno de 1862 pelo Ministro e Secretario d'Estado dos Negocios da Fazenda Miguel Calmon du Pin e Almeida.* Rio de Janeiro: Typ. Nacional, 1863, p. 18.

51 GARNIER, Joseph. *Traité d'économie politique.* Paris: Guillaumin, 1889.

pelos saquaremas, fomentou a grande crise que se abateria sobre o país em 1864. Seus indícios já apareciam nas pressões monetárias que ocorreram na Corte, em Pernambuco e na Bahia a partir dos entraves.[52]

Embora reconhecesse a existência dessas pressões monetárias, Pandiá Calógeras segue outra linha ao avaliar que a estabilidade do câmbio e a prosperidade do comércio externo indicavam que a política econômica restritiva de Itaboraí, Torres Homem e Ferraz não poderia ter um efeito tão negativo para o crescimento econômico e estava "seguramente a caminho de sanear a circulação". Villela também ameniza os efeitos restritivos da lei de 1860 sobre a economia do Império. Ao analisar a composição do meio circulante entre 1860 e 1861, ele conclui que sua redução pouco tinha a ver com a referida lei e muito com as emissões do Banco do Brasil, isto é, a redução do meio circulante seria uma consequência necessária da atribuição original do banco de resgatar gradualmente as notas do Tesouro da circulação e do respeito aos limites de emissão.[53] Essa é uma posição semelhante à de Ferraz quando se defendeu dos ataques da oposição e do banco de que sua lei feria os estatutos da instituição e os direitos adquiridos dos acionistas.

Contudo, é preciso notar que, em primeiro lugar, a lei de 1853 dava margem para interpretações divergentes que poderiam expandir ou restringir as emissões do banco. Souza Franco, por exemplo, insistia que a lei permitia ao banco trocar suas notas em ouro ou notas do Tesouro segundo sua vontade, independentemente da paridade estabelecida entre o metal e o papel, o que contribuiria para expandir as emissões, já que a parcela não metálica do fundo disponível poderia perfeitamente ser usada no troco das notas emitidas pelo banco. Já Itaboraí sustentava que, de acordo com o espírito da lei, o troco em notas do Tesouro só poderia ser feito caso a paridade fosse mantida, o que contribuiria para restringir a emissão caso o mil-réis não estivesse ao par. Fora da paridade, só a parcela metálica do fundo disponível poderia ser usada no troco das notas emitidas pelo banco. Nesse ponto, a execução da lei de 1853 dependia da interpretação de quem estivesse no governo.

Depois das experiências de Itaboraí e Souza Franco, a ambiguidade da lei de 1853 foi totalmente eliminada com a exigência do troco em ouro feita pela lei de

---

52 CAVALCANTI, Amaro. *O meio... Op. cit.*, p. 270-1; PRADO, Luiz Carlos Thadeu Delorme. *The Failure... Op. cit.*, p. 268-9.

53 CALÓGERAS, João Pandiá. *A política monetária... Op. cit.*, p. 137-8; VILLELA, André Arruda. *The political economy... Op. cit.*, p. 124-5.

1860. Para dar conta dessa exigência, em primeiro lugar, a parcela metálica do fundo disponível do banco teria que aumentar, caso contrário, as emissões seriam restringidas. Segundo, a lei de 1860 impunha limites restritos para a emissão do banco e sua diretoria, como vimos pelo comportamento das emissões, procurou mantê-la ao redor do duplo do fundo disponível do banco. O banco reclamava das suas condições com o governo, mas tentava se enquadrar na lei, o que levava à restrição de suas operações, emissões e distribuição de dividendos. Em terceiro lugar, a circulação ilegal de vales, ao mesmo tempo em que aliviava paliativamente os efeitos restritivos da lei de 1860, indicava a inadequação da restrição do meio circulante e do crédito num momento de expansão da economia do Império. Portanto, pelo menos no caso do Banco do Brasil, a lei de 1860 foi o motor da redução de suas emissões e, como elas representavam boa parte do meio circulante do país, a referida lei foi também responsável por sua redução e, consequentemente, pela limitação do crédito no Império. O desempenho do comércio externo e os ajustes realizados durante a execução da lei prepararam uma conjuntura econômica favorável até o estouro da crise de 1864.

A lei de 1860 também afetou as caixas filiais do Banco do Brasil. Entre 1860 e 1862, elas foram assunto frequente nas reuniões da diretoria do banco que, nesse período, não conseguiu controlá-las adequadamente nem promover sua expansão no marco de uma política econômica restritiva.

8.5. As caixas-filiais e a lei de 1860

Depois de 1856, a primeira e única tentativa de expansão das caixas filiais do Banco do Brasil foi a proposta de abertura de uma caixa filial no Ceará feita pelo diretor Paula Santos. A proposta foi aprovada pela diretoria e pelo governo,[54] todavia, diante da dificuldade do banco em se enquadrar na lei de 1860 para abrir o troco em ouro de suas notas, a caixa filial cearense não saiu do papel. Não seria exagero dizer que tal lei frustrou a tentativa de expansão do Banco do Brasil para outras províncias, como atestava o próprio vice-presidente do banco aos acionistas em seu relatório de 1861. Segundo ele, a diretoria reconhecia que

54 Sessão 474, de 9 de setembro de 1859. In: BANCO DO BRASIL. *Atas de reunião... Op. cit.*, p. 137. Cf. também decreto 2.604 de 23 de junho de 1860. In: BRASIL. *Collecção das leis... de 1860... Op. cit.*

> na presença das dificuldades em que atualmente luta *para poder entrar de novo no regime instituído pela lei que criou o banco, e para fazer cessar as restrições a que se acha sujeito*, a prudência aconselha que primeiro se coloque o banco e as caixas filiais existentes em condições normais, para não complicar a situação e aumentar as dificuldades, *reservando para ocasião mais oportuna tanto a instalação daquela caixa, como a criação de outras, que porventura as necessidades públicas e as circunstâncias do banco aconselhem* [grifos nossos].[55]

Entrar de novo no regime instituído pela lei que criou o banco e fazer cessar as restrições a que se achava sujeito significava que o banco deveria abrir o troco em ouro de suas notas. Esse era o entendimento que ora se dava à lei de 1853 e as restrições impostas pela lei de 1860 foram criadas para que tal entendimento fosse seguido não só pelo Banco do Brasil, mas também pelos bancos emissores criados por Souza Franco. Ficava claro que, até a abertura do troco em ouro de suas notas, o banco suspenderia não só a criação da caixa filial do Ceará, província aliás pela qual era senador o presidente do banco, Batista de Oliveira, como de qualquer outra caixa filial no Império ou no exterior.

As caixas filiais existentes já estavam causando problemas suficientes à matriz. Em 1860, já no contexto da política econômica restritiva, o diretor Mayrink fora enviado pela administração do banco para inspecionar as operações de suas duas maiores caixas filiais, as da Bahia e de Pernambuco. Os relatórios de Mayrink foram entregues à comissão de caixas filiais do banco que logo depois emitiu um parecer que recomendava concentrar a administração das caixas filiais em seus presidentes para que pudessem intervir mais diretamente sobre suas operações e fazer cumprir as orientações que vinham da Corte. Contudo, vale notar que as "faltas e desordem" relatadas por Mayrink e consideradas no parecer da comissão das caixas filiais eram mais de caráter administrativo e operacional e menos de rebeldia em relação à política econômica adotada pelo governo e seguida pela matriz.[56]

---

55 BANCO DO BRASIL. *Relatório apresentado à Assembléa Geral dos Accionistas do Banco do Brasil na sua reunião de 1861, pelo seu Vice-Presidente José Pedro Dias de Carvalho.* Rio de Janeiro: Typ. de Francisco de Paula Brito, 1861, p. 16.

56 BANCO DO BRASIL. *Relatório apresentado... de 1860... Op. cit.*, p. 13. Os relatórios de Mayrink foram entregues à comissão na sessão 543, de 27 de agosto de 1860. Para o parecer da comissão, cf. sessão

Entre 1860 e 1862, as operações das caixas filiais do Banco do Brasil já estavam consolidadas. O volume de operações das caixas do N/NE continuou correspondendo, em média, a 85% do volume total de operações das caixas no triênio considerado, sempre com destaque para as caixas filiais da Bahia e de Pernambuco. A crise na província da Bahia em 1860, relatada por um fiscal do Banco da Bahia, parece não ter influenciado significativamente os negócios da caixa filial do Banco do Brasil nessa província, pois o comportamento de suas operações não diferiu muito do das outras caixas. De maneira geral, todas elas acompanharam o movimento de queda nas operações verificado na matriz. As caixas do N/NE apresentaram as maiores reduções no volume de operações, já as do S/SE, depois de uma queda inicial, chegaram até a ensaiar uma pequena recuperação de suas operações em 1862, mas elas ainda se mantinham num patamar inferior ao de 1860 (Gráfico 28).

Gráfico 28 – Operações das caixas filiais do Banco do Brasil (posições de maio de 1860, 1861 e 1862)

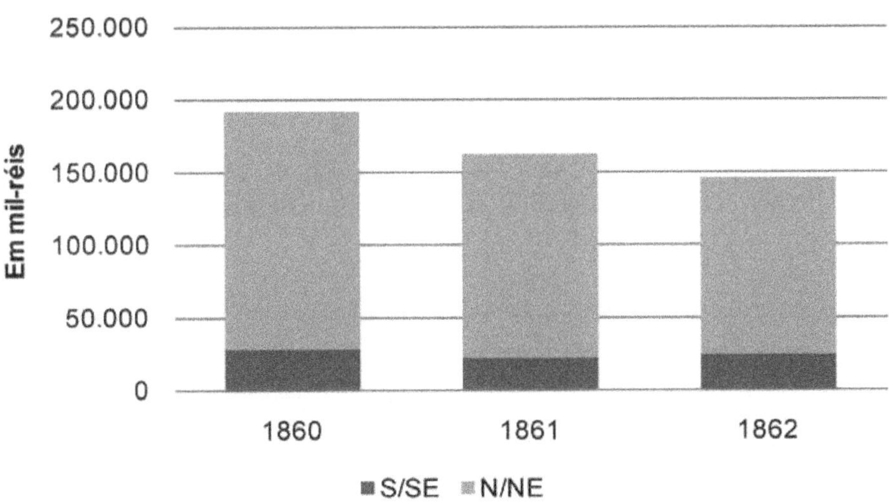

Fonte: BANCO DO BRASIL. *Relatório apresentado á Assembléa Geral dos Accionistas... Op. cit.* Vários números. Anexos.

548, de 24 de setembro de 1860. In: BANCO DO BRASIL. *Atas de reunião... Op. cit.*, p. 4/9-12. Cf. também PACHECO, Cláudio. *História... Op. cit.*, p. 147-8. No relatório de 1862, há notícias de desfalques dados pelos tesoureiros das caixas de Pernambuco e do Maranhão. Cf. BANCO DO BRASIL. *Relatório apresentado... de 1862... Op. cit.*, p. 13.

As contas do ativo das caixas mostram que houve uma forte queda no total das operações de empréstimo. Repetindo o que aconteceu com as operações totais, os empréstimos das caixas do S/SE se retraíram num primeiro momento, mas depois se recuperaram, ainda que minimamente. Entretanto, a queda dos empréstimos nas caixas do N/NE foi brutal, nada menos do que 57% na comparação dos dados de 1860 e 1862. Em nome da moeda, a lei de 1860 produzia seus efeitos sobre o crédito.

Ao mesmo tempo, o volume total de encaixes quase dobrou no período. Novamente, esse resultado deveu-se às caixas do N/NE, pois o encaixe das caixas do S/SE chegou mesmo a diminuir, como contraface de suas operações de empréstimo. No entanto, o aumento vertiginoso do encaixe se deveu a uma mudança na maneira de contabilizá-lo. Até 1862, o encaixe do balanço contábil considerava apenas as notas do Tesouro e estoque metálico das caixas, ou seja, considerava o seu fundo disponível. A partir de então, o balanço passou a considerar como encaixe também as notas emitidas pelo próprio banco que estavam no caixa das filiais. Essa é a razão de aumento tão significativo.

Como era de se esperar, o troco das notas da matriz caiu significativamente em virtude da unificação da emissão nas províncias do Rio de Janeiro, de São Paulo e Minas Gerais, resultante da fusão do Banco do Brasil com o Banco Agrícola e da compra dos direitos de emissão do Banco Rural (Tabela 25).

Tabela 25 – Empréstimos, encaixes e troco da emissão das caixas filiais do Banco do Brasil (posições de maio de 1860, 1861 e 1862) – em mil-réis

ATIVO	1860	1861	1862
Empréstimos	**20.162.758,441**	**13.823.014,446**	**10.158.853,635**
S/SE	3.139.962,355	2.564.454,448	2.799.444,006
N/NE	17.022.796,086	11.258.559,998	7.359.409,629
Troco da emissão	**2.275.170,000**	**2.684.710,000**	**106.300,000**
S/SE	2.275.170,000	2.684.710,000	106.300,000
N/NE	0,000	0,000	0,000
Encaixe *	**9.106.581,871**	**8.158.330,023**	**17.560.618,682**
S/SE	1.557.768,748	1.676.708,480	1.498.823,273
N/NE	7.548.813,123	6.481.621,543	16.061.795,409

* A partir de 1862, o encaixe passou a considerar também as notas do próprio banco que estavam em caixa.
Fonte: Balanço das caixas filiais do Banco do Brasil. In: BANCO DO Fonte: BRASIL. *Relatório apresentado á Assembléa Geral dos Accionistas... Op. cit.* Vários números. Anexos.

Assim como aconteceu com a matriz, o volume de recursos depositados nas caixas filiais aumentou no período. No entanto, as razões desse aumento expressivo devem ter sido bem pontuais, pois já em 1863 o volume de depósitos cairá e voltará nos anos seguintes ao patamar dos 260:000$. Infelizmente, os relatórios do banco não explicitaram a razão desse salto temporário.

Já o retrato da emissão em circulação, em conformidade com a lei de 1860, e acompanhando o movimento da matriz, indica que ela caiu tanto nas caixas do S/SE como nas do N/NE (Tabela 26). A emissão da caixa de São Paulo, embora tenha registrado queda entre 1861 e 1862, permaneceu num nível mais elevado do que o observado em 1860. Já a emissão da caixa da Bahia, ao contrário de todas as outras caixas, registrou um pequeno aumento entre esses anos, mas ficou num nível inferior, ainda que pouco mais baixo, ao de 1860. A manutenção do volume de emissão da caixa da Bahia contrabalançou o desempenho da caixa de Pernambuco, cuja emissão se reduziu em quase 40% entre 1860 e 1862.

Tabela 26 - Depósitos e emissões das caixas filiais do Banco do Brasil (posições de maio de 1860, 1861 e 1862) - em mil-réis

PASSIVO	1860	1861	1862
Emissão em circulação	**18.639.170,000**	**16.113.200,000**	**15.009.490,000**
S/SE	6.159.150,000	6.370.470,000	5.431.280,000
N/NE	12.480.020,000	9.742.730,000	9.578.210,000
Depósitos (Letras a pagar)	**315.687,354**	**1.350.523,785**	**3.118.702,305**
S/SE	21.881,290	9.390,831	58.198,283
N/NE	293.806,064	1.341.132,954	3.060.504,022

Fonte: Balanço das caixas filiais do Banco do Brasil. In: BANCO DO BRASIL. *Relatório apresentado á Assembléa Geral dos Accionistas... Op. cit.* Vários números. Anexos.

Os coeficientes de encaixe e empréstimo evidentemente refletem os números que acabamos de mostrar. Observa-se um aumento do coeficiente de encaixe tanto nas caixas do S/SE, quanto nas do N/NE, aumento mais significativo nas últimas do que nas primeiras. Claro que esse coeficiente está viesado pela mudança na contabilização do encaixe a que nos referimos, mas mesmo descartando as notas do banco do total do encaixe, o coeficiente aumentaria, indicando uma política real de ampliação do encaixe.

Por outro lado, o coeficiente de empréstimo caiu, sobretudo nas caixas do N/NE (Tabela 27). Combinados, os coeficientes de encaixe e empréstimo mostram claramente que as caixas, por mais que apresentassem problemas operacionais e às vezes escapassem do controle de sua própria diretoria e da matriz, seguiam a orientação geral do banco e, por conseguinte, da política econômica do governo.

Tabela 27 - Coeficientes de encaixe e empréstimo das caixas filiais do Banco do Brasil (1860-62)

	1860	1861	1862
Encaixes/Depósitos + Emissões			
S/SE	0,252	0,263	0,273
N/NE	0,591	0,585	1,271
Empréstimos / Depósitos + Emissões			
S/SE	0,246	0,231	0,221
N/NE	1,333	1,016	0,582

Fonte: Balanço das caixas filiais do Banco do Brasil. In: BANCO DO BRASIL. *Relatório apresentado á Assembléa Geral dos Accionistas... Op. cit.* Vários números. Anexos.

Curiosamente, o lucro líquido das caixas cresceu no período (Gráfico 29), embora não conseguisse alcançar os níveis dos anos anteriores. Esse crescimento relativo, mas limitado, no período é coerente com o quadro de redução das operações das caixas.

Gráfico 29 - Lucro líquido das caixas filiais do Banco do Brasil do S/SE e N/NE (posições de maio de 1860, 1861 e 1862)

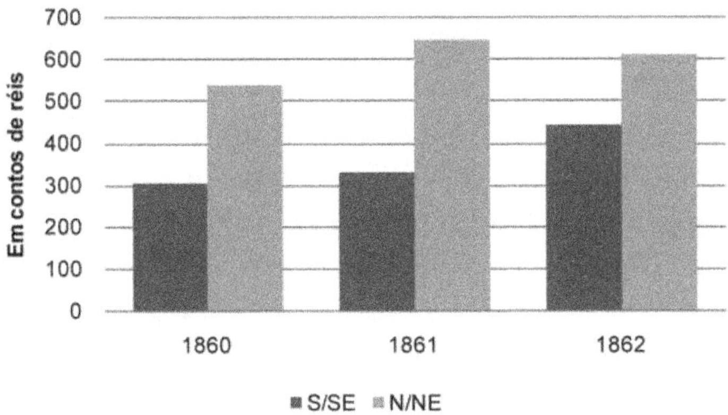

Fonte: Balanços do Banco do Brasil. In: BANCO DO BRASIL. *Relatório apresentado á Assembléa Geral dos Accionistas... Op. cit.* Vários números. Anexos.

No caso das emissões, repetiu-se o que se dera no triênio anterior, ou seja, enquanto as caixas do N/NE se mantiveram dentro do limite, as caixas do S/SE o ultrapassaram (Gráfico 30). Essa posição captada pelo retrato do balanço das caixas é confirmada pelo acompanhamento do fluxo mensal da emissão das caixas.

Gráfico 30 - Emissão e limite da emissão das caixas filiais do Banco do Brasil do S/SE e N/NE (posições de maio de 1860, 1861 e 1862)

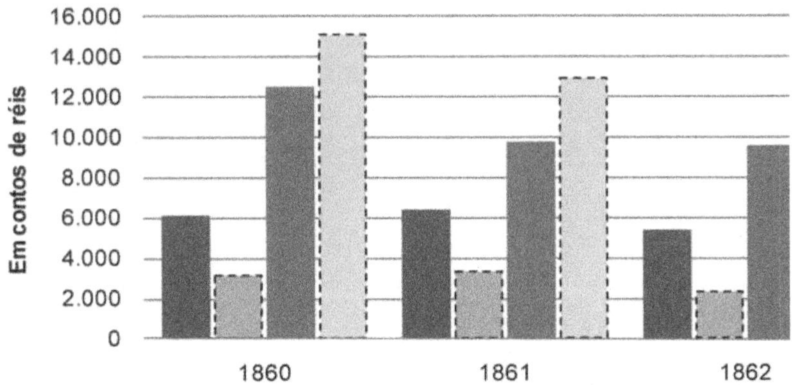

Fonte: Balanços do Banco do Brasil. In: BANCO DO BRASIL. *Relatório apresentado á Assembléa Geral dos Accionistas... Op. cit.* Vários números. Anexos.

Mesmo passados os efeitos da crise de 1857, as caixas do S/SE em conjunto continuaram a emitir acima do limite (Gráfico 31). Contudo, isoladamente, apenas as caixas de Ouro Preto e São Paulo o ultrapassavam. Assim como no triênio anterior, com administração mais restritiva, a caixa do Rio Grande do Sul permaneceu abaixo do limite durante todo o período. No entanto, ainda que a emissão das caixas de Ouro Preto e São Paulo estivessem acima do limite, isso não significa que descumprissem as orientações da diretoria ou desafiassem a política econômica do governo. Pelo contrário, é preciso lembrar que os estatutos dessas duas caixas atrelavam seus limites de emissão ao da matriz. Portanto, consideradas apenas sua emissão e seu limite, elas de fato o ultrapassavam, mas considerada também a emissão da matriz e seu fundo disponível elas passavam a se enquadrar nele. O próprio relatório do Ministério da Fazenda, ao analisar as emissões das caixas de Ouro Preto e São Paulo, reconhece que uma análise apressada, que não atentasse para o que está disposto nos estatutos dessas caixas, chegaria à conclusão de que elas ultrapassaram e muito seus limites de emissão e, portanto, de que operavam na ilegalidade. No entanto, como vimos, seus estatutos previam que o fundo disponível da matriz também servia de garantia às suas emissões e, considerado o conjunto, como na análise do triênio anterior, novamente elas estariam operando de acordo com a lei.[57]

Gráfico 31 – Emissão e limite de emissão das caixas filiais do Banco do Brasil do Sul e Sudeste (fluxo mensal jan/60 a dez/62)

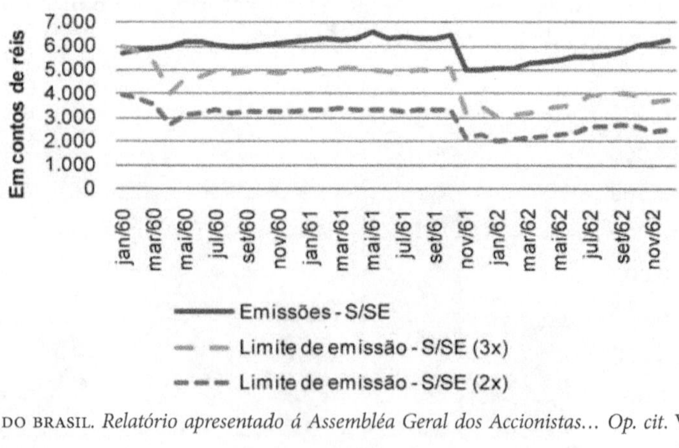

Fonte: BANCO DO BRASIL. *Relatório apresentado á Assembléa Geral dos Accionistas... Op. cit.* Vários números. Anexos.

57 BRASIL. MINISTÉRIO DA FAZENDA. *Proposta e relatorio apresentados á Assembléa Geral Legislativa na Primeira Sessão da Décima Segunda Legislatura do anno de 1863 pelo Ministro e Secretario d'Estado dos Negocios da Fazenda Miguel Calmon du Pin e Almeida.* Rio de Janeiro: Typ. Nacional, 1864, p. 16.

Mesmo sem ter seu limite de emissão atrelado ao da matriz, as caixas do N/NE se mantiveram dentro de seus limites entre 1860 e 1862 (Gráfico 32). Todas elas respeitaram estritamente o limite do duplo. Em que pesem alguns desmandos administrativos e operacionais, esses dados ajudam a sustentar a tese de que as caixas filiais seguiam a orientação da matriz e, por conseguinte, tentavam se enquadrar na política econômica do governo.

Gráfico 32 - Emissão e limite de emissão das caixas filiais do Banco do Brasil do Norte e Nordeste (fluxo mensal jan/60 a dez/62)

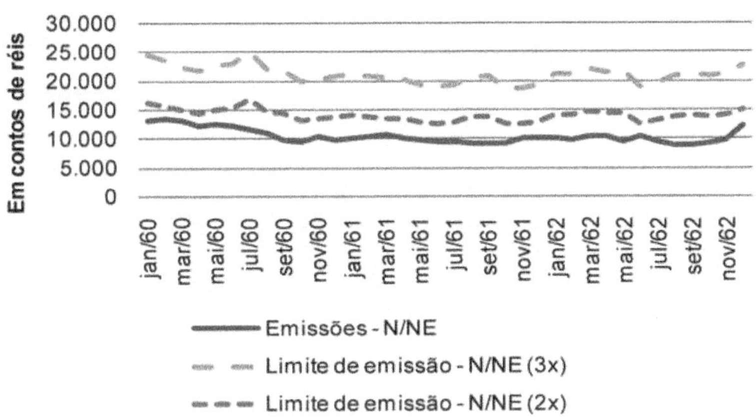

Fonte: BANCO DO BRASIL. *Relatório apresentado á Assembléa Geral dos Accionistas... Op. cit.* Vários números. Anexos.

Entre 1860 e 1862, as remessas das caixas filiais superaram em muito seus saques sobre a matriz, ao passo que as remessas da matriz foram sempre menores do que os saques sobre as filiais (Gráfico 33). Dado esse padrão de movimento de fundos, a matriz foi recebedora líquida de recursos no período.

Gráfico 33 – Movimento de fundos entre matriz e caixas filiais do Banco do Brasil (posições de maio de 1860, 1861 e 1862)

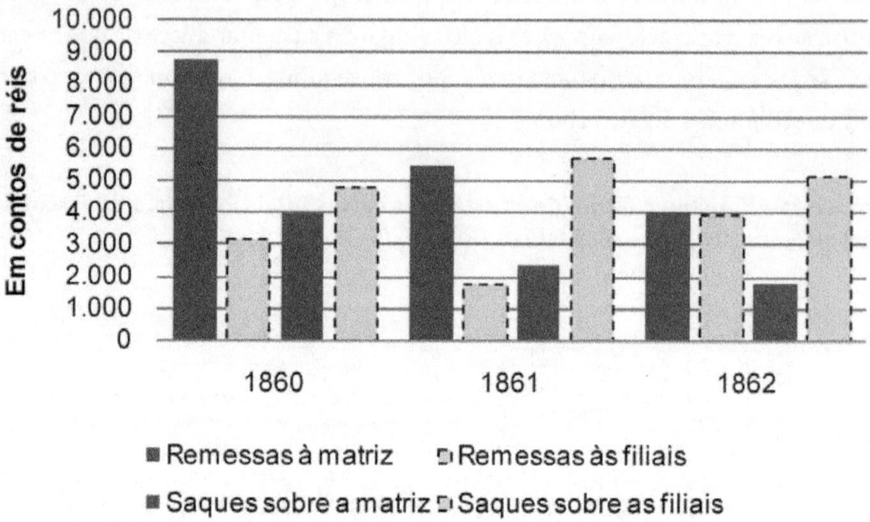

Fonte: Balanços do Banco do Brasil. In: BANCO DO BRASIL. *Relatório apresentado á Assembléa Geral dos Accionistas... Op. cit*. Vários números. Anexos.

As caixas, assim como a matriz, sofreram os efeitos restritivos da lei de 1860. O total de suas operações e seu volume de empréstimos e emissão declinaram, ao passo que seus encaixes aumentaram. Essa administração conservadora não era fruto do acaso, os coeficientes de encaixe e empréstimo mostraram que as caixas filiais do S/SE e do N/NE também seguiam o ritmo da política econômica restritiva do governo. Apesar disso, o lucro líquido auferido pelas caixas nesse período aumentou, ainda que permanecesse em patamares inferiores ao de anos anteriores. As caixas também se enquadravam no longo caminho de volta ao projeto saquarema original. O bom desempenho da economia certamente contribuiu para a formação desse quadro, mas a conjuntura econômica favorável logo seria perturbada pela crise de 1864, que marcará o início do fim do banco da Ordem.

Capítulo 9 – A crise, a guerra e o fim do Banco da Ordem

9.1. A calmaria antes da tempestade

O ano de 1863 foi de tranquilidade no campo da economia e da política econômica imperial. A lei de 1860 continuava a ser executada e seus objetivos iam sendo alcançados na medida em que o troco em ouro das notas do Banco do Brasil fora restabelecido em outubro de 1862 e que o monopólio de emissão ia voltando às mãos do banco por meio da fusão com o Banco Agrícola, da compra dos direitos de emissão do Banco Rural e da desidratação dos outros bancos emissores.[1] De modo que se trilhava o caminho de volta ao projeto saquarema original. Contudo, depois da abertura do troco em ouro de suas notas, o banco passou por dificuldades em relação ao seu limite de emissão.

Ainda em dezembro de 1862, o duplo movimento de queda do fundo disponível, previsível com o aumento da demanda pelo troco de notas por ouro, e de aumento da emissão levaria o banco a solicitar mais uma vez ao governo a ampliação de seu limite emissor. Solicitar o limite do triplo do fundo disponível para a emissão era uma necessidade do banco se quisesse permanecer dentro dos parâmetros legais, mas essa não seria sua única motivação para se fazer tal solicitação. Nessa altura, o governo já descontava títulos no banco e sinalizava que precisaria aumentar o vulto dessas operações. O banco consideraria essa demanda ao solicitar o limite do triplo. Isso apareceu na reunião da diretoria, mas evidentemente não constaria na

---

1 De acordo com Cavalcanti, os bancos emissores do Rio Grande do Sul, da Bahia, de Pernambuco e do Maranhão não conseguiram se enquadrar na lei de 1860 e se declararam incapazes de continuar com o direito de emissão. Cf. CAVALCANTI, Amaro. *O meio... Op. cit.*, p. 273. Na verdade, os bancos da Bahia e de Pernambuco chegaram a abrir o troco de suas notas em ouro, mas não resistiram por muito tempo. Os bancos do Rio Grande do Sul e do Maranhão definharam sem alcançar tal imperativo legal. Cf. BRASIL. MINISTÉRIO DA FAZENDA. *Proposta e relatorio apresentados á Assembléa Geral Legislativa na Primeira Sessão da Décima Segunda Legislatura do anno de 1863 pelo Ministro e Secretario d'Estado dos Negocios da Fazenda Miguel Calmon du Pin e Almeida.* Rio de Janeiro: Typ. Nacional, 1864, p. 18.

representação a ser enviada ao governo. Além disso, como já mencionamos, a diretoria do banco estava pressionada por acionistas ávidos por maiores dividendos.[2]

Então, o banco enviou um ofício ao governo solicitando formalmente a ampliação de seu limite de emissão nos moldes daquela que fora concedida em fevereiro de 1856. Ofício recebido, o governo o encaminhou para a seção de Fazenda do Conselho de Estado, cujo parecer saiu em fevereiro de 1863. Estava posto novamente o conflito entre a necessidade, e mesmo o desejo, do banco de ampliar suas emissões e a política econômica restritiva do governo. Os dois lados desse conflito estavam representados no conselho por Itaboraí e pelo próprio Batista de Oliveira. Claro que Batista de Oliveira, como conselheiro e presidente do banco, não poderia discordar de uma representação feita pelo próprio banco. Ele a sustentou no conselho afirmando que só com a ampliação do limite de emissão o nível de transações da praça poderia ser mantido. Dizia que o Banco do Brasil, ao solicitar o limite do triplo do fundo disponível,

> *não tem em vista alargar as suas operações unicamente a bem dos interesses dos seus acionistas*, como pensam talvez pessoas menos informadas acerca do mecanismo porque funcionam regularmente tais estabelecimentos; *mas sim conservar a sua emissão circulante no pé de equilíbrio estável com as necessidades da praça, sendo garantida por essa maneira contra as respectivas oscilações, motivadas pela variação do fundo disponível*: numa palavra, o banco pede o triplo da sua emissão normal, para estar seguro de poder conservar a emissão circulante no estado de *comparativa permanência* [grifos nossos].[3]

O parecer de Batista de Oliveira inteligentemente minimizava os interesses dos acionistas como motivadores da solicitação e enfatizava a necessidade de se manter o nível de crédito disponível para a praça diante da oscilação do fundo disponível, que se mantinha negativa desde a abertura do troco em ouro das notas do banco até janeiro de 1863. Interessante notar que ele nem tocou na demanda do governo por descontos no banco. No entanto, esse detalhe, motivação oculta da representação

2 Sessão 698, de 4 de dezembro de 1862. Cf. BANCO DO BRASIL. *Atas de reunião... Op. cit.*, p. 70-71.

3 BRASIL. *Imperiaes resoluções do Conselho de Estado... Op. cit.*, p. 366-7.

encaminhada ao governo, foi lembrado no parecer de Itaboraí. O visconde, como bom saquarema, defendia a execução estrita da lei de 1860 e o rigoroso controle da emissão para completar a implantação da circulação metálica no Império. Para ele, se o banco quisesse atender à demanda por descontos não só da praça, mas também do governo, poderia recorrer a alternativas "menos falazes" do que a ampliação pura e simples do seu limite de emissão, referindo-se certamente à estratégia de aumento do fundo disponível via importação de metais. Além disso, concedida a ampliação do limite e considerada a emissão adicional referente ao resgate dos 10.000:000$ em notas do Tesouro, a emissão do banco poderia chegar ao quádruplo do fundo disponível. Nesse sentido, opunha-se ao banco e lembrava que

> desde 1857 estamos sofrendo as dolorosas conseqüências da nímia expansão da moeda fiduciária ou antes do papel bancária irrealizável: fizemos esforços para reprimi-la e retraí-la: decretamos na lei de 22 de agosto algumas medidas que a muitos pareceram severas em demasia, e que concorreram altamente para o enfraquecimento e queda dos dois ministérios que tiveram a coragem de propô-las; *e apenas entrados, ou parecendo entrados, no estado normal da circulação, e sem podermos ainda averiguar se para esta boa fortuna concorrem ou não causas transitórias e momentâneas, queremos já voltar à mesma senda que nos conduziu à borda do precipício, aonde provavelmente cairíamos agora* [grifo nosso].[4]

Diante das opiniões divergentes de seus conselheiros, o imperador decidiu que por ora a solicitação do banco não deveria ser atendida, o que foi comunicado ao banco pelo ministro da Fazenda ainda no início de fevereiro. Tal decisão evidenciava o vigor da influência saquarema no Império, mas, como era comum, as circunstâncias levariam o governo a rever sua decisão. Diante da queda contínua do fundo disponível do banco, sua comissão de descontos propôs medidas para estancar o problema, sendo as duas mais importantes o óbvio aumento da taxa de desconto e a suspensão do desconto das letras do Tesouro.[5] Era, de certa maneira, uma reação do banco à negativa do governo de ampliar o limite de sua emissão. Entre atender

4 BRASIL. *Imperiaes resoluções do Conselho de Estado... Op. cit.*, p. 362-3.

5 Sessão 715, de 26 de fevereiro de 1863. Cf. BANCO DO BRASIL. *Atas de reunião... Op. cit.*, p. 100-2.

às necessidades do governo e da praça, ficava claro que o banco optaria pela segunda, ainda que o aumento da taxa de desconto prejudicasse o crédito. Informado das medidas que o banco tomaria para proteger seu fundo disponível, o governo respondeu ao banco que o Tesouro não dispunha de recursos para pagar suas letras que venciam naquele prazo. Nesse quadro de fragilidade financeira, o governo cedeu ao banco e Albuquerque acabou autorizando temporariamente a ampliação do limite de emissão do Banco do Brasil até o triplo de seu fundo disponível. Além do prazo fixado em seis meses, a autorização ficava condicionada à manutenção da taxa de desconto. Para o governo, não bastava descontar as letras do Tesouro, era preciso descontar barato, ainda que a condicionalidade de manutenção do desconto também favorecesse o crédito para a praça. Informado das medidas que o governo tomaria no sentido de ampliar o limite da emissão do banco, a diretoria resolveu revogar a suspensão do desconto das letras do Tesouro.[6]

No corpo a corpo, o banco parecia ter vencido o governo, mas as condicionalidades impostas pelo decreto ainda provocariam novas disputas. O banco reagiu meio blasé à tentativa do governo de lhe retirar a prerrogativa de definir sua taxa de desconto. Dias de Carvalho, João Henrique Ulrich e Otoni propuseram que o banco aceitasse a concessão do governo, mas que tomassem a condicionalidade como mero conselho e não como imperativo, uma vez que achavam que o banco não devia se afastar de modo algum da faculdade de regular sua taxa de desconto que lhe era conferida por seus estatutos.[7] Era justamente isso que dizia o aviso enviado pela diretoria ao governo em março de 1863.

O conselho de Estado pleno foi convocado para avaliar se conviria remover o prazo de seis meses para a ampliação do limite de emissão e a fixação da taxa de desconto; se o aumento do desconto poderia reduzir o troco de notas do banco e proteger seu fundo disponível e, finalmente, se conviria que o governo suspendesse temporariamente o troco das notas do banco. A ata da sessão, redigida por Jequitinhonha, dizia que Itaboraí nunca tivera tanta dificuldade para emitir uma opinião como neste parecer, pois já havia sido contra a concessão anterior. Neste caso, ele mantinha sua posição e recomendava a revogação não só das

---

6 Sessão 716, de 28 de fevereiro de 1863. Cf. *Ibidem*, p. 102-3. Cf. também decreto 3.054 de 28 de fevereiro de 1863. In: BRASIL. *Collecção das leis do Império do Brasil de 1863*. Rio de Janeiro: Typ. Nacional, 1863.

7 Sessão 717, de 2 de março de 1863. Cf. BANCO DO BRASIL. *Atas de reunião... Op. cit.*, p. 103-5.

condicionalidades, como de todo o decreto. A suspensão temporária do troco das notas do banco, aventada na consulta, foi rejeitada por ele e pela maioria dos pareceristas, inclusive por Souza Franco.

O parecer do conselheiro paraense, como era frequente, continha críticas afiadas à política econômica restritiva em curso, o que atingia a direção saquarema. Por exemplo, dizia que os casos estrangeiros, sobretudo da França e da Inglaterra, eram usados para justificar qualquer tipo de restrição que se quisesse adotar, mas, ao mesmo tempo, eram totalmente desprezados, a pretexto de diversidade de circunstâncias, quando apontavam "progressos, e liberdade comercial, industriosa, e sobretudo bancária ou política". No caso do Banco do Brasil, julgava que as medidas tomadas pelo governo não poderiam resolver problemas oriundos da "viciosa organização do banco", uma velha questão, agravados pela lei de 1860. Portanto, em sua visão, o decreto adiantaria pouco para a solução dos problemas do banco e só fazia sentido para os que, como o conselheiro Batista de Oliveira, também presidente do banco, acreditavam que a instituição apenas passava por um momento de aperto. Ambos viam no aumento da taxa de desconto, movimento possível caso as condicionalidades fossem revogadas, um meio apenas parcialmente eficaz para regular a emissão, uma vez que boa parte das letras que iam a desconto no banco tinha como objetivo levantar fundos para cobrir letras vencidas e, portanto, iriam ao banco independentemente da taxa de desconto. Assim, o aumento do desconto não reduziria suficientemente a demanda por essa operação e prejudicaria gravemente novas transações comerciais. Além disso, ambos viam como contraditória a combinação de aumento da emissão e do desconto, pois, em tese, se a emissão se elevasse, o desconto deveria cair. A possibilidade de regular a taxa de desconto dava margem para que o banco a elevasse muito em caso de dificuldades com seu fundo disponível, podendo precipitar uma crise econômica no Império. Por achar que o governo deveria auxiliar o banco no que achasse conveniente e que o aumento da taxa de desconto não protegeria o fundo disponível do banco, apenas ampliaria as dificuldades do comércio, Souza Franco opinou pela manutenção do decreto.[8]

Entre a revogação e a manutenção do decreto o governo ficaria com a primeira. Claro que, desde o início, sua intenção não era apenas aconselhar o banco a manter

8 Para o aviso do banco e os pareceres dos conselheiros de Estado, cf. Sessão de 12 de março de 1863. In: BRASIL. *Atas do conselho de Estado pleno. Terceiro conselho de Estado, 1857-1864*.

sua taxa de desconto e, logo em 16 de março, já com Abrantes como ministro interino da Fazenda, o governo revogou o decreto que concedia a ampliação do limite de emissão do banco.[9] Talvez o governo já não estivesse com o caixa tão apertado, talvez Abrantes estivesse seguindo o parecer dado por Itaboraí no conselho de Estado. Fato é que, no momento da revogação, a emissão do conjunto formado pela matriz e pelas caixas de Ouro Preto e São Paulo estava além do limite do duplo, mas a diretoria argumentava que agira dentro da legalidade porque usara até aqui a concessão governamental para elevar a emissão ao triplo do fundo disponível.[10]

Claro que, a partir da revogação do decreto, o banco acataria a nova disposição do governo, mas não deixaria de observar que a redução brusca da emissão de modo a fazê-la retornar ao limite poderia comprometer o fornecimento de crédito à praça e ao próprio governo. Em oficio enviado ao Ministério da Fazenda, o banco propôs a restrição gradual da emissão para que ela voltasse paulatinamente ao limite fixado pelo governo, que concordou com a proposta. A tendência restritiva estava mantida, mas o banco insistia e, ainda no final de março, voltava a solicitar a ampliação do limite de emissão. O governo negou novamente o pleito do banco e disparou que continuava a confiar na prudência da diretoria e em que ela empregaria todos os meios para trazer a emissão para dentro do limite legal. No entanto, informalmente, o próprio ministro da Fazenda sinalizou para Dias de Carvalho que toleraria eventuais excessos da emissão em relação ao duplo do fundo disponível.[11] Souza Franco acertara quando previu que a política restritiva que vinha sendo imposta desde 1859 levaria o governo a afrouxar seus controles.

Nessa altura, o banco não poderia atender às demandas do governo e, sobretudo, da praça sem estourar o limite de emissão correspondente ao duplo do fundo disponível mais o adicional correspondente ao resgate das notas do Tesouro. Foi por essa época que começaram a espocar os primeiros sinais da crise que estouraria no ano seguinte e o Banco do Brasil estava fortemente relacionado a eles. Um dos

9 Cf. decreto 3.062 de 16 de março de 1863. In: BRASIL. *Collecção das leis do Império do Brasil de 1863*. Rio de Janeiro: Typ. Nacional, 1863. Abrantes foi efetivado no Ministério da Fazenda em 8 de abril de 1863.

10 Sessão 719, de 16 de março de 1863. Cf. BANCO DO BRASIL. *Atas de reunião... Op. cit.*, p. 106-12.

11 Cf. ofício do Ministério da Fazenda in BANCO DO BRASIL. *Relatório... de 1863... Op. cit.*, p. 27; sessão 724, de 6 de abril de 1863 e sessão 726, de 13 de abril de 1863. In: BANCO DO BRASIL. *Atas de reunião... Op. cit.*, p. 121-3. Cf. também PACHECO, Cláudio. *História... Op. cit.*, p. 190-1 e BANCO DO BRASIL. *Relatório... de 1863... Op. cit.*, p. 7.

principais motivos pelos quais o banco, desde fevereiro, solicitava ao governo quase constantemente a ampliação do limite de emissão era a concessão de mais crédito a casas bancárias, especialmente a do Souto.

Segundo Ana Maria Ribeiro de Andrade, o cliente das casas bancárias era aquele que não conseguia obter empréstimos diretamente no Banco do Brasil ou em outros bancos comerciais. Já os recursos disponíveis nas casas bancárias para esse cliente não vinham apenas dos depósitos de correntistas, mas também de empréstimos obtidos no Banco do Brasil e outros bancos comerciais.[12] Seja por motivos especulativos ou não, o banco não poderia atender à demanda por crédito dessas casas sem que o governo concedesse a ampliação do limite de emissão. E o governo não a concedeu formalmente, mas o banco, fiando-se na palavra do ministro da Fazenda, atendeu àquela demanda e, de certa maneira, ajudou a preparar a crise, uma vez que concedia o crédito sem impor maiores condicionalidades ao devedor e assumindo o risco da operação.

A grande questão foi o banco não ter imposto condicionalidades para o empréstimo às casas bancárias, mas é preciso lembrar que essa não era uma decisão trivial à época. Sem impor condicionalidades, o banco poderia cortar naquele momento o crédito das casas bancárias e provocar uma crise de menores proporções ou continuar a lhes emprestar recursos e a empurrar o problema mais para frente. O fato é que o banco ganhava com essas operações, poderia fazê-las com a tolerância do governo ao excesso de emissão e, ademais, o próprio governo e a legislação não davam muita atenção à atuação das casas bancárias.[13] Somando-se tudo isso às relações pessoais que pesavam em decisões desse tipo, isto é, em decisões que envolviam relações de confiança, o banco não hesitava em liberar os recursos demandados pelas casas bancárias e empurrar o problema mais para frente. Mas não se tratava apenas de uma questão microeconômica, de lucros e regulação, ou de confiança,

---

12 ANDRADE, Ana Maria Ribeiro de. *1864: a controvérsia... Op. cit. Apud*: MÜLLER, Elisa. *Moedas e bancos... Op. cit.* [mimeo], p. 26.

13 As casas bancárias estavam livres da regulação restritiva à qual se submetiam os bancos de emissão. As operações entre os bancos de emissão e as casas bancárias, como as que envolviam o Banco do Brasil e a casa bancária do Souto, poderiam servir para burlar a regulação restritiva. Por exemplo, ao aumentar o crédito do Souto, o Banco do Brasil poderia expandir suas operações de empréstimo sem necessariamente aumentar sua emissão. Nesse sentido, guardando a devida distância, as casas bancárias poderiam estar para os bancos de emissão como os *shadow banks* estariam para os bancos de investimento atuais.

havia também a preocupação com o crédito da praça, como vimos no caso da crise de 1857 em que o banco chegou a socorrer o mesmo Souto. Tratava-se, então, de uma combinação de questões micro e macroeconômicas, e também de relações de confiança, que, junto com a conjuntura econômica favorável, fazia alargar o crédito e turvava os sinais de que tal situação não se sustentaria, ainda mais num quadro de política econômica restritiva.

O aumento do crédito das casas bancárias não se revelou obstáculo insuperável para que o banco pudesse enquadrar novamente suas emissões no limite estabelecido formalmente pelo governo, o que conseguiu mais pelo aumento do fundo disponível, via importação de metais, do que propriamente pela redução da emissão. Apesar dessa aparente queda de braço entre banco e governo, a conjuntura econômica de 1863 era bastante favorável. O déficit fiscal se reduzia significativamente, o saldo comercial caía, embora se mantivesse positivo, e o câmbio se desvalorizava pouco ao acompanhar esse movimento. Calógeras dizia que "todos os elementos da situação, por volta de 1863-4, indicavam claramente o saneamento progressivo do meio circulante e a ausência de qualquer agravação de seus vícios intrínsecos".[14] Os ventos tranquilos que sopravam sobre a economia não eram os mesmos que sopravam sobre a política imperial.

A liga se fortaleceu muito politicamente e obteve vitória acachapante nas eleições de 1863. Os liberais históricos até conseguiram firmar boa cota, mas os conservadores ficaram com apenas um representante na legislatura que se iniciava.[15] Nesse quadro, só restava a Olinda deixar o gabinete e, para reorganizá-lo, o imperador chamou novamente Zacarias. Com ele, Dias de Carvalho voltou ao Ministério da Fazenda.

Apesar das mudanças de gabinete, a política econômica restritiva permanecia. Albuquerque e Abrantes, ministros da fazenda durante o gabinete Olinda, referendaram a política saquarema embora, na prática, tolerassem alguns desvios. O comportamento de Abrantes não surpreende, pois muitas vezes, em questões econômicas, acompanhava o voto de Itaboraí no conselho de Estado. Novos arranjos políticos poderiam explicar o comportamento de Albuquerque. Como vimos, nessa época a conjuntura política o aproximou de Eusébio de Queirós.

---

14 CALÓGERAS, João Pandiá. *A política monetária... Op. cit.*, p. 141.

15 CARVALHO, José Murilo. *A construção... Op. cit.*, p. 407.

Por outro lado, a conjuntura econômica favorável, a abertura do troco em ouro das notas do Banco do Brasil e a oferta relativamente abundante de crédito via bancos e casas bancárias colocavam a política econômica em segundo plano. Sem falar que essa questão era espinhosa do ponto de vista prático e político, e já havia derrubado pelo menos dois gabinetes. O que ocupava o primeiro plano naquele momento era a vitória eleitoral da liga, mas Nabuco já chamava a atenção para o racha que dividia progressistas e liberais históricos, dizendo que eles ainda haviam de se "mostrar ainda mais rancorosos um contra o outro do que contra o adversário comum".[16] Sem coesão política seria difícil mudar o rumo da política econômica e, assim, sua manutenção revelava-se conveniente. A derrota nas urnas não foi suficiente para liquidar os saquaremas, pelo menos não nesse campo.

Os ventos tranquilos que sopravam sobre a economia de vez em quando se transformavam em rajadas que provocavam turbulências e apontavam problemas para a manutenção do projeto saquarema. A sempiterna fragilidade do fundo disponível do Banco do Brasil era uma dessas rajadas. Outra, mais forte, viria novamente da casa bancária do Souto. Depois de ter seu crédito aumentado no Banco do Brasil, essa mesma casa bancária recorreu ao banco para conseguir recursos urgentes que fossem suficientes para satisfazer seus compromissos diários diante das corridas que vinha sofrendo desde o dia 10 de maio de 1863, situação gravíssima para uma instituição desta natureza.[17]

Apesar de reticente, a diretoria do banco atendeu às solicitações do Souto, desta vez exigindo garantias e esclarecimentos sobre a situação de sua casa bancária. Apenas dois diretores se opuseram ao auxílio. Paula Santos argumentava que o banco deveria suspender novas operações com essa casa bancária, na medida em que suas dificuldades financeiras não poderiam ser sanadas definitivamente com os empréstimos. Otoni, ao observar pelo balanço da casa bancária sua frágil situação, considerava temerárias tais operações, tanto que fez constar na ata da reunião da diretoria que votara contra o aumento do crédito daquele estabelecimento. Aonde iria parar o Souto? Apesar das reticências da diretoria e da crítica de alguns diretores, a casa bancária do Souto ganhava sobrevida com os auxílios do Banco do Brasil, que ia empurrando o problema para

16 NABUCO, Joaquim. *Um estadista... Op. cit.*, p. 369.

17 Importantes casas bancárias da Corte sofreram corridas bancárias em 1862. O relatório de 1864 destaca a que houve sobre a casa bancária Montenegro, Lima e Cia., entre julho e agosto de 1862, e sobre a casa bancária Gomes e Filhos, em setembro do mesmo ano. Ambas faliram na crise de 1864. Cf. BRASIL. MINISTÉRIO DA FAZENDA. *Relatório da comissão... de 1864... Op. cit.*, p. 35-6.

frente ajudado pelos bons ventos de uma conjuntura econômica favorável.[18] De junho a setembro de 1864 não haveria mais sinais perceptíveis de crise.

Por isso a queda do gabinete Zacarias no final de agosto foi surpreendente. A questão econômica não derrubaria mais um ministério, desta vez a rajada que provocaria uma turbulência política pouco antes da crise econômica viria de um desentendimento entre liberais históricos e progressistas. O que houve aparentemente foi uma divergência entre Martinho Campos, líder dos progressistas na Câmara, e José Bonifácio de Andrada e Silva, ministro do Império, em torno de um projeto relativamente banal. A Câmara votou contra o governo e, para Bonifácio, com esse gesto a Câmara demonstrava desconfiança em relação ao gabinete. Então, procurou Zacarias para avisá-lo que se sentia impossibilitado de continuar no cargo e, com o ministro do Império, todo o gabinete resolveu se retirar.[19] Desta vez, rixas partidárias e manobras regimentais na Câmara, que revelavam a tensão entre progressistas e liberais históricos, derrubaram o gabinete.

Como o imperador aceitou a saída dos ministros, Francisco José Furtado assumiu a chefia do novo gabinete, tendo Carlos Carneiro de Campos, futuro terceiro visconde de Caravelas,[20] como ministro da Fazenda. Segundo Nabuco, Furtado era ligado a Souza Franco e com esse gabinete os liberais finalmente se sentiriam confortáveis no poder.[21] Ameaça ao projeto saquarema? A conjuntura econômica da época era favorável, de maneira que o novo gabinete aparentemente não teria a economia como uma de suas preocupações principais e a política econômica restritiva que vinha sendo

18 Sessão 732, de 18 de maio de 1863 e Sessão 733, de 20 de maio de 1863. In: BANCO DO BRASIL. *Atas de reunião... Op. cit.*, p. 139-42. Cf. também VIANA, Victor. *O Banco do Brasil... Op. cit.*, p. 433; PACHECO, Cláudio. *História... Op. cit.*, p. 197-8.

19 O projeto em torno do qual houve discussão referia-se à criação de uma linha de navegação entre Rio e Nova Yorque. A proposta de votação desse projeto acabou atrapalhando a discussão de outro, relativo a operações de crédito para cobertura de despesas do governo, que tinha maior interesse para o executivo. Cf. sessão de 1º de setembro de 1864. In: *Anais da Câmara*, p. 279. Cf. também NABUCO, Joaquim. *Um estadista... Op. cit.*, p. 384-5.

20 Nasceu na Bahia, em 1805. Formado em Ciências Jurídicas e Sociais pela Universidade de Paris, foi nomeado lente e, mais tarde, diretor da Academia de Direito de São Paulo. Foi deputado (1838) e senador (1857) por São Paulo. Foi ministro dos Negócios Estrangeiros (1862, 1864 e 1871) e da Fazenda (1864). Nomeado conselheiro de Estado ordinário em 1870, foi ainda diretor do Banco do Brasil e fiscal do governo junto ao Banco Rural e Hipotecário do Rio de Janeiro. Faleceu no Rio de Janeiro, em 1878. Cf. VASCONCELLOS, barão e SMITH DE VASCONCELLOS, barão. *Archivo... Op. cit.*, p. 114.

21 NABUCO, Joaquim. *Um estadista... Op. cit.*, p. 386.

executada não sofreria grandes guinadas. Enquanto isso, o Banco do Brasil adequava-se a ela. O Império seguia aparentemente o caminho da circulação metálica e o braço financeiro do projeto saquarema cumpria seu desígnio de trazer para os trópicos esse traço de ordem e civilização. Politicamente, nem mesmo os gabinetes liberais pareciam capazes de frear esse processo.

9.2. O início do fim do banco da Ordem: crise de 1864, guerra do Paraguai e reforma hipotecária

Nos primeiros dias de setembro de 1864, não havia sinal algum de perturbação no ambiente econômico do Império. Pelo contrário, o clima era de otimismo. O comércio tanto na Corte como nas províncias era próspero, especialmente por conta do algodão, produto cujo valor subira com o início da guerra civil nos Estados Unidos; os bancos recebiam depósitos e pareciam caminhar regularmente; o Banco do Brasil tinha folga de emissão e sua diretoria discutia baixar a taxa de desconto diante do ambiente de confiança na economia. A veia poética do relator da Comissão de Inquérito de 1864 revelava a atmosfera calma que envolvia o momento.

> A ordem e tranqüilidade pública continuavam inalteradas, como nos anos anteriores, *o céu político e comercial se mostrava como nos mais belos dias de uma risonha primavera, nenhuma nuvem carregada o encobria ou manchava.* As câmaras iam se encerrar; todas as coisas pareciam seguir via pacífica e ordinária. O aspecto dos negócios comerciais, se não brilhante, era satisfatório [grifo nosso].[22]

Porém, no dia 9 de setembro desse ano, uma pequena corrida contra a caixa filial do Banco do Brasil em Pernambuco serviria de aperitivo para o que estava por amanhecer na Corte. De maneira surpreendente para o público, mas certamente não tanto para a diretoria do Banco do Brasil, às dez horas da manhã do dia 10 de setembro de 1864, o chefe principal da casa bancária A. J. A. Souto e Cia. ordenou que se fechasse a escrituração, se suspendesse o movimento de seus caixas e simplesmente abandonou seu escritório. O que se seguiu é bem conhecido pela

22 BRASIL. MINISTÉRIO DA FAZENDA. *Relatório da comissão... de 1864... Op. cit.*, p. 38.

historiografia, por isso, iremos nos ater aos fatos que dizem respeito ao Banco do Brasil na crise.[23]

A notícia da suspensão dos pagamentos do Souto correu a cidade "como por um movimento elétrico, por toda a parte, chegou de pronto até aos mais longínquos bairros e arredores desta Corte e da cidade vizinha". Claro que o resultado de tão grave notícia só poderia ser o pânico característico de crises desse tipo e, consequentemente, a corrida às casas bancárias e aos bancos. O Banco do Brasil entrava em cena como o vilão da história, pois junto com a notícia corria o boato de que Souto suspendera seus pagamentos porque o banco se recusara a lhe emprestar 900:000$. Na tarde deste dia fatídico, uma grande "massa de povo" se aglomerava diante das casas bancárias Gomes e Filhos, Oliveira e Bello, Montenegro, Lima e Cia., Fortinho Muniz, Bahia, Irmãos e Cia. e dos bancos *Brazilian and Portuguese*, *London and Brazilian* e do próprio Banco do Brasil. Com a ajuda dos bancos, as casas bancárias mantinham abertos os seus pagamentos.

Nesta mesma tarde, a diretoria do Banco do Brasil se reuniu em caráter extraordinário das duas às quatro da tarde. Nesta sessão, Coelho de Castro, então fiscal do banco, expôs aos outros diretores o que havia se passado pela manhã. Chamado por Souto, Coelho de Castro ouvira o banqueiro lamentar que não tinha condições de honrar seus compromissos do dia, que giravam em torno de 900:000$, e pedir conselho sobre o que fazer. Disse então o fiscal que, dentro da lei, o banco não poderia fazer nada para ajudá-lo e o orientou a suspender imediatamente seus pagamentos e encerrar as operações de sua casa bancária. O boato que corria a Corte não era totalmente desprovido de verdade, pois foi justamente isso que fez Souto.

Nesse quadro, Coelho de Castro propôs, e a diretoria aceitou, que se enviasse uma representação ao governo solicitando a liquidação da casa bancária do Souto sob a fiscalização dos maiores credores. Já neste dia começava o desmantelamento do banco da Ordem com a autorização dada pela diretoria à comissão de descontos para exceder o crédito dos banqueiros que necessitassem de recursos para ajudar-lhes a satisfazer prontamente seus pagamentos e superar a crise de confiança. Contudo,

---

23 Para os documentos do banco, cf. BRASIL. MINISTÉRIO DA FAZENDA. *Relatório da comissão... de 1864... Op. cit.* Anexo A. Para o dia-a-dia da crise, de maneira geral, cf. BRASIL. MINISTÉRIO DA FAZENDA. *Relatório da comissão... de 1864... Op. cit.*, p. 46-65; PACHECO, Cláudio. *História... Op. cit.*, p. 214-220.

mesmo com os pagamentos sendo feitos regularmente pelas casas bancárias, já era noite quando a massa de povo teve de ser dispersada por força policial.[24]

No dia 11 de setembro, sem a balbúrdia das ruas do dia anterior, pois era feriado santo, a diretoria pôde se reunir mais calmamente para apreciar o resultado da representação que o próprio presidente do banco levara ao presidente do conselho no dia anterior. O conselho de Estado foi consultado e o governo decidiu não acatar a proposta de liquidação da casa bancária do Souto feita pelo Banco do Brasil, contudo, o mesmo governo mostrava boa vontade em ajudar o banco a superar a crise. Sem alternativa, a diretoria do banco insistiu e enviou novo ofício ao governo solicitando novamente a liquidação da casa bancária. Pedia ao governo resposta urgente para a solicitação, dizendo que "muito conviria que hoje mesmo sendo possível pudesse o banco ser habilitado para anunciar amanhã a realização da primeira medida [o pagamento de pequenos credores]". A resposta veio rápida, na noite do mesmo dia 11, e foi levada pessoalmente à diretoria do banco pelos ministros da Fazenda e da Agricultura, Comércio e Obras Públicas.[25] Todavia, o governo hesitava em atender o pleito do banco. No dia seguinte ao feriado, a balbúrdia das ruas voltou e a massa de povo se aglomerava em frente das casas bancárias, sinal de que o pânico permanecia e prenúncio de que a crise poderia se agravar. O governo, no entanto, parecia confiar ainda na força do Banco do Brasil para auxiliar a praça. O problema era que o próprio Banco do Brasil estava pressionado e também sofria corridas de clientes que exigiam, sobretudo, o troco em ouro de suas notas. A confusão era tanta nesse dia que houve necessidade de polícia na porta do banco. Além do Banco do Brasil, a praça de comércio também enviou representação ao governo solicitando providências para afastar o pânico. Ia ficando claro para todos que sem a intervenção do governo o pânico não seria superado e a crise se agravaria.

De fato, no dia 13 de setembro, um número maior de pessoas em relação aos dias anteriores se aglomerava nas ruas, sobretudo em frente do Banco do Brasil e às

---

24 *Ibidem*, p. 38-9; Sessão 811, de 10 de setembro de 1864. In: BANCO DO BRASIL. *Atas de reunião... Op. cit.*, p. 102. Cf. também PACHECO, Cláudio. *História... Op. cit.*, p. 213. A consulta do governo ao conselho de Estado sobre a representação do dia 11 de setembro foi apenas verbal.

25 Para a representação do banco, cf. sessão 812, de 11 de setembro de 1864. In: BANCO DO BRASIL. *Atas de reunião... Op. cit.*, p. 103-5. Para o parecer, cf. BRASIL. MINISTÉRIO DA FAZENDA. *Relatório da comissão... de 1864... Op. cit.*, p. 51. O ministro da Agricultura, Comércio e Obras Públicas era Jesuíno Marcondes de Oliveira e Sá. A consulta do governo ao conselho de Estado sobre a representação do Banco do Brasil e do Banco Rural e Hipotecário foi apenas verbal.

casas bancárias Gomes e Filhos, Oliveira e Bello, Montenegro, Lima e Cia. e Bahia, Irmãos e Cia. A Comissão de Inquérito de 1864, em relato impressionantemente vivo, dizia que

> abertas as portas do Banco do Brasil e da casa de Gomes e Filhos, a custo pôde a força pública conter os que queriam entrar, disputando todos o primeiro lugar. As ruas nas imediações desses estabelecimentos estavam literalmente cheias de gente. Seriam 11 horas quando ao chegar à janela do banco um dos seus diretores prorromperam gritos de – *fora a diretoria do Banco*. Informado o Dr. Chefe de Polícia de tais manifestações de motim, mandou aproximar-se mais a força para contê-lo em seu princípio, e logo chegando o Comandante do Corpo Policial com um piquete de cavalaria, foi insultado com gritos de – *fora a força de polícia* -, tornando-se então necessária a dispersão do grupo, donde partiam tais gritos, por meio de uma evolução da força. Esta simples demonstração de que a autoridade estava disposta a empregar a energia que a tranqüilidade reclamasse, bastou para o restabelecimento da ordem sem que houvesse a lamentar-se mais do que dois leves ferimentos. Por ocasião desse incidente e do movimento desordenado dos que corriam, os banqueiros Gomes e Filhos e Montenegro, Lima e Cia. fecharam as portas de suas casas [grifos nossos].[26]

Crescia a pressão para que o governo e o Banco do Brasil tomassem atitudes mais enérgicas. A corrida contra o fundo metálico do banco continuava e a crise de confiança era total. O desespero parecia ser tão grande que, no próprio dia 13 de setembro, o Banco do Brasil enviou duas representações ao governo. A primeira, em conjunto com o Banco Rural e Hipotecário, solicitava que fosse liquidada por meio de um regulamento especial qualquer casa bancária que tivesse recebimentos apenas em depósitos ou cauções; que tivesse um passivo maior do que 10.000:000$; e que fizesse ponto em seus pagamentos. A segunda, enviada posteriormente diante do agravamento do quadro de crise ao longo do dia, pedia ao governo a adoção de medidas concretas e amplas, a saber, a suspensão por trinta dias de todos os pagamentos da praça e a elevação do limite de sua emissão para atender a enorme demanda

26 BRASIL. MINISTÉRIO DA FAZENDA. *Relatório da comissão... de 1864... Op. cit.*, p. 49.

por descontos, sobretudo dos banqueiros da praça, e, assim, não ficar impedido de prestar esse auxílio diante da queda do seu fundo disponível em razão da avultada demanda pelo troco de suas notas. O conselho de Estado foi consultado a respeito da primeira solicitação e opinou que se devia decretar a suspensão dos pagamentos na praça do Rio de Janeiro, devendo o Ministério da Fazenda cuidar de suas consequências legais. Excetuavam-se da suspensão os pagamentos e o troco em ouro das notas do Banco do Brasil. Já o regulamento especial para a liquidação das casas bancárias exigiria mais cuidados e deveria ser deixado para outra ocasião. Como a suspensão dos pagamentos também era uma medida complexa, o governo acabou deixando-a para depois. No entanto, atenderia à solicitação de ampliação do limite de emissão feita pelo Banco do Brasil ao baixar o decreto 3.306, de 13 de setembro de 1864, que autorizava o banco a elevar sua emissão até o triplo do fundo disponível nos moldes do decreto de fevereiro de 1856.[27] A partir desse decreto, o banco passaria a orientar as ações econômicas do governo na crise. Embora as solicitações fossem para se adotar medidas emergenciais e temporárias, o banco da Ordem enveredaria por um caminho sem volta rumo ao seu desmantelamento em 1866.

No dia 14 de setembro, apenas as casas bancárias Bahia, Irmãos e Cia. e Fortinho e Muniz abriram, e sofreram novas corridas. Os portadores de títulos das casas bancárias que continuavam fechadas esperavam que a ajuda do Banco do Brasil, auxiliado pelo governo, aos banqueiros fosse suficiente para salvá-los do desastre. No entanto, o próprio Banco do Brasil contribuía para aumentar o pânico e a desconfiança das pessoas ao fazer muito lentamente o troco de suas notas por ouro. Diminuir concretamente a velocidade do troco, isto é, demorar mais tempo mesmo para entregar o ouro aos clientes que levavam suas notas aos guichês do banco para trocá-las pelo metal, era um artifício conhecido à época e usado pelos bancos quando estavam em dificuldade. O relatório dizia que o "aspecto da praça e do povo era de confusão, incerteza, susto e inquietação".[28]

Os recursos para que o banco pudesse ajudar os banqueiros e a praça em geral vieram com a ampliação de seu limite de emissão. Restava resolver o problema do troco em ouro de suas notas, pois era claro que o banco não conseguiria sustentá-lo por muito mais tempo. E, pior, a diminuição do fundo disponível implicava

27 Cf. BRASIL. *Collecção das leis do Império do Brasil de 1864*. Rio de Janeiro: Typ. Nacional, 1864.

28 BRASIL. MINISTÉRIO DA FAZENDA. *Relatório da comissão... de 1864... Op. cit.*, p. 52.

necessariamente redução do limite de emissão. Para o governo, o curso forçado viria com ou sem tal medida[29] e, nesse quadro, o ministro da Fazenda, por meio de Dias de Carvalho, acenou à diretoria do banco que o governo estava disposto a atender à solicitação de suspensão do troco em ouro das notas do banco, bastava que a diretoria a fizesse. E foi o que ela fez, justificando-se que

> quando concorrem duas causas opostas – a necessidade de prestar auxílios ao comércio, que importam aumento de emissão, e a demanda no troco das notas por ouro, que diminui a quantidade deste e reduz a faculdade emissória; quando a pressão do povo em busca do ouro é cada vez mais forte, a ponto de que dificilmente se pode penetrar no edifício do Banco, a Diretoria julga indispensável, para evitar os efeitos da crise, *que o governo Imperial suspenda o troco das notas do Banco por ouro enquanto durarem os efeitos da calamidade que pesa sobre nós* [grifo nosso].[30]

No fundo, o que o banco pedia ao governo era a decretação do curso forçado de suas notas. Desfazia-se nesse pedido, por força das circunstâncias, todo o trabalho realizado anteriormente que culminara com a abertura do troco em ouro das notas do banco em outubro de 1862. Tal solicitação, ainda que tivesse caráter temporário, ameaçava seriamente o banco da Ordem e a consolidação do projeto saquarema no campo econômico. Entretanto, a urgência do momento não permitia nem ao banco nem ao governo pensar em largos horizontes. Era preciso agir imediatamente e de novo o governo atendeu à solicitação do banco, baixando o decreto 3.307, de 14 de setembro de 1864, que dava curso forçado, "por enquanto", aos bilhetes do Banco do Brasil.[31] É preciso atentar que o caráter temporário desses decretos ratificava a política restritiva que vinha sendo implementada e deixava claro que o governo pretendia

---

29 BRASIL. MINISTÉRIO DA FAZENDA. *Proposta e relatorio apresentados á Assembléa Geral Legislativa na Terceira Sessão da Décima Segunda Legislatura do anno de 1864 pelo Ministro e Secretario d'Estado dos Negocios da Fazenda José Pedro Dias de Carvalho.* Rio de Janeiro: Typ. Nacional, 1865, p. 13. Vale lembrar que este relatório foi assinado por Carneiro de Campos em 8 de maio de 1865, poucos dias antes de sua saída do ministério, e apresentado por Dias de Carvalho, seu sucessor.

30 BRASIL. MINISTÉRIO DA FAZENDA. *Relatório da comissão... de 1864... Op. cit.* Anexo A, p. 8. Cf. também PACHECO, Cláudio. *História... Op. cit.*, p. 218.

31 Cf. BRASIL. *Collecção das leis do Império do Brasil de 1864*. Rio de Janeiro: Typ. Nacional, 1864.

voltar a trilhar o caminho da circulação metálica, no espírito da Ordem, restabelecida as condições normais da praça. No entanto, os decretos do governo, motivados por solicitações do banco, tornariam muito difícil a volta ao caminho da circulação metálica e significavam concretamente o início do fim do banco da Ordem.

Apesar de enérgicas, as medidas do governo não foram suficientes para acalmar o povo e a praça. Como se não bastassem as corridas ao próprio banco e à ajuda que devia prestar aos banqueiros e à praça, o Banco do Brasil ainda tinha que se defender das acusações de que era culpado pela crise ao não emprestar os recursos demandados pelo Souto. O relatório de 1864 chegou a dizer que os ataques ao fundo disponível do banco eram motivados não só por especulação, mas também pelo ódio contra o banco por ser considerado o causador da falência da casa bancária mais importante do Império. As graves acusações e seus efeitos concretos exigiam que o banco se posicionasse, levando-o a publicar um artigo a pedido no Jornal do Comércio em que dava sua versão para o que ocorrera no fatídico dia 10 de setembro de 1864. O banco negava que tivesse se recusado a emprestar recursos ao Souto, conforme corriam boatos, simplesmente porque naquele dia o banqueiro não havia solicitado recursos ao banco. De fato, como vimos, o Souto apenas conversou com Coelho de Castro, a quem pediu conselhos sobre o que fazer diante da impossibilidade de realizar seus pagamentos e já sabemos que o conselho dado pelo fiscal do banco foi a suspensão imediata dos pagamentos de sua casa bancária. O Banco do Brasil alegava também que assim que ficara sabendo de tal fato, da suspensão dos pagamentos da casa bancária do Souto, tomou medidas no sentido de resolver logo a situação, a saber, solicitou ao governo a liquidação da casa bancária. A partir daí, desenrolaram-se as ações conjuntas de banco e governo para lidar com a delicada situação da praça.

O Souto não deixaria o artigo do banco sem resposta e, no dia seguinte, publicou um pequeno texto, também no Jornal do Comércio, dizendo que, de fato, não fora pessoalmente ao Banco do Brasil pedir a sua ajuda porque, no dia anterior, o mesmo banco se recusara a lhe emprestar 200:000$ por não aceitar os títulos que a casa tinha a oferecer como garantia do empréstimo. No dia 10 de setembro, a necessidade aumentara para 900:000$, mas como as condições da casa eram as mesmas, antecipava que o banco não lhe concederia os recursos de que tanto precisava. Daí a consulta a Coelho de Castro. Em tom aparentemente irritado, mas sem querer polemizar com Souto, o fiscal do banco também publicou uma pequena nota no

Jornal do Comércio do dia seguinte considerando "inoportuna qualquer explicação acerca das tristes ocorrências do dia 10 do presente". Tudo isso aconteceu entre os dias 14 e 16 de setembro.

O Banco do Brasil podia alegar o que quisesse, mas, como vimos, sabia havia tempos da situação frágil da casa bancária do Souto, de maneira que a suspensão de seus pagamentos não poderia surpreender a diretoria do banco. Como diria Zacarias, num discurso proferido no Senado posteriormente, só os totalmente míopes não previram a crise.[32] De fato, em algum momento a rolagem da dívida do Souto chegaria ao limite. O banco era culpado pela situação? Difícil julgar, mas se pecado houve, foi mais pela omissão dos anos anteriores do que pela negativa dos empréstimos dos dias 9 e 10 de setembro de 1864. Posteriormente, informações da comissão liquidadora da casa bancária do Souto enviadas à Comissão de Inquérito de 1864 dariam conta de que mesmo que o Banco do Brasil tivesse aceitado os títulos dessa casa bancária, sua quebra não poderia ter sido evitada.[33] Fim de polêmica.

No auge da crise, o governo agia a reboque do banco, mas o momento exigia medidas complementares. No dia 15 de setembro, em tom de alarme, as diretorias do Banco do Brasil e do Banco Rural e Hipotecário enviaram uma nova representação ao governo com um velho pedido, a liquidação das casas bancárias que estivessem em dificuldade. Além disso, solicitavam a suspensão dos pagamentos de letras e títulos comerciais por um prazo de sessenta dias. O conselho de Estado pleno foi convocado e emitiu um parecer favorável às solicitações dos bancos. Nele constavam as assinaturas de Itaboraí e Souza Franco, indicando que a razão das ações econômicas do governo naquele momento era de curtíssimo prazo.[34] Publicado o decreto 3.308,

---

32 Calógeras comenta que o mau estado financeiro do Souto era ignorado pelo público, mas perfeitamente conhecido pelo Banco do Brasil. Por isso diz que a imprudência do banco ao aumentar o crédito dessa casa bancária, mesmo sabendo da fragilidade de sua saúde financeira, foi responsável pelo "*redobro*" da amplitude da crise. Cf. CALÓGERAS, João Pandiá. *A política monetária... Op. cit.*, p. 142. Para o discurso de Zacarias, cf. sessão do Senado de 10 de junho de 1865. In: *Anais do Senado*. Apêndice, p. 51.

33 O artigo do Banco do Brasil foi apresentado pelo diretor Manuel de Oliveira Fausto. Cf. BRASIL. MINISTÉRIO DA FAZENDA. *Relatório da comissão... de 1864... Op. cit.* Anexo B, p. 61-2. As informações prestadas pela comissão liquidadora da casa bancária do Souto são de março de 1865. Cf. *Ibidem*, Anexo B, p. 75.

34 Para a representação dos bancos e o parecer do conselho de Estado, cf. BRASIL. MINISTÉRIO DA FAZENDA. *Relatório da comissão... de 1864... Op. cit.* Anexo A, p. 9-11.

de 17 de setembro de 1864, que previa justamente a liquidação das casas bancárias e a suspensão de pagamentos e protestos de letras e títulos e, consequentemente, a abertura de falência de casas bancárias por falta de pagamento,[35] os ânimos do povo e da praça se arrefeceram. Nos dois dias seguintes, apesar do ambiente mais calmo, ainda haveria corridas, sobretudo sobre a casa bancária Bahia, Irmãos e Cia.[36]

As avaliações das medidas do governo se dividiam. Para uns elas salvaram a praça, para outros a suspensão dos pagamentos foi uma medida inócua, uma vez que a ampliação do limite de emissão do Banco do Brasil e o curso forçado de suas notas já seriam suficientes para debelar a crise e, para outros ainda, as medidas do governo foram um exercício de arbitrariedade. De fato, Furtado, acusado de ditador, será duramente criticado posteriormente,[37] mas se houve ditadura, fora a do Banco do Brasil. Durante a crise, talvez por conta da urgência, talvez por conta de um ministro da Fazenda aparentemente fraco, os sinais de ordem se inverteram e as ações econômicas emergenciais foram conduzidas do banco para o governo e não o contrário como sempre fora. Por isso, em certo sentido, não seria errado dizer que, nesse momento, o banco impôs uma política econômica ao governo. Contudo, o mais correto seria atrelar essa imposição à conjuntura de crise. Não obstante essas avaliações, "um dos mais esclarecidos diretores do Banco do Brasil" parecia ir direto ao ponto ao dizer que a crise só se arrefeceu quando todos ou quase todos os depósitos foram sacados dos bancos e casas bancárias da Corte (Gráfico 34).

35 Cf. BRASIL. *Collecção das leis do Império do Brasil de 1864*. Rio de Janeiro: Typ. Nacional, 1864.

36 BRASIL. MINISTÉRIO DA FAZENDA. *Relatório da comissão... de 1864... Op. cit.*, p. 61.

37 Cf. discurso de Zacarias na sessão do Senado de 10 de junho de 1865. In: *Anais do Senado*. Apêndice, p. 51.

Gráfico 34 – Depósitos e emissões do Banco do Brasil (1863-65)

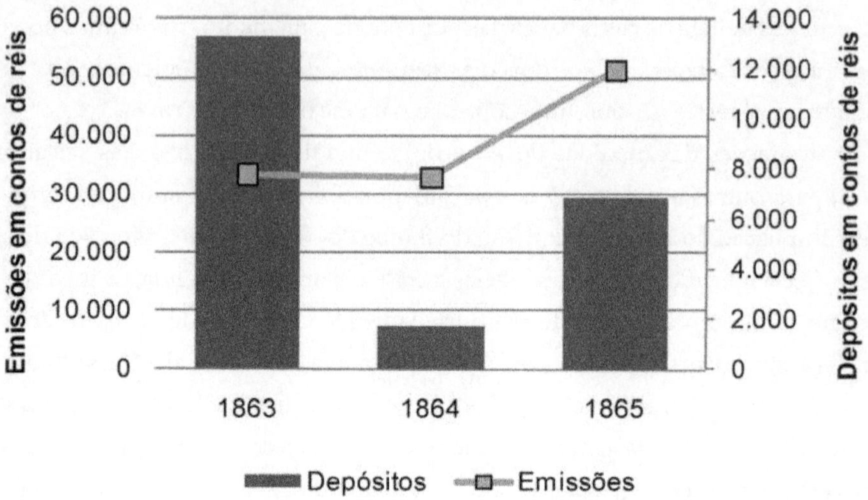

Fonte: Balanços do Banco do Brasil. In: BANCO DO BRASIL. *Relatório apresentado á Assembléa Geral dos Accionistas do Banco do Brasil.* Vários números.

O efeito da crise sobre os depósitos e as emissões do banco aparece no balanço de 1865. No caso das emissões, o aumento vertiginoso foi claro e fundamental para resgatar a praça do caos financeiro. Todavia, a análise dos depósitos é curiosa. Em dezembro de 1863, o Banco do Brasil parou de receber dinheiro a prêmio. O impacto nos seus depósitos foi brutal e se refletiu no balanço de 1864, que retratava a situação do banco até junho desse ano, não abarcando, portanto, o período de crise. No entanto, com a quebra do Souto, o banco resolveu voltar a receber dinheiro a prêmio, seja para retirar moeda de circulação, aplicando um corretivo ao aumento de emissão, seja para oferecer uma alternativa segura para os capitais que deixavam outras instituições financeiras. Dessa maneira, era de se esperar que os depósitos do banco aumentassem em relação ao ano anterior, mas seu montante correspondia a pouco mais da metade do que fora em 1863. A queda acentuada dos depósitos do banco, apesar de seu esforço para atrair recursos para seus cofres, revela que o diretor do Banco do Brasil provavelmente tinha razão. Se o movimento de depósitos claudicava no Banco do Brasil, nos outros bancos e casas bancárias a situação não devia ser melhor. Com pouco dinheiro nos cofres dos bancos e das casas bancárias sob a forma de depósitos, não haveria razão para aumento do pânico, pelo contrário.

No dia 20 de setembro, o governo baixou o decreto 3.309, que regulava a falência dessas instituições financeiras. Era o ponto final de um conjunto de medidas supostamente temporárias que o governo imperial adotava para superar aquela que fora a mais grave crise financeira do Império até aquela altura. Segundo o relatório da Comissão de Inquérito, os prejuízos acumulados com a crise ficavam entre 65.000:000$ e 70.000:000$, duas vezes o capital do Banco do Brasil, sendo a Corte e seus banqueiros os mais afetados por ela.[38] A partir de então, a praça finalmente ia se acalmando e a confiança ia sendo restabelecida.

A evolução de algumas operações e do fundo disponível do Banco do Brasil nos dias mais agudos da crise sintetiza o que dissemos acima. Sua emissão estourou em muito o limite, aumentando 62% entre os dias 10 e 22 de setembro; o fundo disponível, especialmente sua parcela em soberanos, caiu até a suspensão do troco em ouro no dia 14 de setembro; e, finalmente, o comportamento errático dos descontos reflete o esforço do banco para salvar a praça. Interessante notar que mesmo depois dos decretos que concediam a ampliação da emissão do banco e o curso forçado de suas notas, os descontos voltaram a subir, indicando que as casas bancárias ainda estavam em dificuldade. Só depois do decreto de 17 de setembro, que previa a liquidação desses estabelecimentos e a suspensão temporária dos pagamentos, os descontos cairão efetivamente e indicarão o arrefecimento da crise (Gráfico 35).

38 BRASIL. MINISTÉRIO DA FAZENDA. *Relatório da comissão... de 1864... Op. cit.*, p. 65/71.

Gráfico 35 – O Banco do Brasil em onze dias de crise: fundo disponível, emissão, troco em ouro e descontos (10 a 22 de setembro de 1864)

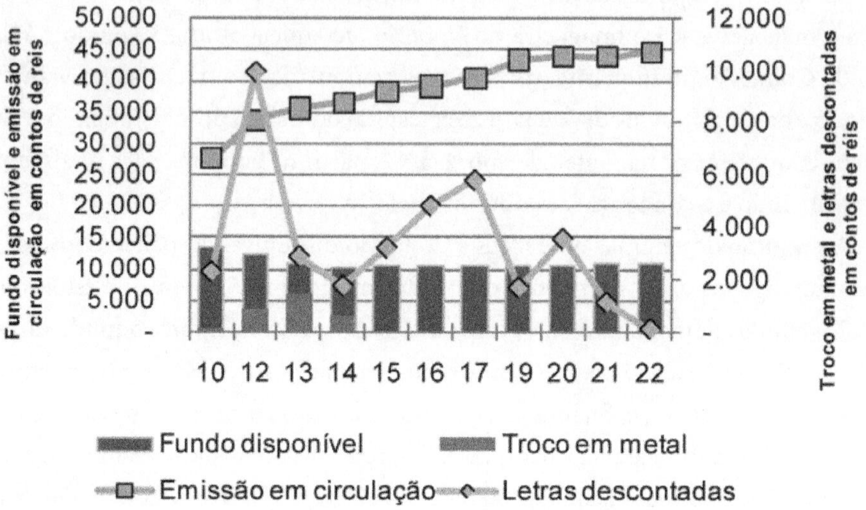

Fonte: BRASIL. MINISTÉRIO DA FAZENDA. *Relatório da comissão... de dezembro de 1864... Op. cit.* Anexo D.

Sem dúvida o prejuízo causado pela crise à economia do Império foi enorme, mas passível de recuperação. Todavia, o prejuízo que ela causou ao projeto saquarema foi imenso e irrecuperável. Em pouco mais de dez dias de crise, o banco da Ordem perderia seu caráter original para não encontrá-lo novamente. Os decretos que autorizavam a ampliação da emissão do banco e o curso forçado de suas notas fizeram aumentar de chofre e em grande volume a circulação fiduciária. Da quimera do ouro, os saquaremas viam seu projeto ser tragado pela emissão de papel puro.

É verdade que o governo tentaria enquadrar novamente as emissões à sua política restritiva que, em tese, deveria continuar em vigor após a crise. O governo concordava com o relatório da Comissão de Inquérito de que a crise fora consequência necessária da excessiva expansão do crédito nos anos anteriores e agora algo precisaria ser feito para conter as emissões. O indulto oferecido aos contraventores da lei de 1860 pelo decreto 3.321, de 21 de outubro de 1864, parecia indicar o caminho oposto ao ajuste, porém, no dia seguinte sairia o decreto 3.323, que restringia novamente a emissão de títulos ao portador. Mas essa lei não se aplicava ao Banco do Brasil, que exigiria cuidados especiais. O decreto 3.339, de 14 de novembro de 1864, estabelecia que o dinheiro recebido pelo banco em contas correntes simples passaria a ser considerado parte da emissão e o recebido em contas correntes com juros só poderia ser usado parcialmente em novas operações, três quartos do total, definindo assim uma espécie de compulsório para o banco. Estipulava também um teto de 12% do lucro ao ano para os dividendos, o que ultrapassasse esse valor deveria ir para o fundo de reserva do banco.[39] Em certo sentido, essa era uma medida moralizadora, pois de nada adiantaria a pressão de acionistas para aumentar as emissões, as operações e o lucro do banco, se o dividendo não pudesse ultrapassar o teto definido pelo governo. Eram intervenções fortes no banco, mas o ministro da Fazenda lembrava em seu relatório que

> se as medidas tomadas pelo Ministério a meu cargo com relação ao Banco do Brasil produziram os resultados satisfatórios, que já notei, *não é isto razão para que todas elas tenham o caráter de permanência. Não é bom para a economia o papel inconversível, ainda mais quando sua emissão é confiada a uma entidade particular, que encontra na expansão da faculdade de emitir avultados lucros* [grifo nosso].[40]

Para Carneiro de Campos, o governo deveria começar a cuidar agora do problema da desvalorização do meio circulante e, para isso, propunha a velha solução quantitativista, isto é, reduzir a emissão do Banco do Brasil ao nível em que, pela experiência, atendesse à demanda da praça, por meio da aplicação da lei de 1860. Caberia ao governo auxiliar o banco a restabelecer a conversibilidade de suas notas em ouro e a estabelecer regras que garantissem sua permanência, mas para isso era preciso antes coibir o abuso emissor. Propunha, então, uma reforma nos estatutos do banco que separasse as repartições de emissão e desconto,[41] nos moldes do banco da Inglaterra. Essa proposta, além de indicar um movimento pela reforma do banco, não deixava de revelar a influência dos saquaremas sobre o ministério, pois, mais tarde, Itaboraí defenderá publicamente esse pleito. De qualquer modo, o governo começava a retomar o direcionamento da política econômica e essas eram as primeiras tentativas de trazê-la de volta ao que era antes da crise.

---

39 BRASIL. MINISTÉRIO DA FAZENDA. *Relatório da comissão... de 1864... Op. cit.*, p. 86-7; BRASIL. MINISTÉRIO DA FAZENDA. *Proposta e relatório... de 1864... Op. cit.*, p. 12. Para os decretos, cf. BRASIL. *Collecção das leis... de 1864... Op. cit.*

40 BRASIL. MINISTÉRIO DA FAZENDA. *Proposta e relatório... de 1864... Op. cit.*, p. 14.

41 *Ibidem*, p. 15.

Desta vez, o banco não caminharia de mãos dadas com o governo, talvez mais por impossibilidade do que insubordinação. O presidente do banco Francisco de Assis Vieira Bueno,[42] que substituíra o falecido Batista de Oliveira, depois de reconhecer que o banco encontrava-se "sob o regime de medidas excepcionais e anormais", a saber, a emissão além do duplo do fundo disponível e a suspensão do troco em ouro de suas notas, e de justificar que esse estado se devia à obrigação do banco de atender à demanda por crédito da praça e pelo pagamento em ouro de suas notas, não concordava com as medidas propostas pelo governo para se retornar à normalidade. Para ele, não seria prudente reduzir de chofre a emissão passado tão pouco tempo da grave crise, correndo-se o risco de se produzir nova tribulação e desperdiçar os esforços e sacrifícios feitos para superá-la. Sustentava, então, que restringir as operações do banco, em vez de contribuir para resolver os problemas da praça, poderia agravá-los, "prolongando os efeitos da crise e impedindo o restabelecimento da confiança, sem a qual não devemos esperar verdadeira regularidade nas operações de crédito".[43] Surgia no horizonte uma queda de braço entre governo e banco, contudo um novo elemento acabaria com as intenções restritivas do primeiro e motivaria a reforma definitiva do último, sepultando o braço financeiro do projeto saquarema. Nesse contexto, as leis de 1853 e 1860 seriam francamente desobedecidas e não haveria meio de fazer o banco voltar a se enquadrar nessa legislação.

Independente de suas causas,[44] a crise de 1864 foi o motor do rompimento do ciclo fazer-desfazer-refazer, tecendo agora ela mesma a teia de Penélope. Ironicamente, era a crise, e não o Partido Liberal ou o progressista, que desfazia o projeto saquarema

---

42 Advogado, nomeado em 8 de abril de 1865. Cf. BANCO DO BRASIL. *Relatório apresentado à Assembléa Geral dos Accionistas do Banco do Brasil na sua reunião de 1865, pelo seu Presidente Francisco de Assis Vieira Bueno*. Rio de Janeiro: Typ. do Correio Mercantil, 1865, p. 5.

43 Para as citações, cf. BANCO DO BRASIL. *Relatório apresentado... de 1865... Op. cit.*, p. 6/9.

44 Freire, Cavalcanti, Pacheco e Delorme Prado atribuem a crise aos efeitos da lei de 1860. Cf. FREIRE, Felisbello. *Historia... Op. cit.*, p. 125; CAVALCANTI, Amaro. *O meio... Op. cit.*, p. 278; PACHECO, Cláudio. *História... Op. cit.*, p. 231; PRADO, Luiz Carlos Thadeu Delorme. *The Failure... Op. cit.*, p. 254. Sebastião Ferreira Soares, Viana, Calógeras e Villela atribuem a crise ao abuso do crédito, acompanhando o relatório da Comissão de Inquérito presidida por Ferraz. Cf. SOARES, Sebastião Ferreira. *Esboço; ou primeiros traços da crise comercial da cidade do Rio de Janeiro; em 10 de setembro de 1864*. Rio de Janeiro: Eduardo & Henrique Laemmert, 1865. VIANA, Victor. *O Banco do Brasil... Op. cit.*, p. 427; CALÓGERAS, João Pandiá. *A política monetária... Op. cit.*, p. 142; VILLELA, André Arruda. *The political economy... Op. cit.*, p. 147-8; BRASIL. MINISTÉRIO DA FAZENDA. *Relatório da comissão... de 1864... Op. cit.*, p. 86-7.

ao promover a ação que levou à reorganização do Banco do Brasil e ao fim do banco da Ordem. Também de maneira irônica foi o próprio banco, cujo intuito não era sabotar os saquaremas, mas salvar a si próprio, a praça e o governo, quem conduziu o gabinete a estabelecer as medidas que contribuiriam para a decretação de seu próprio fim como emissor. A crise deixava claro que as limitações estruturais da economia imperial eram mais fortes do que qualquer ideologia econômica. As circunstâncias atuais impediam que se voltasse à política econômica restritiva anterior, aos rumos do projeto saquarema, e, nesse contexto, o próprio Itaboraí se voltará contra seu banco. O jogo da política econômica voltará ao início e implicará novas posições no tabuleiro político. Nessa altura, o futuro do banco da Ordem já estava bastante ameaçado e logo se articulariam alternativas que viabilizassem uma solução honrosa para o estabelecimento. Enquanto isso, as coisas se complicavam no Prata. A demanda de recursos por parte do governo, que já vinha produzindo déficits fiscais recorrentes, tendia a se ampliar[45] e a explodir com a guerra do Paraguai.

A crise econômica não foi suficiente para impedir que o Brasil levasse adiante o apoio militar ao general colorado Venâncio Flores no Uruguai. Ele tentava derrubar o *blanco* Berro e depois seu sucessor Aguirre, ambos contrários aos interesses do Império,[46] com o patrocínio inicialmente velado e depois descarado do Brasil. Como o governo uruguaio, apoiado pelo Paraguai, não aceitou a proposta brasileira que impunha a presença de colorados no ministério do governo *blanco*, o Brasil invadiu o Uruguai no dia 12 de setembro de 1864, aliando-se aos rebeldes de Flores. Em fevereiro de 1865, Flores tomaria o poder no Uruguai, mas antes disso, em 13 de dezembro de 1864, o Paraguai de Solano López declararia formalmente guerra ao Brasil.

A chamada guerra do Paraguai, que se esperava um conflito rápido contra o país vizinho, se arrastou por vários anos e revelou-se um sorvedouro de recursos fiscais. No início de 1865, o conselho de Estado pleno foi reunido justamente para tratar do financiamento do conflito, uma vez que o orçamento não oferecia recursos suficientes

45 Um indicador dessa tendência era o aumento do desconto de letras do Tesouro no Banco do Brasil, especialmente a partir de 1861. Cf. BANCO DO BRASIL. *Relatório apresentado á Assembléa Geral dos Accionistas do Banco do Brasil*. Vários números.

46 Os *blancos* procuraram restringir o assentamento de brasileiros no Uruguai e cercear o uso de escravos na produção de charque. Não renovaram o Tratado de Comércio e Navegação com o Brasil, tentavam taxar o comércio bovino na fronteira e controlar a passagem do gado para as charqueadas do Rio Grande do Sul. Cf. LINHARES, Maria Yedda (org.). *História Geral do Brasil*. Rio de Janeiro: Elsevier, 1990, p. 257. Cf. também NABUCO, Joaquim. *Um estadista... Op. cit.*, p. 400-426.

para cobrir as despesas geradas por ele. Logo depois, sua seção de Fazenda teve que responder aos avisos do ministro da Guerra reclamando "prontas providências para as despesas indispensáveis exigidas pelas circunstâncias extraordinárias do país". Como as câmaras estavam em recesso, o orçamento não poderia ser modificado e a solução dada pela maioria dos conselheiros foi o financiamento por meio da emissão de bilhetes do Tesouro e apólices da dívida pública, uma vez que redução de despesas e aumento de impostos eram medidas fora do alcance do governo naquela altura.[47] O crédito seria a solução para o problema do financiamento da guerra e, ironicamente, até Itaboraí votava por ele. A rigorosa lei das baionetas impunha o crédito sobre a moeda.

Para Freire, como a circulação fiduciária seria irremovível, o governo projetou uma nova reforma para curar o meio circulante. Contudo, o governo aparentemente a projetava porque precisava de recursos para financiar a guerra. A irreversibilidade da circulação fiduciária seria o motivo pelo qual os saquaremas abandonariam o seu banco. Pelos avisos do ministro da Guerra, ficava claro que era premente a necessidade de recursos para cobrir as despesas do conflito. O cerne da questão foi o deslocamento do problema monetário para o problema fiscal. O próprio Freire lembrava que seria melhor para o governo emitir para se financiar sem pagar juros do que por meio de empréstimos de uma instituição particular pagando juros.

O Banco do Brasil, ameaçado politicamente pelas condições anormais em que operava, também seria tragado pela necessidade de recursos para financiar a guerra. Seria mais vantajoso para o governo cuidar ele mesmo da emissão dos recursos necessários para financiar as despesas militares do que tomá-los emprestados do banco pagando juros por isso. De solução para o problema monetário do Império, o Banco do Brasil tornou-se obstáculo para a solução do problema fiscal durante a guerra do Paraguai. O estalar do conflito confirmou o fim do banco da Ordem. E as peças do jogo começavam a se encaixar ao juntar a necessidade de recursos para financiar as despesas da guerra com a necessidade de financiamento de longo prazo para a lavoura.

O crédito direto à lavoura era um problema persistente na economia imperial cuja solução se embaraçava na legislação hipotecária que, por sua vez, esbarrava na dificuldade de demarcação de propriedades e, consequentemente, nas questões de execução judicial. No Brasil, naquela altura, praticamente não havia tal

47 Sessão de 21 de janeiro de 1865. In: BRASIL. *Atas do conselho de Estado pleno. Terceiro conselho de Estado, 1857-1864*; Sessão de 31 de janeiro de 1865. In: BRASIL. *Imperiaes resoluções do Conselho de Estado... Op. cit.*, p. 521-4.

modalidade de crédito, embora o país já tivesse contado com dois bancos que privilegiavam a agricultura em seus nomes, o Rural e Hipotecário e o Comercial e Agrícola.[48] Enquanto o problema persistia, os comissários faziam a ponte entre fazendeiros e bancos, oferecendo os recursos demandados pela lavoura, e volta a meia o assunto aparecia nos discursos parlamentares, todavia, sem muita efetividade. Depois de muitos anos de debates e esquecimentos no Legislativo, a reforma hipotecária foi levada a cabo pelo gabinete Zacarias e pelas câmaras ainda em 1864, antes da explosão da crise financeira e da declaração de guerra no Paraguai. Segundo Nabuco, tanto liberais e progressistas como conservadores entenderam que era chegada a hora de organizar o crédito hipotecário no Império e, por isso, era preciso reformar a legislação existente. O velho Nabuco, apoiado por Itaboraí, foi o mentor dessa reforma que se baseava em dois pontos, um administrativo-legal, que garantia o direito de credores lastreados em hipotecas, e outro econômico, que estabelecia o regulamento das instituições de crédito real e da emissão de letras hipotecárias.[49]

Além de facilitar o acesso da lavoura ao crédito, a reforma vinha também para fechar uma lacuna da oferta creditícia no Império, minimizando o risco de que casas bancárias e bancos de depósitos e descontos imobilizassem seus capitais em empréstimos de longo prazo para a lavoura, "*vício*" que se evidenciou na crise do Souto e que, de acordo com Carneiro de Campos, só desapareceria com a abertura de estabelecimentos de crédito hipotecário.[50] Sem querer, a reforma hipotecária apontaria uma saída honrosa para o Banco do Brasil. A demanda por crédito por parte da lavoura, que sofria com a falência das casas bancárias, e a necessidade de financiamento da guerra do Paraguai apontavam o caminho da reforma do banco: transferência do monopólio emissor para o Tesouro e transformação do estabelecimento num banco hipotecário. Depois da crise, dois caminhos paralelos se cruzavam para sepultar o braço financeiro do projeto saquarema. A guerra do Paraguai e a reforma hipotecária se encontravam para indicar o caminho do fim do banco da Ordem.

---

48 RIDINGS, Eugene. *Business Interest... Op. cit.*, p. 144-6.

49 Cf. decreto 3.453, de 26 de abril de 1865, para o aspecto administrativo-legal, e decreto 3.471, de 3 de junho de 1865, para o aspecto econômico. In: BRASIL. *Collecção das leis... de 1864... Op. cit.*

50 NABUCO, Joaquim. *Um estadista... Op. cit.*, p. 381-3; MINISTÉRIO DA FAZENDA. *Proposta e relatório... de 1864... Op. cit.*, p. 14.

9.3. Conjuntura 1863-66: tranquilidade e caos

Como vimos, a conjuntura econômica entre 1863 e 1864 era favorável e o clima era de tranquilidade na praça até poucos dias antes do estouro da grande crise. De câmbio quase ao par e um pequeno déficit fiscal, passou-se a uma conjuntura em que tanto o câmbio quanto o déficit fiscal degringolaram. Como era de se esperar, o aumento muito significativo das emissões resultante da operação de socorro à praça levada a cabo por banco e governo forçou a desvalorização do câmbio. As exportações, embora estimuladas por esse movimento do câmbio, foram suficientes para gerar apenas pequenos saldos comerciais incapazes de conter a desvalorização do mil-réis em relação à libra. A incursão militar no Prata e, em seguida, a guerra do Paraguai levaram o déficit fiscal do Império a uma corrida solitária ao fundo do poço (Gráfico 36).

Gráfico 36 – Saldos fiscal e comercial, e taxa de câmbio do Império do Brasil (1863-1866)

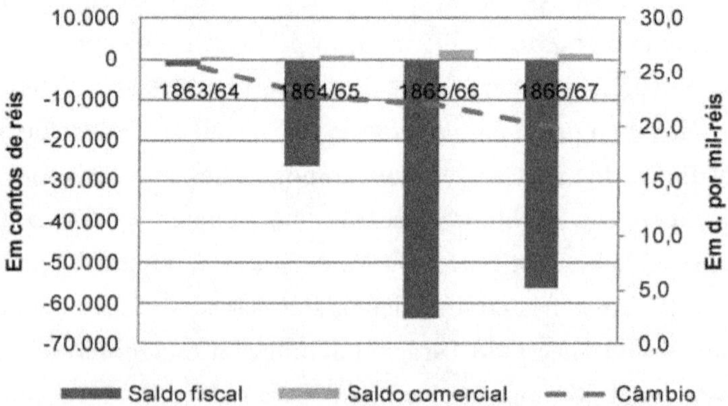

Fonte: VILLELA, André Arruda. *The political economy... Op. cit.* Statistical Appendix, p. 303-13; BRASIL. MINISTÉRIO DA FAZENDA. *Relatório da comissão... de 1859... Op. cit.* Anexos; *Ibidem. Relatório da comissão... de 1864...Op. cit.* Anexos.

A sucessão de tranquilidade e caos se refletiu nas operações do Banco do Brasil. Depois de oscilações rotineiras entre 1861 e 1863, o volume de operações do banco explodiu com a crise (Gráfico 37). Em tom de lamentação, o próprio presidente do banco dizia em seu relatório aos acionistas que desejaria que tal aumento indicasse o crescimento e progresso da atividade econômica no Império, mas infelizmente era obrigado a admitir que, pelo contrário, a explosão das operações era apenas sintoma da crise financeira.[51] Refletia, na verdade, a operação de salvamento da praça que colocaria o banco num estado de fragilidade do qual, a despeito do esforço inicial do governo, não conseguiria se recuperar. Daí a crise como início do fim do banco da Ordem.

Gráfico 37 – Operações do Banco do Brasil (1863-66)

Fonte: Balanços do Banco do Brasil. In: BANCO DO BRASIL. *Relatório apresentado á Assembléa Geral dos Accionistas do Banco do Brasil.* Vários números.

O aumento da carteira do banco também era, obviamente, um reflexo do auxílio que o banco dera à praça, sobretudo a banqueiros, durante a crise. Esse auxílio foi feito majoritariamente por meio do desconto de letras. Como revelam os dados do ativo do banco, o volume dessa operação praticamente dobrou entre 1864 e 1865, saltando de 119.931:221$410 para 236.483:000$.[52] Consequentemente, aumentou o montante de recursos em letras a serem recebidas pelo banco. O problema era a saúde desses títulos, pois, para atender à praça, o banco afrouxara o já frágil controle do risco de crédito.

Coerente com a operação de auxílio à praça, o encaixe caiu durante a turbulência e começou a se recuperar no ano seguinte, embora não retornasse ao nível de antes da crise (Tabela 28). Claro que o aumento do volume de empréstimos e a redução dos encaixes, além de significarem auxilio à praça, poderiam indicar também, como muitos acusavam à época, abuso da diretoria do banco.

51 BANCO DO BRASIL. *Relatório apresentado... de 1865... Op. cit.*, p. 9-10.

52 BANCO DO BRASIL. *Relatório apresentado... de 1864... Op. cit.*, p. 8; BANCO DO BRASIL. *Relatório apresentado... de 1865... Op. cit.*, p. 10.

Tabela 28 – Empréstimos e encaixes do Banco do Brasil (1863-66) – em mil-réis

ATIVO	1863	1864	1865	1866
1. EMPRÉSTIMOS	**45.104.485,704**	**37.339.302,784**	**74.614.057,037**	**82.912.101,274**
1.1. Letras descontadas	41.590.453,434	33.975.616,906	56.866.591,584	68.973.079,233
1.2. Letras caucionadas	3.514.032,270	3.363.685,878	14.508.519,504	12.154.315,504
1.3. Letras a receber	0,000	0,000	0,000	0,000
1.4. Letras hipotecárias	0,000	0,000	0,000	0,000
1.5. Letras de concordata	0,000	0,000	2.862.477,874	1.720.063,491
1.6. Letras a receber das caixas filiais	0,000	0,000	376.468,075	64.643,046
2. ENCAIXES	**20.975.953,520**	**22.318.465,672**	**16.717.663,470**	**20.190.828,468**
2.1. Caixa geral	20.975.953,520	22.318.465,672	16.717.663,470	20.190.828,468
2.1.1. Em notas do Banco do Brasil	10.115.550,000	7.271.980,000	6.040.130,000	4.690.300,000
2.1.2. Em notas das caixas filiais	555.000,000	767.000,000	0,000	320.000,000
2.1.3. Em notas do Tesouro menores ou iguais a 10$ e troco em cobre e prata	291.629,142	54.756,035	602,295	2.098,848
2.1.4. Em prata amoedada	12.000,000	12.000,000	0,000	0,000
2.1.5. Fundo disponível	10.001.774,378	14.212.729,637	10.676.931,175	15.178.429,620
2.1.5.1. Em moeda corrente, metal e papel	8.647.261,766	10.978.055,048	7.016.173,700	182.000,000
2.1.5.2. Em barras de Au de 22K/Ag de 11d.	1.354.512,612	3.234.674,589	3.660.757,475	14.996.429,620
2.2. Caixa de depósito	0,000	0,000	0,000	0,000

Fonte: Balanços do Banco do Brasil. In: BANCO DO BRASIL. *Relatório apresentado á Assembléa Geral dos Accionistas do Banco do Brasil.* Vários números.

No passivo do banco, chama a atenção a vertiginosa queda dos depósitos em 1864. Não, essa queda não foi provocada pela crise, porque o balanço de 1864 ia apenas até junho desse ano, não captando, portanto, os efeitos da crise sobre o banco. Já apontamos que a explicação dessa queda é a suspensão do recebimento de dinheiro a prêmio. Contudo, com a crise, o banco voltou a realizar essa operação, o que, juntamente com a busca por parte do público de uma instituição mais sólida para depositarem seus recursos que saíam das casas bancárias, explica o aumento verificado em 1865. Seguindo a política emergencial do banco, as emissões se expandiram significativamente nos anos posteriores à crise (Tabela 29). Como veremos, não faltarão ataques ao abuso do crédito supostamente cometido pela diretoria nesse período de exceção, do qual o Banco do Brasil não conseguiria escapar.

Tabela 29 - Depósitos e emissões do Banco do Brasil (1863-66) - em mil-réis

PASSIVO	1863	1864	1865	1866
1. DEPÓSITOS	**13.280.900,903**	**1.752.197,423**	**6.893.811,073**	**5.792.052,261**
1.1. Letras a pagar	2.953.550,523	71.774,532	2.796.597,095	2.035.133,155
1.1.1. Do atual Banco do Brasil	2.712.664,854	10.255,424	2.615.434,808	1.950.280,152
1.1.2. Do extinto Banco do Brasil	0,000	0,000	2.411,310	2.411,310
1.1.3. Do Banco Comercial	0,000	0,000	15.498,133	15.498,133
1.1.4. Das caixas filiais	0,000	0,000	27.761,724	5.738,640
1.1.5. Do Banco Comercial e Agrícola	240.885,669	61.519,108	135.491,120	61.204,920
1.2. Contas correntes	10.327.350,380	1.680.422,891	4.097.213,978	3.586.853,044
1.3. Depósitos voluntários	0,000	0,000	0,000	170.066,062
2. EMISSÃO	**33.340.000**	**32.768.700**	**51.180.000**	**55.864.110**

Fonte: Balanços do Banco do Brasil. In: BANCO DO BRASIL. *Relatório apresentado á Assembléa Geral dos Accionistas do Banco do Brasil.* Vários números.

O aumento do coeficiente de empréstimo refletia o grande aumento tanto dos depósitos como dos empréstimos, uma vez que as emissões também aumentaram significativamente. A operação de socorro e a posterior expansão da oferta de crédito comprometiam crescentemente o capital do banco. Já o coeficiente de encaixe se reduziu tanto pela queda do encaixe como pelo aumento dos depósitos e emissões (Tabela 30). Os coeficientes refletiam, em suma, a situação anormal, isto é, fora do que previa o projeto saquarema, pela qual passava o Banco do Brasil.

Tabela 30 – Coeficientes de encaixe e empréstimo do Banco do Brasil (1863-66)

	1863	1864	1865	1866
Encaixes/ Depósitos+Emissões	0,45	0,65	0,29	0,33
Empréstimos/Depósitos+Emissões	0,97	1,08	1,28	1,34

Fonte: Balanços do Banco do Brasil. In: BANCO DO BRASIL. *Relatório apresentado á Assembléa Geral dos Accionistas do Banco do Brasil.* Vários números.

Se o aumento das operações do banco não servia para indicar a prosperidade da riqueza nacional, servia pelo menos para incrementar o lucro líquido do banco e, consequentemente, os dividendos distribuídos aos seus acionistas. Daí as críticas no Parlamento e na imprensa aos abusos da administração do banco. Curioso notar que esse movimento, em vez de puxar para cima o valor das ações da instituição, foi acompanhado por uma queda brutal de sua cotação entre 1864 e 1865 (Gráfico 38). A frágil situação da carteira, a expectativa do fim do curso forçado e a possibilidade de reforma do banco certamente contribuíram para essa queda, que indicava a perda de confiança do público investidor no futuro da instituição.

Gráfico 38 - Lucro líquido, dividendo e valor da ação do Banco do Brasil (1863-66)

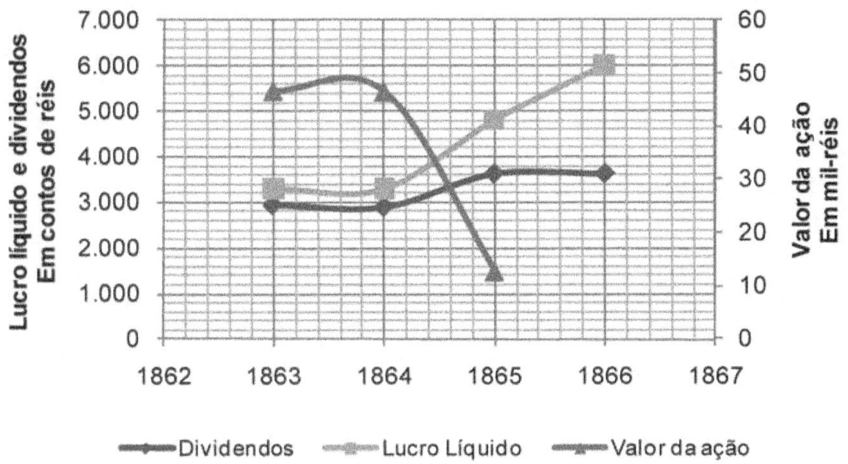

Fonte: BANCO DO BRASIL. *Relatório apresentado á Assembléa Geral dos Accionistas do Banco do Brasil.* Vários números.

Até setembro de 1864, as emissões do banco permaneceram no limite, enquanto a lei de 1860 era tranquilamente executada. A partir dos decretos de setembro, que estabeleciam a ampliação do limite de emissão e o curso forçado das notas do banco, a emissão rompeu em muito o limite ampliado concedido pelo governo para não voltar a se enquadrar mais nele até que o banco perdesse seu direito emissor em setembro de 1866 (Gráfico 39). Independentemente de abuso ou auxílio à praça, o importante é que tais decretos, induzidos pelo banco, interromperam a execução da lei de 1860 e explodiram a política saquarema de metalização da circulação, comprometendo decisivamente a possibilidade de o Império brasileiro vir a ter uma moeda forte tal como a dos países europeus avançados, que viviam sob o signo da ordem e da civilização.

Gráfico 39 – Emissão e limite de emissão do Banco do Brasil (1863-66)

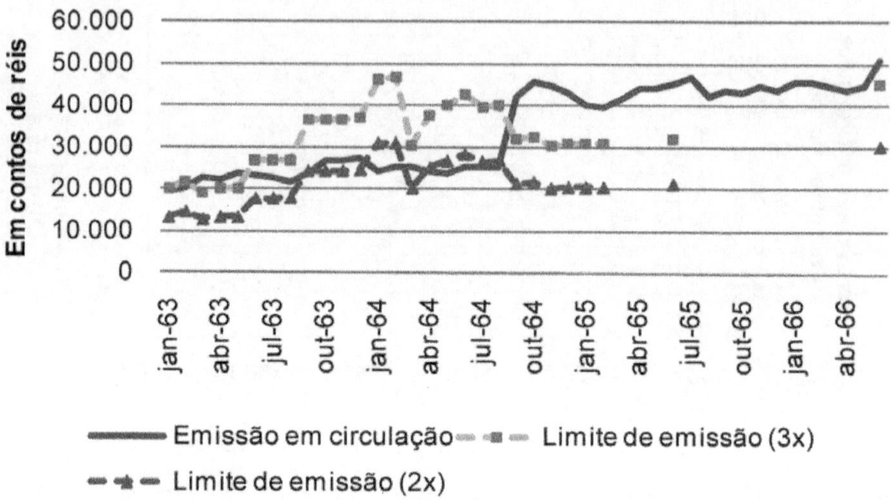

Fonte: BANCO DO BRASIL. *Relatório apresentado á Assembléa Geral dos Accionistas do Banco do Brasil*. Vários números; BRASIL. MINISTÉRIO DA FAZENDA. *Relatório da comissão... de dezembro de 1864... Op. cit.* Anexo D.

Em suma, tanto o aumento das operações, dos descontos e da emissão do banco como a redução de seus encaixes revelavam que a crise de 1864 comprometera o sucesso da tentativa de se retomar a política econômica restritiva anterior e se retornar à lei de 1860. A guerra do Paraguai sacramentou seu fracasso. É nesse contexto que muitos viam como inevitável a reforma do Banco do Brasil. Enquanto isso, seus diretores propunham a reforma das caixas filiais que, se não sofreram tanto como a matriz com a crise, padeciam com a pressão da caixa central por mudanças administrativas e estatutárias.

9.4. Desenganos e desilusões

De acordo com os relatórios do presidente do Banco do Brasil aos acionistas e a maior frequência do assunto nas reuniões da diretoria do banco, os problemas administrativos das caixas filiais começaram a se intensificar a partir de 1863. A fragilidade da carteira de algumas caixas[53] mesmo antes da crise, a que o presidente atribuía a vícios inerentes à sua organização e à maneira pela qual

53 Sobretudo das caixas das províncias do N/NE, nesta ordem Bahia, Pernambuco, Pará e Maranhão.

eram administradas, e as brechas estatutárias pelas quais as caixas poderiam driblar determinações da matriz levaram a diretoria a propor uma reforma das caixas filiais. Contudo, a diretoria não era livre para fazer o que bem entendesse com suas subsidiárias, pois a lei de 1860 limitava sua atuação nesse sentido.[54] Seguindo a lei, a diretoria do banco solicitou ao Legislativo, junto com outras medidas, a devida autorização para reformar os estatutos de suas caixas filiais. Uma reforma que deveria fortalecê-las localmente e, ao mesmo tempo, afirmar a preponderância das deliberações da matriz.

Como já dissemos, esses problemas não se relacionavam a questões ideológicas que jogavam as caixas contra as decisões da matriz, seguidora da política econômica do governo. Tratava-se mais de ações oportunistas para aumentar o lucro das filiais e até mesmo de ações ilegais, corrupção mesmo. As atas de reunião da diretoria da matriz revelam as denúncias de erros, irregularidades, abusos e fraudes que ocorriam no cotidiano das distantes caixas filiais do banco. Erros, como o da caixa do Maranhão, que enviou em dobro ao governo o dinheiro da subscrição de títulos públicos; irregularidades, como a da caixa da Bahia, que insistia em manter a contabilização de títulos podres no ativo de seu balanço; abusos, como os que ocorriam também na caixa da Bahia, onde se faziam empréstimos praticamente sem garantias; e, finalmente, fraudes, como a da caixa de Pernambuco, que sofreu um desfalque de 20:000$ reportado à diretoria da matriz.[55] Não se pode negar, todavia, que essas ações podiam indicar também a existência de uma demanda por crédito que provavelmente não seria atendida caso as precauções determinadas pela matriz fossem seguidas rigorosamente. Entre o risco e a precaução, algumas filiais, sobretudo as da Bahia e de Pernambuco, optaram pelo risco. Era, portanto, uma insubordinação mais microeconômica, que não chegava a comprometer a, por assim dizer, política macroeconômica do banco. Diante dos impedimentos legais de realizar imediatamente a necessária reforma das caixas

---

54 O § 2º do art. 2º da lei de 1860 estabelecia que, enquanto a organização das sociedades anônimas não fosse regulada por lei, a criação ou incorporação de bancos de circulação ou de suas caixas filiais e agências, bem como a aprovação e confirmação dos estatutos dessas companhias dependiam de autorização legislativa especial.

55 Cf. BANCO DO BRASIL. *Relatório... de 1863... Op. cit.*, p. 15; BANCO DO BRASIL. *Relatório... de 1864... Op. cit.*, p. 13. Também sessão 805, de 16 de agosto de 1864, e sessão 806, de 18 de agosto de 1864. In: BANCO DO BRASIL. *Atas de reunião... Op. cit.*, p. 81-91.

e da sucessão de problemas apresentados por elas, a diretoria do banco resolveu liquidar as caixas da Bahia e Pernambuco em agosto de 1864.[56]

Entre 1863 e 1866, embora as operações das caixas do S/SE tenham aumentado, no conjunto, as operações das caixas filiais sofreram queda significativa (Gráfico 40). O pequeno aumento das operações das caixas do S/SE não foi suficiente para contrabalançar a grande queda das operações das caixas do N/NE, puxada, sobretudo, pelas caixas da Bahia e de Pernambuco. Na contramão da matriz, o volume de operações das caixas caiu com a crise de 1864, o que indica que elas não tiveram que cumprir papel de socorro tão destacado quanto a matriz e que a crise nas províncias, embora tenha perturbado suas transações comerciais, não foi tão severa como na Corte. A queda do volume de operações das caixas do N/NE e, por conseguinte, do conjunto das caixas, indicados em 1865 e 1866, se deveu, basicamente, à suspensão das operações das caixas da Bahia e de Pernambuco que, como acabamos de dizer, entraram em liquidação. Já o aumento do volume de operações das caixas do S/SE foi puxado pela caixa filial de São Paulo, refletindo provavelmente os efeitos da crise e dos decretos de setembro.

56 Interessante notar que a opção pela liquidação foi feita pouco antes de estourar a crise de 1864, donde se conclui que a reforma das caixas se relacionava mesmo com problemas internos. Para o regulamento da liquidação das caixas e a deliberação da diretoria, cf. sessão 806, de 18 de agosto de 1864, e sessão 807, de 19 de agosto de 1864. In: BANCO DO BRASIL. *Atas de reunião... Op. cit.*, p. 90-92. Cf. também PACHECO, Cláudio. *História... Op. cit.*, p. 200.

Gráfico 40 - Operações das caixas filiais do Banco do Brasil (posições de maio de 1863, 1864, 1865 e 1866)

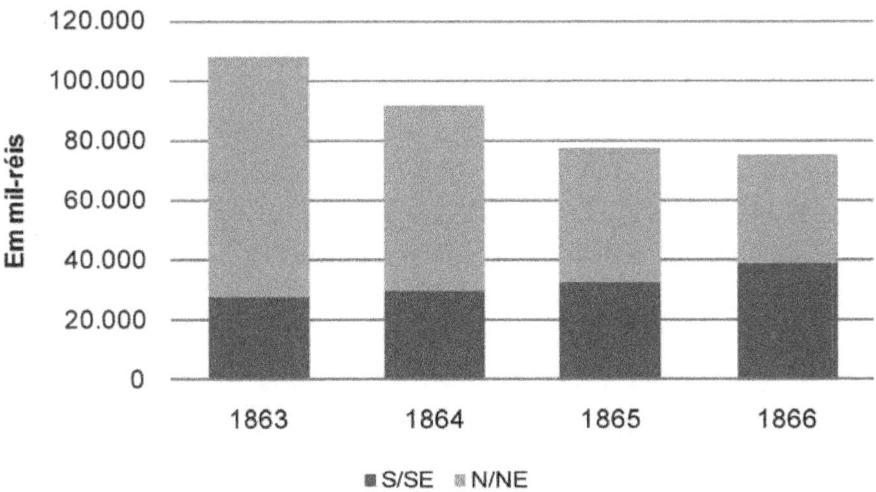

Fonte: BANCO DO BRASIL. *Relatório apresentado á Assembléa Geral dos Accionistas... Op. cit.* Vários números. Anexos.

A queda das operações em geral era reflexo da forte redução das operações de empréstimo das duas maiores caixas do banco. Em sentido contrário, os empréstimos das caixas filiais do S/SE aumentaram em todo o período. Interessante notar que nas caixas de Ouro Preto e Rio Grande do Sul, o volume dessas operações permaneceu mais ou menos no mesmo patamar, enquanto na caixa de São Paulo, entre 1863 e 1864, houve um aumento significativo de 33%. Isso mostra a expansão do crédito numa região que mantinha estreitos vínculos com a Corte e poderia apontar para um excesso que se revelaria completamente na crise. Entre as três caixas do S/SE, os empréstimos da caixa paulista foram os que mais subiram durante a turbulência, podendo indicar que essa província, comparada a Minas Gerais e Rio Grande do Sul, sofreu mais com a crise.

Alguma medida específica da diretoria do banco, que não conseguimos encontrar nas atas de suas reuniões, deve explicar a dinâmica do troco da emissão nesse período. Os relatórios de 1864 e 1865 também não fazem referência a isso. Os balanços das caixas filiais mostram que, entre 1863 e 1865, o troco da emissão na caixa de Ouro Preto aumentou muito, enquanto na caixa de São Paulo houve movimento de declínio acentuado. Infelizmente, na falta de mais informações, limitamo-nos a descrever o que consta nos balanços das filiais.

Como era de se esperar, a queda dos encaixes das caixas do N/NE foi puxada pela liquidação das caixas da Bahia e de Pernambuco. Já nas caixas do S/SE, o aumento verificado em 1864 se deveu à caixa de São Paulo que, no contexto da expansão dos empréstimos, ampliou simultaneamente seus encaixes. Em 1865, todavia, os encaixes de todas as caixas filiais caíram significativamente, apontando o caminho da reforma ou da liquidação definitiva das caixas que ainda restavam (Tabela 31). Os encaixes de todas as caixas somados, segundo dados do relatório de 1867, montarão a apenas 898:791$305.[57]

Tabela 31 – Empréstimos, encaixes e troco da emissão das caixas filiais do Banco do Brasil (posições de maio de 1863, 1864, 1865 e 1866) – em mil-réis

ATIVO	1863	1864	1865	1866
Empréstimos	**6.204.382,033**	**4.831.896,635**	**5.554.794,080**	**6.930.748,319****
S/SE	2.725.192,182	3.175.499,022	3.910.106,314	3.365.577,795
N/NE	3.479.189,851	1.656.397,613	1.644.687,766	3.565.170,524
Troco da emissão	**164.540,000**	**531.890,000**	**615.070,000**	**0,000**
S/SE	164.540,000	531.890,000	615.070,000	0,000
N/NE	0,000	0,000	0,000	0,000
Encaixe*	**14.569.334,763**	**16.108.233,660**	**10.177.011,995**	**8.782.446,821**
S/SE	1.641.035,233	2.154.880,718	1.214.004,797	1.756.064,895
N/NE	12.928.299,530	13.953.352,942	8.963.007,198	7.026.381,926

* Considera também as notas do próprio banco que estavam em caixa.

** Inclui letras a receber e letras de concordata.

Fonte: Balanço das caixas filiais do Banco do Brasil. In: BANCO DO BRASIL. *Relatório apresentado á Assembléa Geral dos Accionistas... Op. cit.* Vários números. Anexos.

57 Cf. Balanço das caixas filiais do Banco do Brasil. In: BANCO DO BRASIL. *Relatório apresentado à Assembléa Geral dos Accionistas do Banco do Brasil na sua reunião de 1867, pelo seu Presidente Francisco de Salles Torres Homem.* Rio de Janeiro: Typ. do Correio Mercantil, 1867.

No passivo, a emissão das caixas filiais se comportou de maneira bem diversa da matriz. Enquanto na Corte as emissões explodiram, tanto nas caixas do S/SE como nas do N/NE, elas também aumentaram, mas muito menos. Esse pode ser considerado mais um indicador de que as províncias foram menos afetadas pela crise de 1864. Os depósitos subiram no período (Tabela 32), mas aumentaram de maneira errática entre as caixas, o que dificulta a explicação de seu movimento, ainda mais porque não encontramos nos relatórios do banco explicação alguma a respeito disso.

Tabela 32 – Depósitos e emissões das caixas filiais do Banco do Brasil (posições de maio de 1863, 1864, 1865 e 1866) – em mil-réis

PASSIVO	1863	1864	1865	1866
Emissão em circulação	**20.728.900,000**	**23.974.290,000**	**27.753.570,000**	**37.479.850**
S/SE	6.088.040,000	6.912.750,000	7.953.260,000	11.054.360
N/NE	14.640.860,000	17.061.540,000	19.800.310,000	26.425.490

PASSIVO	1863	1864	1865	1866
Depósitos (Letras a pagar)	**147.050,240**	**272.893,573**	**381.613,556**	**87.451,810**
S/SE	44.693,562	14.000,000	98.726,000	43.482,688
N/NE	102.356,678	258.893,573	282.887,556	43.969,122

Fonte: Balanço das caixas filiais do Banco do Brasil. In: BANCO DO BRASIL. *Relatório apresentado á Assembléa Geral dos Accionistas... Op. cit.* Vários números. Anexos.

O coeficiente de encaixe das caixas do S/SE e do N/NE mostra claramente o movimento de queda do encaixe, que se acentua a partir de 1865. Já o coeficiente de empréstimo mostra a estabilidade dessas operações nas caixas do S/SE, apesar da crise, e sua queda, no caso das caixas do N/NE, refletindo novamente a liquidação das filiais da Bahia e de Pernambuco (Tabela 33).

Tabela 33 - Coeficientes de encaixe e empréstimo das caixas filiais do Banco do Brasil (1863-66)

	1863	1864	1865	1866
Encaixes/Depósitos + Emissões				
S/SE	0,268	0,311	0,151	0,158
N/NE	0,877	0,806	0,446	0,265
Empréstimos / Depósitos + Emissões				
S/SE	0,444	0,458	0,486	0,303
N/NE	0,236	0,096	0,082	0,135

Fonte: Balanço das caixas filiais do Banco do Brasil. In: BANCO DO BRASIL. *Relatório apresentado á Assembléa Geral dos Accionistas... Op. cit.* Vários números. Anexos.

O lucro líquido das caixas do S/SE, embora tenha caído entre 1863 e 1864, acompanhou a pequena alta de suas operações em 1865. Já a queda acentuada e constante verificada nas filiais do N/NE se deveu aos prejuízos auferidos pelas caixas da Bahia e de Pernambuco (Gráfico 41).

Gráfico 41 - Lucro líquido das caixas filiais do Banco do Brasil do S/SE e N/NE (posições de maio de 1863, 1864, 1865 e 1866)

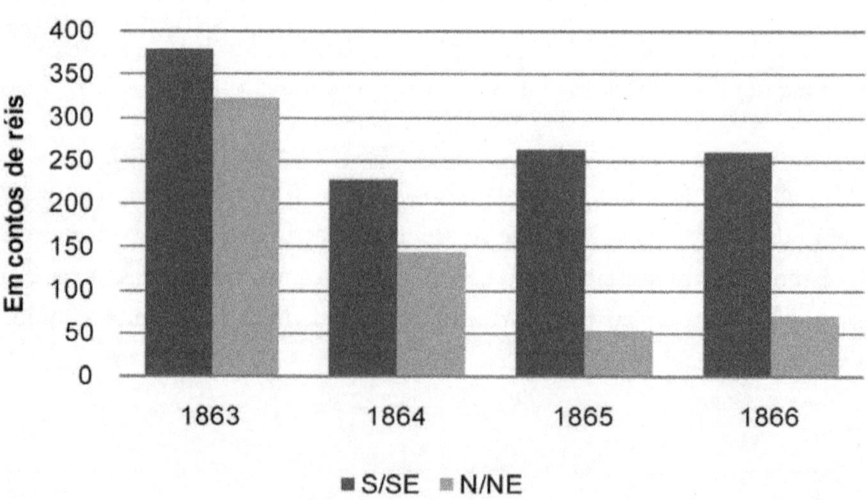

Fonte: Balanços do Banco do Brasil. In: BANCO DO BRASIL. *Relatório apresentado á Assembléa Geral dos Accionistas... Op. cit.* Vários números. Anexos.

Observando o comportamento do lucro líquido daquelas duas caixas, percebemos sua queda significativa, sobretudo na filial da Bahia. O lucro líquido decrescente desse período se transformou em prejuízo em ambas as caixas com a decisão de liquidá-las tomada pela diretoria da matriz (Gráfico 42). Erros, irregularidades, abusos, fraudes e, certamente, maus resultados tornaram as caixas filiais um peso para o banco e sua manutenção, tal como existiam, contrariava os interesses de seus acionistas.

Aliás, vale lembrar aqui que, nesse caso, a diretoria da matriz não se preocupava apenas com o retorno de seus acionistas, mas também com as necessidades do comércio. A comissão das caixas filiais afirmava que a praça de Pernambuco, e, por extensão, a da Bahia, não sofreria com a liquidação da filial do Banco do Brasil, "porque a emissão da caixa seria recolhida lentamente e paga com a moeda existente em caixa, e para o que faltasse remeteria o banco a quantia precisa e de que aliás é ele devedor à caixa". E, caso a reforma fosse autorizada pelo Legislativo, a comissão deixava aberta a possibilidade de, uma vez liquidada a caixa, "dar-lhe nova organização com nome e forma de agência e com um regimento administrativo mais simples, mais econômico e mais dependente das vistas e do pensamento da diretoria do banco".[58]

Gráfico 42 – Lucro líquido das caixas filiais do Banco do Brasil da Bahia e de Pernambuco (posições de maio de 1863, 1864, 1865 e 1866)

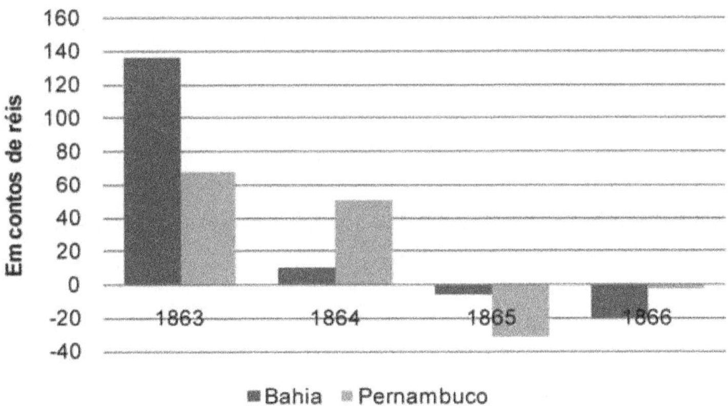

Fonte: Balanços do Banco do Brasil. In: BANCO DO BRASIL. *Relatório apresentado á Assembléa Geral dos Accionistas... Op. cit.* Vários números. Anexos.

58 Para citações, cf. sessão 806, de 18 de agosto de 1864. In: BANCO DO BRASIL. *Atas de reunião... Op. cit.*, p. 90-1. Cf. também PACHECO, Cláudio. *História... Op. cit.*, p. 201.

O retrato da emissão mostra que ela seguiu a tendência anterior. As caixas do N/NE se mantinham no limite, ao passo que as filiais do S/SE o extrapolavam sistematicamente, sobretudo as caixas de Ouro Preto e São Paulo. A partir de 1865, o limite passou a ser ultrapassado pelo conjunto das caixas filiais, tendo em vista os aumentos relacionados à crise e, novamente, à liquidação das caixas da Bahia e de Pernambuco (Gráfico 43).

Gráfico 43 – Emissão e limite da emissão das caixas filiais do Banco do Brasil do S/SE e N/NE (posições de maio de 1863, 1864, 1865 e 1866)

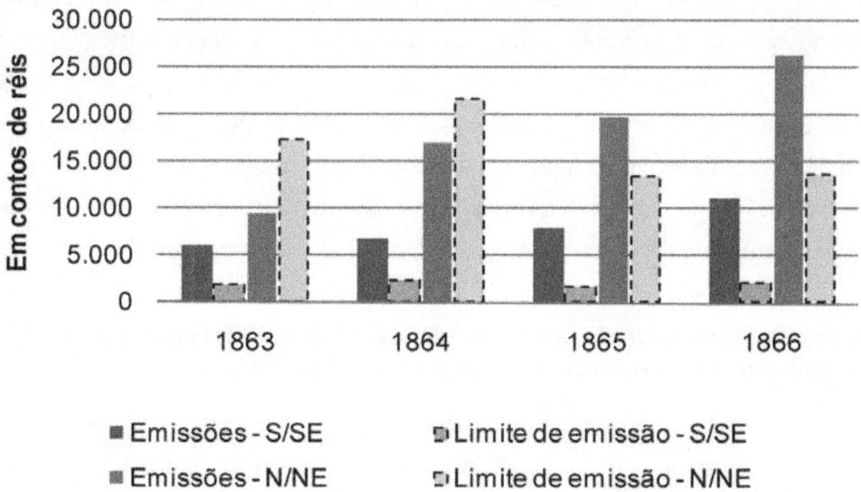

Fonte: Balanços do Banco do Brasil. In: BANCO DO BRASIL. *Relatório apresentado á Assembléa Geral dos Accionistas... Op. cit.* Vários números. Anexos.

O fluxo das emissões deixa claro mais uma vez que as caixas do S/SE não se enquadravam no limite de emissão (Gráfico 44). Vale lembrar, no entanto, que, para efeito do cômputo desse limite, considerava-se o fundo disponível e a emissão das caixas de Ouro Preto, São Paulo e também da matriz.

Gráfico 44 – Emissão e limite de emissão das caixas filiais do Banco do Brasil do Sul e Sudeste (fluxo mensal jan/63 a mai/66)

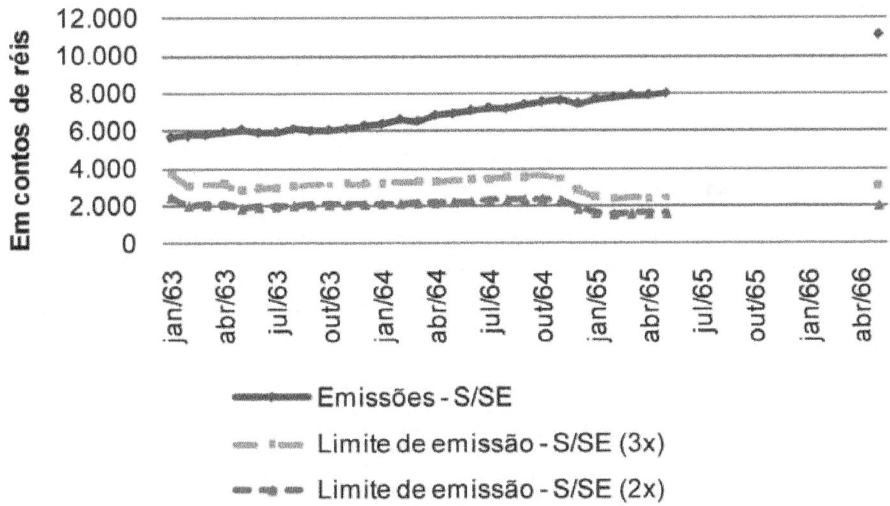

Fonte: BANCO DO BRASIL. *Relatório apresentado á Assembléa Geral dos Accionistas... Op. cit.* Vários números. Anexos.

O enquadramento das emissões das caixas do N/NE também é claro quando observamos seu fluxo. Ele chega a ficar bem abaixo do duplo entre o final de 1863 e os últimos meses de 1864, mas, de maneira geral, as emissões se elevaram com a crise, levando também as caixas do N/NE a quase romperem o limite do triplo de seu fundo disponível (Gráfico 45).

Gráfico 45 - Emissão e limite de emissão das caixas filiais do Banco do Brasil do Norte e Nordeste (fluxo mensal jan/63 a mai/66)

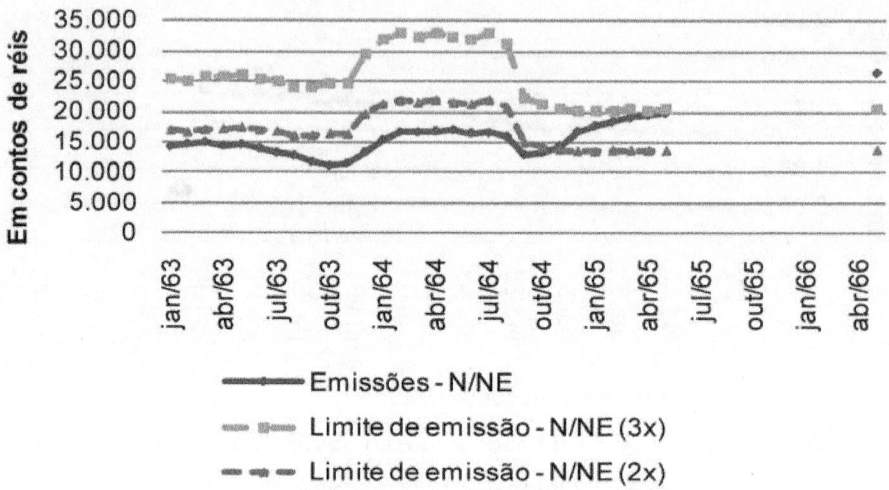

Fonte: BANCO DO BRASIL. *Relatório apresentado á Assembléa Geral dos Accionistas... Op. cit.* Vários números. Anexos.

No caso do movimento de fundos, as remessas das caixas à matriz foram maiores que seus saques sobre ela, ao passo que as remessas da matriz às filiais foram menores que os saques da matriz sobre elas. Os movimentos de 1865 e 1866, respectivamente pelo significativo aumento dos saques sobre as filiais e das remessas à matriz, apontam a maior intensidade do fluxo em direção à Corte depois da crise de 1864, provavelmente para atender à demanda de recursos por parte do governo para cobrir despesas da guerra do Paraguai (Gráfico 46).

Gráfico 46 - Movimento de fundos entre matriz e caixas filiais do Banco do Brasil (posições de maio de 1863, 1864, 1865)

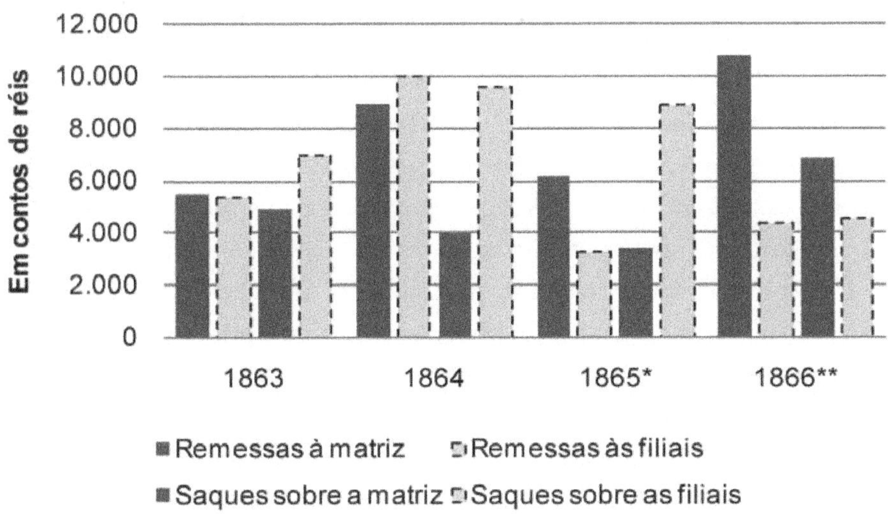

* Dados de junho/65 a maio/66.

** Dados de junho/66 a maio/67.

Fonte: Balanços do Banco do Brasil. In: BANCO DO BRASIL. *Relatório apresentado á Assembléa Geral dos Accionistas... Op. cit.* Vários números. Anexos.

Até a crise de 1864, apesar de problemas administrativos, as caixas filiais cumpriram seu papel de subsidiárias da matriz, seguindo suas orientações. Não obstante, como reclamava Souza Franco, não foram capazes de liberar o crédito necessário para o desenvolvimento das províncias mais atrasadas. A importância econômica relativa das províncias não se alterou, assim como permaneceu a base mercantil e escravista de suas economias.

Depois da crise, os problemas administrativos começaram a se intensificar e ficava cada vez mais clara para a diretoria a necessidade de reformar os estatutos das caixas filiais. No entanto, independentemente da aprovação legislativa, essa reforma não teria tempo de ser implementada, pois antes a reforma da própria matriz acabaria com as subsidiárias dos extremos Norte e Sul, restando apenas as caixas de Ouro

Preto e São Paulo, ambas situadas naquele espaço econômico que compreendia a Corte, Minas Gerais e São Paulo.[59]

As caixas já não eram mais interessantes para o Banco do Brasil. Os lucros insuficientes e, às vezes, prejuízos, não combinavam com o interesse dos acionistas nem com a nova fase em que entraria com a lei de 12 de setembro. Sua face privada assumia maior importância, mostrando de vez que deixara de ser um instrumento importante para a política econômica do governo. De ora em diante, o Banco do Brasil seria um necessário estabelecimento de crédito hipotecário, concentrado na região da Corte e nas províncias ao seu redor. Como bem diz Pacheco, a liquidação das caixas filiais do Sul e do Norte completava as medidas de transformação do Banco do Brasil num banco hipotecário, acentuando seu caráter de empresa privada e enfraquecendo, mesmo quase eliminando, sua vinculação ao governo e sua função como delegado governamental.[60] A Ordem também desmoronava nas províncias e o fim das filiais do Banco do Brasil indicava que, passado o momento extraordinário, isto é, as perturbações causadas pela crise e pela guerra, o campo estaria aberto novamente para o debate monopólio versus pluralidade de emissão. O fim das caixas filiais coroava o movimento de reforma do banco que se iniciaria com força em 1865.

O gabinete Furtado estava pressionado pelas medidas tomadas durante a crise de 1864 e por sua atuação nos conflitos do sul. As divergências internas ao partido progressista corroíam a base de sustentação do gabinete que, cedendo à pressão das circunstâncias econômica, militar e política, se retiraria em maio. A causa aparente da queda de Furtado foi a derrota na votação para a presidência da Câmara em que fora eleito o candidato da oposição.[61] Contudo, outras razões explicariam a queda.

59 Dizia o presidente do banco aos acionistas: "*Se por um lado o resultado dos algarismos que representam os lucros de cada uma das caixas, em relação ao seu capital efetivo, mostra com evidência a sua insuficiência para cobrir não só os prejuízos a que estão expostos os estabelecimentos de crédito, mas até a despesa necessária ao seu custeio; por outro lado a nova fase me que entrou o Banco do Brasil e os efeitos da novíssima Lei de 12 de setembro de 1866 aconselham a concentração de todos os seus recursos para que o bom êxito da reforma decretada possa corresponder à vossa expectativa. Compenetrada, portanto, desta convicção, a diretoria resolveu liquidar as caixas do* Rio Grande do Sul, Pará e Maranhão, *por meio de comissões liquidadoras compostas de três membros cada uma, e modeladas por uma mesma organização administrativa igual à que estabeleceu para as duas únicas que julga conveniente manter, que são as de* São Paulo e Ouro Preto [grifos nossos]". Cf. BANCO DO BRASIL. *Relatório apresentado... 1867... Op. cit.*, p. 16-17.

60 PACHECO, Cláudio. *História... Op. cit.*, p. 366.

61 A votação ocorreu no dia 8 de maio de 1865 e o eleito foi Camilo Maria Ferreira Armond, barão e

Pacheco, ao considerar que a derrota na votação da Câmara não seria um evento significativo o suficiente para provocar a queda de todo o ministério, aventa a hipótese de que o gabinete, composto, por assim dizer, por políticos de segunda grandeza, cedia passo a um governo eventualmente mais experiente e de maior prestígio para lidar com a grave conjuntura interna e externa, isto é, com a administração das desastrosas consequências da crise para o meio circulante do Império e da guerra contra o Paraguai.[62]

Para um observador forâneo, essa hipótese até faz algum sentido, mas será que o gabinete se considerava mesmo de segunda grandeza, incapaz de lidar com a delicada situação? Se se considerasse assim, esse gabinete com suposta crise de auto-estima já não teria renunciado há mais tempo, diante do início da crise financeira na Corte e dos conflitos no Uruguai? De fato, esse não era um gabinete de chefes políticos e, na questão econômica pelo menos, a influência do Banco do Brasil em suas decisões durante a crise poderiam evidenciar sua suposta fraqueza. Porém, o gabinete atravessou a crise financeira e, iniciados os conflitos no Sul, se manteve de pé apoiado por liberais e progressistas. Assim, nem a votação e menos ainda a baixa auto-estima do gabinete seriam suficientes para explicar sua queda.

Na verdade, o gabinete caiu por razões políticas ao perder a sustentação dos conservadores moderados, com a saída de Paranhos do gabinete, e ao se desgastar com a oposição de Zacarias, apoiado conjunturalmente pelos saquaremas. O antecessor de Furtado, com o apoio explícito de Itaboraí, criticava de modo veemente as medidas excepcionais adotadas pelo governo durante a crise, sobretudo as que se referiam à relação entre devedores e credores, em sua avaliação, um desrespeito ao "sagrado direito de propriedade". Não chegou a atacar diretamente a ampliação do limite de emissão do Banco do Brasil nem a decretação do curso forçado de suas notas, mas acusava o gabinete de ter ferido profundamente a base do crédito necessário para financiar o conflito.[63]

A derrota do governo na votação para a presidência da Câmara apenas expressava a fissura entre os progressistas. Somados os desgastes acumulados durante a crise e a guerra, o gabinete decidiu se retirar em 12 de maio de 1865. Depois de ouvir as

---

futuro visconde e conde de Prados.

62 PACHECO, Cláudio. *História... Op. cit.*, p. 240.

63 Cf. sessões do Senado de 10 e 27 de junho de 1865. In: *Anais do Senado*. Apêndice, p. 51-3/103-5.

recusas de Abaeté, Saraiva e Nabuco, o imperador chamou novamente Olinda para formar um novo gabinete.[64] Com ele, Dias de Carvalho voltaria mais uma vez ao Ministério da Fazenda.

9.5. O fim do banco da Ordem

O novo ministro da Fazenda manteria a orientação de fazer com que o Banco do Brasil retornasse à normalidade, isto é, se enquadrasse novamente na lei de 1860 e funcionasse tal como antes da crise de 1864. No entanto, entre os próprios acionistas do banco a discussão sobre a necessidade de reforma de seus estatutos tornava-se cada vez mais concreta. Como a discussão do assunto era bastante difusa, na reunião da assembleia dos acionistas de julho de 1865, Francisco Carlos Brandão propôs a formação de uma comissão para formular e submeter aos acionistas um projeto de reforma do banco.[65] Ainda que a proposta tenha sido aprovada pela assembleia dos acionistas, parece-nos que a comissão não teve tempo de apresentar seu projeto, atropelada pelas discussões que se dariam no conselho de Estado, no Executivo e no Legislativo em 1866.

No contexto das medidas excepcionais de setembro de 1864, ia-se formando a opinião, entre alguns membros do governo e na imprensa, de que o Banco do Brasil não conseguiria retomar o troco em ouro de suas notas. Se assim fosse, não faria sentido manter a concessão de emissão de notas com curso forçado, porque nesse caso só o Banco do Brasil, uma instituição particular, ganharia com os empréstimos a juros feitos ao governo por meio do desconto de letras do Tesouro. Prejuízo público que geraria lucro privado e, ao mesmo tempo comprometeria ainda mais a já combalida situação fiscal do governo. Além disso, nessas circunstâncias, o banco perderia o controle da oferta monetária e creditícia, e, assim, não conseguiria cumprir seu desiderato de sanear o meio circulante do Império.[66] Se antes a concorrência de outros bancos de emissão atravessava esse controle, agora era justamente o curso forçado de suas notas que o comprometia. Portanto, uma das alternativas que surgiam no horizonte

---

64 NABUCO, Joaquim. *Um estadista... Op. cit.*, p. 396-9/465-7.

65 PACHECO, Cláudio. *História... Op. cit.*, p. 253.

66 *Ibidem*, p. 255-6.

do banco era a perda da faculdade emissora diante da impossibilidade de retomada da conversibilidade de suas notas em ouro.

Entretanto, havia também aqueles que, no banco e no governo, defendiam a continuidade do banco como emissor. O governo, via Ministério da Fazenda, mantinha a esperança de, mudada a conjuntura econômica, promover uma redução gradual da emissão do banco e vê-lo retornar ao seu estado normal. Como dissemos, a proposta do então ministro Carneiro de Campos, provavelmente seguindo sugestão de Itaboraí, era a separação do banco em duas repartições, uma de descontos e outra de emissão. Já o banco, considerando o enxugamento da emissão muito prejudicial para as transações comerciais, sustentava a necessidade de uma emissão mais alargada sob pena de causar nova crise na praça e até mesmo de falência.[67]

Em suma, duas grandes questões relativas ao futuro do banco fervilharam a partir de meados de 1865, a saber, a manutenção ou não de sua faculdade emissora e, em caso positivo, como fazer a emissão do banco voltar a ser conversível em metal. No sentido da manutenção da faculdade emissora, surgiram propostas de regular a emissão do banco, procurando enquadrá-la paulatinamente no limite legal; dividir o banco em duas repartições, uma de descontos e outra de emissão; fixar um teto para a emissão do banco, permitindo que tal teto fosse ultrapassado unicamente para suprir as necessidades fiscais do Estado e fixando um prazo para a volta do troco em ouro de suas notas; e, por fim, manter o curso forçado das notas do banco e obrigá-lo a emprestar gratuitamente ao governo sua reserva metálica, inútil nesse contexto.

No sentido da cassação da faculdade emissora, apareceram propostas de transformar o banco numa instituição de crédito hipotecário, havia tempos reclamada pela lavoura; dividir o banco em duas repartições, uma de depósitos, descontos e recolhimento da emissão e outra de empréstimos hipotecários; e, finalmente, liquidar o banco e entregar sua reserva metálica ao governo.[68] Mal ou bem, todas as propostas, viessem de onde viessem, tentavam dar solução para a ação paradoxal do governo que ora precisava buscar recursos para financiar suas despesas, ora visava reordenar a emissão do banco e sanear o meio circulante do Império. Se antes a questão monetária predominava, restando a

---

67 Cf. BRASIL. MINISTÉRIO DA FAZENDA. *Proposta e relatório... de 1864... Op. cit.*, p. 14-5; BANCO DO BRASIL. *Relatório apresentado... de 1865... Op. cit.*, p. 6/9.

68 PACHECO, Cláudio. *História... Op. cit.*, p. 259.

discussão entre o privilégio da moeda ou do crédito, travava-se agora o conflito entre a questão monetária e a fiscal. Como veremos, as despesas militares se encarregarão de fazer prevalecer a questão fiscal.

Forçados pela impossibilidade de retorno à conversibilidade metálica, os saquaremas, representados pelas posições de Itaboraí, migrarão da defesa da divisão do banco em duas repartições, uma de descontos e outra de emissão, para a reformulação total de seu banco, transformando-o num banco hipotecário. Diante das circunstâncias, abandonarão o braço financeiro de seu projeto e, ironicamente, trabalharão para colocar um ponto final na vida do banco da Ordem. Contudo, a definição dos rumos que tomaria o Banco do Brasil estava nas mãos do governo.

Como eram várias as alternativas que se lhe apresentavam, no início de 1866, o conselho de Estado foi convocado para dar seu parecer sobre os rumos do banco. Nesse sentido, a reunião, cujo parecer saiu em 10 de fevereiro de 1866, foi chave. Ao se discutir o estado anormal do meio circulante do Império, discutia-se também o destino do Banco do Brasil.[69] A primeira consulta foi feita à seção de Fazenda do conselho de Estado a quem o ministro da Fazenda perguntava, primeiro, se os decretos de setembro que ampliaram o limite de emissão do banco e deram curso forçado às suas notas seriam incompatíveis com eventuais medidas para se corrigir o estado do meio circulante. Segundo, se tais decretos fossem assim considerados, quais seriam essas medidas e, terceiro, se o conselho entendesse que os mesmos decretos devessem ser revogados, o que o governo deveria fazer para evitar as dificuldades que surgiriam da impossibilidade do Banco do Brasil de pagar suas notas em metal como estipulavam seus estatutos e a lei de 1860. O parecer da seção de Fazenda, assinado por Souza e Mello e Itaboraí, indicava como os saquaremas encaravam essa difícil situação. Não surpreende, portanto, a ideia contida no parecer de que o vício "radical" do meio circulante estava no fato

> de ser formado, em sua totalidade, de bilhetes, não conversíveis em espécies, e *de não ter por conseguinte, como a moeda metálica, a propriedade de restringir-se ou dilatar-se por si mesmo*, e de

69 O aviso do Ministério da Fazenda é de 25 de janeiro; o parecer da seção de Fazenda é de 3 de fevereiro e a resolução foi publicada em 10 de fevereiro de 1866. Cf. BRASIL. *Imperiaes resoluções do Conselho de Estado... Op. cit.*, p. 15-19.

> proporcionar-se às necessidades das transações do comércio e da indústria [grifo nosso].[70]

Se as circunstâncias fossem normais, estava clara a orientação do parecer e isso já sabíamos. O problema era que as circunstâncias eram anormais, não só pelos efeitos dos decretos de setembro, mas também por causa da guerra do Paraguai. Embora o parecer dissesse não ter informações sobre as despesas do conflito,[71] afirmava que se a necessidade de recursos para financiá-lo exigisse que o governo se sujeitasse ao "deplorável regime do papel-moeda", melhor seria estabelecê-lo para aliviar o ônus do contribuinte do que para beneficiar o Banco do Brasil. Em outras palavras, o próprio criador do banco indicava que, caso permanecesse o papel-moeda, seria melhor que o Tesouro fosse o emissor. Estava dada a senha do rompimento entre o ideal e a prática.[72] Os saquaremas apoiariam o governo numa eventual reforma do banco que o privasse de vez do controle da oferta monetária do Império e começavam a desembarcar de seu próprio projeto. Como mencionamos em capítulo anterior, esse movimento reforça a tese de que o Banco do Brasil estava ligado como engrenagem ao projeto político saquarema. Uma vez que o banco deixava definitivamente de ser útil aos seus objetivos, ele simplesmente seria liquidado.

Em síntese, entendia a seção de Fazenda que os decretos de setembro estavam na origem dos problemas do meio circulante e que tais problemas permaneceriam enquanto não fossem revogados. Contudo, a seção avaliava que se os decretos fossem revogados, o banco aparentemente não conseguiria se enquadrar nas disposições de seus estatutos e da lei de 1860. Nesse caso, em vez de declarar a falência do banco, seria preferível que o governo somente cassasse seu direito de emitir notas à vista e ao portador, obrigando-o a resgatar suas notas que estivessem em circulação. Para isso, o banco usaria todo o seu fundo disponível, mais os recursos que tinha a

70 *Ibidem*, p. 16.

71 A diretoria do banco calculava que o Tesouro já havia retirado de circulação para cobrir as necessidades da guerra pelo menos 40.000:000$. Cf. BANCO DO BRASIL. *Relatório apresentado à Assembléa Geral dos Accionistas do Banco do Brasil na sua reunião de 1866, pelo seu Presidente Visconde de Jequitinhonha*. Rio de Janeiro: Typ. do Correio Mercantil, 1866. Parecer da diretoria do banco ao governo, p. 11.

72 Para Granziera, as soluções para os problemas monetários nacionais iriam contra a teoria metalista, mas a favor da realidade. Cf. GRANZIERA, Rui Guilherme. *A guerra... Op. cit.*, p. 150.

receber do governo.[73] As notas que ainda restassem na circulação seriam retiradas num prazo que deveria ser estabelecido pelo mesmo governo. Nesse ponto, Itaboraí era obrigado a novamente ceder diante das circunstâncias. De onde viriam os recursos para que o governo pudesse saldar sua dívida com o banco? A única alternativa viável seria a emissão de notas do Tesouro. Era mesmo uma situação difícil e o próprio parecer reconhecia que essas medidas deveriam ser adotadas, "não para curar de todo, senão para minorar os funestos efeitos do nosso meio circulante".[74]

Dada a gravidade da questão, o imperador decidiu ouvir também o conselho de Estado pleno, que se reuniu no dia 19 de fevereiro de 1866.[75] Nessa reunião, a maioria de seus conselheiros concordou com a seção de Fazenda, inclusive Souza Franco. Mesmo para o opositor dos saquaremas o curso forçado dado pelo governo às notas do banco era uma medida extrema, que deveria vigorar apenas por alguns meses e não assumir caráter permanente. Tampouco a ampliação do limite de emissão do banco ajudava a estabilizar o valor do meio circulante. Portanto, para o ex-ministro da Fazenda, ambas as medidas deveriam ser revogadas. Ele também concordava com o parecer da seção de Fazenda ao considerar que a autorização para que as notas do banco tivessem circulação nacional "seria completar o comprometimento do mesmo banco e a ruína das finanças do Império". E referendava sua conclusão de que, revogados os decretos, a falência do Banco do Brasil traria consequências desastrosas para a economia imperial. Se o diagnóstico de Souza Franco e do parecer da seção de Fazenda eram muito semelhantes, restava ao conselheiro concordar com as medidas propostas no mesmo parecer. E ele concordou com elas, fazendo apenas algumas sugestões, a mais importante delas, que se cassasse também o privilégio que tinham as notas do banco de serem recebidas nas estações públicas.

Curioso observar que Itaboraí, relator do parecer da seção de Fazenda, e Souza Franco ficaram do mesmo lado nessa questão que tanto os dividiria em outras circunstâncias. No entanto, aparentemente ambos estavam mirando o futuro, para o que fazer terminado o período excepcional do pós-crise e da guerra. Era como se os dois estivessem trabalhando estrategicamente juntos para limpar o terreno sujo pelas adversidades e se preparando para disputar novamente a predominância, em

73 O parecer estimava em 18.000:000$ o valor da dívida do governo com o banco. Cf. BRASIL. *Imperiaes resoluções do Conselho de Estado... Op. cit.*, p. 18.

74 *Ibidem*, p. 19.

75 *Ibidem*, p. 19-32.

termos de política econômica, em condições normais. Essa aproximação estratégica também se repetirá no apoio de Souza Franco ao parecer da Comissão de Fazenda do Senado sobre o projeto que será apresentado pelo senador Silveira da Mota e que também tratará dessa questão.[76] O próprio Souza Franco apontou esse caminho ao dizer, nessa mesma reunião do conselho de Estado pleno, que concordava com o parecer da seção de Fazenda, mas que também desejava que "a par da demolição do edifício financeiro, que tem por base o Banco do Brasil, fique logo desenhado o plano do que o tem de substituir". Para ele, a base do novo edifício seria, é claro, a criação de novos bancos emissores em todas as províncias.[77] O posicionamento de Souza Franco recolocava a disputa entre o refazer da política econômica dos saquaremas e o fazer liberal, uma vez terminada a crise.

A oposição às medidas propostas por Itaboraí vinha agora de Jequitinhonha, que logo será nomeado presidente do banco. O visconde também acreditava que a falência do banco, "único estabelecimento de crédito nacional que temos", traria problemas para o comércio e para a lavoura. Contudo, na linha do governo e do Ministério da Fazenda, não acreditava que a cassação do direito de emissão do banco fosse a melhor maneira de resolver o problema. Para ele, o excesso de emissão não era o único perturbador da estabilidade do valor do meio circulante, concorria também para isso, e de maneira mais relevante, a falta de confiança do público na instituição. Portanto, bastaria que o governo pagasse sua dívida com o banco para que a emissão voltasse ao limite do duplo do fundo disponível e o banco recuperasse a credibilidade entre o público. Assim, dizia que "longe de matar, como se pretende, cumpre salvar o único estabelecimento de crédito nacional que temos". O problema era que, nessa altura, nem mesmo os saquaremas acreditavam na salvação de sua própria obra.[78]

Porém, o governo insistia nesse sentido. Com a saída do ministro Dias de Carvalho no início de março de 1866, subiu ao Ministério da Fazenda João da Silva Carrão.[79] Um mês depois de ter assumido o cargo, o professor de Economia Política

76 Nabuco e Pacheco também chamaram atenção para essa inusitada aproximação. Cf. NABUCO, Joaquim. *Um estadista... Op. cit.*, p. 548; PACHECO, Cláudio. *História... Op. cit.*, p. 313.

77 Para a opinião de Souza Franco na reunião do conselho de Estado pleno de 19 de fevereiro de 1866, cf. *Ibidem*, p. 26-32.

78 Para a opinião do visconde de Jequitinhonha na reunião do conselho de Estado pleno de 19 de fevereiro de 1866, cf. *Ibidem*, p. 24-26.

79 Nasceu em Curitiba, em 1810. Formado em Direito pela Faculdade de São Paulo, foi deputado

da Faculdade de Direito de São Paulo foi à Câmara apresentar uma proposta para corrigir a situação do Banco do Brasil, mas que ainda o mantinha como emissor. Junto com ela, Carrão também pedia aos parlamentares crédito suplementar para as despesas militares. Diante dessa necessidade, era de se esperar que o ministro seguisse a recomendação da seção de Fazenda do conselho de Estado e da maioria dos conselheiros que se reuniram no conselho pleno, mas ele preferiu seguir a linha de seu antecessor e de Jequitinhonha. O novo ministro concordava que os decretos de setembro fizeram mal à saúde do meio circulante nacional e que sua revogação imediata poderia trazer graves consequências para a praça, especialmente a falência do Banco do Brasil. Não seria, pois, o caso de cassar a faculdade emissora do banco, mas de adotar medidas restritivas que o recolocassem nas mesmas condições em que estava antes da crise. A novidade de sua proposta era que essas medidas deveriam ser acompanhadas de outras que pudessem amenizar seus efeitos sobre as transações comerciais.

Então, o ministro solicitava autorização legislativa para levar a cabo a substituição de notas do banco por notas do Tesouro que estivessem na caixa de amortização, para facilitar o fluxo de recursos entre as províncias; o pagamento da dívida do governo com o banco em apólices da dívida pública, para que o banco retirasse uma parte de suas notas de circulação; o estabelecimento de um teto de 7% para o pagamento de dividendos aos acionistas do banco, para que o restante do lucro líquido também fosse usado para o resgate de notas do banco; a exigência de um resgate semestral de 3% a 6% da emissão que estava em circulação, para que o limite do duplo do fundo disponível voltasse a ser respeitado e se suspendesse o curso forçado das notas do banco; a substituição das notas do banco que estavam em circulação por outras notas do mesmo banco fornecidas pelo Tesouro, para que o governo pudesse controlar melhor o volume de emissão; a inspeção, por parte do governo, das operações de desconto; e, finalmente, a suspensão do resgate obrigatório das notas do Tesouro.[80] Enquanto a proposta do ministro era analisada pela Comissão de Fazenda da Câmara, em seu relatório aos parlamentares, publicado logo depois da apresentação de sua proposta na Câmara, Carrão justificava novamente as so-

(1842) e senador por São Paulo. Era filiado à ala moderada do Partido Liberal. Cf. CARMO, J. A. Pinto do. *Ministros... Op. cit.*

80 Cf. sessão de 9 de abril de 1866. In: *Anais da Câmara*, p. 74-5.

licitações que fizera aos deputados. Apontava os males da circulação fiduciária e sustentava que o aumento da emissão em circulação do Banco do Brasil, tendo curso forçado, levaria "todos os inconvenientes ao seu auge". Por isso defendia que

> os males gerais, que atuam sobre todos os valores, só desaparecerão pela redução da emissão das notas do banco e das caixas filiais, e conseqüente volta ao troco das notas por ouro. Já apresentei-vos uma proposta, *cujo fim principal é fazer com que o banco volte ao estado anterior à crise, pelo tolhimento de sua emissão* (...)

Mas, ao mesmo tempo, reconhecia implicitamente o caráter paliativo de sua proposta, afirmando também que ela não visava

> (...) *dificultar no futuro uma reforma, em que convirá resolver a grande questão – se convém ter um banco de emissão privilegiado, como o Banco do Brasil, ou ter bancos de circulação, sem privilégio algum*, além do que as leis concedem às sociedades anônimas em geral, as quais sejam verdadeiras instituições comerciais, sujeitas à ação repressiva do poder judiciário exclusivamente para sua gestão [grifos nossos].[81]

A nosso ver, o arguto Carrão acertou em cheio ao evidenciar esse ponto. Aparentemente era consensual a ideia de que quaisquer medidas adotadas nesse contexto de anormalidade seriam paliativas e apenas limpariam o terreno para uma discussão definitiva sobre os rumos da política econômica em tempos de normalidade. Na Câmara, o ministro da Fazenda contava com o apoio de Ferraz, seu colega de gabinete que ocupava o Ministério da Guerra. Ele também defendia a continuidade do Banco do Brasil como emissor e sua "regeneração". Dizia aos deputados que

> sem entrar, porém, no exame das suas disposições por menor, observo à Câmara que a sua idéia capital [do projeto de Carrão] é fazer com que o Banco do Brasil entre em uma vida regular. *Não queremos por modo algum a sua extinção como banco de circu-*

81 BRASIL. MINISTÉRIO DA FAZENDA. *Proposta e relatório... de 1865... Op. cit.*, p. 7.

> *lação, queremos, sim, a sua regeneração (...) Eu disse regenerar o Banco do Brasil, porque o sistema de destruir, o sistema de começar sempre é deplorável, é sistema que absolutamente a Câmara não deve admitir*, porque será fatal ao futuro do país [grifo nosso].[82]

Porém, a diretoria do banco reagiu mal à proposta de Carrão e nomeou uma comissão para avaliar as medidas do ministro e redigir uma representação ao Legislativo. Além disso, submeteria à mesma comissão uma proposta de elevação da taxa de desconto.[83] Embora essa elevação pudesse parecer um movimento coerente com a política do governo para o banco, isto é, no sentido da restrição das operações de descontos, da emissão e, consequentemente, do restabelecimento do troco em ouro das notas do banco, ela significava, na verdade, uma sinalização de que a diretoria do banco não aprovara a proposta de Carrão.

Contudo, em tom conciliador, a comissão descartaria a elevação da taxa de desconto não só porque produziria pouco efeito sobre as operações de desconto, uma vez que a reforma de letras vencidas representava boa parte dessas operações, mas também porque tal movimento poderia levar pânico e crise à praça. Por outro lado, a representação ao Legislativo seria levada adiante e, logo de início, expunha sua posição ao afirmar que

> com o mais profundo respeito vem a diretoria do Banco do Brasil patentear a esta augusta Câmara *os perniciosos efeitos que para o comércio, a lavoura e mais indústrias do país, e para os interesses dos acionistas do mesmo banco, devem resultar das medidas propostas pelo Exm. Sr. ministro da Fazenda a esta augusta Câmara em sessão de 9 do corrente mês* [grifo nosso].[84]

---

82 Sessão de 13 de abril de 1866. In: *Anais da Câmara*, p. 152-3.

83 A comissão era formada pelo fiscal Manuel de Oliveira Fausto e pelos diretores Jerônimo José Teixeira Júnior e Joaquim Antônio Fernandes Pinheiro. Cf. sessão 924, de 10 de abril de 1866. In: BANCO DO BRASIL. *Atas de reunião... Op. cit.*, p. 45-7.

84 BANCO DO BRASIL. *Relatório apresentado... de 1866... Op. cit.*, p. 9. Para a íntegra da representação da diretoria ao corpo Legislativo, cf. sessão 927, de 19 de abril de 1866. In: BANCO DO BRASIL. *Atas de reunião... Op. cit.*, p. 53-68; BANCO DO BRASIL. *Relatório apresentado... de 1866... Op. cit.*, p. 9-16. A lavoura também apresentou uma representação à Câmara. Para Freire, a criação da carteira hipotecária do Banco do Brasil foi resultado dessa representação. Cf. FREIRE, Felisbello. *Historia... Op. cit.*, p. 127. Cavalcanti também se refere a essa representação, mas sem lhe atribuir efeito tão

Além da preocupação com os efeitos que tais medidas poderiam ter sobre a praça, a diretoria também advertia o Legislativo de que a proposta apresentada pelo ministro "ofendia" o acordo existente entre o governo e o banco. Obviamente, a diretoria não via o banco como culpado pela situação anormal em que se achava e, por isso, julgava que ele não poderia ser punido pelas medidas restritivas de Carrão. Foram as circunstâncias extraordinárias da crise e da guerra que levaram o banco, e especialmente seu volume de emissão, a um estado que praticamente o impedia de voltar à situação normal, isto é, ao reenquadramento em seus estatutos e na lei de 1860.

Apesar de criticar a proposta do governo, a representação não apontava claramente uma saída para a delicada situação do banco e dizia que apenas esperava uma decisão do governo que fosse compatível "com o interesse geral e com os direitos e interesses dos acionistas do banco".[85] Se o reenquadramento em seus estatutos originais e na lei de 1860 não seria o caminho escolhido pela diretoria do banco, ela pelo menos apontava, ainda que sutilmente, uma saída que poderia conciliar os interesses do banco e do governo, a saber, a necessidade de se criar uma instituição de crédito hipotecário no Império. Os constantes pleitos da lavoura por crédito, a reforma hipotecária feita em 1864, o aval dos saquaremas para a cassação do direito de emissão do banco e a necessidade de recursos para o financiamento da guerra do Paraguai indicavam que a saída estratégica para a questão do Banco do Brasil estava na reforma de seus estatutos, transformando-o em banco hipotecário, e na transmissão do monopólio de emissão ao Tesouro. Era uma saída que recolocaria à frente o problema do meio circulante e da emissão de papel-moeda, mas que no momento parecia conveniente.

De qualquer modo, o banco estava berlinda e sua administração era duramente contestada na imprensa e no Parlamento, sobretudo, pelos saquaremas. Diante das acusações de desmandos e abusos contra sua diretoria e do reforço da ingerência do governo sobre questões internas do estabelecimento, ingerência que aumentaria com a aprovação da proposta de Carrão, Vieira Bueno pediu exoneração da presidência do banco. O pedido foi aceito pelo governo e, uma semana depois, o visconde de Jequitinhonha já ocupava a cadeira de presidente da instituição.[86]

---

poderoso. Cf. CAVALCANTI, Amaro. *O meio... Op. cit.*, p. 289.

85 BANCO DO BRASIL. *Relatório apresentado... de 1866... Op. cit.*, p. 15.

86 O decreto de exoneração de Vieira Bueno é de 20 de abril de 1866. Jequitinhonha foi nomeado em

Com o novo presidente, banco e governo pareciam começar a andar juntos. Ao nomear Jequitinhonha para a presidência, o governo colocava no banco um defensor da sua continuidade como estabelecimento emissor. Esse movimento provavelmente objetivava apaziguar os ânimos dos diretores do banco, amenizar a reação negativa diante da proposta do governo e facilitar sua aceitação na instituição. Contudo, ainda que Jequitinhonha seguisse a linha da manutenção do banco, sua relação com o ministro da Fazenda azedará diante das investidas do governo sobre a administração cotidiana do banco. Exemplo disso serão as duas recusas do banco em enviar ao governo uma lista de seus devedores que tivessem excedido o crédito a que tinham direito, o valor de seus débitos e as datas de vencimento dos respectivos pagamentos.[87] Além disso, o ministro da Fazenda hesitaria em implementar sua política, pois o mesmo governo que cobrava do banco ações restritivas e regeneradoras em relação às suas operações era o que o forçava a emitir e descontar letras do Tesouro para cobrir as grossas despesas militares. Prisioneiro dessa ambiguidade, o governo não tinha força, frente às circunstâncias, para fazer valer sua estratégia para o banco e, assim, os lances verdadeiramente decisivos sobre os rumos da instituição aconteceriam na Câmara e no Senado. O governo queria, mas não podia, restringir as operações do banco. Para muitos, saquaremas inclusive, sua regeneração estava definitivamente comprometida pelas exigências financeiras da guerra do Paraguai.

O jogo político que definiria o futuro do banco estava aberto. Em suma, temos até aqui duas linhas mais fortes que propunham diferentes soluções para o Banco do Brasil. Uma, defendida pela maioria dos conselheiros de Estado, saquaremas inclusive, era a cassação do direito de emissão do banco. A outra, defendida por Jequitinhonha e pelo ministro da Fazenda, era a manutenção do Banco do Brasil como emissor. Para onde iria o banco?

Entre o governo e o banco, o então ministro da Agricultura Paula Sousa apresentou um projeto alternativo ao de seu colega Carrão que previa o aumento da emissão do Banco do Brasil no contexto da notícia de uma crise em Londres que poderia respingar no Império.[88] Resumidamente, o projeto de Paula Sousa solicitava

---

23 de abril e empossado em 27 do mesmo mês. Cf. BANCO DO BRASIL. *Relatório apresentado... de 1866... Op. cit.*, p. 2; PACHECO, Cláudio. *História... Op. cit.*, p. 277.

87 Cf. sessão 932, de 9 de maio de 1866. In: BANCO DO BRASIL. *Atas de reunião... Op. cit.*, p. 76-80; PACHECO, Cláudio. *História... Op. cit.*, p. 278-9.

88 Referimo-nos aqui à crise de maio de 1866, que atingiu Londres, precipitada pela falência da

à Câmara a elevação da emissão do Banco do Brasil para além do triplo do fundo disponível, para atender às necessidades da praça e do Tesouro, e a emissão de notas do Tesouro de pequeno valor com carimbo especial e curso restrito à Corte e província do Rio de Janeiro. O lucro do banco oriundo da emissão adicional deveria ser entregue ao governo. As notas emitidas pelo Tesouro deveriam ser recolhidas dentro de um ano por meio de recursos fiscais ou emissão de apólices da dívida pública. Era um projeto, por assim dizer, preventivo, mas que seguia direção exatamente oposta à do projeto do ministro da Fazenda. Enquanto Carrão exigia emissão restrita e limitada, Paula Sousa acenava para a emissão ampliada e ilimitada. Tal divergência já esboçava a fissura que se abria dentro do gabinete e que será fatal para sua permanência no poder.[89] Essa situação foi alvo de críticas na Câmara e só um argumento poderia livrar o gabinete da contradição exposta nos dois projetos nascidos em seu seio, a saber, o da excepcionalidade. A crise de Londres e, mais uma vez, as necessidades financeiras do governo fizeram Carrão apoiar o projeto de Paula Sousa sem, todavia, negar seu próprio projeto. Na Câmara, o ministro da Fazenda explicava que, quando apresentou sua proposta, em 9 de abril,

> nós estávamos em um estado que não inspirava muito receio; o Banco do Brasil continuava seus descontos, a praça não estava oprimida, as boas firmas e até as más achavam desconto no banco e em outras partes. *Mas o que sucedeu com as notícias chegadas da Europa? A estagnação das transações; as principais firmas encontravam dificuldade em obter dinheiro, e outras firmas, embora boas, todavia estavam estabelecidas em condições tais que inspiravam alguma desconfiança, não achavam recurso. O Banco Rural e Hipotecário poderia ser ameaçado, o banco inglês* [o London and Brazilian Bank] *poderia ser ameaçado, e foi preciso que o governo empregasse meios indiretos legais para salvá-los.*
>
> O Banco do Brasil estava com a sua emissão esgotada, tinha chegado ao limite, não podia exceder esse limite, não podia favo-

casa bancária Overend, Gurney e Cia. Para a crise, cf. JOSLIN, David. *A Century... Op. cit.*, p. 72; JONES, Geoffrey. *British Multinational Banking, 1830-1990*. Oxford: Clarendon Press, 1993; p. 104; KINDLEBERGER, Charles Poor. *Manias, pânico... Op. cit.*, p. 127-8.

89 Sessão de 11 de junho de 1866. In: *Anais da Câmara*, p. 66; cf. também PACHECO, Cláudio. *História... Op. cit.*, p. 297.

> recer a praça, e eis uma situação produto de erros anteriores, porquanto é fora de dúvida que a diretoria do Banco do Brasil procedeu imprudentemente esgotando todos os recursos que tinha para favorecer a praça, ficando impossibilitada de acudir a qualquer crise, *e foi, pois, preciso que o governo auxiliasse o banco, redescontando bilhetes do Tesouro, deixando-lhe assim margem para suas transações...* [grifos nossos].[90]

Carrão e Paula Sousa sustentavam, portanto, que não haveria contradição entre seus projetos, uma vez que o caráter da proposta do ministro da Agricultura era provisório e o do ministro da Fazenda, permanente. Enquanto a proposta de Paula Sousa tramitava na Câmara, chegaram novas notícias da Europa dando conta de que a crise se arrefecera e, assim, caíam as chances de que ela repercutisse no Brasil. Então, o próprio Paula Sousa requereu o adiamento do projeto em discussão. Depois desse requerimento, o projeto não seria mais votado, mas deixava aberta uma fissura tanto no gabinete como na sua base de sustentação na Câmara.

Com o adiamento do projeto do ministro da Agricultura, a questão do Banco do Brasil voltou ao ponto de partida e, finalmente, saiu o parecer das comissões reunidas de orçamento e Fazenda sobre o projeto de Carrão. O parecer seguia a linha defendida pelo ministro da Fazenda. Entendia que o estado a que chegara o banco derivava-se em parte da falta de experiência administrativa, mas não deixava de mencionar a contribuição dos acontecimentos imprevistos, isto é, a crise e a guerra, e da própria estrutura da economia imperial, baseada decisivamente na exportação de café. Acabar com o banco seria arriscar uma nova crise e, por isso, o parecer defendia sua manutenção, reorganização e fortalecimento por meio da atribuição de novos deveres e da concessão de novos direitos para que pudesse atender às necessidades monetárias e creditícias da economia imperial. Para que o banco voltasse à normalidade, o parecer sugeria retirar de circulação imediatamente a soma de notas correspondente à dívida do governo com o banco e paulatinamente a soma de notas correspondente à cobrança da parte imobilizada em títulos da lavoura. Em suma, o

90 Sessão de 12 de junho de 1866. In: *Anais da Câmara*, p. 95. Para a ajuda do Banco do Brasil ao *London and Brazilian Bank*, cf. BANCO DO BRASIL. *Atas de reunião... Op. cit.*; PACHECO, Cláudio. *História... Op. cit.*, p. 283.

parecer recomendava a proposta de Carrão, embora com supressões, substituições e emendas.[91]

O governo, por sua vez, acatou as sugestões das comissões. Ironicamente, a luta pela manutenção do Banco do Brasil como emissor não era liderada pelos saquaremas, que já haviam abandonado qualquer tentativa de reenquadrar o banco aos seus estatutos e à lei de 1860 em condições tão adversas, sobretudo para as finanças do governo. Não fazia sentido manter o banco como fábrica de papel-moeda.

Entre governo e saquaremas, estava o voto em separado de Aureliano Cândido Tavares Bastos. Para ele, a luta pela manutenção do Banco do Brasil como emissor estava sendo travada em momento impróprio, a questão do meio circulante e das bases do sistema bancário deveria ser tratada em condições normais. Era a ideia da limpeza de terreno. Dizia o alagoano que reduzir a emissão do banco e cobrar seus devedores dentro de suas possibilidades era o que o banco deveria fazer sem a necessidade de uma lei nova para isso. Daí seu voto em separado, mas voto vencido. A proposta de regeneração do Banco do Brasil parecia prevalecer, mas era fraca. Para muitos não inspirava confiança de que pudesse surtir efeitos concretos e, além disso, não contava com o apoio dos saquaremas. Estava claro que um projeto alternativo seria apresentado em breve.

A iniciativa partiu do senador Silveira da Mota que, inspirado por Itaboraí e, sobretudo, por Torres Homem, apresentou seu projeto ao Senado na sessão de 3 de julho de 1866, mesmo dia em que saía o parecer das comissões reunidas de orçamento e Fazenda da Câmara sobre o projeto de Carrão. Resumidamente, o projeto de Silveira da Mota previa a reforma dos estatutos do banco, transformando-o num banco de depósitos, descontos e empréstimos hipotecários; a cassação de seu direito de emissão e sua liquidação como banco emissor; o resgate de sua emissão em circulação cuja responsabilidade ficasse a seu cargo num ritmo de 5% ao ano; a aplicação de dois terços de seu capital em títulos hipotecários; a divisão do banco em duas repartições, uma de depósitos e descontos e outra de hipotecas, mas ambas com uma administração comum; o curso geral às notas do banco em circulação e

91 O parecer era assinado por Paula Santos, Leitão da Cunha, Souza Dantas, Francisco Carlos Brandão, Barbosa de Oliveira e João Silveira de Sousa. De acordo com as modificações à proposta original sugeridas pelo parecer, os artigos 1º, 3º, 6º, 7º, 8º e 12 foram mantidos; os artigos 2º e 4º foram substituídos; os artigos 10 e 11 foram emendados; e, finalmente, os artigos 5º e 7º suprimidos. Cf. sessão de 3 de julho de 1866. In: *Anais da Câmara*, p. 18-9.

sua aceitação nas estações públicas; a cessão das reservas metálicas do banco ao governo; o pagamento das reservas metálicas e da dívida do governo com o banco, referente ao desconto de letras do Tesouro e ao resgate das notas do mesmo Tesouro, por meio do resgate das notas do banco num montante equivalente a essa soma no prazo de quatro anos; e, finalmente, a autorização para que o governo fizesse as operações de crédito que fossem necessárias para efetuar esse resgate.

O projeto foi logo remetido à Comissão de Fazenda do Senado que emitiu parecer, assinado por uma trinca de ex-ministros da Fazenda, Itaboraí, Souza Franco e Carneiro de Campos, recomendando-o em linhas gerais e sugerindo algumas emendas. A comissão foi implacável com o banco e se dizia

> *convencida de que nenhum meio resta de reerguer o Banco do Brasil, como estabelecimento de circulação.* Investido, há quase dois anos, do privilégio do curso forçado, e, à sombra dele, e durante aquele período, elevando a emissão da caixa matriz quase ao duplo da que tinha no começo de setembro de 1864; com dois terços da carteira representados por títulos irrealizáveis em curto prazo, ou de liquidação difícil e duvidosa, *o Banco do Brasil não pode mais satisfazer às condições essenciais de sua criação. Se não lhe cassar o direito de emitir mais notas, continuará a ser, como é agora, mera fábrica de papel-moeda, regida a arbítrio da diretoria, sem o concurso nem intervenção da Assembléia Geral Legislativa, e sujeita apenas à inspeção do governo, que infelizmente tem acoroçoado, em vez de impedir, os desregramentos que levaram a circulação monetária ao estado em que se acha* [grifos nossos].[92]

Embora seguisse a mesma linha da proposta de Silveira da Mota, a Comissão de Fazenda redigiu um novo projeto para incorporar melhor as emendas que julgava necessárias. As principais modificações em relação ao projeto original diziam respeito à forma como o governo pagaria sua dívida com o banco, a comissão recomendava emissão do Tesouro, e ao curso geral das notas do banco, a comissão era contra essa disposição. Por isso, seu resultado prático foi a apresentação de um projeto substitutivo. Estava posto no Parlamento o choque entre a manutenção e a

92 Cf. sessão de 27 de julho de 1866. In: *Anais do Senado*, p. 195.

cassação do direito de emitir do Banco do Brasil. Com o apoio dos saquaremas e de Souza Franco, o projeto de Silveira da Mota, modificado pela Comissão de Fazenda do Senado, eclipsaria a proposta do ministro da Fazenda. O que se discutirá no Senado e na Câmara a partir de então será o fim do banco da Ordem.

O movimento de aprovação do projeto da Comissão de Fazenda do Senado se consolidou com a queda de Olinda. Desde o gabinete Zacarias, a liga já mostrava não ser tão coesa quanto seu nome poderia sugerir e a divisão entre conservadores e liberais que se aninharam no partido progressista se acirrou com o tempo. O contexto de guerra suspendeu momentaneamente as dificuldades que o gabinete enfrentaria no Parlamento, mas não seria suficiente para dissipar a desconfiança dos liberais, suscitada pela presença de Ferraz no Ministério da Guerra, de que os conservadores poderiam retomar o poder.

Com a rendição de Uruguaiana, o contexto de guerra se modificou, aumentou a expectativa de que o conflito acabaria logo e, com isso, aquela divisão aflorou no Parlamento minando a sustentação política do gabinete. Olinda tentou resolver esse problema promovendo mudanças no ministério, mas o próprio gabinete também estava dividido internamente. A mera apresentação de dois projetos sobre o mesmo assunto por parte de dois ministros diferentes do mesmo gabinete sinalizava a fissura. A contradição entre eles a escancarava. Apesar disso, o gabinete permanecia cimentado pelo imperador, que julgava prudente conservá-lo no contexto da guerra. Embora Nabuco afirme que Dias de Carvalho deixara o Ministério da Fazenda por não concordar com os pareceres do conselho de Estado sobre o Banco do Brasil, a mudança aparentemente se deveu mais à conjuntura política. Silveira Lobo ocupou interinamente a pasta por sete dias. Como Zacarias recusou o posto, Carrão fora nomeado ministro da Fazenda.[93]

Como era de se esperar, na reabertura das câmaras, o gabinete encontrou forte oposição, sobretudo, daqueles membros do antigo Partido Liberal que viam na diversidade política do gabinete uma brecha para a volta do domínio conservador. No Senado, Itaboraí trabalhava para desestabilizar o gabinete,[94] mas o partido conservador aparentemente não desejava retomar o poder em circunstâncias tão instáveis.

93 NABUCO, Joaquim. *Um estadista... Op. cit.*, p. 525-8.

94 Por exemplo, na votação da emenda que limitava a prorrogação da lei do orçamento. Cf. NABUCO, Joaquim. *Um estadista... Op. cit.*, p. 539.

Diante dessa oposição e de brigas intestinas no ministério, a situação do gabinete tornava-se cada vez mais frágil, apesar do apoio do imperador. Como nos conta Nabuco, "os bem informados sabiam que a sua retirada era questão apenas de ocasião ou de pretexto". E o pretexto seria justamente o projeto de Silveira da Mota. Paula Sousa, entusiasmado com a proposta do senador, entraria novamente em conflito com o ministro da Fazenda, que obviamente a desaprovava, e pediria exoneração do cargo. Na esteira de Paula Sousa, Silveira Lobo e Nabuco de Araújo, ministros da Marinha e da Justiça, respectivamente, também deixariam o ministério.[95] Desta vez, não haveria espaço para uma recomposição. Na questão do Banco do Brasil, Carrão enfrentava, praticamente sozinho, Itaboraí, Souza Franco e o próprio banco. Assim, o novo refugo do ministro da Agricultura ofereceu a ocasião para a retirada de um gabinete dividido.

Olinda se retirava exatamente um mês depois da apresentação do projeto do senador goiano e, pela terceira vez, Zacarias foi chamado pelo imperador para formar um novo gabinete, em que ele mesmo ocuparia o Ministério da Fazenda. Nessa posição, ele também defenderia a reforma do Banco do Brasil.[96] Processava-se, assim, uma movimentação política que indicava a aprovação do projeto da Comissão de Fazenda do Senado, não só com a subida à chefia do gabinete e ao Ministério da Fazenda de Zacarias, que fazia oposição ao gabinete anterior, mas também com a substituição de Jequitinhonha por Torres Homem na presidência do Banco do Brasil em 14 de agosto de 1866.[97] Era essa a composição política, com a bênção dos saquaremas, que conduziria o fim do banco da Ordem.

No Senado, Jequitinhonha foi o principal crítico do projeto da Comissão de Fazenda do Senado. Coerente com sua opinião no conselho de Estado, afirmava que não era o caso de acabar com o banco, pois o Brasil precisava de um banco de emissão para auxiliar o comércio e a lavoura. Além disso, defendia parcialmente a

---

95 Para a citação, cf. *Ibidem*, p. 538. Cf. também PACHECO, Cláudio. *História... Op. cit.*, p. 315.

96 BRASIL. MINISTÉRIO DA FAZENDA. *Proposta e relatorio apresentados á Assembléa Geral Legislativa na Primeira Sessão da Décima Terceira Legislatura do anno de 1866 pelo Ministro e Secretario d'Estado dos Negocios da Fazenda Zacarias de Goés e Vasconcellos.* Rio de Janeiro: Typ. Nacional, 1867, p. 18-9. Na sessão do Senado de 9 de agosto de 1866, resposta a Itaboraí, Zacarias afirmou: "*o governo quer o projeto* [de Silveira da Mota], *esforça-se por fazê-lo passar com as modificações que a discussão trouxer*". Cf. *Anais do Senado*, p. 90.

97 Torres Homem foi nomeado em 14 de agosto e assumiu o cargo dois dias depois. Cf. BANCO DO BRASIL. *Atas de reunião... Op. cit.*, p. 154-8; PACHECO, Cláudio. *História... Op. cit.*, p. 315.

administração do banco e creditava o estado de sua emissão à crise de 1864 e à guerra do Paraguai, fatores externos ao banco. Por isso, assim como Dias de Carvalho, Carrão e Ferraz, acreditava que o estabelecimento ainda poderia ser recuperado. Quanto ao projeto em si, sustentava que o momento era inoportuno para se pensar numa reforma nos estatutos do banco, pois qualquer decisão seria fortemente influenciada pela necessidade financeira do Estado face às despesas decorrentes da crise e da guerra. O senador foi direto ao ponto ao afirmar que a única intenção do projeto que ora se discutia na casa era "tirar capitais do banco para os entregar ao governo, a fim de que com ele possa fazer o serviço da guerra".[98] De fato, se o papel-moeda do banco seria substituído por papel-moeda do Tesouro, o problema central naquele momento não poderia ser o estado do meio circulante ou a circulação fiduciária. As necessidades financeiras do governo para cobrir as despesas da crise e, sobretudo, da guerra tomavam conta de todo o debate. Assim, a questão da reforma do Banco do Brasil se tornava, no fundo, mero debate de fonte de recursos.

Sensível ao problema e desiludido com a administração do Banco do Brasil, Itaboraí não serviu só de inspiração para Silveira da Mota, foi também o maior defensor do projeto no Senado. Desde o parecer da seção de Fazenda do conselho de Estado, o criador abandonara definitivamente sua criatura. Numa fala à Câmara, Zacarias tentará marcar a posição de Itaboraí em relação ao projeto e expressar seu sentimento em relação ao banco, dizendo que, para o visconde,

> o projeto envolve a declaração de que o produto de suas locubrações, o Banco do Brasil, organizado em virtude da lei de 5 de julho de 1853, *desnaturou-se pela inexperiência de seus executores e por essas causas acumuladas que mencionou a honrada comissão desta augusta Câmara, que deu parecer sobre a proposta do governo de 9 de abril último*; para o autor da lei de 5 de julho de 1853, o Banco do Brasil *está no caso do filho que o pai estremecidamente ama, que educa segundo as normas da mais severa moral, mas que entretanto, pondo-se em contato com o mundo, os maus conselhos, as péssimas companhias estragam, perdem* [grifos nossos].[99]

98 Para citação, cf. sessão de 20 de agosto de 1866. In: *Anais do Senado*, p. 90. Cf. também sessão de 9 de agosto de 1866. In: *Anais do Senado*, p. 31-45.

99 Sessão de 30 de agosto de 1866. In: *Anais da Câmara*, p. 161.

Ao contrário de Jequitinhonha, Itaboraí não acreditava mais que "as belezas da administração do Banco do Brasil" pudessem ser corrigidas e o banco recolocado no caminho da Ordem. Se em dois anos o banco não conseguira restringir sua circulação e habilitar-se para realizar novamente o troco em ouro de suas notas, pelo contrário, aprofundou a emissão e afastou-se do troco metálico, não seria agora que se regeneraria. Como no *mea culpa* que fizera alguns anos antes, chegou a sugerir que seria melhor não ter criado o banco, porque assim não teria a direção que se lhe deu e que o levou a este estado.[100] O senador saquarema atacava violentamente a administração do banco, tal como fizera no período Souza Franco, mas se esquecia dos efeitos das necessidades financeiras da guerra sobre a instituição. Contudo, não se esquecia desses mesmos efeitos sobre as finanças do governo.

No fundo, o ataque ao banco legitimava a transferência de sua emissão para o Tesouro, alternativa mais viável para que o governo pudesse financiar seus gastos militares. Embora tal alternativa implicasse a circulação fiduciária, a decisão estava tomada e os saquaremas apostavam nesse recuo estratégico em relação à defesa de sua política econômica. Como dissemos, o momento era de limpeza de terreno depois da crise e com a guerra. Nesse quadro, nada seria mais adequado do que cassar o direito de emissão do Banco do Brasil, devolvê-lo ao Tesouro e recomeçar o jogo político que definiria a política econômica do Império quando a conjuntura voltasse ao normal.

Como Itaboraí dizia antes da criação do segundo Banco do Brasil, o que definiria a necessidade de bancos de emissão seriam as circunstâncias. Ora, se antes elas eram favoráveis à criação do banco, agora apontavam para seu desmantelamento. Nesse sentido, o visconde sustentava que nações civilizadas poderiam existir sem bancos de emissão e que, em determinadas circunstâncias, como era o caso do Império naquela altura, eles não só não eram úteis, como extremamente perniciosos.[101] Finalmente, deixava claro que a circulação fiduciária era um fato consumado e que a direção do Banco do Brasil não seria capaz de eliminá-la, reconhecendo a derrota de seu projeto e de seu banco. Para ele, o Império entrara "*desgraçadamente*" no regime do papel-moeda e

100 Cf. sessões de 9 e 22 de agosto de 1866. In: *Anais do Senado*, p. 31-45/106.

101 Sessão de 11 de agosto de 1866. In: *Anais do Senado*, p. 56.

> se a comissão [de fazenda do Senado] pudesse oferecer ao governo meios de acabar com este funesto resultado da direção que tem tido o Banco do Brasil, falo-ia da melhor vontade, ainda que pesados, mas possíveis sacrifícios proviessem daí, mas na impossibilidade de descobrir meios correspondentes a tamanho empenho, *procurou ao menos por termo no crescimento do mal que deplora, e dar ao governo, sem aumentar a quantidade de papel circulante, alguns recursos que por outro modo não seriam possíveis, sem agravar os ônus que tem de pesar sobre os contribuintes* [grifo nosso].[102]

Em suma, a impossibilidade de retorno do banco ao caminho da Ordem e a necessidade de recursos para financiar a guerra do Paraguai levaram os saquaremas a abandonar o banco e a recuar estrategicamente em sua política econômica e nessa dimensão de seu projeto político. Souza Franco, que já apoiara o parecer da Comissão de Fazenda do Senado, fazia movimento semelhante e também sustentava a aprovação do projeto. A conjuntura de crise e guerra colocou no mesmo terreno os dois principais adversários em termos de política econômica no Império, mas isso não impedia o senador paraense de alfinetar seu colega fluminense em seus discursos, em que criticava a própria criação do segundo Banco do Brasil. Já em defesa do projeto, sustentava que um banco "*estragado*" como estava o Banco do Brasil naquela altura não traria benefícios nem para a Corte, nem para as províncias, nem para o governo, nem para seus acionistas. Restava, portanto, uma mudança radical em seus estatutos e a cassação de seu direito de emissão. E, novamente, apontava o futuro da discussão dizendo que era preciso preparar o terreno para que, terminada a guerra, fossem definidos os meios de se criar sólidos bancos de emissão. Embora remediasse a questão imediata, a saber, a situação do Banco do Brasil e o financiamento da guerra, para Souza Franco, o projeto que tramitava no Senado estava longe de apresentar soluções definitivas. Perguntava o senador, na sessão de 22 de agosto de 1866,

> estacaremos aí? Pararemos por muito tempo? Até quando estacionaremos nesta posição expectante? *Podem as províncias continuar sem meios de crédito?* Sem bancos, com essas chamadas caixas filiais, que são caixas em liquidação com a missão adicional

102 *Ibidem*, p. 59.

> de tomar capitais pela emissão de notas, e os remeterem para a Corte? *Pode o Rio de Janeiro continuar muito tempo sem banco de emissão?* É preciso dizê-lo: eu mantenho minhas opiniões sobre alguns bancos de emissão. *Concordo em que convém preparar primeiro o terreno, que é do que se trata, para depois marcharmos...* [grifos nossos].[103]

A discussão do projeto durou mais duas sessões, sempre com Jequitinhonha no ataque e Itaboraí na defesa. O esforço do senador baiano para impedir a aprovação do projeto não seria suficiente para sobrepujar os interesses do governo e do próprio banco. Com o apoio de importantes chefes políticos, Zacarias, Itaboraí e Souza Franco, estava selado o fim do banco da Ordem. A aprovação definitiva do projeto da comissão do Senado no Parlamento era apenas questão de tempo. O projeto foi aprovado no Senado na sessão de 25 de agosto de 1866 e logo remetido à comissão de redação.[104] Restava apenas passar pela Câmara, onde chegou no dia 27 de agosto de 1866.

Entre críticos mais do que defensores, o projeto ia sendo discutido na Câmara.[105] O próprio chefe do gabinete o defendia das críticas e, na sessão de 30 de agosto, lançou mão de um argumento fundamental para sua aprovação, a saber, o apoio conjunto de Itaboraí e Souza Franco. Com esse exemplo, Zacarias ganhava legitimidade para afirmar que a grave questão estava sobre as disputas entre escolas ou ideologias econômicas. Dizia, então, aos deputados que

> a verdade dessas duas profecias, a saber, que o assunto do projeto não é de partidos, e que não encerra triunfo de uma escola sobre outra, demonstra-se com um fato que está ao alcance de todos; refiro-me ao acordo dos chefes mais distintos da escola restritiva e da escola da liberdade comercial a respeito do assunto (...) o visconde de Itaboraí, assinando o projeto, e o nobre senador pelo Pará, assinando-o também, ficaram com suas doutrinas; um re-

103 Sessão de 14 de agosto de 1866. In: *Anais do Senado*, p. 66.

104 Sessão de 25 de agosto de 1866. In: *Anais do Senado*, p. 147.

105 Entre os críticos estavam Silva Pereira, Paula Santos, Tavares Bastos e Paula e Souza. Este último se opos ao projeto que saiu da Comissão de Fazenda do Senado porque preferia o original de Silveira da Mota. Entre os defensores estavam o deputado Junqueira e o próprio Zacarias.

> conheceu que sua obra falhou por má execução; outro viu nisso uma confirmação de suas antigas doutrinas. O acordo, pois, não traz o sacrifício da convicção de ninguém; *o projeto que se discute por conseqüência não é questão política, nem é questão que envolva, como disse ao princípio, o triunfo de uma escola econômica sobre a derrota de outra* [grifo nosso].[106]

Fosse qual fosse a coloração política ou a ideologia econômica, a necessidade financeira do governo exigia a volta da emissão, ainda que fiduciária, para o Tesouro. A discussão se encaminhava para a ideia de que não haveria saída para o problema senão cassar o direito de emissão do Banco do Brasil. Embora o estado do banco tivesse sido muito debatido, não importava muito se ele teria ou não condições de recuperar os seus balanços, reduzir sua emissão e voltar à conversibilidade de suas notas em metal. A questão era outra e já estava definida politicamente. Por isso, Itaboraí e Souza Franco entravam juntos na questão apenas para limpar o terreno e prepará-lo para futuros embates.

Finalmente, na sessão de 3 de setembro de 1866, foi votado e aprovado o projeto da Comissão de Fazenda do Senado que será sancionado como lei 1.349, de 12 de setembro de 1866. Estava, portanto, formalizada a cassação do direito de emissão do segundo Banco do Brasil e a mudança de sua natureza, deixando de ser banco emissor, regulador da moeda e do crédito, para se tornar mero banco de depósitos, descontos e empréstimos hipotecários. Vale lembrar, no entanto, que o projeto tinha caráter facultativo, pois envolvia mudanças no acordo celebrado entre governo e banco, de modo que caberia ao próprio banco aceitar ou não a proposta do governo. Na verdade, o banco não tinha escolha, porque, se a recusasse, teria que voltar a realizar o troco em ouro de suas notas, tarefa impossível àquela altura e falência certa. A decisão estava tomada. Com presidentes do banco e do conselho a favor da proposta, qualquer resquício de resistência interno à instituição poderia ser vencido.

A primeira repercussão da nova lei na diretoria do banco foram as renúncias indignadas dos diretores Manuel de Oliveira Fausto, Joaquim Antônio Pinheiro e José Francisco Alves Malveiro, que consideraram um insulto a transferência do serviço de emissão do banco para a caixa de amortização.[107] Porém, a indignação da dire-

106 Sessão de 30 de agostos de 1866. In: *Anais da Câmara*, p. 160-1.

107 Sessão de 18 de setembro; Pacheco p. 348.

toria com o governo limitou-se a esse gesto. Já no dia 20 de setembro, a assembleia geral dos acionistas decidiu acatar a proposta do governo, segundo Pacheco, mansamente, prontamente e sem oposições.[108] A partir daí, a assembleia de acionistas propôs a formação de uma comissão mista, formada por diretores e acionistas, para negociar com o governo a execução da lei e a reforma dos estatutos do banco. Por sua vez, o ministro da Fazenda ficava autorizado a negociar pelo governo.[109] No dia 9 de outubro, o presidente da comissão mista anunciou formalmente que o banco aceitaria a proposta do governo. Dois dias depois, o acordo para a reforma do Banco do Brasil prevista na lei de 12 de setembro foi assinado, na sala do despacho do Tribunal do Tesouro Nacional, na presença do ministro da Fazenda, do presidente e dos membros da comissão mista do banco.[110]

Ironicamente, os mesmos saquaremas que deram vida ao segundo Banco do Brasil e lutaram por sua manutenção, agora trabalhavam por sua descontinuidade. Os mesmos conservadores e liberais que se juntaram no desfazer do braço financeiro do projeto político saquarema motivados pelas circunstâncias excepcionais da crise e da guerra, disputariam a seguir a liderança do fazer e refazer na trama da velha teia de Penélope. Era o fim do banco da Ordem.

---

108 PACHECO, Cláudio. *História... Op. cit.*, p. 349.

109 Cf. Decreto 3.716, de 6 de outubro de 1866. In: BRASIL. *Collecção das leis...1866... Op. cit.*

110 Sessão 9 de outubro; Pacheco 351-2. O decreto 3.717, de 13 de outubro de 1866, aprovava e confirmava o novo acordo celebrado entre governo e banco. O decreto 3.720, de 18 de outubro de 1866, regulamentava a lei de 12 de setembro na parte relativa à emissão do banco e ao pagamento da dívida do Tesouro com o mesmo banco. Finalmente, o decreto 3.739, de 23 de novembro de 1866, aprovava os novos estatutos do Banco do Brasil. Cf. BRASIL. *Collecção das leis...1866... Op. cit.*

Considerações finais

A história do segundo Banco do Brasil é densa e cheia de reviravoltas. Explicitadas as relações econômicas e políticas que a permearam, podemos agora retomar a questão proposta inicialmente e tecer nossas considerações finais sobre o sentido daquele banco na economia mercantil escravista e sua relação com o Estado imperial. Entre o banco de Vandelli e Sousa Coutinho e o de Itaboraí muita coisa mudou, porém a busca do primeiro banco pela manutenção da Corte permaneceu no segundo banco transformada na busca pela manutenção da ordem social, política e econômica do Império brasileiro.

Ainda que a economia brasileira estivesse inserida no contexto mais amplo de industrialização e expansão capitalista nos países do norte, via relações comerciais, sua dinâmica interna a fazia participar desse processo de maneira peculiar. Se lá os bancos abriam caminho para o desenvolvimento econômico, que passava pela relação de trabalho assalariada, aqui esse caminho era interrompido pela relação de trabalho escravista, base da ordem econômica, social e política, e pela produção agrícola voltada para o mercado externo.

Por isso, em meados do século XIX, os bancos brasileiros eram essencialmente mercantis, não financiavam diretamente a lavoura e muito menos a produção industrial propriamente dita. Funcionavam como mera engrenagem de um sistema comercial mais complexo que ligava produtores e comerciantes nacionais a comerciantes e mercados estrangeiros. Esses bancos só estavam a serviço do desenvolvimento econômico do país na medida em que forneciam crédito para a manutenção e ampliação quantitativa das transações comerciais numa economia mercantil e escravista, e para a construção de alguma infra-estrutura urbana. Não se tratava, pois, de bancos constituídos para apoiar ou acompanhar o florescimento do capitalismo no país, como parece ter sido o caso dos países do norte.

O mesmo se dava com o segundo Banco do Brasil, porém, com uma diferença. Embora também fosse um banco essencialmente mercantil, a peculiaridade dessa instituição financeira residia em sua relação com o Estado imperial, no monopólio da emissão de notas no país e no quase monopólio dos serviços bancários em geral, especialmente depois de 1856, com a incorporação de vários bancos emissores provinciais como suas caixas filiais. Inserido no projeto político saquarema, o sentido de fundo do banco criado pelo então ministro da Fazenda Rodrigues Torres era a manutenção da ordem social e política, isto é, a defesa dos interesses da classe senhorial, principalmente da fração do Rio de Janeiro, composta por cafeicultores, negociantes do comércio importador-exportador e burocratas, e da ordem econômica, isto é, a manutenção do caráter mercantil e escravista da economia. Era nesse quadro que os saquaremas visavam a construção de uma civilização nos trópicos, embora tal construção não implicasse a discussão de um mercado de trabalho civilizado.

Para a concretização desse objetivo era necessário que o Império contasse com uma moeda forte, com valor estável. Por isso, seu sentido mais imediato era, primeiro, ordenar o meio circulante e, segundo, fornecer o crédito necessário para a expansão do comércio. Nasce daí o casamento do processo de centralização política na Corte com o monopólio da emissão de notas no Império que caracterizava o projeto saquarema, o nexo entre a política e a economia. Portanto, o banco não visava a ruptura para o desenvolvimento econômico, mas a manutenção para a conservação da ordem econômica, social e política. Criado pela Ordem, o sentido do segundo Banco do Brasil só poderia ser a manutenção da ordem e, desse modo, o sentido econômico do banco não podia ser desatrelado de seu sentido político.

Como a manutenção da ordem e o processo civilizatório inscritos no projeto político saquarema requeriam moeda forte e participação no sistema monetário internacional que se organizava, não surpreende que idealmente o crédito fosse secundário e a moeda prioritária para o governo saquarema e, por extensão, para o segundo Banco do Brasil, embora houvesse conflito de prioridades na prática. Foram constantes os pedidos de alargamento do limite de emissão, reveladores de que, a princípio, a prioridade do banco não estava afinada com a do governo e de que a prioridade do governo não estava afinada com a realidade da economia brasileira. Mesmo assim, os saquaremas insistiam no privilégio da moeda.

O segundo Banco do Brasil atuava no limite da ordem social e política vigente no Império e sempre dentro da dinâmica da economia mercantil escravista. O perfil das operações do banco indica que ele era peça da engrenagem do comércio externo e não significava, e nem era para significar, prioritariamente qualquer movimento de estímulo à manufatura ou de mudança qualitativa da economia brasileira. Uruguai e Itaboraí, por exemplo, associavam constantemente civilização à agricultura, o que reforça a tese de que o desenvolvimento econômico nesse sentido, qualitativo, não estava entre as pretensões do banco.

O que se queria ou se podia em termos de crédito era, no máximo, sua ampliação quantitativa, ou seja, mais crédito para atender o comércio ligado à produção agrícola e a demanda de infra-estrutura necessária para a viabilização desses negócios. No entanto, não parecia haver interesse numa ampliação qualitativa do crédito, ou seja, crédito para atender atividades que não estivessem ligadas à economia mercantil escravista, como a manufatura. Tampouco o banco queria ou podia fornecer sem mais empréstimos ao Estado, tal como o banco original. Primeiro porque os próprios estatutos do banco já previam um empréstimo de 10.000:000$ ao Estado para que o banco pudesse executar a retirada das notas do governo que estavam em circulação. Segundo porque fornecer empréstimos ao Estado entrava em conflito com o objetivo monetário buscado pelo governo saquarema. O que se queria era retirar moeda de circulação. Todavia, na prática, o Estado precisou dos recursos do segundo Banco do Brasil, sobretudo, a partir dos eventos de 1864, a crise e a guerra.

O que se queria ou podia em termos de moeda era sanear o meio circulante, ou seja, garantir a conversibilidade da moeda em ouro e, por conseguinte, estabilidade de preços e de câmbio, chave para o comércio e para as relações do país com credores estrangeiros, sobretudo com os ingleses. Para além do aspecto econômico imediato, a moeda carregava outros significados importantes no processo político em marcha como identidade, unidade e força do país. O que se queria em termos políticos era dar continuidade a tal processo, liderado pelos saquaremas, reforçando a centralização do poder na Corte. Mais do que isso, a moeda estável e forte conferia, ao mesmo tempo, identidade e marca ao projeto civilizatório idealizado e conduzido pelos saquaremas.

Restava ao banco se enquadrar na política do governo e suas operações mostram que isso aconteceu. Matriz e filiais geralmente operavam no limite da ordem e se esforçavam para não ultrapassá-lo. O Banco do Brasil seguia a política formulada pelo governo e a executava, ou seja, não cabia ao banco a formulação da política, mas sua execução. Na prática, no entanto, havia conflito entre formulação e execução. O banco tinha o discurso da moeda e a prática do crédito. O governo tinha o discurso do crédito e a prática da moeda. Nesse jogo contraditório de discursos e práticas, o banco reclamava, mas obedecia. A crítica recorrente da historiografia aos abusos cometidos pela administração do banco pareceu confundir aumento de emissão e ultrapassagem de seu limite. As críticas dos contemporâneos aos mesmos abusos, na maioria das vezes, tinham caráter político. O banco foi usado por saquaremas e liberais para atingir indiretamente a política econômica de quem estivesse à frente do governo.

Internamente, o fato de ser um banco privado abria uma brecha para ações independentes que desencadeavam conflitos com o Estado, mas não se tratavam de conflitos que pudessem levar ao rompimento da relação. Sua intensidade dependia do grupo político que estivesse no governo. Justamente por conta da divergência entre interesses públicos e privados, surgiam conflitos também entre acionistas e diretoria do banco. Em alguns casos, os acionistas serviam como massa de manobra política e, em outros, a diretoria procurava atender seus interesses, mas sem romper a relação com o governo, reclamando e obedecendo. As caixas filiais cumpriram seu papel de subsidiárias da matriz, seguindo suas orientações, até a crise de 1864. Contudo, não foram capazes de liberar o crédito necessário para o desenvolvimento das províncias onde atuavam. A importância econômica relativa das províncias não se alterou, assim como permaneceu a base mercantil e escravista de suas economias, o que reforça a tese de que a mudança qualitativa da estrutura da economia imperial não estava entre os objetivos do banco da Ordem. Problemas administrativos levaram a diretoria da matriz a vislumbrar a necessidade de uma reforma das caixas filiais. No entanto, foi antes a reforma da própria matriz que acabou com as caixas dos extremos Norte e Sul, limitando as ramificações do banco apenas às subsidiárias de Ouro Preto e São Paulo. O definhamento de suas caixas já apontava o fim melancólico do banco da Ordem.

Inicialmente com os decretos da crise de 1864 e, posteriormente, com a necessidade de financiamento das despesas da guerra do Paraguai, o Banco do Brasil se degenerou em relação a seu desiderato original. De instituição criada para metalizar o meio circulante do Império passou a mera fábrica de papel fiduciário. A impossibilidade de refazer a ordem destruída por esses dois eventos levou os próprios saquaremas, Itaboraí, sobretudo, a abandonar o seu banco. Ironia do destino, o criador destruiria a própria criatura que se degenerara ao longo do tempo. Firmava-se, assim, uma posição praticamente consensual no governo: era preciso reformar urgentemente o Banco do Brasil.

O destino do banco estava nas mãos do governo, que se dividia entre sua continuidade como emissor e a ruptura desse privilégio. O governo seguiu a segunda alternativa e transformou em lei projeto apresentado ao Senado em julho de 1866 por José Inácio Silveira da Mota e modificado pela Comissão de Fazenda da casa. A lei 1.349, de 12 de setembro de 1866, previa um acordo entre governo e Banco do Brasil que cassava seu direito de emissão, modificando sua natureza de emissor para hipotecário, e impedindo-o de realizar o controle da oferta da moeda e do crédito no Império. A emissão voltaria para as mãos do governo por meio da caixa de amortização e o banco da Ordem perderia sua razão de ser.

A criação do banco em 1853 e o desenrolar de suas operações até 1866 revelam sua ligação íntima com a política econômica do período e a com a direção saquarema. A contribuição deste trabalho, que se pretende nova para a história econômica, é a reconstituição da história do segundo Banco do Brasil no marco do projeto daquele grupo político, passo adiante em relação aos importantes trabalhos anteriores, que se apegam ao texto extremamente descritivo. Nosso texto também descreve porque, no fundo, busca reconstituir a história do banco para explicar sua relação com o governo. Todavia, a maneira de abordar o objeto, tendo em vista a importância de considerá-lo inserido num projeto político, tentou ultrapassar a descrição e garantir uma análise que reconstroi a história do objeto situando-o num contexto que, se não é total, pelo menos é mais amplo.

A história do segundo Banco do Brasil que apresentamos neste trabalho contribui também para iluminar as respostas de algumas questões colocadas no debate historiográfico. Em sua tese de doutorado Delorme Prado[1] argumenta que não é possível desenvolver uma estrutura financeira que só atenda as necessidades da economia mercantil, assim como não é possível criar um setor capitalista bem-sucedido sem minar as fundações daquela economia. Como os governos do Império, conservadores ou liberais, foram incapazes de alterar a estrutura econômica interna, o desenvolvimento econômico brasileiro no século XIX foi medíocre, seja pela estagnação da produtividade da agricultura, seja pelo não desenvolvimento de um setor manufatureiro. Contribuíram decisivamente para isso decisões internas de política econômica, notadamente aquelas de tendência metalista. O autor conclui, então, que a burguesia mercantil falhou em introduzir mudanças estruturais na economia brasileira e que essa falha levou ao fracasso do desenvolvimento econômico do país no século XIX.

1 PRADO, Luiz Carlos Thadeu Delorme. *The Failure... Op. cit.*

O estudo do segundo Banco do Brasil inserido no projeto político saquarema ilumina outro lado dessa questão. Que tipo de desenvolvimento econômico estava inscrito nesse projeto político? Claro que a resposta a essa questão é complexa, mas a atuação do segundo Banco do Brasil indica que a civilização idealizada no projeto político saquarema não era contraditória com os privilégios da classe senhorial, nem com a estrutura arcaica da economia mercantil escravista. O salto qualitativo de uma economia agrária e escravista para outra industrial e assalariada estava longe de ser objetivo desse projeto. Pelo contrário, como dissemos, o banco e, assim, a política econômica da Ordem que o estabeleceu, vinham para manter e não romper as relações sociais, políticas e econômicas estabelecidas.

Quanto à política econômica imperial, é possível afirmar a hegemonia saquarema entre 1854 e 1866 por meio da análise das operações do segundo Banco do Brasil. O banco operou de acordo com a lógica da política econômica saquarema mesmo durante a experiência de 1857 e depois da crise de 1864. Ainda que ideias liberais permanecessem vivas em ações do governo conservador entre 1848 e 1851 e no período da Conciliação entre 1853 e 1857, no campo econômico, mais especificamente na questão monetária, não haveria conciliação possível. A despeito das ações de Souza Franco, em 1857, a política liberal nesse campo não passava de um espectro. Por isso, talvez fosse necessária uma reavaliação da "revisão da chamada hegemonia saquarema" que distinguisse os campos político e econômico.[2]

Entretanto, a política econômica saquarema não deixava de apresentar contradições. Saes[3] questiona a razão de encontrarmos frequentemente pressões para valorizar o câmbio por meio de políticas restritivas dos meios de pagamento, isto é, por meio de uma política econômica *hard*, se ao comércio não interessava restrição monetária e câmbio elevado em si e aos lavradores convinha uma política de emissão monetária não restritiva e câmbio baixo, isto é, uma política econômica *soft*. No fundo, é a mesma questão discutida por Villela[4] em sua tese de doutorado. Este autor encaminha sua resposta por meio da defesa da autonomia do Estado para formular sua política econômica em relação à lavoura, aos fazendeiros. Contudo, entendemos que

---

2 BENTIVOGLIO, Julio César. *O Império... Op. cit.*

3 SAES, Flávio Azevedo Marques de. *Crédito... Op. cit.*

4 VILLELA, André Arruda. *The political economy... Op. cit.* CARVALHO, José Murilo. *A construção... Op. cit.* e NEEDELL, Jeffrey. *The Party... Op. cit.* também falam em autonomia do Estado.

o Estado não era autônomo em relação aos interesses da classe senhorial porque era formado por ela. Os diferentes governos do período estudado apenas expressavam os conflitos que havia em seu interior e os interesses da lavoura estavam contemplados nesse conflito, uma vez que os fazendeiros também faziam parte da classe senhorial. O segundo Banco do Brasil, por sua vez, não tinha autonomia plena em relação ao Estado e, portanto, também não tinha autonomia em relação aos interesses da classe senhorial. Mas talvez autonomia não seja a melhor palavra a ser empregada aqui, pois as mesmas pessoas que ocupavam o banco também estavam inseridas, de alguma maneira, no Estado e na classe senhorial. Portanto, seus interesses eram interdependentes demais para se falar em autonomia de um em relação ao outro e, por isso, essa alternativa não dá conta de responder a questão.

Saes a responde atribuindo esse aparente paradoxo às condições impostas pelos credores estrangeiros para atender as solicitações de crédito do governo brasileiro, à posição do governo de mediador entre os mercados interno e externo e, finalmente, ao peso ideológico da doutrina econômica metalista dominante. A nosso ver, segue a pista certa ao afirmar a influência da doutrina econômica metalista sobre a política econômica saquarema. O estudo do segundo Banco do Brasil inserido no projeto político desse grupo reforça essa pista ao apontar, para além da doutrina, a moeda forte como requisito para a construção de um Império balizado pelos ideais de ordem e civilização. Sem negar a relevância dos outros dois aspectos apresentados por Saes, acrescentamos que a política econômica saquarema era a política do imperador e do Império, e, de acordo com a lógica política saquarema, deveria pairar acima das disputas político-partidárias e dos interesses econômicos mais imediatos. O projeto político saquarema e, por extensão, a política econômica relacionada a ele, era vendido como o caminho mais seguro rumo à civilização, o melhor para todos. Claro que essa política poderia desagradar pontualmente ou momentaneamente determinadas frações da classe senhorial, mas, ao mesmo tempo, imprimia uma direção que agradava ao conjunto. A estabilidade dos preços e do câmbio não era mau negócio para exportadores e importadores, uma vez que eliminava o risco decorrente da variação cambial; nem para o governo e seus credores externos, uma vez que favorecia os pagamentos em moeda estrangeira e fortalecia a imagem da solidez econômica do Império; nem para a população livre em geral, mas sobretudo a urbana, uma vez que aliviava a flutuação dos preços dos produtos importados.

Tampouco se deve descartar o apoio a tal política econômica por razões meramente políticas e aristocráticas.

No fundo, a disputa por políticas econômicas mais ou menos restritivas, entre política econômica *hard* e *soft*, se dava no interior da classe senhorial, basicamente, entre as frações que defendiam a centralização ou descentralização do poder emissor. No Império, entre 1853 e 1866, exceção feita ao breve intervalo de 1857 a 1858, a direção do governo foi dada pela fração da centralização e, portanto, da política econômica restritiva, da política econômica saquarema. Assim, no caso da política econômica, a predominância do governo no aparente conflito de interesses com frações da classe senhorial não significava a autonomia ou a imposição de um em relação ao outro, mas a direção inscrita num projeto político mais amplo. O segundo Banco do Brasil enquadrava-se nesse projeto e, na medida em que perdeu sua funcionalidade dentro dele, experimentou seu desmantelamento conduzido justamente por aqueles que o criaram. Nesse sentido, se houve um tempo saquarema, houve um banco da Ordem.

Referências

Obras e artigos

ANDRADA, Antonio Carlos Ribeiro de. *Bancos de emissão no Brasil*. Rio de Janeiro: Leite Ribeiro, 1923.

ANDRADE, Ana Maria Ribeiro de. *1864: a controvérsia entre papelistas e metalistas*. 1987. Dissertação (Mestrado em História) – Universidade Federal do Rio de Janeiro.

ARRUDA, José Jobson de Andrade. *O Brasil no comércio colonial*. São Paulo: Ática, 1980.

______. *Uma colônia entre dois impérios*. São Paulo: Edusc, 2008.

AZEVEDO, Fernando de. *Canaviais e engenhos na vida política do Brasil: ensaio sociológico sobre o elemento político na civilização do açúcar*. São Paulo: Melhoramentos, s.d.

AZEVEDO, Thales de e LINS, E. Q. Vieira. *História do Banco da Bahia, 1858-1958*. Rio de Janeiro: José Olympio, 1969.

BARMAN, Roderick. *Brazil: The Forging of a Nation (1798-1852)*. Stanford: Stanford University Press, 1988.

BASTOS, Pedro Paulo Zaluth. Centro e periferia no padrão-ouro: qual a contribuição de Formação Econômica do Brasil? In: IPEA. *50 anos de Formação Econômica do Brasil: ensaios sobre a obra clássica de Celso Furtado*. Rio de Janeiro: IPEA, 2009, p. 145-74.

BENTIVOGLIO, Julio César. *O Império das circunstâncias. O Código Comercial e a política econômica brasileira*. 2002. Tese (Doutorado em História Econômica) – Universidade de São Paulo.

BETHELL, Leslie. *The Abolition of Brazilian Slave Trade*. Cambridge: UCP, 1970.

BOTTOMORE, Tom (org.). *Diccionario del pensamiento marxista*. Madri: Editorial Tecnos, 1984

BUESCU, Mircea. *300 anos de inflação*. Rio de Janeiro: APEC, 1973.

CALÓGERAS, João Pandiá. *A política monetária do Brasil*. São Paulo: Cia. Editora Nacional, 1960.

CALOMIRIS, Charles W. e SCHWEIKART, Larry. The Panic of 1857: Origins, Transmission, and Containment. *The Journal of Economic History*, v. 51, n. 4, dez. 1991, p. 807-34.

CAMERON, Rondo. Metrópole e hinterlândia na história das finanças. *Revista Brasileira de Economia*, v. 26, n. 3, jul.-set. 1972, p. 237-254.

CANO, Wilson. *Raízes da concentração industrial em São Paulo*. São Paulo: Difel, 1977.

CARDOSO, José Luís. From Natural History to Political Economy: The Enlightened Mission of Domenico Vandelli in Late Eighteenth-Century Portugal. *Studies in the History and Philosophy of Science*, v. 34: 4, 2003, p. 781-803.

______. Novos elementos para a história do Banco do Brasil (1808-1829): crônica de um fracasso anunciado [mimeo].

______. Os escritos econômicos e financeiros de Domingos Vandelli. *Ler História*, n. 13, 1998, p. 31-51.

CARMO, J. A. Pinto do. *Ministros da Fazenda*. Rio de Janeiro: Pongetti, 1944.

CARREIRA, Liberato de Castro. *História financeira e orçamentária do Império do Brazil desde a sua fundação*. Rio de Janeiro: Imprensa nacional, 1889.

CARVALHO, José Murilo. *A construção da ordem. Teatro de sombras*. Rio de Janeiro: Civilização brasileira, 2008.

CAVALCANTI, Amaro. *O meio circulante nacional (1808-1835)*. Brasília: UNB, 1983.

______. *O meio circulante nacional (1836-1866)*. Rio de Janeiro: Imprensa Nacional, 1893.

CLAPHAM, John. *The Bank of England: A History*. Cambridge: Cambridge University Press, 1945

COSTA, Wilma Peres. A economia mercantil escravista nacional e o processo de construção do Estado no Brasil (1808-1850). In: SZMRECSÁNYI, Tamás e LAPA, José Roberto do Amaral (orgs.). *História econômica da independência e do Império*. São Paulo: Edusp/Imprensa Oficial de SP/Hucitec, 2002.

DIAS, Maria Odila Silva. A interiorização da metrópole (1808-1853). In: MOTA, Carlos Guilherme. *1822: Dimensões*. São Paulo: Perspectiva, 1972.

DOLHNIKOFF, Miriam. *O pacto imperial: origens do federalismo no Brasil*. Rio de Janeiro: Globo, 2005.

DOLHNIKOFF, Miriam; MAIA, Francisleide; SAEZ, Hernán Enrique Lara; SALES, Pedro Paulo Moreira; GREGÓRIO, Vítor Marcos. *Representação política no Império* [mimeo].

ENGELS, Friedrich. *A origem da família, da propriedade privada e do Estado*. Rio de Janeiro: Civilização Brasileira, 1980.

EICHENGREEN, Barry (ed.). *The Gold Standard in Theory and History*. Nova Yorque: Methuen, 1985.

FAORO, Raymundo. *Os donos do poder*. V. 2. São Paulo: Publifolha, 2000.

FARIA, Alberto. *Mauá*. Rio de Janeiro: Companhia Editora Nacional, 1946.

FONSECA, Pedro Cezar Dutra. A controvérsia entre papelismo e metalismo e a gênese do desenvolvimentismo no Brasil. In: XXXVI Encontro Nacional de Economia da ANPEC, 2008, Salvador, BA. *Anais do XXXVI Encontro Nacional da ANPEC*. CD-ROM.

FRANCO, Afonso Arinos de Melo e PACHECO, Cláudio. *História do Banco do Brasil*. Brasília: Banco do Brasil, 1979. 5v.

FRANCO, Afonso Arinos de Melo. *História e teoria do partido político no direito constitucional brasileiro*. São Paulo: Alfa-Ômega, 1980.

FRANCO, Bernardo de Souza. *Os bancos do Brasil: sua história, defeitos da organização atual e reforma do sistema bancário*. Brasília: Editora UNB, 1984.

FREIRE, Felisbello Firmo de Oliveira. *Historia do Banco do Brazil*. Rio de Janeiro: Typ. d'O Economista Brazileiro, 1907.

FUNCHAL, Agostinho de Sousa Coutinho, marquês de. *O conde de Linhares*. Lisboa: Typ. Bayard, 1908.

FURTADO, Celso. *Formação econômica do Brasil*. São Paulo: Companhia das Letras, 2007.

GAMBI, T. F. R. Considerações sobre a primeira fusão de bancos no Brasil. *Leituras de economia política*, n. 13, jan./jul. 2008.

GARNIER, Joseph. *Traité d'économie politique*. Paris: Guillaumin, 1889.

GERSCHENKRON, Alexander. *Economic backwardness in historical perspective*: book of essays. Cambridge: Harvard University Press, 1962.

GILBART, James William. *Tractado practico dos bancos*. Rio de Janeiro: B. L. Garnier, 1859. 3v.

GOLDSMITH, Raymond. *Financial Structure and Development*. New Haven: Yale University Press, 1969

GRAHAM, Richard. *Grã-Bretanha e o início da modernização no Brasil*. São Paulo: Brasiliense, 1973.

______. Construindo uma nação no Brasil do século XIX: visões novas e antigas sobre classe, cultura e Estado. *Revista Diálogos*, DHI/UEM, n. 1, v. 5, 2001, p. 11-47.

______. Réplica. *Revista Diálogos*, DHI/UEM, n. 1, v. 5, 2001, p. 75-78.

GRAMSCI, Antonio. *Maquiavel, a política e o Estado moderno*. Rio de Janeiro: Civilização Brasileira, 1989.

______. *Cadernos do cárcere*. Rio de Janeiro: Civilização Brasileira, 2004.

GRANZIERA, Rui Guilherme. *A guerra do Paraguai e o capitalismo no Brasil*. São Paulo: Hucitec/Unicamp, 1979.

GREMAUD, Amaury Patrick. *Das controvérsias teóricas à política econômica: pensamento econômico e economia brasileira no segundo Império e na primeira república (1840-1930)*. 1997. Tese (Doutorado em Economia) – Universidade de São Paulo.

GUIMARÃES, Carlos Gabriel. *Bancos, Economia e Poder no Segundo Reinado: o caso da sociedade bancária Mauá, Macgregor & Companhia (1854-1866)*. 1997. Tese (Doutorado em História Econômica) - Universidade de São Paulo.

______. O Império e os bancos comerciais do Rio de Janeiro na segunda metade do século XIX: os casos do Banco Mauá, MacGregor & Cia., do Banco Rural e Hipotecário do Rio de Janeiro e do Banco Comercial e Agrícola. [mimeo].

HANLEY, Anne Gerard. *Capital markets in the coffee economy: financial institutions and economic change in São Paulo, Brazil, 1850-1905*. 1995. Tese (Doutorado) – Stanford University.

HOBSBAWM, Eric. *A era do capital (1848-1875)*. Rio de Janeiro: Paz e Terra, 2009.

HOLLOWAY, Thomas. Comentário a 'Construindo uma nação no Brasil do século XIX: visões novas e antigas sobre classe, cultura e Estado', de Richard Graham. *Revista Diálogos*, DHI/UEM, n. 1, v. 5, 2001, p. 49-51.

JONES, Geoffrey. *British Multinational Banking, 1830-1990*. Oxford: Clarendon Press, 1993.

JOSLIN, David. *A Century of Banking in Latin America*. London: Oxford University Press, 1963.

KINDLEBERGER, Charles Poor. *A Financial History of Western Europe*. London: George Allen and Unwin, 1985.

______. *Keynesianism vs. Monetarism and Other Essays in Financial History*. Londres: Taylor and Francis, 2006.

______. *Manias, pânico e crashes: um histórico das crises financeiras*. Rio de Janeiro: Nova Fronteira, 2000.

LEVY, Maria Bárbara e ANDRADE, Ana Maria Ribeiro de. A gestão monetária na formação do Estado Nacional. *Revista Brasileira de Mercado de Capitais*, v. 6, n. 17, maio/ago. 1980, p. 138-153.

______. Fundamentos do sistema bancário no Brasil: 1834-1860. *Estudos Econômicos*, v. 15 (nº especial), 1985, p. 17-48

LEVY, Maria Bárbara. *A indústria do Rio de Janeiro através de suas Sociedades Anônimas*. Rio de Janeiro: Editora UFRJ, 1994.

______. *História da Bolsa de Valores do Rio de Janeiro*. Rio de Janeiro: IBMEC, 1977.

______. *História financeira do Brasil colonial*. Rio de Janeiro: IBMEC, 1979.

______. O capital usurário e o capital financeiro. *Revista Brasileira de Mercado de Capitais*, v. 3, n. 7, jan/abr. 1977, p. 47-71.

LINHARES, Maria Yedda (org.). *História Geral do Brasil*. Rio de Janeiro: Elsevier, 1990.

MARX, Karl e ENGELS, Friedrich. *O manifesto comunista*. Rio de Janeiro: Paz e Terra, 1999.

MARX, Karl. *Crítica de la filosofia del Estado de Hegel*. Madri: Editorial Biblioteca Nova, 2002.

MATTOS, Ilmar Rohloff de. *O tempo saquarema. A formação do Estado imperial*. São Paulo: Hucitec, 2004.

MAUÁ, Irineu Evangelista de Souza, visconde de. *Autobiografia* ("Exposição aos credores e ao público") seguida de "O meio circulante no Brasil". Rio de Janeiro: Zelio Valverde, 1943.

MAYER, Thomas; DUESENBERRY, James S. e ALIBER, Robert. *Moedas, Bancos e a Economia*. Rio de Janeiro: Campus, 1993. Cf. especialmente o cap. 27: A evolução do sistema monetário internacional.

MAYER, Evaldo Cabral de. *A outra independência. O federalismo pernambucano de 1817 a 1824*. São Paulo: Editora 34, 2004.

MINSKY, Hyman. *Estabilizando uma economia instável*. São Paulo: Novo Século, 2010.

______. *Stabilizing an unstable economy*. New Haven: Yale University Press, 1986.

MODIGLIANI, Franco e MILLER, Merton H. The Cost of Capital, Corporation Finance and the Theory of Investment. *American Economic Review*, 48, 1958, p. 261-97.

MONTEIRO, Fernando. *A velha rua Direita*. Rio de Janeiro: Banco do Brasil, Museu e Arquivo Histórico, 1965.

MÜLLER, Elisa e LIMA, Fernando Carlos Cerqueira. Breves reflexões sobre o primeiro Banco do Brasil (1808-1829). Disponível em: <http://revistatemalivre.com/MoedaeCredito.html>.

MÜLLER, Elisa. Moedas e bancos no Rio de Janeiro no século XIX [mimeo].

NABUCO, Joaquim. *Um estadista do Império*. São Paulo: Companhia Editora Nacional, 1936.

NEEDELL, Jeffrey. *The Party of Order*. Stanford: Stanford University Press, 2006.

NEVES, Edson Alvisi. *Magistrados e negociantes na Corte do Império do Brasil: o Tribunal do Comércio (1850-1875)*. 2007. Tese (Doutorado em História) – Universidade Federal Fluminense.

NOVAIS, Fernando. *Portugal e Brasil na crise do Antigo Sistema Colonial (1777-1808)*. São Paulo: Hucitec, 1979.

O'CONNOR, James. *USA: A crise do Estado capitalista*. Rio de Janeiro: Paz e Terra, 1977.

OLIVEIRA, Geraldo de Beauclair Mendes de. *A construção inacabada: a economia brasileira (1822-1860)*. Rio de Janeiro: Vício de Leitura, 2001.

PATRICK, Hugh. Financial Development and Economic Growth in Underdeveloped Countries. *Economic Development and Cultural Change*, v. 14, n. 2, jan. 1966, p. 174-89.

PELÁEZ, Carlos Manuel e SUZIGAN, Wilson. *História monetária do Brasil. Análise da política, do comportamento e das instituições monetárias*. Brasília: UNB, 1981.

PERES, Damião. O problema dos governadores gerais da Ilha da Madeira. *Revista de Estudos Históricos*, ano 2, n. 1, jan.-abr. 1925, p. 1-17.

PIÑEIRO, Théo Lobarinhas. Negociantes, independência e o primeiro Banco do Brasil: uma trajetória de poder e de grandes negócios. *Tempo*, n. 15, 2003.

PRADO JR., Caio. *Evolução política do Brasil e outros estudos*. São Paulo: Brasiliense, 1969.

PRADO, Luiz Carlos Thadeu Delorme. *The Failure of Brazilian Economic Development in the XIXth Century*. 1991. Tese (Doutorado em História Econômica) - University of London.

RIDINGS, Eugene. *Business Interest Groups in Nineteenth-Century Brazil*. Cambridge: Cambridge University Press, 1994.

ROBINSON, Joan. The Model of An Expanding Economy. *The Economic Journal*, v. 62, n. 245, mar. 1952, p. 42-53.

RODRIGUES, José Honório. *O conselho de Estado: quinto poder?* Brasília: Senado Federal, 1978.

SAES, Flávio Azevedo Marques de. *Crédito e bancos no desenvolvimento da economia paulista 1850-1930*. São Paulo: IPE/USP, 1986.

______. Fontes para a história dos bancos no Brasil. O caso de São Paulo (1850-1930). *América Latina en la História Económica*, nº 3, jan-jun 1995.

SAEZ, Hernán Enrique Lara. *Nas asas de Dédalo: um estudo sobre o meio circulante no Brasil entre os anos de 1840 a 1853*. 2008. Dissertação (Mestrado em História Econômica) - Universidade de São Paulo.

SCHULZ, John. *A crise financeira da abolição*. São Paulo: Edusp/Instituto Fernand Braudel, 1996.

SCHUMPETER, Joseph Alois. *Teoria do desenvolvimento econômico*: uma investigação sobre lucros, capital, crédito, juro e o ciclo econômico. São Paulo: Abril Cultural, 1982.

SCHWARTZ, Lilia Moritz. Um debate com Richard Graham ou com Estado mas sem nação: o modelo imperial brasileiro de fazer política. *Revista Diálogos*, DHI/UEM, n. 1, v. 5, 2001, p. 53-74.

SOARES, Sebastião Ferreira. *Esboço; ou primeiros traços da crise comercial da cidade do Rio de Janeiro; em 10 de setembro de 1864*. Rio de Janeiro: Eduardo & Henrique Laemmert, 1865.

STEIN. Stanley. *Grandeza e Decadência do Café no Vale do Paraíba*. São Paulo: Brasiliense, 1961, p. 147.

SWEIGART, Joseph E. *Coffee Factorage and the Emergence of a Brazilian Capital Market, 1850-1888*. Nova Yorque e Londres: Garland Publishing, 1987.

SYLLA, Richard; TILLY, Richard; TORTELLA, Gabriel. *The State, The Financial System and Economic Modernization*. Cambridge: Cambridge University Press, 1999.

TEDDE, Pedro. *El Banco de San Carlos*. Madri: Alianza, 1988.

TEIXEIRA, Arilda Magna Campanharo. *Determinantes e armadilhas da política monetária brasileira no II Império*. 1991. Mestrado (Dissertação de mestrado em Economia) – Universidade Federal Fluminense.

TRINER, Gail. *Banking and Economic Development: Brazil, 1889-1930*. Nova Yorque: Palgrave MacMillan, 2000.

VANDELLI, Domingos. *Memórias económicas da Academia Real das Ciências de Lisboa, para o adiantamento da agricultura, das artes, e da indústria em Portugal, e suas conquistas (1789-1815)*. Lisboa: Banco de Portugal, 1990.

VASCONCELLOS, Barão e SMITH DE VASCONCELLOS, barão. *Archivo nobiliarchico brasileiro*. Lausanne: Imprimerie La Concorde, 1918.

VIANA, Victor. *O Banco do Brasil. Sua formação. Seu engrandecimento. Sua missão nacional*. Rio de Janeiro: Typ. do Jornal do Commercio, 1926.

VIEIRA, Dorival Teixeira. *Evolução do sistema monetário brasileiro*. São Paulo: IPE/USP, 1981.

VILLELA, André Arruda. The political economy of money and banking in Imperial Brazil 1850-1870. 1999. Tese (Doutorado em História econômica) – London School of Economics and Political Science.

WHITE, Lawrence. *Free Banking in Britain: theory, experience and debate, 1800-45*. Cambridge: Cambridge University Press, 1984.

Fontes Primárias

Almanack Laemmert Administrativo, Mercantil e Industrial da Corte e província do Rio de Janeiro. Rio de Janeiro, Typ. Un. Laemmert, 1850.

Almanack Laemmert Administrativo, Mercantil e Industrial da Corte e província do Rio de Janeiro. Rio de Janeiro, Typ. Un. Laemmert, 1854.

BANCO COMMERCIAL DO RIO DE JANEIRO. *Projecto de proposta que o Banco Commercial poderia fazer para se encarregar da substituição ou troco da moeda-papel actual por moeda metallica*. Rio de Janeiro: J. Villeneuve e Cia., 1845.

BANCO DO BRASIL. *Atas de reunião da diretoria (1854-1866)*.

______. *Parecer da comissão nomeada pela assembléa geral dos accionistas do Banco do Brasil para examinar diferentes propostas que lhe forão apresentadas*. Rio de Janeiro: Empreza Nacional do Diário, 1857.

______. *Parecer da commissão especial nomeada pela directoria do Banco do Brasil, d'entre seus membros sobre a conveniência de negociar-se com os Bancos Comercial e Agrícola e Rural e Hypotecário, a cessão ao Banco do Brasil do direito que aqueles bancos tem de emmitir notas á vista e ao portador, apresentado à Assembléa Geral dos Srns. Accionistas em 2 de abril de 1862*. Rio de Janeiro: Typ. do Correio Mercantil, 1862.

______. *Relatório apresentado á Assembléa Geral dos Accionistas do Banco do Brasil na sua reunião de 1854, pelo seu Presidente João Duarte Lisboa Serra*. Rio de Janeiro: Typ. de J. Villeneuve e C., 1854.

______. *Relatório apresentado á Assembléa Geral dos Accionistas do Banco do Brasil na sua reunião de 1855*. Rio de Janeiro: Typ. de J. Villeneuve e C., 1855.

______. *Relatório apresentado á Assembléa Geral dos Accionistas do Banco do Brasil na sua reunião de 1855, pelo Vice-Presidente do Banco Visconde do Rio Bonito*. Rio de Janeiro: Typ. J. Villeneuve, 1855.

______. *Relatório apresentado á Assembléa Geral dos Accionistas do Banco do Brasil na sua reunião de 1856, pelo seu Presidente Visconde de Itaborahy*. Rio de Janeiro: Typ. Nacional, 1856.

______. *Relatório apresentado á Assembléa Geral dos Accionistas do Banco do Brasil na sua reunião de 1857, pelo director, servindo de Presidente, Francisco Xavier Pereira*. Rio de Janeiro: Typ. Nacional, 1857.

______. *Relatório apresentado á Assembléa Geral dos Accionistas do Banco do Brasil na sua reunião de 1858, pelo director, servindo de Presidente, Jerônimo José de Mesquita*. Rio de Janeiro: Typ. Nacional, 1858.

______. *Relatório apresentado á Assembléa Geral dos Accionistas do Banco do Brasil na sua reunião de 1859, pelo seu Presidente Visconde de Itaborahy*. Rio de Janeiro: Typ. Francisco de Paula Brito, 1859.

______. *Relatório apresentado à Assembléa Geral dos Accionistas do Banco do Brasil na sua reunião de 1860, pelo seu presidente Candido Baptista de Oliveira*. Rio de Janeiro: Typ. de Francisco de Paula Brito, 1860.

______. *Relatório apresentado à Assembléa Geral dos Accionistas do Banco do Brasil na sua reunião de 1862, pelo seu Presidente O Conselheiro Candido Baptista d'Oliveira*. Rio de Janeiro: Typ. Paula Brito, 1862.

______. *Relatório apresentado à Assembléa Geral dos Accionistas do Banco do Brasil na sua reunião de 1863, pelo seu Presidente Candido Baptista d'Oliveira*. Rio de Janeiro: Typ. Paula Brito, 1863.

______. *Relatório apresentado à Assembléa Geral dos Accionistas do Banco do Brasil na sua reunião de 1864, pelo seu Presidente Candido Baptista d'Oliveira*. Rio de Janeiro: Typ. do Correio Mercantil, 1864.

______. *Relatório apresentado à Assembléa Geral dos Accionistas do Banco do Brasil na sua reunião de 1861, pelo seu Vice-Presidente José Pedro Dias de Carvalho*. Rio de Janeiro: Typ. de Francisco de Paula Brito, 1861.

______. *Relatório apresentado à Assembléa Geral dos Accionistas do Banco do Brasil na sua reunião de 1865, pelo seu Presidente Francisco de Assis Vieira Bueno*. Rio de Janeiro: Typ. do Correio Mercantil, 1865.

______. *Relatório apresentado à Assembléa Geral dos Accionistas do Banco do Brasil na sua reunião de 1867, pelo seu Presidente Francisco de Salles Torres Homem*. Rio de Janeiro: Typ. do Correio Mercantil, 1867.

______. *Relatório apresentado à Assembléa Geral dos Accionistas do Banco do Brasil na sua reunião de 1866, pelo seu Presidente Visconde de Jequitinhonha*. Rio de Janeiro: Typ. do Correio Mercantil, 1866.

______. *Relatório dos Fiscaes do Banco do Brasil Apresentado á Assembléa Geral dos Accionistas do Banco do Brasil*. 1858.

BRASIL. *Anais da Câmara*. Disponível em: <http://imagem.camara.gov.br/pesquisa_diario_basica.asp>.

______. *Anais do Senado*. Disponível em: <http://www.Senado.gov.br/anais/>

______. *Atas do conselho de Estado pleno. Terceiro conselho de Estado, 1857-1864*. Disponível em: <http://www.Senado.gov.br/sf/publicacoes/anais/pdf/ACE/ATAS5-Terceiro_Conselho_de_Estado_1857-1864.pdf>.

______. *Collecção das decisões do governo do Império do Brasil de 1835*. Rio de Janeiro: Typ. Nacional, 1873.

______. *Collecção das decisões do governo do Império do Brasil de 1840*. Rio de Janeiro: Typ. Nacional, 1863.

______. *Collecção das leis do Brazil de 1808*. Rio de Janeiro: Imprensa Nacional, 1891.

______. *Collecção das leis do Brazil de 1809*. Rio de Janeiro: Imprensa Nacional, 1891.

______. *Collecção das leis do Brazil de 1811*. Rio de Janeiro: Imprensa Nacional, 1890.

______. *Collecção das leis do Brazil de 1812*. Rio de Janeiro: Imprensa Nacional, 1890.

______. *Collecção das leis do Brazil de 1816*. Rio de Janeiro: Imprensa Nacional, 1890.

______. *Collecção das leis do Brazil de 1818*. Rio de Janeiro: Imprensa Nacional, 1889.

______. *Collecção das leis do Brazil de 1821*. Rio de Janeiro: Imprensa Nacional, 1889.

______. *Collecção das leis do Império do Brasil de 1827*. Rio de Janeiro: Typ. Nacional, 1828.

______. *Collecção das leis do Império do Brasil de 1833*. Rio de Janeiro: Typ. Nacional, 1872.

______. *Collecção das leis do Império do Brasil de 1834*. Rio de Janeiro: Typ. Nacional, 1866.

______. *Collecção das leis do Império do Brasil de 1835*. Rio de Janeiro: Typ. Nacional, 1864.

______. *Collecção das leis do Império do Brasil de 1842*. Rio de Janeiro: Typ. Nacional, 1843.

______. *Collecção das leis do Império do Brasil de 1846*. Rio de Janeiro: Typ. Nacional, 1847.

______. *Collecção das leis do Império do Brasil de 1850*. Rio de Janeiro: Typ. Nacional, 1851.

______. *Collecção das leis do Império do Brasil de 1851*. Rio de Janeiro: Typ. Nacional, 1852.

______. *Collecção das leis do Império do Brasil de 1853*. Rio de Janeiro: Typ. Nacional, 1853.

______. *Collecção das leis do Império do Brasil de 1854*. Rio de Janeiro: Typ. Nacional, 1854.

______. *Collecção das leis do Império do Brasil de 1855*. Rio de Janeiro: Typ. Nacional, 1856.

______. *Collecção das leis do Império do Brasil de 1857*. Rio de Janeiro: Typ. Nacional, 1857.

______. *Collecção das leis do Império do Brasil de 1859*. Rio de Janeiro: Typ. Nacional, 1859.

______. *Collecção das leis do Império do Brasil de 1860*. Rio de Janeiro: Typ. Nacional, 1860.

______. *Collecção das leis do Império do Brasil de 1862*. Rio de Janeiro: Typ. Nacional, 1862.

______. *Collecção das leis do Império do Brasil de 1863*. Rio de Janeiro: Typ. Nacional, 1863.

______. *Collecção das leis do Império do Brasil de 1864*. Rio de Janeiro: Typ. Nacional, 1864.

______. *Collecção das leis do Império do Brasil de 1866*. Rio de Janeiro: Typ. Nacional, 1866.

______. *Constituição política do Império do Brasil*. Rio de Janeiro: Typ. Nacional, 1824.

______. *Fallas do Throno desde o anno de 1823 até o anno de 1889*. Rio de Janeiro: Imprensa Nacional, 1889.

______. *Imperiaes resoluções do Conselho de Estado na secção de fazenda desde o anno em que começou a funccionar o mesmo Conselho até o presente*. Rio de Janeiro: Typ. Nacional, 1870.

BRASIL. MINISTÉRIO DA FAZENDA. *Proposta e relatorio apresentados á Assembléa Geral Legislativa na Primeira Sessão da Sexta Legislatura do anno de 1844 pelo Ministro e Secretario d'Estado dos Negocios da Fazenda Manoel Alves Branco*. Rio de Janeiro: Typ. Nacional, 1845.

______. *Proposta e relatorio apresentados á Assembléa Geral Legislativa na Primeira Sessão da Oitava Legislatura do anno de 1849 pelo Ministro e Secretario d'Estado dos Negocios da Fazenda Joaquim José Rodrigues Torres*. Rio de Janeiro: Typ. Nacional, 1850.

______. *Proposta e relatorio apresentados á Assembléa Geral Legislativa na Terceira Sessão da Oitava Legislatura do anno de 1850 pelo Ministro e Secretario d'Estado dos Negocios da Fazenda Joaquim José Rodrigues Torres*. Rio de Janeiro: Typ. Nacional, 1851.

______. *Proposta e relatorio apresentados á Assembléa Geral Legislativa na Primeira Sessão da Nona Legislatura do anno de 1852 pelo Ministro e Secretario d'Estado dos Negocios da Fazenda Joaquim José Rodrigues Torres*. Rio de Janeiro: Typ. Nacional, 1853.

______. *Proposta e relatorio apresentados á Assembléa Geral Legislativa na Segunda Sessão da Nona Legislatura do anno de 1853 pelo Ministro e Secretario d'Estado dos Negocios da Fazenda Honório Hermetto Carneiro Leão*. Rio de Janeiro: Typ. Nacional, 1854.

______. *Proposta e relatorio apresentados á Assembléa Geral Legislativa na Terceira Sessão da Nona Legislatura do anno de 1854 pelo Ministro e Secretario d'Estado dos Negocios da Fazenda Honório Hermetto Carneiro Leão*. Rio de Janeiro: Typ. Nacional, 1855.

______. *Proposta e relatorio apresentados á Assembléa Geral Legislativa na Quarta Sessão da Nona Legislatura do anno de 1855 pelo Ministro e Secretario d'Estado dos Negocios da Fazenda Honório Hermetto Carneiro Leão*. Rio de Janeiro: Typ. Nacional, 1856.

______. *Proposta e relatorio apresentados á Assembléa Geral Legislativa na Primeira Sessão da Décima Legislatura do anno de 1856 pelo Ministro e Secretario d'Estado dos Negocios da Fazenda João Maurício Wanderley*. Rio de Janeiro: Typ. Nacional, 1857.

______. *Proposta e relatorio apresentados á Assembléa Geral Legislativa na Segunda Sessão da Décima Legislatura do anno de 1857 pelo Ministro e Secretario d'Estado dos Negocios da Fazenda Bernardo de Sousa Franco*. Rio de Janeiro: Typ. Nacional, 1858.

______. *Proposta e relatorio apresentados á Assembléa Geral Legislativa na Terceira Sessão da Décima Legislatura do anno de 1858 pelo Ministro e Secretario d'Estado dos Negocios da Fazenda Francisco de Salles Torres Homem*. Rio de Janeiro: Typ. Nacional, 1859.

______. *Proposta e relatorio apresentados á Assembléa Geral Legislativa na Quarta Sessão da Décima Legislatura do anno de 1859 pelo Ministro e Secretario d'Estado dos Negocios da Fazenda Angelo Moniz da Silva Ferraz*. Rio de Janeiro: Typ. Nacional, 1860.

______. *Proposta e relatorio apresentados á Assembléa Geral Legislativa na Primeira Sessão da Décima Primeira Legislatura do anno de 1860 pelo Ministro e Secretario d'Estado dos Negocios da Fazenda José Maria da Silva Paranhos*. Rio de Janeiro: Typ. Nacional, 1861.

______. *Proposta e relatorio apresentados á Assembléa Geral Legislativa na Terceira Sessão da Décima Primeira Legislatura do anno de 1862 pelo Ministro e Secretario d'Estado dos Negocios da Fazenda Miguel Calmon du Pin e Almeida*. Rio de Janeiro: Typ. Nacional, 1863.

______. *Proposta e relatorio apresentados á Assembléa Geral Legislativa na Primeira Sessão da Décima Segunda Legislatura do anno de 1863 pelo Ministro e Secretario d'Estado dos Negocios da Fazenda Miguel Calmon du Pin e Almeida*. Rio de Janeiro: Typ. Nacional, 1864.

______. *Proposta e relatorio apresentados á Assembléa Geral Legislativa na Terceira Sessão da Décima Segunda Legislatura do anno de 1864 pelo Ministro e Secretario d'Estado dos Negocios da Fazenda José Pedro Dias de Carvalho*. Rio de Janeiro: Typ. Nacional, 1865.

______. *Proposta e relatorio apresentados á Assembléa Geral Legislativa na Quarta Sessão da Décima Segunda Legislatura do anno de 1865 pelo Ministro e Secretario d'Estado dos Negocios da Fazenda João da Silva Carrão*. Rio de Janeiro: Typ. Nacional, 1866.

______. *Proposta e relatorio apresentados á Assembléa Geral Legislativa na Primeira Sessão da Décima Terceira Legislatura do anno de 1866 pelo Ministro e Secretario d'Estado dos Negocios da Fazenda Zacarias de Goés e Vasconcellos*. Rio de Janeiro: Typ. Nacional, 1867.

______. *Relatório da Comissão de Inquérito nomeada por aviso do Ministério da Fazenda de 10 de outubro de 1859*.

______. *Relatório da comissão encarregada pelo governo imperial por avisos do 1º de outubro a 28 de dezembro de 1864 de proceder a um inquérito sobre as causas principais e acidentais da crise do mês de outubro de 1864*. Rio de Janeiro, Typ. Nacional, 1865.

______. *Relatorio sobre o melhoramento do meio circulante apresentado à Assemblea geral legislativa pelo ministro Cândido José de Araújo Vianna em a sessão extraordinária de 1833*. Rio de Janeiro: Typ. Nacional, 1833.

COUTINHO, Rodrigo de Sousa. "Projeto de alvará de criação do Banco Real Brigantino (1797)". In: *Textos políticos, econômicos e financeiros (1783-1811)*. Lisboa: Banco de Portugal, 1993.

GAZETA DO RIO DE JANEIRO, n. 93, 22 de novembro de 1818.

JORNAL DO COMÉRCIO, 12 de julho de 1853.

______, 16 de outubro de 1853

______, 2 de junho de 1853.

______, 5 de julho de 1853.

LISBOA, José Antônio. *Reflexões sobre o Banco do Brasil oferecidas aos seus acionistas.* Rio de Janeiro: Tipografia Nacional, 1821.

LISBOA, José da Silva. *Princípios de Direito Mercantil e Leis de Marinha.* Rio de Janeiro: Typ. Acadêmica, 1874.

MACHADO, Agostinho José D'Oliveira. *A facção saquarema.* Santos: Typ. Imparcial de F. M. R. D'Almeida, 1851.

RIO SECO, Joaquim José de Azevedo, visconde do. *Exposição analítica e justificativa da conduta e vida pública.* Rio de Janeiro: Imprensa Nacional, 1821.

URUGUAI, Paulino José Soares de Sousa, visconde do. *Ensaio sobre o direito administrativo.* Rio de Janeiro: Typ. Nacional, 1862.

APÊNDICES

APÊNDICE A – LEIS, DECRETOS E RESOLUÇÕES DO CONSELHO DE ESTADO RELATIVOS AO BANCO DO BRASIL (1853-66)

Fonte: BRASIL. Imperiaes resoluções do Conselho de Estado na secção de fazenda desde o anno em que começou a funccionar o mesmo Conselho até o presente. Rio de Janeiro: Typ. Nacional, 1870; BRASIL. Collecção das leis do Império do Brasil. Vários anos.

Leis e Decretos relativos à reforma monetária (1833 e 1846)

1. Decreto de 8 de janeiro de 1833 – Cria uma comissão incumbida de discutir os meios de remover os inconvenientes do estado atual do meio circulante.
2. Lei 52, de 3 de outubro de 1833 – Manda substituir a moeda de cobre em circulação, e estabelece o modo de fazer-se esta operação.
3. Lei 59, de 8 de outubro de 1833 – Fixa o novo padrão monetário; estabelece um Banco de Circulação e depósito; autoriza o governo a celebrar com particulares ou companhias contratos para a mineração dos terrenos da Nação; altera o imposto do selo e cria a taxa anual dos escravos.
4. Lei 401, de 11 de setembro de 1846 – Para que se recebam nas Estações Públicas as moedas de ouro de vinte e dois quilates na razão de quatro mil réis por oitava, e as de prata na razão que o governo estabelecer; e autorizando a retirada da circulação da soma de papel-moeda que for necessária para o elevar a este valor, e nele conservá-lo.
5. Decreto 487, de 28 de novembro de 1846 – Para execução da lei Nº 401 de 11 de setembro deste ano, quanto ao seu primeiro Artigo.

Leis e Decretos relativos ao Banco do Brasil (1853-1866)

1. Lei 683, de 5 de julho de 1853 – Autoriza o governo a conceder a incorporação, e aprovar os estatutos de um banco de depósitos, descontos e emissão, estabelecido na cidade do Rio de Janeiro.
2. Decreto 1.223, de 31 de agosto de 1853 – Concede a incorporação de um banco de depósitos, descontos e emissão, estabelecido nesta Corte.
3. Decreto 1.489, de 20 de dezembro de 1854 – Aprova duas das modificações propostas aos estatutos do Banco do Brasil pela Assembléia Geral de seus acionistas.
4. Decreto 1.490, de 20 de dezembro de 1854 – Aprova os estatutos para o estabelecimento de uma caixa filial do Banco do Brasil na imperial cidade de Ouro Preto, capital da província de Minas Gerais.
5. Decreto 1.580, de 21 de março de 1855 – Aprova quatro projetos de estatutos para a criação de caixas filiais do Banco do Brasil nas cidades da Bahia, Recife, São Luiz do Maranhão e Belém do Pará; e bem assim dois outros modificando a organização das caixas filiais do extinto Banco do Brasil, estabelecidas nas cidades do Rio Grande do Sul e de São Paulo, e convertidas em filiais do atual Banco.
6. Decreto 1.581, de 2 de abril de 1855 – Autoriza o Banco do Brasil a elevar a sua emissão até ao triplo do fundo disponível.
7. Decreto 1.692, de 22 de dezembro de 1855 – altera o § 1º do Art. 3º dos Estatutos da Caixa Filial do Banco do Brasil, na cidade do Rio Grande do Sul.
8. Decreto 1.721, de 5 de fevereiro de 1856 – Altera os arts. 16 e 18 dos estatutos do Banco do Brasil, autorizando-o a elevar sua emissão até ao triplo do fundo disponível, e estende esta autorização às caixas filiais do mesmo Banco.
9. Decreto 1.744, de 5 de abril de 1856 – Altera os arts. 44 e 19 dos estatutos da caixa filial do Banco do Brasil no Maranhão, e 19 da caixa filial do Pará.
10. Lei 906, de 10 de agosto de 1857 – Autoriza o governo a depositar no Banco do Brasil e suas caixas filiais as somas disponíveis que tiver no Tesouro e tesourarias de fazenda.
11. Decreto 2.411, de 30 de abril de 1859 – Revoga a autorização dada ao Banco do Brasil para elevar a sua emissão ao triplo do fundo disponível.
12. Lei 1.083, de 22 de agosto de 1860 – Contendo providências sobre os bancos de emissão, meio circulante e diversas companhias e sociedades.

13. Decreto 2.680, de 3 de novembro de 1860 – Marca os deveres e atribuições dos fiscais dos bancos de circulação.
14. Decreto 2.685, de 10 de novembro de 1860 – Estabelece as regras para a boa execução do art. 1º, §§ 10, 11, 12 e 13 da lei nº 1083 de 22 de agosto de 1860, na parte relativa aos bancos de circulação que atualmente funcionam no Império.
15. Decreto 1.172, de 28 de agosto de 1862 – Autoriza o governo para aprovar o acordo ajustado pelo Banco do Brasil com os outros dois bancos de circulação da Corte, Comercial e Agrícola, e Rural e Hipotecário, sobre a desistência que estes fazem de seu direito de emissão.
16. Decreto 2.970, de 9 de setembro de 1862 – Aprova o acordo celebrado entre os bancos do Brasil, Rural e Hipotecário, e Comercial e Agrícola, sobre a desistência que estes fazem do direito de emissão, reformando os estatutos daquele primeiro banco na parte relativa ao capital.
17. Decreto 3.054, de 28 de fevereiro de 1863 – Concede ao Banco do Brasil elevar a sua emissão ao triplo do fundo disponível.
18. Decreto 3.062, de 16 de março de 1863 – Revoga o Decreto nº 3054 de 28 de fevereiro.
19. Decreto 3.306, de 13 de setembro de 1864 – Concede ao Banco do Brasil elevar a sua emissão ao triplo do fundo disponível.
20. Decreto 3.307, de 14 de setembro de 1864 – Dá curso forçado, por enquanto, aos bilhetes do Banco do Brasil.
21. Decreto 3.308, de 17 de setembro de 1864 – Manda observar diversas disposições extraordinárias durante a crise comercial em que se acha a praça do Rio de Janeiro.
22. Decreto 3.339, de 14 de novembro de 1864 – Dá providências sobre os dinheiros que o Banco do Brasil recebe em conta corrente, e sobre a repartição dos seus dividendos.
23. Lei 1.349, de 12 de setembro de 1866 – Autoriza o governo para inovar o acordo celebrado com o Banco do Brasil em virtude da lei nº 683 de 5 de julho de 1853, e para modificar as disposições da mesma lei, e as dos respectivos estatutos.
24. Decreto 3.716, de 6 de outubro de 1866 – Autoriza o ministro da Fazenda a estipular e concluir as convenções necessárias com o Banco do Brasil para a inovação do acordo celebrado entre o governo e o mesmo banco.

25. Decreto 3.717, de 13 de outubro de 1866 – Aprova e confirma o acordo de 11 do corrente mês, celebrado entre o ministro da Fazenda e o Banco do Brasil.
26. Decreto 3.720, de 18 de outubro de 1866 – Dá execução à lei nº 1349 de 12 de setembro último, na parte relativa à emissão do Banco do Brasil e ao pagamento da dívida do Tesouro ao mesmo Banco.
27. Decreto 3.739, de 23 de novembro de 1866 – Aprova com alterações os estatutos do Banco do Brasil reformados em virtude da lei nº 1349 de 12 de setembro do corrente ano.

Resoluções do Conselho de Estado na seção de Fazenda relativas ao Banco do Brasil (1853-1866)

1. N. 375 – Resolução de 16 de dezembro de 1854 – Sobre as modificações propostas nos estatutos do Banco do Brasil pela Assembléia Geral dos seus acionistas.
2. N. 376 – Resolução de 16 de dezembro de 1854 – Sobre o ofício da diretoria do Banco do Brasil, acompanhando o projeto de estatutos para uma caixa filial na província de Minas.
3. N. 384 - Resolução de 17 de março de 1855 – Sobre o projeto de estatutos modificando a organização da caixa filial do antigo Banco do Brasil, estabelecido na cidade de São Paulo, e convertida em filial do atual Banco do Brasil
4. N. 385 - Resolução de 17 de março de 1855 – Sobre os projetos de estatutos para as caixas filiais do Banco do Brasil nas cidades da Bahia, Recife, Belém, São Luiz e Rio Grande de S. Pedro do Sul.
5. N. 392 - Resolução de 31 de março de 1855 – Sobre a preteação do Banco do Brasil de aumentar a sua emissão.
6. N. 396 - Resolução de 16 de maio de 1855 – Sobre a reclamação do Banco do Brasil para que as repartições gerais e provinciais do Rio Grande do Sul não recebam metais senão de conformidade com o padrão legal do Império.
7. N. 443 - Resolução de 8 de novembro de 1856 – Sobre as alterações que a Assembléia Geral dos acionistas do Banco do Brasil propõe aos seus estatutos e que foram submetidas à aprovação do governo.
8. N. 488 - Resolução de 26 de março de 1858 – Sobre as causas da baixa do câmbio com a praça de Londres, meios que deve empregar o governo para sanar esta ocorrência.

9. N. 534 - Resolução de 17 de dezembro de 1859 – Sobre as deliberações tomadas pelo Banco do Brasil relativamente à substituição de notas.
10. N. 536 - Resolução de 17 de dezembro de 1859 – Sobre as deliberações tomadas pelo Banco do Brasil relativamente à substituição de notas, a respeito da qual a seção de Fazenda já deu seu parecer.
11. N. 538 - Resolução de 28 de dezembro de 1859 – Sobre a matéria do ofício do presidente do Banco do Brasil, em que pede a faculdade de exceder o duplo do fundo disponível do mesmo banco.
12. N. 566 - Resolução de 30 de abril de 1860 – Sobre o empréstimo que o BB pretende contrair na praça de Londres e para cuja realização solicita a intervenção do governo imperial.
13. N. 571 - Resolução de 3 de maio de 1860 – Sobre a matéria do ofício do presidente do Banco do Brasil, acerca da circulação da libra esterlina de ouro ou o soberano inglês em concorrência com a moeda de ouro nacional.
14. N. 670 - Resolução de 13 de julho de 1861 – Sobre as queixas articuladas na representação da praça do comércio desta Corte relativamente aos Decretos nº 1713 de 26 de dezembro de 1860 e 2733 de 23 de janeiro último.
15. N. 671 - Resolução de 17 de julho de 1861 – Sobre as questões suscitadas pelo presidente do Banco do Brasil a respeito da renovação anual dos membros da diretoria, no caso especial de renúncia dos cargos e reeleição de alguns membros demissionários.
16. N. 672 - Resolução de 17 de julho de 1861 – Sobre as dúvidas expostas pelo presidente do Banco do Brasil relativamente à eleição e renovação dos suplentes dos diretores do mesmo banco.
17. N. 676 - Resolução de 10 de agosto de 1861 – Sobre a dúvida em que se acha a diretoria do Banco do Brasil relativamente à verdadeira inteligência da 2ª parte do § 2º art. 1º a lei de 22 de agosto ou da disposição que lhe é paralela, do art. 4º do Decreto de 10 de novembro de 1860.
18. N. 681 - Resolução de 25 de setembro de 1861 – Sobre a inteligência do art. 52 dos estatutos do Banco do Brasil quanto ao honorário que compete ao respectivo presidente nos seus impedimentos por moléstia ou licença.
19. N. 684 - Resolução de 16 de outubro de 1861 – Sobre as dúvidas suscitadas pelo vice-presidente do Banco do Brasil – se as disposições dos §§ 11 e 13 do art. 2º da lei

de 22 de agosto de 1860 são aplicáveis aos diretores e suplentes das caixas filiais do mesmo banco.

20. N. 686 - Resolução de 28 de dezembro de 1861 – Sobre o ofício do vice-presidente do Banco do Brasil relativamente à computação do fundo disponível do mesmo banco, em relação a suas caixas filiais.

21. N. 690 - Resolução de 1º de março de 1862 – Sobre o ofício do presidente do Banco do Brasil em que pede que se declare – se as caixas filiais do mesmo banco estão sujeitas a impostos criados pelas assembléias das províncias onde estiverem estabelecidas.

22. N. 693 - Resolução de 8 de março de 1862 – Sobre a pretensão da diretoria do Banco do Brasil à garantia do governo para o empréstimo que julga conveniente contrair por conta do mesmo banco em Londres ou em outra qualquer praça da Europa.

23. N. 707 - Resolução de 14 de junho de 1862 – Sobre a representação da diretoria do Banco do Brasil, na qual pretende que o governo seja autorizado para anuir as modificações que julgar convenientes nos estatutos deste estabelecimento e para cometer-lhe certos ramos do serviço público.

24. N. 708 - Resolução de 14 de junho de 1862 – Sobre a representação que a diretoria do Banco do Brasil dirige ao Poder Legislativo no sentido de ser o governo imperial habilitado para inovar, de acordo com o mesmo banco, algumas disposições de seus estatutos.

25. N. 709 - Resolução de 14 de junho de 1862 – Sobre a representação do Banco do Brasil de ser autorizado para negociar com os Bancos Agrícola e Rural a cessão da faculdade que lhe foi concedida de emitir, em notas promissórias e ao portador.

26. N. 719 - Resolução de 20 de dezembro de 1862 – Sobre a forma de pagamento do Banco do Brasil do papel-moeda que tem este de retirar anualmente de circulação.

27. N. 727 - Resolução de 25 de fevereiro de 1863 – Sobre a representação da diretoria do Banco do Brasil, solicitando do governo imperial a faculdade de elevar a sua emissão até o limite do triplo do fundo disponível em caixa.

28. N. 782 - Resolução de 21 de dezembro de 1864 – Sobre a dúvida se a autoridade judicial é competente para declarar a falência de qualquer banco de circulação pelo simples motivo de excesso de emissão.

29. N. 799 - Resolução de 23 de junho de 1865 – Sobre o ofício do presidente do Banco do Brasil acerca do empréstimo pretendido pelos negociantes e fazendeiros de São Paulo, Vergueiro e Cia.

30. N. 800 - Resolução de 23 de junho de 1865 – Sobre a prática seguida pelo Banco do Brasil de emitir letras ao portador por dinheiro recebido a prêmio.

31. N. 801 - Resolução de 23 de junho de 1865 – Sobre a representação da Câmara Municipal de Mar de Hespanha, pedindo que pelo Banco do Brasil se facultassem capitais à lavoura para solver seus grandes empenhos, mediante certas condições.

32. N. 807 - Resolução de 20 de setembro de 1865 – Sobre o oficio do presidente do Banco do Brasil relativo ao fato de julgar-se o Banco da Bahia, depois da promulgação do Decreto de 14 de setembro de 1854, desobrigado de trocar as suas notas por ouro ou notas do Tesouro.

33. N. 821 - Resolução de 13 de dezembro de 1865 – Sobre o ofício do presidente do Banco do Brasil concernente à verificação da legitimidade dos possuidores de ações caucionadas para poderem ser considerados acionistas nas reuniões da respectiva assembléia.

34. N. 832 - Resolução de 10 de fevereiro de 1866 – Sobre o estado anômalo de nossa circulação monetária, providência que o governo deve tomar ou solicitar do corpo Legislativo para remediar semelhante mal.

35. N. 833 - Resolução de 17 de fevereiro de 1866 – Sobre o requerimento da comissão administrativa da praça do comércio da capital do Rio Grande do Sul, pedindo que se mande dar curso forçado na mesma província às notas do Banco do Brasil.

36. N. 858 - Resolução de 19 de novembro de 1866 – Sobre os estatutos reformados do Banco do Brasil, os quais foram organizados pela comissão nomeada em Assembléia Geral dos acionistas do mesmo banco, e acham-se submetidos à aprovação do governo.

Apêndice B – Conjuntura econômica e Banco do Brasil: gráficos do período 1853-66

Fonte: VILLELA, André Arruda. *The political economy of money and banking in Imperial Brazil 1850-1870*. 1999. Tese (Doutorado em História econômica) - London School of Economics and Political Science. Statistical Appendix, p. 303-13; BRASIL. MINISTÉRIO DA FAZENDA. *Relatório da Comissão de Inquérito nomeada por aviso do Ministério da Fazenda de 10 de outubro de 1859*. Anexos; BRASIL. MINISTÉRIO DA FAZENDA. *Relatório da comissão encarregada pelo governo imperial por avisos do 1° de outubro a 28 de dezembro de 1864 de proceder a um inquérito sobre as causas principais e acidentais da crise do mês de outubro de 1864*. Rio de Janeiro: Typ. Nacional, 1865. Anexos; BANCO DO BRASIL. *Relatório apresentado á Assembléa Geral dos Accionistas do Banco do Brasil*. Vários números.

Gráfico 1 – Saldo fiscal e comercial, e taxa de câmbio do Império do Brasil (1854-66)

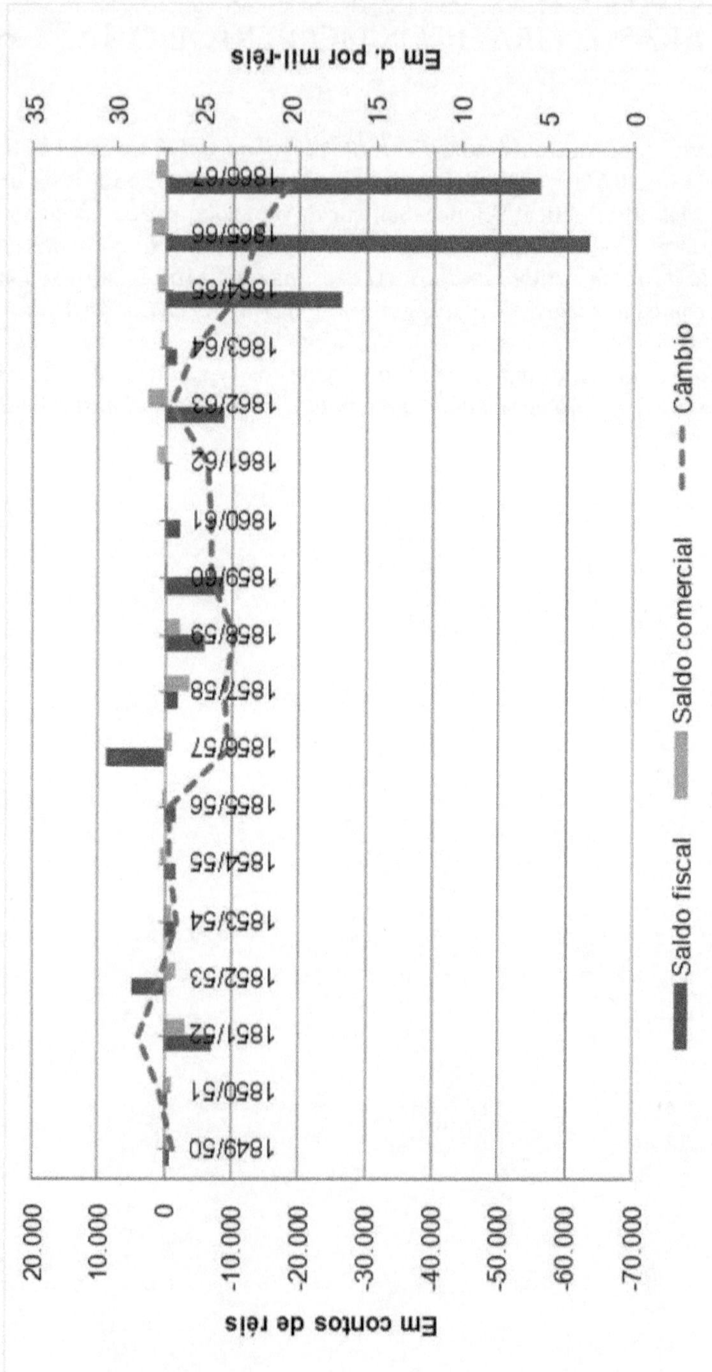

Gráfico 2 – Operações do Banco do Brasil (1854-66)

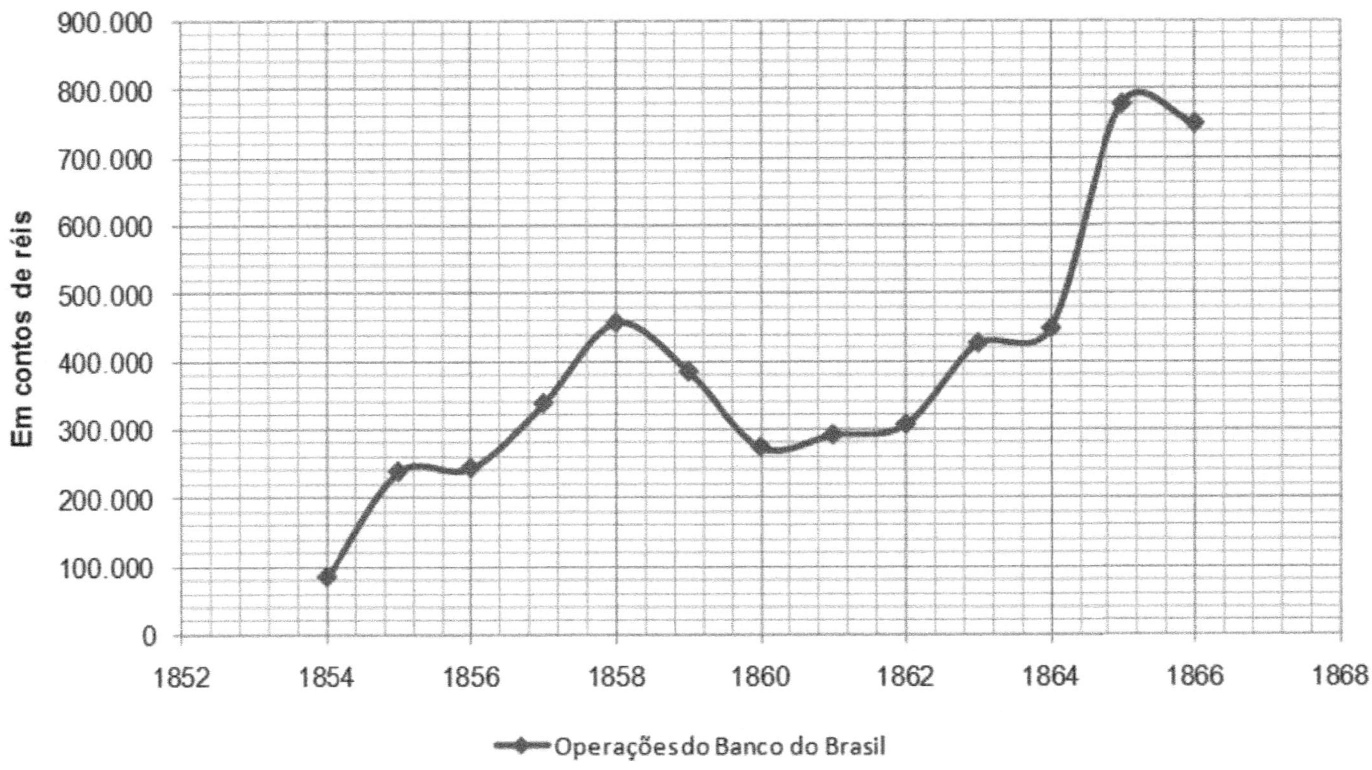

Gráfico 3 – Lucro líquido, dividendo e valor da ação do Banco do Brasil (1854-66)

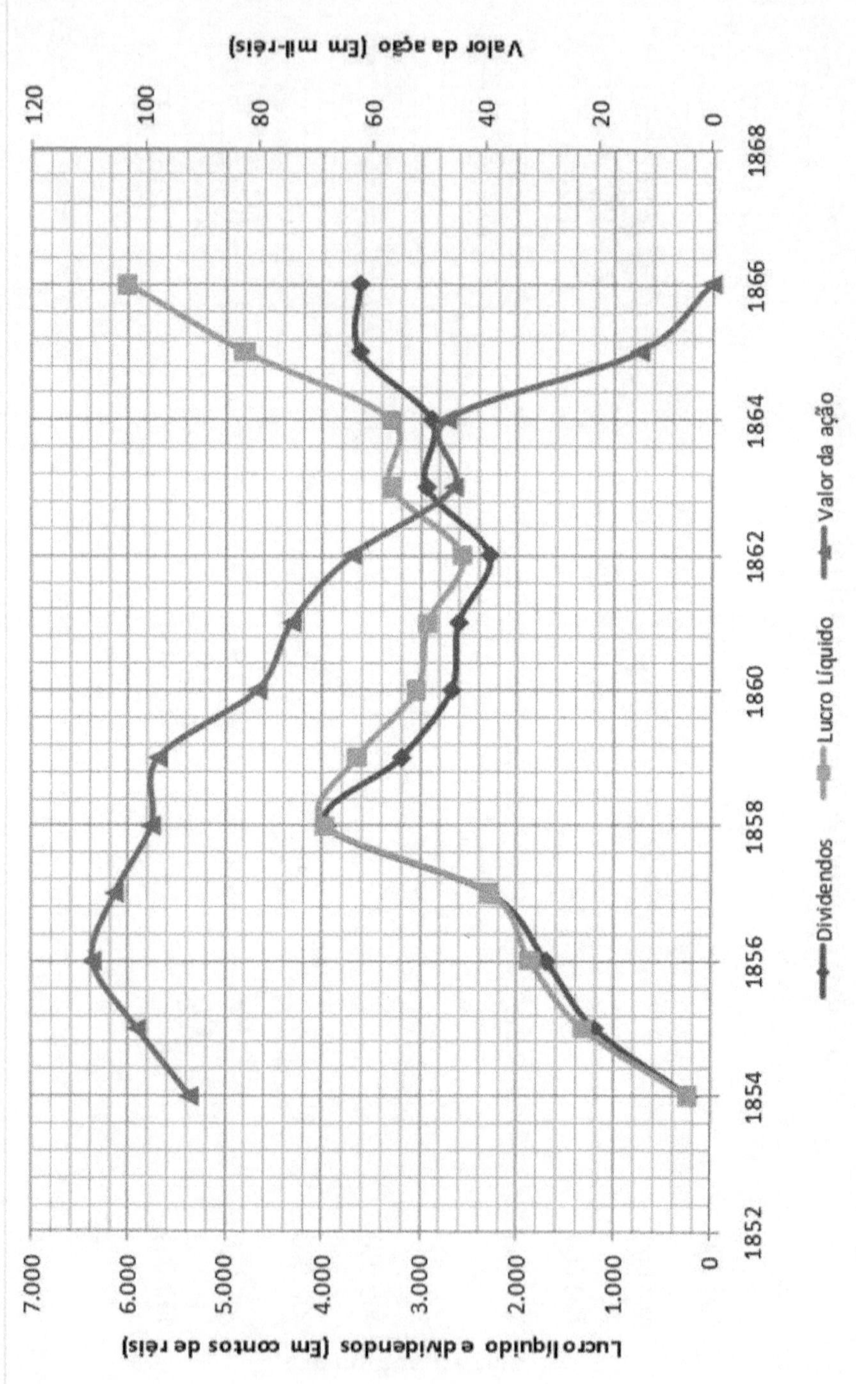

Gráfico 4 – Emissão e limite de emissão do Banco do Brasil (1854-66)

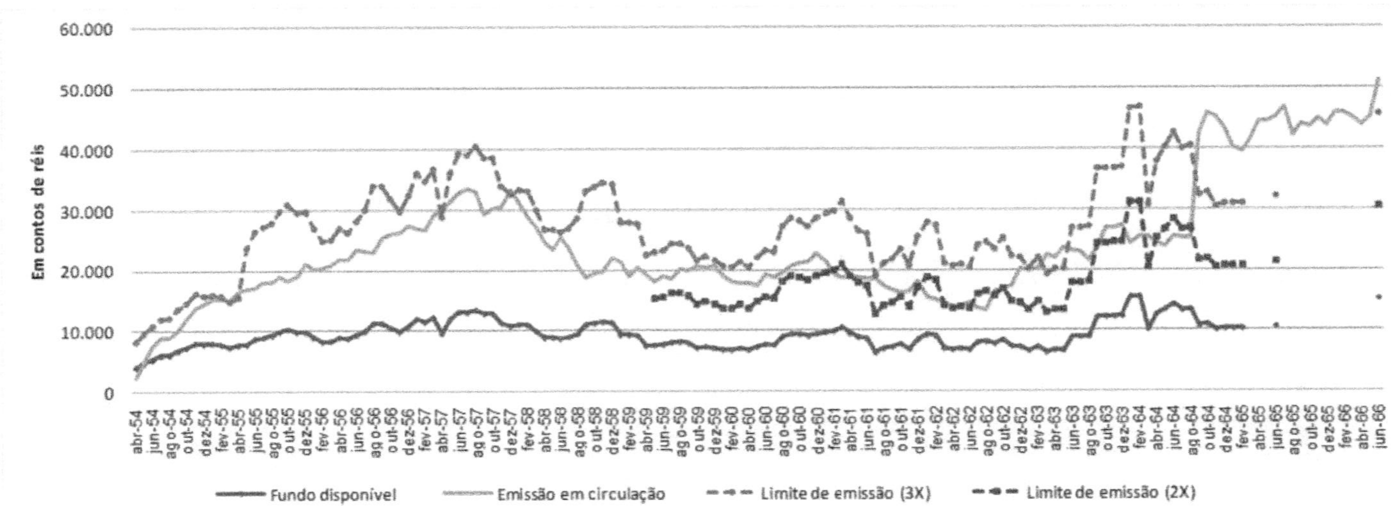

Gráfico 5 – Operações de desconto do Banco do Brasil (1854-66)

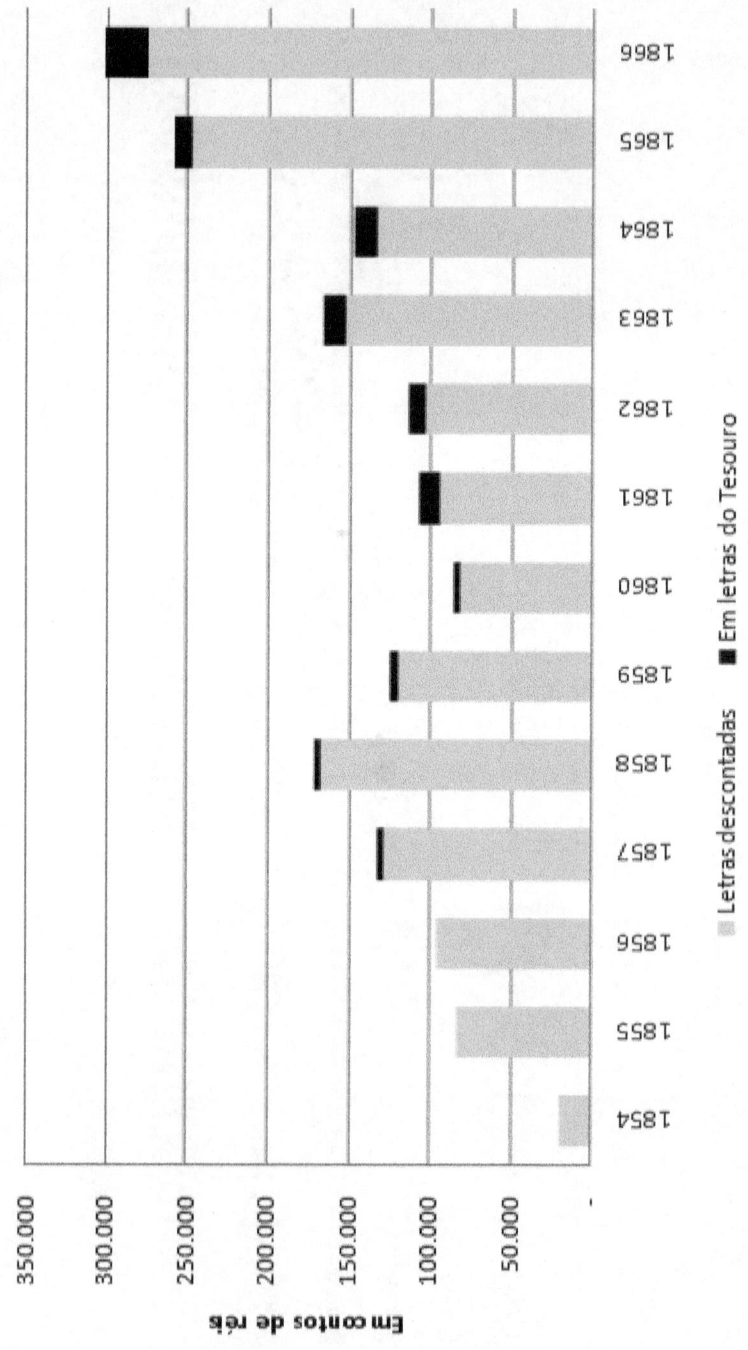

AGRADECIMENTOS

Este livro é uma versão adaptada de minha tese de doutorado defendida em 2010 no Programa de Pós-Graduação em História Econômica da Universidade de São Paulo. A tese e o livro são resultados de um enorme esforço individual que certamente não chegaria a bom termo sem a contribuição de minha família, de meus orientadores, de meus amigos e colegas, e de algumas instituições e das pessoas que nelas trabalham.

Agradeço, em primeiro lugar, a Belissa, minha companheira desde sempre, pela paciência de me ouvir em meus momentos de entusiasmo e de angústia. Nela eu encontrava forças para seguir adiante nas horas difíceis e tranquilidade para aproveitar os momentos bons.

Agradeço o apoio e incentivo ilimitado de minha família, tanto de minha mãe, como de meus tios e tias, que me ofereceram todo o carinho e conforto nas minhas bases avançadas no Rio e em São Paulo. A minha irmã, primos e primas, que me fazem ver a vida além das páginas dos livros.

Agradeço ao meu orientador, prof. José Jobson de Andrade Arruda, pela confiança que depositou em meu trabalho e pela liberdade de desenvolvê-lo. Ao prof. Carlos Gabriel Guimarães, verdadeiro co-orientador, pela atenção e disponibilidade durante a elaboração da tese e pelas conversas esclarecedoras que tivemos em Niterói. À profª. Vera Ferlini, pelo apoio. Ao prof. Pedro Paulo Zaluth Bastos, por suas contribuições na qualificação que me levaram a reconsiderar algumas questões, e ao prof. Flávio Saes, pela ajuda com os balanços.

Agradeço aos professores Arilda Teixeira, Pedro Lains e José Luís Cardoso por terem gentilmente me enviado seus trabalhos que se relacionavam com esta tese. Agradeço também à profª. Regina Gadelha por ter me apresentado à história econômica ainda na graduação.

Aos amigos Alexandre Saes, Daniel Cosentino, Hernán Saez e Guilherme Grandi, um agradecimento especial pelo apoio e discussão da tese e de outros assuntos interessantes.

Agradeço ainda aos colegas da Universidade Federal de Alfenas, que me suportam no dia-a-dia acadêmico, e aos colegas da Universidade Federal de Juiz de

Fora, que já me suportaram um dia. Gostaria de agradecer especialmente o apoio e compreensão do prof. Lourival Batista de Oliveira Jr.

A Ângela Moraes, um agradecimento pela eficiência e cordialidade que me dispensou sempre que precisei de sua ajuda.

Também não poderia deixar de lembrar algumas pessoas que facilitaram minha vida nos arquivos e bibliotecas onde pesquisei. Agradeço ao Sátiro, do Arquivo Nacional; a Elaine e Cristiane, do Arquivo Histórico do Banco do Brasil; e, especialmente, a Vera e Márcia, da Biblioteca do Ministério da Fazenda no Rio de Janeiro.

Finalmente, agradeço ao CNPq, que me concedeu bolsa durante uma parte do doutorado, e o apoio da Fapesp à publicação deste livro.

Esta obra foi impressa em Guarulhos pela UmLivro no verão de 2015. No texto foi utilizada a fonte Minion Pro em corpo 10,5 e entrelinha de 15,75 pontos.